古典珍品

经典回到生活　阅读从心开始

中华古典珍品

『中华古典珍品』丛书遴选了清代《四库全书》的精华，而且每一种书在注释、译文、解读等方面做了大量的、扎实的工作。

——傅璇琮

国学就是中国人的学问。『中华古典珍品』是一套非常适合大众阅读的国学经典丛书。国学的传承和发展迫切需要好的大众读本。

——毛佩琦

《四库全书》浩如烟海，真正的必读经典就这百余部。

——任德山

国学是相互通融的，切忌断章或是割裂。今人只有从《周易》等原始经典入手，才能真正找到进入国学的门径。

——刘君祖

中华古典珍品

古典珍品

图解史记

（汉）司马迁 著
崇贤书院 释译

黄山书社

阅读指南

高校专家保证书稿质量

以最精致的品质呈现给读者最权威的《史记》读本。

图文配合具象化阅读经典

所选图片出处繁多，涵盖了所有古代版画的优秀作品。图文并茂，形象化阅读《史记》。

认识中国第一史书

从注释、译文、赏析等各个方面入手，诠释中国第一部纪传体史书，让读者更准确地把握纪传体通史的特色。

重现经典在国人中的权威

编者以弘扬中国传统经典的拳拳之心，将此书献给所有爱读书，却还未系统读过《史记》的中国爱书人。

题解

● 出现在每篇开头，全书共二十篇。
● 点出每篇主题，介绍每篇内容。

以古版画与经典图文相配

● 所选版画皆为古人原创，确保原汁原味。
● 选图方面，精益求精保证版画清晰的质感。
● 以图释文，书中的文字与版画完全一一对应。

老子韩非列传

题解

《老子韩非列传》选自《史记》卷六十三，列传第三。这是一篇关于先秦道家和法家代表人物的重要传记，是一篇合传，记录了道家的老子、庄子及法家的申不害、韩非子四个人的事迹，其中对申不害的记录最为简短。

原文

老子者，楚苦县厉乡曲仁里人也，姓李氏，名耳，字聃，周守藏室之史也。

孔子适周，将问礼于老子。老子曰："子所言者，其人与骨皆已朽矣，独其言在耳。且君子得其时则驾，不得其时则蓬累而行。吾闻之，良贾深藏若虚，君子盛德，容貌若愚。去子之骄气与多欲，态色与淫志，是皆无益于子之身。吾所以告子，若是而已。"孔子去，谓弟子曰："鸟，吾知其能飞；鱼，吾知其能游；兽，吾知其能走。走者可以为罔[①]，游者可以为纶，飞者可以为矰(zēng)。至于龙，吾不能知，其乘风云而上天。吾今日见老子，其犹龙邪！"

问礼老聃

鲁昭公十年，孔子和南宫敬叔到周都洛邑问礼于老子。因为老子曾做过周王朝的柱下史（管理藏书的史官），熟知周礼。

老子修道德，其学以自隐无名为务。居周久之，见周之衰，乃遂去。至关，关令尹喜曰："子将隐矣，强为我著书。"于是老子乃著书上下篇，言道德之意五千余言而去，莫知其所终。

[注释]
①罔：同"网"。

123

选字注音

● 将生僻字选出单独标注标。
● 将古今读音相异的字单独标注音标。
● 将所有重复出现的疑难字词都反复标注。

图解史记

做了当今皇帝的博士，又做到临淮太守，早年就死了。安国生有儿子卬，卬生有儿子驩。

孔子及弟子颜回像

太史公说：《诗经》中有这样的话："崇高的山岭引人瞻仰，宽阔的大路让人行走循。"我尽管没能赶得上孔子的时代，却总是在心里充满向往。我读过孔子的著作，能够想见他的为人。来到鲁地，参观了仲尼的庙堂及车辆、衣服、礼器，那些儒生都按时前往孔子的旧居演习礼仪，我心怀敬仰，流连徘徊着不愿就此离去。天下的君王和贤达人士有很多，活着的时候都十分荣耀，等到去世后就一切消失。孔子就是个布衣平民，他的学说却能够流传十几代，让学者敬仰。自天子和王侯往下，中国所有谈论六艺的人都将孔子的学说作为标准，可以说孔子真是位至高无上的圣人啊！

[赏析]

孔子一生都富有政治热情，即便在他遭受打击、排斥、嘲讽甚至围困时仍旧不减。为了宣传自己的政治思想，他不辞辛劳，用了大量的时间，带领弟子周游列国，奔走游说。虽然四处碰壁，但依旧执着追求。本篇真实记录了孔子一生的主要活动，写得生动具体、形象逼真。

孔子是中国教育史上第一个私人授徒讲学的人。在他以前，学在官府，孔子开始兴办私学，广召门徒，把教育对象扩大到平民阶层，把文化知识散播到民间，这在我国教育发展史上，是具有里程碑意义的，为古代的教育方式改革与教育普及作出了巨大贡献。《孔子世家》对孔子的办学思想、教学内容以及方法，还有他循循善诱、诲人不倦的教学态度，均有全景描写，突出展现了这位伟大教育家的风范。文章也对孔子渊博的知识与高尚的人格，以及他在整理与传播古代文化典籍方面的不朽功绩进行了介绍。孔子整理与编纂过《诗》《易》《礼》《乐》《春秋》等古代经典，并且将其作为教学重点，影响了此后整个封建社会的教育，对这些古代经典文献的传播与保存作出了不朽贡献。

孔子一生事迹众多，头绪也纷繁复杂，但司马迁在记述过程中却做到了线索清楚，有条不紊，并且重点突出。在记录故事的同时，注重人物性格特征描写，全面展现孔子的形象与多层面的精神风貌。司马迁描写历史人物，暗含爱憎与褒贬，有比较鲜明的倾向性。他对孔子的向往与景仰，也在字里行间流露出来。

[集评]

索隐述赞：孔子之胄，出于商国。弗父能让，正考铭勒。防叔来奔，邹人掎足。尼丘诞圣，阙里生德。七十升堂，四方取则。卯诛两观，摄相夹谷。歌凤遽衰，泣麟何促！九流仰镜，万古钦躅。

122

赏析

● 重在阐释文章的文学魅力，巧妙铺设读者欣赏的路径。

集评

● 唐代司马贞《史记索隐》撰写的述赞，这是古人对《史记》原书的点评，多为点睛之笔。

总　序

国学是什么？简单说，国学就是中国人之所以成为中国人的学问。因此，国学不仅包括数千年积累流传下来的经典，比如“四书五经”、《老子》、《庄子》、《孙子》、《史记》、《汉书》、唐诗、宋词，也包含研究中国人思维方式、生活方式、行为方式乃至娱乐方式的各种学问。广言之，国学研究的对象不仅包括文献，也包括实物；不仅包括物质文化遗产，也包括非物质文化遗产，如我国各民族的建筑、服饰、饮食、音乐、绘画、医药、戏曲，等等。

国学是不断丰富、不断发展的学问。上面说的从“四书五经”到唐诗、宋词就是一个不断丰富发展的过程。近代以来，国学的研究范围还在不断地扩大，比如敦煌学、甲骨学，是随着有关文物的出土而兴起的；比如红学，是随着文学理论和学术风气的发展变化而兴起和发展的。随着时间的推移和学术的进步，必将有更多的学问被纳入国学研究的范围。

数千年来，中国人做学问形成了自己独特的理论和方法，比如思想理论、史学理论、文学理论，以及训诂学、考据学、音韵学，等等。但这些理论和方法并不是一成不变的。比如，在史学研究领域，由于地下文物的出土，王国维等人提出了以地下文物与传世文献相补充互证的“二重证据法”。近代以来，西风劲吹。国人主动借鉴西方学术研究的理论和方法，研究中国学问。王国维借鉴尼采的哲学理论研究中国的文学戏剧，胡适以杜威的实验主义研究中国的“国故”。国学从来没有拒绝外国学问的融合，佛教传入中国后，经过改造，形成了中国独特的佛学、因明学；自明朝末年西学传入中国后，中国的天文学、数学等就已经融入了西学的因素。马克思主义传入中国后，不少人用马克思主义理论研究中国历史文化，它们自然也成为了国学的一部分。因此，国学又是开放的、随时代而进步的。那么，当今我们研究、振兴国学，不允许也不应该倒退，不允许也不应该僵化。

然而，国学又是与西学明显区分的。国学是西学的对应物，是与西学完全不同的学术体系。在近代，西学挟坚船利炮强势进入中国之后，中国人还视自我，对于中国固有之学问的称呼出现了中学、国故学、国粹、国学这样的名称。面对“帝国主义”的强大，很多中国人自愧不如，一方面拼命地学习、引进西学，另一方面拼命地贬低、抛弃国学。虽然也有一些人，如张之洞为保护中华文化之根本，提出“中学为体，西学为用”，如胡适，提出“整理国故”，以“再造文明”“建立民族自信心”，但其声音终被时代淹没。国学一再被严重曲解和轻视，造成了中国历史文化的大断裂。也许，这一历史过程是必然的。但回顾过去，中国在走向独立富强的过程中，国学所付出的代价实在太大、太惨重了。

新中国成立后，饱受屈辱的中国人站立了起来，民族自信心大大加强，但没有能够及时认识到国学在新时代的重要性，甚至仅存的一点点国学遗产也进一步成为被抛弃的对象。改革开放三十年之后，走向富强的国人终于幡然醒悟，保护和振兴国学逐渐成为全民的共识。一个强大的自立于世界民族之林的国家，必然要有与之相匹配的伟大的民族文化。中国人，从领导者、学术界到普通百姓，都在重新发现国学的现代价值。同时，在走向全球化的进程中，东西方各国也把目光投向了中国。中国学问，中国的一切都在被重新评价。中国不仅为了自身的建设和发展需要从传统文化中汲取智慧，而且面临着以优秀的中华文化向全人类贡献智慧的责任和挑战。

那么，这套丛书的编纂就是可喜的，编纂者的初衷和努力就是可敬的。希望这套丛书能发挥点滴作用，如同涓涓细水与千百万有志者的努力一道汇成大潮，去迎接中华民族的伟大复兴！

是为序。

毛佩琦

前言

作为有着五千年悠久历史的伟大民族，中华民族具有世界上最为完备的、不间断的历史记载，这是我们民族的一笔宝贵的精神财富。英国伟大的哲学家培根曾经说过“读史使人明智”。中华民族历来也是十分重视历史的借鉴功能，有着“以史为鉴”的古训。

中华史籍浩如烟海，内容博大精深。其中，被赋予“正史”地位的“二十四史”是其中最为重要的部分。“二十四史”之首，就是西汉司马迁所著的《史记》。

作为“二十四史”之首，《史记》是一部记载西汉之前贯穿中华的通史，从传说中的黄帝开始，一直到汉武帝元狩元年（前122年），叙述了我国三千年左右的历史。全书略于先秦，详于秦汉，所述秦商鞅变法至汉武帝晚年的历史，约占全书篇幅的五分之三左右。据司马迁说，全书有本纪十二篇，表十篇，书八篇，世家三十篇，列传七十篇，共一百三十篇。本纪是全书提纲，按年月记述帝王的言行政绩。表用表格来简列世系、人物和史事。书则记述制度发展，涉及礼乐制度、天文兵律、社会经济、河渠地理等诸方面内容。世家记述子孙世袭的王侯封国史迹。列传是重要人物传记。

《史记》除了在历史学上占有重要地位外，在中国文学史上也占有极其重要的地位。《史记》开创了我国传记文学的先河，为我国古代文化表述方式建立了不朽的丰碑。近人梁启超称赞这部巨著是“千古之绝作”。鲁迅誉之为“史家之绝唱，无韵之《离骚》”。

《史记》卷帙浩繁，全书共五十二万六千五百字，这对普通读者来说阅读实在有些困难，而且《史记》的精华在其纪传部分，书、表对于普通读者来说阅读价值不大。为此我们精选了其中的二十篇纪传和世家，使读者能够对《史记》全书有一个宏观的把握。这二十篇是《五帝本纪》《夏本纪》

《殷本纪》《周本纪》《孔子世家》《老子韩非列传》《商君列传》《张仪列传》《魏公子列传》《春申君列传》《秦始皇本纪》《陈涉世家》《项羽本纪》《高祖本纪》《留侯世家》《萧相国世家》《曹相国世家》《吕太后本纪》《孝文本纪》《孝景本纪》。

我们这次选篇，选取了从《五帝本纪》到《孝景本纪》共十篇本纪，基本上囊括了从传说中的黄帝到司马迁所生活的西汉时代的历史，使读者能够对这一时期有一个宏观的了解。春秋战国时代是一个诸子百家争鸣的时代，为此我们选取了《孔子世家》《老子韩非列传》这两篇介绍思想家孔子、老子和韩非子等人的传记，使读者对他们的思想和生平能有一个大致的了解。商鞅变法是中国古代历史上极为重要的一次变法，它为后来秦始皇统一中国奠定了基础，因此本书特意选取了《商君列传》，使读者对这次变法能有一个全面的了解。战国时期，游说之风盛行，本书选取《张仪列传》，读者阅读之后，会对张仪这位战国时期著名的辩士和战国时期的外交有一个清楚的认识。战国时期，贵族盛行养士，著名的“四公子”都拥有大量的门客，本书特意选取了“四公子”中的代表，即信陵君和春申君两人的传记——《魏公子列传》和《春申君列传》，使读者能对战国时期的社会风气有所了解。陈胜是秦末农民起义的首倡者，是一位反抗暴政的平民英雄，虽然没有成功，但他首举义旗的历史意义不容忽视，因此本书选取了《陈涉世家》，把它和《秦始皇本纪》对照，也可看出秦王朝统治的残暴和人民的苦难。张良、萧何、曹参都是西汉开国功臣，通过阅读他们的传记《留侯世家》《萧相国世家》和《曹相国世家》，读者可以了解西汉开国的艰难和这些功臣的治国之道。

本书所选《史记》各篇，在文学上也具有极高的成就，如《项羽本纪》《商君列传》《魏公子列传》和《陈涉世家》等，都是千古传颂的名篇，今天读来，仍能感受到司马迁所刻画的人物形象栩栩如生。

我们这次出版的这部《史记》，概括起来，有以下几个特点：

一、以中国古代的优秀版画作为本书的插图。为了本书的配图，我们翻阅了大量古代刊刻资料，所选版画出处繁多，包括《帝鉴图说》《三才图会》《养正图解》等古籍，几乎涵盖了所有古代版画的优秀作品。在选图方面，我们也严格按照版画必须清晰、书中的文字与图必须一一对应的原则，使每一幅图片都不是可有可无的装饰，而是宁缺毋滥，每一幅图都是针对正文的某一句话甚至某一个词而配的。以图释文，用直观具象的方式，最大限度地帮助读者解决阅读《史记》时有可能出现的障碍。

二、为了帮助读者更好地理解《史记》，我们将正文中的部分字词，加以注音。我们对加以注音的字词遵循以下原则：一是有很多字，脱离了我们的语言环境，对于我们现在的人来说，十分生僻，我们将这一部分字注出，方便大家阅读；二是我们打破了以往出版物中，同一个字在正文中只标注一次的做法，将所有重复字词都反复标注。这样做，是我们站在读者的角度上来考虑的。虽然这在一定程度上给我们增加了工作量，但是反复标注，一来可以省去读者前后反复翻阅查找之苦，二来重复性标注可以为读者加深印象，更有助于扩大字词记忆量。

三、为了方便读者阅读《史记》，我们对文中的生僻字词加以注释，并增加了白话文的翻译，文白对照便于读者阅读。对原文中的一些不好理解的语句，我们采用了意译的方式，方便读者晓畅地理解原文。

四、为使读者更好地理解我们所选的文章，我们在每篇文章前面加上了题解，简要介绍文章内容。译文后面加入赏析，重点对文章的文学性加以点评。文章最后加入了唐代司马贞《史记索隐》撰写的述赞，这是古人对《史记》原书的点评，也是理解文章的点睛之笔。

五、本书最后部分，我们加入了编者编写的《司马迁及史记》一文，使读者能够对《史记》和它的作者司马迁有一个深入而系统的了解。

为读者拨开历史的云雾，自我们的先民处学得处事之道、治世之理，以便为今天的生活所借鉴，这是我们编撰本书的目的。展读《史记》，绵延不绝的历史经验，令我们不得不由衷地感恩先贤的用心良苦。

我们由衷地希望，当读者朋友们在阅读本书时，可以感受到我们祖先所创造出的灿烂辉煌的古代文化的韵味；但更重要的是，还能从祖先的智慧中有所收获，为今天所用。这才是两千年以前的司马迁写《史记》和两千年以后的我们重新编辑《史记》的价值所在。

在此特别感谢中华书局的老编辑骈宇骞老师。骈老师毕业于北京大学中文系，曾任中华书局编审，北京大学《儒藏》编纂中心专家审稿组成员、特约编审，国家图书馆出版社、文物出版社特约编审，长期从事古籍整理、秦汉史、古文字、出土简帛的研究工作，是国内古籍出版方面的专家。我们正是在骈老师的带领与指导下，得以顺利完成了本书的翻译校对工作，保证了本书知识的准确性和学术的权威性。

目 录

五帝本纪

题解

《五帝本纪》选自《史记》卷一，本纪第一，是《史记》全书一百三十篇中的首篇，主要取材于《尚书》《世本》和《大戴礼记·五帝德》。本篇记载了远古传说中华夏部落联盟的五个首领——黄帝、颛顼、帝喾、尧、舜的事迹，并记录了当时部落之间的战争，部落联盟首领的禅让，远古人民治洪水、开良田、观天文、推历法、音乐舞蹈等诸多方面的情况。

原文

黄帝者，少典之子①，姓公孙②，名曰轩辕。生而神灵，弱而能言，幼而徇齐，长而敦敏，成而聪明。

轩辕之时，神农氏世衰。诸侯相侵伐，暴虐百姓，而神农氏弗能征。于是轩辕乃习用干戈③，以征不享，诸侯咸④来宾从。而蚩尤最为暴，莫能伐。炎帝欲侵陵诸侯，诸侯咸归轩辕。轩辕乃修德振兵，治五气⑤，蓺(yì)五种，抚万民，度四方，教熊、罴(pí)、貔(pí)、貅(xiū)、貙、虎⑥，以与炎帝战于阪(bǎn)泉之野。三战，然后得其志。蚩(chī)尤作乱，不用帝命。于是黄帝乃征师诸侯，与蚩尤战于涿(zhuō)鹿之野，遂禽杀蚩尤。而诸侯咸尊轩辕为天子，代神农氏，是为黄帝。天下有不顺者，黄帝从而征之，平者去之，披山通道，未尝宁居。

黄帝像

［注释］

①少典:《索隐》:“少典者，诸侯国号，非人名也。”这里所谓的“诸侯国号”实际上就是远古部族名。子:后代。②公孙:《索隐》引皇甫谧云:“黄帝生于寿丘，长于姬水，因以为姓。”据此，黄帝姓姬。《史记会注考证》云:“《大戴礼·五帝德》无‘姓公孙’三字，未详史公所本。”又引崔述云

“公孙者，公之孙也”，认为公孙不是黄帝的姓。③干戈：盾和戈，泛指兵器。④咸：都。⑤五气：五行之气。古代把五行和四时相配，春为木，夏为火，季夏（夏季的第三个月，即阴历六月）为土，秋为金，冬为水。“治五气”指研究四时节气的变化。⑥熊、罴、貔、貅、貙、虎：都是猛兽名。《索隐》认为这些猛兽经过训练可以作战。《正义》认为这些猛兽名是用来给军队命名的，借以威吓敌人。六种猛兽可能是六个氏族的图腾。

炎帝

[译文]

黄帝，是少典氏的后代，姓公孙，名轩辕。他生下来就神奇灵异，在襁褓中就会言语，幼小时就伶俐懂礼，稍大即纯朴敏慧，成年后睿智练达。

轩辕还在诸侯之位的时候，神农氏的势力已经衰微。诸侯互相侵伐，残害百姓，而神农氏无力征讨。于是轩辕便操练士卒，用来征讨那些不来朝贡的诸侯，四方诸侯便全都前来俯首称臣。蚩尤最为残暴，没有谁能征服他。炎帝想要欺凌诸侯，诸侯便归顺轩辕。轩辕修养德行，整治军队，研究气候，种植五谷，安抚百姓，测量四方的土地，训练出像熊、罴、貔、貅、貙、虎一样凶猛的军队，率领他们同炎帝在阪泉的野外交战。经过三次交战，轩辕最终取得了胜利。蚩尤作乱，不听从黄帝的命令。于是黄帝便征集各地诸侯的军队，与蚩尤在涿鹿的野外交战，活捉了蚩尤，并把他杀死。各地诸侯都尊轩辕为天子，轩辕取代了神农氏，被称作黄帝。天下若有不顺从的，黄帝便去征讨，直至平服后才离去，黄帝开山通路，不曾有过安闲的时候。

原文

东至于海，登丸山，及岱宗。西至于空桐，登鸡头。南至于江，登熊、湘。北逐荤粥（xūn yù）①，合符釜山，而邑于涿鹿之阿。迁徙往来无常处，以师兵为营卫。官名皆以云命，为云师。置左右大监，监于万国。万国和，而鬼神山川封禅与为多焉。获宝鼎，迎日推策。举风后、力牧、常先、大鸿以治民。顺天地之纪，幽明之占，死生之说，存亡之难。时②播百谷草木，淳化鸟兽虫蛾，旁罗日月星辰水波土石金玉，劳勤心力耳目，节用水火材物。有土德之瑞，故号黄帝。

[注释]

①荤粥：古部族名，秦汉以后称匈奴。②时：按季节。一说“时”通“莳”，栽种。

[译文]

黄帝向东到达大海，登上丸山和泰山。西边到达空桐，登上鸡头山。向南到达长江，登上熊耳山、湘山。向北驱逐荤粥，在釜山与诸侯核验符契，在涿鹿山下宽广平坦的地方建设城邑。黄帝带领部众到处迁徙，没有固定的居处，用兵营围绕部属来防卫。百官都用云来命名，军队也称云师。设立左右大监，监察各方诸国。各方诸国和顺，在祭祀鬼神山川的封禅大典中，参加黄帝主持盛典的非常多。黄帝获得了宝鼎，他观测太阳的运行，推算出历法。他任用风后、力牧、常先、大鸿来治理人民。顺应天地的法则、阴阳的变化、生与死相互转化的过程，研究国家存亡的道理。按时种植百谷草木，驯化鸟兽昆虫，广泛研究日月星辰的变化以及水流、土石、金玉的状况，勤思考，勤实践，多倾听，多观察，节用水火、材木与物品。因为有土德的祥瑞，所以号为黄帝。

原文

黄帝二十五子，其得姓者十四人。

黄帝居轩辕之丘，而娶于西陵之女，是为嫘(léi)祖。嫘祖为黄帝正妃，生二子，其后皆有天下：其一曰玄嚣(xiāo)，是为青阳，青阳降居江水；其二曰昌意，降居若水。昌意娶蜀山氏女，曰昌仆，生高阳，高阳有圣德焉。黄帝崩，葬桥山。其孙昌意之子高阳立，是为帝颛顼(zhuān xū)也。

颛顼

帝颛顼高阳者，黄帝之孙而昌意之子也。静渊以有谋，疏通而知事；养材以任地，载时以象天，依鬼神以制义，治气以教化，絜诚以祭祀。北至于幽陵，南至于交阯(zhǐ)，西至于流沙，东至于蟠木。动静之物，大小之神，日月所照，莫不砥(dǐ)属。

[译文]

黄帝共有二十五个儿子，其中获得姓氏的有十四人。

黄帝住在轩辕之丘，娶了西陵氏的女子为妻，这就是嫘祖。嫘祖是黄帝的正妃，生了两个儿子，他们的后代都曾据有天下：一个叫玄嚣，就是青阳，青阳被贬谪迁居在江水；第二个叫昌意，昌意被贬谪迁居在若水。昌意娶了蜀山氏的女子，名叫昌仆，生了儿子高阳。高阳有高尚的道德。黄帝死后，葬在桥山。他的孙子，也就是昌意的儿子高阳，继承帝位，这就是帝颛顼。

帝颛顼高阳，是黄帝的孙子，昌意的儿子。他文静深沉而有智谋，明白通达而知晓事理；利用土地来种植各种作物，按时行事来顺应自然，尊奉鬼神来制定礼仪，调理五行之气来教化民众，内心虔诚地进行祭祀。他曾往北到达幽陵，往南到达交阯，往西到达流沙，往东到达蟠木。无论有生命的事物还是没生命的事物，无论是大山大河之神还是小山小河之神，凡是日月所能照临的地方，没有不服从他、归附他的。

原文

帝颛顼生子曰穷蝉。颛顼崩，而玄嚣之孙高辛立，是为帝喾(kù)。

帝喾高辛者，黄帝之曾孙也。高辛父曰蟜(jiǎo)极，蟜极父曰玄嚣，玄嚣父曰黄帝。自玄嚣与蟜极皆不得在位，至高辛即帝位。高辛于颛顼为族子。

高辛生而神灵，自言其名。普施利物，不于其身。聪以知远，明以察微。顺天之义，知民之急。仁而威，惠而信，修身而天下服。取地之财而节用之，抚教万民而利诲之，历日月而迎送之，明鬼神而敬事之。其色郁郁，其德嶷嶷(nì nì)。其动也时，其服也士。帝喾溉[①]执中而遍天下，日月所照，风雨所至，莫不从服。

帝喾

[注释]

①溉：灌溉。一说通“概”，本义指量粮食时用来刮平升斗的工具，引申义为公平。

[译文]

帝颛顼生的儿子名叫穷蝉。颛顼死后，玄嚣的孙子高辛继承帝位，这就是帝喾。

帝喾高辛，是黄帝的曾孙。高辛的父亲叫蟜极，蟜极的父亲叫玄嚣，玄嚣的父亲叫黄帝。自玄嚣到蟜极都没有继承帝位，到高辛才即帝位。高辛对于颛顼来说是同族兄弟之子。

高辛刚生下来就神奇灵异，自己说出了自己的名字。他广施恩泽，利及万物，却毫不为己。他明辨是非，能洞察远方，审视细微的事。他顺应天帝的旨意，了解百姓的疾苦。他仁厚而威严，慈惠而守信，自律修身而天下归服。他获取大地所生的财物而节制使用，抚育教导百姓，让他们知道利益之所在，用历法来掌握日月节气变化的规律，能明确哪些鬼神应该祭祀，并恭敬地祭祀他们。他面容谦恭，品德高尚，举止符合时宜，穿着朴素。帝喾治理天下宛如水灌溉土地一样，恩德不偏不倚，遍及天下，凡日月所照、风雨所及的地方，没有不来归顺的。

原文

帝喾娶陈锋氏女，生放勋；娶娵訾(jū zī)氏女，生挚。帝喾崩，而挚代立。帝挚立，不善，而弟放勋立，是为帝尧。

帝尧者，放勋。其仁如天，其知①如神。就之如日，望之如云。富而不骄，贵而不舒。黄收纯衣，彤(tóng)车乘白马。能明驯德，以亲九族。九族既睦，便章百姓。百姓昭明，合和万国。

乃命羲、和，敬顺昊(hào)天，数法日月星辰，敬授民时。分命羲仲，居郁夷，曰旸(yáng)谷，敬道日出，便程②东作。日中，星鸟，以殷中春。其民析，鸟兽字微③。申命羲叔，居南交。便程南为，敬致。日永，星火，以正中夏。其民因，鸟兽希革④。申命和仲，居西土，曰昧谷。敬道日入，便程西成。夜中，星虚，以正中秋。其民夷易，鸟兽毛毨(xiǎn)。申命和叔，居北方，曰幽都。便在伏物。日短，星昴，以正中冬。其民燠(yù)，鸟兽氄(rǒng)毛。岁三百六十六日，以闰月正四时。信饬(chì)⑤百官，众功皆兴。

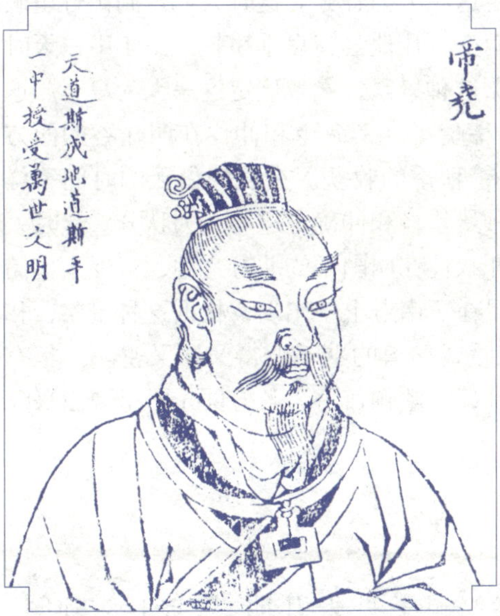

帝尧

[注释]

①知：同“智”。②便程：分派，布置。③字：生子。微：通“尾”，交尾。④希革：指夏季炎热，鸟兽皮上毛羽稀

任贤图治

帝尧命羲、和等四人敬授民时，百官各司其职，垂拱而天下治。

少。希，同“稀”。革，改变。⑤饬：通“敕”，告诫。

[译文]

帝喾娶了陈锋氏的女子，生放勋；娶了娵訾氏的女子，生了挚。帝喾去世后，由挚继承帝位。帝挚在位，治理得不好，他的弟弟放勋继位，这就是帝尧。

帝尧，就是放勋。他的仁德像天那样浩大无边，他的智慧像神那样渊深莫测。人们追随他如同葵花追随太阳那样，人们期待他如同百谷渴望膏雨那样。他富有而不骄纵，显贵而不傲慢。他头戴黄色的冠冕，身穿黑色的衣服，乘坐红色的车子，驾着白色的马。他能发扬光大高尚的品德，把各部族团结得亲密无间。各部族已经亲密无间，再明确百官的职责。百官的政绩卓著，天下万国无不融洽和睦。

于是命令羲氏、和氏主管天文，恭敬地遵循上天的法则。依据日月星辰的轨迹制定历法，把时令谨慎地传授给各地百姓。发布命令派遣羲仲住在郁夷的旸谷，让他恭敬地迎接朝阳的升起，督促百姓准备春季耕种。白天同夜晚的时间一样长，黄昏时鸟星在正南方上空出现，根据这种景象，羲仲确定这一天为春分。这时人们走到田野里破土耕种，鸟兽交尾生育。又命令羲叔，住在南交，让他督管夏季耕耘。一年中白天时间最长，黄昏时火星在正南方上空出现，根据这种景象，羲叔确定这一天为夏至。这时，人们忙着在田里劳作，鸟兽的羽毛变得稀疏了。又命令和仲住在叫昧谷的西方之地，让他在那里恭敬地送别太阳离去，主管秋季的收获。夜晚同白天的时间一样长，黄昏时虚星在正南方上空出现，根据这种景象，和仲确定这一天为秋分。这时人们忙着收割庄稼，鸟兽更换了羽毛。又命令和叔住在叫幽都的北方之地，督促人们储藏谷物。一年中白天时间最短，黄昏时分昴星在正南方上空出现，根据这种景象，和叔确定这一天为冬至。这时人们留在屋里取暖，鸟兽的羽毛变得又厚又密。一年有三百六十六天，依靠设置闰月来把四季调整准确。整顿百官，各方面无不呈现出兴旺发达的景象。

原文

尧曰：“谁可顺此事？”放齐曰：“嗣子丹朱开明。”尧曰：“吁(xū)！

顽凶，不用。”尧又曰：“谁可者？”讙(huān)兜曰：“共工旁聚布功，可用。”尧曰：“共工善言，其用僻，似恭漫天，不可。”尧又曰：“嗟，四岳，汤汤①洪水滔天，浩浩怀山襄陵，下民其忧，有能使治者？”皆曰鲧(gǔn)可。尧曰：“鲧负命毁族，不可。”岳曰：“异哉，试不可用而已。”尧于是听岳用鲧。九岁，功用不成。

尧曰：“嗟！四岳，朕在位七十载，汝能庸命②，践朕位？”岳应曰：“鄙德忝帝位。”尧曰：“悉举贵戚及疏远隐匿者。”众皆言于尧曰：“有矜(guān)③在民间，曰虞舜。”尧曰：“然，朕闻之。其何如？”岳曰：“盲者子。父顽，母嚚(yín)，弟傲，能和以孝，烝烝(zhēng)治，不至奸。”尧曰：“吾其试哉。”于是尧妻之二女，观其德于二女。舜饬下二女于妫汭(guī ruì)，如妇礼。尧善之，乃使舜慎和五典，五典能从。乃遍入百官，百官时序。宾于四门，四门穆穆，诸侯远方宾客皆敬。尧使舜入山林川泽，暴风雷雨，舜行不迷。尧以为圣，召舜曰：“女(rǔ)④谋事至而言可绩，三年矣。女登帝位。”舜让于德不怿(yì)。正月上日，舜受终于文祖。文祖者，尧大祖也。

［注释］

①汤汤：水流很大的样子。②庸命：指顺应天命。“庸”同“用”。③矜：通“鳏”，无妻的成年男子。④女：同“汝”，你。

［译文］

尧说：“谁能顺应形势掌管好国家大事？”放齐说：“长子丹朱聪明通达。”尧说：“唉！他不讲道德又好争讼，不能用。”尧又说：“谁可以当此重任呢？”讙兜说：“共工能调集人力，做了不少事情，可以任用。”尧说：“共工能说会道，实际行动却违背正道，对神明貌似恭敬，实际上却极为轻慢，不可重用。”尧又说：“唉，四位诸侯之长，滚滚洪水漫天而来，浩浩荡荡，包围了群山，淹没了丘陵，百姓忧心忡忡，有谁能受命去治理呢？”四位诸侯之长说鲧可以受命。尧说：“鲧常违抗命令，危害同族，不可任用。”首领们说：“恐怕不是这样吧，先试一下，不行再罢免他。”尧于是听从了首领们的意见，任用鲧来治水。鲧治水九年，毫无成效。

尧说：“唉！四位诸侯之长，我在位已七十年了，你们哪一位能按天命行事，接替我的职位？”四岳答道：“我们的德行卑下，会辱没帝位的。”尧说：“只要是真正贤能的人，无论是达官贵人，至亲至友，还是被疏远和隐居的人，全都要向我举荐。”大家异口同声地对尧说：“在百姓中有位尚未娶妻的人，名叫虞舜。”尧说：“是的，我听说过这个人。他怎样？”首领们说：“他是个盲人的儿子。父亲心地险恶，母亲愚悍奸诈，弟弟骄纵不法，舜能用孝行与他们和睦相亲，使他们一心向善，不和他们冲突。”尧说：“那么我还是考验考验他吧。”于是尧把两个女儿嫁给舜，通过他对待妻子的态度来观察他的品德。舜把两个妻子安置在妫水入河处的老家，让她们遵守做媳妇的礼节。尧对此十分满意，便让舜负责推行五教，使百姓能按五教行事。又让他按五教整饬百官，使百官都能遵章守法。又让他在国门招待各方使者，而舜又能让各方使者心悦诚服，各方诸侯和远道来的宾客都十分恭敬。尧又让舜进入山林川泽，遇到暴风雷雨，舜仍能前进，不迷失方向。尧认为舜很神圣，便召见舜说：“你考虑问题周到，说过的事都能做到，建功立业已经有三年了。你登上帝位吧。”舜一再推让，认为自己的德行不足以胜任帝位，心中十分不安。正月初一，舜在文祖庙前受命登位。文祖，就是尧的太祖。

原文

于是帝尧老，命舜摄行天子之政，以观天命。舜乃在璇玑（jī）玉衡，以齐七政[1]。遂类于上帝，禋（yīn）于六宗，望于山川，辩[2]于群神。揖[3]五瑞，择吉月日，见四岳诸牧，班[4]瑞。岁二月，东巡狩，至于岱宗，祡（chái）[5]，望秩于山川。遂见东方君长，合时月正日，同律度量衡，修五礼，五玉三帛二生一死为挚[6]，如五器，卒乃复。五月，南巡狩；八月，西巡狩；十一月，北巡狩：皆如初。归，至于祖祢（mí）庙，用特牛礼。五岁一巡狩，群后四朝。遍告以言，明试以功，车服以庸。肇十有二州，决川。象以典刑，流宥（yòu）五刑，鞭作官刑，扑作教刑，金作赎刑。眚（shěng）灾过，赦；怙终贼，刑。钦哉，钦哉，惟刑之静哉！

讙兜进言共工，尧曰：“不可。”而试之工师，共工果淫辟。四岳举鲧治鸿水，尧以为不可，岳强请试之，试之而无功，故百姓不便。三苗在江淮、荆州数为乱。于是舜归而言于帝，请流共工于幽陵，以变北狄；放讙兜于崇山，以变南蛮；迁三苗于三危，以变西戎；殛（jí）[7]鲧于羽山，以变东夷：四罪而天下咸服。

尧立七十年得舜，二十年而老，令舜摄行天子之政，荐之于天。尧辟位[8]凡二十八年而崩。百姓悲哀，如丧父母。三年，四方莫举乐，以思尧。尧知子丹朱之不肖[9]，不足授天下，于是乃权授舜。授舜，则天下得其利而丹朱病；授丹朱，则天下病而丹朱得其利。尧曰："终不以天下之病而利一人。"而卒授舜以天下。尧崩，三年之丧毕，舜让辟丹朱于南河之南。诸侯朝觐(jìn)者不之丹朱而之舜，狱讼者不之丹朱而之舜，讴歌者不讴歌丹朱而讴歌舜。舜曰："天也。"夫而后之中国践天子位焉，是为帝舜。

［注释］

①齐七政：意思是测定日、月、五星运行是否正常，以判断政事之得失。古人认为天象的变化，如日食、月食、五星相聚等与人事吉凶有关。"齐"是排列、校正的意思。"七政"指金、木、水、火、土五星及日、月。②辩：通"遍"，普遍地祭祀。③揖：通"辑"，聚敛。④班：同"颁"，分赐，颁发。⑤祡：同"柴"，古代祭祀名，烧柴祭天叫柴祭。⑥挚：通"贽"，古代初次拜见尊长时所送的礼物。⑦殛：诛杀，这里是流放的意思。⑧辟位：退位。"辟"同"避"。⑨不肖：不贤，不成才。

［译文］

这时，帝尧已经年迈，让舜代行天子的政务，以便观察天帝的意愿。舜于是就观察璇玑玉衡，以调整对日月五星的测算。然后又举行类礼祭祀上天，举行禋礼祭祀星、辰、司中、司命、风师、雨师，举行望礼遥祭名山大川，遍祭群神。准备齐全了玉制的五种礼器，选择吉利的日子，召见四方诸侯君长，向他们颁赐玉制的礼器。这年的二月，舜到东方巡察，到达泰山，烧柴祭天，又举行望礼遥祭名山大川。然后又接见东方各诸侯国的君长，校正历法，同他们核对季节、月份和时日，统一音律和度、量、衡，制定五种礼仪，以五种玉制礼器、三种采缯、二种活牲、一种死禽分别作为拜见尊长时赠送的礼品。朝觐礼毕，五种玉器全部归还各方诸侯。五月，舜到南方巡察；八月，到西方巡察；十一月，到北方巡察；每到一方都像到东方那样，接见当地的诸侯君长，统一行政制度。回来后，到了祖庙、父庙，举行最隆重的特牲之礼，祭祀列祖列宗。舜每五年巡察天下一次，各地诸侯则每四年朝见一次。向天下宣告自己的政令，察明各地的政绩，根据功绩的大小赏赐车马服饰。舜开始设立十二州，疏导各地的河流。他用图画的方式公布刑法，用流放的办法来减免五刑，在官场上用鞭子作为刑罚，学校用戒尺作为处罚，罪犯可以用金钱来赎刑。对非故意的过失犯罪的予以赦免，对怙恶不悛的施以重刑。慎重啊，慎重啊，对于施行刑罚，一定要小心谨慎啊！

讙兜推荐共工，尧说："不行。"便让他试任工师，共工果然放纵作恶。四方诸侯首领举荐鲧来治理洪水，尧认为不行，首领们一再恳请试用鲧，经过试用以后，不见成效，百姓依然深受其苦。三苗部族在长江、淮河、荆州一带一再作乱。这时，舜巡视回来，便向帝尧报告，请求把共工流放到幽陵，让他去改造北方的少数民族；把讙兜放逐到崇山，让他去改造南方的少数民族；把三苗迁徙到三危，让他们去改造西方的少数民族；把鲧发配到羽山，让他去改造东方的少数民族；惩办了这四个罪犯，天下人都心悦诚服。

尧登帝位七十年而得到舜，又过了二十年而告老，让舜代行天子的职务，向上天举荐舜。尧让位二十八年后就去世了，百姓很悲哀，如同失去了亲生父母一样。尧死后的三年中，天下都停止奏乐以表示对帝尧的哀思。尧知道儿子丹朱不贤，不能授任他治理天下，于是把帝位传给了舜。把帝位传给舜，天下将得到好处，而只对丹朱一人不利；把帝位传给丹朱，天下受苦，而丹朱一人得利。尧说："总不能让天下人受苦，而仅让一人得利。"最终把天下传给了舜。帝尧去世，三年的丧期结束后，舜把帝位让给丹朱，自己躲避到黄河的南岸。朝见天子的诸侯不到丹朱那里，而去朝拜舜；争讼告状的不到丹朱那里，而去找舜；赞美首领的人不讴歌丹朱，而是歌颂舜。舜说："这是天意。"从这以后，舜才来到京师，登上天子之位，这就是帝舜。

原文

虞舜者，名曰重华。重华父曰瞽（gǔ）叟，瞽叟父曰桥牛，桥牛父曰句望，句望父曰敬康，敬康父曰穷蝉，穷蝉父曰帝颛顼，颛顼父曰昌意：以至舜七世矣。自从穷蝉以至帝舜，皆微为庶人。

舜父瞽叟盲，而舜母死，瞽叟更娶妻而生象，象傲。瞽叟爱后妻子，常欲杀舜，舜避逃；及有小过，则受罪。顺事父及后母与弟，日以笃谨，匪[①]有解。

帝舜

舜，冀州之人也。舜耕历山，渔雷泽，陶河滨，作什器于寿丘，就时于负夏。舜父瞽叟顽，母嚚，弟象傲，皆欲杀舜。舜顺适不失子道，兄弟孝慈。欲杀，不可得；即求，尝[②]在侧。

舜年二十以孝闻。三十而帝尧问可用者，四岳咸荐虞舜，曰可。于是尧乃以二女妻舜以观其内，使九男与处以观其外。舜居妫汭，内行弥谨。尧二女不敢以贵骄事舜亲戚，甚有妇道。尧九男皆益笃。舜耕历山，历山之人皆让畔；渔雷泽，雷泽上人皆让居；陶河滨，河滨器皆不苦窳。一年而所居成聚，二年成邑，三年成都。尧乃赐舜絺衣，与琴，为筑仓廪，予牛羊。瞽叟尚复欲杀之，使舜上涂廪，瞽叟从下纵火焚廪。舜乃以两笠自扞而下，去，得不死。后瞽叟又使舜穿井，舜穿井为匿空旁出。舜既入深，瞽叟与象共下土实井，舜从匿空出，去。瞽叟、象喜，以舜为已死。象曰：“本谋者象。”象与其父母分。于是曰：“舜妻尧二女，与琴，象取之。牛羊仓廪予父母。”象乃止舜宫居，鼓其琴。舜往见之，象鄂③不怿，曰：“我思舜正郁陶！”舜曰：“然，尔其庶矣！”舜复事瞽叟爱弟弥谨。于是尧乃试舜五典百官，皆治。

[注释]

①匪：没有，不。解：同“懈”，怠慢。②尝：通“常”。③鄂：通“愕”，吃惊。

[译文]

虞舜，名叫重华。重华的父亲叫瞽叟，瞽叟的父亲叫桥牛，桥牛的父亲叫句望，句望的父亲叫敬康，敬康的父亲叫穷蝉，穷蝉的父亲叫颛顼，颛顼的父亲叫昌意，从昌意到舜已是七代。从穷蝉到帝舜，都是不知名的普通平民。

舜的父亲瞽叟是个盲人，舜的母亲死后，瞽叟就另外娶妻而生了象，象很骄纵。瞽叟溺爱后妻的儿子，时常盘算着要杀害舜，舜都设法逃避了；遇到有小过失，舜便接受处罚。舜恭顺地侍奉父亲、后母和弟弟，每天真诚如一，谨小慎微，没有一时一刻松懈怠慢。

舜是冀州人。曾经在历山种过田，在雷泽捕过鱼，在黄河边上烧制过陶器，在寿丘制作过各种生产工具和生活用具，在负夏做过生意。舜的父亲瞽叟心地险恶，母亲愚悍奸诈，弟弟象骄纵不法，都想杀害舜。舜仍然恭顺，不失为子之道，对待弟弟亲爱友善。

孝感动天

舜是个大孝子，但被父亲和后母赶出家门，舜于是到历山耕田，到河滨制陶，到雷泽捕鱼。舜所到之处，当地居民都受到舜的感染，互相谦让，和睦相处，民风为之一变。

孝德升闻

父母兄弟想杀他，却总找不到他；如果有事找他，却常在身边。

舜二十岁时，因为孝顺闻名于世。三十岁时，帝尧询问可以重用的人，四方诸侯首领全部推荐虞舜，说他可用。于是帝尧便把两个女儿嫁给他，观察他怎样治家；又让九个儿子与他相处，观察他在外怎样待人接物。舜居住在妫水之滨，在家中愈益谨慎。尧的两个女儿也不敢因为出身高贵而以傲慢的态度对待舜的亲戚，非常懂得做媳妇的规矩；尧的九个儿子更加纯朴厚道。舜在历山种田，历山地区的人在划分田界时，都懂得互相谦让；在雷泽捕鱼时，雷泽一带的人都互让自己的住处；在黄河边制作陶器时，黄河边出产的陶器完全没有粗制滥造的。他住过一年的地方，便形成了村落，住过两年的地方，便形成了城镇，住过三年的地方，便形成了都城。于是尧便赏赐舜细葛布做的衣服，又赠给他琴，为他建筑容纳粮食的仓廪，送给他牛羊。瞽叟又想杀死舜，让舜到仓廪上面去涂泥，然后从下面放火焚烧仓廪，舜就用两个斗笠护住身体跳下仓廪逃走，得免于死。后来瞽叟又让舜去挖井，挖井时，舜在井壁上挖了一个通向外面的隐蔽通道。舜下到井的深处，瞽叟同象一起往井下填土，把井填实，舜从隐蔽的通道出来，逃走了。瞽叟和象非常高兴，以为舜已经死去。象说：“这主意原是我想出来的。”象同父母一起瓜分舜的财产，这时他说：“舜的两个妻子，也就是尧的女儿，与那把瑶琴归我。牛羊和仓廪给父母。”象就跑到舜的居室住下来，弹着舜的琴。舜去见象，象既惊愕又尴尬，说：“我思念你，正难过伤心呢！”舜说：“是这样啊，你我的兄弟情谊还不错呢！”舜侍奉瞽叟，爱护弟弟，更加勤谨。于是尧便试着让舜掌管五种礼教，治理百官，舜都做得很出色。

原文

昔高阳氏有才子八人，世得其利，谓之“八恺（kǎi）”。高辛氏有才子八人，世谓之“八元”。此十六族者，世济其美，不陨（yǔn）其名。至于尧，尧未能举。舜举“八恺”，使主后土，以揆（kuí）百事，莫不时序。举“八元”，使布五教于四方，父义，母慈，兄友，弟恭，子孝，内平外成。

昔帝鸿氏有不才子，掩义隐贼，好行凶慝，天下谓之浑沌。少皞氏有不才子，毁信恶忠，崇饰恶言，天下谓之穷奇。颛顼氏有不才子，不可教训，不知话言，天下谓之梼杌。此三族世忧之。至于尧，尧未能去。缙云氏有不才子，贪于饮食，冒于货贿，天下谓之饕餮。天下恶之，比之三凶。舜宾于四门，乃流四凶族，迁于四裔，以御螭魅，于是四门辟，言毋①凶人也。

[注释]

①毋：同“无”。

[译文]

从前，高阳氏有八个很有才干的人，天下人都受到他们的恩惠，称他们为“八恺”。高辛氏也有八个很有才干的人，世人称他们为“八元”。这十六支宗族，世世代代都能保持他们的美德，从未毁损过他们先人的声誉。到了尧时，尧没有任用他们。舜任用了“八恺”，指派他们负责管理农业生产，总揽各项事务，所有事情都处理得非常及时，井然有序。舜还任用了“八元”，指派他们到四方教育、教化民众，于是，整个社会变得父亲威严、母亲慈爱、哥哥友善、弟弟恭敬、儿子孝顺，国内外都平和安定。

从前，帝鸿氏有个不成器的子弟，不行仁义，袒护坏人，专好行凶作恶，天下人称他为“浑沌”。少皞氏也有个不成器的子弟，专门诽谤诚实的人，憎恶忠直的人，粉饰邪恶的言论，天下人称他为“穷奇”。颛顼氏也有个不成器的子弟，不接受任何教育，不懂得好话坏话，天下人称他为“梼杌”。这三个部族，使世人感到忧虑，到尧时，尧也没有除掉他们。缙云氏有个不成器的子弟，贪吃贪喝，谋取财物，天下人称他为“饕餮”。世人没有不憎恶他的，认为他与浑沌、穷奇、梼杌这三个凶恶的人是一样的。舜在国都四门接待宾客时，流放了这四个凶恶的部族，把他们迁徙到最偏远的地方，让他们去抵御妖魔鬼怪。从此国都四门大开，都说没有凶恶的人了。

原文

舜入于大麓，烈风雷雨不迷，尧乃知舜之足授天下。尧老，使舜摄行天子政，巡狩。舜得举用事二十年，而尧使摄政。摄政八年而尧崩。三年丧毕，让丹朱，天下归舜。而禹、皋陶、契、后稷、伯夷、夔、龙、倕、益、彭祖，自尧时而皆举用，未有分职。于是舜乃至于文祖，谋于四岳，辟四门，明通四方耳目，命十二牧论帝德，行厚德，远佞(nìng)人，则蛮夷率服。舜谓四岳曰：“有能奋庸美尧之事者，使居官相事？”皆曰：“伯禹为司空，可美帝功。”舜曰：“嗟，然！禹，汝平水土，维是勉哉。”禹拜稽首，让于稷、契与皋陶。舜曰：“然，往矣。”舜曰：“弃，黎民始饥，汝后稷播时百谷。”舜曰：“契，百姓不亲，五品不驯，汝为司徒，而敬敷五教，在宽[1]。”舜曰：“皋陶，蛮夷猾夏，寇贼奸轨[2]，汝作士，五刑有服，五服三就；五流有度，五度三居：维明能信。”舜曰：“谁能驯予工？”皆曰垂可。于是以垂为共工。舜曰：“谁能驯予上下草木鸟兽？”皆曰益可。于是以益为朕虞。益拜稽首，让于诸臣朱虎、熊罴。舜曰：“往矣，汝谐。”遂以朱虎、熊罴为佐。舜曰：“嗟！四岳，有能典朕三礼？”皆曰伯夷可。舜曰：“嗟！伯夷，以汝为秩宗，夙夜维敬，直哉维静絜。”伯夷让夔、龙。舜曰：“然。以夔为典乐，教稚子，直而温，宽而栗[3]，刚而毋虐，简而毋傲；诗言意，歌长言，声依永，律和声，八音能谐，毋相夺伦，神人以和。”夔曰：“於！予击石拊石，百兽率舞。”舜曰：“龙，朕畏忌谗说殄(tiǎn)伪[4]，振惊朕众，命汝为纳言，夙夜出入朕命，惟信。”舜曰：“嗟！女二十有二人，敬哉，惟时相天事。”三岁一考功，三考绌(chù)[5]陟(zhì)，远近众功咸兴。分北[6]三苗。

益

益，又名伯益，古代东夷族首领少昊之后，女祖为黄帝族颛顼之孙，系嬴姓诸国的受姓始祖。伯益在政治上很有建树。他曾告诫大禹，凡事要有前瞻性，要虑事周全，要选贤任能、除奸去邪。

此二十二人咸成厥功：皋陶为大理，平，民各伏得其实；伯夷主礼，上下咸让；垂主工师，百工致功；益主虞，山泽辟；弃主稷，百谷时茂；契主司徒，百姓亲和；龙主宾客，远人至；十二牧行而九州莫敢辟违。唯禹之功为大，披九山，通九泽，决九河，定九州，各以其职来贡，不失厥宜。方五千里，至于荒服。南抚交阯、北发，西戎、析枝、渠廋(sōu)、氐、羌，北山戎、发、息慎，东长、鸟夷，四海之内咸戴帝舜之功。于是禹乃兴《九招》之乐，致异物，凤皇来翔。天下明德皆自虞帝始。

［注释］

①宽：宽厚。一说宽即缓，意思是要慢慢地进行。②轨：通“宄”，在外作恶。③栗：战栗，这里指严厉，让人敬畏。④殄伪：灭绝道德的行为。⑤绌：通“黜”，贬退。⑥分北：分离，分解。北，同“背”。

［译文］

舜进入高山下的深林，遇到暴风雷雨而不迷失方向，尧由此知道舜是足以托付天下的人。尧告老时，让舜代理天子的政事，让他巡视天下。舜被举用处理政事二十年后，尧便让他代自己执政。舜代理执政八年而尧去世。三年服丧结束后，舜让位给丹朱，天下人却都归向舜。禹、皋陶、契、后稷、伯夷、夔、龙、倕、益、彭祖这些人，尧在世时就都被任用，但却没有明确的职务分工。于是舜来到文祖庙，同四方诸侯之长商议，大开四面国门，畅通言路，命令十二个地域的长官发扬光大帝尧之德，广施仁政，疏远谄佞的人，只有这样，偏远的部族才都会前来归顺。舜对四方诸侯之长说：“哪一位能奋力做出成绩，发扬光大帝尧的事业，让我任用他，辅佐我治理天下呢？”众人都说：“伯禹出任司空，可以发扬光大帝尧的功业。”舜对禹说：“嗯，好的！禹，你来平定水土，你可要努力做好这件事。”禹跪拜叩头，要推让给稷、契和皋陶。舜说：“虽说如此，还是你去吧。”舜说：“弃，百姓开始闹饥荒了，你掌管农事，负责种植各种谷物。”舜说：“契，老百姓之间不亲睦，父义、母慈、兄友、弟恭、子孝这五者都未能实现，你来担任司徒，细心地推行五教，宽厚待人。”舜说：“皋陶，野蛮的边民经常到中原来进行骚扰，内外贼寇猖獗。现在任命你担任狱官之长，触犯了五刑的要执法惩处，五刑分别在

皋陶

皋陶，与尧、舜、禹同为“上古四圣”，是舜帝执政时期的士师，相当于国家司法长官。皋陶又是上古时期伟大的政治家、思想家、教育家，被史学界和司法界公认为“司法鼻祖”。禹根据皋陶的品德和功劳而举他为继承人，并授政于他。但皋陶未继位即去世。

市、朝、野三处执行；五种流放之刑各有流放地点，五种流放地分别在三个范围之外：只有刑法严明才能取信于民。”舜说：“谁能管理好我的各种工匠？”大家都说垂可以胜任。于是任命垂为共工。舜又说：“谁能管理好各地的山林原野、草木鸟兽？”大家都说益可以胜任。于是任命益为主管山林原野的虞官。益跪拜叩头，想推让给大臣朱虎、熊罴。舜说：“还是你去吧，你们互相协助。”于是便派朱虎、熊罴辅佐他。舜说：“喂！四方诸侯之长，谁适合为我主持三大祭典？”大家都说伯夷可以。舜说：“喂！伯夷，任命你担任秩宗，每天从早到晚，都要恭谨，内心要安静、纯洁，公正无私。”伯夷要推让给夔、龙。舜说：“好吧，任命夔掌管音乐，教育公卿大夫之子。要正直而温和，宽宏而谨慎，刚强而不暴虐，办事干练而不傲慢失礼；诗是表达思想的，歌能加长诗的音节，声调要依据歌咏，音律要使声调和谐，八种乐器的声音都能和谐，就不会伦理错乱，神灵和世人都将安宁和睦。”夔说：“啊！我敲打起石制的乐器，各种兽类都随着我的节拍载歌载舞。”舜说：“龙，我最憎恶谗言和暴行，它会惊扰我的人民，任命你担任纳言，不论早晚负责颁发我的政令，你一定要诚实不虚。”舜说：“啊！你们二十二人，要恭谨啊，每时每刻都要辅佐我处理好上天交给我的工作。”舜每三年考核一次大家的政绩，考核三次以后，决定升迁或罢免。因此，无论远近，各项事业都兴盛起来。把三苗部族分别隔离开来。

这二十二人都成功地完成了他们的工作：皋陶担任法官，执法公平，实事求是，百姓信服；伯夷掌管礼仪，上上下下都谦恭礼让；垂统领工师，各种工匠都做出了成绩；益管理山泽，山林湖泽都被开发利用起来；弃主管农业，各种谷物都生长得茁壮茂盛；契担任司徒，百姓亲密和谐；龙主管接待宾客，远方的部族都来归附；十二个地区的长官奉法行事，九州百姓没有哪一个敢躲避和违抗的。他们当中唯有禹的功绩最大，他开通了九座山脉，疏通了九个湖泊，治理了九条江河，划定了九州的疆界，并规定了各州对朝廷的贡物，没有不符合规定的。疆域方圆五千里，延伸到了遥远的不毛之地。南至交阯、北发，西至戎、析枝、渠廋、氐、羌，北至山戎、发、息慎，东至长夷、鸟夷，四海之内，都感戴帝舜的功德。于是，禹创作了《九招》乐曲，招来珍奇异物，凤凰也会飞来。天下的文明德政都始自虞帝时代。

原文

舜年二十以孝闻，年三十尧举之，年五十摄行天子事，年五十八尧崩，年六十一代尧践帝位。践帝位三十九年，南巡狩，崩于苍梧之野。葬于江南九疑，是为零陵。舜之践帝位，载天子旗，往朝父瞽叟，夔夔[①]唯谨，如子道。封弟象为诸侯。舜子商均亦不肖，舜乃豫[②]荐禹于天。十七年而崩。三年丧毕，禹亦乃让舜子，如舜让尧子。诸侯归之，然后禹践天子位。尧子丹珠，舜子商均，皆有疆土，以奉先祀。

服其服，礼乐如之。以客见天子，天子弗臣，示不敢专也。

自黄帝至舜、禹，皆同姓而异其国号，以章明德。故黄帝为有熊，帝颛顼为高阳，帝喾为高辛，帝尧为陶唐，帝舜为有虞。帝禹为夏后而别氏，姓姒氏。契为商，姓子氏。弃为周，姓姬氏。

太史公③曰：学者多称五帝，尚矣。然《尚书》独载尧以来；而百家言黄帝，其文不雅驯，荐绅先生难言之。孔子所传《宰予问五帝德》及《帝系姓》，儒者或不传。余尝西至空桐，北过涿鹿，东渐于海，南浮江淮矣，至长老皆各往往称黄帝、尧、舜之处，风教固殊焉，总之不离古文者近是。予观《春秋》《国语》，其发明《五帝德》《帝系姓》章矣，顾弟弗深考，其所表见皆不虚。《书》缺有间矣，其轶乃时时见于他说。非好学深思，心知其意，固难为浅见寡闻道也。余并论次，择其言尤雅者，故著为本纪书首。

[注释]

①夔夔：和顺恭敬的样子。②豫：通“预”，事先。③太史公：司马迁的自称。“太史公曰”以下的文字是司马迁的论赞。论赞是一篇的结语，其内容或为发表议论，或为说明立篇之意，或为补充史实。

[译文]

舜二十岁时即以孝顺闻名，三十岁时尧举用了他，五十岁代理天子政务，五十八岁时尧去世，六十一岁时接替尧登上帝位。登上帝位三十九年，到南方巡视，死在苍梧的郊野。安葬在长江南面的九疑山，这就是零陵。舜登上帝位，车子上竖立着天子的旗帜，去拜见父亲瞽叟，态度和悦恭谨，保持着做儿子的规矩。封弟弟象为诸侯。舜的儿子商均也是个不成器的人，舜在自己死前就把禹推荐给上天。过了十七年，舜去世了。服丧三年后，禹也把帝位让给舜的儿子，就像舜让尧的儿子继承帝位一样。然而诸侯全都归顺禹，后来禹才登上帝位。尧的儿子丹朱，舜的儿子商均，都有自己的封地，用来供奉自己的祖先。他们的服饰都保持着本部族的传统，礼乐制度也一如往昔。他们以宾客的身份朝见天子，天子也不把他们当臣下看待，表示不敢独自占有天下。

从黄帝到舜、禹都是同姓，只是国号不同，以此来显示各人的美德。所以黄帝号有熊，帝颛顼号高阳，帝喾号高辛，帝尧号陶唐，帝舜号有虞。帝禹称夏后，用不同的氏来区别，姓姒氏。契是商的祖先，姓子氏。弃是周的祖先，姓姬氏。

太史公说：很多学者都讨论五帝，但他们的年代距离我们太久远了。《尚书》只记载尧以来的事迹；各家述说黄帝事迹的文字都荒诞不经，士大夫和有学问的人也难以说明白。孔子所传授的《宰予问五帝德》和《帝系姓》，有的儒生也不传习。我曾往西到达空桐山，往北经过涿鹿，往东到达海边，往南渡过长江、淮河，所到之处，年长的老人们常常谈到黄帝、尧、舜，风俗教化实在是迥然不同，总而言之，还是古文记载的那些说法较为可信。我读《春秋》《国语》，觉得能阐明《五帝德》《帝系姓》的地方还是很清楚的，只是没有进行深入的研究，其实，它们的记述都是比较切实可信的。《尚书》残缺散佚已有很长时间了，散佚的部分时常在别的著作中见到。不是好学深思，心领神会的人，是很难就此与浅见寡闻的人讨论的。我综合了各家著述，进行研究编排，选择文辞最为典雅可靠的，写成这篇本纪，作为本书的第一篇。

［赏析］

本篇的大部分事件虽然是传说，但从人类历史发展的规律来分析，它为我们了解与研究原始社会后期的历史提供了线索或信息。中华民族五千年的灿烂历史，就是以远古传说作为开端的，黄帝与炎帝两个部落最终融为一体，在黄河流域定居并进行繁衍，最终形成了华夏民族，创造了我国光辉璀璨的远古文化。

材料安排得当与取舍巧妙是本篇最突出的特点之一。如黄帝与蚩尤进行的涿鹿之战、黄帝与炎帝的阪泉之战，并非无法详细描述，但都用较少的笔墨带过，而将主要笔墨集中到尧、舜二帝的身上。这或许是年代久远，史料不够充足的原因，但也突出了由黄帝开创基业，由尧、舜继承并予以发扬光大的帝王功业，又使得对历史事件的叙述与全篇的结构更加合理。

本篇在记叙方式上，起初对黄帝、颛顼、帝喾的记载，都是以叙述的方式。到了本篇的中心部分，则采用了叙、议结合，叙事当中穿插对话的形式，突出了尧、舜知人善任、从谏如流的政治家气魄，显示出为历代儒家所推崇备至的上古贤君风范。

《五帝本纪》在记事上确立了对历史发展记录的基础，在写作上为后面的诸多篇目埋下伏笔。司马迁采用连锁叙写的方式，环环相扣。如在写尧时提到舜，而重点在于表现尧的知人善任；写舜时继续对尧进行叙写，又突出了对舜的刻画，同时还对禹、契、后稷等人进行了连带描写，为以后的各篇打下基础。

［集评］

索隐述赞：帝出少典，居于轩丘。既代炎历，遂禽蚩尤。高阳嗣位，静深有谋。小大远近，莫不怀柔。爰洎帝喾，列圣同休。帝挚之弟，其号放勋。就之如日，望之如云。郁夷东作，昧谷西曛。明扬仄陋，玄德升闻。能让天下，贤哉二君！

夏本纪

题解

《夏本纪》选自《史记》卷二，本纪第二。夏朝是一个部落联盟形式的国家，相传是由包括夏在内的十多个部落联合组成并发展而来的。夏族的首领禹由于治水有大功，获取了帝位，并传位给自己的儿子启，建立了我国历史上第一个奴隶制王朝，并结束了原始社会后期的禅让制度。夏朝约存在于公元前 21 世纪至公元前 16 世纪。本篇根据《尚书》及相关史料与传说编写而成，系统地叙述了从夏禹到夏桀约四百年的历史，向人们展现了从原始部落联盟向奴隶制社会过渡时期的政治、经济、军事、文化及人民生活等诸多方面情况的概貌，突出描写了夏禹这样一个有着卓越功绩的远古部落首领与帝王的形象。

原文

夏禹，名曰文命。禹之父曰鲧，鲧之父曰帝颛顼，颛顼之父曰昌意，昌意之父曰黄帝。禹者，黄帝之玄孙而帝颛顼之孙也。禹之曾大父昌意及父鲧皆不得在帝位，为人臣。

当帝尧之时，鸿水滔天，浩浩怀山襄陵，下民其忧。尧求能治水者，群臣、四岳皆曰鲧可。尧曰："鲧为人负命毁族，不可。"四岳曰："等之未有贤于鲧者，愿帝试之。"于是尧听四岳，用鲧治水。九年而水不息，功用不成。于是帝尧乃求人，更得舜。舜登用，摄行天子之政，巡狩。行视鲧之治水无状，乃殛①鲧于羽山以死。天下皆以舜之诛为是。于是舜举鲧子禹，而使续鲧之业。

夏禹

尧崩，帝舜问四岳曰："有能成美尧之事者使居官？"皆曰："伯禹为司空，可成美尧之功。"舜曰：

“嗟，然！”命禹：“女平水土，维是勉之。”禹拜稽首，让于契、后稷、皋陶（gāo yáo）。舜曰：“女其往视尔事矣。”

禹为人敏给克勤；其德不违，其仁可亲，其言可信；声为律，身为度，称以出；亹（wěi）亹穆穆，为纲为纪。

[注释]

①殛：诛杀。

[译文]

夏禹，名文命。他的父亲叫鲧，鲧的父亲是帝颛顼，颛顼的父亲是昌意，昌意的父亲就是黄帝。禹是黄帝的玄孙，颛顼的孙子。在禹的家族中，只有禹的曾祖父昌意和他的父亲鲧没能登上帝位，而是做了臣子。

尧在位的时候，滚滚洪水浩浩荡荡地包围了山川，淹没了丘陵，老百姓整天都被洪水困扰着。尧就召集大臣，想要找到可以治理洪水的人，群臣、四方诸侯之长都认为鲧能够胜任。尧却说：“鲧不服从命令、败坏同族，不能够任用。”四方诸侯之长认为：“这一辈的人中鲧是最有才能的了，恳请陛下给他一次机会。”最后，尧接受了四方诸侯之长的意见，任用鲧治理洪水。鲧花费了九年的时间治理洪水，却始终没有平定水患，没有取得任何成绩。于是帝尧就另外寻找人才，发现了有德行的舜。尧任用了舜，让他代替天子治理天下，并让他按时到各个诸侯的疆土上去巡行视察。舜在巡行的时候发现鲧对治水这件事一点也不负责，于是，舜在羽山诛杀了鲧。天下的百姓都认为舜的做法是很恰当的。这个时候舜又提拔鲧的儿子禹，让他接替他父亲的职位，继续治水。

尧驾崩以后，帝舜问四方诸侯之长：“有谁能够更好地完成尧的事业并担任官职呢？”大家都说：“假如让伯禹担任司空的职位，他一定可以顺利完成尧的勋业。”帝舜说：“好吧，就这样吧！”于是，舜找来禹，并对他说：“我现在派你去平定洪水，你一定要好好地干。”禹行了一礼，并谦虚地表示要把这个重任推让给契、后稷、皋陶等人。舜说：“你不要推让了，还是你负责这个事情吧。”

禹这个人，做事敏捷又勤奋；他的品德端正，仁爱宽容，可以亲近，他的话诚实可信；说话的声音像音律一样自然动听，行为举止自然而且有礼，他完全可以成为人们学习的标准，重要的规范准则都能从他的身上得出；禹勤勉肃敬，他的行为可以作为人们共同遵守的标准纲纪。

原文

禹乃遂与益、后稷奉帝命，命诸侯百姓兴人徒以傅[①]土，行山表木，定高山大川。禹伤先人父鲧功之不成受诛，乃劳身焦思，居外十三年，过家门不敢入。薄衣食，致孝于鬼神。卑宫室，致费于沟淢(xù)。陆行乘车，水行乘船，泥行乘橇，山行乘檋(jú)②。左准绳，右规矩，载四时，以开九州，通九道，陂九泽，度九山。令益予众庶稻，可种卑湿。命后稷予众庶难得之食。食少，调有余相给，以均诸侯。禹乃行相地宜所有以贡，及山川之便利。

［注释］

①傅：《尚书》作“敷”，是分的意思，指分治九州土地。一说傅，即“付”，指付出功役。②檋：上山乘坐的滑竿一类的乘具。一说为登山穿的有齿的鞋。

［译文］

禹于是和伯益、后稷一道尊奉帝舜的诏命。他们让诸侯百官召集百姓开始大规模整治水土。他们巡视山岳，立木以为标志来确定高山大川。禹为父亲鲧治水无功而被杀这件事很难过，因此，他辛苦劳作，不断思考，在外奔波十三年，即使路过自己的家门也没时间进去。禹的吃穿非常简朴，但是他对祖先神明的祭祀所用却很丰厚。禹住在简陋的房子中，但是他不吝惜耗费巨资用于修渠挖沟。他在陆地行走的时候坐车，走水路就坐船，走泥地的时候坐橇，走山路就穿上屐底有齿的鞋。禹随身带着用来测定平直的水准器与绳墨、画定图式的圆规与方矩，用来开辟九州的道路，修筑九州的堤障湖泽，计量九州的山岳脉络。禹还让伯益发放稻种，教导群众在地势低下潮湿的地方种植。禹让后稷在百姓很难得到食物的时候发给他们食物。在缺少粮食的地方，禹就从粮食充足的地方调来补充不足的地方，保证了各个诸侯境内粮食丰歉都比较平衡。禹还巡视各地特有的物产，并根据情况定下各地要上交的贡物。禹还巡视了各地高山大河的情况。

原文

禹行自冀州始。冀州，既载壶口，治梁及岐①。既修太原，至于岳阳。覃怀致功，至于衡漳。其土白壤。赋上上错，田中中，常、卫既从，大陆既为。鸟夷②皮服。夹右碣石，入于海。

济、河维沇州：九河既道③，雷夏既泽，雍、沮会同，桑土既蚕，于是民得下丘居土。其土黑坟，草繇木条。田中下，赋贞，作十有三年乃同。其贡漆丝，其篚(fěi)织文。浮于济、漯(luò)，通于河。

海岱维青州：堣(yú)夷既略，潍(wéi)、淄其道。其土白坟，海滨广潟(xì)，厥田斥卤。田上下，赋中上。厥贡盐、絺(chī)，海物维错，岱畎(quǎn)丝、枲(xǐ)、铅、松、怪石，莱夷为牧，其篚酓丝。浮于汶，通于济。

海岱及淮维徐州：淮、沂其治，蒙、羽其蓺。大野既都④，东原底平。其土赤埴坟，草木渐包。其田上中，赋中中。贡维土五色，羽畎夏狄⑤，峄阳孤桐，泗滨浮磬，淮夷蠙珠臮⑥鱼，其篚玄纤缟。浮于淮、泗，通于菏。

淮海维扬州：彭蠡既都，阳鸟所居。三江既入，震泽致定。竹箭既布。其草惟夭，其木惟乔，其土涂泥。田下下，赋下上上杂。贡金三品，瑶、琨、竹箭，齿、革、羽、旄，岛夷卉服，其篚织贝，其包橘、柚锡贡。均江海，通淮、泗。

荆及衡阳维荆州：江、汉朝宗于海。九江甚中，沱、涔已道，云土、梦为治。其土涂泥。田下中，赋上下。贡羽、旄、齿、革，金三品，杶、榦、栝、柏，砺、砥、砮、丹，维箘簬、楛，三国致贡其名，包匦菁茅⑦。其篚玄纁玑组，九江入赐大龟。浮于江、沱、涔、汉，逾于雒，至于南河。

荆河惟⑧豫州：伊、雒、瀍、涧既入于河，荥播既都，道荷泽，被⑨明都。其土壤，下土坟垆。田中上，赋杂上中。贡漆、丝、絺、纻，其篚纤絮，锡贡磬错。浮于雒，达于河。

华阳黑水惟梁州：汶、嶓既蓺，沱、涔既道，蔡、蒙旅平，和夷底绩。其土青骊。田下上，赋下中三错。贡璆、铁、银、镂、砮、磬，熊、罴、狐、狸、织皮。西倾因桓是来，浮于潜，逾于沔，入于渭，乱于河。

黑水西河惟雍州：弱水既西，泾属渭汭。漆、沮既从，沣水所同。荆、岐已旅，终南、敦物至于鸟鼠。原隰底绩，至于都野。三危既度⑩，三苗大序。其土黄壤。田上上，赋中下。贡璆、琳、琅玕。浮于积石，至于龙门西河，会于渭汭。织皮昆仑、析支、渠搜，西戎即序。

［注释］

①梁及岐：梁山和岐山，都在今陕西省境内。②鸟夷：古族名。生活在中国东

部沿海及海域中的岛屿上。③道：同“导”，疏通。④都：通“潴”，水流汇聚的地方。⑤狄：通“翟”，长尾野鸡。⑥臮：同“暨”，及，与。⑦菁茅：香草名，茅的一种，古代祭祀时用以过滤酒中的渣滓。一说，菁茅为二物。在宗庙祭祀时，将菁茅捆好，把祭酒洒在上面，酒渗下去，就认为神喝到了酒，这种仪式称为缩酒。⑧惟：通“维”。⑨被：同“陂”，指筑堤防。⑩度：通“宅”，可居住。

［译文］

从冀州开始，禹督导治水。他在冀州，先治理了壶口，然后又治理了梁山和岐山。在修整了太原以后，又修整了岳阳等地。覃怀地区也修整好了，又修整到衡水、漳水一带。这些地方的土壤是白壤。赋税为上上等，也夹杂着第二等，田地排在第五等。常水和卫水的河道也都疏通了，大陆泽附近的土地可以用于耕作。东北的鸟夷族向禹进贡了制作贵族服装所用的珍奇异兽的皮毛。他们从海路入贡，经过碣石山的南侧后行驶到黄河航道。

济水与黄河之间是沇州。黄河下游的九条河道都已经疏通了，雷夏洼地也已经汇聚成湖泽，雍水和沮水最后都流到雷夏泽中，能种桑的土地开始养蚕，人民从躲避洪水的高地搬到平地生活。这些地方的土壤是黑壤，地上长着茂盛的林木和草。田地被排在第六等，而赋税则排在第九等。这个地方经过十三年的耕作，进贡才终于赶上其他各地。这里的贡物是漆和丝，还有装在筐子里的有美丽纹饰的丝织品。人们将贡品装上船经过济水、漯水，顺流入黄河。

大海到泰山之间是青州。为青州境内的堣夷划定疆界后，潍水和淄水得到了疏通。这一州的土壤是白壤，土质白而且肥沃，海滨一带宽广而富含碱，田地多是盐碱地。田地被列为第三等，赋税则被列为第四等。这里的贡物是盐、精细的葛布、海产品，还有泰山山谷里出产的丝、麻、铅、松、怪异的石头。莱夷地区可以放牧，因此那里进贡畜牧产品，还有装在筐子中的山桑蚕丝。这里的进贡道路是由汶水用船运到济水。

大海、泰山到淮水之间是徐州。淮水和沂水已经被治理好，蒙山、羽山等地也可以种植谷物了。大野泽地区已经汇积成湖，东

下车泣罪

传说禹继承帝位后，一次外出巡行，遇到一个在押的罪犯，他下车问明情况后，竟哭泣起来。左右随从说：“这个人犯了罪，受到惩罚是理所应当的，您怎么为此哭泣起来呢？”禹说：“尧、舜在位的时候，人人都有仁爱之心，没有作奸犯科的，如今我在位，却出现了这种犯罪的人，这岂不是说明现在的政治不如以前清明了吗？所以我感到痛苦。”

原地区的水涝已经平复，土地平整。这里的土地是赤埴壤，土质红色，富有黏性而且肥沃，上面生长的草木繁盛。田地排在第二等，赋税为第五等。这里的贡物是五色土、羽山谷中所出产的雉羽、峄山南面出产的制琴的良材孤生桐、泗水海滨可作石磬的石头、淮夷族贡献的珍珠贝及各种渔产，还有用筐装的赤黑色细缯和白色绸帛。这里的进贡道路是由淮水乘船将贡品运入泗水，再经过菏水。

淮河与大海之间是扬州。彭蠡地区已经汇集成湖，成为鸿雁南飞时的休息之地。三江已经流入大海，太湖水域也治理平定了。这里遍地生长着茂密的竹林，随处可见繁茂的青草、葱翠的乔木。这里的土壤是潮湿的泥土。田地排在第九等，赋税则列在第七等，有时列为第六等。这里的贡物是三种成色的铜、瑶、琨等美玉、大竹、小竹、象牙、鸟兽的皮革、珍禽的羽毛、旄牛的尾巴，岛夷族贡献的一种用草编织成的衣服，还有用筐子装着进贡的绚丽的贝锦和包好的橘子、柚子。这里的进贡道路是经由长江和黄海到达淮河和泗水。

荆山和衡山的南面是荆州。长江、汉水到这里汇合，最后流入大海。九江已经得到治理，沱、涔等河流也已经被疏浚通畅，云梦泽水域也得到了治理。这里的土壤是潮湿的泥土。田地列为第八等，赋税排在第三等。这里的贡物是珍禽的羽毛、旄牛的牛尾、象牙、异兽的皮革，三种成色的铜，椿木、柘木、桧木、柏木，细粗两种磨刀石，可做箭头的石头、朱砂，竹笋、美竹和楛木。三个诸侯国进贡他们的特产，有捆扎起来专供宗庙滤酒使用的菁茅，还有用筐子装着进贡的赤黑色和浅红色的丝织物以及珠串，更有九江进贡的大龟。这里的进贡道路是用船装好贡物经江水及沱水、涔水等运到汉水，然后经过陆路运到雒水，最后进入南河。

在荆山和黄河之间的是豫州。伊水、雒水、瀍水、涧水都已被疏通并流入黄河，荥播那里泛滥的水也汇积成为湖，疏导菏泽的水向南面流入明都泽。这个地方的土壤疏松柔软，下层是肥沃的黑土，田地被排在第四等，而赋税则排在第二等，间杂第一等。这个地方的贡物是漆、丝、精细葛布、纻麻，还有装在筐子中的细丝绵，另外还有制磬的石头。这些贡物在雒水装船以后进入黄河航道。

华山的南面与黑水之间就是梁州。汶山和嶓冢山已经可以耕种了，沱水、涔水等都已经被疏浚，蔡山与蒙山上的山道也都平整了，在对和水一带夷民的治理上也取得了成绩。这地方的土壤是青黑色的，在田地中排在第七等，而赋税则排在第八等，有时还会上下浮动。这里的贡物有美玉、铁、银、镂钢、砮石、磬石，以及熊、罴、狐、狸，还有用各种鸟兽的毛织成的地毯。西倾山一带的贡品沿桓水运来，船只经过潜水，上岸后再走陆路，再经由沔水，到达渭水，最后横渡黄河。

黑水与西河之间是雍州。弱水西流，泾水也汇入渭水的弯曲处，漆水与沮水合为漆沮水相继汇入渭水，沣水同样跟着注入渭水。荆山、岐山都被治理好了；终南山、敦物山，直到鸟鼠山都已经竣工，甚至连野泽那样的湖沼地区却治理好了。三危山可以居住了，迁居到这里的三苗人民的生活也渐渐安定。这里的土壤是黄壤。田地排在第一等，而赋税是第六等。这里的贡物有璆玉、琳玉和其他玉质美石。这些贡物从积石山下的黄河水装船，航行千里，一直到达龙门山下的黄河，在渭水和黄河的交汇处会合。昆仑、析支、渠搜一带进贡地毯，西部的少数民族也都归顺了。

君臣惕益

尧时洪水泛滥，尧先让鲧治水，鲧不成而用禹，终于完成治水大业。

原文

道九山：汧(qiān)及岐至于荆山，逾于河；壶口、雷首至于太岳；砥柱、析城至于王屋；太行、常山至于碣石，入于海；西倾、朱圉(yǔ)、鸟鼠至于太华；熊耳、外方、桐柏至于负尾；道嶓冢，至于荆山；内方至于大别；汶山之阳至衡山，过九江，至于敷浅原。

道九川：弱水至于合黎，余波入于流沙。道黑水，至于三危，入于南海。道河积石，至于龙门，南至华阴，东至砥柱，又东至于盟津，东过雒汭，至于大邳，北过降水，至于大陆，北播为九河，同为逆河，入于海。嶓冢道瀁(yàng)，东流为汉，又东为苍浪之水，过三澨(shì)，入于大别，南入于江，东汇泽为彭蠡，东为北江，入于海。汶山道江，东别为沱，又东至于醴，过九江，至于东陵，东迤北会于汇，东为中江，入于海。道沇(yǎn)水，东为济，入于河，泆(yì)[1]为荥，东出陶丘北，又东至于荷，又东北会于汶，又东北入于海。道淮自桐柏，东会于泗、沂，东入于海。道渭自鸟鼠同穴，东会于沣，又东北至于泾，东过漆、沮，入于河。道雒自熊耳，东北会于涧、瀍，又东会于伊，东北入于河。

于是九州攸同，四奥[2]既居，九山刊旅，九川涤原[3]，九泽既陂，四海会同。六府甚修，众土交正，致慎财赋，咸则三壤成赋。中国赐土姓："祗台[4]德先，不距[5]朕行。"

[注释]

①泆：同“溢”。②四奥：四方之内。奥，同“墺”，可定居之地。③涤原：疏通水源。原，同“源”。④台：我，天子自称。⑤距：同“拒”，违抗，违背。

[译文]

开通了九座山脉的道路：一条从汧山和岐山直至荆山；一条从壶口山，经过雷首山，一直到太岳山；一条从砥柱山、析城山，一直到王屋山；一条从太行山、常山，一直到碣石山，进入海中和水路相连；一条从西倾山，经过朱圉山、鸟鼠山，一直到太华山；一条从熊耳山、外方山、桐柏山，一直到负尾山；一条从嶓冢山一直开到荆山；一条从内方山开到大别山；一条从汶山的南面开到衡山，跨过九江，直到庐山南麓傅阳山的高平之地。

禹又疏导了九条大河：将弱水疏导至合黎，并使弱水的下游没入沙漠。疏导了黑水，流经三危山，最后注入南海。疏通黄河，流过积石山，一直到龙门，再向南流到华山北面，向东流过砥柱，再往东直到盟津，继续向东流过雒水入河口，直到大邳山，然后折向北面流去，在经过降水以后，流注入了大陆泽，流经此处，再向北分出九条河，各河道下游入海口河段都受海水倒灌成为逆河，最后汇入海中。禹从嶓冢山开始疏导瀁水，向东流为汉水，再向东流为苍浪水，经过三澨水，最后进入大别山，向南则注入长江，再往东和彭蠡泽之水汇合，继续向东为北江，最后注入大海。从汶山开始疏导长江水，向东分出支津即为沱水，再向东到达醴水，然后经过九江，直到东陵，从东陵向东，逶迤北流，和彭蠡泽汇合，继续向东称为中江，最后流入大海。疏导沇水，向东流就是济水，流入黄河，漫溢而为荥泽，从陶丘北面东流，继续向东和菏水相会后，转而向东北流，然后和经过的汶水汇合，之后一直向东北流入大海。从桐柏山开始疏导淮水，向东流去，与泗水和沂水汇合，继续向东流就注入大海。从鸟鼠同穴山开始疏导渭水，向东流和沣水汇合，然后又向东北流，一直到泾水，继续向东流经过漆水、沮水后进入黄河。从熊耳山开始疏导雒水，向东北流和涧水、瀍水汇合，又向东流与伊水汇合，再向东北流最后注入黄河。

直到这个时候，九州统一，治理完好，四境之内都可以居住，九州的山脉都用刊木标识，道路顺畅，九州的水都已经疏通，九州之内低洼的沼泽之地也都被修筑堤防形成湖泊，四海之内的诸侯都可以到京城觐见了。六库的物资管理得很好，所有的领土都能按照规定征收赋税，官员们认真收取税收，赋税都是按照土壤的三个等级来征收的。天子赏给诸侯天下的土地，并赐给他们姓氏，命令道：“诸侯须将我的德行放在首位，不要违背我一贯的作风。”

原文

令天子之国以外五百里甸服：百里赋纳总，二百里纳铚，三百里纳秸服，四百里粟，五百里米。甸服外五百里侯服：百里采，二百里任国[①]，三百里诸侯。侯服外五百里绥服：三百里揆(kuí)文教，二百里奋武卫。绥服外五百里要服：三百里夷，二百里蔡。要服外五百里荒服：三百里蛮，二百里流。

东渐于海，西被于流沙，朔、南暨：声教讫[②]于四海。于是帝锡禹玄圭，以告成功于天下。天下于是太平治。

[注释]

①任国：《尚书》作“男邦”，距离王城六百里至七百里的男爵小国。②讫：尽。

[译文]

禹规定把天子国都之外五百里的地方称为甸服：距离国都一百里以内的地方要缴纳带着秸穗的全禾，二百里以内的地方要缴纳禾穗，三百里以内的地方要缴纳去掉芒尖的穗，四百里以内的地方要缴纳谷粒，五百里以内的地方要缴纳米粒。甸服之外五百里以内的地方称为侯服：近一百里以内的地方为采地，二百里以内的地方为男爵地，其余三百里的地方封给诸侯。侯服之外五百里以内的地方称为绥服：其中三百里以内的地方设置主持文教事务的官员，靠外的二百里的地方努力发展国防，奋扬武威，保卫天子。绥服以外五百里的地方称为要服：其中三百里以内的地方为夷族生活的区域，靠外的二百里的地方安置罪犯。要服之外五百里的地方称为荒服：其中三百里以内的地方为蛮族生活的区域，二百里以外的地方安置迁徙的部落。

这样，国土的东面到达大海，西面到达沙漠，从北方到南方：天子的声威教化传遍四海。于是，舜帝赏给禹一块黑色的圭玉，用来向全天下宣布治水的成功。天下从此太平安定了。

原文

皋陶作士以理民。帝舜朝，禹、伯夷、皋陶相与语帝前。皋陶述其谋曰：“信其道德，谋明辅和。”禹曰：“然，如何？”皋陶曰：“於！慎其身修，思长，敦序九族，众明高翼，近可远在已。”禹拜美言，曰：“然。”皋陶曰：“於！在知人，在安民。”禹曰：“吁！皆若是，惟[①]帝其难之。知人则智，能官人；能安民则惠，黎民怀之。能知能惠，何忧乎驩兜，何迁乎有苗，何畏乎巧言善色佞人？”皋陶曰：“然，於！亦[②]行有九德，亦言其有德。”乃言曰：“始事事，宽而栗，柔而立，愿而共[③]，治而敬，扰而毅，直而温，简而廉，刚而实，强而义，章其有常，吉哉。日宣三德，蚤[④]夜翊(yì)明有家。日严振敬六德，亮采有国。翕(xì)

受普施，九德咸事，俊乂(yì)在官，百吏肃谨。毋教邪淫奇谋。非其人居其官，是谓乱天事。天讨有罪，五刑五用哉。吾言厎(zhì)可行乎？”禹曰：“女言致可绩行。”皋陶曰：“余未有知，思赞道哉。”

帝舜谓禹曰：“女亦昌言。”禹拜曰：“於，予何言！予思日孳孳⑤。”皋陶难禹曰：“何谓孳孳？”禹曰：“鸿水滔天，浩浩怀山襄陵，下民皆服⑥于水。予陆行乘车，水行乘舟，泥行乘橇，山行乘檋，行山刊木。与益予众庶稻鲜食。以决九川致四海，浚畎浍(huì)致之川。与稷予众庶难得之食。食少，调有余补不足，徙居。众民乃定，万国为治。”皋陶曰：“然，此而美也。”

［注释］

①惟：通“虽”，即使。②亦：发语词。③共：同“恭”，庄重。④蚤：通“早”。⑤孳孳：同“孜孜”，勤勉不懈的样子。⑥服：通“伏”，陷落。

［译文］

皋陶担任审理刑狱的长官管理人民。帝舜在朝廷接受大臣的朝见时，禹、伯夷、皋陶争相到帝舜面前说话。皋陶讲述他的主张说：“诚实地施行德政，这样就能使决策英明，群臣之间同心协力。”禹说：“正是这样，但是该怎么做呢？”皋陶又说：“啊！要慬慎地注意修身，提出长远的计划，团结臣下，一起辅佐天子。”禹听了这番精辟的言论，拜谢说：“对呀。”皋陶说：“啊，除此以外，还要理解臣下，安定民心。”禹说：“唉！如果真的能做到这样，只怕连尧帝也会感到是一件非常不容易的事。知人就要有可以知人的智慧，这样才能赏识提拔这样的人出任官职；安定百姓就要让人民得到实惠，这样百姓才会心怀感激。能够做到知人善任，又可以施惠于百姓，还怎么会害怕驩兜的作乱，还怎么会流放三苗，还畏惧什么花言巧语察言观色阿谀奉承的坏人呢？”皋陶说：“是啊！行事需要有九种德行，要说某人有德行，就需要一件一件列出。”于是列举说道：“开始要从一个人的行事来查看。宽厚而又严肃，柔和而又独立，诚实而又恭敬，具有才干而又严肃谨慎，和顺而又果毅，正直而又温良，简率而又有原则，刚劲而又踏实，强直而又有义气，这些品德能够彰显人的德行，并可以经常这样做的，那就好了。每天宣扬三种品德，从早到晚都能够勤勉地遵行，就可以治理好你的家庭。每天抓紧做到其中的六种，并用来治理国家，就可以保有你的国家。能将三德和六德结合起来普遍施行，就可以让具有品德的人获得官职，贤俊之才能够任职，所有官吏都肃敬恭谨。不让邪淫和施阴谋诡计的人得逞。如果一个人在不合适的职位上，这就是所谓的乱天事。上天要讨伐那些有罪的人，就会按照五刑分别执行。我说的这些话可以成功地实行吗？”禹说：“你说的话完全可以成功地实行。”皋陶说：“我不聪明，只是思考治国之道罢了。”

帝舜对禹说："你也说一下你的好意见吧。"禹恭敬地给舜行了拜礼，说道："啊，我该说什么呢？每天，我只想着勤勤恳恳地做好自己的工作。"皋陶追问禹说："什么才是勤恳努力呢？"禹回答说："洪水滔天，浩浩荡荡，就要淹没高山，侵入丘陵，天下的百姓正遭受着洪水的威胁。我在陆地上行走乘车，在水上乘船，在泥地中乘木橇，走山路的时候用欙，翻山越岭的时候砍削树木，在山上做好标志。我和益一起为老百姓送去稻粮和新鲜的肉食。我疏导了九条大河，把它们引入大海，还把田间沟渠疏浚好，并引入河道。我和稷一起给那些吃粮困难的民众送去粮食。食物匮乏的时候，我们就从粮食多的地方调送粮食到欠缺的地方，或者让百姓迁到粮食充足的地方生活。于是，民众便安定下来，各诸侯国也治理好了。"皋陶说："是呀，这番话说得真好啊。"

原文

揭器求言

禹即帝位后，深恐言路阻塞，下情不达，遂想方设法疏通言路，也效仿尧的故事，在宫前悬挂了钟、鼓、磬、铎、鼗五样乐器，并告示天下，以请仁人志士提出好建议、好方法来管理国家。

禹曰："於，帝！慎乃在位，安尔止。辅德，天下大应。清意以昭待上帝命，天其重命用休。"帝曰："吁，臣哉，臣哉！臣作朕股肱耳目。予欲左右有民，女辅之。余欲观古人之象，日月星辰，作文绣服色，女明之。予欲闻六律五声八音，来始滑，以出入五言，女听。予即辟，女匡拂[1]予。女无面谀。退而谤予。敬四辅臣。诸众谗嬖臣，君德诚施皆清矣。"禹曰："然。帝即不时，布同善恶则毋功。"

帝曰："毋若丹朱傲，维[2]慢游是好，毋水行舟，朋淫于家，用绝其世。予不能顺是。"禹曰："予娶涂山，辛壬癸甲，生启予不子，以故能成水土功。辅成五服，至于五千里，州十二师，外薄四海，咸建五长，各道有功。苗顽不即功，帝其念哉。"帝曰："道吾德，乃女功序之也。"

皋陶于是敬禹之德，令民皆则禹。不如言，刑从之。舜德大明。

[注释]

①拂：通“弼”，辅佐。②维：通“唯”，只。

[译文]

禹又对舜说：“啊，帝！您在帝位上一定要小心谨慎！您要安于您的职责。用有德之人辅佐您的治理，这样，天下的百姓都会拥护您。以虔敬认真的态度奉行上帝的命令，上天就一定会给您降下祥瑞。”帝舜说：“啊，大臣啊，大臣啊！臣子应该做好我的手足耳目。我想帮助天下的百姓，你们一定要辅助我完成这个大业。我想要观察古人的图画，把日、月、星、辰等图案绣到衣服上，你们一定要考订明确。我要谛听六律、五声、八音、七始咏等各种乐律，听取各方面的意见，你们一定要帮助我辨明。如果我有错误的地方，你们一定要匡正辅助我。你们不要当面阿谀奉承我，私底下又诽谤我。我敬重前后左右辅佐我的大臣。只要我能够正直地施行德政，那些喜欢进谗言邀宠幸的大臣就自然被清除了。”禹回答说：“太对了。如果您不是这样，那么贤愚善恶的人就共同存在，那么您就不会在治国上取得成绩了。”

帝舜说：“不要像丹朱那样桀骜不驯，只喜欢散漫放荡，河中没有水道也要行船，在家里招来淫乱的朋友，结果因为自己的行为令自己的世系断绝了。我决不能像他那样。”禹说：“我娶了涂山氏的女儿做妻子，新婚四天我就离开家，生了儿子启我也没有回家养育儿子，因此，我才能成功地治理洪水。我辅佐您创立了五服，并让疆域达到五千里，在每个州内动用十二个师的人力，将疆域扩展到四方荒凉的地方，每五个诸侯设立一个首领，让他们能够按照各自的方法取得成绩。最后，只有苗民顽固，不肯服役，所以不能给予官职，陛下您一定要记着这件事。”帝舜说：“你将我的道德宣布于天下，这些成绩都是靠你的努力取得的。”

皋陶于是对禹的品德更加尊敬，他命令百姓都以禹的做法作为准则。如果不听从，就对那些人处以刑罚。这样一来，舜的德业就越来越昌明了。

原文

于是夔行乐，祖考至，群后相让，鸟兽翔舞，《箫韶》九成，凤皇来仪，百兽率舞，百官信谐。帝用此作歌曰：“陟天之命，维时维几。”乃歌曰：“股肱喜哉，元首起哉，百工熙哉！”皋陶拜手稽首扬言曰：“念哉，率为兴事，慎乃宪，敬哉！”乃更为歌曰：“元首明哉，股肱良哉，万事康哉！”又歌曰：“元首丛脞（cuǒ）哉，股肱惰哉，万事堕哉！”帝拜曰：“然，往钦哉！”于是天下皆宗禹之明度数声乐，为山川神主。

帝舜荐禹于天，为嗣。十七年而帝舜崩。三年丧毕，禹辞辟①舜之子商均于阳城。天下诸侯皆去商均而朝禹。禹于是遂即天子位，南面朝天下，国号曰夏后，姓姒氏。

帝禹立而举皋陶荐之，且授政焉，而皋陶卒。封皋陶之后于英、六，或在许。而后举益，任之政。

[注释]

①辟：同“避”。

[译文]

到这个时候，乐官夔开始演奏乐曲，祖先的神灵全部降临，前来的诸侯都互相礼让，鸟兽翩翩飞舞。等到演奏了九遍《箫韶》的时候，凤凰也仪态万方地飞来，百兽相率起舞，百官们也都能和谐相处。帝舜因此作歌道：“奉行天命，实行德政，顺应天时，谨微慎行。”接着舜又唱道：“大臣们高兴啊，君王们努力啊，百官事业兴盛啊！”皋陶拜手叩头大声说：“一定要记得呀，您要带头做好功业，谨慎地对待您的法令，一定要诚敬啊！”接着唱道：“君王圣明，大臣贤良，所有的事情才能兴旺。”还唱道：“君王没有远大的志向，大臣们就会怠惰，所有的事情都会荒废！”帝舜最后拜谢说道：“是啊，都去吧，好好努力吧！”这时，天下的诸侯都认为禹可以昌明法度、历数和声音乐律，便尊奉他为山脉河流百神的共主。

夏启

帝舜向上天推荐禹，让他继承自己的帝位。十七年以后，帝舜驾崩。人们为他服了三年的丧，禹推辞不继承帝位，将天子之位让给舜的儿子商均，自己跑到阳城躲了起来。但是，天下的诸侯都不去朝见商均而去朝拜禹。于是，禹继承天子之位，面向南面接受天下的朝拜，国号为夏后，姓姒氏。

禹即位为天子以后，他就向上天荐举皋陶作为继承人，并授予皋陶处理政事的权力，但是皋陶不久就死了。禹就封皋陶的后代在英、六等地，还有封在许地的。之后，禹提拔益，让他处理政事。

原文

十年，帝禹东巡狩，至于会稽而崩，以天下授益。三年之丧毕，益让帝禹之子启，而辟居箕山之阳。禹子启贤，天下属意焉。及禹崩，虽授益，益之佐禹日浅，天下未洽。故诸侯皆去益而朝启，曰：“吾君帝禹之子也”。于是启遂即天子之位，是为夏后帝启。

夏后帝启，禹之子，其母涂山氏之女也。

有扈氏不服，启伐之，大战于甘。将战，作《甘誓》，乃召六卿申之。启曰：“嗟！六事之人，予誓告女：有扈(hù)氏威侮五行，怠弃三正，天用剿绝其命。今予维共行天之罚。左不攻于左，右不攻于右，女不共命。御非其马之政，女不共命。用命，赏于祖；不用命，僇(lù)①于社，予则帑(nú)僇女。”遂灭有扈氏。天下咸朝。

夏后帝启崩，子帝太康立。帝太康失国，昆弟五人，须于洛汭，作《五子之歌》。

太康崩，弟中康立，是为帝中康。帝中康时，羲、和湎淫，废时乱日。胤往征之，作《胤征》。

[注释]

①僇：通“戮”，杀。

[译文]

在位第十年的时候，帝禹到东边巡视，他到了会稽之后崩逝，便把天下交给了益。人们为禹服了三年丧，益将帝位让给帝禹的儿子启，自己躲到箕山的南面。禹的儿子启很贤良，天下的百姓都希望他可以做天子。等到禹崩逝的时候，禹虽然把天下给了益，但是，益辅佐禹的时间还很短，没能得到天下的信服。所以天下的诸侯都离开益而去朝见启，并说：“这是我君王帝禹的儿子。”于是，启就继承了天子的位置，这就是夏后帝启。

夏后帝启，是夏禹的儿子，他的母亲是涂山氏的女儿。

有扈氏不服从启的管理，启就带兵讨伐他们，在一个叫甘的地方大战。开战前，启作誓师词《甘誓》，并召集左右六大臣前来训诫。启说：“啊！六军的将领们，我将誓词告

游畋失位

太康即位之后，荒淫无度，游幸打猎，终年不止，不问国事，导致“五子争立”事件的发生，最后被后羿夺位，自己流亡于外。

诉你们：有扈氏蔑视仁、义、礼、智、信五种德行，背离天、地、人三种正道，上天要断绝他们的国命。现在我恭敬地奉行上天对他们的这种惩罚。所有战车左边的战士如果不能完成战车左边的任务，战车右边的战士如果不能完成战车右边的战斗任务，你们就是不执行命令；驾驭战车的战士如果无法胜任而贻误了战斗的任务，也是不执行命令。努力执行命令的，就在祖庙里给他们奖赏；不努力执行命令的，就在社坛里把他们杀掉，而且连他们的家属也会被杀掉，或者沦为奴隶。”就这样，启消灭了有扈氏，天下诸侯都来朝见启。

夏后帝启驾崩，他的儿子帝太康继位。帝太康因为沉迷玩乐而失掉帝位，他的五个兄弟逃到洛汭等待太康到来，并写下了《五子之歌》。

太康驾崩以后，他的弟弟中康继位，就是帝中康。帝中康的时候，掌管天地四时的官员羲氏与和氏沉湎酒色，玩忽职守，把每年的四季和日子都搞乱了。大臣胤奉命前往征讨他们，并写下了《胤征》。

原文

中康崩，子帝相立。帝相崩，子帝少康立①。帝少康崩，子帝予立。帝予崩，子帝槐立。帝槐崩，子帝芒立。帝芒崩，子帝泄立。帝泄崩，子帝不降立。帝不降崩，弟帝扃(jiōng)立。帝扃崩，子帝廑(jǐn)立。帝廑崩，立帝不降之子孔甲，是为帝孔甲。

帝孔甲立，好方鬼神，事淫乱。夏后氏德衰，诸侯畔之。天降龙二，有雌雄，孔甲不能食(sì)，未得豢(huàn)龙氏。陶唐既衰，其后有刘累，学扰龙于豢龙氏，以事孔甲。孔甲赐之姓曰御龙氏，受豕韦之后。龙一雌死，以食夏后。夏后使求，惧而迁去。

孔甲崩，子帝皋立。帝皋崩，子帝发立。帝发崩，子帝履癸立，是

脯林酒池

夏代最后一个君主桀宠爱妹喜，不理政事，建造的酒池中可以运船；堆起的酒糟足有十里长，池中之酒可供三千人牛饮。夏桀沉迷酒色，不理政事，终于亡国。

为桀。

帝桀之时，自孔甲以来而诸侯多畔夏，桀不务德而武伤百姓，百姓弗堪。乃召汤而囚之夏台，已而释之。汤修德，诸侯皆归汤，汤遂率兵以伐夏桀。桀走鸣条，遂放而死。桀谓人曰："吾悔不遂杀汤于夏台，使至此。"汤乃践天子位，代夏朝天下。汤封夏之后，至周封于杞（qǐ）也。

［注释］

①少康立：据《索隐》《正义》考证，帝相至少康中间经后羿代夏政、寒浞杀后羿代夏，此纪未记，是司马迁的疏略。

［译文］

中康驾崩以后，他的儿子帝相继位。帝相驾崩以后，他的儿子帝少康继位。帝少康驾崩，他的儿子帝予继位。帝予驾崩，他的儿子帝槐继位。帝槐驾崩，他的儿子帝芒继位。帝芒驾崩，他的儿子帝泄继位。帝泄驾崩，他的儿子帝不降继位。帝不降驾崩，他的弟弟帝扃继位。帝扃驾崩，他的儿子帝廑继位。帝廑驾崩，立帝不降的儿子孔甲，这就是帝孔甲。

帝孔甲即位以后，喜欢神仙鬼怪的事情，好色又淫乱。夏后氏王朝的统治日渐衰败，诸侯纷纷起来叛变。这时，天上降下两条龙，一条雌一条雄，孔甲不知道如何饲养，他又找不到舜时善于养龙的豢龙氏。这个时候，陶唐氏已经衰败了，他的后代中有一个叫刘累的人，曾经和豢龙氏学过养龙的本领，于是，孔甲就让刘累饲养这两条龙。孔甲赏赐给他御龙氏的姓，还把豕韦氏后代的封地封赏给他。后来，那条雌龙死了，刘累竟然把龙弄熟了给孔甲吃。等到孔甲想要看那两条龙的时候，刘累心中恐惧，逃走了。

孔甲驾崩，他的儿子帝皋继位。帝皋驾崩，他的儿子帝发继位。帝发驾崩，他的儿子帝履癸继位，这就是桀。

帝桀在位的时候，由于自从孔甲以来，很多诸侯已经背叛了夏王朝，桀不知道用德政来治理，反而用武力去镇压诸侯百族，百族都无法忍受。这时，桀把诸侯中最有影响力的汤招来，并把他囚禁在夏台，没过多久，桀战又把汤放了。汤能整修德政，天下的诸侯都归顺汤，于是，汤带兵讨伐夏桀，桀战败逃到鸣条，后来遭到放逐而死。逃亡的路上，桀对人说："我真后悔没在夏台就把汤杀掉，以致于落得如此下场。"于是，汤登上天子的位置，取得了夏王朝的天下。汤分封土地给夏朝的后代，到周朝的时候，封他们在杞国。

原文

太史公曰：禹为姒姓，其后分封，用国为姓，故有夏后氏、有扈氏、有男氏、斟寻氏、彤城氏、褒氏、费氏、杞氏、缯(zēng)氏、辛氏、冥氏、斟戈氏。孔子正夏时，学者多传《夏小正》云。自虞、夏时，贡赋备矣。或言禹会诸侯江南，计功而崩，因葬焉，命曰会稽。会稽者，会计也。

[译文]

太史公说：禹姓姒，分封他的后代的时候，就用所分封的国为姓，因此有夏后氏、有扈氏、有男氏、斟寻氏、彤城氏、褒氏、费氏、杞氏、缯氏、辛氏、冥氏、斟戈氏。孔子校正夏朝的历法时，学者们很多都传习《夏小正》一书。从虞夏时开始，贡纳赋税的制度已经被完备地制定。还有一种说法认为禹曾经在江南召集诸侯，在考核诸侯功绩的时候死了，因此就葬在那里，人们把当地命名为会稽。所谓会稽，就是会计，综合核计的意思。

[赏析]

相传尧、舜当政时期洪水泛滥，这成为严重威胁到华夏民族生存与发展的一个巨大问题。在这样的历史背景下，禹子承父业，肩负起治水的重任，并吸取了父亲鲧治水失败的教训，依靠自己的健壮、精明与毅力，最终治水获得成功。禹新婚刚刚四天就离家治水，行山表木，导九川、陂九泽、通九道、度九山，考察了九州的土地肥沃程度与各类物产，规定了各地的贡品与赋税标准，并在此基础上，划定了五服界域，使众河流向大海，万方向天子朝贡。

司马迁在叙说夏禹功业的过程中，还记录了皋陶论“九德”，还有舜与皋陶关于“元首”与“股肱”的歌词，这反映了古人理想中的天子与诸侯大臣的行为以及道德规范。大禹治水的功绩在历史上树起了一座永不磨灭的丰碑，他十三年为民操劳，三过家门而不入的伟大精神，被千古传颂，值得我们永远学习。

与禹的形象作为对应，司马迁在《夏本纪》中，还用简约的笔法，勾画并谴责了孔甲的荒淫与夏桀的残暴。

《夏本纪》详尽记录了夏王朝的兴衰史。夏禹的兴起，是因为他治理洪水，救民于灾难之中，勤勤恳恳地为百姓服务，所以百姓拥护他，夏朝得以建立。夏朝的衰亡，则是由于孔甲、夏桀这样的统治者败德伤民，因而百姓怨恨他们。这也是我们值得反思的地方。

[集评]

索隐述赞：尧遭鸿水，黎人阻饥。禹勤沟洫，手足胼胝。言乘四载，动履四时。娶妻有日，过门不私。九土既理，玄圭锡兹。帝启嗣立，有扈违命。五子作歌，太康失政。羿浞斯侮，夏室不竞。降于孔甲，扰龙乖性。嗟彼鸣条，其终不令！

殷本纪

题解

《殷本纪》选自《史记》卷三，本纪第三。殷原先叫作商，也是一个古老的部落，其始祖契大约与夏禹同时，被封于商。到公元前 16 世纪，商逐渐强大，汤发动了灭夏战争，夏亡，商朝正式建立，定都于亳，成为我国历史上第二个奴隶制王朝。大约到公元前 13 世纪，盘庚迁都于殷，此后，直至商纣灭亡，共二百七十余年，商称之为殷。

原文

殷契，母曰简狄，有娀(sōng)氏之女，为帝喾次妃。三人行浴，见玄鸟堕其卵，简狄取吞之，因孕生契。契长而佐禹治水有功。帝舜乃命契曰："百姓不亲，五品不训，汝为司徒而敬敷五教，五教在宽。"封于商，赐姓子氏。契兴于唐、虞、大禹之际，功业著于百姓，百姓以平。

契卒，子昭明立。昭明卒，子相土立。相土卒，子昌若立。昌若卒，子曹圉(yǔ)立。曹圉卒，子冥立。冥卒，子振立。振卒，子微立。微卒，子报丁立。报丁卒，子报乙立。报乙卒，子报丙立。报丙卒，子主壬立。主壬卒，子主癸立。主癸卒，子天乙立，是为成汤。

成汤，自契至汤八迁。汤始居亳(bó)，从先王居，作《帝诰》。

契

[译文]

殷族始祖契的母亲名叫简狄，她是有娀氏的女儿，是帝喾的次妃。她和另外两个女子一起到河边洗澡，简狄看见一只玄鸟生下来一个蛋，她就把蛋捡起来吃了，结果，简狄怀孕生下了契。契长大以后辅佐禹治水，立了功，帝舜就对他说："百姓不能互相亲睦，家庭不和顺，你做了司徒，一定要恭谨地进行伦理道德的教育，将宽厚作为根本。"舜将商地分封给他，赐他的一族姓子。契兴起于唐、虞、禹的时代，他的功绩在百姓中卓著，百姓的生活也渐渐安定。

契死了以后，他的儿子昭明继位。昭明死了以后，他的儿子相土继位。相土死了以后，他的儿子昌若继位。昌若死了以后，他的儿子曹圉继位。曹圉死了以后，他的儿子冥继位。冥死了以后，他的儿子振继位。振死了以后，他的儿子微继位。微死了以后，他的儿子报丁继位。报丁死了以后，他的儿子报乙继位。报乙死了以后，他的儿子报丙继位。报丙死了以后，他的儿子主壬继位。主壬死了以后，他的儿子主癸继位。主癸死了以后，他的儿子太乙继位，这就是成汤。

汤

成汤，从契到汤，一共迁都八次。汤在亳定居，这是先王住过的地方，为此他作了《帝诰》。

原文

汤征诸侯。葛伯不祀，汤始伐之。汤曰：“予有言：人视水见形，视民知治不①。”

伊尹曰：“明哉！言能听，道乃进。君国子民，为善者皆在王官。勉哉，勉哉！”汤曰：“汝不能敬命，予大罚殛之，无有攸②赦。”作《汤征》。

伊尹名阿衡。阿衡欲奸汤而无由，乃为有莘氏媵臣，负鼎俎，以滋味说汤，致于王道。或曰，伊尹处士，汤使人聘迎之，五反然后肯往从汤，言素王及九主之事。汤举任以国政。伊尹去汤适夏。既丑有夏，复归于亳。入自北门，遇女鸠、女房，作《女鸠》《女房》。

汤出，见野张网四面，祝曰：“自天下四方皆入吾网。”汤曰：“嘻，尽之矣！”乃去其三面，祝曰：“欲左，左；欲右，右；不用命，乃入吾网。”诸侯闻之，曰：“汤德至矣，及禽兽。”

[注释]

①不：同“否”。②攸：通“所”。

[译文]

汤征伐诸侯。葛国之君不来祭祀，汤首先就征讨他。汤说："我要说一句话：人看见水就能看到自己的容貌，观察百姓就能知道自己治理得如何。"

伊尹说："您真是明智啊！能听取别人的意见，帝王的管理水平才能提高。治理国家，管理人民，德行好，做好事的人就都在朝廷做官。努力吧，努力吧！"汤对大家说："如果你们不听从我的命令，我就要重重地惩罚你们，不会宽赦。"《尚书》中的《汤征》就是这时作的。

伊尹名叫阿衡。阿衡想要求见成汤，但是苦于找不到门路，于是，自己便为汤所娶的有莘氏女子做陪嫁的奴隶，背着鼎和庖厨的工具，通过谈论割烹调味的道理来说服汤，最终让汤成就王道。也有人说，伊尹是位隐士，汤派人带着聘礼迎接他，请了五次他才肯跟随汤，和汤讲述无为而治的素王之道以及九类君主的优劣。汤让他来担任治理国家的工作。伊尹曾经离开汤到夏国。他看到夏的丑恶，于是又回到亳。他从亳的北门进入城中，遇到汤的臣下女鸠、女房，于是写下《女鸠》《女房》。

解网施仁

商汤看到一个人在野外四面张网捕鸟，还祈祷说："无论从哪里来的鸟都能进入我的网。"商汤对捕鸟人说："哎呀，太残忍了，鸟儿恐怕被你捕光了。"说罢，便拆掉三面的网。并小声祷告："鸟儿啊，你们愿左飞就往左飞，愿右飞就往右飞，实在不想活了，就进入网里来吧！"诸侯和部落首领们听说此事，觉得商汤仁慈，纷纷归顺于他。最后，商汤终于灭了夏。成语"网开一面"的典故就是来自这里。

商汤外出，他看见野外猎人从四个方向设下网打猎，并且祷告说："愿天下四方的东西都进入我的网中。"汤说："哎，那样就把所有的鸟兽都捕尽了！"于是撤去三个方向的网，并祷告说："要向左的向左走，要向右的向右走，不听从命令的就到我的网里来吧。"诸侯们听了这件事以后，都说："汤的德行已经非常高了，连禽兽都享受到他的恩惠。"

原文

当是时，夏桀为虐政淫荒，而诸侯昆吾氏为乱。汤乃兴师率诸侯，伊尹从汤，汤自把钺以伐昆吾，遂伐桀。汤曰："格女众庶，来，女悉听朕言。匪[1]台(yí)小子敢行举乱，有夏多罪，予维[2]闻女众言，夏氏有罪。

予畏上帝，不敢不正[3]。今夏多罪，天命殛之。今女有众，女曰：'我君不恤我众，舍我啬事而割政[4]。'女其曰：'有罪，其奈何？'夏王率止众力，率夺夏国。有众率怠不和，曰：'是日何时丧？予与女皆亡！'夏德若兹，今朕必往。尔尚[5]及予一人致天之罚，予其大理[6]女。女毋不信，朕不食言。女不从誓言，予则帑(nú)僇[7]女，无有攸赦。"以告令师，作《汤誓》。于是汤曰"吾甚武"，号曰武王。

桀败于有娀之虚[8]，桀奔于鸣条，夏师败绩。汤遂伐三朡(zōng)，俘厥宝玉，义伯、仲伯作《典宝》。汤既胜夏，欲迁其社，不可，作《夏社》。伊尹报。于是诸侯毕服，汤乃践天子位，平定海内。

汤归至于泰卷陶，中𨟏(huǐ)作诰。既绌[9]夏命，还亳，作《汤诰》："维三月，王自至于东郊。告诸侯群后：'毋不有功于民，勤力乃事。予乃大罚殛女，毋予怨。'曰：'古禹、皋陶久劳于外，其有功乎民，民乃有安。东为江，北为济，西为河，南为淮，四渎已修，万民乃有居。后稷降播，农殖百谷。三公咸有功于民，故后有立。昔蚩尤与其大夫作乱百姓，帝乃弗予，有状。先王言不可不勉。'曰：'不道，毋之在国，女毋我怨。'"以令诸侯。伊尹作《咸有一德》，咎单作《明居》。

汤乃改正朔，易服色，上[10]白，朝会以昼。

[注释]

①匪：同"非"。②维：助词，无义。③正：通"征"。④啬事：指稼穑之事。啬，通"穑"，收割庄稼。割：夺取。政：通"征"。一说"割"通"害"，"割政"即害民之政。⑤尚：通"倘"，如果。⑥理：通"赉"，赏赐。⑦帑僇：奴役或处死。帑，通"奴"，这里指收为奴隶。一说"帑"通"孥"，指妻子儿女。僇，通"戮"，杀戮。⑧虚：同"墟"，旧址。⑨绌：通"黜"，废止，废弃。⑩上：同"尚"，崇尚。

[译文]

就在那个时候，夏王桀暴虐无道，荒淫昏庸，而诸侯中的昆吾氏也开始作乱。于是，汤就带领诸侯兴兵讨伐，伊尹跟随汤，汤亲自拿着大钺攻打昆吾氏，接着又去攻打夏桀。汤说："来，你们这些人，都到我这来听我讲话。不是我这个小子胆敢起来叛乱，而是夏的罪恶太多了，我听你们都说夏有罪。我害怕上天怪罪，不敢不去征伐。现在夏的罪恶很多，这是上天要诛杀他。现在你们大家都说：'我们的君王不体恤我们，废弃农事而去征伐。’你们又说：‘夏有罪，又能怎么样呢？’夏王破坏了百姓的生产，在整个夏国进行抢夺。有些民众都懈怠而不再听从，还诅咒说：‘如果你是太阳，要什么时候才会灭亡？我们宁愿和你同归于尽！’夏的德行已经败坏到这个地步，如今，我必须前往征伐他。你们要辅助我执行上天的惩罚，我就会重重地赏赐你们。你们不要不相信，我不会不遵从誓言的，如果你们不服从誓言，我就会惩罚你们和你们的妻子儿女，没有任何人会被宽赦。”汤把这些话告诉全军，这就是《汤誓》。于是，汤说“我十分勇武”，号称武王。

桀在有娀氏的旧地战败，逃到鸣条，夏军大败。汤于是攻打三嵕，获得了那里的宝玉，义伯、仲伯因为这件事写下《典宝》。汤战胜夏后，就想要迁移社神，没能迁成，因此就写下《夏社》。伊尹向汤报告各地的情况。这时诸侯们都归顺了汤，汤便即天子位，平定了天下。

汤回班师回到泰卷这个地方，大臣仲虺作了一篇诰。汤已经推翻了夏朝，回到亳，作《汤诰》：“三月里，王亲自来到东郊。对所有的诸侯和君主们告诫说：‘不要不为人民作贡献，努力勤奋地做好你们的事。否则我就要重重地惩罚你们，你们不要怨恨我。’又说：‘古时禹和皋陶长年在外面劳累受苦，这样才在百姓中做出功绩，人民才可以安定。他们在东面治理了长江，在北面治理了济河，在西面治理了黄河，在南面治理了淮河，这四条大河治理好以后，千万百姓便有了居住的地方。后稷教导人民播种，人们才知道种植各种庄稼。他们三位都对人们有功，因此他们的后代才能建立国家。以前，蚩尤和他的臣下作乱，祸及百姓，上帝不保佑他，这些都是真实的事情。先代圣王的话不可以不用来勉励自己。’又说：‘如果无道，就不让他治理国家，你们也不要怨我。’”于是以此命令诸侯。伊尹作《咸有一德》，咎单作《明居》。

汤于是更改历法，又更改了服饰的颜色，崇尚白色，群臣在白天的时候朝见天子。

伊尹

原文

汤崩，太子太丁未立而卒，于是乃立太丁之弟外丙，是为帝外丙。帝外丙即位三年，崩。立外丙之弟中（zhòng）壬，是为帝中壬。帝中壬即位四年，崩，伊尹乃立太丁之子太甲。太甲，成汤適（dí）①长孙也，是为帝太甲。帝太甲元年，伊尹作《伊训》，作《肆命》，作《徂后》。

帝太甲既立三年，不明，暴虐，

不遵汤法，乱德，于是伊尹放之于桐宫。伊尹摄行政当国，以朝诸侯。

帝太甲居桐宫三年，悔过自责，反[②]善，于是伊尹乃迎帝太甲而授之政。帝太甲修德，诸侯咸归殷，百姓以宁。伊尹嘉之，乃作《太甲训》三篇，褒帝太甲，称太宗。

[注释]

①適：通“嫡”。②反：同“返”，归向。

[译文]

汤驾崩，太子太丁还没有即位就死去了，于是便拥立太丁的弟弟外丙，这就是帝外丙。帝外丙在位三年驾崩，大家又拥立外丙的弟弟仲壬成为国君，这就是帝仲壬。帝仲壬在位四年驾崩，伊尹于是拥立太丁的儿子太甲成为国君。太甲是成汤的嫡长孙，他就是帝太甲。帝太甲元年，伊尹作了《伊训》《肆命》和《徂后》，以此来训诫太甲。

帝太甲在位三年，不明事理，非常暴虐，不遵守汤制定的法度，道德败坏，伊尹因此将他流放到桐宫。在太甲流放的三年中，伊尹代行国政，接受各诸侯的朝见。

帝太甲在桐宫居住三年，深深地悔过并不断自责，改恶从善，于是伊尹把帝太甲迎回来，并将政权交给他。帝太甲不断修整德行，诸侯都来归顺殷朝，百姓也得到了安宁。伊尹嘉奖他，于是写下《太甲训》三篇，用来褒扬太甲，并尊称他为太宗。

原文

太宗崩，子沃丁立。帝沃丁之时，伊尹卒。既葬伊尹于亳，咎单遂训伊尹事，作《沃丁》。

沃丁崩，弟太庚立，是为帝太庚。帝太庚崩，子帝小甲立。帝小甲崩，弟雍己立，是为帝雍己。殷道衰，诸侯或不至。

帝雍己崩，弟太戊立，是为帝太戊。帝太戊立伊陟(zhì)为相。亳有祥桑穀共生于朝，一暮大拱。帝太戊惧，问伊陟。伊陟曰：“臣闻妖不胜德，帝之政其有阙[①]与？帝其修德。”太戊从之，而祥桑枯死而去。伊陟赞言于巫咸。巫咸治王家有成，作《咸艾》，作《太戊》。帝太戊赞伊陟于庙，言弗臣，伊陟让，作《原命》。殷复兴，诸侯归之，故称中宗。

中宗崩，子帝中丁立。帝中丁迁于隞(áo)。河亶(dǎn)甲居相。祖乙迁于邢。帝中丁崩，弟外壬立，是为帝外壬。《仲丁》书阙不具。帝外壬崩，弟河亶甲立，是为帝河亶甲。河亶甲时，殷复衰。

河亶甲崩，子帝祖乙立。帝祖乙立，殷复兴。巫贤任职。

祖乙崩，子帝祖辛立。帝祖辛崩，弟沃甲立，是为帝沃甲。帝沃甲崩，立沃甲兄祖辛之子祖丁，是为帝祖丁。帝祖丁崩，立弟沃甲之子南庚，是为帝南庚。帝南庚崩，立帝祖丁之子阳甲，是为帝阳甲。帝阳甲之时，殷衰。

自中丁以来，废適而更立诸弟、子，弟、子或争相代立，比九世乱，于是诸侯莫朝。

[注释]

①阙：同“缺”，缺点、过失。

[译文]

太宗驾崩，他的儿子沃丁即位。帝沃丁在位的时候，伊尹去世。于是便把伊尹安葬在亳，咎单想用伊尹的事情训诫后人，便作《沃丁》。

德灭祥桑

商中宗太戊之时，有妖祥之桑树与穀树合生于朝中，一夜之间就长得需用双臂合抱。大臣伊陟借机劝太戊修德。太戊听从劝谏，勤修政事，祥桑枯死。

沃丁驾崩，他的弟弟太庚继立，他就是帝太庚。帝太庚驾崩，他的儿子帝小甲继立。帝小甲驾崩，他的弟弟雍已继立，他就是帝雍已。这时，殷朝的国道渐渐衰败，有的诸侯已经不来朝见。

帝雍已驾崩，他的弟弟太戊继立，这就是帝太戊。帝太戊让伊陟当宰相。当时在亳都的朝廷上长出桑树和穀树连生在一起的一棵大树，一个晚上就长成两手围握那么粗壮。帝太戊非常恐惧，就去向伊陟询问。伊陟说：“我听说怪异的事物无法战胜美好的德行，难道是您在治理国家上还有什么缺点吗？您应该努力修整您的德行。”太戊听从了他的建议，而怪树很快就枯死消失了。伊陟对巫咸大大称赞。巫咸治理帝王的家庭事务也非常有成绩，于是为之作了《咸艾》和《太戊》。帝太戊在宗庙中称赞伊陟，并说不把他看成是臣子，伊陟辞让，因而作了《原命》。殷朝的国道重新兴旺起来，诸侯都来归顺，因此太戊被尊称为中宗。

中宗驾崩，他的儿子帝中丁继立。帝中丁将都城迁到隞。后来河亶甲又迁都到相。祖乙将都城迁到邢。帝中丁驾崩后，他的弟弟外壬继立，这就是帝外壬。这些在《仲丁》中都有记载，但是现在已经残亡佚不可见。帝外壬驾崩，他的弟弟河亶甲继立，这就是帝河亶甲。河亶甲统治期间，殷朝又衰败了。

河亶甲驾崩，他的儿子帝祖乙继立。帝祖乙在位时，殷朝又兴盛起来，巫贤被委以职务。

祖乙驾崩，他的儿子帝祖辛继立。帝祖辛驾崩，他的弟弟沃甲继立，这就是帝沃甲。帝沃甲驾崩，立沃甲的哥哥祖辛的儿子祖丁为国君，这就是帝祖丁。帝祖丁驾崩，立沃甲的儿子南庚为国君，这就是帝南庚。帝南庚驾崩，立帝祖丁的儿子阳甲为国君，这就是帝阳甲。帝阳甲在位期间，殷朝又衰落了。

自从仲丁以来，常常废除嫡子继位的权利而是王的弟弟和各个兄弟的儿子相继继位，有的时候，王的弟弟和他们的儿子还互相争夺王位，连续九世都非常混乱，于是诸侯就不来朝见。

原文

帝阳甲崩，弟盘庚立，是为帝盘庚。帝盘庚之时，殷已都河北，盘庚渡河南，复居成汤之故居，乃五迁，无定处。殷民咨胥皆怨，不欲徙。盘庚乃告谕诸侯大臣曰："昔高后成汤与尔之先祖俱定天下，法则可修。舍而弗勉，何以成德？"乃遂涉河南，治亳，行汤之政，然后百姓由宁，殷道复兴，诸侯来朝，以其遵成汤之德也。

傅说

帝盘庚崩，弟小辛立，是为帝小辛。帝小辛立，殷复衰。百姓思盘庚，乃作《盘庚》三篇。帝小辛崩，弟小乙立，是为帝小乙。

帝小乙崩，子帝武丁立。帝武丁即位，思复兴殷，而未得其佐。三年不言，政事决定于冢宰，以观国风。武丁夜梦得圣人，名曰说（yuè）。以梦所见视群臣百吏，皆非也。于是乃使百工营求之野，得说于傅险中。是时说为胥靡，筑于傅险。见于武丁，武丁曰是也。得而与之语，果圣人，举以为相，殷国大治。故遂以傅险姓之，号曰傅说。

帝武丁祭成汤，明日，有飞雉登鼎耳而呴(gòu)，武丁惧。祖己曰："王勿忧，先修政事。"祖己乃训王曰："唯天监下，典厥义，降年有永有不永，非天夭民，中绝其命。民有不若德，不听罪，天既附命正厥德，乃曰其奈何。呜呼！王嗣敬民，罔非天继，常祀毋礼于弃道。"武丁修政行德，天下咸欢，殷道复兴。

［译文］

帝阳甲驾崩以后，他的弟弟盘庚继立，这就是帝盘庚。帝盘庚即位时，殷朝的国都已经在黄河的北面，盘庚渡过黄河，重新在成汤的故居定都。至盘庚时期，殷朝共迁都五次，没有固定的地方。殷人都埋怨叹息，不想要再迁徙。盘庚于是告谕诸侯和大臣们说："昔日，先王成汤和你们的先祖一起安定了天下，他的法则应该遵守。舍弃他的法则不去努力，如何能治理得好呢？"于是渡到黄河南面，在亳定都，实行汤时治理国家的方法，之后，百姓得到安宁，殷朝的国势重新振兴。诸侯都来朝见，因为盘庚遵守成汤时的德政。

帝盘庚驾崩，他的弟弟小辛继立，这就是帝小辛。帝小辛即位以后，殷朝国道又衰落了。百姓都思念盘庚，于是作《盘庚》三篇。帝小辛驾崩，弟弟小乙继立，这就是帝小乙。

帝小乙驾崩，他的儿子武丁继立。帝武丁即位以后，想要重新振兴殷朝，但是没有找到合适的佐臣。因此他三年都没说话，政事全由冢宰决定，自己则暗中观察着国家的情况。一天，武丁夜晚梦到一个圣人，名叫说。他根据梦中看到的察看群臣百官，没有一个人像那位圣人。于是派百官到民间去寻找，终于在傅险这个地方找到了说。当时，说正作为刑徒在傅险服劳役，正在修路。说被送去面见武丁，武丁一见就说就是这个人。武丁和说谈话，果然发现说是个圣人，就让他出任宰相，殷朝因此得到了非常好的治理。于是武丁就用傅险作为他的姓氏，称为傅说。

武丁

帝武丁祭祀成汤，第二天，有野鸡飞过来站到鼎的耳上大叫，武丁非常恐惧。祖己说："大王不必担忧，还是先修整好政务。"祖己于是就对王训诫："上天观察天下的百姓，是看他们的行为是不是讲道义。上天赐给人的寿命长短不同，并不是上天要让人半道夭折。天下的人中有不讲求品德的，有不服罪的，上天已经给了他寿命纠正他的德行，这时候才说怎么办，有什么用呢。唉！大王继承了王位，认真做事，不要按照那些不合天道的礼仪来祭祀，不要废弃天道。”武丁从此修明政事，实行德政，天下的百姓都很欢欣，殷朝的国势重新兴盛起来。

原文

帝武丁崩，子帝祖庚立。祖己嘉武丁之以祥雉为德，立其庙为高宗，遂作《高宗肜(róng)日》及《训》。

帝祖庚崩，弟祖甲立，是为帝甲。帝甲淫乱，殷复衰。

帝甲崩，子帝廪辛立。帝廪辛崩，弟庚丁立，是为帝庚丁。帝庚丁崩，子帝武乙立。殷复去亳，徙河北。

帝武乙无道，为偶人，谓之天神，与之博，令人为行。天神不胜，乃僇辱之。为革囊，盛血，卬①而射之，命曰“射天”。武乙猎于河渭之间，暴雷，武乙震死。子帝太丁立。帝太丁崩，子帝乙立。帝乙立，殷益衰。

[注释]

①卬：同“仰”。

[译文]

帝武丁驾崩以后，他的儿子祖庚继位。祖己称道武丁因祥瑞的野鸡而注意实行德政，于是为武丁立了宗庙，称其为高宗，还写下《高宗肜日》和《高宗之训》。

帝祖庚驾崩，他的弟弟祖甲继位，这就是帝甲。帝甲荒淫无度，殷朝的国势又衰落了。

帝甲驾崩以后，他的儿子廪辛继位。

革囊射天

商代第二十八代王武乙无道，以革囊盛血，仰而射之，名为射天。后来，武乙在打猎时，遭雷击而死。

帝廪辛驾崩以后，他的弟弟庚丁继位，这就是帝庚丁。帝庚丁驾崩以后，他的儿子武乙继位。殷朝的国都又从亳迁到了黄河以北。

帝武乙昏庸无道，做了一个木偶，称为天神。和这个“天神”较量，让别人代替“天神”投掷。“天神”如果输了，就侮辱它。武乙用皮革做成一个囊袋，在里面盛满血，仰天射它，称为“射天”。武乙在黄河和渭水之间狩猎，天上突然打了大雷，将武乙劈死了。他的儿子太丁继位。帝太丁驾崩以后，他的儿子乙继位。帝乙即位后，殷朝的国势更加衰落了。

原文

帝乙长子曰微子启，启母贱，不得嗣。少子辛，辛母正后，辛为嗣。帝乙崩，子辛立，是为帝辛，天下谓之纣。

帝纣资辨[①]捷疾，闻见甚敏；材力过人，手格猛兽；知足以距[②]谏，言足以饰非；矜人臣以能，高天下以声，以为皆出己之下。好酒淫乐，嬖(bì)于妇人。爱妲己，妲己之言是从。于是使师涓作新淫声，北里之舞，靡靡之乐。厚赋税以实鹿台之钱，而盈钜桥之粟。益收狗马奇物，充仞[③]宫室。益广沙丘苑台，多取野兽蜚鸟[④]置其中。慢于鬼神。大冣(jù)乐戏于沙丘，以酒为池，县(xuán)肉为林，使男女倮(luǒ)[⑤]相逐其间，为长夜之饮。

百姓怨望而诸侯有畔者，于是纣乃重刑辟，有炮格之法。以西伯昌、九侯、鄂侯为三公。九侯有好女，入之纣。九侯女不憙(xǐ)[⑥]淫，纣怒，杀之，而醢(hǎi)九侯。鄂侯争之强，辨之疾，并脯鄂侯。西伯昌闻之，窃叹。崇侯虎知之，以告纣，纣囚西伯羑(yǒu)里。西伯之臣闳(hóng)夭之徒，求美女奇物善马以献纣，纣乃赦西伯。西伯出而献洛西之地，以请除炮格之刑。纣乃许之，赐弓矢斧钺，使得征伐，为西伯。而用费中为政。费中善谀，好利，殷人弗亲。纣又用恶来。恶来善毁谗，诸侯以此益疏。

[注释]

①辨：同“辩”，有口才。②距：同“拒”，拒绝。③仞：满。④蜚鸟：飞鸟。蜚，同“飞”。⑤倮：同“裸”。⑥憙：同“喜”。

[译文]

帝乙的长子叫微子启。启的母亲地位很低贱，因此，启没有资格继承王位。帝乙的小儿子叫辛，辛的母亲是王后，因此辛成了王位的继承人。帝乙驾崩以后，他的儿子辛继位，这就是帝辛，天下的人称他为纣。

帝纣天资聪颖，口才很好，行动敏捷，听力更是过人；他的身材高大，力大无比，可以徒手和猛兽搏斗；有足够的智慧拒绝臣下的劝谏，口才足够好，可以用来文过饰非；凭着才能向大臣夸耀，用声望来压倒所有的人，认为所有的人都比不上自己。他喜欢喝酒，淫乐无度，贪恋女色。帝纣尤其宠爱妲己，妲己说的话他都听从。他让乐师涓作了新的放荡的乐曲，用北方的淫猥之舞来配合这种靡靡之乐。他横征暴敛来增多鹿台的钱财，还让巨桥的粮仓都装满了粮食。他还广泛地搜集狗、马等奇珍异物，都放到宫室中。他还扩建了沙丘的园子，修建了很多亭台楼阁，把很多野兽飞鸟都放在园子中。他对鬼神怠慢。在沙丘大搞舞乐杂技，在池子中装满酒，把肉悬挂起来就成了树林，让男男女女都不穿衣服，光着身子相互追逐，通宵达旦地饮酒取乐。

百姓怨恨纣，诸侯也反叛他，于是纣加重刑法，他还制作出残酷的炮烙之刑。纣任命西伯昌、九侯和鄂侯为三公。九侯有个女儿很漂亮，他把女儿献给了纣。九侯的女儿不喜欢淫乱，纣非常愤怒，就杀死了她，还把九侯也剁成了肉酱。因为这件事，鄂侯和纣争辩的态度强硬，语气犀利，结果，纣把鄂侯处死了，还把他的肉做成了肉干。西伯昌听说以后，偷偷地叹息。结果，崇侯虎知道了这件事，他告诉了纣王，纣就把西伯囚禁在羑里。西伯的大臣闳夭等人，搜罗美女、奇珍异物和好马献给纣，纣因此赦免了西伯。西伯出狱后就献给纣王洛水西面的一块土地，请求纣王废除炮烙的刑罚。纣答应了，还赏赐给他弓箭斧钺，给他权利去征伐不服从的人，还让他成为西方诸侯的首领。纣还任用费中主持政务。费中善于阿谀，又很贪财，殷朝的百姓都不亲近他。纣又任用恶来。恶来喜欢诋毁别人，诸侯因此更加疏远纣。

原文

西伯归，乃阴修德行善，诸侯多叛纣而往归西伯。西伯滋大，纣由是稍失权重。王子比干谏，弗听。商容贤者，百姓爱之，纣废之。及西伯伐饥国，灭之，纣之臣祖伊闻之而咎周，恐，奔告纣曰：“天既讫我殷命，假人元龟，无敢知吉，非先王不相我后人，维王淫虐用自绝。故天弃我，不有安食，不虞知天性，不迪率典。今我民罔不欲丧，曰：‘天曷不降威，大命胡不至？’今王其奈何？”纣曰：“我生不有命在天乎！”祖伊反，曰：“纣不可谏矣。”西伯既卒，周武王之东伐，至盟津，诸侯叛殷会周者八百。诸侯皆曰：“纣可伐矣。”武王曰：“尔

微子

未知天命。”乃复归。

纣愈淫乱不止。微子数谏不听，乃与大师、少师谋，遂去。比干曰：“为人臣者，不得不以死争①。”乃强谏纣。纣怒曰：“吾闻圣人心有七窍。”剖比干，观其心。箕子惧，乃详②狂为奴，纣又囚之。殷之大师、少师乃持其祭乐器奔周。周武王于是遂率诸侯伐纣。纣亦发兵距之牧野。甲子日，纣兵败。纣走，入登鹿台，衣其宝玉衣，赴火而死。周武王遂斩纣头，县之大白旗。杀妲己。释箕子之囚，封比干之墓，表商容之闾。封纣子武庚禄父，以续殷祀，令修行盘庚之政。殷民大说。于是周武王为天子。其后世贬帝号，号为王。而封殷后为诸侯，属周。

[注释]

①争：同“诤”，谏诤。②详：通“佯”，假装。

[译文]

西伯回到自己的国家以后，暗自修德行善，有很多诸侯都叛变了纣王，归顺了西伯。西伯的势力渐渐壮大，纣的权利渐渐丧失。王子比干劝谏纣，纣不听从。商容是一个很贤德的人，百姓都喜爱他，纣却把他废弃了，不加任用。等到西伯讨伐饥国并消灭了饥国的时候，纣的臣下祖伊知道以后，斥责了周国，又非常担心周国的势力无法控制，便跑去告诉纣说：“上天已经终断了我殷朝的国运，不管是能预测上天吉凶的人，还是用大龟的占卜，都不再显示吉兆。这不是先王不帮助我们后人，只是因为大王荒淫暴虐，自绝于天，因此上天抛弃了我们，让我们无法安稳地生活。您既不知道天性，也不按照常法行事。如今，我们的人民没有不希望我们殷朝灭亡的，他们都说：‘上天为什么还不降下威严，灭纣的命令为什么还不到来？’如今大王准备怎么办呢？”纣王说：“我生下来做国君不就是尊奉天命吗？”祖伊回去，对别人说：“纣已经不可能接受劝谏了。”西伯死了以后，周武王向东面征讨，一直打到盟津，诸侯背叛殷朝投靠周朝的有八百个。诸侯都说：“可以讨伐纣啦。”武王却说：“你们不知道天命。”便回去了。

纣的淫乱越来越严重了。微子劝谏了好多次，纣王都不听，于是，微子就和太师、少师商量，离开了殷国。比干说：“做臣子的，就算丢掉性命也要劝谏。”于是，比干在纣面前极力谏争。纣大怒说：“我听说圣人的心都有七窍。”于是，剖开比干的胸，拿出他的心。箕子非常恐惧，便装疯做了奴隶，纣还是把他囚禁了起来。殷朝的太师、少师带着祭祀时用的乐器逃到了周国。于是，周武王就率领诸侯带兵前去讨伐纣王，纣也发兵在牧野抵抗周朝的大军。甲子那天，纣的士兵大败。纣逃走，他登上鹿台，穿上缀有宝玉的衣服，投火自焚了。周武王于是斩下纣的头，并挂在白旗上；还杀死了妲已；释放了箕子，在比干的墓上加了封土，在商容曾经居住的里巷的大门上挂匾进行表彰；又封了纣的儿子武庚禄父，让他继续主持祭祀殷的先人，并让他遵行盘庚时的治国办法。殷人非常高兴。于是周武王成为天子。后世不再沿用帝的称号，因而降级为王。并封殷王的后人为诸侯，从属于周。

比干

原文

周武王崩，武庚与管叔、蔡叔作乱，成王命周公诛之，而立微子于宋，以续殷后焉。

太史公曰：余以《颂》次契之事。自成汤以来，采于《书》《诗》。契为子姓，其后分封，以国为姓，有殷氏、来氏、宋氏、空桐氏、稚氏、北殷氏、目夷氏。孔子曰，殷路车为善，而色尚白。

[译文]

周武王崩逝以后，武庚和管叔、蔡叔一起作乱，成王命令周公带兵诛伐，杀了武庚，立微子为宋君，来延续殷的祭祀。

太史公说：我是根据《商颂》来编订契的事迹的。自成汤以下，都是根据《尚书》和《诗经》。契姓子，后代受到分封，以国名作为姓，有殷氏、来氏、宋氏、空桐氏、稚氏、北殷氏、目夷氏。孔子说，殷人的车驾很好，那个时代的人们崇尚白色。

[赏析]

《殷本纪》系统地记载了商朝的历史，描画了一幅商部落从兴起、建立，最终到灭亡的宏伟画卷。在商朝存续的约六百年时间里，几经兴衰，成汤的兴起，盘庚、武丁时期的中兴，直到纣王时走向灭亡，都是商朝历史中起着关键作用的几个时期。司马迁饱含热情地歌颂了成汤、盘庚、武丁等贤君敬畏上天、修行德政、为民谋福利的功绩；又无情地贬抑了殷纣的刚愎自用、拒谏饰非、荒淫无度、迫害贤良、残害百姓等暴行。

商朝历经十七代三十一王，历时六百年左右，而司马迁只抓住其中几个关键的典型环节，浓墨重彩，其他则是一带而过，使得全篇虚实相映，详略得当。在刻画人物方面，司马迁抓住可以突出展现人物个性的几个典型事例进行细致叙述、描写，既表现出历史的真实性，又使得人物形象越发丰满，令人印象深刻，如成汤祝网、太甲思过等。对于纣的描写，几乎完全是以叙述的口吻，一件一件地记录史实，再加上有周文王、周武王德政的映衬，使得一个暴君的形象跃然纸上。

[集评]

索隐述赞：简狄吞乙，是为殷祖。玄王启商，伊尹负俎。上开三面，下献九主。旋师泰卷，继相臣扈。迁嚣圮耿，不常厥土。武乙无道，祸因射天。帝辛淫乱，拒谏贼贤。九侯见醢，炮格兴焉。黄钺斯杖，白旗是悬。哀哉琼室，殷祀用迁！

周本纪

题解

《周本纪》选自《史记》卷四，本纪第四。周朝是继殷灭亡之后，我国历史上第三个奴隶制王朝。周也是一个古老的部族，活动在西北黄土高原上。早在唐尧时代，周的始祖后稷就担任农师，掌管农业生产。后稷的后代公刘、古公亶父率领族人继续推行兴农措施，使部族逐渐强大。古公亶父为了躲避戎狄的侵扰，率族离开豳地移居岐下，营建城邑，修治村落，设立官职，广行仁义，建立了自己的领地。又经过公季、文王的苦心经营，加强了国力。后来，周武王率领天下诸侯一举灭商，建立了周王朝。

原文

周后稷，名弃。其母有邰(tái)氏女，曰姜原。姜原为帝喾元妃。姜原出野，见巨人迹，心忻(xīn)然说(yuè)①，欲践之，践之而身动如孕者。居期而生子，以为不祥，弃之隘巷，马牛过者皆辟不践；徙置之林中，适会山林多人，迁之；而弃渠中冰上，飞鸟以其翼覆荐之。姜原以为神，遂收养长之。初欲弃之，因名曰弃。

弃为儿时，屹如巨人之志。其游戏，好种树麻、菽(shū)，麻、菽美。及为成人，遂好耕农，相地之宜，宜谷者稼穑焉，民皆法则之。帝尧闻之，举弃为农师，天下得其利，有功。帝舜曰："弃，黎民始饥，尔后稷播时百谷。"封弃于邰，号曰后稷，别姓姬氏。后稷之兴，在陶唐、虞、夏之际，皆有令德。

后稷

[注释]

①忻：同"欣"。说：同"悦"，喜悦，高兴。

[译文]

周的始祖后稷，名字叫弃。他的母亲是有邰氏的女儿，名叫姜原。姜原是帝喾的正妃。姜原外出到野外，看见一个巨人的脚印，心里很喜欢，就想去踩它，结果，一踩上去就觉得腹内蠕动，像怀了孕似的。

怀胎满十个月，她生下一个孩子，姜原认为不吉利，就把孩子扔到狭窄的小路上，但是经过的马牛都绕过去不踩他；又把孩子放在林子中，正赶上山林中人很多；将孩子遗弃在水渠的冰面上，这时有飞鸟把翅膀盖在他身上，垫在他身下。姜原认为这个孩子很神奇，就把他抱回来抚养长大。由于最开始的时候想遗弃这个孩子，因此给他取名叫弃。

弃还是个孩子的时候，就像伟人一样有高远的志向。他做游戏的时候，喜欢种麻种豆，他种下的麻、豆都长得很茂盛。等他长大以后，他喜好耕作，观察土地适宜种植什么样的谷物，选择适合种植谷物的土地种植，百姓都仿效他。帝尧听说以后，就任用弃为农师，天下的人都因此得到了便利，弃立下了功劳。帝舜说："弃，百姓们以前忍受饥饿，现在，你担任农师，播种各种谷物。"于是，帝尧把弃封在邰，号为后稷，另外以姬为姓。后稷的兴起在陶唐、虞、夏的时代，在这三朝都有美好的德望。

原文

后稷卒，子不窋(zhú)立。不窋末年，夏后氏政衰，去稷不务，不窋以失其官而奔戎狄之间。不窋卒，子鞠立。鞠卒，子公刘立。公刘虽在戎狄之间，复修后稷之业，务耕种，行地宜，自漆、沮度渭，取材用，行者有资，居者有畜积，民赖其庆。百姓怀之，多徙而保归焉。周道之兴自此始，故诗人歌乐思其德。公刘卒，子庆节立，国于豳(bīn)。

庆节卒，子皇仆立。皇仆卒，子差弗立。差弗卒，子毁隃(yú)立。毁隃卒，子公非立。公非卒，子高圉立。高圉卒，子亚圉立。亚圉卒，子公叔祖类立。公叔祖类卒，子古公亶父立。古公亶父复修后稷、公刘之业，积德行义，国人皆戴之。薰育戎狄攻之，欲得财物，予之。已复攻，欲得地与民。民皆怒，欲战。古公曰："有民立君，将以利之。今戎狄所为攻战，以吾地与民。民之在我，与其在彼，何异？民欲以我故战，杀人父子而君之，予不忍为。"乃与私属遂去豳，度漆、沮，逾梁山，止于岐下。豳人举国扶老携弱，尽复归古公于岐下。及他旁国闻古公仁，亦多归之。于是古公乃贬戎狄之俗，而营筑城郭室屋，而邑别居之。作五官有司。民皆歌乐之，颂其德。

[译文]

后稷死了以后，他的儿子不窋即位。不窋末年，夏后氏的政治渐渐衰败，农官被废弃，不再劝百姓务农，不窋因此失去官职，他流浪到戎狄地区。不窋死了以后，他的儿子鞠继位。鞠死了，他的儿子公刘继位。公刘虽然在戎狄地区生活，但是，他重新操起后稷的旧业，致力于耕种，他根据土地的特性进行耕种，从漆水和沮水渡过渭水，伐取材木以供使用，让出门的人都能有盘缠，在家的人有积蓄，人民仰赖他的恩德，生活好起来。百姓感激他，很多都迁来归顺他。周朝的兴盛就是从这个时候开始的，所以诗人创作诗歌、乐曲来歌颂他。公刘死了以后，他的儿子庆节继位，在豳建国。

庆节死了，他的儿子皇仆继位，皇仆死了，他的儿子差弗继位。差弗死了，他的儿子毁隃继位。毁隃死了，他的儿子公非继位。公非死了，他的儿子高圉继位。高圉死了，他的儿子亚圉继位。亚圉死了，他的儿子公叔祖类继位。公叔祖类死了，他的儿子古公亶父继位。古公亶父重修了后稷、公刘的旧业，广行仁义，国家的人民都拥戴他。熏育等戎狄部族前来侵犯，想得到财物，他就把财物给他们。又来攻打，想得到土地和人民。人民都非常愤怒，想要迎战。古公说："百姓拥立君长，是希望他能够造福人民。如今戎狄前来攻打，就是为了得到土地和人民。人民被我治理和被他们治理，有什么区别呢？人民是因为我才去打仗，但是靠牺牲别人的父亲和孩子换来我自己的统治，我不忍心。"于是，古公和他的亲近左右离开了豳，渡过漆水和沮水，翻过梁山，最后在岐山脚下定居。豳地的百姓一起扶老携幼，全部来到岐山脚下，重新归附古公。连附近国家的人民听说古公的仁慈，也有很多前来归顺。于是，古公废除了戎狄的习俗，建造城郭、房屋，分成各个邑落居住，设立了司徒、司空、司马、司士、司寇五种官职。人民用诗歌歌颂他，赞美他的恩德。

太伯

原文

古公有长子曰太伯，次曰虞仲。太姜生少子季历，季历娶太任，皆贤妇人，生昌，有圣瑞。古公曰："我世当有兴者，其在昌乎？"长子太伯、虞仲知古公欲立季历以传昌，乃二人亡如荆蛮，文身断发，以让季历。

古公卒，季历立，是为公季。公季修古公遗道，笃于行义，诸侯顺之。

公季卒，子昌立，是为西伯。西伯曰文王，遵后稷、公刘之业，则古公、公季之法，笃仁，敬老，慈少。礼下贤者，日中不暇食以待士，士以此多归之。伯夷、叔齐在孤竹，闻西伯善养老，盍往归之。太颠、闳(hóng)夭、散宜生、鬻(yù)子、辛甲大夫之徒皆往归之。

[译文]

古公的大儿子叫太伯，二儿子叫虞仲。太姜生的小儿子叫季历，季历娶了太任，太姜和太任都是贤惠的妻子。太任生下昌，昌有圣人的征象。古公说："我的后人中一定会有成大事的人，也许就是昌吧？"大儿子太伯和虞仲知道古公想要立季历为继承人，并希望季历将帝位传给昌，于是，两人就逃亡到荆蛮，在身上刺上花纹，剪断头发，就是为了将帝位让给季历。

古公死了以后，季历继位，这就是公季。公季继续推行古公时奉行的治理方法，笃行仁义，诸侯都归顺他。

公季死了以后，他的儿子昌继位，这就是西伯。西伯被称为文王，他继承了后稷、公刘的事业，同时遵循古公、公季的法则，笃行仁义，尊敬老人，慈爱幼小。对有贤能的人以礼相待，每天忙到中午还来不及吃饭，就是这样真诚地对待士人，正因为这样，很多士人都来归顺他。伯夷、叔齐在孤竹国，他们听说西伯尊敬赡养老人，就一同前往归顺。太颠、闳夭、散宜生、鬻子、辛甲大夫等人也都归顺了他。

原文

崇侯虎谮(zèn)西伯于殷纣曰："西伯积善累德，诸侯皆向之，将不利于帝。"帝纣乃囚西伯于羑里。闳夭之徒患之，乃求有莘氏美女，骊戎之文马，有熊九驷，他奇怪物，因殷嬖(bì)臣费仲而献之纣。纣大说，曰："此一物足以释西伯，况其多乎！"乃赦西伯，赐之弓矢斧钺，使西伯得征伐。曰："谮西伯者，崇侯虎也。"西伯乃献洛西之地，以请纣去炮格之刑。纣许之。

西伯阴行善，诸侯皆来决平。于是虞、芮(ruì)之人有狱不能决，乃如周。入界，耕者皆让畔，民俗皆让长。虞、芮之人未见西伯，皆惭，相谓曰："吾所争，周人所耻，何往为，只取辱耳。"遂还，俱让而去。诸侯闻之，曰："西伯盖受命之君。"

明年，伐犬戎。明年，伐密须。明年，败耆国。殷之祖伊闻之，惧，以告帝纣。纣曰："不有天命乎？是何能为！"明年，伐邘(yú)。明年，伐崇侯虎。而作丰邑，自岐下而徙都丰。明年，西伯崩，太子发立，是为武王。

西伯盖即位五十年。其囚羑里，盖益《易》之八卦为六十四卦。诗人道西伯，盖受命之年称王而断虞芮之讼。后十年而崩，谥为文王。改法度，制正朔矣。追尊古公为太王，公季为王季：盖王瑞自太王兴。

[译文]

崇侯虎在纣的面前说西伯的坏话："西伯行善积德，诸侯都归顺他，将来对您是非常不利的。"帝纣因此把西伯囚禁在羑里。闳夭等人都非常担心，就去寻求有莘氏的美女，骊戎的毛皮有斑纹的骏马，有熊的三十六匹驾车的骏马，以及各种各样珍奇的东西，他们通过殷的宠臣费仲而把这些礼物献给纣。纣很高兴，就说："进献的这些东西，其中一件就足够让我释放西伯，何况还有这么多呢？"于是，纣王赦免了西伯，并赏赐给他弓箭斧钺，让西伯能够进行征伐。纣还告诉他说："诬陷西伯的人，是崇侯虎。"西伯于是献上洛水以西的土地，并请求纣废去炮烙的刑罚。纣应允了他。

西伯暗暗地做好事，诸侯之间的是非都请他来裁决。当时虞国和芮国的人有讼事无法裁决，他们就来到周国。当他们进入周国的地界的时候，他们看到种田的人都彼此推让田地，人民将谦让长者看成美德。虞、芮两国的人还没见到西伯的时候，就已经觉得惭愧，互相说："我们所争执的，正是周人感到耻辱的，我们还去干什么呢，到了最后只是自取其辱罢了。"于是他们返回，彼此谦让而去。诸侯听了这件事以后，都说："西伯应当是接受天命的君主。"

第二年，讨伐犬戎。又一年，讨伐密须。再一年，打败了耆国。殷的祖伊听说以后，非常担心，他把这些事情都告诉了帝纣。纣说："不是有天命保佑我吗？他又能怎样呢！"第二年，讨伐邘。再一年，周讨伐崇侯虎，并建造了城池丰邑，从岐山脚下迁都到丰邑。又一年，西伯死，太子发即位，这就是武王。

周文王

西伯在位大概有五十年。当他被囚禁在羑里的时候，他把《易》的八卦增益为六十四卦。《诗经》的作者称赞西伯，大概是在西伯接受天命称王的那一年，他裁决了虞、芮两国的诉讼。十年以后，西伯去世，谥号文王。他曾经修改了法律条文，制定了新的历法。他追尊古公为太王，公季为王季：这恐怕是因为称王的祥瑞是从太王开始的。

原文

武王即位，太公望为师，周公旦为辅，召公、毕公之徒左右王，师修文王绪业。

九年，武王上祭于毕。东观兵，至于盟津。为文王木主，载以车，中军。武王自称太子发，言奉文王以伐，不敢自专。乃告司马、司徒、司空、诸节："齐栗，信哉！予无知，以先祖有德臣，小子受先功，毕立赏罚，以定其功。"遂兴师。师尚父号曰："总尔众庶，与尔舟楫，后至者斩！"武王渡河，中流，白鱼跃入王舟中，武王俯取以祭。既渡，有火自上复于下，至于王屋，流为乌，其色赤，其声魄云。是时，诸侯不期而会盟津者八百诸侯。诸侯皆曰："纣可伐矣。"武王曰："女未知天命，未可也。"乃还师归。

居二年，闻纣昏乱暴虐滋甚，杀王子比干，囚箕子。太师疵、少师彊抱其乐器而奔周。于是武王遍告诸侯曰："殷有重罪，不可以不毕伐。"乃遵文王，遂率戎车三百乘，虎贲三千人，甲士四万五千人，以东伐纣。十一年十二月戊午，师毕渡盟津，诸侯咸会。曰："孳孳[①]无怠！"武王乃作《太誓》，告于众庶："今殷王纣乃用其妇人之言，自绝于天，毁坏其三正，离逷(tì)[②]其王父母弟，乃断弃其先祖之乐，乃为淫声，用变乱正声，怡说妇人。故今予发维共[③]行天罚，勉哉夫子，不可再，不可三！"

太公望

[注释]

①孳孳：同"孜孜"，努力不懈的样子。②逷：同"逖"，远。③共：通"恭"。

[译文]

武王即位，太公望成为太师，周公旦担任太傅，召公、毕公等人成为左右大臣，辅佐武王，继承文王的遗业。

周武王

九年，武王在毕地祭祀文王。然后他前往东方检阅部队，一直到达盟津。为文王制作了牌位，用车子装载，供奉在部队中。武王自称为太子发，表示是遵从文王的命令进行征伐，不敢独断专行。然后告诫司马、司徒、司空、诸节等："大家要严肃恭敬，要诚实！我不聪明，因为先祖留下了有品德的大臣，我继承祖先的功业，才制定了奖赏和惩罚的措施，来巩固祖先的功业。"于是，兴兵讨伐。太师尚父号令说："集合所有的士兵，给与你们船只，迟到的人斩首。"武王渡黄河，船行到河中的时候，有一条白色的鱼跳进武王的船中，武王俯身拾起鱼用来祭祀。过河以后，有一团火从天而降，正落在武王的屋顶上，最后变成乌鸦的形状，它的颜色是红的，降落时发出轰隆隆的响声。这时候，有八百位诸侯不约而同地来到盟津会盟。诸侯都说："可以讨伐纣了。"武王说："你们不知道天命，现在还不行。"于是班师返回。

过了两年，武王听说纣王昏庸暴虐比从前更厉害了，他杀死了王子比干，囚禁了箕子。太师疵、少师彊各自抱着乐器前来投奔周国。这时武王才对所有的诸侯宣告："殷已经犯下了大罪，不可再不去讨伐了。"于是，大家遵从文王的遗志，率领三百辆战车，三千名勇士，以及穿着甲胄的战士四万五千人，向东进攻，讨伐纣。十一年十二月的戊午日，讨伐纣的军队全部渡过盟津，诸侯都到齐了。武王说："一定要勤勤恳恳，不能懈怠呀！"武王于是作《太誓》，并向所有人宣告："如今，殷纣竟然听信妇人的话，他这是自己断绝天命，违背了日、月、北斗的运行，疏远了自己的同胞兄弟，他废弃了先祖的音乐，并胡乱采用淫乱的音乐从而篡改了典雅的音乐，这样做就是为了让他的妻妾们高兴。所以今天我要恭敬地替上天执行惩罚。我们要努力呀，壮士们，这样的事情不会出现第二次，更不会有第三次啦！"

原文

二月甲子昧爽，武王朝至于商郊牧野，乃誓。武王左杖黄钺，右秉白旄，以麾。曰："远矣，西土之人！"武王曰："嗟！我有国冢君，司徒、司马、司空，亚旅、师氏，千夫长、百夫长，及庸、蜀、羌、髳（máo）、微、纑、彭、濮人，称尔戈，比尔干，立尔矛，予其誓。"王曰：

“古人有言：‘牝(pìn)鸡无晨。牝鸡之晨，惟家之索[1]。’今殷王纣维[2]妇人言是用，自弃其先祖肆祀不答，昏弃其家国，遗其王父母弟不用，乃维四方之多罪逋(bū)逃是崇是长，是信是使，俾暴虐于百姓，以奸轨[3]于商国。今予发维共行天之罚。今日之事，不过六步七步，乃止齐焉，夫子勉哉！不过于四伐五伐六伐七伐，乃止齐焉，勉哉夫子！尚桓桓，如虎如罴，如豺如离[4]，于商郊，不御克奔，以役西土，勉哉夫子！尔所不勉，其于尔身有戮。”誓已，诸侯兵会者车四千乘，陈师牧野。

帝纣闻武王来，亦发兵七十万人距[5]武王。武王使师尚父与百夫致师，以大卒驰帝纣师。纣师虽众，皆无战之心，心欲武王亟入。纣师皆倒兵以战，以开武王。武王驰之，纣兵皆崩畔[6]纣。纣走，反入登于鹿台之上，蒙衣其殊玉，自燔于火而死。武王持大白旗以麾诸侯，诸侯毕拜武王，武王乃揖诸侯，诸侯毕从。武王至商国，商国百姓咸待于郊。于是武王使群臣告语商百姓曰：“上天降休！”商人皆再拜稽首，武王亦答拜。遂入，至纣死所。武王自射之，三发而后下车，以轻剑击之，以黄钺斩纣头，县大白之旗。已而至纣之嬖妾二女，二女皆经自杀。武王又射三发，击以剑，斩以玄钺，县[7]其头小白之旗。武王已乃出复军。

［注释］

①惟：同“唯”，表示顺承关系，相当于“则”。索：尽，这里有破败的意思。②维：同“唯”。③轨：通“宄”，内乱。④离：同“螭”，传说中一种似龙的动物。⑤距：同“拒”，抵抗。⑥畔：通“叛”，背叛。⑦县：同“悬”，悬挂。

［译文］

二月甲子日凌晨，武王很早就来到商郊外的牧野，然后举行誓师。武王左手拿着黄色的钺，右手举着用白色的旄牛尾做成装饰的旗，并以此来指挥。武王说：“一路辛苦了，西方来的将士们！”武王接着说：“啊！我的友邦的君主们，司徒、司马、司空、亚旅、师氏、千夫长、百夫长，还有庸人、蜀人、羌人、髳人、微人、纑人、彭人、濮人，请高举你们的戈，排齐你们的盾，竖起你们的矛，让我们一起宣誓。”武王说：“古人常说‘母鸡是不报晓的，假如母鸡报晓，就一定会倾家荡产’。如今殷王纣只要是他的爱妾所说的他就听，自己放弃了祖先的祭祀不再过问，抛弃国家大政，不任用自己的同祖兄弟，召集四方各国犯罪逃亡到商的人，推崇他们，看重他们，信任他们，任用他们，放纵他们在百姓中横行霸道，结果令商朝的政事被奸佞、狡诈的人控制。今天，我要恭敬地执行上天的惩罚。今天我们去讨伐纣，每前进六七步，一定要停顿下来整顿队伍，要努力呀，战士们！每次刺击一定不要超过四下、五下、六下、七下，就必须停下来整顿队伍，要努力呀，将士们！希望大家都勇猛向前，就像虎、罴、豺、螭那样，我们和商朝的军队在商的郊野作战，不要攻打前来投降的人，让他们听从我们这些从西方来的人的命令，要努力呀，将士们！如果你们有谁不努力，我就会将他斩首。”誓师完毕，前来会合的诸侯军队，战车有四千辆，共同在牧野列阵。

帝纣听说武王前来讨伐自己，他也发兵七十万用来抵抗武王。武王派太师尚父带领百名士兵前去挑战，而他自己带领大部分士兵以战车冲击纣的军队。纣的军队虽然人数很多，但是士兵都不愿意作战，大家都盼着武王的军队赶快攻打进来。纣的士兵都掉转武器反而攻打纣，为武王的军队开路。武王坐着战车冲进城，纣的军队马上就溃散了，都背叛了纣。纣逃跑，退回城中登上鹿台，他穿上自己镶有宝玉的衣服，投火自焚而死。武王举着大白旗指挥诸侯，诸侯都拜见武王，武王也向诸侯们回礼，诸侯都听从武王的号令。武王进入商的都城，商朝的百姓再次等在郊外迎接。于是，武王命令群臣告诉商朝的百姓说：“上天赐福给你们！”商朝的百姓再次对着武王拜手稽首，武王也恭敬地还礼。然后，武王进入城中，到了纣王自焚的地方。武王亲自用箭射他的尸体，射了三箭以后下车，然后又轻吕剑刺纣王的尸体，最后用黄色的钺砍下纣的头，挂到大白旗上。接着，武王又来到纣的两个宠妾那里，这时，那两个宠妾都已经上吊自杀了。武王又对着她们的尸体射了三箭，并用剑刺她们的尸体，最后用黑色的钺砍下她们的头，悬挂在小白旗上。做完这一切，武王出城，回到军中。

原文

其明日，除道，修社及商纣宫。及期，百夫荷罕旗以先驱。武王弟叔振铎奉陈常车，周公旦把大钺，毕公把小钺，以夹武王。散宜生、太颠、闳夭皆执剑以卫武王。既入，立于社南大卒之左，左右毕从。毛叔郑奉明水，卫康叔封布兹，召公奭赞采，师尚父牵牲。尹佚策祝曰：“殷之末孙季纣，殄废先王明德，侮蔑神祇不祀，昏暴商邑百姓，其章显闻于天皇上帝。”于是武王再拜稽首，曰：“膺更大命，革殷，受天明命。”武王又再拜稽首，乃出。

封商纣子禄父殷之余民。武王为殷初定未集，乃使其弟管叔鲜、蔡叔度相禄父治殷。已而命召公释箕子之囚。命毕公释百姓之囚，表商容之间。命南宫括散鹿台之财，发巨桥之粟，以振贫弱萌隶[1]。命南宫括、史佚展九鼎保玉。命闳夭封比干之墓。命宗祝享祠于军。乃罢兵西归。行狩，记政事，作《武成》。封诸侯，班赐[2]宗彝，作《分殷之器物》。武王追思先圣王，乃褒封神农之后于焦，黄帝之后于祝，帝尧之后于蓟，帝舜之后于陈，大禹之后于杞。于是封功臣谋士，而师尚父为首封。封尚父于营丘，曰齐。封弟周公旦于曲阜，曰鲁。封召公奭于燕。封弟叔鲜于管，弟叔度于蔡。余各以次受封。

［注释］

①振：同“赈”，赈济、救济。萌：通“氓”，外来的百姓，也泛指老百姓。②班赐：分赐。班，同“颁”，颁发。

［译文］

等到第二天，武王命人清除道路，修整社庙以及商纣的宫室。到了约好的日期，一百名士兵扛着云罕旗走在最前面。武王的弟弟叔振铎为武王赶车，周公旦手里握着大钺，毕公手里握着小钺，两人分别站在武王两边。散宜生、太颠、闳夭都手拿佩剑护卫着武王。武王进入城中，站到社庙的南面、王师的左边，左右的大臣都跟从他。毛叔郑手捧明水，卫康叔封铺好了草席，召公奭帮着拿好彩帛，太师尚父牵着祭牲。尹佚大声朗读着竹简上的祭文：“殷的末代子孙纣，废弃了先王圣明的美德，侮辱蔑视神明，不去祭祀，对商朝的百姓实行暴政，他的这些做法在皇天上帝面前都已经表现得清清楚楚。”于是武王跪拜叩头两次，并说道：“我承受上天的大命，革除殷朝的弊政，是接受了上天所降下的光明之命。”武王跪拜叩头两次，然后离开城中。

武王把殷的遗民都封给商纣的儿子禄父。武王因为天下刚刚平定下来，还没有安定，于是，他派他的弟弟管叔鲜、蔡叔度帮助禄父治理殷的遗民。然后武王又命令召公将箕子释放出狱。命令毕公将囚禁在狱中的百姓释放，在商容住过的里巷设立表彰他的标志。命令南宫括散发鹿台的钱财及巨桥的粮食给百姓，用来赈济穷苦的人民。武王命令南宫括、史佚展示殷人的九鼎和宝玉。命令闳夭为比干的坟墓培土修缮。命令宗祝在军队中祭祀战神。然后武王又撤兵回到西方。武王巡视各个诸侯的领地，记录他们治理的事情，作了《武成》。武王封诸侯，将殷的宗庙祭器分别赏赐给他们，并作《分殷之器物》。武王追思怀念从前的圣王，并对神农的后代进行嘉奖，把他们封在焦，把黄帝的后代封在祝，把帝尧的后代封在蓟，把帝舜的后代封在陈，把大禹的后代封在杞。然后，武王又分封了功臣谋士，其中，师尚父是第一个接受封赏的。武王将尚父封在营丘，称为齐。封他的弟弟周公旦在曲阜，称为鲁。将召公奭封在燕。分封他的弟弟叔鲜在管，封他的弟弟叔度在蔡。其他的人也都依次受封。

原文

周公

武王征九牧之君，登豳之阜，以望商邑。武王至于周，自夜不寐。周公旦即王所，曰：“曷为不寐？”王曰：“告女：维天不飨[1]殷，自发未生于今六十年，麋鹿在牧，蜚鸿满野。天不享殷，乃今有成。维天建殷，其登名民三百六十夫，不显亦不宾[2]灭，以至今。我未定天保，何暇寐！”王曰：“定天保，依天室，悉求夫恶，贬从殷王受。日夜劳来定我西土，我维显服，及德方明。自洛汭延于伊汭，居易毋固，其有夏之居。我南望三涂，北望岳鄙，顾詹有河，粤詹雒、伊，毋远天室。”营周居于雒邑而后去。纵马于华山之阳，放牛于桃林之虚；偃干戈，振兵释旅：示天下不复用也。

武王已克殷，后二年，问箕子殷所以亡。箕子不忍言殷恶，以存亡国宜告。武王亦丑，故问以天道。

武王病。天下未集，群公惧，穆卜，周公乃祓(fú)斋，自为质，欲代武王，武王有瘳(chōu)。后而崩，太子诵代立，是为成王。

[注释]

①飨：同“享”，鬼神享用祭品叫飨。②宾：通“摈”，遗弃，排斥。

[译文]

武王召集九州的首领，登上了豳的高地，遥望着商的都城。武王再回到周，他在晚上总是无法入睡。周公旦来到武王的住处，问道：“为什么您无法入睡呢？”武王说：“告诉你吧：上天不享受殷朝的祭品，从我还没出生一直到现在已经有六十年了，麋鹿在荒郊出没，到处都是害虫。正因为上天不再享受殷的享祭，所以我今天才获得了成功。上天建立殷朝，任用有才能的人三百六十人，殷王虽然没有显扬重用他们，但也没有排斥遗弃他们，所以殷朝的统治才持续到现在。我还没有真正受到上天的保佑，怎么能安心入睡呢？”武王说：“如果想真正得到上天的庇佑，让民众顺从周王室，将作恶的人全部找出来，惩罚他们，就像对待殷王那样。我要日夜勤勉地努力，从而令我西方的国土安定，我还要做好各种事情，直到我们的德教能够在四方都得以显现。从洛水河湾一直到伊水河湾，地势平坦没有险阻，人们在这里生活，从前这里是夏人活动的地方。我向南望见三涂山，向北面望到太行山，回首又看到黄河，又观察了洛水、伊水，决定就在这一带建立周朝的都城。”武王命人在雒邑营建周朝都城，然后离开。武王还让人把马都放养在华山的南面，在桃林的荒野养牛，将武器都放下不再使用，整顿军队，解除了武装：向天下的人民表示不再用兵。

武王已经战胜了殷，过了两年，武王向箕子询问殷朝灭亡的原因。箕子不忍心说殷的坏话，于是只和武王谈论了治国存亡的道理。武王也感到很惭愧，因此，他只向箕子询问了天道。

武王病重。天下还没有安定，所有的大臣都非常恐惧，他们就恭敬地占卜。周公斋戒沐浴，祷告上天，愿意替武王承受痛苦，武王的病渐渐好转。后来武王崩逝，太子诵代继承王位，这就是成王。

原文

成王少，周初定天下，周公恐诸侯畔周，公乃摄行政当国。管叔、蔡叔群弟疑周公，与武庚作乱，畔周。周公奉成王命，伐诛武庚、管叔，放蔡叔。以微子开[①]代殷后，国于宋。颇收殷余民，以封武王少弟封为卫康叔。晋唐叔得嘉谷，献之成王，成王以归[②]周公于兵所。周公受禾东土，鲁天子之命。初，管、蔡畔周，周公讨之，三年而毕定，故初作《大诰》，次作《微子之命》，次《归禾》，次《嘉禾》，次《康诰》《酒诰》《梓材》，其事在周公之篇。周公行政七年，成王长，周公反[③]政成王，北面就群臣之位。

听朝四辅

成王年幼继位，周公、太公、召公、史佚四贤辅佐成王处理国家大事。

成王在丰，使召公复营洛邑，如武王之意。周公复卜申视，卒营筑，居九鼎焉。曰：“此天下之中，四方入贡道里均。”作《召诰》《洛诰》。

成王既迁殷遗民，周公以王命告，作《多士》《无佚》。召公为保，周公为师，东伐淮夷，残奄，迁其君薄姑。成王自奄归，在宗周，作《多方》。既绌殷命，袭淮夷，归在丰，作《周官》。兴正礼乐，度制于是改，而民和睦，颂声兴。成王既伐东夷，息慎来贺，王赐荣伯作《贿息慎之命》。

成王将崩，惧太子钊(zhāo)之不任，乃命召公、毕公率诸侯以相太子而立之。成王既崩，二公率诸侯，以太子钊见于先王庙，申告以文王、武王之所以为王业之不易，务在节俭，毋多欲，以笃信临之，作《顾命》。太子钊遂立，是为康王。康王即位，遍告诸侯，宣告以文武之业以申之，作《康诰》。故成康之际，天下安宁，刑错④四十余年不用。康王命作策，毕公分居里，成周郊，作《毕命》。

桐叶封虞

周成王的弟弟叔虞和成王在一起玩耍，周成王随手攀摘了一片梧桐树叶，送给了弟弟叔虞，随口道："我把这作为信物，封赐给你！"大臣史佚知道这件事后，请求择日将叔虞分封到别的地方，成王认为自己只是开玩笑而已。史佚听后严肃地说："天子无戏言，出口成宪，而且史书记载，乐师歌颂，士人称道。哪能随便说说。"成王听史佚言之有理，就把叔虞封在唐。

[注释]

①微子开：微子启。此处为避汉景帝讳改"启"为"开"。②归：通"馈"，赠送。③反：同"返"，这里是交还的意思。④错：同"措"，放置，搁放。

[译文]

成王年纪还小，周的天下也是刚刚平定，周公害怕各个诸侯背叛周朝，于是，他便主持国家大事。管叔、蔡叔等兄弟都怀疑周公，他们勾结武庚一起叛乱，背叛了周朝。周公尊奉成王的命令，讨伐武庚、管叔，流放了蔡叔。然后，用微子启代替武庚接续殷的后代，在宋朝建都。收聚了很多殷朝的遗民，封赏了武王的小弟弟，将他封为卫康叔。晋唐叔得到了一种被视为祥瑞的奇特的谷穗，并把它献给成王，成王把谷穗送到周公驻兵的地方。周公在东方接受了成王赏赐的谷穗，颂扬了天子赏赐谷物的诏命。起初，管叔、蔡叔反叛周朝，周公前去征讨，经过三年终于平定了叛乱，因此先作《大诰》，然后又作《微子之命》，之后作《归禾》《嘉禾》，又作《康诰》《酒诰》《梓材》，那些事情的经过都记载在《鲁周公世家》中。周公代行国政七年，成王终于长大成人，周公将政权交还成王。然后，自己又回到群臣的行列中。

成王住在丰邑，命令召公又去洛邑进行测量，这是为了遵从武王的遗旨。周公再次占卜，不断查看地形，最后终于营建成城，并把九鼎放在那里。说："此处是天下的中心，各处到这里进贡的路程是相同的。"并作《召诰》《洛诰》。于是，成王将殷朝的遗民迁徙过去，周公告诉他们成王的命令，并作《多士》《无佚》。召公担任太保的职务，周公担任太师的职务，他们征伐东方的淮夷，灭亡了奄国，将奄国的国君迁到薄姑。成王从奄国返回以后，在宗周写下《多方》。成王已经完全消灭了殷朝的残余势力，也攻袭了淮夷，他返回丰邑，作《周官》。成王制定并推广了礼仪，谱制了音乐，法令和制度于是被修改，百姓团结和睦，称赞的声音不绝于耳。成王征讨东夷以后，息慎前来祝贺，成王命荣伯写下《贿息慎之命》。

成王临终前，担心太子钊无法胜任，于是就命令召公、毕公带领其他的诸侯一起辅佐太子治理国家。成王驾崩以后，召公、毕公率领诸侯，带太子钊前去谒见先王的宗庙，并不断告诉他文王、武王成就王业是怎样不容易，告诫他务必保持节俭，千万不能有太多的欲望，要凭借笃厚诚实来管理天下，并作《顾命》。太子钊于是登上了帝位，这就是康王。康王即位以后，向天下的诸侯发布召命，不断宣传文王、武王所做出的功业，并作《康诰》。因此在成王和康王统治期间，天下安宁，有四十多年都不需要用到刑罚。康王命人作册书以告毕公，毕公按照等级划分居住的范围，形成周的郊外，并作《毕命》。

召公

原文

康王卒，子昭王瑕立。昭王之时，王道微缺。昭王南巡狩不返，卒于江上。其卒不赴告，讳之也。立昭王子满，是为穆王。穆王即位，春秋已五十矣。王道衰微，穆王闵文武之道缺，乃命伯臩（jiǒng）申诫太仆国之政，作《臩命》。复宁。

穆王将征犬戎，祭公谋父谏曰："不可。先王耀德不观兵。夫兵戢（jí）而时动，动则威，观则玩，玩则无震。

是故周文公之颂曰：‘载戢干戈，载櫜（gāo）弓矢，我求懿德，肆于时夏，允王保之。’先王之于民也，茂①正其德而厚其性，阜其财求而利其器用，明利害之乡，以文修之，使之务利而辟害，怀德而畏威，故能保世以滋大。昔我先王世后稷以服事虞、夏。及夏之衰也，弃稷不务，我先王不窋用失其官，而自窜于戎狄之间。不敢怠业，时序其德，遵修其绪，修其训典，朝夕恪勤，守以敦笃，奉以忠信。奕世载德，不忝前人。至于文王、武王，昭前之光明而加之以慈和，事神保民，无不欣喜。商王帝辛大恶于民，庶民不忍，䜣载武王，以致戎于商牧。是故先王非务武也，勤恤民隐而除其害也。夫先王之制，邦内甸服，邦外侯服，侯卫宾服，夷蛮要服，戎翟荒服。甸服者祭，侯服者祀，宾服者享，要服者贡，荒服者王。日祭，月祀，时享，岁贡，终王，先王之顺祀也。有不祭则修意，有不祀则修言，有不享则修文，有不贡则修名，有不王则修德，序成而有不至则修刑。于是有刑不祭，伐不祀，征不享，让不贡，告②不王。于是有刑罚之辟，有攻伐之兵，有征讨之备，有威让之命，有文告之辞。布令陈辞而有不至，则增修于德，无③勤民于远。是以近无不听，远无不服。今自大毕、伯士之终也，犬戎氏以其职来王，天子曰‘予必以不享征之，且观之兵’，无乃废先王之训，而王几顿乎？吾闻犬戎树敦，率旧德而守终纯固，其有以御我矣。”王遂征之，得四白狼四白鹿以归。自是荒服者不至。

八骏巡游

周穆王喜欢驾车四处巡游，因此荒废朝政，周朝开始衰落。

诸侯有不睦者，甫侯言于王，作修刑辟。王曰：“吁，来！有国有土，告汝祥刑。在今尔安百姓，何择非其人，何敬非其刑，何居非其宜与？两造具备，师听五辞。五辞简信，正于五刑。五刑不简，正于五罚。五罚不服，正于五过。五过之疵，官狱内狱，阅实其罪，惟钧其过。五刑之疑有赦，五罚之疑有赦，其审克之。简信有众，惟讯有稽。无简不疑，共严天威。黥辟疑赦，其罚百率，阅实其罪。劓（yì）辟疑赦，其罚倍洒，阅实其罪。膑辟疑赦，其罚倍差，阅实其罪。宫辟疑赦，其罚五百率，阅实其罪。大辟疑赦，其罚千率，阅实其罪。墨罚之属千，劓罚之属千，膑罚之属五百，宫罚之属三百，大辟之罚其属二百：五刑之属三千。”命曰《甫刑》。

［注释］

①茂：通“懋”，勉力，尽力。②告：同“诰”，谕告，指上告下。③无：同“毋”，不，不要。

［译文］

康王驾崩以后，他的儿子昭王瑕即位。昭王统治时期，王道稍微出现衰败的迹象。昭王到南方巡狩没能返回，在江上就驾崩了。昭王死了以后也没有告丧，就是因为忌讳这件事。昭王的儿子满被立为王，这就是穆王。穆王即位的时候，已经五十岁了。当时国家的统治衰败，穆王对不能重振文、武二王时的统治很伤心，于是他命令伯臩为太仆，并反复告诫他应当尽心于国家的政事，作了《臩命》。天下才重新得到安宁。

穆王将要征伐犬戎，祭公谋父劝谏：“不可以攻打。先王向天下显示的是德行，并非武力。军队平时要积蓄力量，一定要在必要的时候才出动，一出动就要显示威力，假如只是炫耀武力，就会漫不经心，漫不经心就不会震慑敌人。因此赞颂周公的颂诗写道：‘收起干和戈，藏好弓与箭。寻求贤重美德，传遍华夏，王业永保全。’先王对待百姓，全力端正他们的品德，并使他们的性情纯厚，让他们的财产增多，让他们的器用得到改善，并让人们知道利害所在，用礼法教育他们，让他们能够专心做好有利的事情，远离有害的事情，心中怀有仁德并恐惧刑罚的威严，因此才能保住先王的事业并不断壮大。以前我们的先祖世世代代担任农师，并在虞舜、夏禹两朝服务。当夏朝政权衰败的时候，夏朝废弃了农师，不再重视农事，我们的先王不窋因此丢掉了官职，流落到戎狄生活的地方。但是他对农事丝毫没有懈怠，时时宣传弃的美德，遵循并延续他的事业，奉行他的典章制度，任何时间都表现得恭谨勤奋，始终用忠实诚信的态度来奉行他的事业。后来的人们始终遵照这种美德，没有让前人的美德被玷污。到了文王、武王统治的时期，发扬前人光明的美德，再加上慈祥和善，恭敬地侍奉鬼神，保佑百姓，全天下的人没有不高兴的。商王帝辛犯下了滔天的罪恶，人民无法忍受，因此高兴地拥戴武王，在商郊牧野发生了战争。所以说，先王不崇尚武力，他勤勤恳恳地体恤百姓的疾苦，为民除害。遵照先王的制度，邦畿以内是甸服，邦畿以外是侯服，侯、卫地区称宾服，蛮夷所在地称要服，戎翟之地称荒服。属于甸服的人们要日祭，属于侯服的人们要月祀，属于宾服的人负责时享，属于要服的人要岁贡，属于荒服的人要朝贡。祭以日计算，祀以月计算，享以季节计算，贡以年计算，王则以终身计算。在前代传下来的有关祭祀的规定中，假如不祭就要反省自己的思想，假如不祀就要检查自己的言辞，如果不享就要修整礼法，如果不贡就要端正名分，如果不王就要注意自己的道德修养，如果都是按照次序做了却仍然有不来的人，就必须施以刑罚。于是才有对不祭者施行的刑罚，对不祀者施行的攻伐，对不享者施行的征讨，对不贡者施行的谴责，对不王者施行的昭告。于是才有关于刑罚的各种规定，有攻伐的军队，有征讨的武器，有警告、谴责的命令，有昭告天下的文辞。如果下达了文辞命令仍然有不来的人，就要再次修正道德，不要轻易调用民力，进行远征。这样才会使邻近的国家都来听从，远方的国家都来归顺。如今，自从犬戎氏大毕、伯士二君去世以后，犬戎氏遵守其职分，前来朝贡天子，天子却说我一定要按照不享的罪名征讨他们，还要向他们炫耀强大的武力，这无异于抛弃了先王的教训，令自己陷入危险的境地。我听说犬戎氏宣扬敦厚的风气，全都遵照前人的德行，并且能一直坚持，他们这么做是有足够抵御我们的东西啊。”但是穆王仍然发兵征讨，最后得到四只白狼和四只白鹿返回。从此以后，属于荒服的国家都不来朝见了。

诸侯中有不和睦的，甫侯把这种情况告诉给王，王因此立下各种刑法。王说：“喂，到我这来！有封国有土地的诸侯们，我要告诉你们完善的刑法。现在你们要安顿百姓，难道不应该选择执法的贤人吗？应该得到尊重的难道不是刑法本身吗？应该掌握的难道不是用刑的尺度吗？原告与被告全都到齐了，士师应该从语言、表情、呼吸、听觉反应以及目光等五个方面进行观察。通过这些观察来了解情况，五种判断都明了了，就可以用墨、劓、膑、宫、大辟五种刑罚来定罪。如果上述五刑不合适，就处以五种不同的罚金。如果上述五罚也不合适，就用五种过失来定罪。用五种过失来判断罪行有一定的缺陷，各种案件都要审明详实，使罪名和过失相当。如果遇到应该按照五刑治罪但是有疑问而不得不赦免的讼事，或者是应该按照五罚治罪却因为有疑问不得不赦免的讼事，就要认真审查。收集证据应该跟民众核实验证，审讯也要有证据。假如没有充分的证据就不要怀疑，一定要恭敬维护上天的威信。属于黥刑但是有疑惑而需要赦免的，罚金为六百两，查明罪状。属于劓刑因为有疑惑而不得不赦免的，其罚金是一千二百两，也要把案情审阅核实。属于膑刑但是因为疑惑而不得不赦免的，其罚金是前者的一倍半，要查清罪状。属于宫刑但因有疑惑而不得不赦免的，其罚金是三千两，要弄清罪状。属于大辟之刑但因有疑惑而需要赦免的，其罚金为六千两，也要查明罪状。关于墨刑的条文有上千条，关于劓刑的条文也有上千条，关于膑刑的条文有五百条，关于宫刑的条文是三百条，关于大辟刑罚的条文有二百条：和五种刑罚有关的条文一共有三千条。”这套刑法因为是甫侯提出的，所以命名为《甫刑》。

原文

密康公母

密康公的母亲劝密康公把美女献给周共王，密康公不听，后来被周共王灭国。

穆王立五十五年，崩，子共王繄(yì)扈立。共王游于泾上，密康公从，有三女奔之。其母曰：“必致之王。夫兽三为群，人三为众，女三为粲。王田不取群，公行不下众，王御不参一族。夫粲，美之物也。众以美物归①女，而何德以堪之？王犹不堪，况尔之小丑乎！小丑备物，终必亡。”康公不献，一年，共王灭密。共王崩，子懿王囏(jiān)立。懿王之时，王室遂衰，诗人作刺。

懿王崩，共王弟辟方立，是为孝王。孝王崩，诸侯复立懿王太子燮(xiè)，是为夷王。

[注释]

①归：通“馈”，赠予，送给。

[译文]

穆王在位一共有五十五年，他驾崩后，他的儿子共王即位。共王在泾水上游游玩，密康公在旁边服侍，这时，有三个女子前来投奔密康公。密康公的母亲对他说：“你务必把这三个女子献给王。兽，三只以上称为群；人，三个以上称为众；女子，三人以上称为粲。王出去打猎从来不会猎取三只以上的兽，诸侯行进不让三人以上下车致敬，王的妃嫔没有三人是属于同一个宗族的。所谓‘粲’，是用来形容美好的事物。人们都将美好的东西送给你，但是你有什么德行去享用这些东西呢？连王都不配享用，更何况像你这样的小人物呢？小人物如果占有这样的东西，最终一定会灭亡。”密康公不愿意献给王，一年以后，共王消灭了密。共王驾崩以后，他的儿子懿王囏即位。懿王在位的时候，王室就走上衰败的道路了，诗人都写诗讽刺。

懿王驾崩以后，共王的弟弟辟方即位，这就是孝王。孝王驾崩，诸侯又拥立懿王的太子燮即位，这就是夷王。

原文

夷王崩，子厉王胡立。厉王即位三十年，好利，近荣夷公。大夫芮良夫谏厉王曰：“王室其将卑乎？夫荣公好专利而不知大难。夫利，百物之所生也，天地之所载也，而有专之，其害多矣。天地百物皆将取焉，何可专也？所怒甚多，不备大难。以是教王，王其能久乎？夫王人者，将导利而布之上下者也。使神人百物无不得极，犹日怵惕惧怨之来也。故《颂》曰：‘思文后稷，克配彼天，立我蒸[①]民，莫匪尔极[②]。’《大雅》曰：‘陈锡载周。’是不布利而惧难乎，故能载周以至于今。今王学专利，其可乎？匹夫专利，犹谓之盗，王而行之，其归鲜矣。荣公若用，周必败也。”厉王不听，卒以荣公为卿士，用事。

王行暴虐侈傲，国人谤王。召公谏曰：“民不堪命矣。”王怒，得卫巫，使监谤者，以告则杀之。其谤鲜矣，诸侯不朝。三十四年，王益严，国人莫敢言，道路以目。厉王喜，告召公曰：“吾能弭谤矣，乃不敢言。”召公曰：“是鄣(zhāng)之也。防民之口，甚于防水。水壅而溃，伤人必多，民亦如之。是故为水者决之使导，为民者宣之使言。故天子听政，使公卿至于列士献诗，瞽献曲，史献书，师箴(zhēn)，瞍(sǒu)赋，矇(méng)诵，百工谏，庶人传语，近臣尽规，亲戚补察，瞽史教诲，耆艾修之，而后王斟酌焉，是以事行而不悖。民之有口也，犹土之有山川也，财用于是乎出；犹其有原隰衍沃也，衣食于是乎生。口之宣言也，善败于是乎兴。行善而备败，所以产财用衣食者也。夫民虑之于心而宣之于口，成而行之，若壅其口，其与能几何？”王不听。于是国莫敢出言，三年，乃相与畔，袭厉王。厉王出奔于彘。

[注释]

①蒸：同“烝”，众，众多。②匪：同“非”，不。尔极：等于说“极尔”，意思是把你当作榜样。极，德高至极。

[译文]

夷王驾崩后，他的儿子厉王胡即位。厉王在位三十年，他贪图钱财，好利，和荣夷公亲近。大夫芮良夫劝谏厉王说：“王室也许就要衰落了！荣夷公爱好收敛钱财却不知道大难就要来临了。财利，本来应该是万物所产生，是天地所承载的，如果想要专有，害处实在太多了。天地万物是供给大家取用的，怎么能够独自占有呢？他触怒的人太多了，又不防备大的祸患。他用这些来教导王，王怎么能够长久地统治呢？作为百姓的王，应该疏导财利，把财利分散到上下所有人中。即使对神、人、万物做到极致，仍然每天都提心吊胆，担忧引起不满。因此《颂》说：'追念祖先后稷有文德，功绩与上天匹配，安定众多百姓，所有的人都向你看齐。'《大雅》中写道：'广施恩泽，发展周邦。'这不就是说要布施财利同时也要畏惧灾难吗？因而才使周朝绵延至今。如今王学的是专占财利，这怎么可以啊？一个普通人专占财利，仍然要称为强盗，作为王如果这样做，愿意归附您的人一定就少了。荣夷公如果得到重用，周朝一定会衰败。"厉王不听建议，最后仍然任命荣夷公为卿士，让他负责管理国家大事。

王施行暴政，奢侈傲慢，国都中的人都开始说王的坏话。召公劝谏说："人民忍受不了您的政令了。"王非常愤怒，找到一个卫国的巫士，让他监视诽谤王的人，只要发现并报告给王，王就杀掉那些人。结果，诽谤王的人少了，诸侯也不来朝见王。三十四年（前 844 年），王对百姓的控制更严厉，国都中的人都不敢随便说话，走在路上也只是用目光打招呼。厉王非常得意，他告诉召公说："我可以平息百姓的诽谤，使他们不敢讲话。"召公说："这是因为您已经把百姓的嘴都堵住了。堵住百姓的嘴要比堵住洪水还要危险。洪水被堵塞会冲破堤坝，伤害的人一定很多，而堵住百姓的嘴和这个道理一样。因此，治理河流的人应该对水流加以疏导，治理百姓的人应该让人民畅所欲言。所以天子管理国家，应该让公卿乃至列士都献诗，让盲乐师献上乐曲，让史官献上史书，让师进行规诫，让无眼珠的盲人讲述事情，让有眼珠的盲人大声朗诵，让百工都来劝谏，让百姓互相议论，让亲近的大臣规劝，让亲戚补察失误，让盲乐师和史官一起教诲，让君王的师傅和元老重臣进行训诫，最后由帝王仔细斟酌，这样政事才能够施行并不违背情理。人民有嘴，就好像土地上有山川一样，人类的财物都是从那里产生；就像平原上有肥沃的田野，人类的衣服粮食都是从那里产生的。让百姓把话都讲出来，治理国家的好坏就都可以看出来。做好事并防备出现坏事，这就是用来生产财物衣食的方法。百姓心里怎么想的，嘴上就怎么说，这样才能把事办好。如果堵住百姓的嘴，又怎么能长久呢？"王不听从劝谏。于是，国中的百姓都不敢说话。过了三年，人民一起发动叛乱，攻袭厉王。厉王逃亡到彘。

原文

厉王太子静匿召公之家，国人闻之，乃围之。召公曰："昔吾骤谏王，王不从，以及此难也。今杀王太子，王其以我为仇而怼(duì)怒乎？夫事君者，险而不仇怼，怨而不怒，况事王乎！"乃以其子代王太子，太子竟得脱。

召公、周公二相行政，号曰“共和”。共和十四年，厉王死于彘。太子静长于召公家，二相乃共立之为王，是为宣王。宣王即位，二相辅之，修政，法文、武、成、康之遗风，诸侯复宗周。十二年，鲁武公来朝。

宣王不修籍于千亩，虢(guó)文公谏曰不可，王弗听。三十九年，战于千亩，王师败绩于姜氏之戎。

宣王既亡南国之师，乃料民于太原。仲山甫谏曰：“民不可料也。”宣王不听，卒料民。

感谏勤政

宣王中兴，除了大臣的辅佐，也得助于王后姜氏的贤惠。宣王虽然贤明，但也有不好的习惯，就是贪睡，每日都是睡得早，次日起得迟。姜后恐他误了国事，想劝谏他，于是，摘掉发簪、首饰，身穿素衣，把自己幽禁在关女囚的永巷内，并派人向宣王请罪。宣王说：“这是我自己的懒惰，才有这样的过失，怎么能怨王后呢？不是王后的罪呀。”于是他让王后来见，褒奖了王后。自此以后，就勤于政事，每日早起视朝，直到很晚才回。

［译文］

厉王的太子静藏身在召公家中，国都中的百姓听说以后，便包围了召公的家。召公说：“以前我多次劝谏王，但是王不听，因而才有了今天的灾难。如今要是王的太子被国人所杀，王也许以为我是因为记仇而泄愤吧？服侍主人，尽管身处危难也不应该记仇，尽管有怨气也不应该发泄，何况是服侍天子呢？”因此，他用自己的儿子代替了王的太子，太子最后才逃脱了灾难。

召公、周公两位相共同执政，号“共和”。共和十四年（前 828 年），厉王死在彘。太子静在召公的家里长大，两位相于是共同拥立他为王，这就是宣王。宣王即位，两位相辅佐他治理国家，修整政事，效法文王、武王、成王、康王的遗风，诸侯们又重新归顺周。十二年（前 816 年），鲁武公前来朝见王。

宣王废弃了天子籍田的籍礼，虢文公劝谏说不可以这样。王不听从。三十九年，王的军队在千亩和姜氏之戎大战，最后失败。

宣王丢掉征伐南方的军队以后，便直接在太原统计民户。仲山甫劝谏说：“人口数字这时候统计是不合适的。”宣王不听从劝告，仍然直接统计民户。

原文

四十六年，宣王崩，子幽王宫湦（shēng）立。幽王二年，西周三川皆震。伯阳甫曰：“周将亡矣。夫天地之气，不失其序；若过其序，民乱之也。阳伏而不能出，阴迫而不能蒸，于是有地震。今三川实震，是阳失其所而填阴①也。阳失而在阴，原②必塞；原塞，国必亡。夫水土演而民用也。土无所演，民乏财用，不亡何待！昔伊、洛竭而夏亡，河竭而商亡。今周德若二代之季矣，其川原又塞，塞必竭。夫国必依山川，山崩川竭，亡国之征也。川竭必山崩。若国亡不过十年，数之纪也。天之所弃，不过其纪。”是岁也，三川竭，岐山崩。

三年，幽王嬖爱褒姒。褒姒生子伯服，幽王欲废太子。太子母申侯女，而为后。后幽王得褒姒，爱之，欲废申后，并去太子宜臼，以褒姒为后，以伯服为太子。周太史伯阳读史记曰：“周亡矣。”昔自夏后氏之衰也，有二神龙止于夏帝庭而言曰：“余，褒之二君。”夏帝卜杀之与去之与止之，莫吉。卜请其漦（lí）而藏之，乃吉。于是布币而策告之，龙亡而漦在，椟而去之。夏亡，传此器殷。殷亡，又传此器周，比三代，莫敢发之，至厉王之末，发而观之。漦流于庭，不可除。厉王使妇人裸而噪之。漦化为玄鼋（yuán），以入王后宫。后宫之童妾既龀（chèn）而遭之，既笄（jī）而孕，无夫而生子，惧而弃之。宣王之时童女谣曰：“檿（yǎn）弧箕服，实亡周国。”于是宣王闻之，有夫妇卖是器者，宣王使执而戮之。逃于道，而见乡者后宫童妾所弃妖子出于路者，闻其夜啼，哀而收之，夫妇遂亡，奔于

戏举烽火

周幽王为博褒姒一笑，屡次点起烽火，招诸侯之兵。诸侯被戏弄后，无人相信烽火。其后犬戎来侵，幽王再举烽火，诸侯救兵不至，西周遂亡。

褒。褒人有罪，请入童妾所弃女子者于王以赎罪。弃女子出于褒，是为褒姒。当幽王三年，王之后宫见而爱之，生子伯服，竟废申后及太子，以褒姒为后，伯服为太子。太史伯阳曰："祸成矣，无可奈何！"

褒姒不好笑，幽王欲其笑万方，故不笑。幽王为烽燧大鼓，有寇至则举烽火。诸侯悉至，至而无寇，褒姒乃大笑。幽王说之，为数举烽火。其后不信，诸侯益亦不至。

幽王以虢石父为卿，用事，国人皆怨。石父为人佞巧善谀好利，王用之。又废申后，去太子也。申侯怒，与缯、西夷犬戎攻幽王。幽王举烽火征兵，兵莫至。遂杀幽王骊山下，虏褒姒，尽取周赂而去。于是诸侯乃即申侯而共立故幽王太子宜臼，是为平王，以奉周祀。

[注释]

①填阴：为阴气所镇伏。填，通"镇"。②原：同"源"，水源。

[译文]

四十六年（前782年），宣王驾崩，他的儿子幽王宫湦即位。幽王二年（前780年），周西部的泾、渭、洛一带发生地震。伯阳甫说："周朝将要灭亡了。天地二气，不可以失去它们的秩序；假如越过各自的秩序，那就是因为有人扰乱了它。阳气滞伏在下面不能出来，被阴气压迫无法上升蒸发，因此才出现地震。如今在泾、渭、洛一带出现地震，是因为阳气无法上升，被阴气镇伏。阳气失位而被阴气镇伏，水源就一定会堵塞；水源被堵塞，国家就一定会灭亡。土壤中的水脉通畅，百姓才能得到财利。假如土壤中的水脉不再畅通，人民就会缺乏财利，国家这时不灭亡还等什么时候呢？过去伊水、洛水枯竭，夏朝灭亡；黄河水枯竭，结果商朝灭亡了。如今，周朝的德运就像夏、商两代末年那样，水源已经被堵塞，出现堵塞就一定会枯竭。国运的兴衰必定与山川的形势相倚伏。高山崩塌，大河枯竭，这是亡国的征兆。水源枯竭一定会引起高山崩塌。如果亡国的话不会超过十年，因为十是数字的极数。上天假如要抛弃我们，一定不会超过这个数字。"当年，泾、渭、洛的水源枯竭，岐山崩塌。

三年，幽王尤为宠爱褒姒。褒姒为幽王生下儿子伯服，于是，幽王就想废黜太子。太子的母亲是申侯的女儿，幽王的王后。后来幽王得到褒姒，十分喜爱她，便想要废黜申后，并除去太子宜臼，让褒姒成为王后，立伯服为太子。周太史伯阳阅读历史典籍后说道："周朝就要亡国了。"昔日，夏后氏衰败，出现了两条神龙降落在夏帝的院子中并说道："我们，是褒国的两位君主。"夏帝进行占卜，杀掉它、赶走它或是留下它，都是不吉利的。又占卜请求把龙的涎沫收藏起来，这才得到吉兆。于是，夏帝布置好贡品，宣读册文，向神龙祷告，龙飞走以后留下了涎沫，夏帝命人把龙的涎沫盛

褒姒

在匣中收藏好。夏朝灭亡以后，这件器物传给了商。商朝灭亡以后，这件器物又传给了周。连续三个朝代，没有谁敢打开它。到了厉王末年，厉王打开观看。龙的涎沫流到庭院中，无论如何都无法去除。厉王让女人裸体在院子中大声呼喊。龙的涎沫变为黑色的蜥蜴，钻入王的后宫。后宫中有个年幼的童女，正巧碰上蜥蜴，在女孩十五岁行过笄礼后她就怀孕了，没有丈夫却生下孩子，女孩心里害怕便把孩子扔掉了。宣王的时候有个童女唱歌谣说："看到山桑制作的弓和箕木制成的箭囊，周朝就要灭亡了。"宣王听到以后，正好看到有夫妇两人在卖这两样东西，宣王于是命人把这对夫妇抓起来杀掉。他们在逃跑的路上，看见之前后宫的童女扔在路边的孩子，他们听到孩子在夜里哭泣，因为可怜这个孩子就收养了她。夫妇俩于是逃走，跑到褒国。褒国人犯了罪，就请求向宣王献上童女扔掉的孩子以获得赦免。这个被扔掉的女孩来自褒国，这就是褒姒。在幽王三年的时候，王来到后宫看见褒姒，非常喜爱她，便和她生下儿子伯服。王竟然要废黜申后和太子，立褒姒为王后，立伯服为太子。太史伯阳说："灾祸已经形成了，没有什么办法了！"

褒姒不爱笑。幽王就想各种办法逗她笑，但是褒姒就是不笑。幽王本来设有烽燧和大鼓，一旦有人来犯就点起烽火。有一次，幽王点燃烽火，诸侯都赶过来，但是却没有看到来犯者，褒姒看到这样的情况大笑。幽王很欢喜，便为褒姒多次点燃烽火召集诸侯。后来，诸侯都不再相信幽王，看到点起的烽火，诸侯也不来了。

幽王让虢石父担任卿士，负责国家大政，国都中的人都有怨言。虢石父这个人擅长阿谀奉承，而且贪图钱财，幽王却重用他。幽王又废黜了申后，并废掉太子。申侯被触怒，于是联合缯国和西夷的犬戎攻打幽王。幽王点燃烽火想要召集诸侯的军队，但是诸侯的军队都没有赶来。他们在骊山下把幽王杀死了，并掳走褒姒，把周的财物都抢劫一空才离开。于是诸侯都到申侯这里，拥立幽王以前的太子宜臼，这就是平王，来供奉周朝的祭祀。

原文

平王立，东迁于雒邑，辟戎寇。平王之时，周室衰微，诸侯强并弱，齐、楚、秦、晋始大，政由方伯。

四十九年，鲁隐公即位。

五十一年，平王崩，太子洩父蚤①死，立其子林，是为桓王。桓王，平王孙也。

桓王三年，郑庄公朝，桓王不礼。五年，郑怨，与鲁易许田。许田，天子之用事太山田也。八年，鲁杀隐公，立桓公。十三年，伐郑，郑射伤桓王，桓王去归。

二十三年，桓王崩，子庄王佗立。庄王四年，周公黑肩欲杀庄王而立王子克。辛伯告王，王杀周公。王子克奔燕。

十五年，庄王崩，子釐王胡齐立。釐王三年，齐桓公始霸。

五年，釐王崩，子惠王阆立。惠王二年，初，庄王嬖姬姚，生子穨（tuí），穨有宠。及惠王即位，夺其大臣园以为囿，故大夫边伯等五人作乱，谋召燕、卫师，伐惠王。惠王奔温，已居郑之栎。立釐王弟穨为王。乐及遍舞，郑、虢君怒。四年，郑与虢君伐杀王穨，复入惠王。惠王十年，赐齐桓公为伯。

［注释］

①蚤：通“早”。

［译文］

平王即位以后，他把都城向东迁到雒邑，以躲避戎寇。平王在位期间，周王室的统治日渐衰败，诸侯中强大的吞并弱小的，齐、楚、秦、晋渐渐强大，政令往往出自称霸的诸侯。

四十九年（前 722 年），鲁隐公即位。

五十一年，平王驾崩，太子洩父很早就死了，便立他的儿子林为王，这就是桓王。桓王，是平王的孙子。

桓王三年（前 717 年），郑庄公前来朝见，桓王没有以礼相待。五年，郑国怨恨周室，未经周天子的许可就用祊田与鲁国交换许田。许田，本来是天子赐给郑国用来祭祀泰山的土地（按，此处有误，“许田”应为“祊田”）。八年，鲁国杀掉隐公，拥立桓公。十三年，讨伐郑，郑人射伤了桓王，桓王离开郑国回来。

二十三年，桓王驾崩，他的儿子庄王佗即位。庄王四年（前 693 年），周公黑肩想要杀死庄王，立王子克为王。辛伯把这件事报告给王，王杀掉周公黑肩。王子克逃到燕国。

十五年，庄王驾崩，他的儿子釐王胡齐即位。釐王三年（前 679 年），齐桓公开始在诸侯中称霸。

五年，釐王驾崩，他的儿子惠王阆即位。惠王二年（前675年），起初，庄王的宠妾姚氏生下儿子頹，頹很受宠爱。等到惠王即位的时候，惠王剥夺大臣的园林作为自己的猎场，因此惹怒大臣，大夫边伯等五个人发动叛乱，他们谋划召集燕、卫的军队，共同讨伐惠王。惠王逃到温邑，不久到郑国的栎邑居住。边伯等人拥立釐王的弟弟頹为王。頹宴请五位大夫，并演奏六代的舞乐，郑、虢两个国家的国君大怒。四年，郑国和虢国的国君前来讨伐，并杀掉頹，重新迎立惠王。惠王十年，赏赐齐桓公为诸侯之长。

原文

二十五年，惠王崩，子襄王郑立。襄王母蚤死，后母曰惠后。惠后生叔带，有宠于惠王，襄王畏之。三年，叔带与戎、翟谋伐襄王，襄王欲诛叔带，叔带奔齐。齐桓公使管仲平戎于周，使隰朋平戎于晋。王以上卿礼管仲。管仲辞曰："臣贱有司也，有天子之二守国、高在。若节春秋来承王命，何以礼焉。陪臣敢辞。"王曰："舅氏，余嘉乃勋，毋逆朕命。"管仲卒受下卿之礼而还。九年，齐桓公卒。十二年，叔带复归于周。

十三年，郑伐滑，王使游孙、伯服请滑，郑人囚之。郑文公怨惠王之入不与厉公爵，又怨襄王之与卫滑，故囚伯服。王怒，将以翟伐郑。富辰谏曰："凡我周之东徙，晋、郑焉依。子頹之乱，又郑之由定，今以小怨弃之！"王不听。十五年，王降翟师以伐郑。王德翟人，将以其女为后。富辰谏曰："平、桓、庄、惠皆受郑劳，王弃亲亲翟，不可从。"王不听。十六年，王绌翟后，翟人来诛，杀谭伯。富辰曰："吾数谏不从，如是不出，王以我为怼乎？"乃以其属死之。

初，惠后欲立王子带，故以党开翟人，翟人遂入周。襄王出奔郑，郑居王于汜。子带立为王，取[1]襄王所绌翟后与居温。十七年，襄王告急于晋，晋文公纳王而诛叔带。襄王乃赐晋文公珪鬯(chàng)弓矢，为伯，以河内地与晋。二十年，晋文公召襄王，襄王会之河阳、践土，诸侯毕朝，书讳曰"天王狩于河阳"。

二十四年，晋文公卒。

三十一年，秦穆公卒。

三十二年，襄王崩，子顷王壬臣立。顷王六年，崩，子匡王班立。匡王六年，崩，弟瑜立，是为定王。

［注释］

①取：同“娶”。

［译文］

二十五年（前 652 年），惠王驾崩，他的儿子襄王郑即位。襄王的母亲很早就去世了，后母就是惠后。惠后生下叔带，很得惠王的宠爱，襄王对此很担忧。三年（前 649 年），叔带和戎、翟共同谋划讨伐襄王，襄王想要杀掉叔带，叔带逃到了齐。齐桓公命令管仲在伐周诸戎和周之间说和，并派隰朋在伐周诸戎和晋之间说和。王用上卿的礼仪招待管仲。管仲推辞说：“我是身份卑微的官员，现在齐国还有天子任命的两个上卿国氏和高氏。如果国、高二卿于春秋两季来京朝聘、接受王命，那时您又用什么更高的礼数来接待他们呢？作为诸侯国的臣子，请免去这个礼节吧。”王说：“作为舅舅家的使臣，我要嘉奖你的功勋，不可忤逆我的命令。”最后，管仲只是接受了下卿的礼仪才返回。九年，齐桓公去世。十二年，叔带重新回到周。

十三年，郑讨伐滑国，周王命令游孙、伯服为滑国求情，郑国的人将他们囚禁起来。郑文公埋怨惠王复国却没有赐给郑厉公酒爵，也怨恨襄王将滑国送给卫国，因此便把伯服囚禁起来。王大怒，准备召集翟人讨伐郑。富辰劝谏说：“但凡我们周朝向东迁都，都是靠着晋、郑两国。子穨发动叛乱，也是靠郑国才得以平定，如今我们怎么可以因为小的怨恨就视其为仇敌呢？”王没有听从劝谏。十五年，王命令翟人的军队讨伐郑。王很感谢翟人，还打算让他们的女儿成为王后。富辰又劝谏说：“平、桓、庄、惠四王都得到过郑国的帮助，王抛弃了亲近的人而和翟人亲近，不可以啊。”王没有听从。十六年，王废黜翟后，翟人前来讨伐，杀掉谭伯。富辰说：“我多次劝谏王都不听，如果遇到这样的情况我不出战，王一定会怨恨我吧？”于是，率领自己的属下殉难。

当初，惠后打算拥立王子带，因此便派党羽充当翟人的内应，翟人这才攻进周。襄王逃到郑时，郑人把王安顿在氾。子带被立为王，带着襄王废黜的翟后共同住在温邑。十七年，襄王向晋告急，晋文公接纳了襄王并杀死叔带。襄王于是赏赐晋文公珪瓒、秬鬯、弓矢，并封他为诸侯之长，还把河内的土地赏赐给晋。二十年，晋文公召见襄王，襄王在河阳、践土与他见面，诸侯全来朝见，史书上隐晦地写道“天王在河阳巡狩”。

二十四年，晋文公去世。

三十一年，秦穆公去世。

三十二年，襄王驾崩，他的儿子顷王壬臣即位。顷王在位六年，驾崩，他的儿子匡王班即位。匡王在位六年，驾崩，他的弟弟瑜即位，这就是定王。

原文

定王元年，楚庄王伐陆浑之戎，次洛，使人问九鼎。王使王孙满应设以辞，楚兵乃去。十年，楚庄王围郑，郑伯降，已而复之。十六年，楚庄王卒。

二十一年，定王崩，子简王夷立。简王十三年，晋杀其君厉公，迎子周于周，立为悼公。

十四年，简王崩，子灵王泄心立。灵王二十四年，齐崔杼(zhù)弑其君庄公。

二十七年，灵王崩，子景王贵立。景王十八年，后太子圣而蚤卒。二十年，景王爱子朝，欲立之，会崩，子丐之党与争立，国人立长子猛为王，子朝攻杀猛。猛为悼王。晋人攻子朝而立丐，是为敬王。

敬王元年，晋人入敬王，子朝自立，敬王不得入，居泽。四年，晋率诸侯入敬王于周，子朝为臣，诸侯城周。十六年，子朝之徒复作乱，敬王奔于晋。十七年，晋定公遂入敬王于周。

三十九年，齐田常杀其君简公。

四十一年，楚灭陈。孔子卒。

四十二年，敬王崩，子元王仁立。元王八年，崩，子定王介立。

定王十六年，三晋灭智伯，分有其地。

二十八年，定王崩，长子去疾立，是为哀王。哀王立三月，弟叔袭杀哀王而自立，是为思王。思王立五月，少弟嵬(wéi)攻杀思王而自立，是为考王。此三王皆定王之子。

考王十五年，崩，子威烈王午立。

[译文]

定王元年（前 606 年），楚庄王讨伐陆浑的戎族，将部队驻扎在洛，并派人询问九鼎的大小和轻重。王派王孙满以言辞对答，楚兵最终撤退。十年，楚庄王包围了郑的都城，郑伯出来投降，不久又恢复了郑国。十六年，楚庄王去世。

二十一年，定王驾崩，他的儿子简王夷即位。简王十三年（前 573 年），晋人杀了他们的国君厉公，从周迎接回子周，立他为悼公。

十四年，简王驾崩，他的儿子灵王泄心即位。灵王二十四年（前 548 年），齐国的崔杼杀掉了他的国君庄公。

二十七年，灵王驾崩，他的儿子景王贵即位。景王十八年（前 527 年），王后、太子圣明但是很早就去世了。二十年，景王偏爱子朝，就想要立他为太子，但是景王在这时去世，这时，景王的儿子子丐一伙人就和子朝争夺王位，国都中的人拥立长子猛为王，子朝于是攻杀猛。猛就是悼王。晋人攻打子朝并拥立子丐为王，他就是敬王。

敬王元年（前 519 年），晋人用武力送敬王入王城，子朝自立为王，敬王无法回到国中，便住在泽。四年，晋率领诸侯恭送敬王回到周，子朝降为臣子，诸侯修建了周都的城墙。十六年，子朝等人再次发动叛乱，敬王逃到晋。十七年，晋定公又把敬王送回周都。

三十九年，齐田常杀了他们的国君简公。

四十一年，楚灭陈国。孔子去世。

四十二年，敬王驾崩，他的儿子元王仁即位。元王在位八年，驾崩，他的儿子定王介即位。

定王十六年（前 453），赵、魏、韩三家消灭智伯，瓜分了它的土地。

二十八年，定王驾崩，他的大儿子去疾即位，他就是哀王。哀王即位三个月，弟叔偷袭并杀死哀王自立，这就是思王。思王即位五个月，他的小弟弟嵬攻打并杀死思王自立，这就是考王。这三个王全都是定王的儿子。

考王十五年（前 426 年），驾崩，他的儿子威烈王午即位。

原文

考王封其弟于河南，是为桓公，以续周公之官职。桓公卒，子威公代立。威公卒，子惠公代立，乃封其少子于巩以奉王，号东周惠公。

威烈王二十三年，九鼎震。命韩、魏、赵为诸侯。

二十四年，崩，子安王骄立。是岁盗杀楚声王。

安王立二十六年，崩，子烈王喜立。烈王二年，周太史儋见秦献公曰："始周与秦国合而别，别五百载复合，合十七岁而霸王者出焉。"

十年，烈王崩，弟扁立，是为显王。显王五年，贺秦献公，献公称伯。九年，致文武胙(zuò)于秦孝公。二十五年，秦会诸侯于周。二十六年，周致伯于秦孝公。三十三年，贺秦惠王。三十五年，致文武胙于秦惠王。四十四年，秦惠王称王。其后诸侯皆为王。

四十八年，显王崩，子慎靓王定立。慎靓王立六年，崩，子赧王延立。王赧(nǎn)时东西周分治。王赧徙都西周。

[译文]

考王将他的弟弟封在河南，这就是桓公，让他继续担任周公的职务。桓公去世，他的儿子威公即位。威公去世，他的儿子惠公即位，于是把自己的小儿子封在巩，让他服侍周王，号称东周惠公。

威烈王二十三年（前403年），九鼎震动。任命韩、魏、赵为诸侯。

二十四年，威烈王驾崩，他的儿子安王骄即位。当年，盗贼杀死了楚声王。

安王在位二十六年，驾崩，他的儿子烈王喜即位。烈王二年（前374年），周太史儋见秦献公，说道："当初，周和秦国是合在一起的，但是后来分开了，分开五百年以后，二者又合在一起，合在一起十七年又会有霸主出现。"

十年，烈王驾崩，他的弟弟扁即位，这就是显王。显王五年（前364年），向秦献公祝贺，献公成为霸主。九年，显王把赏赐给文、武二王的祭肉送给了秦孝公。二十五年，秦在周和各个诸侯会见。二十六年，周赏赐给秦孝公伯的称号。三十三年，恭贺秦惠王。三十五年，把赏赐给祭祀文、武二王的祭肉送给秦惠王。四十四年，秦惠王称王。从此以后，诸侯都称王。

四十八年，显王驾崩，他的儿子慎靓王定即位。慎靓王在位六年，驾崩，他的儿子赧王延即位。赧在位的时候，东周和西周已经分裂，各自治理。王赧将都城迁到西周。

原文

西周武公之共太子死，有五庶子，毋適立。司马翦谓楚王曰："不如以地资公子咎，为请太子。"左成曰："不可。周不听，是公之知困而交疏于周也。不如请周君孰欲立，以微告翦，翦请令楚资之以地。"果立公子咎为太子。

八年，秦攻宜阳，楚救之。而楚以周为秦故，将伐之。苏代为周说楚王曰："何以周为秦之祸也？言周之为秦甚于楚者，欲令周入秦也，故谓'周秦'也。周知其不可解，必入于秦，此为秦取周之精者也。为王计者，周于秦因善之，不于秦亦言善之，以疏之于秦。周绝于秦，必入于郢(yǐng)矣。"

秦借道两周之间，将以伐韩，周恐借之畏于韩，不借畏于秦。史厌谓周君曰："何不令人谓韩公叔曰：'秦之敢绝周而伐韩者，信东周也。公何不与周地，发质使之楚？’秦必疑楚不信周，是韩不伐也。又谓秦曰：‘韩强与周地，将以疑周于秦也，周不敢不受。’秦必无辞而令周不受，是受地于韩而听于秦。”

秦召西周君，西周君恶往，故令人谓韩王曰：“秦召西周君，将以使攻王之南阳也，王何不出兵于南阳？周君将以为辞于秦。周君不入秦，秦必不敢逾河而攻南阳矣。”

东周与西周战，韩救西周。或为东周说韩王曰：“西周故天子之国，多名器重宝。王案兵毋出，可以德东周，而西周之宝必可以尽矣。”

王赧谓成君。楚围雍氏，韩征甲与粟于东周，东周君恐，召苏代而告之。代曰：“君何患于是。臣能使韩毋征甲与粟于周，又能为君得高都。”周君曰：“子苟能，请以国听子。”代见韩相国曰：“楚围雍氏，期三月也，今五月不能拔，是楚病也。今相国乃征甲与粟于周，是告楚病也。”韩相国曰：“善。使者已行矣。”代曰：“何不与周高都？”韩相国大怒曰：“吾毋征甲与粟于周亦已多矣，何故与周高都也？”代曰：“与周高都，是周折而入于韩也，秦闻之必大怒忿周，即不通周使，是以弊高都得完周也。曷为不与？”相国曰：“善。”果与周高都。

［译文］

西周武公的共太子去世，他的五个儿子是庶出的，没有适合立为太子的嫡子。司马翦对楚王说：“不如用土地来资助公子咎，请求西周武公立公子咎为太子。”左成说：“不可以。如果周不听从我们的，这样您就会处于困境，而且和周的关系也会渐渐疏远。不如去问问周君究竟想要立谁为太子，然后悄悄告诉司马翦，司马翦再让楚国提供资助的土地。”结果，西周果真立公子咎为太子。

八年（前307年），秦攻打宜阳，楚派兵营救。而楚国认为周帮助秦国，因此就要攻打周。苏代为周到楚王那里游说：“您是怎么认定周帮助了秦，从而招致周被楚讨伐这种祸害的呢？宣扬周帮助秦国比帮助楚国更卖力的人，其实是想让周投靠到秦的那一方，这就是所谓的‘周秦’。周知道自己无法解脱，就一定会投向秦的一方，这正是帮助秦国取得周的妙计啊。假如从大王的角度考虑，周为秦出力，您也要和善地对待；不为秦出力，您也要好好待他，这样，才能让周和秦疏远。周和秦绝交，就一定会投向楚国的。”

秦在东周和西周之间借道，想要去讨伐韩，周很担忧，借道给秦会得罪韩，不借又可能得罪秦。史厌对周君说道："怎么不派人去见韩公叔呢？去对韩公叔说：'秦国胆敢从周借道去攻打韩，是因为相信东周。您为什么不能给周一些土地，并向楚国派出人质呢？'这样，秦国就一定会对楚国产生怀疑，不再相信周，这样就不会攻打韩了。然后，您再派人到秦国说：'韩强行要给周一些土地，用这样的办法使秦怀疑周，周不敢不接受。'秦就一定没有什么说辞来让周拒绝韩的土地了，这样您既得到了韩的土地，又没有违抗秦。"

秦召来西周君，西周君不愿意前去，因此便派人对韩王说："秦召见西周君，想要派他去攻打王的南阳，王为什么不出兵南阳呢？西周君就会把这个作为理由而不去朝见秦。假如西周君不去秦国朝见，秦一定不敢越过黄河去攻打南阳了。"

东周和西周交战，韩前去营救西周。有人帮助东周对韩王说："西周曾经是天子的旧都，有很多名贵的器物和珍宝，如果大王按兵不动，就能够给东周恩德，而西周的珍宝也能够全部得到。"

王赧告诉成君，楚国攻雍氏的时候，韩在东周征甲胄和粮食，东周君非常恐慌，便召见苏代并告诉他这些情况。苏代说："您何必为这件事担忧呢？臣可以让韩不向东周征甲胄和粮食，又能让您得到高都。"东周君说："如果你真的能做到这些，我就让全国的百姓都听从你。"苏代求见韩国的相国，并对他说："楚包围雍氏，预计三个月攻下，现在已经有五个月了但是仍然没能攻取，这说明楚已经有严重的损耗了。如今，相国您竟然向周征甲胄和粮食，这就相当于告诉楚，韩也损耗严重。"韩的相国说："很好。但是使者已经出发了。"苏代说："不如把高都送给周？"韩的相国大怒，说："我没有向周征甲胄和粮食已经做得够好了，为什么还要把高都送给周呢？"苏代说："送给周高都，这样，周就会转而投向韩，秦听说以后一定会大怒，并怨恨周，立即会停止和周互通使节，这就是用遭受破坏的高都来换取完整的周地。有什么理由不给呢？"相国说："好。"结果，真的把高都给了周。

原文

三十四年，苏厉谓周君曰："秦破韩、魏，扑师武，北取赵蔺(lìn)、离石者，皆白起也。是善用兵，又有天命。今又将兵出塞攻梁，梁破则周危矣。君何不令人说白起乎？曰：'楚有养由基者，善射者也。去柳叶百步而射之，百发而百中之。左右观者数千人，皆曰善射。有一夫立其旁，曰"善，可教射矣"。养由基怒，释弓扼剑，曰："客安能教我射乎？"客曰："非吾能教子支左诎右也。夫去柳叶百步而射之，百发而百中之，不以善息，少焉气衰力倦，弓拨矢钩，一发不中者，百发尽息。"今破韩、魏，扑师武，北取赵蔺、离石者，公之功多矣。今又将兵出塞，过两周，倍①韩，攻梁，一举不得，前功尽弃。公不如称病而无出。'"

四十二年，秦破华阳约。马犯谓周君曰："请令梁城周。"乃谓梁王曰："周王病若死，则犯必死矣。犯请以九鼎自入于王，王受九鼎而图犯。"梁王曰："善。"遂与之卒，言戍周。因谓秦王曰："梁非戍周也，将伐周也。王试出兵境以观之。"秦果出兵。又谓梁王曰："周王病甚矣，犯请后可而复之。今王使卒之周，诸侯皆生心，后举事且不信。不若令卒为周城，以匿事端。"梁王曰："善。"遂使城周。

四十五年，周君之秦，客谓周冣(zuì)曰："公不若誉秦王之孝，因以应为太后养地，秦王必喜，是公有秦交。交善，周君必以为公功；交恶，劝周君入秦者必有罪矣。"秦攻周，而周冣谓秦王曰："为王计者不攻周。攻周，实不足以利，声畏天下。天下以声畏秦，必东合于齐。兵弊于周。合天下于齐，则秦不王矣。天下欲弊秦，劝王攻周。秦与天下弊，则令不行矣。"

五十八年，三晋距秦。周令其相国之秦，以秦之轻也，还其行。客谓相国曰："秦之轻重未可知也。秦欲知三国之情。公不如急见秦王曰'请为王听东方之变'，秦王必重公。重公，是秦重周，周以取秦也；齐重，则固有周聚以收齐：是周常不失重国之交也。"秦信周，发兵攻三晋。

[注释]

①倍：同"背"，背向。

[译文]

三十四年（前281年），苏厉对周君说："秦攻破了韩、魏，杀掉师武，在北面取得了赵国的蔺、离石，这些都是依靠白起取得的。白起善于用兵，又有上天帮助他。现在他又要率兵出塞去攻打大梁，如果大梁被攻破，那么周也危险了。您何不派人去游说白起呢？说：'楚国有位名叫养由基的人，他非常擅长射箭。射击距离有百步的柳叶，百发百中。每次射击，左右围观的有几千人，全都称赞他擅长射击。一天，一个男子站在他的身旁，说道："好，可以让我教你射箭了。"养由基大怒，放下弓，拿起剑，说道："外来的人，你凭什么教我射箭？"那个男子说："我并不是真的可以教您左手拿弓右手扣弦。距离百步的柳叶，你来射击它，百发百中，不知道见好就收手，过不了多长时间，你就会力气衰竭，疲倦，弓歪矢曲，只要有一发不能射中，你之前的百发就会前功尽弃。”如今，攻破韩、魏，杀掉师武，在北面取得赵国的蔺、离石这些事，您的功劳已经很多。现在您又奉命带兵出塞，经过东周、西周，背靠韩，去攻打大梁，如果有一战不能胜利，之前的功劳就都白费了。您不如告病，不去攻打大梁。'”

四十二年，秦破坏了与魏订立的华阳条约。马犯对周君说：“请让我去魏国的大梁游说魏国为周筑起城池吧。”于是就对魏王说：“假如周王因为担忧秦伐周而忧患死去，那么我也必死无疑了。我请求让我把九鼎献给大王，大王接受了九鼎就要为我所说的事情图谋。”魏王说：“好。”于是给马犯士兵，声称是去戍守周城。马犯趁机又对秦王说：“魏派兵不是要守卫周城，而是要攻打周。大王您可以派兵出境观察一下。”秦果然出兵。马犯又对魏王说：“周王现在正病得厉害，进献九鼎的事情没有办成，请让我以后等待时机再进献吧。如今大王派兵到周，诸侯都会心生疑虑，以后再有什么行动人家也不会再相信了。不如让士兵帮忙修建周城，以隐藏最初的目的。”魏王说：“好。”于是便派兵修筑周城。

四十五年，周君到秦国，有说客对周冣说：“您不如去赞美秦王的孝顺，并趁机将应地送给秦的太后做她的供养之地，秦王一定会非常欢喜，这样您就和秦有了交情。关系好，西周君一定认为是您的功劳。关系不好，劝说周君进入秦的人就一定会获罪。”秦准备攻打周，而周冣对秦王说：“我为大王考虑，还是不要攻打周。攻打周，实际上并不能获得足够的利益，却会让全天下都知道自己的坏名声，天下人会因为秦的坏名声从而讨厌畏惧秦，就一定会联合东面的齐。秦由于攻打周而消耗兵力，让天下都和齐联合，那么秦就不能够统一天下了。天下的人为了消耗秦，使秦疲惫，就会劝大王攻打周。秦被天下人弄得疲惫，那么号令就很难行得通了。”

五十八年，赵、魏、楚三国共同抵抗秦。周派它的相国到秦国，秦国慢待周相，因此周相决定返回东周。有游说的人对相国说：“秦对周的态度现在还无法知道。秦很想知道赵、魏、楚三国的情况。您现在不如马上去见秦王，对他说‘请让我为王去刺探东方各国的情况’，这样，秦王就一定会重视您。重视您，秦就会重视周，周就可以和秦亲近；如果齐占了秦国的上风，一旦需要向齐国讨好时，就会让周聚去与齐国联合，这样周就可以始终和大国保持交情。”秦相信了，发兵攻打赵、魏、楚三国。

原文

五十九年，秦取韩阳城、负黍，西周恐，倍秦，与诸侯约从，将天下锐师出伊阙攻秦，令秦无得通阳城。秦昭王怒，使将军摎（jiū）攻西周。西周君奔秦，顿首受罪，尽献其邑三十六，口三万。秦受其献，归其君于周。

周君、王赧卒，周民遂东亡。秦取九鼎宝器，而迁西周公于(dàn)狐。后七岁，秦庄襄王灭东周。东西周皆入于秦，周既不祀。

太史公曰：学者皆称周伐纣，居洛邑，综其实不然。武王营之，成王使召公卜居，居九鼎焉，而周复都丰、镐。至犬戎败幽王，周乃东徙于洛邑。所谓“周公葬于毕”，毕在镐东南杜中。秦灭周。汉兴九十有余载，天子将封泰山，东巡狩至河南，求周苗裔，封其后嘉三十里地，号曰周子南君，比列侯，以奉其先祭祀。

［译文］

五十九年（前256年），秦夺取了韩的阳城与负黍，西周非常恐慌，背叛了秦，和诸侯联合抗秦，发动天下的精兵从伊阙山出兵攻打秦，结果令秦兵无法到达阳城。秦昭王大怒，便派将军摎攻打西周。西周君逃到秦，叩首向秦认罪，并将三十六座城邑全部献上，还献上三万人口。秦接受了西周的进献，释放西周君让他回到周。

周王赧去世，西周的居民便都向东逃亡。秦获得九鼎等贵重宝物，并把西周君迁至狐。七年以后，秦庄襄王灭亡东周。东周、西周全部归入秦，从此，周朝的宗庙祭祀断绝。

太史公说：学者都说周讨伐了商纣，把都城建在洛邑，总体上看，其实并不是这样。尽管武王曾经营建洛邑，成王也派召公占卜，把九鼎安放在那里，但周仍然在丰、镐建国都。一直到犬戎打败幽王，周才将都城东迁到洛邑。所谓“周公葬于毕”，毕在镐东南的杜中。是秦消灭了周。汉朝建立九十多年以来，天子想要在泰山举行封禅大礼，向东巡狩到达河南，访求周的后裔子孙，并封给周的后人嘉三十里的土地，号称周子南君，爵位比同列侯，以延续对他的祖先的祭祀。

［赏析］

《周本纪》概括地记录了整个周王朝的兴衰史，勾勒出一个天下朝贡、幅员广阔的强大王朝，在其不同的发展阶段、不同君王爱民或是伤民、虐民的不同政治行为，以及君臣之间协力相助、共图大业或相互倾轧、朝纲混乱的不同政治氛围。

司马迁是用儒家思想的观点来看待并撰写周史的，宣扬了仁义兴邦的理念。这突出地表现在对文王、武王、成王及周公等人事迹的叙写上。这几个人全都是儒家理想当中圣主、贤臣的典范，周初那种君臣和睦的局面也恰恰是儒家理想当中的政治环境。本篇对武王进行了重点刻画，在描述了他灭殷的经过后，又写了他实施分封、以殷制殷等安邦定国、攘边安内的政策和策略，使得一位拥有宏图大略和擅长经营之术的古代政治家形象跃然纸上。

周朝在康王死后，缺乏贤圣君主，却出现了几位昏庸的暴君。司马迁对表现平平的君主都寥寥数笔带过，而对几个昏庸的暴君则予以详尽描写。如厉王的暴戾塞言和幽王为宠妇戏弄诸侯都写得犹如精彩的戏剧，在严峻的形势当中，突出其昏庸暴虐、刚愎拒谏，形象极为鲜活。与此同时，司马迁还重点描写了几位尽忠敢谏的大臣形象。如祭公谋父、芮良夫、召公等，描写得都很精彩感人。

《周本纪》选材精审，详略得当，间或用小说笔法渲染环境、烘托气氛，于细行微言之中突出人物性格，使得一篇约八百年的王朝史简明扼要，跌宕生姿，令人回味无穷。

［集评］

索隐述赞：后稷居邰，太王作周。丹开雀录，火降乌流。三分既有，八百不谋。苍兕誓众，白鱼入舟。太师抱乐，箕子拘囚。成康之日，政简刑措。南巡不还，西服莫附。共和之后，王室多故。檿弧兴谣，龙漦作蠹。䅧带荏祸，实倾周祚。

孔子世家

题解

《孔子世家》选自《史记》卷四十七，世家第十七。孔子是我国古代著名的思想家、教育家，儒家学派的创始人。司马迁认为孔子是文化领袖，其社会地位不逊于诸侯，故将其传记列入世家中。《孔子世家》详细地记述了孔子的生平活动及各方面的成就，是研究孔子生平思想的一篇重要文章。

原文

孔子生鲁昌平乡陬邑。其先宋人也，曰孔防叔。防叔生伯夏，伯夏生叔梁纥（hé）。纥与颜氏女野合[①]而生孔子，祷于尼丘得孔子。鲁襄公二十二年而孔子生。生而首上圩顶，故因名曰丘云。字仲尼，姓孔氏。

丘生而叔梁纥死，葬于防山。防山在鲁东，由是孔子疑其父墓处，母讳之也。孔子为儿嬉戏，常陈俎豆，设礼容。孔子母死，乃殡五父之衢，盖其慎也。陬（zōu）[②]人輓父之母诲孔子父墓，然后往合葬于防焉。

孔子要[③]绖（dié），季氏飨士，孔子与往。阳虎绌[④]曰："季氏飨士，非敢飨子也。"孔子由是退。

孔子年十七，鲁大夫孟釐子病且死，诫其嗣懿子曰："孔丘，圣人之后，灭于宋。其祖弗父何始有宋而嗣让厉公。及正考父佐戴、武、宣公，三命兹益恭，故鼎铭云：'一命而偻，再命而伛，三命而俯，循墙而走，亦莫敢余侮。饘于是，粥于是，以糊余口。'其恭如是。吾闻圣人之后，虽不当世，必有达者。今孔丘年少好礼，其达者欤？吾即没，若必师之。"及釐子卒，懿子与鲁人南宫

尼山致祷

孔子的母亲颜徵在于尼丘山祈祷，后来生了孔子，孔子生来头顶中间低四周高，形似尼丘山，所以名丘，字仲尼。

敬叔往学礼焉。是岁，季武子卒，平子代立。

大夫师事

孟釐子对他的儿子说："我听说圣人的后代必有杰出的人物，孔子年轻好礼，难道不是杰出人物吗？我就要死了，你们一定要拜他为师。"孟懿子和南宫敬叔就拜孔子为师。

［注释］

①野合：据《索隐》《正义》解释，叔梁纥与颜氏女成婚时已超过六十四岁，而颜氏女年龄尚小，二人年龄相差悬殊，此种婚姻在当时不合礼法，故谓野合。②陬：陬邑。③要：同"腰"。④绌：通"黜"，排除，贬退。

［译文］

孔子出生在鲁国昌平乡的陬邑，他的先人是宋国人，名叫孔防叔。防叔生有伯夏，伯夏生有叔梁纥。叔梁纥和一位姓颜的女子野合生下了孔子，他们来到尼丘山祈祷之后就有了孔子。鲁襄公二十二年时，孔子出生。孔子刚出生时，头顶中间较低，四周较高，所以就取名叫丘，字仲尼，姓孔。

孔子出生之后，叔梁纥就死了，埋葬在防山。防山位于鲁国的东部，但是孔子并不知晓父亲的坟墓在何处，因为他的母亲将这件事隐瞒了起来。孔子小时候嬉戏游玩之时，常陈列一些俎豆之类的礼器，模仿祭祀仪式。孔子的母亲死后，就停灵在五父之衢，出于慎重并未埋葬。陬邑人輓父的母亲告知孔子他父亲的墓地所在，孔子这才把母亲与父亲合葬在了防山。

孔子的腰里还系有麻带为母守孝时，季孙氏设宴款待名士，孔子前去参加。阳虎驱赶他说："季孙氏设宴款待名士，没有请你来。"孔子由此就退了出来。

孔子十七岁时，鲁国的大夫孟釐子病入膏肓将要死去，他告诫他的儿子懿子说："孔丘这个人是圣人的后人，他的先人在宋国受到迫害所以后代才到鲁国来。他的先祖弗父何当初应该继位为宋国国君，但却将君位让给了他的弟弟厉公。他的另一位先祖正考父，辅佐了戴公、武公和宣公，虽然三次受命却越发恭谨，因此所铸的鼎的铭文上就说：'第一次受命时低着头接受，第二次受命时弯着腰接受，第三次受命时俯下身体接受。走路时也谦逊地沿着墙走，也没有人敢来欺侮我。煮稠一点的粥用这个鼎，煮稀一点的粥也用这个鼎，靠它来糊口度日。'他的恭谨已经到了这样的程度。我听人说圣人的后人，虽不一定能掌控大权，但肯定会显达。现在孔丘年纪尚小却爱好礼仪，那个要显达的人就是他吧？我就要死了，你必须要以师礼侍奉孔丘。"等到釐子去世，懿子与鲁国人南宫敬叔来到孔子那里学习礼仪。当年，季武子死去，季平子代立为卿。

原文

孔子贫且贱。及长，尝为季氏史，料量平；尝为司职吏而畜蕃息。由是为司空。已而去鲁，斥乎齐，逐乎宋、卫，困于陈蔡之间，于是反鲁。孔子长九尺有六寸，人皆谓之“长人”而异之。鲁复善待，由是反鲁。

鲁南宫敬叔言鲁君曰：“请与孔子适周。”鲁君与之一乘车，两马，一竖子俱，适周问礼，盖见老子云。辞去，而老子送之曰：“吾闻富贵者送人以财，仁人者送人以言。吾不能富贵，窃仁人之号，送子以言，曰：‘聪明深察而近于死者，好议人者也。博辩广大危其身者，发人之恶者也。为人子者毋以有己，为人臣者毋以有己。’”孔子自周反于鲁，弟子稍益进焉。

是时也，晋平公淫，六卿擅权，东伐诸侯；楚灵王兵强，陵轹(lì)中国；齐大而近于鲁。鲁小弱，附于楚则晋怒；附于晋则楚来伐；不备于齐，齐师侵鲁。

鲁昭公之二十年，而孔子盖年三十矣。齐景公与晏婴来适鲁，景公问孔子曰：“昔秦穆公国小处辟①，其霸何也？”对曰：“秦，国虽小，其志大；处虽辟，行中正。身举五羖(gǔ)，爵之大夫，起累绁(léi xiè)之中，与语三日，授之以政。以此取之，虽王可也，其霸小矣。”景公说。

职司委吏

孔子曾任季孙氏的委吏，即管理仓库的小官吏，孔子十分敬业，称量算数都很精确。

[注释]

①辟：同“僻”，偏僻。

[译文]

孔子家境贫穷而且地位卑下。他在长大之后，曾做过季孙氏家中的小吏，出纳粮食及财物全都算得公平准确。他还曾做过管理畜牧的小吏，使牲畜繁殖得很好。因此他就做了司空。不久后他离开鲁国，在齐国受到排斥，遭受过宋国和卫国的驱逐，在陈国和蔡国之间被困住，由此他返回了鲁国。孔子的身高有九尺六寸，人人都说他是“长人”，对他另眼看待。鲁国依然对他很好，所以他回到了鲁国。

鲁国的南宫敬叔对鲁君说：“请允许我和孔子一起去周王室。”鲁君给了他们一辆车，两匹马，以及一名随从的童子，前往周王室学习礼仪，又拜望了老子。辞别离开的时候，老子出来送他们说：“我听人说富贵之人在送行时相赠金钱，仁德之人在送行时相赠吉言。我不是富贵的，窃取了一个仁德之人的名号，就送给你几句话，我要说的是：‘聪明而能够深察的人总离死亡不远，因为他们喜欢议论别人。学识广博、能言善辩、能力无边的人总会危害自身，因为他们喜好揭发别人的过错。身为子女的在父母面前不要显示自己的存在，做别人臣子的在国君面前也不要显示自己的存在。’”孔子自周王室回到了鲁国，他的弟子一点点多起来。

当时，晋平公荒淫无道，六卿专权，向东去进攻诸侯。楚灵王兵力强盛，欺凌中原各诸侯。齐国势力强大，而且与鲁国邻近。鲁国又小又弱，投靠楚国则晋国就会发怒；投靠晋国则楚国就会前来征讨；侍奉齐国没能周到，齐国的军队就会侵扰鲁国。

鲁昭公二十年（前522年）的时候，孔子三十岁。齐景公与晏婴前来鲁国，景公问孔子说：“以前秦穆公的国家很小，而且地处偏僻，他凭什么能够称霸呢？”孔子回答说：“秦国虽然国家很小，但它的志向却很大；地理位置虽然较为偏僻，国君的所作所为却中正无私。秦君亲自任用以五张黑羊皮赎出来的百里奚，对他授以大夫的爵位，把他从拘禁中解救出来，秦君与他谈论了三天，将国政托付给了他。以这样的方法整治国家，即使称王天下也是能够做到的，他当个霸主根本不算什么。”景公听了十分高兴。

原文

孔子年三十五，而季平子与郈(hòu)昭伯以斗鸡故得罪鲁昭公，昭公率师击平子，平子与孟氏、叔孙氏三家共攻昭公，昭公师败，奔于齐，齐处昭公乾侯。其后顷之，鲁乱。孔子适齐，为高昭子家臣，欲以通乎景公。与齐太师语乐，闻《韶》音，学之，三月不知肉味，齐人称之。

景公问政孔子，孔子曰：“君君，臣臣，父父，子子。”景公曰：“善哉！信如君不君，臣不臣，父不父，子不子，虽有粟，吾岂得而食诸！”他日又复问政于孔子，孔子曰：“政在节财。”景公说，将欲以尼溪田封孔子。晏婴进曰：“夫儒者滑稽而不可轨法；倨傲自顺，不可以为下；崇丧遂[①]哀，破产厚葬，不可以为俗；游说乞贷，不可以为国。自大贤之息，周室既衰，礼乐缺有间。今孔子盛容饰，繁登降之礼，趋详之节，累世不能殚其学，当年不能究其礼。君欲用之以移齐俗，非所以先细民也。”后景公敬见孔子，不问其礼。异日，景公止孔子曰：“奉子以季氏，吾不能。”以季孟之间待之。

景公尊让

孔子见齐景公，景公请孔子先行，孔子再三谦让，景公问孔子为什么不先行？孔子说：“让我先行，是你的恩赐，但我怎敢以平民身份与国君相比？如果先行，不符合礼仪吧？”

齐大夫欲害孔子，孔子闻之。景公曰：“吾老矣，弗能用也。”孔子遂行，反乎鲁。

[注释]

①遂：任意，放纵，不加节制。

[译文]

孔子三十五岁时，季平子和郈昭伯由于斗鸡的缘故得罪了鲁昭公，昭公就率领军队进攻平子，平子和孟氏、叔孙氏三家联合起来攻打昭公，昭公的军队战败了，昭公逃到了齐国，齐国就把昭公安置到了乾侯。此后不久，鲁国发生变乱。孔子来到齐国，做了齐卿高昭子的家臣，打算借此和景公得以沟通。孔子和齐国的乐官谈论音乐，听到《韶》这个乐曲，学习《韶》乐，陶醉其中，竟然三个月都吃不出肉的味道，齐国人对他十分称颂。

齐景公问孔子如何施政，孔子说：“国君要有国君的样子，大臣要有大臣的样子，父亲要有父亲的样子，儿子要有儿子的样子。”景公说：“讲得真好！要是真的是国君没有国君的样子，大臣没有大臣的样子，父亲没有父亲的样子，儿子没有儿子的样子，即便是有粮食，我又怎么能吃得着呢？”改天景公再次询问孔子如何施政，孔子说：“施政就在于节省财物。”景公十分高兴，想要把尼溪的田地封赏给孔子。晏婴就进言说：“那些儒者都能言善辩，不能按照他们的说法来做事；他们傲慢自大，不适合当作臣下；他们崇尚丧事的礼仪，尽情地表达哀伤，破费家产来厚葬死去的人，不能让这种做法成为习俗；他们到处游说，以求得官禄，不能让他们来治理国家。自从那些圣贤相继去世，周王室日趋衰微，礼乐制度存在残缺已经很长时间了。现在孔子盛装修饰自己的仪容，制定繁琐的上朝、退朝礼节，刻意追求举手投足的仪态，令几世几代都无法穷尽他的学问，花一年时间也无法学完这些礼仪。您打算用这一套规矩来改变齐国的习俗，恐怕不是引导民众的好方法。”此后景公仍然恭敬地接见孔子，却不再询问他关于礼制的事情。有一天，景公挽留孔子说：“以季孙氏上卿的规格对待你，我无法做到。”就按照季孙氏与孟孙氏之间的规格对待孔子。齐国大夫嫉恨孔子，孔子听说了这件事。景公说：“我已经老了，无法任用你了。”孔子就离开了齐国，回到鲁国。

原文

孔子年四十二，鲁昭公卒于乾侯，定公立。定公立五年，夏，季平子卒，桓子嗣立。季桓子穿井得土缶，中若羊，问仲尼云“得狗”。仲尼曰：“以丘所闻，羊也。丘闻之，木石之怪夔、罔阆(láng)，水之怪龙、罔象，土之怪坟羊。”

坟羊辨怪

鲁国季桓子打井时挖出怪物，硬得像岩石，有兽的形状。派人去问孔子，孔子说：“万物各有各的精怪，土里的叫坟羊。这就是坟羊吧。”

吴伐越，堕①会稽，得骨节专车。吴使使问仲尼：“骨何者最大？”仲尼曰：“禹致群神于会稽山，防风氏后至，禹杀而戮之，其节专车，此为大矣。”吴客曰：“谁为神？”仲尼曰：“山川之神足以纲纪天下，其守为神，社稷为公侯，皆属于王者。”客曰：“防风何守？”仲尼曰：“汪罔氏之君守封、禺之山，为釐(xī)姓。在虞、夏、商为汪罔，于周为长翟，今谓之大人。”客曰：“人长几何？”仲尼曰：“僬侥(jiāo yáo)氏三尺，短之至也。长者不过十之，数之极也。”于是吴客曰：“善哉圣人！”

[注释]

①堕：同“隳”，毁坏。

[译文]

孔子四十二岁的时候，鲁昭公在乾侯去世，鲁定公即位。定公即位五年后的夏天，季平子死去，桓子继承了季平子成为上卿。季桓子在挖井时获得一个瓦罐，瓦罐里有个羊一样的东西，他就问孔子，说自己“得到一只狗”。孔子说：“根据我的所见所闻，这是只羊。我曾听说，林子里的怪物是名叫夔的一足兽和名叫罔阆的山精鬼怪，水里的怪物是龙和罔象，土里的怪物是名叫坟羊的非雌非雄的土精。”

吴国讨伐越国，毁掉了越国的都城会稽，获得了有一辆车子那么长的一节骨头。吴国派来使者问孔子：“什么东西的骨头最大？”孔子说：“大禹在会稽山召集群神，防风氏来晚了，禹就杀掉了他示众，他的骨节长度有一车那么长，这是骨头里面最大的。”吴国的使者问：“谁是神呢？”孔子说：“山川的神灵能够主宰天下，负责守护、祭祀山川的就是神，主管祭祀土地与谷物的是公侯，全都归属于天子。”使者问：“防风氏负责祭祀什么呢？”孔子说：“防风氏就是汪罔氏。汪罔氏的君主负责祭祀封山、禺山，姓釐。在有虞氏、夏、商时期称为汪罔，在周朝时称为长翟，如今被称作大人。”使者问：“人的身高能达到多少？”孔子说：“僬侥氏身高三尺，矮到了极点。最高的人也不过十倍于此，这应该是身高数字的极限了。”由此吴国的使臣说：“高明啊，圣人！”

原文

桓子嬖臣曰仲梁怀，与阳虎有隙。阳虎欲逐怀，公山不狃(niǔ)止之。其秋，怀益骄，阳虎执怀。桓子怒，阳虎因囚桓子，与盟而醳(shì)之。阳虎由此益轻季氏。季氏亦僭于公室，陪臣执国政，是以鲁自大夫以下皆僭离于正道。故孔子不仕，退而修《诗》《书》《礼》《乐》，弟子弥众，至自远方，莫不受业焉。

骨辨防风

吴国征伐越国，攻下会稽，得到一种骨头，一节就需一辆车运送。吴王让人问孔子：“什么东西的骨头最大？”孔子回答：“禹召集大臣们集会于会稽山下，防风氏迟到了，禹就杀了他，他的骨头一节就需一辆车运送，这是最大的骨头了。”

定公八年，公山不狃不得意于季氏，因阳虎为乱，欲废三桓之適，更立其庶孽阳虎素所善者，遂执季桓子。桓子诈之，得脱。定公九年，阳虎不胜，奔于齐。是时孔子年五十。

公山不狃以费畔季氏，使人召孔子。孔子循道弥久，温温[①]无所试，莫能己用，曰：“盖周文、武起丰、镐而王，今费虽小，傥[②]庶几乎！”欲往。子路不说，止孔子。孔子曰："夫召我者岂徒哉？如用我，其为东周乎！"然亦卒不行。

其后定公以孔子为中都宰，一年，四方皆则之。由中都宰为司空，由司空为大司寇。

[注释]

①温温：蕴蓄饱满的样子。又说同"蕴蕴"，郁郁不得志的样子。②傥：同"倘"，或许。

[译文]

季桓子的宠臣名叫仲梁怀，和阳虎有嫌隙。阳虎想要赶走仲梁怀，季孙氏的家臣公山不狃制止了他。当年秋天，仲梁怀愈发骄纵起来，阳虎将他抓了起来。桓子非常生气，阳虎就趁机囚禁了桓子，桓子订立盟约后才放了桓子。阳虎因此愈发看不起季孙氏。季孙氏本身也超越了礼法的权限，凌驾于诸侯之上，以下属臣子的身份掌控了国政，所以鲁国上自大夫，下至各层官吏全都僭越礼法，背离了正确的原则。因此孔子就不再做官，隐退下来整理研究《诗》《书》《礼》《乐》，跟随他学习的弟子越来越多，有的甚至从远方赶来，对于孔子传授的学业无不虚心接受。

鲁定公八年（前502年），公山不狃在季孙氏手下失宠，利用阳虎叛乱的机会，打算废掉三桓季孙氏、叔孙氏与孟孙氏的嫡长继承人，改立阳虎素来所喜爱的其他庶子，因此拘禁了季桓子。桓子设诈欺骗了他，得以脱身。鲁定公九年，阳虎没能取得胜利，逃到了齐国。当时孔子五十岁。

公山不狃占据了费邑和季桓子对抗，派人前去邀请孔子。孔子寻求治国的法则已经很长时间了，处处受人压抑，没有施展才能的地方，没有人能任用自己，就说："周文王、武王自丰、镐兴起，进而称王天下，现在费邑尽管很小，或许能和丰、镐差不多吧？"想要前往费邑。子路很不高兴，就劝止孔子。孔子说："他们请我去，怎能会让我白跑一趟呢？倘若任用我，我一定会在东方重现周朝的礼乐制度。"但最后孔子也没有成行。

后来，鲁定公任命孔子为中都的长官。一年后，四处都开始效法孔子的治理之道。孔子由中都长官升到了司空，又由司空提升为大司寇。

原文

定公十年春，及齐平。夏，齐大夫黎鉏(xú)言于景公曰："鲁用孔丘，其势危齐。"乃使使告鲁为好会，会于夹谷。鲁定公且以乘车好往。孔子摄相事，曰："臣闻有文事者必有武备，有武事者必有文备。古者诸侯出疆，必具官以从。请具左右司马。"定公曰："诺。"具左右司马。

会齐侯夹谷，为坛位，土阶三等，以会遇之礼相见，揖让而登。献酬之礼毕，齐有司趋而进曰：“请奏四方之乐。”景公曰：“诺。”于是旍(jīng)①旄羽袚矛戟剑拨(fá)，鼓噪而至。孔子趋而进，历阶而登，不尽一等，举袂而言曰：“吾两君为好会，夷狄之乐何为于此！请命有司！”有司却之，不去，则左右视晏子与景公。景公心怍(zuò)，麾而去之。有顷，齐有司趋而进曰：“请奏宫中之乐。”景公曰：“诺。”优倡侏儒为戏而前。孔子趋而进，历阶而登，不尽一等，曰：“匹夫而营惑诸侯者罪当诛！请命有司！”有司加法焉，手足异处。景公惧而动，知义不若，归而大恐，告其群臣曰：“鲁以君子之道辅其君，而子独以夷狄之道教寡人，使得罪于鲁君，为之奈何？”有司进对曰：“君子有过则谢以质，小人有过则谢以文。君若悼之，则谢以质。”于是齐侯乃归所侵鲁之郓、汶阳、龟阴之田以谢过。

礼堕三都

孔子对鲁定公说：“臣子不能藏有兵器，大夫不能有百雉的城墙。今天季孙氏、孟孙氏、叔孙氏的都邑都超过了礼的规定，请拆除违制的部分。”定公很赞成，下令拆除三座城池的违制城墙。

定公十三年夏，孔子言于定公曰：“臣无藏甲，大夫毋百雉之城。”使仲由为季氏宰，将堕(huī)三都。于是叔孙氏先堕郈(hòu)。季氏将堕费，公山不狃、叔孙辄率费人袭鲁。公与三子入于季氏之宫，登武子之台。费人攻之，弗克，入及公侧。孔子命申句须、乐颀(qí)下伐之，费人北。国人追之，败诸姑蔑。二子奔齐，遂堕费。将堕成，公敛处父谓孟孙曰：“堕成，齐人必至于北门。且成，孟氏之保鄣，无成是无孟氏也。我将弗堕。”十二月，公围成，弗克。

[注释]

①旍：同“旌”，古代一种用五色羽毛装饰的旗子，用以指挥或开道。

[译文]

鲁定公十年（前500年）的春天，鲁国和齐国和好。同年夏天，齐国大夫黎钽对景公说道：“鲁国任命了孔丘，这种形势对齐国十分危险。”因此就派出使者告知鲁国举行友好的会见，相约在夹谷会面。鲁定公带着十分友好的态度乘着车辆前往。孔子兼任盟会司仪，说：“我听说进行文事活动的必须要有武力防备，进行武事活动的必须要有文官防备。古时诸侯离开自己的疆域，必定配备文武官员作为随从，请让左右司马随从前往。”定公说：“就这样办吧。”就安排了左右司马随同前往。到夹谷会见齐侯，那里已经修筑了盟会所用高台，设定位次，修筑了土台阶三级。双方依照诸侯的会遇礼节相会，鲁定公与齐景公拱手相互揖让着登上了高台。宴饮敬酒的仪式完毕，齐国的官员快步走上前来请示说：“请允许弹奏四方各族的舞乐。”景公说：“好的。”于是来自齐国的乐队，打着旌旗，头上插着羽毛，身上披着皮衣，手里拿着矛、戟、剑、大盾，击鼓呼叫而来。孔子快步走上前来，一脚迈过一个台阶地迅速往上登，离坛还差最后一级台阶时，挥起衣袖说：“我们两国国君在进行友好会面，夷狄的舞乐怎么会在这里？请命令相关官员将乐队撤走。”相关官员下命令让乐队退下，乐队并未离去，左右的人看着晏子和景公。景公心中有愧，挥挥手让乐队退下。不一会儿，齐国的相关官员快步走上前来说：“请弹奏宫中的音乐。”景公说：“好的。”倡优与侏儒就戏谑调笑着走上前来。孔子快步走上前来，一脚迈过一级台阶地迅速往上登，离坛还差最后一级台阶时，说：“匹夫小人胆敢戏弄蛊惑诸侯的，罪当处死。请命令相关官员去执行。”相关官员依法施行，倡优和侏儒都被处以腰斩，手和脚都分开了。景公内心恐惧而震动，知道在道义这方面难以和鲁国匹敌，回国后十分惊恐，告诫群臣说：“鲁国的臣子用君子之道辅佐他们的君主，你们却偏偏用夷狄之道来指教我，让我得罪了鲁国国君，我该如何是好呢？”相关官员上前回答说：“君子犯了过错就实实在在地用行动赔礼道歉，小人犯了过错就花言巧语地掩饰。您要是真的痛心这件事，就用实实在在的行动去赔礼道歉。”因此齐侯就归还了已经侵占了的鲁国的郓、汶阳、龟阴的土地以表示认错道歉。

夹谷会齐

鲁定公十年，齐鲁相会于夹谷。齐国奏乐不合礼制。孔子先以国君相会不能用夷狄之乐为由迫使齐景公撤走乐舞，后又以匹夫惑乱诸侯为由迫使景公处罚乐人，取得了外交胜利。

鲁定公十三年的夏天，孔子告诉定公说：“臣子不可以私藏兵器，大夫不可以拥有高达一丈、长达三百丈的城墙。”于是，他派仲由出任季孙氏的家臣，打算拆掉季孙、叔孙、孟孙三家城邑的城墙。这时，叔孙氏率先拆掉了城墙。季孙氏将要拆掉都城费邑的城墙，公山不狃与叔孙辄带着费邑人突袭鲁国国都。定公与季孙、叔孙、孟孙三人进入季孙氏的住地，登上了季武子台。费邑人进攻他们，并未攻克，但还是有人闯到了定公的旁边。孔子派遣大夫申句须、乐颀下台攻打费邑人，费邑人战败逃走。鲁国人追击上去，在姑蔑击败了费邑人。公山不狃、叔孙辄逃到了齐国，就这样拆毁了费邑的城墙。即将拆掉成城的城墙，公敛处父对孟孙氏说："拆掉了成城的城墙，齐国的军队就能够直接到达都城的北门。而且成城是孟孙氏的屏障，失去了成城，就等于没有孟孙氏了。我不会拆掉成城的城墙。"十二月的时候，鲁定公发兵包围成城，没能攻克。

原文

定公十四年，孔子年五十六，由大司寇行摄相事，有喜色。门人曰："闻君子祸至不惧，福至不喜。"孔子曰："有是言也。不曰'乐其以贵下人'乎？"于是诛鲁大夫乱政者少正卯。与闻国政三月，粥羔豚者弗饰贾[①]，男女行者别于涂，涂不拾遗。四方之客至乎邑者不求有司，皆予之以归。

齐人闻而惧，曰："孔子为政必霸，霸则吾地近焉，我之为先并矣。盍致地焉？"黎鉏曰："请先尝沮之，沮之而不可则致地，庸迟乎！"于是选齐国中女子好者八十人，皆衣文衣而舞《康乐》，文马三十驷，遗鲁君。陈女乐文马于鲁城南高门外。季桓子微服往观再三，将受，乃语鲁君为周道游，往观终日，怠于政事。子路曰："夫子可以行矣。"孔子曰："鲁今且郊，如致膰(fán)乎大夫，则吾犹可以止。"桓子卒受齐女乐，三日不听政；郊，又不致膰俎于大夫。孔子遂行，宿乎屯。而师己送，曰："夫子则非罪。"孔子曰："吾歌可夫？"歌曰："彼妇之口，可以出走；彼妇之谒，可以死败。盖优哉游哉，维以卒岁！"师己反，桓子曰："孔子亦何言？"师己以实告。桓子喟然叹曰："夫子罪我以群婢故也夫！"

[注释]

①粥：同"鬻"，卖。贾：同"价"。

[译文]

鲁定公十四年（前 496 年），孔子五十六岁，以大司寇的身份代理宰相的职务，面上现出喜色。有弟子说："听说君子遇到灾难祸害不会恐惧，得到福运也不会喜形于色。"孔子说："是有这样的话。但不还有'身在高位礼贤下士而自得其乐'这样的话吗？"当时，孔子杀掉了扰乱鲁国政事的大夫少正卯。孔子参加治理国政三个月，贩卖羊羔和猪仔的人没有任意抬高价格，男女都在路上分道行走，路上掉了东西也没人捡，从四面八方来到鲁国的旅客到了城中也不用和官员求情，都能得到所需之物，并满意地回去。

因膰去鲁

齐国国君听说孔子执政，害怕鲁国强盛，于是用黎鉏的计策，选了美女八十人、车马三十乘送给鲁君。鲁君耽于女乐，怠于政事。孔子不忍心自己辞官而宣扬国君的过错，但是鲁君连祭祀的肉也没有按礼的规定分送大臣们，孔子只好辞官周游列国。

齐国人听说了这种情况十分恐惧，说："孔子整治好国政后一定会称霸，称霸的话我们齐国的国土和鲁国相邻，必然率先被吞并。何不先送给鲁国一些土地，和他们搞好有关系呢？"齐国大夫黎锄说："请先试试能不能阻止孔子当政，要是没能阻止孔子当政再赠送国土，难道这还晚吗？"因此就挑选了齐国容貌美丽的女子八十人，全都穿着色彩华丽的服装，教会她们跳《康乐》舞，连同毛色斑斓的马匹驾着的三十辆马车，一起送给鲁君。女乐队及毛色斑斓的马匹陈列在鲁国都城以南的高门外。季桓子身着便服再三前往观看，想要接受，就安排鲁君外出环城巡游，趁此机会整天前去观看，懒得治理国政。子路说："老师，我们是时候离开这儿了。"孔子说："如今鲁国即将举行郊祭，要是将郊祭所用的烤肉分送一些给大夫的话，那我还是可以留下来的。"桓子最终接受了齐国送来的美女，一连三天不朝听政；举行了郊祭后，也没有把祭肉和郊祭所用的礼器分送给大夫。就这样孔子离开了鲁国，来到屯地留宿过夜。大夫师己前来送行，说："先生并没有什么过错。"孔子说："我唱首歌行吗？"他唱道："那个女子就凭一张嘴，可以将大臣赶走；那个女子前来面见，就能让国破身亡。悠闲自在啊，只有以此来消磨时光。"师己返回国都，桓子问："孔子说了些什么？"师己据实相告。桓子喟然长叹说："先生是因为那群婢女的缘故而责怪我啊。"

原文

孔子遂适卫，主于子路妻兄颜浊邹家。卫灵公问孔子："居鲁得禄几何？”对曰：“奉粟六万。”卫人亦致粟六万。居顷之，或谮孔子于卫灵公。灵公使公孙余假一出一入。孔子恐获罪焉，居十月，去卫。

将适陈，过匡，颜刻为仆，以其策指之曰：“昔吾入此，由彼缺也。”匡人闻之，以为鲁之阳虎。阳虎尝暴匡人，匡人于是遂止孔子。孔子状类阳虎，拘焉五日。颜渊后，子曰：“吾以汝为死矣。”颜渊曰：“子在，回何敢死！”匡人拘孔子益急，弟子惧。孔子曰：“文王既没，文不在兹乎？天之将丧斯文也，后死者不得与于斯文也。天之未丧斯文也，匡人其如予何！”孔子使从者为宁武子臣于卫，然后得去。

［译文］

孔子就来到卫国，在子路妻子的兄长颜浊邹家中寄居。卫灵公问孔子说：“（你）在鲁国时能得到多少俸禄？”回答说：“俸禄用的粮食六万斗。”卫国人也给孔子六万斗谷子的待遇。住了没多长时间，有人在卫灵公面前诋毁孔子。卫灵公让公孙余假监视着孔子的来往出入。孔子恐怕哪里得罪了卫君，住了十个月，就离开了卫国。

孔子即将前去陈国，路过卫国的匡地，颜刻充当驾车之人，他用马鞭指着匡地说：“从前我来到这个地方，是从那个缺口进去的。”匡地人听说有人来到，都以为那是鲁国的阳虎。阳虎曾对匡人施暴，因此匡人就拦住了孔子。孔子长得很像阳虎，被匡人拘禁了五天。颜渊落在后面，晚一些才赶到，孔子说：“我以为你已经死了。”颜渊说：“先生依然健在，我怎么敢死。”匡人围困孔子越来越急，弟子们很是恐惧。孔子说：“周文王已然去世，周朝的礼乐制度不都存留在我这儿吗？上天打算毁灭周朝的礼乐制度，就不可能让我这后死之人得悉这种礼乐制度。上天倘若不打算毁灭周朝的礼乐制度，匡人能把我怎么样？”孔子派了个弟子前往卫国都城做了宁武子的家臣，然后才得以离开。

原文

去即过蒲。月余，反乎卫，主蘧伯玉家。灵公夫人有南子者，使人谓孔子曰：“四方之君子不辱欲与寡君为兄弟者，必见寡小君。寡小君愿见。”孔子辞谢，不得已而见之。夫

丑次同车

孔子从蒲返回卫国，寄居蘧伯玉家里。一天，卫灵公和夫人同车出游，让孔子坐在后面的车上。孔子生气地说：“我没有见到过爱好德行如同爱好美色一样的人。”于是离开卫国。

人在絺帷中。孔子入门，北面稽首。夫人自帷中再拜，环佩玉声璆然。孔子曰："吾乡为弗见，见之礼答焉。"子路不说。孔子矢之曰："予所不者，天厌之！天厌之！"居卫月余，灵公与夫人同车，宦者雍渠参乘，出，使孔子为次乘，招摇市过之。孔子曰："吾未见好德如好色者也。"于是丑之，去卫，过曹。是岁，鲁定公卒。

孔子去曹适宋，与弟子习礼大树下。宋司马桓魋欲杀孔子，拔其树。孔子去。弟子曰："可以速矣。"孔子曰："天生德于予，桓魋其如予何！"

[译文]

宋人伐木

孔子到曹国去，路过宋国，与弟子们在大树下练习礼仪。宋司马桓魋想要害孔子，先令人伐掉大树。弟子们劝孔子快走，孔子说："老天爷使我有了这样的品德，桓魋能把我怎么样！"

孔子一行离开匡地经过蒲地。一个多月后，孔子回到了卫国，在蘧伯玉家寄居。卫灵公有个叫南子的夫人，派人来对孔子说："四方来的君子要是看得起我国国君，想结为兄弟友谊的，必定要面见我们国君的夫人。我们国君的夫人想要见您。"孔子谢绝了，但还是迫不得已前去见她。夫人在细葛布的帷帐之中。孔子进入门内，面朝北行叩头之礼。夫人在帷帐中行拜礼两次，身上佩戴的环佩玉器叮当作响。孔子归来后说："我原来不想见她，既然前去见她就应该以礼相答谢。"子路听了并不高兴。孔子起誓说："我要是说的不是真心话，就让上天厌弃我吧！上天厌弃我吧！"在卫国住了一个多月，卫灵公和夫人一起乘一辆车，宦官雍渠陪坐一旁，离开宫廷，让孔子乘坐第二辆车，大摇大摆地从闹市中穿过。孔子感到羞耻地说："我从未见过有谁喜好德行如同喜好美色一样。"因此从卫国离开，经过曹国。当年，鲁定公去世。

孔子从曹国离开，来到宋国，与弟子们在一棵大树下演习礼仪。宋国司马桓魋打算杀掉孔子，派人去砍倒了那棵大树。孔子离开了这里。弟子说："可以快点离开这儿。"孔子说："上天已经将品格、责任赋予了我，桓魋能把我怎么样呢？"

原文

孔子适郑，与弟子相失，孔子独立郭东门。郑人或谓子贡曰："东门有人，其颡(sǎng)似尧，其项类皋陶，其肩类子产，然自要以下不及禹三寸，累累若丧家之狗。"子贡以实告孔子。孔子欣然笑曰："形状，末也。而谓似丧家之狗，然哉！然哉！"

孔子遂至陈，主于司城贞子家。岁余，吴王夫差伐陈，取三邑而去。赵鞅伐朝歌。楚围蔡，蔡迁于吴。吴败越王勾践会稽。

有隼集于陈廷而死，楛矢贯之，石砮，矢长尺有咫。陈湣公使使问仲尼。仲尼曰："隼来远矣，此肃慎之矢也。昔武王克商，通道九夷百蛮，使各以其方贿来贡，使无忘职业。于是肃慎贡楛矢石砮，长尺有咫。先王欲昭其令德，以肃慎矢分大姬，配虞胡公而封诸陈。分同姓以珍玉，展亲；分异姓以远方职，使无忘服。故分陈以肃慎矢。"试求之故府，果得之。

[译文]

孔子来到郑国，和弟子走散了，独自一人站在外城的东门。有个郑国人对子贡说："东门那里有个人，他的额头很像尧，他的脖子就像皋陶，他的肩很像子产，而腰部以下的部分比禹差了三寸，疲劳狼狈的样子好像丧家狗一般。"子贡将原话告知孔子。孔子欣然地笑着说："外貌都是微不足道的东西。但说我如同丧家狗一般，确实这样啊！确实这样啊！"

孔子于是前往陈国，在司城贞子家中寄住。一年多之后，吴王夫差讨伐陈国，攻下了三座城后撤军。赵鞅进攻朝歌。楚国围攻蔡国，蔡国迁到了吴地。吴国军队在会稽击败了越王勾践。

有只隼停在陈国宫廷的树上死去，一支木箭穿透了隼的身子，箭头为石制的，箭长一尺八寸。

楛矢贯隼

孔子到陈国，住在司城贞子家里。过了一年多，有只隼鸟飞到陈国朝堂中死去，是被一木制箭杆、石制箭镞的箭射中的。陈湣公派人问孔子，孔子说："这是肃慎氏的箭，武王克商时曾赐给陈国。"果然在陈国府库中查到这种箭。

陈湣公派出使者去问孔子。孔子说："隼是从很远的地方飞来的，这是远方肃慎部族的箭。过去周武王攻灭了商朝，打开了去东方九夷和南方百蛮的道路，命令各族都以本地的特产进贡，让他们不要忘了自身所应承担的职责与义务。因此肃慎族就进贡了楛木箭与石制的箭头，箭的长度为一尺八寸。当时周武王为了宣扬他的美德，就将肃慎部族的箭分赐给了长女大姬，将她许配给了虞胡公，并将虞胡公封在了陈地。又把珍宝玉石等物分赠给了同姓诸侯，以显示亲密；将远方进贡的贡品赠予异姓诸侯，以让他们不要忘记自己的职责与义务。所以将肃慎部族的箭赠予陈国。"陈湣公让人去以前的仓库中试着寻找，果然得到了楛木箭。

原文

孔子居陈三岁，会晋楚争强，更伐陈，及吴侵陈，陈常被寇。孔子曰："归与！归与！吾党之小子狂简，进取不忘其初。"于是孔子去陈。

过蒲，会公叔氏以蒲畔，蒲人止孔子。弟子有公良孺者，以私车五乘从孔子。其为人长贤，有勇力，谓曰："吾昔从夫子遇难于匡，今又遇难于此，命也已。吾与夫子再罹难，宁斗而死。"斗甚疾。蒲人惧，谓孔子曰："苟毋适卫，吾出子。"与之盟，出孔子东门。孔子遂适卫。子贡曰："盟可负邪？"孔子曰："要盟也，神不听。"

卫灵公闻孔子来，喜，郊迎。问曰："蒲可伐乎？"对曰："可。"灵公曰："吾大夫以为不可。今蒲，卫之所以待晋楚也，以卫伐之，无乃不可乎？"孔子曰："其男子有死之志，妇人有保西河之志。吾所伐者不过四五人。"灵公曰："善。"然不伐蒲。

灵公老，怠于政，不用孔子。孔子喟然叹曰："苟有用我者，期月而已，三年有成。"孔子行。

[译文]

孔子在陈住了三年，当时正赶上晋、楚两国争霸，轮番讨伐陈国，到了吴国侵犯陈国时，陈国经常遭到劫掠。孔子说："回去吧！回去吧！我们自己故乡的那些子弟们虽然才大志疏，但他们都努力进取并未忘记最初的善性。"因此孔子就离开了陈国。

路过蒲地，赶上卫国大夫公叔氏在蒲地叛乱，蒲地人留住了孔子。孔子的弟子里有个名叫公良孺的，带着私人的五辆车跟从孔子。他身材高大，为人贤德，十分勇猛有力，对孔子说："我以前跟从先生在匡地遭遇危难，如今又在此地遭遇危难，这就是命运啊！我和先生再一次遭逢灾难，宁愿战斗而死。"战斗得十分激烈。蒲地人害怕了，对孔子说："倘若不去卫国，我们就放你走。"孔子和蒲地人订立了盟誓，他们就放孔子从东门出去了。孔子就前去卫国。子贡说："盟誓可以违背吗？"孔子说："在要挟下订立的盟约，神是不会理睬的。"

五乘从游

孔子路过蒲，遇上公叔氏叛乱，不让孔子通过。有个叫公良孺的弟子带着自己的五辆车随行。他说："过去我跟老师在匡遭难，今天又在这里遭难，是命吧！这次遭难，我宁愿战死。"仗打得很凶猛，蒲人害怕了，孔子才经蒲到卫国去。

卫灵公听说孔子来到了卫国，非常高兴，来到郊外迎接。灵公问孔子说："蒲地能够攻打吗？"孔子回答说："可以。"灵公说："我的大夫们都觉得不可以。现在的蒲地是卫国能够阻挡晋、楚两国攻伐的屏障，用卫国的军队去攻打蒲地，恐怕不太好吧？"孔子说："蒲地中的男子有以死保卫家乡的志向，妇女有发誓不离西河故土的志气，并不情愿叛乱，我们所要讨伐的不过是四五个策划叛乱的人。"灵公说："不错。"但却并没有进攻蒲地。

卫灵公年纪大了，无心治理国政，并未任用孔子。孔子长叹一声说："要是有人能够任用我，一年可见成效，三年就会很有成绩了。"孔子从卫国离开了。

原文

佛肸（bì xī）为中牟宰。赵简子攻范、中行，伐中牟。佛肸畔，使人召孔子。孔子欲往。子路曰："由闻诸夫子，'其身亲为不善者，君子不入也'。今佛肸亲以中牟畔，子欲往，如之何？"孔子曰："有是言也。不曰坚乎，磨而不磷；不曰白乎，涅而不淄。我岂匏（páo）瓜也哉，焉能系而不食？"

孔子击磬。有荷蒉（kuì）而过门者，曰："有心哉，击磬乎！硁（kēng）硁乎，莫己知也夫而已矣！"

孔子学鼓琴师襄子，十日不进。师襄子曰："可以益矣。"孔子曰："丘已习其曲矣，未得其数也。"有间，曰："已习其数，可以益矣。"

学琴师襄

孔子向师襄学习弹琴，他长时间练习一支曲子，直到理解了乐曲的内涵，进而领悟到作者是周文王，师襄很佩服，告诉他乐曲名叫《文王操》。

孔子曰："丘未得其志也。"有间，曰："已习其志，可以益矣。"孔子曰："丘未得其为人也。"有间，有所穆然[①]深思焉，有所怡然高望而远志焉。曰："丘得其为人：黯然而黑，几然而长，眼如望羊，如王四国，非文王其谁能为此也！"师襄子辟席再拜，曰："师盖云《文王操》也。"

[注释]

①穆然：凝思的样子。

[译文]

佛肸担任中牟邑的长官。赵简子讨伐范氏、中行氏，进攻中牟。佛肸率邑人叛晋，派人前来召唤孔子。孔子想要前往。子路说："我曾听先生说过，'那种人亲身干坏事，君子是不会参加进去的'。现在佛肸独自占据中牟叛乱，您还想要前去，这怎么解释呢？"孔子说："是说过这样的话。但我不是还说了，坚硬之物，再怎么磨也不会变薄；洁白之物，再怎么用黑色染料也无法染黑。我难道是个匏瓜吗，怎能挂在那里而不让人食用呢？"

孔子敲打石磬。有个背着草筐自门前经过的人，说："心中苦闷啊，就敲打石磬啊！又响又急的磬声啊，没人了解自己啊，那也就算了吧。"

孔子向师襄子学习弹琴，学了十天仍没有换新曲。师襄子说："可以增加一些学习内容了。"孔子说："我已经学会了曲子，只是还没掌握弹琴的技法。"过了些日子，师襄子说："你已经学会了弹琴的技法，可以多学些内容了。"孔子说："我还未领悟曲子中的意蕴。"过了些日子，师襄子说："（你）已经学到了曲子的意蕴，可以多学些内容了。"孔子说："我还没能品味出作曲者塑造的人物形象。"过了些日子，孔子有了一种严肃深刻的理解，产生了一种心情舒畅登高望远的感觉，就说："我知晓作曲者塑造的人物形象了。那人肤色黝黑，身材颀长，眼睛明亮深邃而能远望，好像成了天下四方的王，要不是周文王谁还能作出这样的曲子呢？"师襄子站离坐席拜了两拜，说："我的老师告诉我这首琴曲叫作《文王操》。"

原文

孔子既不得用于卫，将西见赵简子。至于河而闻窦鸣犊、舜华之死也，临河而叹曰："美哉水，洋洋乎！丘之不济此，命也夫！"子贡趋而进曰："敢问何谓也？"孔子曰："窦鸣犊、舜华，晋国之贤大夫也。赵简子未得志之时，须此两人而后从政；及其已得志，杀之乃从政。丘闻之也，刳(kū)胎杀夭则麒麟不至郊，竭泽涸渔则蛟龙不合阴阳，覆巢毁卵则凤皇不翔。何则？君子讳伤其类也。夫鸟兽之于不义也尚知辟之，而况乎丘哉！"乃还息乎陬乡，作为《陬(zōu)操》以哀之。而反乎卫，入主蘧伯玉家。

他日，灵公问兵陈。孔子曰："俎豆之事则尝闻之，军旅之事未之学也。"明日，与孔子语，见蜚雁，仰视之，色不在孔子。孔子遂行，复如陈。

[译文]

孔子既然没能得到卫国的任用，打算向西去面见赵简子。来到黄河边，听到了窦鸣犊、舜华被赵简子杀掉的消息，孔子面对黄河叹息着说："多么美啊，黄河水，浩浩荡荡。我没有渡过黄河，这是命运使然啊。"子贡快走几步上前说："请问这是什么意思呢？"孔子说："窦鸣犊和舜华都是晋国非常贤德的大夫。赵简子还未得志之时，靠着这两个人才获得了政权；等到他已经得偿所愿，杀死他们后就执掌了政权。我曾听说，剖腹取胎，杀死幼兽，麒麟就不会前来郊外；竭泽而渔，一网打尽，蛟龙就不会再调合阴阳；倾覆鸟巢，摧毁鸟卵，凤凰就不再飞翔前来了。什么原因呢？因为不愿意看到杀伤自己的同类。鸟兽对于那些不道德的举动都知道躲避，更何况是我孔丘啊。"就回到了陬乡居住，创作出《陬操》来哀悼晋国已死的两位贤德的大夫。而后又回到

西河返驾

孔子到晋国去，走到黄河边，听说窦鸣犊、舜华死了，在河边叹息着说："壮美啊，黄河水，浩浩荡荡！我不能渡过黄河，是命运注定的啊。窦、舜两人是晋国贤明的大夫，赵简子掌握了政权，就把他们杀了。鸟兽对不义的举动还知道避开，何况人呢？"于是就返回了。

卫国，在蘧伯玉家中寄住。

一天，卫灵公向孔子询问用兵作战的结阵之法。孔子说："祭祀之类的事情我曾听说过，用兵作战的事情我没学过。"第二天，灵公和孔子交谈，看到天空飞过的大雁，抬头注视，神色和注意力并不在孔子身上。就这样孔子离开了卫国，再次来到陈国。

原文

夏，卫灵公卒，立孙辄，是为卫出公。六月，赵鞅内太子蒯聩于戚。阳虎使太子绕(wèn)，八人衰(cuī)[①]绖，伪自卫迎者，哭而入，遂居焉。冬，蔡迁于州来。是岁鲁哀公三年，而孔子年六十矣。齐助卫围戚，以卫太子蒯聩在故也。

夏，鲁桓、僖(xī)庙燔，南宫敬叔救火。孔子在陈，闻之，曰："灾必于桓、僖庙乎？"已而果然。

秋，季桓子病，辇而见鲁城，喟然叹曰："昔此国几兴矣，以吾获罪于孔子，故不兴也。"顾谓其嗣康子曰："我即死，若必相鲁；相鲁，必召仲尼。"后数日，桓子卒，康子代立。已葬，欲召仲尼。公之鱼曰："昔吾先君用之不终，终为诸侯笑。今又用之，不能终，是再为诸侯笑。"康子曰："则谁召而可？"曰："必召冉求。"于是使使召冉求。冉求将行，孔子曰："鲁人召求，非小用之，将大用之也。"是日，孔子曰："归乎归乎！吾党之小子狂简，斐然成章，吾不知所以裁之。"子赣[②]知孔子思归，送冉求，因诫曰"即用，以孔子为招"云。

[注释]

①衰：同"缞"，古代一种用粗麻布制成的孝服。②子赣：子贡。

[译文]

这年夏天，卫灵公去世，他的孙子辄即位，就是卫出公。六月，赵简子将卫灵公的太子蒯聩送到了戚邑。阳虎让太子蒯聩身穿丧服，又派八个人披麻戴孝，装作是自卫国前来迎接太子蒯聩的样子，哭着进入戚邑，就这样太子蒯聩在戚邑住了下来。冬天的时候，蔡国迁都州来。当年是鲁哀公三年（前 492 年），孔子六十岁。齐国相助卫国人围攻戚邑，是因为卫国太子蒯聩居住在此的缘故。

同年夏天，鲁桓公与鲁釐公的庙堂失火，南宫敬叔前往救火。孔子在陈国听说了这件事，说："火灾一定发生在桓公和釐公的庙堂吧？"后来得知果然是这样。

这年秋天，季桓子生病，坐在辇车上巡视鲁城，深深地叹息着说："以前这个国家几乎要振兴了，由于我得罪了孔子，因此就没能兴盛起来。"转过头对他的继承人季康子说："我要是死了，你一定会成为鲁国的宰相。你要是成了鲁国宰相，一定要请回仲尼。"几天后，季桓子去世，季康子成了鲁国的宰相。安葬了季桓子后，季康子想要召回孔子。大夫公之鱼说："以前我们的老丞相任用孔子时有始无终，结果被诸侯所耻笑。现在又任用他，倘若没能有始有终，会再一次被诸侯耻笑的。"康子说："那召请谁较为合适呢？"公之鱼说："肯定要召请冉求。"因此派出使者去召请冉求。冉求即将前去，孔子说："鲁国人召请冉求，绝不会小用他，一定会重用他。"当天，孔子说："回去吧！回去吧！我家乡的那些弟子们都志大才疏，文采斐然而有章法，我不知道如何调教他们。"子赣知道孔子想着回到故国，送冉求启程时，就告诫他："你要是得到重用，一定要召回孔子。"

知鲁庙灾

孔子在陈国听到鲁国宗庙受灾，认为一定是桓公、僖公的庙。陈国国君很奇怪，孔子说："周礼上说祖宗有功德就能留存庙宇。桓公、僖公功德不足而保留庙宇，所以上天就降下灾难。"不久即证实孔子的推测是正确的。

原文

冉求既去，明年，孔子自陈迁于蔡。蔡昭公将如吴，吴召之也。前昭公欺其臣迁州来，后将往，大夫惧复迁，公孙翩射杀昭公。楚侵蔡。秋，齐景公卒。

明年，孔子自蔡如叶。叶公问政，孔子曰："政在来远附迩。"他日，叶公问孔子于子路，子路不对。孔子闻之，曰："由，尔何不对曰'其为人也，学道不倦，诲人不厌，发愤忘食，乐以忘忧，不知老之将至'云尔。"

去叶，反于蔡。长沮、桀溺耦而耕，孔子以为隐者，使子路问津焉。长沮曰："彼执舆者为谁？"子路曰："为孔丘。"曰："是鲁孔丘与？"曰："然。"曰："是知津矣。"桀溺谓子路曰："子为谁？"曰："为仲由。"曰："子，孔丘之徒与？"曰："然。"桀溺曰："悠悠者天下皆是也，而谁以易之？且与其从辟人之士，岂若从辟世之士哉！”耰(yōu)而不辍。子路以告孔子，孔子怃然曰：“鸟兽不可与同群。天下有道，丘不与易也。”

他日，子路行，遇荷蓧丈人，曰：“子见夫子乎？”丈人曰：“四体不勤，五谷不分，孰为夫子！”植其杖而芸。子路以告，孔子曰：“隐者也。”复往，则亡。

子路问津

孔子一行被河水拦住去路，孔子让子路去打听渡口。子路遇到了长沮、桀溺两位隐士。这二人对孔子积极入世不以为然，主张退隐山林，逃避现实。

[译文]

冉求离开陈国后，第二年，孔子由陈国迁到了蔡国。蔡昭公打算前去吴国，是吴国国君召他去的。之前昭公哄骗他的大臣将都城迁到州来，这次要前去吴国，大夫们都害怕再次迁都，大夫公孙翩就用箭射杀了昭公。楚国进犯蔡国。同年秋天，齐景公去世。

第二年，孔子由蔡国前往叶邑。叶公问孔子如何施政，孔子说：“施政的关键在于招揽远方的贤士，使近处的人归顺。”有一天，叶公问子路孔子的为人，子路没有回答。孔子听说了这件事，说：“仲由，你怎么不回答他说‘他为人呢，学习道理不感到疲倦，教诲别人不感到厌烦，发愤学习时会忘记吃饭，欢乐时会忘记忧愁，不知道衰老即将来到’罢了。”

孔子从叶邑离开，返回蔡国。长沮、桀溺在路边并肩耕田，孔子觉得他们是隐士，让子路去打听渡口所在的地方。长沮说：“那边手拿车缰绳的人是谁？”子路说：“是孔丘。”长沮说：“就是鲁国孔丘吗？”子路说：“没错。”长沮说：“他应该知道渡口在哪里。”桀溺对子路说：“你是谁？”子路说：“我是仲由。”桀溺说：“你是孔丘的弟子吗？”子路说：“没错。”桀溺说：“浑浑噩噩，天下到处都是如此，而谁能改变这世道呢？跟从那些躲避暴君乱臣的人，怎么能赶得上追随那些躲避乱世的人啊！”两人说完依旧耕田不止。子路将这些话告知孔子，孔子惆怅地说：“我们不可以和鸟兽生活在一起。天下太平的话，我孔丘就不用参与进来改变这样的局面了。”

一天，子路赶路，遇见一位肩上扛着除草用具的老人。子路说：“您见过我的老师吗？”老人说：“四肢不勤劳，无法分辨五谷，谁是你的老师！”老人把他的手杖放下就继续锄草了。子路将这些话告知孔子。孔子说：“这是位隐士。”子路再去看老人时，老人已经离开了。

原文

孔子迁于蔡三岁，吴伐陈。楚救陈，军于城父。闻孔子在陈蔡之间，楚使人聘孔子。孔子将往拜礼，陈、蔡大夫谋曰："孔子贤者，所刺讥皆中诸侯之疾。今者久留陈、蔡之间，诸大夫所设行皆非仲尼之意。今楚，大国也，来聘孔子。孔子用于楚，则陈、蔡用事大夫危矣。"于是乃相与发徒役围孔子于野。不得行，绝粮。从者病，莫能兴。孔子讲诵弦歌不衰。子路愠见曰："君子亦有穷乎？"孔子曰："君子固穷，小人穷斯滥矣。"

子贡色作。孔子曰："赐，尔以予为多学而识之者与？"曰："然。非与？"孔子曰："非也。予一以贯之。"

孔子知弟子有愠心，乃召子路而问曰："《诗》云'匪兕匪虎，率彼旷野'。吾道非邪？吾何为于此？"子路曰："意者吾未仁邪？人之不我信也。意者吾未知邪？人之不我行也。"孔子曰："有是乎！由，譬使仁者而必信，安有伯夷、叔齐？使知者而必行，安有王子比干？"

子路出，子贡入见。孔子曰："赐，《诗》云'匪兕匪虎，率彼旷野'。吾道非邪？吾何为于此？"子贡曰："夫子之道至大也，故天下莫能容夫子。夫子盖少贬焉？"孔子曰："赐，良农能稼而不能为穑，良工能巧而不能为顺。君子能修其道，纲而纪之，统而理之，而不能为容。今尔不修尔道

在陈绝粮

楚国聘请孔子，孔子应请而往。陈国、蔡国的大臣们认为楚国任用孔子对两国不利，就派兵围住他。粮食吃完了，弟子们也病了，孔子却弹琴唱歌不绝。后来子贡使楚国派兵来迎接，才免除了灾难。

而求为容。赐，而志不远矣！”

子贡出，颜回入见。孔子曰：“回，《诗》云‘匪兕匪虎，率彼旷野’。吾道非邪？吾何为于此？”颜回曰：“夫子之道至大，故天下莫能容。虽然，夫子推而行之，不容何病，不容然后见君子！夫道之不修也，是吾丑也。夫道既已大修而不用，是有国者之丑也。不容何病，不容然后见君子！”孔子欣然而笑曰：“有是哉，颜氏之子！使尔多财，吾为尔宰。”

于是使子贡至楚。楚昭王兴师迎孔子，然后得免。

［译文］

孔子迁到蔡国居住的第三年，吴国讨伐陈国。楚军前来救援陈国，军队在城父驻扎。听闻孔子在陈国与蔡国之间，楚昭王派人召请孔子。孔子打算前往以礼相谢，陈国和蔡国的大夫谋划说：“孔子是个有贤德的人，所讥刺抨击的东西都切中诸侯的弊病。如今他长期滞留在陈国与蔡国之间，各大夫的所作所为都违反孔子的心意。现在楚国是大国，派人来召请孔子。孔子倘若在楚国得到重用，那我们这些在陈国、蔡国掌权的大夫就很危险了。”因此就联合调发一些役徒将孔子围困在野外。孔子不能成行，缺乏粮食。随行的弟子生病了，爬都爬不起来。孔子依旧讲习、诵诗、弹琴、唱歌，没有间断。子路气冲冲地来见孔子，说：“君子难道也有困窘之时吗？”孔子说：“君子能安于困窘而不动摇，小人一旦困窘就胡作非为。”

子贡脸色有变。孔子说：“赐啊，你觉得我是个博学强记之人吗？”子贡说：“是啊。难道不是吗？”孔子说：“不是这样的。我是将一种思想贯穿在各个方面罢了。”

孔子知道徒弟们心里都很生气，就召来子路询问说：“《诗经》中说‘既不是犀牛，也不是老虎，却能徘徊在空旷的野外’。我的学说难道不够正确吗？我为何会落到这步田地呢？”子路说：“我想是我们的仁德不够吧？人们并不能信任我们。我想是我们还不够智慧吧？人们并不让我们顺利通行。”孔子说：“有这样的说法吗？仲由，要是有仁德的人一定能得到别人的信任，那怎么会有伯夷、叔齐在首阳山饿死的事？要是有智慧的人一定通行无阻，那怎么会有王子比干被剖心的事呢？”

子路出来后，子贡进来面见孔子。孔子说：“赐啊，《诗经》中说‘既不是犀牛，也不是老虎，却能徘徊在空旷的野外’。我的学说难道不够正确吗？我为何会落到这步田地呢？”子贡说：“老师的学说宏大非常，因此天下各国都无法容纳老师。老师为何不稍微降低一些标准呢？”孔子说：“赐啊，好的农夫能播种耕作却不能保证取得好的收成；好的工匠能做到技术高超却不能保证人人都满意；君子能够建立自己的学说，用纲纪治理天下，以统筹治理国家，却不能保证一定会被所有人容纳。现在你不研修你的学说，而求得被世人所容纳。赐啊，你的志向可并不远大啊！”

子贡出来后，颜回进来面见孔子。孔子说："颜回，《诗经》中说'既不是犀牛，也不是老虎，却能徘徊在空旷的野外'。我的学说难道不够正确吗？我为何会落到这步田地呢？"颜回说："老师的学说宏大非常，因此天下各国都无法容纳老师。尽管如此，老师还应该去推广并施行自已的学说，没能被容纳有什么危害，没能被容纳，然后才凸显出君子本色。没能建立和完善学说，这才是我们的耻辱。学说已然完美地修建起来，却没能被采用，这是那些当权之人的耻辱。没能被容纳有什么大不了的，没被容纳，之后才凸显出君子本色。"孔子高兴地笑着说："是这样的道理啊，颜氏的好孩子！要是你有许多财产，我给你当管家。"

因此孔子就派子贡前往楚国。楚昭王出兵来迎孔子，孔子得以脱离困境。

原文

昭王将以书社地七百里封孔子。楚令尹子西曰："王之使使诸侯有如子贡者乎？"曰："无有。""王之辅相有如颜回者乎？"曰："无有。""王之将率有如子路者乎？"曰："无有。""王之官尹有如宰予者乎？"曰："无有。""且楚之祖封于周，号为子男五十里。今孔丘述三五之法，明周召之业，王若用之，则楚安得世世堂堂方数千里乎？夫文王在丰，武王在镐，百里之君卒王天下。今孔丘得据土壤，贤弟子为佐，非楚之福也。"昭王乃止。其秋，楚昭王卒于城父。

楚狂接舆歌而过孔子，曰："凤兮凤兮，何德之衰！往者不可谏兮，来者犹可追也！已而已而，今之从政者殆而！"孔子下，欲与之言。趋而去，弗得与之言。

于是孔子自楚反乎卫。是岁也，孔子年六十三，而鲁哀公六年也。

子西沮封

楚昭王打算将书社之地封给孔子。楚国的相国子西劝谏说："大王的臣下没有像孔门弟子那样优秀的人才，孔子有贤弟子的辅助，再有了封地，恐怕不利于楚国。"昭王听后就取消了封地的打算，孔子只好返回卫国。

[译文]

楚昭王打算把有居民户籍的方圆七百里土地封赐给孔子。楚国的令尹子西说："大王派往诸侯国的使者有如同子贡一般的人吗？"昭王说："没有。"子西说："大王的辅佐宰相有如同颜回一般的人？”昭王说：“没有。”子西说：“大王的将帅中可有如同子路一般的人？”昭王说：“没有。”子西说：“大王的各部主事长官可有如同宰予一般的人？”昭王说：“没有。”子西说：“楚国的始祖在周王室受封时，封爵为子男，封地方圆五十里。如今孔丘遵循着三皇五帝的规则法度，申明周公、召公所建立的功业，要是大王任用了他，那么楚国如何能够世世代代享有方圆几千里的疆域呢？周文王经营丰邑，周武王建都镐邑，都是从统辖方圆百里土地的君主而最终称王天下。现在孔丘得以占据封地，贤良的弟子作为辅佐，这可不是楚国的福气。”昭王就打消了这个想法。当年秋天，楚昭王死在了城父。

楚国狂人接舆唱着歌从孔子身边经过，歌词说：“凤凰啊，凤凰啊，你的德行怎么这么坏啊！过去的事情已经无可挽回，未来的事情还能够补救。算了吧，算了吧，现在的当权人物都非常危险。”孔子走下车，打算和他说话。接舆快走几步离开，孔子没能与他说上话。

因此孔子由楚国回到了卫国。这一年，孔子六十三岁，是鲁哀公六年（前489年）。

原文

其明年，吴与鲁会缯，征百牢。太宰嚭召季康子。康子使子贡往，然后得已。

孔子曰：“鲁卫之政，兄弟也。”是时，卫君辄父不得立，在外，诸侯数以为让。而孔子弟子多仕于卫，卫君欲得孔子为政。子路曰：“卫君待子而为政，子将奚先？”孔子曰：“必也正名乎！”子路曰：“有是哉，子之迂也！何其正也？”孔子曰：“野哉由也！夫名不正则言不顺，言不顺则事不成，事不成则礼乐不兴，礼乐不兴则刑罚不中，刑罚不中则民无所错手足矣。夫君子为之必可名，言之必可行。君子于其言，无所苟而已矣。”

其明年，冉有为季氏将师，与齐战于郎，克之。季康子曰：“子之于军旅，学之乎？性之乎？”冉有曰：“学之于孔子。”季康子曰：“孔子何如人哉？”对曰：“用之有名，播之百姓，质诸鬼神而无憾。求之至于此道，虽累千社，夫子不利也。”康子曰：“我欲召之，可乎？”对曰：“欲召之，则毋以小人固之，则可矣。”而卫孔文子将攻太叔，问策于仲尼。仲尼辞不知，退而命载而行，曰：“鸟能择木，木岂能择鸟乎！”文子固止。会季康子逐公华、公宾、公林，以币迎孔子，孔子归鲁。

孔子之去鲁凡十四岁而反乎鲁。

鲁哀公问政，对曰：“政在选臣。”季康子问政，曰：“举直错诸枉，则枉者直。”康子患盗，孔子曰：“苟子之不欲，虽赏之不窃。”然鲁终不能用孔子，孔子亦不求仕。

［译文］

第二年，吴国与鲁国在缯地相会，吴国向鲁国征要一百套祭祀所用的太牢。吴国的太宰嚭召见季康子。季康子派出子贡前去赴会，然后这件事才得以作罢。

孔子说：“鲁国与卫国的政治情况，就如同兄弟一样相像。”当时，卫国国君辄的父亲不能按照礼制即位为国君，流亡在国外，诸侯们多次以这件事责怪卫君辄。而孔子的徒弟大部分在卫国做官，卫国国君打算让孔子参与政事。子路说：“卫君等着您来参与政事，您会把什么工作放在第一位？”孔子说：“一定要先端正名分啊！”子路说：“有这样的说法吗，您可真是迂阔啊！怎么去端正名分呢？”孔子说：“多么粗鲁啊，仲由！要是名分没能端正，说话就无法顺理；说话无法顺理，事情就无法成功；事情无法成功，礼和乐就无法兴盛；礼和乐无法兴盛，刑罚就难以准确；刑罚有失准确，百姓就会感到手足无措，无所适从。君子做什么事情必须要符合名分，说出来的话一定要付诸行动。君子对于自己所说的话，并没什么可以苟且马虎的地方。”

第二年，冉有为季孙氏统领鲁国的军队，和齐国的军队在郎邑作战，打败了齐军。季康子问冉有：“您在带兵打仗上的才能，是后来学习的，还是天生就会的呢？”冉有说：“是从孔子那里学来的。”季康子问：“孔子是个怎样的人呢？”冉有回答说：“孔子如果用兵那一定是师出有名，他的所作所为都可以告知百姓，也可以向鬼神询问，百姓和鬼神都没有意见。像我现在所作的这些事情，即使能得到两万五千户封地，老师也不会因为贪图这样的利益而去做的。”季康子说：“我想要召请孔子来，怎么样？”冉有回答说：“想要召请他，就不要再像对待小人那样牵制他，那样的话是可以的。”卫国的孔文子打算带兵攻打大夫太叔，向孔子询问计策，孔子推说自己并不知道，退出来后就吩咐驾上车马上离开，说：“鸟儿能选择在哪棵树上栖息，树木怎么可以选择鸟儿啊？”孔文子坚决地挽留他。当时正赶上季康子驱赶走了公华、公宾、公林，带着礼物来迎接孔子，孔子就回到鲁国去了。

孔子从鲁国离开已经有十四年，而后才回到鲁国。

鲁哀公问孔子如何施政，孔子回答说：“为政之道的关键在于选择臣子。”季康子问孔子如何施政，孔子说：“举荐正直的人，安置在那些心术不正的人之上，心术不正的人就会变得正直。”季康子因为盗贼的事十分忧虑，孔子说：“要是您没有贪欲，即使奖赏他们，他们都不会偷窃。”但鲁国最终还是没能任用孔子，孔子也没有谋求官位。

原文

孔子之时，周室微而礼乐废，《诗》《书》缺。追迹三代之礼，序《书传》，上纪唐虞之际，下至秦缪，编次其事。曰："夏礼吾能言之，杞不足征也。殷礼吾能言之，宋不足征也。足，则吾能征之矣。"观殷、夏所损益，曰："后虽百世可知也，以一文一质。""周监二代，郁郁乎文哉。吾从周。"故《书传》《礼记》自孔氏。

孔子语鲁大师："乐其可知也。始作翕如，纵之纯如，皦(jiǎo)如，绎如也，以成。""吾自卫反鲁，然后乐正，《雅》《颂》各得其所。"

古者《诗》三千余篇，及至孔子，去其重，取可施于礼义，上采契、后稷，中述殷周之盛，至幽厉之缺，始于衽(rèn)席，故曰"《关雎》之乱以为《风》始，《鹿鸣》为《小雅》始，《文王》为《大雅》始，《清庙》为《颂》始"。三百五篇孔子皆弦歌之，以求合《韶》《武》《雅》《颂》之音。礼乐自此可得而述，以备王道，成六艺。

孔子晚而喜《易》，序《彖》《系》《象》《说卦》《文言》。读《易》，韦编三绝。曰："假我数年，若是，我于《易》则彬彬矣。"

[译文]

孔子时期，周王室衰微不堪，礼乐崩坏，《诗经》和《尚书》都已残缺。孔子追寻夏、商、周三代的礼制的痕迹，编订《尚书》，向上记录到唐尧、虞舜之际，向下一直到秦穆公，按着次序编排这其间的历史事件。他说："夏代的礼制我能够言说出来，但杞国并未留下足够的文献来证明它。殷商的礼制我能言说出来，但宋国并未留下足够的文献能够证明它。要是文献足够，我就可以运用文献来证明这些礼制了。"孔子在审视了殷商与夏朝礼制增损变化的情况后，说："礼制虽然历经百世，却还是能够知道的，

韦编三绝

孔子从卫国回到鲁国，仍不受重用。孔子晚年喜欢读《易》，反复阅读，以至于连穿竹简的皮条都断了多次。孔子说："再给我几年时间研究《易》，就可以理解透彻了。"

它的变化规律就是一代文采，一代质朴，交互使用。”“周朝的礼制借鉴夏、商两代的礼制，文采是多么丰富多彩啊！我赞同周礼。”因此《尚书》和《礼记》都是由孔子整理编辑的。

孔子告诉鲁国的乐官说：“乐曲的演奏过程是能够知道的。初始演奏时，各种声响十分热烈，接着就变得和谐而清晰，乐声持续不断，一直到一部乐曲演奏完成。”孔子说：“我由卫国返回鲁国，之后《诗经》的乐曲得以订正，《雅》和《颂》的每篇每章都发挥了它们应发挥的作用。”

古代的《诗经》共有三千多篇，孔子删去其中的重复之处，选取那些能够用来礼义教化的，最早采用商朝的始祖契、周朝的始祖后稷之事，中间论述殷商、周朝的兴盛，一直到周幽王与周厉王的过失，而编排的顺序又首先是从男女夫妇的关系以及爱情的诗篇开始的。因此说“《关雎》篇是作为《风》的第一篇，《鹿鸣》篇是作为《小雅》的第一篇，《文王》篇是作为《大雅》的第一篇，《清庙》篇是作为《颂》的第一篇”。《诗经》中的三百零五篇诗歌孔子都入乐弹唱，以能够和古时的《韶》《武》、朝廷雅乐、庙堂颂乐的声情精神相合。先王昔日的礼乐制度从此才可以稍现旧观，并以此来完备治国施政之道，修成了《诗经》《尚书》《礼记》《乐经》《周易》《春秋》六经。

孔子到了晚年喜欢读《周易》，为《周易》编写了《彖辞》《系辞》《象辞》《说卦》《文言》等注释书。他读《周易》，将编竹简的皮绳都磨断了好几次。他说：“再多给我几年时间，我对于《周易》的文辞与义理都能掌握清楚了。”

原文

孔子以《诗》《书》《礼》《乐》教，弟子盖三千焉，身通六艺者七十有二人。如颜浊邹之徒，颇受业者甚众。

孔子以四教：文，行，忠，信。绝四：毋意，毋必，毋固，毋我。所慎：齐①，战，疾。子罕言利与命与仁。不愤不启，举一隅不以三隅反，则弗复也。

其于乡党，恂恂似不能言者。其于宗庙朝廷，辩辩言，唯谨尔。朝，与上大夫言，訚(yín)訚如也；与下大夫言，侃侃如也。

入公门，鞠躬如也；趋进，翼如也。君召使傧(bīn)，色勃如也。君命召，不俟驾行矣。

鱼馁，肉败，割不正，不食。席不正，不坐。食于有丧者之侧，未尝饱也。

是日哭，则不歌。见齐衰、瞽者，虽童子必变。

“三人行，必得我师。”“德之不修，学之不讲，闻义不能徙，不善不能改，是吾忧也。”使人歌，善，则使复之，然后和之。

子不语怪，力，乱，神。

[注释]

①齐：同“斋”，斋戒。

[译文]

圣门四科

孔门弟子中，德行好的有颜渊、闵子骞、冉伯牛、冉仲弓，擅长言辞的有子我、子贡，擅长处理政务的有冉有、季路，熟悉古代文献的有子游、子夏。

孔子借着《诗经》《尚书》《礼记》《乐经》来教导弟子，跟随他学习的弟子有三千人，兼通礼、乐、射、御、书、数这六种技艺的共有七十二人。像颜浊邹这样的并不属于七十二人之列，但受孔子教育的弟子也有不少。

孔子教导弟子四个方面：文采辞令、道德操行、待人忠诚及遵守信用。令弟子断绝四种情况：不任意臆测、不武断抉择、不固执己见、不自以为是。需要尤其谨慎的有：祭祀前的斋戒、战争、疾病。孔子极少将利益和天命、仁德放在一起谈论。弟子要是没有进行艰苦的思考，孔子不会启发他。要是不能举一反三，孔子也不再教授了。

孔子在自己的家乡，温和谦逊，好像是个不善言谈之人。他在宗庙与朝廷之上，谈论问题都明辨而详细，只是态度依然恭谨。上朝时，孔子和上大夫谈话，态度端庄而不卑不亢；和下大夫谈话，态度则和乐而安详。

孔子进入宫廷的宫门时，低着头，弯着腰，非常恭敬；进来后，小步地快速前行，姿态端好，如鸟类展翅之状；国君命他接待贵宾，他的表情十分庄重。国君有命要召见他，没等到车辆驾好，他就起身出发了。

鱼不新鲜，肉变腐败，割肉没按规定，孔子不会吃。坐席摆放得不合规矩，孔子不会坐。在处于丧事中的人身旁吃饭，孔子从未吃饱过。

在这天里哭泣过，就不会再唱歌。看到穿着丧服的人和盲人，即使是个小孩子，孔子也一定会表现出同情的神情。

孔子说：“三人一起行路，其中必有可以当我老师的。”又说：“品德无法修明，学业无法讲习，听到正义的道理却无法施行，缺点和错误没能得以改正，这都是我所忧虑的。”要求别人唱歌，要是唱得好，就请他再唱一遍，然后自己跟着他一起唱。

孔子不会谈论和怪异、暴力、悖乱、鬼神有关的话题。

原文

子贡曰：“夫子之文章，可得闻也。夫子言天道与性命，弗可得闻也已。”颜渊喟然叹曰：“仰之弥高，钻之弥坚。瞻之在前，忽焉在后。夫子循循然善诱人，博我以文，约我以礼，欲罢不能。既竭我才，如有所立，卓尔。虽欲从之，蔑由也已。”达巷党人曰：“大哉孔子，博学而无所成名。”子闻之曰：“我何执？执御乎？执射乎？我执御矣。”牢曰：“子云：‘不试，故艺。’”

鲁哀公十四年春，狩大野。叔孙氏车子鉏商获兽，以为不祥。仲尼视之，曰：“麟也。”取之。曰：“河不出图，雒不出书，吾已矣夫！”颜渊死，孔子曰：“天丧予！”及西狩见麟，曰：“吾道穷矣！”喟然叹曰：“莫知我夫！”子贡曰：“何为莫知子？”子曰：“不怨天，不尤人，下学而上达，知我者其天乎！”

“不降其志，不辱其身，伯夷、叔齐乎！”谓：“柳下惠、少连降志辱身矣。”谓：“虞仲、夷逸隐居放言，行中清，废中权。”“我则异于是，无可无不可。”

子曰：“弗乎弗乎，君子病没世而名不称焉。吾道不行矣，吾何以自见于后世哉？”乃因史记作《春秋》，上至隐公，下讫哀公十四年，十二公。据鲁，亲周，故殷，运之三代。约其文辞而指[①]博。故吴楚之君自称王，而《春秋》贬之曰“子”；践土之会实召周天子，而《春秋》讳之曰“天王狩于河阳”：推此类以绳当世。贬损之义，后有王者举而开之。《春秋》之义行，则天下乱臣贼子惧焉。

孔子在位听讼，文辞有可与人共者，弗独有也。至于为《春秋》，笔则笔，削则削，子夏之徒不能赞一辞。弟子受《春秋》，孔子曰：“后世知丘者以《春秋》，而罪丘者亦以《春秋》。”

西狩获麟

鲁哀公十四年，鲁人在西郊打猎获得一只麒麟，孔子前去观看，哭泣着说："这是麒麟啊，麒麟是仁义之兽，一出现就死了，我的道也要完了。"

[注释]

①指：同"旨"，宗旨，内容。

[译文]

子贡说："老师传授给我们的文献方面的文辞知识，是能够听到而得知的。和天道与天性有关的言论，我们没有听他说过。"颜渊赞叹说："老师的思想人格，越是抬头仰望，越觉得崇高；越是钻研它，越能体会到其中的坚实与深厚。一会儿觉得它就在前方，一会儿又觉得像在身后。老师善于有条理有计划地诱导人，用文献典籍来丰富我们的知识，用礼仪规范来约束我们的言行，即使想停止学习都无法办到。已然竭尽了我的所有才力，似乎能在社会中独立了，可那个卓越高大的目标仍然高高地耸立在我们面前。虽然想追随上去，却无从达到。"达巷那个地方的人说："多么伟大啊孔子，博学却让人没法说清他是哪一门的专家。"孔子听说了这话，说："我的专长在什么方面呢？驾车吗？射箭吗？我还是擅长驾车吧。"子牢说："老师曾说过：'我是因为没能得到重用，这才学会了这么多技艺。'"

鲁哀公十四年（前481年）的春天，哀公带着人在大野狩猎。叔孙氏的乘车武士鉏商抓获了一头罕见的野兽，认为这是不祥的征兆。孔子看了看野兽，说："这是只麒麟。"就把野兽带走了。他说："黄河并未出现神龙背负的八卦图，洛水并未出现神龟背负的洛书，我已经没希望了！"颜渊去世，孔子说："这是上天要亡我啊！"到了西行前去狩猎时发现麒麟，孔子说："我的学说已经山穷水尽了啊！"深深地长叹着说："没有人能理解我啊！"子贡说："怎么会没有人理解老师呢？"孔子说："我不抱怨上天，也不归咎于世人，下学人间世事，上达天理命运，能理解我的恐怕只有上天了啊！"

孔子说："不屈从自己的志向，不侮辱自己的身份，只有伯夷、叔齐这两人（做到了）吧！"又说："柳下惠、少连屈降自己的志向，侮辱自己的身份。"又说："虞仲、夷逸避世归隐，直言世务，行事符合清廉高洁的标准，自我废弃也算权宜得当。"又说："我就和这些人不一样，没什么是绝对可以的，也没什么是绝对不可以的。"

孔子说："不行，不行，君子最担心的就是人死之后而名声没有得到世人的称颂。我的学说依然无法推行，我要把什么留给后世之人呢？"于是孔子凭借鲁国的历史文献编撰了《春秋》，上自鲁隐公，下至鲁哀公十四年，共记录了十二个国君在位期间的天下大事。《春秋》以鲁国历史为根本，以周王室为正统，兼顾殷朝时期的旧制，向上承接夏商周三世的法统。文辞简约自然而旨意宏大深远。吴国和楚国的国君自称为“王”，《春秋》根据周朝礼制，贬称他们为“子”；践土之会其实是晋侯召周天子前往的，而《春秋》出于避讳说“天王在河阳狩猎”。孔子正是推究此类的法则以作为衡量当世人所作所为的标准。这样贬斥责备的大义，被后代以仁德治国的君王加以推广利用。如果《春秋》的大义得以贯彻和执行，那么天下的乱臣贼子就会非常害怕了。

孔子为官时审案，判辞的措辞上要是有需要和别人商量的，从不肯擅专独行。到了他编撰《春秋》时，他认为该记录下来的就直接记录下来，该删减削除的就断然删减削除，即使像子夏这样的长于文采的弟子都无法改动一字一词。弟子们听孔子讲《春秋》，孔子说：“后世要了解我孔丘，要凭借《春秋》；而要责怪我孔丘，也要凭借《春秋》。”

原文

明岁，子路死于卫。孔子病，子贡请见。孔子方负杖逍遥于门，曰：“赐，汝来何其晚也？”孔子因叹，歌曰：“太山坏乎！梁柱摧乎！哲人萎乎！”因以涕下。谓子贡曰：“天下无道久矣，莫能宗予。夏人殡于东阶，周人于西阶，殷人两柱间。昨暮予梦坐奠两柱之间，予始殷人也。”后七日卒。

梦奠两楹

孔子患病，子贡去看望，孔子正拄杖在门口唱着说：“泰山要倒了，梁木要断了，有学问的人要死了。”子贡听后赶快走进去，孔子说：“殷人停灵在两楹之间，我是殷的后人，昨晚梦见棺木放置在两楹之间，现在天下没有贤明的君王，谁能尊道呢？我要死了。”过了七日孔子去世。

孔子年七十三，以鲁哀公十六年四月己丑卒。

哀公诔(lěi)之曰：“旻(mín)天不吊，不憖(yìn)遗一老，俾(bǐ)屏余一人以在位，茕茕余在疚。呜呼哀哉！尼父，毋自律！”子贡曰：“君其不没于鲁乎！夫子之言曰：‘礼失则昏，名失则愆。失志为昏，失所为愆。’生不能用，死而诔之，非礼也。称‘余一人’，非名也。”

孔子葬鲁城北泗上，弟子皆服

三年。三年心丧毕，相诀而去，则哭，各复尽哀，或复留。唯子贡庐于冢上，凡六年，然后去。弟子及鲁人往从冢而家者百有余室，因命曰孔里。鲁世世相传以岁时奉祠孔子冢，而诸儒亦讲礼乡饮大射于孔子冢。孔子冢大一顷。故所居堂弟子内，后世因庙藏孔子衣冠琴车书，至于汉二百余年不绝。高皇帝过鲁，以太牢祠焉。诸侯卿相至，常先谒然后从政。

［译文］

第二年，子路在卫国去世。孔子生病了，子贡前来谒见。孔子刚好拄着拐杖在门前徘徊闲步，说："赐，你怎么来得这么晚啊？"孔子叹息一声，唱道："泰山就这样崩坏了啊！梁柱就这样折断了啊！哲人就这样凋零了啊！"就这样落下泪来。孔子对子贡说："天下无道已经很长时间了，没有人可以遵循我的学说。夏朝人死去了在东厢台阶上停棺，周朝人死去了在西厢台阶上停棺，商朝人死去了在厅堂的两柱之间停棺。昨天夜里我梦到自己坐在两柱之间受人祭奠，看来我的始祖是殷商之人。"七天后，孔子去世。

治任别归

孔子葬在鲁城北的泗水边上，弟子们服丧三年，才哭着行礼而去。只有子贡庐墓六年，然后才离去。弟子和鲁国人在墓旁筑室为家者有一百多户。

孔子在鲁哀公十六年（前 479 年）的四月己丑日去世，享年七十三。

鲁哀公为孔子作的悼词说："上天并不仁慈，不肯留下这垂垂老者，让他抛开了我，害我孤零零一人在位，孤独无依，伤心不已。啊呀！多么悲痛啊！尼父，今后我自己无法树立法度了。"子贡说："君主他今后可能不得善终！老师的话是说：'礼制丧失了，头脑就会昏乱；名分失去了，行为就会出现过失。所谓昏乱，就是不能正常地思考问题；所谓过失，就是所作所为都不合规矩。'生前没有重用，死后才来撰文悼念，这是不合礼节的。身为诸侯却称'我一人'，这是不合名分的。"

孔子死后被葬在了鲁城以北的泗水岸边，弟子们都为孔子服心丧三年。三年的心丧结束，互相告别着离开，都相对着哭泣，每个人都依旧非常伤心，有的弟子就又留了下来。只有子贡一人在墓地旁边盖了间小屋住下，一直待了六年，然后才离开。弟子和鲁国人前去墓地定居的有一百多家，因而这个地方就被命名为"孔里"。此地世世代代传了下来，每年都会按时对孔子的坟墓进行祭祀，而儒者们也会来到孔子的墓地讲习礼仪、乡饮酒礼、比射仪式。孔子的墓地大小为一顷。孔子的故居堂屋及弟子所住的房舍，后来都改成了庙，以收藏孔子生前的衣冠、琴、车辆、书籍，一直到汉朝，历经二百多年都没有废弃。汉高祖路过鲁地，以牛、猪、羊三牲搭配的太牢之礼祭祀孔子。诸侯卿相一到这里上任，常要先去孔子墓祭拜后，然后才正式就职任事。

原文

孔子生鲤，字伯鱼。伯鱼年五十，先孔子死。

伯鱼生伋，字子思，年六十二。尝困于宋。子思作《中庸》。

子思生白，字子上，年四十七。子上生求，字子家，年四十五。子家生箕，字子京，年四十六。子京生穿，字子高，年五十一。子高生子慎，年五十七，尝为魏相。

子慎生鲋，年五十七，为陈王涉博士，死于陈下。

鲋弟子襄，年五十七。尝为孝惠皇帝博士，迁为长沙太守。长九尺六寸。

子襄生忠，年五十七。忠生武，武生延年及安国。安国为今皇帝博士，至临淮太守，蚤卒。安国生卬，卬生驩。

太史公曰：《诗》有之："高山仰止，景行行止。"虽不能至，然心乡往之。余读孔氏书，想见其为人。适鲁，观仲尼庙堂、车服、礼器，诸生以时习礼其家，余祗回留之不能去云。天下君王至于贤人众矣，当时则荣，没则已焉。孔子布衣，传十余世，学者宗之。自天子王侯，中国言六艺者折中于夫子，可谓至圣矣！

[译文]

孔子生有儿子鲤，字伯鱼。伯鱼享年五十岁，死在孔子之前。

伯鱼生有儿子伋，字子思，享年六十二岁。曾在宋国受困。子思编撰了《中庸》。

子思生有儿子白，字子上，享年四十七岁。子上生有儿子求，字子家，享年四十五岁。子家生有儿子箕，字子京，享年四十六岁。子京生有儿子穿，字子高，享年五十一岁。子高生有儿子子慎，享年五十七岁，曾经做过魏国的宰相。

子慎生有儿子鲋，享年五十七岁，担任过陈王涉的博士，在陈郡去世。

鲋有个弟弟子襄，享年五十七岁。曾担任过孝惠皇帝的博士，又改任为长沙郡太守。身高九尺六寸。

子襄生了儿子忠，享年五十七岁。忠生有儿子武，武生有儿子延年和安国。安国做了当今皇帝的博士，又做到临淮太守，早年就死了。安国生有儿子卬，卬生有儿子驩。

孔子及弟子颜回像

太史公说：《诗经》中有这样的话："崇高的山岭引人瞻仰，宽阔的大路让人行走循。"我尽管没能赶得上孔子的时代，却总是在心里充满向往。我读过孔子的著作，能够想见他的为人。来到鲁地，参观了仲尼的庙堂及车辆、衣服、礼器，那些儒生都按时前往孔子的旧居演习礼仪，我心怀敬仰，流连徘徊着不愿就此离去。天下的君王和贤达人士有很多，活着的时候都十分荣耀，等到去世后就一切消失。孔子就是个布衣平民，他的学说却能够流传十几代，让学者敬仰。自天子和王侯往下，中国所有谈论六艺的人都将孔子的学说作为标准，可以说孔子真是位至高无上的圣人啊！

［赏析］

孔子一生都富有政治热情，即便在他遭受打击、排斥、嘲讽甚至围困时仍旧不减。为了宣传自己的政治思想，他不辞辛劳，用了大量的时间，带领弟子周游列国，奔走游说。虽然四处碰壁，但依旧执着追求。本篇真实记录了孔子一生的主要活动，写得生动具体、形象逼真。

孔子是中国教育史上第一个私人授徒讲学的人。在他以前，学在官府，孔子开始兴办私学，广召门徒，把教育对象扩大到平民阶层，把文化知识散播到民间，这在我国教育发展史上，是具有里程碑意义的，为古代的教育方式改革与教育普及作出了巨大贡献。《孔子世家》对孔子的办学思想、教学内容以及方法，还有他循循善诱、诲人不倦的教学态度，均有全景描写，突出展现了这位伟大教育家的风范。文章也对孔子渊博的知识与高尚的人格，以及他在整理与传播古代文化典籍方面的不朽功绩进行了介绍。孔子整理与编纂过《诗》《易》《礼》《乐》《春秋》等古代经典，并且将其作为教学重点，影响了此后整个封建社会的教育，对这些古代经典文献的传播与保存作出了不朽贡献。

孔子一生事迹众多，头绪也纷繁复杂，但司马迁在记述过程中却做到了线索清楚，有条不紊，并且重点突出。在记录故事的同时，注重人物性格特征描写，全面展现孔子的形象与多层面的精神风貌。司马迁描写历史人物，暗含爱憎与褒贬，有比较鲜明的倾向性。他对孔子的向往与景仰，也在字里行间流露出来。

［集评］

索隐述赞：孔子之胄，出于商国。弗父能让，正考铭勒。防叔来奔，邹人掎足。尼丘诞圣，阙里生德。七十升堂，四方取则。卯诛两观，摄相夹谷。歌凤遽衰，泣麟何促！九流仰镜，万古钦躅。

老子韩非列传

题解

《老子韩非列传》选自《史记》卷六十三，列传第三。这是一篇关于先秦道家和法家代表人物的重要传记，是一篇合传，记录了道家的老子、庄子及法家的申不害、韩非子四个人的事迹，其中对申不害的记录最为简短。

原文

老子者，楚苦县厉乡曲仁里人也，姓李氏，名耳，字聃，周守藏室之史也。

孔子适周，将问礼于老子。老子曰："子所言者，其人与骨皆已朽矣，独其言在耳。且君子得其时则驾，不得其时则蓬累而行。吾闻之，良贾深藏若虚，君子盛德，容貌若愚。去子之骄气与多欲，态色与淫志，是皆无益于子之身。吾所以告子，若是而已。"孔子去，谓弟子曰："鸟，吾知其能飞；鱼，吾知其能游；兽，吾知其能走。走者可以为罔[①]，游者可以为纶，飞者可以为矰(zēng)。至于龙，吾不能知，其乘风云而上天。吾今日见老子，其犹龙邪！"

问礼老聃

鲁昭公十年，孔子和南宫敬叔到周都洛邑问礼于老子。因为老子曾做过周王朝的柱下史（管理藏书的史官），熟知周礼。

老子修道德，其学以自隐无名为务。居周久之，见周之衰，乃遂去。至关，关令尹喜曰："子将隐矣，强为我著书。"于是老子乃著书上下篇，言道德之意五千余言而去，莫知其所终。

［注释］

①罔：同"网"。

[译文]

老子这个人，家乡在楚国的苦县厉乡曲仁里。他姓李，名耳，字聃，在周朝是负责国家藏书室的官员。

孔子到周的都城，想要向老子询问一些关于“礼”的问题。老子对他说道：“您所说的这些，创制它的人和他的骸骨全都已经腐朽，唯独他所留下来的言论依旧还能听到。何况君子如果赶上了时运就可以驾着车顺应命令出仕做官，若是没有赶上时运就应该像蓬蒿一样随风飘行。我听到过这样的说法，一个善于经商的人会把值钱的货物隐藏起来，就像什么东西都没有一样；君子的人品和德行盛大高尚，但他的脸色和外貌却像个愚人。摒弃您身上骄傲的神气和诸多的欲望，摒弃不良的神态、脸色和过大的、不切实际的志向，这些东西对您自身没有任何益处。这些，就是我所能对您说的所有话了。”孔子离开之后，对自己的学生说：“鸟儿，我知道它是善于飞翔的；鱼儿，我知道它是善于游泳的；野兽，我知道它是善于奔跑的。擅长奔跑的野兽能用网捕捉到，擅长游泳的鱼儿能够用鱼线钓到，擅长飞翔的鸟能够用羽箭射落。但说到龙这种动物，我就不了解了，据说它能够乘着风、驾着云飞上青天。我现在所看到的老子，他就像一条龙。”

老子研修道德，他的学说把隐藏自身、不追求功名显达作为最重要的宗旨。他居住在周朝京城很长时间，看到周朝已经衰落，于是就离开了那里。走到函谷关时，负责把守关口的官员尹喜对他说：“您就要隐居起来了，请勉强为我写本书留传后人吧。”在这种情况下，老子于是就写了一部上、下两篇的著作，主要是阐述道德的含义，共计五千余字，之后便离开了，没有人知道他最终去了哪里。

原文

或曰老莱子，亦楚人也，著书十五篇，言道家之用，与孔子同时云。

盖老子百有六十余岁，或言二百余岁，以其修道而养寿也。

自孔子死之后百二十九年，而史记周太史儋见秦献公曰：“始秦与周合，合五百岁而离，离七十岁而霸王者出焉。”或曰儋即老子，或曰非也，世莫知其然否。老子，隐君子也。

老子观井

老子之子名宗，宗为魏将，封于段干。宗子注，注子宫，宫玄孙假，假仕于汉孝文帝。而假之子解为胶西王卬太傅，因家于齐焉。

世之学老子者则绌[①]儒学，儒学亦绌老子。“道不同不相为谋”，岂谓是邪？李耳无为自化，清静自正。

[注释]

①绌：通“黜”，贬斥。

[译文]

有人曾经说过，老子就是老莱子，也是楚国人，他写的文章有十五篇，主要讲的是道家学问如何应用，据说他和孔子生活在同一时代。

老子大概活了一百六十多岁，也有人说他活了两百多岁，这是由于他修炼道术善于养身的结果。

从孔子去世算起，过了一百二十九年以后，史书上记载周王室的太史儋曾对秦献公说道：“开始的时候，秦国与周朝是合一的，合了五百年以后就会分离，分离七十年之后而就会有称霸称王的人出现。”有的人说这位太史儋就是老子，有的人则说他不是老子，世上没有人知道这到底是真的还是假的。老子，是一位名副其实的隐士啊。

老子的儿子名叫李宗，李宗是魏国的一位将领，他的封地在段干。李宗有个儿子叫李注，李注有个儿子叫李宫，李宫的玄孙名叫李假，李假做官辅佐汉朝的孝文皇帝。李假的儿子李解是胶西王刘卬的太傅，所以在齐国的土地上安了家。

世上的人凡是学习老子的学问的，都会贬黜儒家的思想学说；而学习儒家学问的人，也会贬黜老子的学说。“走的路不同，就不要在一起谋划事情”，难道说的就是这样的情形吗？李耳的主张是无为而治，百姓自然就会受到教化，清静无为，百姓自然就能走上正道。

原文

庄子者，蒙人也，名周。周尝为蒙漆园吏，与梁惠王、齐宣王同时。其学无所不窥，然其要本归于老子之言。故其著书十余万言，大抵率寓言也。作《渔父》《盗跖》《胠箧》，以诋訾孔子之徒，以明老子之术。畏累虚、亢桑子之属，皆空语无事实。然善属书离辞，指事类情，用剽剥儒、墨，虽当世宿学不能自解免也。其言洸洋自恣以适己，故自王公大人不能器之。

楚威王闻庄周贤，使使厚币迎之，许以为相。庄周笑谓楚使者曰：

庄子

"千金，重利；卿相，尊位也。子独不见郊祭之牺牛乎？养食之数岁，衣以文绣，以入大①庙。当是之时，虽欲为孤豚，岂可得乎？子亟去，无污我。我宁游戏污渎之中自快，无为有国者所羁，终身不仕，以快吾志焉。"

[注释]

①大：同"太"。

[译文]

庄子，是蒙地的人，名叫庄周。他曾经当过蒙地的漆园吏，跟梁惠王、齐宣王生活在同一个时代。他的学说研究的范围很广，没有什么是没有研究到的，但是他的学说中最重要的根本观点却可以归结为老子一派。他写了十几万字的文章，大部分都是寓言一类的体裁。他写了《渔父》《盗跖》《胠箧》这些文章，目的是诋毁孔子这一派的传人，来宣扬老子的学说。畏累虚、亢桑子这一类的地名、人名，都是凭空虚构的，没有事实作为依据。但是他擅长写文章，措词也很有水平。以类比的手法来描摹事物的情状，用这些来批判驳斥儒、墨两家的学说，就算是当世的博学多才之士也没有办法避免遭受他的批评。他的文章风格汪洋浩渺，纵横驰骋，都是随心率性之言，因此从那些掌权的王公大人以下，都没有人能使其为己所用。

楚威王听说庄周是个贤能的人，于是派遣使者带着丰厚的礼物去迎请他，许诺要任命他做楚国的国相。庄周笑着对楚国的使臣说道："千金，的确是丰厚的礼物；卿相，也确实是尊贵的权位。可是，您难道没有看见那些用来做郊祀祭祖的牛吗？他们被喂养几年的食物以后，身上就会披上绣着精美纹饰的彩缎，被赶进太庙之中。在这样的时刻，就算它只想做一头孤独的小猪，难道就能够实现这个愿望吗？您赶紧离开吧，不要让你的话玷污了我的耳朵。我宁可在污浊水沟中嬉戏玩耍，享受自己能够得到的快乐，也不愿意受你们国君的管束。一辈子都不出来当官，这样才能让我的心情感到愉快。"

原文

申不害者，京人也，故郑之贱臣。学术以干韩昭侯，昭侯用为相。内修政教，外应诸侯，十五年。终申子之身，国治兵强，无侵韩者。

申子之学本于黄老而主刑名。著书二篇，号曰《申子》。

[译文]

申不害，家乡在京邑，他原本只是郑国的一个低级小吏。他学了刑罚法律之后，来拜会韩昭侯，韩昭侯任命他做了韩国的国相。他当政期间，在国家内部修整政令教化之事，对外妥善处理韩国与各国诸侯之间的关系，前后执政十五年。一直到申子去世的时候，国家治理得很好，军事实力也非常强大，没有侵犯韩国的诸侯。

申子的学问主要来源于黄帝、老子，但主要是研究刑罚法律方面的学问。他的著作有两篇，题目叫《申子》。

原文

韩非者，韩之诸公子也。喜刑名法术之学，而其归本于黄老。非为人口吃，不能道说，而善著书。与李斯俱事荀卿，斯自以为不如非。

非见韩之削弱，数以书谏韩王，韩王不能用。于是韩非疾治国不务修明其法制，执势以御其臣下，富国强兵而以求人任贤，反举浮淫之蠹(dù)而加之于功实之上。以为儒者用文乱法，而侠者以武犯禁。宽则宠名誉之人，急则用介胄之士。今者所养非所用，所用非所养。悲廉直不容于邪枉之臣，观往者得失之变，故作《孤愤》《五蠹》《内外储》《说林》《说难》十余万言。

然韩非知说之难，为《说难》书甚具①，终死于秦，不能自脱。

[注释]

①具：通“俱”，完全、周详。

[译文]

韩非这个人，是韩国王室的公子。他喜好研究刑罚法律方面的学问，他的学问的核心来源可以归结到黄帝、老子那里。韩非有口吃的毛病，不是那种能说会道的人，但他善于著书立说。他跟李斯都拜荀卿为师，李斯自认为在学问方面比不上韩非。

韩非眼看韩国的国势日渐衰落，曾多次写信劝谏韩王，可是韩王却没有采纳他的意见。在这种情形下，韩非痛恨君主在治理国家的时候不去努力地修整明确法律制度，不能用手中掌握的权力去驾驭统率他的臣子，不能使国家变得富有，不能使军事力量变得强大，也不能做到只任用那些贤德的人才做官，相反，国君只是提拔任用那些轻浮、夸夸其谈，就像蛀虫一样的小人，这些人的官位居然在那些有大功、肯实干的人之上。韩非认为儒生利用他们所写的一些文章辞句来干扰法制的正常运行，而那些自命侠义的武人则使用武力触犯国家的禁令。政治局势宽松、天下太平的时候就宠幸那些空有虚名、只会浮夸的人，到了紧急的情况下就重用那些浑身穿着铠甲的勇士。现在，国君所供养的那些人都派不上什么大用场，堪当重用的人却没有得到供养。韩非对那些清廉、方正的人士不被那些奸佞邪祟的大臣所容纳的遭遇非常同情，于是他观察以往成败得失的变化，从中得到了启发，因此创作出了《孤愤》《五蠹》《内外储》《说林》《说难》等十几万字的文章。

但是韩非知道游说有多么困难，他所写的《说难》对此有十分具体的论述，韩非最终死在了秦国，没能让自己摆脱游说带来的灾难。

原文

《说难》曰：

凡说之难，非吾知之有以说之难也，又非吾辩之难能明吾意之难也，又非吾敢横失[1]能尽之难也。凡说之难，在知所说之心，可以吾说当之。

所说出于为名高者也，而说之以厚利，则见下节而遇卑贱，必弃远矣。所说出于厚利者也。而说之以名高，则见无心而远事情，必不收矣。所说实为厚利而显为名高者也，而说之以名高，则阳收其身而实疏之；若说之以厚利，则阴用其言而显弃其身。此之不可不知也。

夫事以密成，语以泄败。未必其身泄之也，而语及其所匿之事，如是者身危。贵人有过端，而说者明言善议以推其恶者，则身危。周泽未渥也而语极知，说行而有功则德亡[2]，说不行而有败则见疑，如是者身危。夫贵人得计而欲自以为功，说者与知焉，则身危。彼显有所出事，乃自以为也故，说者与知焉，则身危。强之以其所必不为，止之以其所不能已者，身危。故曰：与之论大人，则以为间己；与之论细人，则以为粥权。论其所爱，则以为借资；论其所憎，则以为尝己。径省其辞，则不知而屈之；泛滥博文，则多而久之。顺事陈意，则曰怯懦而不尽；虑事广[3]肆，则曰草野而倨侮。此说之难，不可不知也。

凡说之务，在知饰所说之所敬，而灭其所丑。彼自知其计，则毋以其失穷之；自勇其断，则毋以其敌怒之；自多其力，则毋以其难概之。规异事与同计，誉异人与同行者，则以饰之无伤也。有与同失者，则明饰其无失也。大忠无所拂悟[④]，辞言无所击排，乃后申[⑤]其辩知焉。此所以亲近不疑，知尽之难也。得旷日弥久，而周泽既渥，深计而不疑，交争而不罪，乃明计利害以致其功，直指是非以饰其身，以此相持，此说之成也。

伊尹为庖，百里奚为虏，皆所由干其上也。故此二子者，皆圣人也，犹不能无役身而涉世如此其污(wū)也，则非能仕之所设也。

[注释]

①横失：纵横奔放，无所顾忌。失，通“佚”。②亡：通“忘”，忘记。③广肆：谓谋虑远而放纵无所收束。广，通“旷”，远。④悟：通“牾”。⑤申：同“伸”，舒展，伸直，引申为施展。

[译文]

《说难》中写到：

但凡是游说的困难，并不是说我所拥有的智慧在说服对方的时候有难度，也不是说我善辨的口才在表明我的真实意图的时候有困难，也不是说我无所顾忌地把自己所知道的事理全部说出来有困难。但凡游说，它的困难在于能够明白自己所游说的对象内心的真实想法，可以拿自己的说辞来满足他的心愿。

假如所游说的对象目的是要追求名声高尚，但你却用丰厚的财利去游说，就会被对方看成一个志向和气节低下的人，进而遭受卑微低贱的待遇，最终一定会被抛弃得远远的。假如被游说的对象目的是要追求丰厚的财利，可是你却用名声高尚来游说他，对方会认为你是个没有心机的人，做事情脱离实际的情理，也一定不会接受你的意见。假如被游说对象的真实想法是追求丰厚的财利，但在表面上却装出一副追求高尚名声的样子，这时如果以名声高尚来游说他，那么对方只会在表面上采用你的建议，但实际上却在内心疏远你；假如你以丰厚的财利来游说对方，那么对方会在暗地里采用你的建议，但在表面上对你不屑一顾。这些都是不能不懂得的道理。

有些事情是因为事先保密而最后成功的，也有些事情是因为秘密泄露而失败的。也不一定是游说的人自己故意泄露秘密的，可能是在无意之间谈到了涉及君主的隐私的话题，类似这样的游说者就容易威胁到自己的生命安全。达官贵人犯了过错，可是游说的人非要明明白白地陈述、尽善尽美地议论来推导出他的过错有多么严重，这种行为也容易危及游说者的生命。交情还不深，关系还不够密切，而游说者就把自己所知道的事情全都说了出来，如果游说者提出的建议被采纳施行，并且获得了成效，那么达官贵人就会忘掉他的功德；如果游说者的主张没有被采纳施行，并且最终归于失败，那么游说的人就会受到达官贵人的怀疑，类似这样的情况出现，游说者的身家性命就有危险了。达官贵人用了游说者的计谋，成功了某件事，想把它当作自己一个人的功劳，游说者又参与其中，知晓内情，就会危及自身性命。显贵之人表面上做着一件事情，但实际上却是为了另一个目的，游说的人事先知道了这个秘密并且参与进来，生命就会受到威胁。勉强君主去做他肯定不愿意做的事情，竭力制止君主肯定不会罢手的事情，游说的人都会有性命之忧。因此说：与君主议论其他的贵族和大臣，就会被君主看作是在离间自己和臣下的关系；与君主讨论其他地位低下的小臣，就会被君主看作是在招权纳贿；议论君主爱惜宠幸的人，会被君主看作是攀附靠山；议论君主厌恶憎恨的人，就会被君主看作游说者对他的试探。游说的言辞过于直接和省略，就会被当作一个不明智的人被斥退；言辞华丽、滔滔不绝，没完没了，会被当作是繁冗无实的人，而被长久地搁置起来。根据事情的实际情况来陈述，有人会说那是胆小怯懦、不敢畅所欲言的表现；思考事情的范围过于宽泛恣肆，有人会说那是粗野、倨傲、轻慢的表现。这都是游说君主的困难之处，不能不事先有所了解。

游说君主最要紧的地方，在于懂得去美化他所推崇、敬重的事物，遮掩他觉得是耻辱的事情。如果君主自以为自己的计策很有智慧，那就别再把他失误的地方拿出令他觉得窘迫；如果君主认为自己的武断决定是勇猛、果敢的表现，那就不要用因考虑不周而造成的过错来激怒他；如果君主炫耀自己能力很强，那就别找什么令他觉得困难的事情来为难他。要为君主谋划另外的事情，但要正好与君主所想的相同；赞誉别人的品行，但要正好与君主的品行相同，用言辞来美化那件事、那个人，不能对其进行中伤和毁谤。如果有的人具有和君主相同的过失，那么就要表面美化那个人，说他身上没有过错。等到游说者的忠心不会再让君主感到忤逆、反感，言辞也不会遭到打击和排斥，这之后就可以无拘无束地，尽情施展自己的辩才和智谋了。这里说的就是让游说者得到君主的亲近和信任，不让自己受到怀疑，智谋得到尽情施展的困难。如果能够历时非常久远，而且得到的恩泽非常优厚，游说者的深远的计谋不会受到怀疑，与君主争论交锋却不会受到怪罪，那么他就能够公开地与君主讨论利害得失，成就功业，直接指出君主的对和错，以此令其纠正过错。用这样的方法来辅佐君主，这就可以说是游说成功了。

伊尹曾经当过厨师，百里奚曾经做过奴隶，都是以这样的身份得到与君主相见的机会而获得信任的。因此这两个人，都可以说是圣人，他们尚且不得不奴役自身，经历如此污浊的世事，那么这也就不算是贤能人士所觉得耻辱的事情了。

原文

宋有富人，天雨墙坏。其子曰“不筑且有盗”，其邻人之父亦云，暮而果大亡其财，其家甚知其子而疑邻人之父。昔者郑武公欲伐胡，乃以其子妻之。因问群臣曰：“吾欲用兵，谁可伐者？”关其思曰：“胡可伐。”乃戮关其思，曰：“胡，兄弟之国也，子言伐之，何也？”胡君闻之，以郑为亲己而不备郑。郑人袭胡，取之。此二说者，其知皆当矣，然而甚者为戮，薄者见疑。非知之难也，处知则难矣。

昔者弥子瑕见爱于卫君。卫国之法，窃驾君车者罪至刖。既而弥子之母病，人闻，往夜告之，弥子矫驾君车而出。君闻之而贤之曰："孝哉，为母之故而犯刖罪！"与君游果园，弥子食桃而甘，不尽而奉君。君曰："爱我哉，忘其口而念我！"及弥子色衰而爱弛，得罪于君。君曰："是尝矫驾吾车，又尝食我以其余桃。"故弥子之行未变于初也，前见贤而后获罪者，爱憎之至变也。故有爱于主，则知当而加亲；见憎于主，则罪当而加疏。故谏说之士不可不察爱憎之主而后说之矣。

夫龙之为虫也，可扰狎而骑也。然其喉下有逆鳞径尺，人有婴之，则必杀人。人主亦有逆鳞，说之者能无婴人主之逆鳞，则几矣。

[译文]

宋国有户生活富裕的人家，因为天上下雨冲坏了墙壁。他们家的儿子说："不把墙修筑好就会有盗贼出现。"他们家邻居的父亲也是这么说的。到了夜里，果然丢失了大量财物，这家人都认为儿子非常聪明，但却怀疑邻居的父亲是小偷。昔日，郑武公想要讨伐胡国，但又让他的女儿给胡国的国君做了妻子。于是问众位大臣说："我想发动战争，哪个国家是可以讨伐的对象？"有位名叫关其思的大夫说道："胡国可以讨伐。"郑武公于是杀死了关其思，并且对外宣称："胡国，跟我们国家的关系就像兄弟一样，你说要讨伐胡国，这是为了什么？"胡国的国君听了这件事之后，以为郑武公是真的亲近自己的国家而不再防备郑国。结果郑国人偷袭，占领了胡国的土地。这两件事情中的游说者是邻人的父亲和关其思，他们都很有见识，做出的判断都是正确的，可是后果却是重则遭到了诛杀，轻则受到了怀疑。这说明不是明白事理有多困难，而是怎样处理已经知晓的事理才是困难。

昔日，弥子瑕受到卫国国君的宠爱。按照卫国的法律，偷偷地驾驶国君的马车的人将会被砍掉脚。没过多久弥子瑕的母亲生了病，有人听到了这个消息，连夜赶到弥子瑕那里告诉了他。弥子瑕谎称是卫君的命令，驾着卫君的马车出了王宫。卫君听到这件事后认为他很贤德，说道："真是孝顺啊，因为探望母亲的缘故甘愿犯下砍脚的罪行！"弥子瑕跟卫君一起游览果园，弥子瑕吃桃子觉得甘甜可口，于是没有吃光，转而送给了卫君。卫君说："真是爱护我啊，不顾自已爱吃却只是想着我！"到了弥子瑕姿容衰老时，国君对他的宠爱也衰减了，在得罪卫君之后，卫君说道："他曾经假借君主的命令驾驶我的马车，还让我吃他吃剩下的桃子。"因此，尽管弥子瑕的品行与当初相比并没有变化，可之前被认为是贤德，之后却受到怪罪，主要是由于卫君喜好、憎恶的感情产生了变化。所以获得君主宠爱时，就会被当作聪明能干而备受亲近；受到君主厌恶的时候，就会受到怪罪而与君主的关系变得更加疏远。因此进谏游说的人们不能不仔细体察君主的好恶爱憎，然后再进行游说。

龙，是一种动物，它可以被驯服，也可以与它嬉戏，还能乘坐。但是它喉部下方有一尺多长的逆鳞，人如果伸手触碰，龙就肯定要杀人。国君也有逆鳞，游说的人如果能够做到不触碰国君的逆鳞，几乎就可以说是成功了。

原文

人或传其书至秦。秦王见《孤愤》《五蠹》之书，曰："嗟乎，寡人得见此人与之游，死不恨矣！"李斯曰："此韩非之所著书也。"秦因急攻韩。韩王始不用非，及急，乃遣非使秦。秦王悦之，未信用。李斯、姚贾害之，毁之曰："韩非，韩之诸公子也。今王欲并诸侯，非终为韩不为秦，此人之情也。今王不用，久留而归之，此自遗患也，不如以过法诛之。"秦王以为然，下吏治非。李斯使人遗非药，使自杀。韩非欲自陈，不得见。秦王后悔之，使人赦之，非已死矣。

申子、韩子皆著书，传于后世，学者多有。余独悲韩子为《说难》而不能自脱耳。

[译文]

有人把韩非的著作带到了秦国。秦王看了《孤愤》《五蠹》这样的文章之后，说道："哎呀，寡人如果能够见到写书的这个人并且和他交游往来，那么死了也没什么遗憾的了！"李斯对秦王说："这是韩非所写的著作。"秦王于是立即派兵攻打韩国。韩王开始的时候不肯重用韩非，等到情况变得紧急，才命韩非作为使者到秦国去。秦王见到韩非之后非常高兴，可是却不信任也不重用他。李斯、姚贾因为忌妒而陷害韩非，毁谤他说："韩非这个人，是韩国王室的公子。现在大王您想着吞并各个诸侯，韩非最终只会为韩国效力，却不会为秦国效力，这是人之常情。现在大王不想重用他，虽然可以长久地把他留在秦国，但最终还是要把他放回韩国的，这是自己给自己留下隐患，不如找个过错把他杀了。"秦王觉得有道理，命令掌管刑狱的官员治韩非的罪。李斯让人给韩非送去毒药，令他自杀。韩非想要自己向秦王陈述，却见不到秦王。后来秦王后悔了，赶紧派人去赦免韩非，可是韩非已经服毒而死。

申子、韩非子都写了书，这些书也流传到了后代，学者大都藏有他们的著作。我只是悲叹韩非写了《说难》这样的文章，但自己却不能摆脱游说给他带来的厄运。

原文

太史公曰：老子所贵道，虚无，因应变化于无为，故著书辞称微妙难识。庄子散道德，放论，要亦归之自然。申子卑卑，施之于名实。韩子引绳墨，切事情，明是非，其极惨礉(kè)少恩。皆原于道德之意，而老子深远矣。

［译文］

太史公说：老子最看重的是道，他讲究虚无，主张以无为来顺应自然的变化，因此他所写的书籍措辞微妙，难以理解。庄子推演老子所论的道德之意，尽情地张扬自己的言论，他的学说的要义也是要归结为自然无为的道理。申子勤奋不息，把自己的学说和主张实施于法学中。韩非子把法度作为规范行为的准绳，决断事情，明析对错，发展到极致就是冷酷刻薄、绝少施以恩德。他们的学说都是源自道德的义理，因此老子的思想可以说是非常深远了。

［赏析］

司马迁将老、庄、申、韩这四个人合在一起作传，代表了汉朝人对道家及法家之间关系的重要看法。汉人承袭周朝晚期，认为老子的理论为“君人南面之术”，而庄子承袭老子，韩非子《解老》《喻老》也都是从法家的角度对“道德”进行阐述。司马迁将这四人合在一起作传，在当时而言，的确是合理的安排。但以如今的观点看来，将这四人合在一起就不大恰当了。老子是以无为而有为，多进行有无之辩，“无为”是老子思想的核心所在。庄子的思想体系根源于老子，但进行了进一步发展，更强调纯粹的无为。申不害的思想则是一整套控制、驾驭臣下的统治方法。韩非子的“法”，是以申子的“术”为基础，提出以“法”为中心的“法”“术”“势”三者合一的统治术。

四人的学说尽管存在关联，但区别更明显。老、庄对现实有着不满，采取避世态度；申、韩则主张兼并，用权谋之术，采取入世态度，为君王所用。韩非子的著作传遍天下，得到秦王的赞赏，原因就是“兼并者高诈术”。韩非子死于秦狱，司马迁在传后录入《说难》全文，足见痛惜之意。韩非子善为文，思维严密，逻辑性强，论证有力，并且言辞犀利，这些特点从《说难》中不难看出。

［集评］

索隐述赞：伯阳立教，清净无为。道尊东鲁，迹窜西垂。庄蒙栩栩，申害卑卑。刑名有术，《说难》极知。悲彼周防，终亡李斯。

商君列传

题解

《商君列传》选自《史记》卷六十八，列传第八。这篇列传主要记述了商鞅事秦变法革新的事迹，并记录了商鞅的功过得失以及卒受恶名于秦的史实，反映了司马迁对其刻薄少恩所持的批评态度。

原文

商君者，卫之诸庶孽公子也，名鞅，姓公孙氏，其祖本姬姓也。鞅少好刑名①之学，事魏相公叔座为中庶子。公叔座知其贤，未及进。会座病，魏惠王亲往问病，曰："公叔病，有如不可讳，将奈社稷何？"公叔曰："座之中庶子公孙鞅，年虽少，有奇才，愿王举国而听之。"王嘿(mò)然②。王且去，座屏人言曰："王即不听用鞅，必杀之，无令出境。"王许诺而去。公叔座召鞅谢曰："今者王问可以为相者，我言若，王色不许我。我方先君后臣，因谓王即弗用鞅，当杀之。王许我。汝可疾去矣，且见禽③。"鞅曰："彼王不能用君之言任臣，又安能用君之言杀臣乎？"卒不去。惠王既去，而谓左右曰："公叔病甚，悲乎，欲令寡人以国听公孙鞅也，岂不悖哉！"

公叔既死，公孙鞅闻秦孝公下令国中求贤者，将修缪④公之业，东复侵地，乃遂西入秦，因孝公宠臣景监以求见孝公。孝公既见卫鞅，语事良久，孝公时时睡，弗听。罢而孝公怒景监曰："子之客妄人耳，安足用邪！"景监以让卫鞅。卫鞅曰："吾说公以帝道，其志不开悟矣。后五日，复求见鞅。"鞅复见孝公，益愈，然而未中旨。罢而孝公复让景监，景监亦让鞅。鞅曰："吾说公以王道而未入也。请复见鞅。"鞅复见孝公，孝公善之而未用也。罢而去。孝公谓景监曰："汝客善，可与语矣。"鞅曰："吾说公以霸道，其意欲用之矣。诚复见我，我知之矣。"卫鞅复见孝公。公与语，不自知膝之前于席也，语数日不厌。景监曰："子何以中吾君？吾君之欢甚也。"鞅曰："吾说君以帝王之道比三代，而君曰：‘久远，吾不能待。且贤君者，各及其身显名天下，安能邑邑待数十百年以成帝王乎？’故吾以强国之术说君，君大说之耳。然亦难以比德于殷、周矣。”

［注释］

①刑名：循名责实、慎赏明罚。刑，通“形”，指事物的实在。②嘿然：默然。嘿，同“默”。③禽：同“擒”，拘捕，捕捉。④缪：也作“穆”。

［译文］

商君，是卫国公室的庶出公子，名字叫鞅，姓公孙，他的祖先原本姓姬。公孙鞅年少时喜好刑名法术之学，事奉魏国相国公叔座，担任中庶子。公叔座知道他很有才干，还没来得及向魏王推荐。正巧遇上公叔座病重，魏惠王亲自来探望他，说：“您得病，倘若有个三长两短，国家将怎么办呢？”公叔座回答说：“我的中庶子公孙鞅，年纪虽然不大，却身怀奇才，希望大王能把全部国政都交付给他，让他去治理。”魏惠王听了以后沉默无语。当魏惠王打算离去时，公叔座屏退两旁的随侍人员，说：“大王如果不起用公孙鞅，就一定要杀掉他，不能让他走出国境。”魏王一口应承之后就离去了。公叔座召来公孙鞅，对他说：“今日大王询问可以担任相国的人选，我推荐了你。看大王的神情知道他不同意我的意见。我应当先忠于国君，然后才考虑臣下的立场，便对大王说，如果不任用公孙鞅，就应该杀掉他。大王答应了我的请求。你可以赶紧离开了，否则的话，马上就要被逮捕了。”公孙鞅说：“大王既然不采纳您的话来任用我，又怎么会采纳您的话来杀我呢？”结果没有离开魏国。魏惠王离开后，对身边的人说：“公叔座病得很严重，真让人悲伤啊，他想要我把国政全部交付给公孙鞅掌管，这岂不是很糊涂？”

公叔座死后不久，公孙鞅听说秦孝公在国中下令寻求有才能的人，准备重建秦缪公时代的霸业，向东收复被魏国侵占的土地，他就西行进入秦国，通过秦孝公的宠臣景监求见孝公。秦孝公立即召见卫鞅，让他说了很长时间的政事，孝公一边听一边打瞌睡，一点也没有听进去。谈完后秦孝公迁怒于景监说：“你的那位客人只是一个无知狂妄的人而已，这种人哪里配被任用！”景监又用秦孝公的话责备卫鞅。卫鞅说：“我用尧、舜等五帝的治国之道来劝说大王，看来他还不能领会啊。希望你在五天之后，再向孝公引见我。”卫鞅再次觐见秦孝公，情况比上次略好一点，然而还是不合秦孝公的心意。谈完后秦孝公又责备景监，景监也责备卫鞅。卫鞅说：“我用三王治国之道劝说大王，但他听不进去。请求他再次召见我。”卫鞅第三次觐见秦孝公，这一次孝公对卫鞅很友好，可是没有任用他。谈完后卫鞅离去了，孝公对景监说：“你的那位客人不错，我可以和他交谈了。”景监告诉卫鞅，卫鞅说：“我用春秋五霸的治国方法去劝说大王，看他的心思是准备采纳了。如果再召见我，我就知道该说些什么了。”于是卫鞅果然第四次见到了秦孝公，孝公与他谈得非常投机，膝盖不知不觉地在垫席上往前挪动，谈了好几天也没有满足。景监对卫鞅说：“您依据什么掌握了大王的心意？

我们国君非常高兴。”卫鞅回答说：“我用帝王之道建立了夏、商、周那样的盛世来劝说国君，可是大王说：‘时间太长了，我无法等待，况且贤能的君主，谁不希望自己在位的时候就能名扬天下，哪里能默默无闻地等上几十年、几百年来成就帝王大业呢？’所以，我就用强国之术来劝说他，他才大为高兴。但是，这样就难以与殷、周的德治相媲美了。”

原文

孝公既用卫鞅，鞅欲变法，恐天下议己。卫鞅曰：“疑行无名，疑事无功。且夫有高人之行者，固见非于世；有独知之虑者，必见敖[①]于民。愚者暗于成事，知者见于未萌。民不可与虑始而可与乐成。论至德者不和于俗，成大功者不谋于众。是以圣人苟可以强国，不法其故；苟可以利民，不循其礼。”孝公曰：“善。”甘龙曰：“不然。圣人不易民而教，知者不变法而治。因民而教，不劳而成功；缘法而治者，吏习而民安之。”卫鞅曰：“龙之所言，世俗之言也。常人安于故俗，学者溺于所闻。以此两者居官守法可也，非所与论于法之外也。三代不同礼而王，五伯不同法而霸。智者作法，愚者制焉；贤者更礼，不肖者拘焉。”杜挚曰：“利不百，不变法；功不十，不易器。法古无过，循礼无邪。”卫鞅曰：“治世不一道，便国不法古。故汤、武不循古而王，夏、殷不易礼而亡。反古者不可非，而循礼者不足多。”孝公曰：“善。”以卫鞅为左庶长，卒定变法之令。

商鞅立木为信

令民为什伍，而相牧司连坐。不告奸者腰斩，告奸者与斩敌首同赏，匿奸者与降敌同罚。民有二男以上不分异者，倍其赋。有军功者，各以率受上爵；为私斗者，各以轻重被刑大小。僇力本业，耕织致粟帛多者复其身。事末利及怠而贫者，举以为收孥。宗室非有军功论，不得为属籍。明尊卑爵秩等级，各以差次名田宅，臣妾衣服以家次。有功者显荣，无功者虽富无所芬华。

令既具，未布，恐民之不信，已乃立三丈之木于国都市南门，募民有能徙置北门者予十金。民怪之,莫敢徙。复曰“能徙者予五十金”。有一人徙之，辄予五十金，以明不欺。卒下令。

［注释］

①敖：通“謷”，诋毁。

［译文］

秦孝公任用卫鞅后不久，卫鞅打算变更法度，但秦孝公担心天下人非议自己。卫鞅说：“行动犹豫不决就不会成名，办事犹豫不决就不会成功。况且那些有过人举动的人，本来就常被世俗非议；有独道见解谋划者，必定会被普通人诋毁。愚蠢的人对已经完成的事都感到困惑，聪明的人可以预见没有发生的事情。不能与百姓谋划新事物的创始，但可以同他们一起享受成功的欢乐。探讨最高道德的人不附和世俗，成就伟大功业的人不与一般人共谋。因此，圣人如果能够使国家强盛，就不必沿袭旧的成法；如果能够使百姓获利，就不必遵循旧的礼制。”秦孝公说：“讲得好。”甘龙说：“不对。圣人不改变民俗而施以教化，聪明的人不改变成法而把国家治理好。依照民俗进行施教，不费力气就会成功；根据成法治理国家，就能使官吏习惯而百姓安定。”卫鞅说：“甘龙所说的言论，是凡夫俗子的说法。常人安于旧有的习俗，学者局限于书本上的见闻。任用这两种人为官，维持旧有秩序还是可以的，但不能与他们谈论成法以外的变革。三代的礼制不同而都能够使天下统一,五伯的法制不同而都能各自称霸一方。聪明的人制定法度，愚蠢的人受到法度的制约；贤能的人更改礼制，无能的人拘泥于旧有的礼制。”杜挚说：“不能达到百倍的利益，就无法变革成法；没有起到十倍的功效，就不能更换器具。效仿成法不会产生过失，遵循旧礼不会造成偏差。”卫鞅说：“治理国家的方法不是一成不变的，对国家有利就不必仿效旧的法度。所以商汤、周武王不沿袭旧的法度而能缔造王业，夏桀、商纣不更改旧的礼制而导致亡国。违反旧的法度的人不可以非难，而沿袭旧礼的人不值得赞扬。”秦孝公说：“讲得好。”于是任命卫鞅为左庶长，很快就制定了变更成法的命令。

卫鞅下令把百姓五家编成一个伍，十家编成一个什，让他们互相监督检举，实行连坐，一家犯法，十家连带治罪。不告发奸恶者处以腰斩，告发奸恶者给予与斩获敌人首级相同的赏赐，藏匿奸恶者给予与投降敌人相同的惩罚。一家中有两个以上成年男子而不分立门户的，赋税加倍。有军功的人，按规定加官进爵；因为私事斗殴的，根据情节的轻重分别受到不同的刑罚。努力进行农业生产，让粮食丰收、布帛增产的人免除自身的劳役或赋税。从事商业及因为懒惰而贫穷的人，把他们全都没收为官府的奴婢。王族宗室中没有军功的，不得记入宗室名册。明确尊贵、卑贱的爵位等级，按各等级的差别占有土地、住宅，家臣奴婢的数量、衣着服饰，也按各家爵位等级秩序享用。有军功的人显赫荣耀，没有军功的人尽管非常富有也没有社会地位。

新法已经准备就绪，但还没公布，卫鞅担心百姓不相信，于是命人在都城市场的南门竖起一根三丈长的木头，招募能够把木头搬到北门的百姓，赏赐十金。百姓们认为这件事非常怪异，没人敢行动。于是卫鞅再次宣布说："能把木头搬到北门的人赏赐五十金。"有一个人搬走了木头，卫鞅立即就给了他五十金，借此表明令出必行，没有欺诈。事后就颁布了新的法令。

原文

令行于民期(jī)年，秦民之国都言初令之不便者以千数。于是太子犯法。卫鞅曰："法之不行，自上犯之。"将法太子。太子，君嗣也，不可施刑，刑其傅公子虔，黥其师公孙贾。明日，秦人皆趋令。行之十年，秦民大说，道不拾遗，山无盗贼，家给人足。民勇于公战，怯于私斗，乡邑大治。秦民初言令不便者有来言令便者，卫鞅曰"此皆乱化之民也"，尽迁之于边城。其后民莫敢议令。

于是以鞅为大良造。将兵围魏安邑，降之。居三年，作为筑冀阙宫庭于咸阳，秦自雍徙都之。而令民父子兄弟同室内息者为禁。而集小乡邑聚为县，置令、丞，凡三十一县。为田开阡陌封疆，而赋税平。平斗桶权衡丈尺。行之四年，公子虔(qián)复犯约，劓之。居五年，秦人富强，天子致胙于孝公，诸侯毕贺。

其明年，齐败魏兵于马陵，虏其太子申，杀将军庞涓。其明年，卫鞅说孝公曰："秦之与魏，譬若人之有腹心疾，非魏并秦，秦即并魏。何者？魏居领厄[①]之西，都安邑，与秦界河而独擅山东之利。利则西侵秦，病则东收地。今以君之贤圣，国赖以盛。而魏往年大破于齐，诸侯畔[②]之，可因此时伐魏。魏不支秦，必东徙。东徙，秦据河山之固，东乡[③]以制诸侯，此帝王之业也。"孝公以为然，使卫鞅将而伐魏。魏使公子卬将而击之。军既相距[④]，卫鞅遗魏将公子卬书曰："吾始与公子欢，今俱为两国将，不忍相攻，可与公子面相见，盟，乐饮而罢兵，以安秦魏。”魏公子卬以为然。会盟已，饮，而卫鞅伏甲士而袭虏魏公子卬，因攻其军，尽破之以归秦。魏惠王兵数破于齐秦，国内空，日以削，恐，乃使使割河西之地献于秦以和。而魏遂去安邑，徙都大梁。梁惠王曰：“寡人恨不用公叔座之言也。”卫鞅既破魏还，秦封之於、商十五邑，号为商君。

[注释]

①领厄：山岭险要处。领，通“岭”。厄，通“隘”，狭隘，险要。②畔：通“叛”。③乡：通“向”，朝向。④距：通“拒”，抵御。

[译文]

新法令在民间实行了一年，来秦国国都说新法不好的老百姓的人数要以千来计算。正在这个时候，太子触犯了新法。卫鞅说：“新法实行得不顺利，是由于上面的人触犯法令。”打算依据法令惩罚太子。但是太子是国君的继承人，不能施加刑罚，于是对监督他行为的老师公子虔加以刑罚，对传授他知识的老师公孙贾处以黥刑。第二天，秦国的百姓就都遵照新法执行了。实行新法令十年以后，秦国的百姓都非常高兴，路上没有人捡得他人遗失的东西占为已有，山林里没有土匪山贼，家家富裕，人人满足。百姓都勇于为国家打仗，不敢私人斗殴，无论是乡村还是城镇都秩序安定。当初说新法令不好的秦国百姓如今都说法令好了，卫鞅说：“这些都是扰乱教化的人。”于是把他们全部迁移到边疆居住。此后，百姓中再也没有人敢议论法令了。

于是秦孝公任命卫鞅担任大良造，命他率领军队围攻魏国的安邑，迫使安邑投降。过了三年，秦国在咸阳大兴土木，建筑宫廷、城阙，把国都从雍地迁往咸阳。然后下令禁止百姓父子兄弟共同居住。把零星的小乡、小镇、小村庄合并成县，设置了县令、县丞，共计合并了三十一个县。整治田地，重新聚土作为标志，划分纵横交错的田塍的界线，从而使赋税征收公平公正。统一全国量度单位的标准。第二次新法实行了四年，公子虔再次触犯新法，被判处劓刑。过了五年，秦国变得富裕、强大，周天子把祭肉赐给秦孝公，各国诸侯都来祝贺。

第二年，齐国的军队在马陵打败了魏国的军队，俘获了魏太子申，杀死了将军庞涓。又过了一年，卫鞅劝说秦孝公说：“秦国和魏国的关系，就如同人得了心腹疾病，不是魏国兼并了秦国，就是秦国吞并了魏国。什么原因呢？魏国地处崇山峻岭的西面，都城在安邑，与秦国以黄河为界，独占了崤山以东的地利。在形势有利的情况下就会向西进犯秦国，在形势不利的情况下就向东扩展领地。如今凭借大王的贤能圣明，秦国得以繁荣昌盛。而魏国去年被齐国打得大败，诸侯们纷纷抛弃了它，可以趁这个机会攻打魏国。魏国抵挡不住秦国，必定会向东撤退。一旦它向东撤退，秦国就占据了黄河和崤山的险要地势，向东可以控制诸侯各国，这可是千秋帝王伟业啊！”秦孝公认为他说得对，于是派遣卫鞅率领军队攻打魏国。魏国派公子卬领兵迎击秦军。两军相遇对峙，卫鞅派人给魏军的将领公子卬送来一封信，写道："我当初与公子相交甚好，如今你我同为敌对两国的将领，不忍心相互攻伐，是否可以与公子当面相见，缔结盟约，痛痛快快地喝几杯后各自撤兵，让秦国和魏国都相安无事？"魏公子卬认为卫鞅说的对。两人会面后，订立了盟约，然后设宴饮酒。然而卫鞅事先埋伏下的穿着盔甲的武士突然袭击并俘虏了魏公子卬，趁机攻打他的军队，将魏国军队彻底打垮后，押着公子卬班师回国。魏国的军队因为接连被齐国、秦国打败，致使国内空虚，魏国一天比一天衰弱了，魏惠王非常恐慌，于是派遣使者割让河西地区献给秦国，以求得和解。魏国于是撤离安邑，迁都大梁。魏惠王说："我真后悔当初没有采纳公叔座的意见啊。"卫鞅打败魏军回来以后，秦孝公把於、商一带的十五个邑封给了他，从此号称商君。

原文

商君相秦十年，宗室贵戚多怨望者。赵良见商君。商君曰："鞅之得见也，从孟兰皋，今鞅请得交，可乎？"赵良曰："仆弗敢愿也。孔丘有言曰：'推贤而戴者进，聚不肖而王者退。'仆不肖，故不敢受命。仆闻之曰：'非其位而居之曰贪位，非其名而有之曰贪名。'仆听君之义，则恐仆贪位贪名也。故不敢闻命。"商君曰："子不说吾治秦与？"赵良曰："反听之谓聪，内视之谓明，自胜之谓强。虞舜有言曰：'自卑也尚矣。'君不若道虞舜之道，无为问仆矣。"商君曰："始秦戎翟之教，父子无别，同室而居。今我更制其教，而为其男女之别，大筑冀阙，营如鲁、卫矣。子观我治秦也，孰与五羖大夫贤？"

赵良曰："千羊之皮，不如一狐之掖[①]；千人之诺诺，不如一士之谔谔。武王谔谔以昌，殷纣墨墨[②]以亡。君若不非武王乎，则仆请终日正言而无诛，可乎？"商君曰："语有之矣，貌言华也，至言实也，苦言药也，甘言疾也。夫子果肯终日正言，鞅之药也。鞅将事子，子又何辞焉！"赵良曰："夫五羖大夫，荆之鄙人也。闻秦缪公之贤而愿望见，行而无资，自粥于秦客，被褐食牛。期年，缪公知之，举之牛口之下，而加之百姓之上，秦国莫敢望焉。相秦六七年，而东伐郑，三置晋国之君，一救荆国之祸。发教封内，而巴人致贡；施德诸侯，而八戎来服。由余闻之，款关请见。五羖大夫之相秦也，劳不坐乘，暑不张盖，行于国中，不从车乘，不操干戈，功名藏于府库，德行施于后世。五羖大夫死，秦国男女流涕，童子不歌谣，舂者不相杵。此五羖大夫之德也。今君之见秦王也，因嬖人景监以为主，非所以为名也。相秦不以百姓为事，而大筑冀阙，非所以为功也。刑黥太子之师傅，残伤民以骏③刑，是积怨畜祸也。教之化民也深于命，民之效上也捷于令。今君又左建外易，非所以为教也。君又南面而称寡人，日绳秦之贵公子。《诗》曰：'相鼠有体，人而无礼；人而无礼，何不遄(chuán)死。'以《诗》观之，非所以为寿也。公子虔杜门不出已八年矣，君又杀祝懽而黥公孙贾。《诗》曰：'得人者兴，失人者崩。'此数事者，非所以得人也。君之出也，后车十数，从车载甲，多力而骈胁者为骖乘，持矛而操阘(xì)戟者旁④车而趋。此一物不具，君固不出。《书》曰：'恃德者昌，恃力者亡。'君之危若朝露，尚将欲延年益寿乎？则何不归十五都，灌园于鄙，劝秦王显岩穴之士，养老存孤，敬父兄，序有功，尊有德，可以少安。君尚将贪商於之富，宠秦国之教，畜百姓之怨，秦王一旦捐宾客而不立朝，秦国之所以收君者，岂其微哉？亡可翘足而待。"商君弗从。

[注释]

①掖：同"腋"。②墨墨：通"默默"，不言，无声息。③骏：通"峻"。④旁：同"傍"，依傍，靠近。

[译文]

商君在秦国担任相国十年，公室贵族中有很多人都怨恨他。赵良去见商君。商君说："我能见到您，是经由孟兰皋的介绍，现在我请求与您结交，可以吗？"赵良回答说："我不敢奢望啊。孔子说过：'一个人如果推荐贤能，受到拥戴的人就会来投奔他；一个人如果收罗不肖之徒，即使成就了王业的人也会离

百里奚

百里奚，亦称百里子或百里，名奚，春秋时楚国宛（今河南南阳）人，秦穆公时贤臣，著名的政治家。

他而去。’我没有什么才能，所以不敢从命。我听到过这样的话：‘不该拥有的地位而去占据它叫作贪位，不该享有的名声而去享有它叫作贪名。’我如果接受了您的情谊，我恐怕就成了既贪图地位，又贪图名声的人了。所以不敢从命。”商鞅说：“您对我这样治理秦国感到很不高兴吗？”赵良说：“能够听取别人的反对意见叫作聪，能够自我反省叫作明，能够克制自我叫作强。虞、舜曾说过：‘自我谦虚的人就能被人尊重。’您不如遵循虞舜之道，那就没有必要问我了。”商君说：“当初，秦国的习俗和戎狄相同，父子之间没有区分不同，都同室居住。如今我改变了秦国的旧俗陈规，制定男女的区别，分居而住，修建了很多高大的宫殿，把秦国营建如同鲁国、卫国一样。您看我治理秦国，与五羖大夫相比，谁更高明？”

畜牧封侯

晋献公灭虞，俘虏了虞国大夫百里奚，就将他作为穆姬的媵人（随嫁的人）陪嫁到秦国。百里奚逃到宛（今河南南阳），被楚国人捉去放牧。秦穆公胸怀大志，却苦于无贤才辅佐，得知百里奚已经逃到楚国。秦穆公于是派使者到楚，说：“我国的媵奴百里奚逃到贵国，请允许我方用五张公羊皮将他赎回。”楚国以为此人只是普通奴隶，也就答应了秦的要求。当七十余岁的百里奚被押回秦国时，秦穆公亲自为他打开桎梏，与他商谈国事。百里奚说：“我是亡国之臣，哪里值得君上垂询！”穆公说：“虞君不用你，才使你被掳，并不是你的过错。”坚持向百里奚讨教，两人一直谈了三天，穆公十分高兴，以百里奚为国相。

赵良说：“一千张羊皮不如一只狐狸的腋毛贵重，一千个人随声附和比不上一个士人的直言争辩。周武王因为允许大臣们直言争辩而使国家昌盛，商纣王因不喜好大臣进谏而使国家灭亡。如果您不认为周武王的做法是错的，那么，请允许我始终直言而不受责难，可以吗？”商君说：“常言是这么说：‘表面上动听的话就好比是花朵，直言不讳的话就如同果实，苦苦相劝、听来逆耳的话就好比是药石，谄媚奉承的话就如同疾病。您果真肯始终正义直言，那便是我的治病良药。我将以您为师，您又何必拒绝与我结交呢！”赵良说：“那位五羖大夫，原本是楚国偏远之地的乡下人。听说秦缪公十分贤明，就想去当面拜见，但是却没有路费，于是把自己卖给秦国的客商，穿着粗布短衣喂牛。经过一年之后，秦缪公（即秦穆公）知道了这件事，把他从一个喂牛人提拔上来，让他凌驾于万人之上，秦国没有人敢对此加以非议。在他担任秦相的六七年时间里，秦国曾经向东讨伐过郑国，三次拥立晋国的君主，一次出兵挽救楚国。百里奚在境内发布政教，施行德化，连巴国都前来进献贡品；对诸侯施行德政，连四面八方的少数民族都前来臣服。由余听到这种情形，也来叩关求见。五羖大夫担任秦相时，即使很疲劳也不坐车，即使酷暑炎热也不打伞，在国内巡行，不用随从的车辆，也不携带武装防卫。他的功名载于史册，保存在府库中，他的德行教化流传到后代。五羖大夫去世时，秦国不论男女都痛哭流涕，小孩子们都不唱歌谣，舂米的人也因为悲哀而不喊号子。这就是五羖大夫的德行啊。当初您得以进见秦王，是利用秦王宠臣景监的推荐介绍，这就说不上是成名的正道了。出任秦相，却不为百姓造福，反而大规模地建造宫阙，这就说不上是为国家建立功业的举动。对太子的老师和太傅处以刑罚和黥刑，用严刑酷法残害平民百姓，这是在积累怨恨，酝酿祸患啊。以身作则的引导比单纯的下命令更有效果，下头效仿上头的行为，比听从命令还来得快。如今您却违背情理来建立权威，改变法制，这不是用来教化百姓的办法啊。您同时又在封地中坐北朝南自称寡人，每天都用新法来逼迫秦国的贵族子弟。《诗经》上说：'看那鼠都懂得礼貌，人反而没有礼仪；人既然没有礼仪，为什么不快死呢？'从《诗经》讲的这些话来看，您的所作所为实在不能算是能够长寿的行为。公子虔闭门不出已经八年了，您又杀死了祝懽，并且以黥刑惩处了公孙贾。《诗经》上说：'得到人心的就会兴旺发达，失掉人心的就会衰弱灭亡。'这几件事，都是不得人心的啊。您一出门，后边跟随了几十辆车子，车上都是全副武装的卫士，身强力壮的人做陪乘，手持矛戟的武士紧靠您的车子快速地行走。这些防卫措施缺少一种，您就坚决不出行。《尚书》上说：'依仗德行的就会昌盛，依仗暴力的只能灭亡。'您的处境已经危险到了好比早晨的露水的地步了，很快就会消亡，您还想要延年益寿吗？那不如归还封地的十五个城邑给秦国，到偏僻荒远的地方自耕自种，劝说秦王重用那些隐居在山林的贤士，赡养老人，抚恤孤儿，使父兄相互敬重，依据功劳晋升爵位，尊崇有德行的人，这样才可以稍微求得平安。您如果仍然要贪图商、於的财富，认为独揽秦国的政教才是荣宠，继续激发百姓的怨恨，一旦秦王去世而不再当朝，秦国用以拘捕您的罪名难道能少吗？您的死期就指日可待了。"但商君没有听从赵良的劝告。

原文

后五月而秦孝公卒，太子立。公子虔之徒告商君欲反，发吏捕商君。商君亡至关下，欲舍客舍。客人不知其是商君也，曰："商君之法，舍人无验者坐之。"商君喟然叹曰："嗟乎，为法之敝[①]一至此哉！"去之魏。魏人怨其欺公子卬而破魏师，弗受。商君欲之他国。魏人曰："商君，秦之贼。秦强而贼入魏，弗归，不可。"遂内秦。商君既复入秦，走商邑，与其徒属发邑兵北出击郑。秦发兵攻商君，杀之于郑黾池。秦惠王车裂商君以徇，曰："莫如商鞅反者！"遂灭商君之家。

［注释］

①敝：同“弊”。弊病，害处。

［译文］

五个月以后，秦孝公去世，太子即位。公子虔这帮人告发商君要谋反，国君就派人去逮捕商君。商君逃到边境关口，打算住旅店。旅店的主人不知道他就是商君，说：“商君的法令规定：住店的人如果没有通行证件而被店主留宿的话，店主要连带判罪。”商君长长地叹息一声，说：“哎呀！制定新法的弊病竟然到了如此地步！”于是离开秦国，逃到了魏国。魏国人怨恨他欺骗公子卬而使魏军惨败，拒绝接纳他。商君打算逃到别的国家。而魏国人却说：“商君，是秦国的逃犯，秦国强大，而它的逃犯跑到魏国来，不把他遣送回去，是不行的。”于是把商君送回秦国。商君再次进入秦国后，就潜逃到他的封地商邑，和他的部属调动邑中的士兵，向北攻打郑国谋求生路。秦国派遣军队攻打商君，在郑国的黾池杀死了他。秦惠王把商君的尸体车裂以示众，说：“不要像商鞅那样谋反！”于是又诛杀了商君全族。

原文

太史公曰：商君，其天资刻薄人也。迹其欲干孝公以帝王术，挟持浮说，非其质矣。且所因由嬖臣，及得用，刑公子虔，欺魏将卬，不师赵良之言，亦足发明商君之少恩矣。余尝读商君《开塞》《耕战》书，与其人行事相类。卒受恶名于秦，有以也夫！

［译文］

太史公说：商君，是个天性残暴寡恩的人，考察他起初用帝王之道游说孝公来求取他的信任，只不过是一时的虚饰浮说，并不是他的本性。况且通过国君的宠臣太监推荐，等到取得信任后，就刑罚公子虔，欺骗魏将公子卬，不听从赵良的规劝，都可以充分证明商君残暴寡恩了。我曾经读过商君《开塞》《耕战》等著作，其内容与他本人的行为处事非常相似。他最终还是在秦国落得了谋反的恶名，是有内在原因的啊！

［赏析］

商鞅变法是我国历史上最为著名，也是最成功的变法之一。秦孝公时期，中国已经进入七雄争霸的战国时代，周室衰微至极，诸侯彼此攻伐，斗争极为激烈，谁要想立于不败之地，谁就必须找到自强的方法。商鞅正是顺应这一历史潮流。他三次拜见秦孝公，以强国的方法游说他，君臣之间关系默契，奠定了变法成功的根基。

记录变法过程中产生的矛盾冲突是本篇的重要特点。商鞅变法还没有实施，就遭到守旧派的极力反对。商鞅与甘龙、杜挚的辩论，焦点就在于是应该遵古，还是应该变化。变法实行后，众皆哗然，大批的人认为新法不便，商鞅却立木悬赏，获取百姓信任；惩处太子师，以肃其法。变法十年，“秦民大悦”，“家给人足”，“民勇于公战、怯于私斗”，国力日渐强盛。秦师包围安邑，俘魏公子卬，迫使魏国不得不割地迁都，就是变法富有成效的佐证。

商鞅的悲惨结局是与守旧派政治斗争的延续。与赵良的谈话，表明其祸患已经萌动，但商鞅始终没有采纳赵良的话，作茧自缚，最终被灭族。从文章的结构上看，前面有蓄势，后面有照应，通篇将变法作为核心。一开始就说商鞅“好刑名法术之学”，为变法做好了铺垫；继而描写商鞅为了准备变法与守旧派进行斗争；变法开始后，具体记载了新法的内容；而最终则是“嗟乎，为法之敝一至此哉”。材料的选取紧密围绕变法，使得核心明确而骨肉丰满、血脉贯通并且主题突出。

《商君列传》记载的是史实，但同时具有浓烈的文学色彩，尤其是适当的小说要素，更为本篇增光添彩。本文运用了夸张、比照、对偶、排比、描写等多种文学手法，分析道理透彻、深刻，语言生动、形象，使得所描写的人物越发丰满、灵动、传神，而又不失去历史的真实性。商君最终逃难的记载，这一细节显然是小说创作当中常用的“误会法”，运用误会，产生矛盾，最终引发戏剧性的效果。这类细节不但对历史真实性无损，而且让历史人物、历史事件的本质越发彰明、突出，从而给人以更生动、更形象、更深刻的印象。

［集评］

索隐述赞：卫鞅入秦，景监是因。王道不用，霸术见亲。政必改革，礼岂因循。既欺魏将，亦怨秦人。如何作法，逆旅不宾！

张仪列传

题解

《张仪列传》选自《史记》卷七十，列传第十。战国时期，七雄并立，出现了纵横家。合纵家以苏秦最为著名，主张联合六国抗秦；连横家以张仪最为著名，主张六国事奉秦国。本篇主要记叙了连横家张仪的事迹。

原文

张仪者，魏人也。始尝与苏秦俱事鬼谷先生，学术，苏秦自以不及张仪。

张仪已学而游说诸侯。尝从楚相饮，已而楚相亡璧，门下意张仪，曰："仪贫无行，必此盗相君之璧。"共执张仪，掠笞数百，不服，醳(shì)之。其妻曰："嘻！子毋读书游说，安得此辱乎？"张仪谓其妻曰："视吾舌尚在不？"其妻笑曰："舌在也。"仪曰："足矣。"

苏秦合纵

[译文]

张仪是魏国人，当初曾与苏秦一同拜在鬼谷先生门下，学习游说之术，苏秦认为自己的才学比不上张仪。

张仪完成学业后，就去游说诸侯。有一次，他在楚国丞相那里赴宴饮酒，散席后，楚相遗失了他佩戴在身上的一块玉璧，相府的门客都怀疑是张仪偷了玉璧，说："张仪这个人，既贫穷又品行恶劣，一定是他偷了丞相的玉璧！"于是大家一起捉住了张仪，打了他几百竹板。张仪始终没有承认，大家只好释放了他，他的妻子既悲又恨说："唉，你要是不曾去读书游说，又怎么会遭受这样的屈辱呢？"张仪对他的妻子说："你看看我的舌头还在不在？"他的妻子笑着回答："舌头还在呢。"张仪说："这样就已经足够了。"

原文

苏秦已说赵王而得相约从[1]亲，然恐秦之攻诸侯，败约后负，念莫可使用于秦者，乃使人微感张仪曰："子始与苏秦善，今秦已当路，子何不往游，以求通子之愿？"张仪于是之赵，上谒求见苏秦。苏秦乃诫门下人不为通，又使不得去者数日。已而见之，坐之堂下，赐仆妾之食。因而数让之曰："以子之材能，乃自令困辱至此。吾宁不能言而富贵子，子不足收也。"谢去之。张仪之来也，自以为故人，求益，反见辱，怒，念诸侯莫可事，独秦能苦赵，乃遂入秦。

苏秦已而告其舍人曰："张仪，天下贤士，吾殆弗如也。今吾幸先用，而能用秦柄者，独张仪可耳。然贫，无因以进。吾恐其乐小利而不遂，故召辱之，以激其意。子为我阴奉之。"乃言赵王，发金币车马，使人微随张仪，与同宿舍，稍稍近就之，奉以车马金钱，所欲用，为取给而弗告。张仪遂得以见秦惠王。惠王以为客卿，与谋伐诸侯。

苏秦之舍人乃辞去。张仪曰："赖子得显，方且报德，何故去也？"舍人曰："臣非知君，知君乃苏君。苏君忧秦伐赵败从约，以为非君莫能得秦柄，故感怒君，使臣阴奉给君资，尽苏君之计谋。今君已用，请归报。"张仪曰："嗟乎，此在吾术中而不悟，吾不及苏君明矣！吾又新用，安能谋赵乎？为吾谢苏君，苏君之时，仪何敢言。且苏君在，仪宁渠能乎！"张仪既相秦，为文檄告楚相曰："始吾从若饮，我不盗而璧，若笞我。若善守汝国，我顾且盗而城！"

[注释]

①从：通"纵"。

[译文]

此时，苏秦已经说服了赵王同意与除秦国外的另外六国合纵，缔结合纵联盟，但是苏秦又担心秦国乘机攻打各诸侯国而使得各国诸侯背弃盟约，从而招致盟约在没有缔结之前就遭到了破坏。他反复考虑了多次，还是没有找到一个能派往秦国为他所用的合适人选，于是他派人暗中引导张仪说："你当初与苏秦的交情很好，现在他已经当权，你为什么不去结交他，以实现功成名就的志向呢？"张仪于是到了赵国，呈上名帖，请求拜见苏秦。苏秦却早已告诫守门的人不替张仪禀报，又设法让他好几天不能离开，然后才接见他，把他安排在堂下坐着，赏给他的饭菜是丫环仆人们吃的，并多次责备张仪说："像你这样有才能的人，却让自己穷困潦倒到了这种地步。难道我没有能力推荐你并使你富贵吗？只是因为你不值得录用罢了！"苏秦说完就把张仪打发走了。张仪这次本是来投奔苏秦的，自认为是老朋友了，能够得到一些帮助，不料反而被羞辱，很气愤，又考虑到各国诸侯中没有可以去事奉的，唯独秦国才能威胁赵国，于是就到秦国去了。

张仪离开后不久，苏秦告诉自己的门客说："张仪是天下有才能的人，我大概比不上他啊。现在我侥幸比他先受到重用，但是说到能够掌握秦国大权的人，只有张仪才行。然而他目前很贫穷，没有进用的机会。我担心他满足于小的利益，不再进取，不能成就大的功业，所以把他召来当面羞辱他，用这种方式来激发他的斗志。请你替我暗中帮助他吧。"苏秦将自己的打算奏明赵王以后，拿出金钱、财物和车马，派人暗中跟随张仪，与张仪投宿在同一间客栈，逐渐地接近他，还拿出车马钱财供他使用，凡是张仪需要的，都能供给他，却并没有告诉他实情。张仪终于得以拜见秦惠王。秦惠王任用张仪做客卿，与他商议攻打各国诸侯的计划。

苏秦派来的门客这才打算离开，向张仪告辞，张仪说："因为您的鼎力相助，我才得到显赫的地位，正打算报答您的恩德，为什么选择离开我呢？"这位门客回答说："我并不了解您，真正了解您的是苏先生啊！苏先生担心秦国攻打赵国而使他的合纵盟约不能成功，认为除了您没有谁能掌握秦国的大权，因此故意激怒您，然后派我暗中向您供给钱财，这一切都是苏先生事先计划好的。现在您已经得到了重用，请让我返回赵国向苏先生复命。"张仪说："唉！这些权谋都是我曾经研习过的，而我却没有察觉出来，我没有苏先生高明是明白无疑的了。况且我刚刚被任用，又怎么能图谋攻打赵国呢？请您替我感谢苏先生，只要苏先生当权，我张仪怎么敢妄言攻打赵国呢？况且只要是苏先生当政，我张仪哪里具备这个能力呢！"张仪出任秦国的相国后，写信警告楚国的丞相说："当初我陪你饮酒，并没有盗窃你的玉璧，可你却打了我竹板。你要好好地守住你的国家，我马上将要盗取你的城池。"

原文

苴、蜀相攻击，各来告急于秦。秦惠王欲发兵以伐蜀，以为道险狭难至，而韩又来侵秦，秦惠王欲先伐韩，后伐蜀，恐不利，欲先伐蜀，恐韩袭秦之敝，犹豫未能决。司马错与张仪争论于惠王之前，司马错欲伐蜀，张仪曰："不如伐韩。"王曰："请闻其说。"

仪曰："亲魏善楚，下兵三川，塞什谷之口，当屯留之道，魏绝南阳，楚临南郑，秦攻新城、宜阳，以临二周之郊，诛周王之罪，侵楚、魏之地。周自知不能救，九鼎宝器必出。据九鼎，案图籍，挟天子以令于天下，天下莫敢不听，此王业也。今夫蜀，西僻之国而戎翟之伦也，敝兵劳众不足以成名，得其地不足以为利。臣闻争名者于朝，争利者于市。今三川、周室，天下之朝市也，而王不争焉，顾争于戎翟，去王业远矣。”

司马错曰：“不然。臣闻之，欲富国者务广其地，欲强兵者务富其民，欲王者务博其德，三资者备而王随之矣。今王地小民贫，故臣愿先从事于易。夫蜀，西僻之国也，而戎翟之长也，有桀纣之乱。以秦攻之，譬如使豺狼逐群羊。得其地足以广国，取其财足以富民缮兵，不伤众而彼已服焉。拔一国而天下不以为暴，利尽西海而天下不以为贪，是我一举而名实附也，而又有禁暴止乱之名。今攻韩，劫天子，恶名也，而未必利也，又有不义之名，而攻天下所不欲，危矣。臣请谒其故：周，天下之宗室也；齐，韩之与国也。周自知失九鼎，韩自知亡三川，将二国并力合谋，以因乎齐、赵而求解乎楚、魏，以鼎与楚，以地与魏，王弗能止也。此臣之所谓危也。不如伐蜀完。”

惠王曰：“善，寡人请听子。”卒起兵伐蜀，十月，取之，遂定蜀，贬蜀王更号为侯，而使陈庄相蜀。蜀既属秦，秦以益强，富厚，轻诸侯。

［译文］

苴国和蜀国相互进犯，分别来秦国告急求援。秦惠王打算出动军队讨伐蜀国，又考虑到蜀道险要、狭窄，不容易到达，而且这时韩国又准备侵犯秦国。秦国想先攻打韩国，然后再讨伐蜀国，担心不能取胜；想先攻打蜀国，又担心韩国趁秦军久战疲敝前来偷袭。秦惠王因此犹豫不决，拿不定主意。司马错与张仪在秦惠王面前争论不休，司马错主张讨伐蜀国，张仪说：“不如先攻打韩国。”秦惠王说：“请让我听一听你们各自的理由。”

张仪说：“我们先与魏国亲近，与楚国交好，然后派兵前往三川，堵住什谷的入口，阻塞屯留的要道，让魏国军队卡断南阳与新郑的通道，让楚国出兵逼近南郑，秦国则攻打新城、宜阳，从而径直逼近西周、东周的城郊，声讨周王的罪过，再攻占楚国、魏国的土地。周王自知局势无法挽救，一定会献出九鼎宝器。秦国占有了九鼎宝器，掌握着天下的地图和户籍，这样一来就可以挟持周天子而向天下发号施令，天下各诸侯国没有谁敢不听从。这正是统一天下的大业啊！如今，看那蜀国，不过是西边偏远的国家，像戎狄一样的落后头领。我们去攻打它，搞得士兵疲敝、百姓劳苦，也不能达到扬名天下的目的；夺取了他们的土地，也得不到实际的利益。我听说过这样的话：追求名位要到朝廷去，追求利益要到集市上去。如今的三川、周室就如同天下的朝廷和集市啊，大王您不到那里去争夺，反而到戎狄那样落后的地区去争夺，这距离您帝王的功业太遥远了。"

司马错说："不是这样。我听说想要使国家富强的人，一定要开拓他的疆土；想要使军队强大的人，一定要使百姓富裕；想要统一天下的人，一定要广施德政。具备了这三个条件，帝王之业也就水到渠成了。现在大王的疆土还狭小，百姓还贫穷，所以我希望先从容易办到的事情做起。蜀国是西方偏远的国家，却是戎狄的首领，却有桀、纣一样的乱德。出动秦国强大的军队去攻打它，就如同让豺狼去驱赶羊群一样。占领了蜀国的土地，就可以扩大秦国的疆土；夺取蜀国的财富，就可以使百姓富裕；整治军队，用不着损兵折将就可以使蜀国臣服。我们攻克了一个蜀国，而天下的人并不认为我们残暴；占有了蜀国所有的财富，而天下的人并不认为我们贪婪。所以，只是出动军队这样一个举动就能名利双收，而且还可以获得禁止暴乱的美名。现在如果去攻打韩国，劫持周天子，是非常不好的名声，而且未必能够得到实际的利益，还会落得不义的丑名，所以攻打天下人都不愿意攻打的国家，是非常危险的。请求大王允许我陈述理由：周王室是天下共有的宗室，齐国是韩国的盟友。周王室料到自己将要失去传国的九鼎，韩国料到自己将要失去三川，这两个国家势必会通力合作，依赖齐国、赵国的力量，与楚国、魏国谋求和解。如果周王室把九鼎宝器送给楚国，韩国将土地割让给魏国，大王是不可能阻止的，这就是我所说的危险所在啊，所以比不上攻打蜀国那样稳妥。"

秦惠王说："好，我就听从你的意见吧。"终于起兵讨伐蜀国。当年十月就攻占了蜀国。平定了蜀国的暴乱后，贬谪蜀王，改封号为蜀侯，并派遣陈庄担任蜀的相国。蜀国归属秦国以后，秦国因此变得更加强大、富裕了，对其他各国诸侯更加轻视了。

原文

秦惠王十年，使公子华与张仪围蒲阳，降之。仪因言秦复与魏，而使公子繇质于魏。仪因说魏王曰："秦王之遇魏甚厚，魏不可以无礼。"魏因入上郡、少梁，谢秦惠王。惠王乃以张仪为相，更名少梁曰夏阳。

仪相秦四岁，立惠王为王。居一岁，为秦将，取陕。筑上郡塞。

其后二年，使与齐、楚之相会啮(niè)桑。东还而免相，相魏以为秦，欲令魏先事秦而诸侯效之。魏王不肯听仪。秦王怒，伐取魏之曲沃、平周，复阴厚张仪益甚。张仪惭，无以归报。留魏四岁而魏襄王卒，哀王立。张仪复说哀王，哀王不听。于是张仪阴令秦伐魏。魏与秦战，败。

明年，齐又来败魏于观津。秦复欲攻魏，先败韩申差军，斩首八万，诸侯震恐。而张仪复说魏王曰："魏地方不至千里，卒不过三十万。地四平，诸侯四通辐凑，无名山大川之限。从郑至梁二百余里，车驰人走，不待力而至。梁南与楚境，西与韩境，北与赵境，东与齐境，卒戍四方，守亭鄣者不下十万。梁之地势，固战场也。梁南与楚而不与齐，则齐攻其东；东与齐而不与赵，则赵攻其北；不合于韩，则韩攻其西；不亲于楚，则楚攻其南：此所谓四分五裂之道也。

"且夫诸侯之为从者，将以安社稷尊主强兵显名也。今从者一天下，约为昆弟，刑白马以盟洹(huán)水之上，以相坚也。而亲昆弟同父母，尚有争钱财，而欲恃诈伪反覆苏秦之余谋，其不可成亦明矣。

"大王不事秦，秦下兵攻河外，据卷、衍、燕、酸枣，劫卫取阳晋，则赵不南，赵不南而梁不北，梁不北则从道绝，从道绝则大王之国欲毋危不可得也。秦折韩而攻梁，韩怯于秦，秦韩为一，梁之亡可立而须也。此臣之所为大王患也。

"为大王计，莫如事秦。事秦则楚、韩必不敢动；无楚、韩之患，则大王高枕而卧，国必无忧矣。

"且夫秦之所欲弱者莫如楚，而能弱楚者莫如梁。楚虽有富大之名而实空虚；其卒虽多，然而轻走易北，不能坚战。悉梁之兵南面而伐楚，胜之必矣。割楚而益梁，亏楚而适秦，嫁祸安国，此善事也。大王不听臣，秦下甲士而东伐，虽欲事秦，不可得矣。

"且夫从人多奋辞而少可信，说一诸侯而成封侯，是故天下之游谈士莫不日夜搤腕瞋目切齿以言从之便，以说人主。人主贤其辩而牵其说，岂得无眩哉？

“臣闻之，积羽沉舟，群轻折轴，众口铄金，积毁销骨，故愿大王审定计议，且赐骸骨辟魏。”

哀王于是乃倍从约而因仪请成于秦。张仪归，复相秦。三岁而魏复背秦为从。秦攻魏，取曲沃。明年，魏复事秦。

[译文]

秦惠王十年，惠王派遣公子华和张仪率领军队围攻魏国的蒲阳，使之降服了。张仪建议秦王把蒲阳归还给魏国，并派公子繇到魏国做人质。张仪又趁机劝告魏王说：“秦国对魏国如此宽厚仁德，魏国不能不以礼相报。”魏国因此把上郡、少梁献给了秦国，用以答谢秦惠王。惠王于是任用张仪为相国，并把少梁更名为夏阳。

张仪担任秦国的相国四年，正式拥戴秦惠王为王。又过了一年，张仪担任秦国的将军，率领军队攻取了陕邑，在上郡修筑要塞。

以后又过了两年，秦王派张仪到啮桑，与齐国相国和楚国相国会盟。张仪从东方回国后，被免掉了相国的职位，为了秦国的利益，他去魏国担任相国，打算使魏国首先称臣事奉秦国，然后再让其他各诸侯国仿效魏国。但魏王不肯听从张仪的建议。秦王大发雷霆，立刻出动军队攻取了魏国的曲沃、平周两城，同时暗中给张仪比以前更加优厚的待遇。张仪觉得很惭愧，感到没有什么来回敬报答秦王。张仪留任魏国四年后，魏襄王去世了，魏哀王登基为王。张仪又劝说魏哀王归附秦国，哀王还是没有听从。于是张仪暗中让秦国攻打魏国。魏发兵与秦国交战，被秦国打败。

第二年，齐国也来攻打魏国，在观津打败了魏军。秦国想要再次攻打魏国，先打败了韩国申差率领的军队，斩杀了八万兵卒，使各国诸侯都为之惊恐万分。张仪于是再次游说魏王说：“魏国的领土纵横不到一千里，士兵不超过三十万。四周地势平坦，像车轴的中心一样与各国诸侯四通八达，又没有高山大河的隔绝。从新郑到大梁不过二百多里的路程，不论是战车还是步兵，都不用花费多少力气就已经到了。魏国的南边与楚国接壤，西边与韩国连接，北边与赵国靠近，东边与齐国相连。如果要有军队戍守在四方边境，只是守卫边塞堡垒的兵士就需要十万以上。魏国的地势，自古以来就是一个战场。如果魏国向南边与楚交好而不与东边的齐国交好，那么齐国就会从东边攻打魏国；如果魏国与东边的齐国友好而不与赵国交好，那么，赵国就会从北边攻打魏国；如果魏国与韩国不和，那么韩国就会从西边攻打魏国；如果魏国与楚国不亲，那么楚国就会从南边侵犯魏国。这正是人们所说的四分五裂的结局啊。

“况且，各国诸侯缔结合纵结盟的目的，是想凭借它求得国家安宁、君主尊崇、军队强大，从而使本国名声显赫。如今，那些主张合纵的国家想把天下当作一家，他们互相结为兄弟，在洹水边上宰杀白马，歃血为盟，用以表示恪守盟约的坚定信念。然而，即使是同一父母所生的亲兄弟，也会发生争夺钱财的事，那么合纵各国打算凭借苏秦虚伪欺诈、反覆无常的谋略来维持国家的安定，这样做一定会失败是非常明显的了。

“假如大王不归附秦国，秦国就会出兵攻打黄河以南的地区，占领卷地、衍地、燕地、酸枣地，胁迫卫国，夺取阳晋，那么赵国的军队就不能南下支援魏国；赵国的军队不能南下支援魏国，那么魏国的军队就不能北上与赵国的军队相呼应；魏国的军队不能北上与赵国的军队相呼应，那么合纵联盟的通道就被断绝了；合纵联盟的道路一旦被断绝，大王的国家要想不遭受危难是不可能的。秦国使韩国屈服，进而攻打魏国，韩国害怕秦国，与秦国合为一体，那么魏国的灭亡就近在眼前了。这就是我之所以替大王担忧的缘故啊。

“现在为大王着想，最好是事奉秦国。如果您事奉秦国，那么楚国、韩国一定不敢轻举妄动；没有了韩国、楚国前来侵扰的外患，大王就可以高枕无忧了，国家一定没有什么值得忧虑的事情了。

“况且，秦国最想削弱的国家莫过于楚国，而最能削弱楚国的国家莫过于魏国。楚国虽然有百姓富足、国家强大的名声，但实际上国力却很空虚；它的军队虽然士兵众多，然而总是轻易地临阵败逃，不能够艰苦奋战。假如魏国调集全部军队南下攻打楚国，那么打败楚国是可以肯定的。割裂楚国能使魏国得到好处；毁损楚国，取悦了秦国，转嫁了灾祸，使自己的国家安定，这是一件好事啊。假如大王不听从我的建议，秦国就会出动精锐部队从东边进攻魏国，那时魏国再想投奔秦国，是不可能的了。

“况且，那些主张合纵的人，他们大多只会讲大话，而很少是值得信赖的，他们只想游说一个国君，达到被赐封为侯的目的，所以天下从事游说的人没有不随时随地紧握手腕、瞪大眼睛、慷慨陈词，宣扬合纵的好处，用以打动各国的君主的。君主赞赏他们的口才，觉得他们说得很好而相信了他们的言论，又怎么可能不被迷惑呢？

“我听说，羽毛虽然很轻，但堆积多了也能把船压沉；货物虽然很轻，但装载多了也能压断车轴；众口所毁，即使是金石也能销熔；众多的诽谤，即使是骨肉之亲也可以毁灭。所以我请求大王慎重地拟定正确的策略，并请您允许我辞职离开魏国。”

于是，魏哀王背弃了合纵盟约，通过张仪，请求与秦国结交。张仪回到秦国后，重新担任相国。三年后，魏国又背弃了秦国，重新加入合纵盟约。秦国就出动军队攻打魏国，夺取了魏国的曲沃城。第二年，魏国又再次归附秦国。

原文

秦欲伐齐，齐楚从亲，于是张仪往相楚。楚怀王闻张仪来，虚上舍而自馆之。曰：“此僻陋之国，子何以教之？”仪说楚王曰：“大王诚能听臣，闭关绝约于齐，臣请献商於之地六百里，使秦女得为大王箕帚之妾，秦楚娶妇嫁女，长为兄弟之国。此北弱齐而西益秦也，计无便此者。”楚王大说而许之。群臣皆贺，陈轸独吊之。楚王怒曰：“寡人不兴师发兵得六百里地，群臣皆贺，子独吊，何也？”陈轸对曰：

“不然，以臣观之，商於之地不可得而齐秦合，齐秦合则患必至矣。”楚王曰：“有说乎？”陈轸对曰：“夫秦之所以重楚者，以其有齐也。今闭关绝约于齐，则楚孤。秦奚贪夫孤国，而与之商於之地六百里？张仪至秦，必负王，是北绝齐交，西生患于秦也，而两国之兵必俱至。善为王计者，不若阴合而阳绝于齐，使人随张仪。苟与吾地，绝齐未晚也；不与吾地，阴合谋计也。”楚王曰：“愿陈子闭口毋复言，以待寡人得地。”乃以相印授张仪，厚赂之。于是遂闭关绝约于齐，使一将军随张仪。

张仪至秦，详失绥（suí）堕车，不朝三月。楚王闻之，曰：“仪以寡人绝齐未甚邪？”乃使勇士至宋，借宋之符，北骂齐王。齐王大怒，折节而下秦。秦齐之交合，张仪乃朝，谓楚使者曰：“臣有奉邑六里，愿以献大王左右。”楚使者曰：“臣受令于王，以商於之地六百里，不闻六里。”还报楚王，楚王大怒，发兵而攻秦。陈轸曰：“轸可发口言乎？攻之不如割地反以赂秦，与之并兵而攻齐，是我出地于秦，取偿于齐也，王国尚可存。”楚王不听，卒发兵而使将军屈匄（gài）击秦。秦齐共攻楚，斩首八万，杀屈匄，遂取丹阳、汉中之地。楚又复益发兵而袭秦，至蓝田，大战，楚大败，于是楚割两城以与秦平。

[译文]

秦国想要攻打齐国，然而齐国和楚国都参加了合纵盟约，两国的关系十分密切，秦王便派遣张仪前往楚国。楚怀王听说张仪来到了楚国，安排他住在上等宾馆，并亲自去宾馆接待张仪。楚怀王问张仪道：“我的楚国是个偏远、鄙陋的国家，您有什么要指教我的吗？”张仪游说楚怀王说：“大王如果真的能够听从我的建议，就和齐国断绝往来，解除盟约，我愿意请求秦王献给楚国商於一带方圆六百里的地方，让秦王把女儿嫁给您做妻子，秦、楚两国之间娶妻嫁女，永远结为兄弟国家。这样将可以向北削弱齐国，而西面的秦国也得到了好处，没有比这更好的策略了。”楚怀王非常高兴地听从了张仪的建议。大臣们都来向楚怀王表示祝贺，唯独陈轸向楚怀王表示忧心忡忡。楚怀王愤怒地说：“我用不着出动军队就得到了六百里的土地，大臣们都向我表示祝贺，唯独你要表示忧心忡忡，这是为什么？”陈轸回答说：“事情不是这样的。按照我的看法，大王不仅不可以得到商于一带的土地，而且齐国和秦国还可能联合起来，齐、秦两国一旦联合起来，那么楚国一定会大祸临头。”楚怀王说：“有什么理由吗？”

陈轸回答说：“秦国之所以重视楚国，是因为楚国与背后的齐国结盟了。如今楚国要废除盟约，与齐国断绝往来，那么楚国就会孤立无援，秦国为什么重视一个孤立无援的楚国，而奉送它六百里土地呢？张仪回到秦国后，一定会背弃向大王的承诺。这样一来，楚国在北面与齐国断绝了盟约关系，在西面从秦国招来祸患，两国的军队一定会同时攻打楚国。我妥善地替大王想出了对策，不如暗中与齐联合，但表面上与齐国断绝关系，并派人跟随张仪去秦国。假如秦国给了我们土地，再与齐国断绝关系也不算晚；假如秦国不给我们土地，那就符合了我们的策略。”楚怀王说：“希望你把嘴巴闭上，不要再说话了，等着看我得到秦国的土地吧。”于是楚怀王将楚国的相印授给了张仪，还馈赠了大量礼物。然后就和齐国断绝了关系，废除了盟约，派了一员将军跟着张仪前往秦国。

张仪到达秦国后，在上车时假装没有拉住绳子而从车上掉下来，摔伤了，因此三个月没有上朝。楚怀王听说这件事后，说：“张仪是因为我与齐国断交得不够彻底吧？”于是派勇士前往宋国，借了宋国的符节，进入北边的齐国，大骂齐王。齐王非常愤怒，折断符节，归附了秦国。秦国与齐国建立了邦交后，张仪才上朝，对楚国的使臣说：“我有秦王所赐的六里封地，愿意把它献给你们大王。”楚国的使臣说：“我奉楚王的命令，来接受商於六百里的土地，不曾听说是六里。”使臣回国向楚怀王复命，楚怀王勃然大怒，立刻出动军队攻打秦国。陈轸说：“我可以开口说话了吗？与其攻打秦国，还不如反过来割让土地贿赂秦国，再与秦国联合攻打齐国，这样我们虽然割让土地给了秦国，但是可以占领齐国的土地得到补偿，大王的国土还能够保存。”楚怀王没有听从，最终还是出兵了，派将军屈匄攻打秦国。秦国与齐国共同攻打楚国，斩杀了八万楚兵，杀死了屈匄，接着攻取了楚国的丹阳、汉中等地。楚国又派出更多的军队去袭击秦国，在蓝田与秦军展开了大规模的作战，楚军大败，于是楚国又割让了两座城池给秦国，同秦国议和。

原文

秦要楚欲得黔中地，欲以武关外易之。楚王曰：“不愿易地，愿得张仪而献黔中地。”秦王欲遣之，口弗忍言。张仪乃请行。惠王曰：“彼楚王怒子之负以商於之地，是且甘心于子？”张仪曰：“秦强楚弱，臣善靳尚，尚得事楚夫人郑袖，袖所言皆从。且臣奉王之节使楚，楚何敢加诛？假令诛臣而为秦得黔中之地，臣之上愿。”遂使楚。楚怀王至则囚张仪，将杀之。靳尚谓郑袖曰：“子亦知子之贱于王乎？”郑袖曰：“何也？”靳尚曰：“秦王甚爱张仪而不欲出之，今将以上庸之地六县赂楚，以美人聘楚，以宫中善歌讴者为媵。楚王重地尊秦，秦女必贵而夫人斥矣。不若为言而出之。”于是郑袖日夜言怀王曰：“人臣各为其主用。今地未入秦，秦使张仪来，至重王。王未有礼而杀张仪，秦必大怒攻楚。妾请子母俱迁江南，毋为秦所鱼肉也。”怀王后悔，赦张仪，厚礼之如故。

巫山神女

相传楚怀王游高唐，梦中与巫山神女相遇，神女自荐枕席。

［译文］

秦国要挟楚国，想用武关以外的土地交换楚国的黔中一带的土地，楚王说：“我不愿意交换土地，只要得到张仪，我愿意献出黔中地区。”秦王想要派遣张仪去楚国，但不忍心说出来。张仪自己请求前往楚国。秦惠王说：“楚王恼恨您背弃了奉送商於之地的承诺，这是要存心报复您。”张仪说：“秦国强大，楚国弱小，我和楚国的大夫靳尚的关系友好，靳尚有机会接近楚王的夫人郑袖，而郑袖说的话楚王是全部听从的。况且我是奉大王的命令出使楚国的，楚国怎敢杀害我呢。假如杀了我而替秦国取得黔中地区，这也正是我的最大愿望。”于是张仪出使楚国。张仪一到楚国，楚怀王就把他囚禁了起来，打算杀掉他。靳尚对郑袖说：“您知道您将要被楚王抛弃吗？”郑袖问道：“为什么呢？”靳尚说：“秦王非常宠信张仪，一定会把他从监牢中救出来。秦王打算用上庸所属的六个县的土地贿赂楚国，把美女嫁给楚王，用秦宫中擅长歌舞的女子作为陪嫁。楚王看重土地，就会敬重秦国，秦国的美女一定会受到宠爱而变得尊贵，这样，夫人就会受到冷落了。不如替张仪向大王说情，请求释放他。”郑袖于是日夜不停地向楚怀王进言说：“作为臣子，要各自为他们的君主效劳。现在我们的土地还没有交给秦国，秦王就派遣张仪前来，这可是对大王尊重到了极点。大王还没有回礼，反而要杀掉张仪，秦王一定会大怒，进而出兵攻打楚国。我请求让我们母子二人搬到江南去住，以免像鱼肉一样被秦兵残害。”楚怀王后悔了，赦免了张仪，像过去一样优厚地对待他。

原文

张仪既出，未去，闻苏秦死，乃说楚王曰：“秦地半天下，兵敌四国，被险带河，四塞以为固。虎贲之士百余万，车千乘，骑万匹，积粟如丘山。法令既明，士卒安难乐死，主明以严，将智以武，虽无出甲，席卷常山之险，必折天下之脊，天下有后服者先亡。且夫为从者，无以异于驱群羊而攻猛虎，虎之与羊不格明矣。今王不与猛虎而与群羊，臣窃以为大王之计过也。

“凡天下强国，非秦而楚，非楚而秦，两国交争，其势不两立。大王不与秦，秦下甲据宜阳，韩之上地不通。下河东，取成皋，韩必入臣，梁则从风而动。秦攻楚之西，韩、梁攻其北，社稷安得毋危？

“且夫从者聚群弱而攻至强，不料敌而轻战，国贫而数举兵，危亡之术也。臣闻之，兵不如者勿与挑战，粟不如者勿与持久。夫从人饰辩虚辞，高主之节，言其利不言其害，卒有秦祸，无及为已。是故愿大王之孰计之。

“秦西有巴蜀，大船积粟，起于汶山，浮江已[1]下，至楚三千余里。舫船载卒，一舫载五十人与三月之食，下水而浮，一日行三百余里，里数虽多，然而不费牛马之力，不至十日而距扞(hàn)关。扞关惊，则从境以东尽城守矣，黔中、巫郡非王之有。秦举甲出武关，南面而伐，则北地绝。秦兵之攻楚也，危难在三月之内，而楚待诸侯之救，在半岁之外，此其势不相及也。夫恃弱国之救，忘强秦之祸，此臣所以为大王患也。

屈原

屈原所处时代楚国的外交形势是：秦、楚、齐三国都是有可能统一天下的国家，其中秦国占优势。所以楚国只有和齐国联合，才能和秦国抗衡。而秦国只有破坏了齐楚联盟，才能远交近攻，各个击破，实现统一六国的大业。屈原在外交上主张齐楚结盟，但却被张仪的“连横”之策破坏殆尽。

“大王尝与吴人战，五战而三胜，阵卒尽矣；偏守新城，存民苦矣。臣闻功大者易危，而民敝者怨上。夫守易危之功而逆强秦之心，臣窃为大王危之。

“且夫秦之所以不出兵函谷十五

年以攻齐、赵者，阴谋有合天下之心。楚尝与秦构难，战于汉中，楚人不胜，列侯执珪死者七十余人，遂亡汉中。楚王大怒，兴兵袭秦，战于蓝田。此所谓两虎相搏者也。夫秦楚相敝而韩魏以全制其后，计无危于此者矣。愿大王孰计之。

“秦下甲攻卫阳晋，必大关天下之匈②。大王悉起兵以攻宋，不至数月而宋可举，举宋而东指，则泗上十二诸侯尽王之有也。

“凡天下而以信约从亲相坚者苏秦，封武安君，相燕，即阴与燕王谋伐破齐而分其地；乃详有罪出走入齐，齐王因受而相之；居二年而觉，齐王大怒，车裂苏秦于市。夫以一诈伪之苏秦，而欲经营天下，混一诸侯，其不可成亦明矣。

“今秦与楚接境壤界，固形亲之国也。大王诚能听臣，臣请使秦太子入质于楚，楚太子入质于秦，请以秦女为大王箕帚之妾，效万室之都以为汤沐之邑，长为昆弟之国，终身无相攻伐。臣以为计无便于此者。”

于是楚王已得张仪而重出黔中地与秦，欲许之。屈原曰：“前大王见欺于张仪，张仪至，臣以为大王烹之；今纵弗忍杀之，又听其邪说，不可。”怀王曰：“许仪而得黔中，美利也。后而倍之，不可。”故卒许张仪，与秦亲。

[注释]

①已：通“以”。②匈：同“胸”，胸膛。

[译文]

张仪被释放之后，还没来得及离开楚国，就听说苏秦去世了，于是向楚王游说：“秦国的土地占据了天下的一半，军队的实力足以抵挡四方的国家，四境都占据险要位置，有黄河围绕，四周都设有要塞可以坚守。拥有勇武的战士一百多万，战车千辆，战马万匹，贮存的粮食堆积如山。法令严明，士兵们都不避艰难危险甘愿赴死，国君贤明而且威严，将帅有谋略而且勇武，即使没有出动军队，它的声威就能席卷险要的常山，折断天下的脊梁。天下凡是后归降的国家一定会先遭受灭亡。再说那些合纵的国家想要与秦国一较高低，无异于驱赶着羊群进攻凶猛的老虎，猛虎和绵羊不能成为匹敌的对手是非常明显的。如今大王不去亲附猛虎，反而去亲附一群绵羊，我私下认为大王的策略失误了。

“如今天下的强国，不是秦国就是楚国，不是楚国就是秦国，两国互相攻打，照这种形势发展下去，不可能使两个国家都存在下去。如果大王不亲附秦国，秦国将会发兵攻占宜阳，韩国上党地区与国都的联络就被切断。秦国再出兵攻取河东，占据成皋，韩国一定会向秦国称臣投降，魏国也会趁机采取行动，秦国进攻楚国的西边，韩国和魏国进攻楚国的北边，楚国怎么会不危险呢？

“况且，那些主张合纵盟约的人聚集的是一群弱小的国家，要攻打最强大的国家，不估计敌对国的力量便轻率地发动战争，国家贫穷却要屡次发动战事，这是使国家陷入危亡的策略。我听说过，军事力量没有对方强，就不要向对方挑起战事；粮食没有对方多，就不要同对方持久作战。那些主张合纵的人所说的话都是粉饰狡辩、不切实际的言辞，抬高他们国君的品节，只说合纵带来的好处，不说它导致的危害。等到秦国突然来袭，那时挽救就来不及了。所以希望大王仔细考虑这个问题。

“秦国拥有西边的巴蜀之地，用大船满载粮食，从汶山出发，顺着长江而下，距楚国有三千多里。两船相并运送士兵，一只船可以载五十人和三个月的粮食，顺流而下，一天可走三百多里，路程虽然很长，但并不花费牛马牵引的力气，不到十天就可以抵达楚国的扞关。扞关的形势一紧张，那么竟陵以东的城邑就都要据城防守了，黔中、巫郡将不再属于大王您所有了。秦国再从武关出发，向南面进攻，那么楚国的北部地区就要被隔断。秦国攻打楚国，不用三个月，就能使楚国面临危难，然而楚国等待其他诸侯国出兵救援，却需要半年以上的时间，这势必等不及。依靠弱小国家的救援，忽略强秦的祸患，这是我替大王担心的事情啊。

“大王曾经和吴国人作战，作战五次，三次取胜，上战场的士兵全都战死了；楚国为了守卫新占领的城邑，活下来的百姓也活得太辛苦了。我听说君主好大喜功就容易遭受危难，百姓疲惫困苦就会怨恨国君。为了守护容易遭受危难的功业而违背强秦的意愿，我私下替大王感到危险。

“秦国之所以十五年不从函谷关发兵攻打齐国和赵国，是因为秦国在暗中策划，有一举吞并天下的雄心。楚国与秦国之间曾经发生过冲突，双方在汉中作战，楚国被打败了，有七十多位具有高级爵位的将士战死了，楚国也失去了汉中。大王十分恼怒，又发兵攻打秦国，又在蓝田打了一仗。这就是所谓的两虎相争啊。秦国和楚国相互攻打，消耗了实力，而韩国和魏国以其完整无损的兵力从后面进攻，没有什么策略能比这更加危险的了。希望大王仔细考虑这个问题。

“假如秦国出兵攻打卫都阳晋，必定会像锁住胸膛一样断绝天下的交通要道。大王出动全部军队进攻宋国，用不了几个月的时间就可以攻下宋国，攻占了宋国之后，再挥师向东，一路攻打，那么泗水流域的十二个小诸侯国便全都归大王所有了。

“苏秦凭借坚守盟约游说天下各诸侯国使六国合纵相亲，他被封为武安君，出任燕国的相国以后，就暗地里与燕王谋划攻破齐国，并且瓜分它的土地；苏秦假装获罪于燕王，从燕国逃到齐国，齐王因此收留了他，而且任命他做了相国；两年之后苏秦的阴谋被齐王发觉，齐王大怒，在街市上把苏秦五马分尸了。仅凭一个狡诈虚伪的苏秦，却想要控制整个天下，让各国诸侯结为一体，他的策略不可能成功已经是非常明显的了。

“如今，秦国与楚国的领土相接，在地理形势上也应该是亲近的国家。大王如果能听取我的建议，我可以请求秦王派太子来楚国做人质，大王也派太子到秦国去做人质，把秦王的女儿嫁给大王，进献拥有万户人家的城邑来作为大王收取赋税。秦国与楚国长期结为兄弟友邻，永世不互相攻伐，我认为没有比这更好的策略了。”

此时，楚怀王虽然已经得到张仪，却又不想遵守承诺割舍黔中给秦国，想要同意张仪的建议。屈原说：“前次大王被张仪欺骗，这次张仪来到楚国，我认为大王会烹杀他；如今释放了他，不忍心杀他，还听信他的蛊惑，不能这样做啊！”楚怀王说：“答应张仪的建议可以保住黔中，这是有利的事情。已经答应了他，之后又背弃他，不能这样做。”楚怀王终于答应了张仪的建议，与秦国结盟。

原文

张仪去楚，因遂之韩，说韩王曰：“韩地险恶山居，五谷所生，非菽而麦，民之食大抵菽饭藿(huò)羹。一岁不收，民不餍糟糠。地不过九百里，无二岁之食。料大王之卒，悉之不过三十万，而厮徒负养在其中矣。除守徼(jiào)亭鄣塞，见卒不过二十万而已矣。秦带甲百余万，车千乘，骑万匹，虎贲之士跿跔(jū)科头贯颐奋戟者，至不可胜计。秦马之良，戎兵之众，探前趹后蹄间三寻腾者，不可胜数。山东之士被甲蒙胄以会战，秦人捐甲徒裼以趋敌，左挈人头，右挟生虏。夫秦卒与山东之卒，犹孟贲之与怯夫；以重力相压，犹乌获之与婴儿。夫战孟贲、乌获之士以攻不服之弱国，无异垂千钧之重于鸟卵之上，必无幸矣。

“夫群臣诸侯不料地之寡，而听从人之甘言好辞，比周以相饰也，皆奋曰‘听吾计可以强霸天下’。夫不顾社稷之长利而听须臾之说，诖(guà)误人主，无过此者。

“大王不事秦，秦下甲据宜阳，断韩之上地，东取成皋、荥阳，则鸿台之宫、桑林之苑非王之有也。夫塞成皋，绝上地，则王之国分矣。先事秦则安，不事秦则危。夫造祸而求其福报，计浅而怨深，逆秦而顺楚，虽欲毋亡，不可得也。

“故为大王计，莫如为秦。秦之所欲莫如弱楚，而能弱楚者如韩。

非以韩能强于楚也，其地势然也。今王西面而事秦以攻楚，秦王必喜。夫攻楚以利其地，转祸而说秦，计无便于此者。”

［译文］

张仪离开楚国，乘此机会前往韩国，游说韩王说：“韩国地形险恶，处于山区，种植的粮食不是豆类就是麦子，老百姓吃的大多是豆子饭、豆叶汤。如果一年之内都没有收成，人们连糟糠都吃不饱。韩国领土纵横不到九百里，储存的粮食维持不了两年。估计大王的军队全部加起来不超过三十万，其中还要包括勤杂兵和后勤人员在内。除了守卫边界堡垒的士兵，可供调动的军队不超过二十万。而秦国的军队就有一百多万，战车达上千辆，战马有上万匹，勇猛的士兵不穿戴盔甲，鼓着腮颊，勇往直前，持戟冲锋的，多得无法计算。秦军的战马精良，马的前蹄扬起，后蹄腾空而起，一跃就是两丈多远，这样的马多得无法数清。山东六国的士兵披着铁甲，戴着头盔去决战，秦国的士兵脱掉盔甲，袒臂赤足地来迎敌，个个左手提着头颅，右手擒拿俘虏。拿秦国的士兵与山东六国的士兵相比较，如同勇猛的大力士与软弱胆小鬼对抗；两兵相接，就像大力士乌获与婴孩对抗。用孟贲、乌获那样的勇士去攻打不肯降服的弱小国家，相当于把千钧的重量直接压在鸟卵上，一定不存在侥幸的结果。

“那些诸侯国的国君和大臣们不考虑自己国土的狭小，却去听信主张合纵的人的甜言蜜语，他们结党营私，互相掩饰，都慷慨激昂地说：‘听从我的策略就可以在天下称王称霸。’不考虑国家的长远利益而听从一时的谬论，误导国君，没有比这更严重的了。

“如果大王不归附秦国，秦国就会出动军队占据宜阳，切断韩国上党地区的通道，向东夺取成皋、荥阳，那么大王就不能再拥有鸿台的宫殿和桑林的苑囿。再说，阻塞了成皋，切断了上党地区的通道，大王的国家就被分割了。先归附秦国就能得到安全，不归附秦国只会招来危险。如果制造了祸端却想要得到良好的回报，计谋短浅、鄙陋，并且结下了很深的怨仇，违背秦国而服从楚国，想要国家不灭亡，是不可能的。

“所以，我替大王考虑了所有的计谋，最好的方法就是臣服秦国。秦国最想做的事情无非就是削弱楚国，而能够削弱楚国的国家中，没有谁比得上韩国。不是因为韩国比楚国强大，而是因为韩国的地理形势。如今，假如大王向西臣服秦国，进攻楚国，秦王一定很高兴。进攻楚国，不仅能在它的土地上取得利益，而且转移了自己的祸患，取悦了秦国，没有比这更适宜的计策了。”

原文

韩王听仪计。张仪归报，秦惠王封仪五邑，号曰武信君。使张仪东说齐湣王曰：“天下强国无过齐者，大臣父兄殷众富乐。然而为大王计者，皆为一时之说，不顾百世之利。从人说大王者，必曰‘齐西有强赵，南有韩与梁。齐，负海之国也，地广民众，兵强士勇，虽有百秦，将无奈齐何’。大王贤其说而不计其实。夫从人朋党比周，莫不以从为可。臣闻之，齐与鲁三战而鲁三胜，国以危亡随其后，虽有战胜之名，而有亡国之实。是何也？齐大而鲁小也。今秦之与齐也，犹齐之与鲁也。秦赵战于河漳之上，再战而赵再胜秦；战于番吾之下，再战又胜秦。四战之后，赵之亡卒数十万，邯郸仅存，虽有战胜之名而国已破矣。是何也？秦强而赵弱。

“今秦楚嫁女娶妇，为昆弟之国。韩献宜阳；梁效河外；赵入朝渑（miǎn）池，割河间以事秦。大王不事秦，秦驱韩梁攻齐之南地，悉赵兵渡清河，指博关，临菑、即墨非王之有也。国一日见攻，虽欲事秦，不可得也。是故愿大王孰计之也。”

齐王曰：“齐僻陋，隐居东海之上，未尝闻社稷之长利也。”乃许张仪。

［译文］

韩王听取了张仪的计策。张仪回到秦国作了汇报，秦惠王封赏了他五座城邑，封号是武信君，又派遣张仪向东出使齐国，游说齐湣王，说：“天下强大的国家没有哪个能比得上齐国，齐国的大臣和百姓全都兴旺发达、富足安乐。然而替大王出谋划策的人，全都为了暂时的安乐，而不顾及国家的长远利益。主张合纵的人在游说大王时，一定会说：‘齐国的西面有强大的赵国，南面有韩国和魏国。齐国是个背靠大海的国家，土地广阔，人口众多，军强兵勇，即使有一百个秦国，也不能把齐国怎么样。’大王对这种说法非常赞同，但没有考虑齐国的实际情况。主张合纵的人结党营私，没有谁不认为合纵是不可行的。我听说，齐国与鲁国打了三次仗，鲁国三次取得胜利，但结果却是国家马上就灭亡了，虽然有战胜的名声，但带来的却是国家灭亡的现实。为什么会如此呢？因为齐国很强大而鲁国却很弱小。现在，秦国与齐国相比较，就好比齐国与鲁国。秦国和赵国在黄河、漳水边上交战，交战了两次都是赵国取得了胜利；在番吾城下交战，又是赵国两次打败秦国。这四次战役以后，赵国的士兵阵亡的有好几十万，却仅仅只保住了邯郸，虽然赵国获得了战胜的名声，然而国家却破败不堪了。这是为什么呢？是因为秦国强大而赵国弱小啊。

“如今，秦国和楚国互相嫁女娶妇，结成了兄弟友邦。韩国割让宜阳；魏国割让河外；赵王到渑池朝见秦王，割让河间来归附秦国。假如大王不归附秦国，秦国就会驱使韩国、魏国进攻齐国南部地区，调动赵国的全部军队，渡过清河，直指博关，临莒、即墨两城就不再为大王所拥有了。齐国一旦被攻破，再想要归附秦国，就是不可能的了。因此希望大王仔细考虑这件事。”

齐王说：“齐国地方偏远、落后，处在与世隔绝的东海边上，不曾听到过关于国家长远利益的高见。”于是答应了张仪的建议。

原文

张仪去，西说赵王曰：“敝邑秦王使使臣效愚计于大王。大王收率天下以宾[①]秦，秦兵不敢出函谷关十五年。大王之威行于山东，敝邑恐惧慑伏，缮甲厉[②]兵，饰车骑，习驰射，力田积粟，守四封之内，愁居慑处，不敢动摇，唯大王有意督过之也。

“今以大王之力，举巴蜀，并汉中，包两周，迁九鼎，守白马之津。秦虽僻远，然而心忿含怒之日久矣。今秦有敝甲凋兵，军于渑池，愿渡河逾漳，据番吾，会邯郸之下，愿以甲子合战，以正殷纣之事，敬使使臣先闻左右。

“凡大王之所信为从者恃苏秦。苏秦荧惑诸侯，以是为非，以非为是，欲反齐国，而自令车裂于市。夫天下之不可一亦明矣。今楚与秦为昆弟之国，而韩梁称为东籓之臣，齐献鱼盐之地，此断赵之右臂也。夫断右臂而与人斗，失其党而孤居，求欲毋危，岂可得乎？

“今秦发三将军：其一军塞午道，告齐使兴师渡清河，军于邯郸之东；一军军成皋，驱韩梁军于河外；一军军于渑池。约四国为一以攻赵，赵破，必四分其地。是故不敢匿意隐情，先以闻于左右。臣窃为大王计，莫如与秦王遇于渑池，面相见而口相结，请案兵无攻。愿

张仪被激往秦邦

相传张仪与苏秦同学于鬼谷子门下，苏秦游说六国，希望有人游说秦与六国为敌，以便于自己推行合纵战略，于是智激张仪，促其入秦。

大王之定计。”

赵王曰：“先王之时，奉阳君专权擅势，蔽欺先王，独擅绾事，寡人居属师傅，不与国谋计。先王弃群臣，寡人年幼，奉祀之日新，心固窃疑焉，以为一从不事秦，非国之长利也。乃且愿变心易虑，割地谢前过以事秦。方将约车趋行，适闻使者之明诏。”赵王许张仪，张仪乃去。

［注释］

①宾：同“摈”，排斥，抛弃。②厉：同“砺”。

［译文］

张仪离开齐国，向西进入赵国，游说赵王说：“敝国的国君派遣我做使臣，向大王进献不成熟的策略。大王领导天下诸侯共同抵御秦国，使秦国的军队十五年不敢出函谷关。大王的声威已经传遍山东各国，我们秦国非常害怕，不敢妄动，整治军备，磨砺武器，整顿兵车战马，练习跑马射箭，勤奋耕种，储存粮食，守卫在四方边境，忧愁敬畏地过着日子，不敢轻举妄动，惟恐大王深深地责备我们的过错。

“如今，依靠大王的督促之力，秦国已经攻占了巴、蜀，吞并了汉中，取得了西周和东周，迁走了九鼎宝器，据守白马渡口。秦国虽然位于偏僻、遥远的地方，然而压抑、愤怒的日子已经过得太久了。现在，秦国有一支穿着破旧甲衣、拿着残缺兵器的军队正驻守在渑池，打算渡过黄河，越过漳水，攻占番吾，与赵军在邯郸城下交会，希望在甲子这一天作战，以重演周武王伐纣的旧事，所以秦王特别派我作为使臣先来恭敬地告知大王及您的左右亲信。

“大王之所以信任并且能够缔结合纵盟约，是因为有苏秦作为依仗。苏秦迷惑诸侯，能把正确的说成错误的，也能把错误的说成正确的，他企图使齐国动乱，结果导致自己在街市上被五马分尸。天下诸侯不可能结为一体是非常明显的了。如今，楚国和秦国已经结为了兄弟友邦，韩国和魏国自称是秦国在东边的属国，齐国向秦国献出盛产鱼盐的土地，这就好比斩断了赵国的右臂。被断掉了右臂的人与别人争斗，如同失去了同伙而孤立无援，想要没有危险，怎么可能办到呢？

“现在，秦国派出了三支军队：其中一支军队堵塞午道，通知齐国调动军队渡过清河，驻扎在邯郸的东面；一支军队驻扎在成皋，驱使韩国和魏国的军队驻扎在河外；一支军队驻扎在渑池。相约四国军队结为一体共同进攻赵国，赵国被攻破后，四个国家一定会瓜分它的国土。所以我不敢隐瞒真实的意图，先把它告诉给大王的左右亲信。我替大王考虑，不如与秦王在渑池会晤，当面做个口头约定，请他按兵不动，不要进攻。希望大王拿定主意。”

赵王说：“先王在世的时候，奉阳君独断专政，蒙蔽、欺骗先王，包揽所有政事。当时我还生活在深宫，跟着老师学习，没有参与国家大事。先王去世时，我的年纪还小，继位的时间不长，我原本就在心中暗自怀疑这种合纵的做法，认为一意投入合纵盟约而不依附秦国，不是为了赵国的长远利益作打算的。所以我打算改变主意，割让土地来弥补以往的过失，归附秦国。我正准备安排车马前去请罪，恰好听到了您的英明指示。”赵王接受了张仪的建议，张仪便离开了赵国。

原文

北之燕，说燕昭王曰：“大王之所亲莫如赵。昔赵襄子尝以其姊为代王妻，欲并代，约与代王遇于句注之塞。乃令工人作为金斗，长其尾，令可以击人。与代王饮，阴告厨人曰：‘即酒酣乐，进热啜，反斗以击之。’于是酒酣乐，进热啜，厨人进斟，因反斗以击代王，杀之，王脑涂地。其姊闻之，因摩①笄以自刺，故至今有摩笄之山。代王之亡，天下莫不闻。

“夫赵王之很②戾无亲，大王之所明见，且以赵王为可亲乎？赵兴兵攻燕，再围燕都而劫大王，大王割十城以谢。今赵王已入朝渑池，效河间以事秦。今大王不事秦，秦下甲云中、九原，驱赵而攻燕，则易水、长城非大王之有也。

“且今时赵之于秦犹郡县也，不敢妄举师以攻伐。今王事秦，秦王必喜，赵不敢妄动，是西有强秦之援，而南无齐赵之患，是故愿大王孰计之。”

燕王曰：“寡人蛮夷僻处，虽大男子，裁③如婴儿，言不足以采正计。今上客幸教之，请西面而事秦，献恒山之尾五城。”燕王听仪。

仪归报，未至咸阳而秦惠王卒，武王立。武王自为太子时不说张仪，及即位，群臣多谗张仪曰：“无信，左右卖国以取容。秦必复用之，恐为天下笑。”诸侯闻张仪有郤武王，皆畔衡④，复合从。

[注释]

①摩：通“磨”，磨砺。②很：通“狠”，凶暴。③裁：通“才”，仅仅。④衡：通“横”。

[译文]

张仪向北行进，到达了燕国，游说燕昭王说：“大王最亲近的国家，无疑就是赵国。过去赵襄子曾经把他的姐姐嫁给了代王做妻子。后来他想要吞并代国，就与代王约定在句注山的要塞会晤。他命令工匠制作了一个金斗，加长了斗柄，使它可以用来杀人。赵襄子与代王喝酒时，暗中吩咐厨子说：‘你趁着我们喝酒喝得酣畅高兴的时候，送上热汤，把斗柄反转过来击杀代王。’在酒喝到酣畅高兴的时候，上了热汤，厨子趁着送上金斗的时候，立即反转斗柄去袭击代王，把他杀死了，代王的脑浆流了一地。赵襄子的姐姐听说这个消息后，将簪子磨锋利，自刺而死，所以至今还有一座叫摩笄的山。代王是如何死去的，天下人没有谁不知道。

赵王如此凶狠暴戾、六亲不认，大王已经看得很清楚了，还认为赵王是值得亲近的人吗？赵国出动军队攻打燕国，两次围困了燕的都城胁迫大王，逼迫大王割让了十座城池向他道歉。如今，赵王已经到渑池朝见秦王，献出河间一带的土地来归附秦国。现在，假如大王不归附秦国，秦国将出动军队直下云中、九原，驱使赵国攻打燕国，如此一来，易水、长城就不再为大王所拥有了。

“况且，现在的赵国相对于秦国而言，如同秦国的一个郡县，不敢妄自出兵攻伐。大王如果眼下就向秦国臣服，秦王一定非常高兴，而赵国又不敢轻举妄动。这样，燕国在西面有强大的秦国可以来救援，南面不再受齐国和赵国的侵犯，所以我希望大王慎重地考虑这个建议。”

燕王说：“我生活在偏僻的蛮夷之地，这里的人即使是男子汉、大丈夫，实际上也都像婴儿，说的话不能作为正确的决策。如今，有幸接受贵客的指教，我愿意向西臣服秦国，献出恒山脚下的五座城池。”燕王听从了张仪的建议。

张仪返回秦国复命，还没有到达咸阳，秦惠王就去世了，秦武王即位。武王在还是太子的时候就对张仪没有好感，等到即位后，大臣中有很多人说张仪的坏话：“张仪不讲信用，反复无常，为了取得君主的欢心而出卖国家的利益。如果秦国要继续重用他，恐怕会被天下人所耻笑。”各国的诸侯听说张仪与秦武王有隔阂，纷纷背叛了连横，又恢复了合纵联盟。

原文

秦武王元年，群臣日夜恶张仪未已，而齐让又至。张仪惧诛，乃因谓秦武王曰：“仪有愚计，愿效之。”王曰：“奈何？”对曰：“为秦社稷计者，东方有大变，然后王可以多割得地也。今闻齐王甚憎仪，仪之所在，必兴师伐之。故仪愿乞其不肖之身之梁，齐必兴师而伐梁。梁齐之兵连于城下而不能相去，王以其间伐韩，入三川，出兵函谷而毋伐，以临周，祭器必出。挟天子，按图籍，此王业也。”秦王以为然，乃具革车三十乘，入仪之梁。齐果兴师伐之。梁哀王恐。张仪曰：

“王勿患也，请令罢齐兵。”乃使其舍人冯喜之楚，借使之齐，谓齐王曰：“王甚憎张仪；虽然，亦厚矣王之托仪于秦也！”齐王曰：“寡人憎仪，仪之所在，必兴师伐之，何以托仪？”对曰：“是乃王之托仪也。夫仪之出也，固与秦王约曰：‘为王计者，东方有大变，然后王可以多割得地。今齐王甚憎仪，仪之所在，必兴师伐之。故仪愿乞其不肖之身之梁，齐必兴师伐之。齐梁之兵连于城下而不能相去，王以其间伐韩，入三川，出兵函谷而无伐，以临周，祭器必出。挟天子，案图籍，此王业也。’秦王以为然，故具革车三十乘而入之梁也。今仪入梁，王果伐之，是王内罢国而外伐与国，广邻敌以内自临，而信仪于秦王也。此臣之所谓‘托仪’也。”齐王曰：“善。”乃使解兵。

张仪相魏一岁，卒于魏也。

[译文]

秦武王元年，大臣们日夜不停地诋毁张仪，齐国又派使臣来谴责张仪。张仪害怕被杀害，就趁机对秦武王说：“我有一个不成熟的计策，愿意献给大王。”武王问：“什么样的计策？”张仪回答说：“为秦国的利益着想，必须使东方发生大变故，大王才能够让其他国家献出更多的土地。现在听说齐王非常憎恨我，我去哪个国家，齐王一定会出兵攻打这个国家。因此我希望让我这个没有才能的人前往魏国，齐国一定会发动军队攻打魏国。魏国和齐国的军队在城下纠缠而不得脱身，大王就趁此机会攻打韩国，进入三川，从函谷关发兵，但不要攻打别的国家，直接挺进，兵临周都，周天子一定会献出祭器。大王就可以挟持周天子，掌握天下的地图和户籍，这是成就帝王的功业啊。”秦武王认为张仪说得有道理，就准备了三十辆兵车，送张仪到魏国去。齐国果然出动军队攻打魏国。魏哀王非常惊恐。张仪说：“大王不要担忧，请让我劝退齐兵。”于是张仪派遣他的门客冯喜前往楚国，再作为楚国的使臣出使齐国，对齐王说：“大王非常憎恨张仪，虽然如此，大王为了让张仪在秦国有所依托，也做得够周到的了。”齐王说：“我十分憎恨张仪，张仪走到哪里，我一定出兵讨伐哪里，我怎

赛举鼎秦武王绝胫

么会让张仪有所依托呢？”冯喜回答说：“这样做正是让张仪有所依托啊。张仪离开秦国时，早就与秦王有约定，说是‘替大王打算，必须使东方发生大变乱，大王才能够多割得一些土地。现在齐王非常憎恨我，我在哪个国家，他一定会出兵攻打那个国家。因此我希望让我这个没有才能的人到魏国去，齐王一定会出兵攻打魏国。齐国和魏国的军队在城下纠缠不得脱身的时候，大王趁机攻打韩国，进军三川，从函谷关出兵，却并不进攻其他国家，直接挺进，兵临周都，以此来威胁周天子，周天子一定会献出祭器。大王就可以挟持周天子，掌握天下的地图和户籍，这是成就帝王的功业啊’。秦王认为他说得有道理，所以用三十辆兵车送他去魏国。现在张仪到了魏国，大王果真出兵攻打魏国，这样做对内消耗了国家的实力，对外是在攻打盟国，广泛地树立敌人，祸患殃及自己，这就是我所说的‘让张仪有所依托’啊。”齐王说：“你说得对。”于是停止对魏国用兵。

张仪在魏国担任了一年的相国，就死在魏国。

原文

陈轸者，游说之士。与张仪俱事秦惠王，皆贵重，争宠。张仪恶陈轸于秦王曰：“轸重币轻使秦楚之间，将为国交也。今楚不加善于秦而善轸者，轸自为厚而为王薄也。且轸欲去秦而之楚，王胡不听乎？”王谓陈轸曰：“吾闻子欲去秦之楚，有之乎？”轸曰：“然。”王曰：“仪之言果信矣。”轸曰：“非独仪知之也，行道之士尽知之矣。昔子胥忠于其君而天下争以为臣，曾参孝于其亲而天下愿以为子。故卖仆妾不出闾巷而售者，良仆妾也；出妇嫁于乡曲者，良妇也。今轸不忠其君，楚亦何以轸为忠乎？忠且见弃，轸不之楚何归乎？”王以其言为然，遂善待之。

[译文]

陈轸是一个游说的策士。他和张仪共同侍奉秦惠王，都得到了重用，二人互相竞争。张仪在秦惠王面前中伤陈轸说：“陈轸携带了丰厚的礼物频繁地来往于秦、楚两国之间，本应该搞好两国的外交关系。如今楚国并没有对秦国更加友好，反而对陈轸十分优待，这是因为陈轸替自己打算得多而替大王打算得少啊。而且陈轸想要离开秦国前往楚国，大王为什么不让他离开呢？”秦惠王对陈轸说：“我听说先生想要离开秦国而去投奔楚国，有这样的事情吗？”陈轸说：“有。”秦惠王说：“张仪的话果然是可信的。”陈轸说：“这件事不仅张仪知道，连路上的行人也都知道。过去伍子胥忠于他的国君，因而天下的诸侯争相拉拢他来自己的国家做臣子；曾参孝敬他的父母，天下的父母都希望让他来给自己做儿子。所以，将要出卖的奴仆不用走出街巷就卖掉了，因为是好奴仆；被丈夫抛弃的女人还能再嫁到本乡本里，因为是好女人。如果我对自己的国君不忠诚，楚王又怎么会认为我是忠心的臣子呢？忠心却要被抛弃，我不去楚国又应该投奔到哪里去呢？”秦惠王认为陈轸的话说得有道理，于是便更好地对待他。

原文

居秦期年，秦惠王终相张仪，而陈轸奔楚。楚未之重也，而使陈轸使于秦。过梁，欲见犀首。犀首谢弗见。轸曰：“吾为事来，公不见轸，轸将行，不得待异日。”犀首见之。陈轸曰：“公何好饮也？”犀首曰：“无事也。”曰：“吾请令公厌事可乎？”曰：“奈何？”曰：“田需约诸侯从亲，楚王疑之，未信也。公谓于王曰：‘臣与燕、赵之王有故，数使人来，曰：“无事何不相见？”愿谒行于王。’王虽许公，公请毋多车，以车三十乘，可陈之于庭，明言之燕、赵。”燕、赵客闻之，驰车告其王，使人迎犀首。楚王闻之大怒，曰：“田需与寡人约，而犀首之燕、赵，是欺我也。”怒而不听其事。齐闻犀首之北，使人以事委焉。犀首遂行，三国相事皆断于犀首。轸遂至秦。

韩魏相攻，期年不解。秦惠王欲救之，问于左右。左右或曰救之便，或曰勿救便，惠王未能为之决。陈轸适至秦，惠王曰：“子去寡人之楚，亦思寡人不？”陈轸对曰：“王闻夫越人庄舄(xì)乎？”王曰：“不闻。”曰：“越人庄舄仕楚执珪，有顷而病。楚王曰：‘舄故越之鄙细人也，今仕楚执珪，贵富矣，亦思越不？’中谢对曰：‘凡人之思故，在其病也。彼思越则越声，不思越则楚声。’使人往听之，犹尚越声也。今臣虽弃逐之楚，岂能无秦声哉！”惠王曰：“善。

卞庄刺虎

今韩魏相攻，期年不解，或谓寡人救之便，或曰勿救便，寡人不能决，愿子为子主计之余，为寡人计之。”陈轸对曰：“亦尝有以夫卞庄子刺虎闻于王者乎？庄子欲刺虎，馆竖子止之，曰：‘两虎方且食牛，食甘必争，争则必斗，斗则大者伤，小者死，从伤而刺之，一举必有双虎之名。’卞庄子以为然，立须之。有顷，两虎果斗，大者伤，小者死。庄子从伤者而刺之，一举果有双虎之功。今韩魏相攻，期年不解，是必大国伤，小国亡，从伤而伐之，一举必有两实。此犹庄子刺虎之类也。臣主与王何异也。”惠王曰：“善。”卒弗救。大国果伤，小国亡，秦兴兵而伐，大克之。此陈轸之计也。

［译文］

陈轸在秦国待了整整一年，秦惠王最终任命张仪为相国，陈轸便去投奔楚国了。楚王没有重用他，却派遣他出使秦国。陈轸经过魏国的时候，想要见一见犀首。犀首拒绝相见。陈轸说：“我是有重要的事情才来的，您不见我，我就要走了，等不到第二天。”犀首便接见了陈轸。陈轸说：“您怎么喜欢喝起酒来了呢？”犀首说：“没有事情可以做。”陈轸说：“请允许我让您的事情多起来，如何？”犀首问：“要怎么办呢？”陈轸说：“魏相田需邀请聚集各国的诸侯组成合纵联盟，楚王怀疑他，不信任他。您去对魏王说：‘我与燕国和赵国的国君都有旧交情，他们多次派人来对我说：“你闲着没事，为什么不互相见见面。”我愿意替大王您去谒见他们。’魏王即使答应您的请求，您也不必多要车辆，只需要把三十辆车子摆放在庭院里，公开地说要到燕国和赵国去。”燕国和赵国两国在魏国客居的人们听到了这个消息，都立刻驱车回国向他们的国君报告，两国都派人来魏国迎接犀首。楚王听到这件事后，非常气愤，说：“魏相田需来与我结约，而魏国的犀首却去了燕国和赵国，这是欺骗我啊！”楚王在大怒之下，没有再理睬田需的事。齐王听说犀首去了北方，派人把国家政事委托给他。犀首于是就启程出发了，燕、赵、齐三国的相国事务都要由犀首来处理。陈轸于是回到秦国。

韩国和魏国交战，整整一年都没有和解。秦惠王打算调停，征求左右亲信大臣的意见。大臣们有的说去调解有利，有的说不调解有利，秦惠王对这件事不能做出决断。正好遇到陈轸回到秦国，秦惠王便问他说：“先生离开我去了楚国，也想念我吗？”陈轸回答说：“大王听说过越国人庄舄吗？”秦惠王说：“没有听说过。”陈轸说：“越国人庄舄在楚国为官，获得了执珪的爵位，不久就生病了。楚王问：‘庄舄原本是越国一个地位低贱的人，如今在楚国为官，获得了执珪的爵位，富贵了，不知道还思不思念越国？’一位侍从回答说：‘人们思念自己的故乡，通常是在他生病的时候。如果庄舄思念越国，在呻吟时会操越国的口音；如果庄舄不思念越国，则会是楚国的口音。’楚王派人去庄舄那里偷听，庄舄的呻吟声仍然是越国的口音。如今我虽然被遗弃，投奔到了楚国，难道能忘记了秦国的口音吗？”秦惠王说：“说得好。现在韩国和魏国交战，整整一年了都没有和解，有人对我说让它们和解有利，有人对我说让它们不和解有利，我不能作出决断，希望先生能在替您的楚国国君出谋划策之余，也替我出个主意。”陈轸回答说：“也曾经有人把卞庄子刺虎的故事讲给大王听吗？庄子正准备刺杀老虎，旅馆里的仆役阻止了他，说：‘两只老虎正要吃牛，等它们吃到味道好的地方一定会互相争夺，一争夺就一定会打起来，一打起来，结果就会是大虎受伤，小虎死亡，这时再去追逐受伤的老虎，刺杀它。这样一来就获得了一举杀死两只老虎的名声。’卞庄子认为他说得有道理，站在旁边等待时机。不久之后，两只老虎果真争斗起来，大的受伤了，小的死了。庄子追赶上受伤的老虎并且杀死了它，这一举果然获得了杀死双虎的功劳。如今韩国和魏国互相攻打，一年都不能和解，这样势必会使大国受损，小国危亡，兴兵讨伐受损的国家，这一举一定会获得击破两个国家的胜利果实。这就如同卞庄子刺虎一样。我替自己的君主出主意和替大王出主意应该是没有什么区别的。”秦惠王说：“说得好。”终于没有让这两个国家和解。结果大国果然受到损害，小国面临灭亡，秦国趁机兴兵讨伐它们，打败了它们。这正是陈轸的谋略啊。

原文

犀首者，魏之阴晋人也，名衍，姓公孙氏。与张仪不善。

张仪为秦之魏，魏王相张仪。犀首弗利，故令人谓韩公叔曰：“张仪已合秦魏矣，其言曰‘魏攻南阳，秦攻三川’。魏王所以贵张子者，欲得韩地也。且韩之南阳已举矣，子何不少委焉以为衍功，则秦魏之交可错矣。然则魏必图秦而弃仪，收韩而相衍。”公叔以为便，因委之犀首以为功。果相魏。张仪去。

义渠君朝于魏。犀首闻张仪复相秦，害之。犀首乃谓义渠君曰：“道远不得复过，请谒事情。”曰：“中国无事，秦得烧掇焚杅君之国；有事，秦将轻使重币事君之国。”其后五国伐秦。会陈轸谓秦王曰：“义渠君者，蛮夷之贤君也，不如赂之以抚其志。”秦王曰：“善。”乃以文绣千纯，妇女百人遗义渠君。义渠君致群臣而谋曰：“此公孙衍所谓邪？”乃起兵袭秦，大败秦人李伯之下。

张仪已卒之后，犀首入相秦。尝佩五国之相印，为约长。

[译文]

犀首是魏国阴晋人，叫作衍，姓公孙。他与张仪关系不好。

张仪为秦国之事而前往魏国，魏王任用张仪做相国。犀首认为这对他很不利，所以派人对韩国的公叔说："张仪已经让秦国和魏国联合了，他扬言'魏国进攻韩国的南阳，秦国进攻韩国的三川'。魏王之所以器重张仪，是因为想要获得韩国的土地。况且韩国的南阳已经快被攻取了，您为什么不稍微把南阳的战功交给公孙衍，让他到魏王面前去献功，那么，秦国和魏国的交往就会被丢弃在一边。这样一来，魏国一定会谋取秦国，从而抛弃张仪，结交韩国，而让公孙衍出任相国。"公叔认为这样很有利，于是把南阳的战功委托给了犀首，让他去献功。犀首果真做了魏的相国，张仪只好离开魏国。

义渠君到魏国来朝见魏王。犀首听说张仪重新担任秦国的相国，心里十分忧虑。犀首就对义渠君说："贵国路途遥远，今日分别，不可能再相见了，请允许我告诉您一件大事。"犀首接着说："中原各国如果不联合起来进攻秦国，秦国将会焚烧抢掠您的国家；如果中原各国共同讨伐秦国，秦国将会迅速地派出使臣用贵重的礼物事奉您的国家。"此后，楚、魏、齐、韩、赵五国共同讨伐秦国。此时恰逢陈轸对秦王说："义渠君是蛮夷各国中比较贤明的君主，不如赠送给他贵重的礼物用来安定他的心志。"秦王说："好。"于是把一千匹锦绣和一百名美女赠送给义渠君。义渠君召集群臣商议说："这大概就是公孙衍向我所说的那种情形吧？"于是就发兵袭击秦国，在李伯这个地方大败秦兵。

张仪去世以后，犀首到秦国出任相国。他曾经佩带过五个国家的相印，做过五国联盟的领袖。

原文

太史公曰：三晋多权变之士，夫言从衡强秦者大抵皆三晋之人也。夫张仪之行事甚于苏秦，然世恶苏秦者，以其先死，而仪振暴其短以扶其说，成其衡道。要之，此两人真倾危之士哉！

[译文]

太史公说：三晋这个地方出了很多善于随机应变的人，那些倡导合纵连横，使秦国强大的，大多是三晋人。张仪诈伪的外交手段超过了苏秦，但是世人之所以厌恶苏秦，是因为他先死，而张仪宣扬和暴露了他的合纵政策的短处，以此来显示自己的主张是正确的，从而促成连横策略。总之，他们两个真正是使国家倾覆危亡的人物啊！

[赏析]

苏秦与张仪都曾经游说六国：苏秦合纵为燕国效力；张仪连横则为秦国效力。他们均是以权变之术以及雄辩家的姿态，雄心勃发，为追求事业功名而将生死置之度外，体现他们的雄才大略，展现了二人的力量和存在的巨大价值。张仪除了揭露合纵的缺陷，用来迎合自己的主张外，还借助秦国自身实力的强大，多次采用威逼利诱、欺诈行骗的权谋之术，成为一代风云人物。

本篇的一些内容有着类似后世小说的笔法。张仪说楚，用商於之地六百里为饵将楚王蒙骗，与小说非常近似。短短几百字就具备了情节的开端、发展、高潮、结局乃至余波，其中又不缺少戏剧性的冲突以及曲折情节，人物形象鲜明生动而富有个性，把故事描写得富于曲折性、有声有色。其中张仪的欺诈权变之术、诡辩机智的韬略、从容不迫的气度、巧舌如簧的才能、善于借助情势来转祸为福的能力，楚王的贪婪与愚蠢、刚愎自用、意气用事，陈轸的老谋深算、耿介衷肠、直言进谏，都在矛盾纠葛的冲突过程中展现得淋漓尽致。

本篇情节曲折，变化多端：张仪历经坎坷，到最后成就大事业，其性格特征逐步铺开，前有蓄势，后有照应，使得情节安排井然有序，无懈可击。人物对话非常简洁，个性化的语言刻画出富有个性的人物，是后世写作的模板。

文中语言精辟，积羽沉舟、群轻折轴、众口铄金、积毁销骨、卞庄刺虎等，都成为传世的成语典故，沿用至今。

［集评］

索隐述赞：仪未遭时，频被困辱。及相秦惠，先韩后蜀。连衡齐魏，倾危诳惑。陈轸挟权，犀首骋欲。如何三晋，继有斯德。

魏公子列传

题解

《魏公子列传》出自《史记》卷七十七，列传第十七。传中详细地叙述了信陵君从保存魏国的目的出发，屈尊求贤、不耻下交的一系列活动，如驾车虚左亲自迎接门役侯嬴于大庭广众之下，多次卑身拜访屠夫朱亥以及秘密结交赌徒毛公、卖浆者薛公等；着重记写了他在这些“岩穴隐者”的鼎力相助下，不顾个人安危，不谋一己之利，挺身而出，完成“窃符救赵”和“却秦存魏”的历史大业。从而，歌颂了信陵君心系魏国、礼贤下士、救人于危难之中的思想品质。这也是本传的主旨所在。

原文

魏公子无忌者，魏昭王少子而魏安釐（xī）王异母弟也①。昭王薨②，安釐王即位，封公子为信陵君③。是时范雎亡魏相秦，以怨魏齐故，秦兵围大梁④，破魏华阳⑤下军，走芒卯⑥。魏王及公子患之。

公子为人仁而下士，士无贤不肖皆谦而礼交之，不敢以其富贵骄士。士以此方数千里争往归之，致食客⑦三千人。当是时，诸侯以公子贤，多客，不敢加兵谋魏十余年。

公子与魏王博⑧，而北境传举烽⑨，言“赵寇至，且入界”。魏王释博，欲召大臣谋。公子止王曰：“赵王田猎耳，非为寇也。”复博如故。王恐，心不在博。居顷，复从北方来传言曰：“赵王猎耳，非为寇也。”魏王大惊，曰：“公子何以知之？”公子曰：“臣之客有能深得赵王阴事⑩者，赵王所为，客辄以报臣，臣以此知之。”是后魏王畏公子之贤能，不敢任公子以国政。

[注释]

①魏昭王：名遬，魏国第五代国君，魏襄王之子。魏安釐王：名圉，魏国第六代国君。②薨：周代诸侯死去称薨。③信陵：魏国邑名。故城在今河南省宁陵县西。《史记·六国年表》记载，魏安釐王元年（前276年）封公子无忌为信陵君。④大梁：魏国国都，在今河南省开封市西北。⑤华阳：山名，在今河南省密县境内。据《史记·六国年表》及《魏世家》记载，秦兵围大梁在秦昭王三十二年（前275年），破魏华阳下军在秦昭王三十四年。⑥芒卯：魏国将领。⑦致：招徕。食客：古代寄

食于豪门贵家并为之服务的门客。⑧博：古代的一种棋类游戏，又称六博。⑨烽：指烽火，古时边境告急的一种信号。⑩阴事：指秘密的事情或者行动。

[译文]

魏公子名叫无忌，他是魏昭王的小儿子，魏安釐王同父异母的弟弟。魏昭王去世，魏安釐王即位做了国君，封公子无忌为信陵君。这个时候范雎从魏国逃走，到秦国做了宰相，因为怀恨魏齐的原因，范雎派秦国的军队围攻魏国的都城大梁，打败了魏国驻扎在华阳的军队，魏军主将芒卯逃走。魏王和公子无忌非常担心。

公子无忌做人仁德，能够委屈自己结交贤士，士人无论是贤能的还是不贤能的，他都会以谦虚的态度礼貌地对待他们，从来不因为自己富有、尊贵而轻视那些士人。因此，士人们从方圆数千里的各个地方赶来归附他，公子无忌招纳在门下的食客有三千人。当时，诸侯因为公子无忌贤能、手下宾客众多的缘故，在十几年的时间里都不敢出兵图谋魏国。

公子无忌和魏王正在下棋，北方边境传来了烽火被点燃的消息，说是“赵国的军队到了，将要进入魏国的边界”。魏王放下棋子，想要召集大臣们一起商量对策。公子无忌阻止魏王说道：“赵王是在打猎，并不是要侵犯魏国。”又像之前那样下棋。魏王很惊慌，心思没有放在下棋上。过了一会儿，又从北方传来了消息说：“赵王只是打猎罢了，不是要侵犯魏国。”魏王非常吃惊，说：“您凭借什么知道这件事的？”公子无忌说：“我的门客中有能潜入赵国探听赵王秘密的人，赵王有什么行动，那门客就会报告给我，我就根据这个知道这件事的。”这件事情之后，魏王忌惮公子无忌的贤能，不敢把魏国的政事交给公子无忌来处理。

原文

魏有隐士曰侯嬴，年七十，家贫，为大梁夷门监者[①]。公子闻之，往请，欲厚遗之。不肯受，曰：“臣修身絜行数十年，终不以监门困故而受公子财。”公子于是乃置酒大会宾客。坐定，公子从车骑，虚左[②]，自迎夷门侯生。侯生摄敝衣冠，直上载公子上坐，不让，欲以观公子。公子执辔（pèi）愈恭。侯生又谓公子曰：“臣有客在市屠中，愿枉[③]车骑过之。”公子引车入市，侯生下见其客朱亥，俾倪[④]，故久立与其客语，微察公子。公子颜色愈和。当是时，魏将相宗室宾客满堂，待公子举酒。市人皆观公子执辔，从骑皆窃骂侯生。侯生视公子色终不变，乃谢客就车。至家，公子引侯生坐上坐，遍赞宾客[⑤]，宾客皆惊。酒酣，公子起，为寿侯生前。侯生因谓公子曰：“今日嬴之为公子亦足矣。嬴乃夷门抱关者也，而公子亲枉车骑，自迎嬴于众人广坐之中，不宜有所过，今公子故[6]过之。然嬴欲就公子之名，故久立公子车骑市中，过客以观公子，公子愈恭。市人皆以嬴为小人，而以公子为长者能下士也。”于是罢酒，侯生遂为上客。

侯生谓公子曰：“臣所过屠者朱亥，此子贤者，世莫能知，故隐屠间耳。”公子往数请之，朱亥故不复谢，公子怪之。

［注释］

①夷门：大梁城的东门名，故址在今河南开封东北。监者：看守城门的役吏。②虚左：空出左边的座位。古代乘车以左边的位置为尊位。③枉：冤屈，这里引申为委屈的意思。④俾倪：通“睥睨”，指斜着眼睛看。⑤遍赞宾客：逐一向宾客作介绍。⑥故：通“固”，这里是“既”“已”的意思。

［译文］

魏国有位隐士名叫侯嬴，已经七十岁了，家里非常贫穷，是魏国都城大梁的东城门的看守。公子无忌听说过他，到他那里去请他，想要送给他丰厚的礼物。侯嬴不肯接受礼物，对公子无忌说：“我修养身心、修饬品行已经几十年了，不能在最后的时候因为看守城门生活贫困而接受公子您的财物。”公子无忌于是就置办酒席，请宾客聚会。众人都坐好之后，公子无忌就带着随从和车马，空出马车左边身份尊贵的人所坐的位子，亲自到东城门去迎请侯生。侯生整理了一下破旧的衣服和帽子，直接就登上马车坐在了公子无忌空出来的尊贵座位，没有谦让的表现，想要借此观察公子无忌的神色。公子无忌手里拉着马缰绳，神色更加恭敬。侯生又对公子无忌说道：“我有个好朋友在集市上的肉店，希望您的马车能够绕道，让我去拜访他。”公子无忌驾着马车进入了集市，侯生下车去看他的朋友朱亥，侯生一边斜着眼睛偷看公子无忌，一边故意长时间地站着跟他的朋友说话，暗地里观察公子无忌的表现。公子无忌脸上的神色更加谦和。在这个时候，魏国的大将、卿相，与魏国宗室众人，在公子无忌家的厅堂里都坐满了，等着公子无忌回来举起酒杯一同开怀畅饮。而集市上的人都在观看公子无忌在那里手拿缰绳等着侯生。公子无忌那些骑着马的仆从都暗地里骂侯生。侯生见公子无忌的脸色始终都没有改变，于是告别朋友上了马车。到了公子无忌的家里，公子领着侯生坐到了上座，并且当着每一个宾客的面介绍了侯生，宾客全都感到惊讶。酒喝到高兴的时候，公子无忌站起来，端着酒杯来到侯生面前为他祝寿。侯生于是对公子无忌说：“今天侯嬴为公子所做的事情也足够了。侯嬴是看守城门的人，但是公子委屈自己、降低身份来驾着马车，把我接到这大庭广众里来。有些地方按理说是公子不该去的，可是公子居然也去了。但我侯嬴也想成就公子的名声，故意长久地让您和车马、仆从站在集市中，当时来来往往的人都在观察您，而您的态度更加恭敬、谦和。这样就可以让集市上的人都认为侯嬴是小人，但却认为公子您是一位高尚的、甘愿委屈自己来结交士人的厚道人。”公子无忌在听了侯嬴的话之后，就撤去了酒宴，侯生成了公子无忌尊贵的客人。

侯生对公子无忌说：“我所拜访的那位屠户朱亥，他是一个贤能的人，世上没有了解他的人，所以他才隐藏在了屠户里。”公子无忌多次到肉店邀请朱亥，朱亥故意不回答也不表示感谢，公子无忌觉得非常奇怪。

原文

魏安釐王二十年①，秦昭王已破赵长平②军，又进兵围邯郸③。公子姊为赵惠文王弟平原君夫人④，数遗魏王及公子书，请救于魏。魏王使将军晋鄙⑤将十万众救赵。秦王使使者告魏王曰：“吾攻赵旦暮且下，而诸侯敢救者，已拔赵，必移兵先击之。”魏王恐，使人止晋鄙，留军壁邺⑥，名为救赵，实持两端以观望。平原君使者冠盖相属于魏，让魏公子曰：“胜所以自附为婚姻者，以公子之高义，为能急人之困。今邯郸旦暮降秦而魏救不至，安在公子能急人之困也！且公子纵轻胜，弃之降秦，独不怜公子姊邪？”公子患之，数请魏王，及宾客辩士说王万端。魏王畏秦，终不听公子。公子自度终不能得之于王，计不独生而令赵亡，乃请宾客，约车骑百余乘，欲以客往赴秦军，与赵俱死。

［注释］

①魏安釐王二十年：公元前257年。②长平：古地名，故址在今山西高平西北。③邯郸：赵国国都，故址在今河北省邯郸。据《史记·六国年表》记载，这一年秦将王龁、郑安平围邯郸。④赵惠文王：名何，赵武灵王次子，赵国第七任国君，在位三十三年，当时已死，在位的是其子赵孝成王。平原君：名胜，赵惠文王之弟，曾任赵相，受封平原君。⑤晋鄙：魏国将领。⑥邺：魏地名，在今河北省临漳县西南。

［译文］

魏国安釐王即位的第二十年，秦昭王打败了赵国驻扎在长平的军队，继续派兵围攻邯郸。公子无忌的姐姐是赵惠文王的弟弟平原君的夫人，平原君多次给魏王和公子无忌送去书信，请求魏国出兵相救。魏王派大将晋鄙率领十万人去救援赵国。秦王派使者对魏王说道：“我攻打赵国，一早一晚的时间就能战胜，如果诸侯中有人敢救援赵国，等我消灭赵国之后，一定会派兵先攻打他。”魏王害怕，派人阻止晋鄙，在邺地安营驻扎军队，表面上是救援赵国，实际上是在观望形势的变化。平原君派到魏国的使者络绎不绝，平原君责备魏公子无忌说：“我赵胜之所以要归附魏国，与魏国联姻，是因为公子具有高尚的仁义之心，是因为公子您能把别人的困境当成自己的急事来办。现在邯郸一早一晚之间就会投降秦国，但是魏国却不救援，公子您那种把别人困境当作自己急事来办的精神在哪里呢？况且公子您纵然轻视我赵胜，要抛弃我而且让赵国投降秦国，难道也不怜惜您的姐姐吗？”公子无忌非常担心这件事，多次请求魏王，而且让手下的宾客、善于辩论的人士多次游说魏王。但因为魏王畏惧秦国，始终都不听公子无忌的意见。公子无忌揣度自己的意见最终不会得到魏王的同意，便决定不能自己一个人活着而让赵国灭亡，就请来自己的宾客，约集了一百多辆车马，打算率领门客到赵国去与秦国军队决一死战，跟赵国共存亡。

原文

行过夷门，见侯生，具告所以欲死秦军状。辞决[①]而行，侯生曰：“公子勉之矣，老臣不能从。”公子行数里，心不快，曰：“吾所以待侯生者备矣，天下莫不闻，今吾且死而侯生曾无一言半辞送我，我岂有所失哉？”复引车还，问侯生。侯生笑曰：“臣固知公子之还也。”曰：“公子喜士，名闻天下。今有难，无他端而欲赴秦军，譬若以肉投馁虎，何功之有哉？尚安事客？然公子遇臣厚，公子往而臣不送，以是知公子恨之复返也。”公子再拜，因问。侯生乃屏人间语[②]，曰：“嬴闻晋鄙之兵符[③]常在王卧内，而如姬[④]最幸，出入王卧内，力能窃之。嬴闻如姬父为人所杀，如姬资之三年[⑤]，自王以下欲求报其父仇，莫能得。如姬为公子泣，公子使客斩其仇头，敬进如姬。如姬之欲为公子死，无所辞，顾未有路耳。公子诚一开口请如姬，如姬必许诺，则得虎符夺晋鄙军，北救赵而西却秦，此五霸[⑥]之伐也。”公子从其计，请如姬。如姬果盗晋鄙兵符与公子。

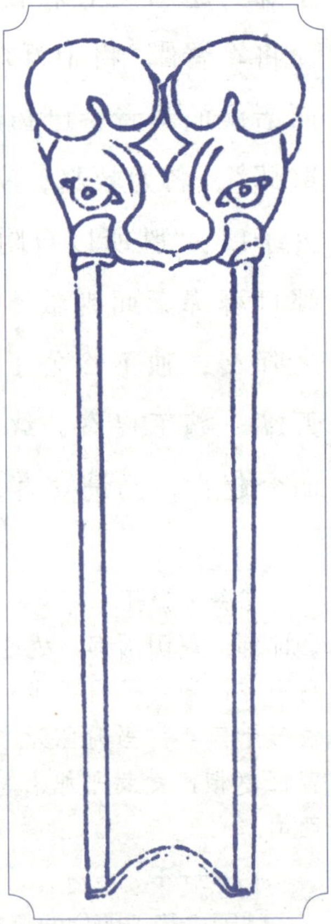

汉虎符

虎符是兵权的象征，古代帝王用来调兵遣将的工具。它是由黄金或青铜做成的伏虎状的令牌，被劈成两半，一半交由将帅，一半由帝王保存。只有两块并用，方才可以调动兵将。

［注释］

①决：同“诀”。②屏人：同“摒人”，即支开旁边的人。间语：私语。③兵符：古代调兵遣将的一种凭证，多以金石竹木制成虎形，中剖为二，可分可合。左半交给统军的将领，右半留在国君手中，如果国家有了战事，则派使者持右半虎符前往传达，左右符合，方可生效。④如姬：魏安釐王的侍妾。⑤资之三年：积恨三年。资，积蓄。之，指杀父之仇。一说资指悬赏，顾炎武《日知录》说：“谓以资财求客报仇。”之指杀死如姬父亲的人。⑥五霸：指春秋时先后称霸的五个诸侯。

［译文］

信陵君从东门经过的时候，看到了侯生，公子无忌详细地告诉侯生自己想要率领门客与秦军拼死决战的情况。告辞诀别之后，公子无忌就要继续赶路，侯生说：“公子努力吧，我老了，不能跟您一起去。”公子无忌走了几里路，心里不高兴，说：“我那么周到地对待侯生，天下人都知道，现在我都要死了，但侯生却连一句半句有用的话都没有对我说，难道是因为我有什么失礼的地方吗？”公子无忌于是又驾着马车回来，询问侯生。侯生笑着说：“我就知道公子您会回来的。”侯生接着说：“公子您喜欢结交贤能的人，名声传遍天下。现在有了困难，没有别的办法却要去跟秦国军队拼命，就如同把肉投给饥饿的老虎一样，有什么用呢？还要我们这些宾客有什么用呢？但是公子您对我的待遇很优厚，您离开这里我却不为您送行，因为我知道您肯定会觉得遗憾而再次回来的。”公子无忌向侯生拜了两次，借机向侯生请教。侯生于是屏退旁边的人，与公子无忌秘密交谈，侯生说：“我听说调动晋鄙兵马的虎符常常放在魏王的卧室里面，而如姬是最受大王宠幸的妃子，经常进出大王的卧室，她一定能够偷到手。我听说如姬的父亲被人杀害，如姬重金悬赏了三年，从大王以下的人都想帮着她为父亲报仇，没有一个人能够成功。如姬对着公子您哭泣，您就派遣手下的宾客砍掉了她仇人的脑袋，恭敬地献给如姬。如姬想报答您的恩情，即使是让她去死，她也不会推辞的，只是没有报答您的机会。公子如果向如姬开口请求她帮忙的话，如姬肯定会答应您的请求的，那么就可以得到虎符，夺取晋鄙手下的军队，向北可以救援赵国，向西可以打退秦国，这就和春秋时期五位霸主的功业一样啊。”公子无忌听从了侯生的计策，请求如姬帮忙，如姬果然偷出调动晋鄙军队的兵符给了公子无忌。

原文

公子行，侯生曰：“将在外，主令有所不受①，以便国家。公子即合符，而晋鄙不授公子兵而复请之，事必危矣。臣客屠者朱亥可与俱，此人力士。晋鄙听，大善；不听，可使击之。”于是公子泣。侯生曰：“公子畏死邪？何泣也？”公子曰：“晋鄙嚄唶(huò zè)宿将②，往恐不听，必当杀之，是以泣耳，岂畏死哉？”于是公子请朱亥。朱亥笑曰：“臣乃市井鼓刀屠者，而公子亲数存[③]之，所以不报谢者，以为小礼无所用。今公子有急，此乃臣效命之秋[④]也。”遂与公子俱。公子过谢侯生。侯生曰：“臣宜从，老不能。请数公子行日，以至晋鄙军之日，北乡自刭(jǐng)[⑤]，以送公子。”公子遂行。

至邺，矫魏王令代晋鄙。晋鄙合符，疑之，举手[⑥]视公子曰：“今吾拥十万之众，屯于境上，国之重任。今单车来代之，何如哉？”欲无听。朱亥袖四十斤铁椎[⑦]，椎杀晋鄙，公子遂将晋鄙军。勒兵下令军中曰：“父子俱在军中，父归；兄弟俱在军中，兄归；独子无兄弟，归养。”得选兵八万人，进兵击秦军。秦军解去，遂救邯郸，存赵。赵王及平原君自迎公子于界，平原君负韊(lán)[⑧]矢为公子先引。赵王再拜曰：“自古贤人未有及公子者也。”当此之时，平原君不敢自比于人。公子与侯生决，至军，侯生果北乡自刭。

[注释]

①将在外，主令有所不受：语出《孙子·九变》，意思是，国君身居朝内，对前方作战的具体情况不甚了解，在前方亲自指挥作战的将领可以不完全接受国君的命令。②嚄唶宿将：叱咤风云的老将。嚄唶，大呼，形容勇猛。③存：慰问，恤助。④秋：指时机。⑤乡：通“向”，朝向。自刭：自刎。⑥举手：可能是“举首”之误，即昂首。⑦椎：槌子。⑧韊：古代盛箭的袋子。

锤中野义

锤又称椎、槌，是一种形状如瓜，带柄，用于击杀的兵器，因铁锤笨重，需力大者方能驾驭。朱亥用铁锤击杀晋鄙，展示了自己的实力，让围观者胆寒。后周周德威武艺过人，偶在阵前展示锤法，令敌营中许多人心悸。

[译文]

公子无忌将要出发，侯生对他说道：“大将在外领兵征战，君主的号令有时可以不必接受，以对国家有利为原则。即便您手中兵符与晋鄙手中的兵符相合，晋鄙也可能不把军队的指挥权交给您，而是再一次向魏王请示，那么事情就危险了。我的朋友屠夫朱亥可以和您一起去，这个人是大力士。如果晋鄙听从您的号令，那就太好了；如果他不听从您的号令，可以让朱亥击杀他。”公子无忌在听到侯生的话之后就哭了。侯生说："公子您是怕死吗？为什么要哭泣呢？"公子无忌说："晋鄙是魏国一位勇猛善战的老将，到了那里之后恐怕他不会听从我，必然要杀掉他，这是我哭泣的原因，难道我会怕死吗？"于是公子无忌去请求朱亥帮忙。朱亥笑着说："我只是集市上的一个拿着刀的屠夫，但公子您却多次亲自登门拜访我，之所以没有回拜，是因为我认为小的礼节没有什么真正的用处。现在公子您有危急的情况，这正是我为您效力的时候啊！"于是和公子无忌一起向赵国进发。公子拜访侯生并向他辞行，侯生说："我理应跟您一起去，但因为年老而不能成行。请让我计算公子的行进的日期，等到您到达晋鄙军营的日期，我会面向北方自刎而死，就算是为公子送行了。"公子无忌于是就出发了。

到了邺地，公子无忌假称魏王的命令要代替晋鄙指挥军队。晋鄙见兵符相合，但心里还是怀疑，就抬起头来盯着公子无忌说道："现在我统领十万人的兵马，驻扎在边境，担负着守卫国家的重大责任。现在您乘着一辆马车来到这里，想要接替我对军队的指挥权，这是怎么回事呢？"说着就想要拒绝公子无忌的命令。朱亥在袖子里藏着一只四十斤的铁锤，就锤死了晋鄙，于是公子成了晋鄙手下军队的统领。整顿军队时，公子发布命令说："父亲和儿子都在军队里的，父亲回家；兄长和弟弟都在军队里的，哥哥回家；是家中唯一的儿子的，回家去奉养双亲。"得到选拔出来的士兵八万人，公子无忌率领这些士兵攻打秦国的军队，秦国军队解除了对赵国的包围，于是邯郸得救，赵国也得以保存。赵王和平原君亲自到国境上迎接公子无忌，平原君亲自替公子无忌背着箭袋，走在前头为他带路。赵王对着公子无忌拜了两次，说道："从古代以来，贤德的人没有能赶得上公子您的。"在这个时候，平原君不敢拿自己跟公子无忌相比。公子无忌和侯生诀别之后，在他到达晋鄙军营的那一天，侯生果然面向北方自刎而死。

原文

魏王怒公子之盗其兵符，矫杀晋鄙，公子亦自知也。已却秦存赵，使将将其军归魏，而公子独与客留赵。赵孝成王[①]德公子之矫夺晋鄙兵而存赵，乃与平原君计，以五城封公子。公子闻之，意骄矜而有自功之色。客有说公子曰："物有不可忘，或有不可不忘。夫人有德于公子，公子不可忘也；公子有德于人，愿公子忘之也。且矫魏王令，夺晋鄙兵以救赵，于赵则有功矣，于魏则未为忠臣也。公子乃自骄而功之，窃为公子不取也。"于是公子立自责，似若无所容者。赵王埽除自迎，执主人之礼，引公子就西阶[②]。公子侧行辞让，从东阶上[③]。自言罪过，以负于魏，无功于赵。赵王侍酒至暮，口不忍献五城，以公子退让也。公子竟留赵。赵王以鄗(hào)为公子汤沐邑④，魏亦复以信陵奉公子。公子留赵。

公子闻赵有处士毛公藏于博徒⑤，薛公藏于卖浆家，公子欲见两人，两人自匿，不肯见公子。公子闻所在，乃间步往从此两人游，甚欢。平原君闻之，谓其夫人曰："始吾闻夫人弟公子天下无双，今吾闻之，乃妄从博徒卖浆者游，公子妄人耳。"夫人以告公子。公子乃谢夫人去，曰："始吾闻平原君贤，故负魏王而救赵，以称平原君。平原君之游，徒豪举⑥耳，不求士也。无忌自在大梁时，常闻此两人贤，至赵，恐不得见。以无忌从之游，尚恐其不我欲也，今平原君乃以为羞，其不足从游。"乃装为去。夫人具以语平原君。平原君乃免冠谢⑦，固留公子。平原君门下闻之，半去平原君归公子，天下士复往归公子，公子倾平原君客。

[注释]

①赵孝成王：名丹，赵惠文王之子，在位二十一年。②引公子就西阶：据《礼记·曲礼上》记载："凡与客入者……主人就东阶，客就西阶。"这是古代升堂的礼节，古人以西边为尊，所以请客人就西阶而上。这里是赵王执主人之礼，所以引公子从西阶而上。③从东阶上：据《礼记·曲礼上》记载："客若降等，则就主人之阶。"这里是指公子自谦，所以降等随主人从东阶而上。④鄗：古地名，故址在今河北高邑境内。汤沐邑：周代各诸侯都要按时朝见天子，所以天子在其京郊附近赐给各诸侯一块领地，以供他们住宿和斋戒沐浴开销之用，此地称为汤沐邑。后来皇后、公主等收取赋税的私邑也称作汤沐邑，名义虽存，实际上已变成了供给他们生活所需的封邑。⑤处士：古代有才德而隐居不做官的人。博徒：赌徒。⑥豪举：一时高兴的举动。⑦免冠谢：摘下帽子前往谢罪。古人免冠赔礼表示自己认罪。

[译文]

魏王对公子无忌偷他的兵符、假借王命杀死晋鄙的行为非常生气，公子无忌自己也知道。等到打退秦军保全赵国之后，公子无忌便派将领率领魏国军队回到了魏国，他一个人与宾客留在了赵国。赵国的孝成王对公子假借王命杀晋鄙、救赵国的恩德非常感激，于是和平原君商量，想把五座城池作为公子无忌的封地。公子听说之后，心中有了骄傲自满的意思，脸上也带有一种认为自己功劳很大的神色。宾客中有人劝说公子说："事情有的不可以忘记，也有的不可以不忘掉。如果是别人对公子有恩德，那么公子您是不能忘掉的；如果是公子对别人有恩德，那么希望公子能够忘掉。况且假传魏王的命令，夺取晋鄙手下军队来救援赵国，对赵国来说是有功劳了，对魏王来说就不一定是忠臣了。公子您竟然为自己感到骄傲，并且觉得功劳很大，我私下里认为公子不应当这样。”公子无忌听了这些话以后立刻深深地责备自己，羞愧得无地自容了。赵王亲自打扫宫殿，使用主人的礼节，带着公子无忌走西边的台阶登上殿堂。公子无忌侧着身子走，一再地推辞谦让，从东边的台阶登上了殿堂。他一直都说自己有罪，犯了过错，辜负了魏国，对赵国也没有功劳。赵王陪着公子无忌喝酒，直到天黑，始终不好意思开口说要给公子无忌五座城池做封邑的事情，因为公子无忌一直都在谦让、责备自己。公子无忌最终留在了赵国。赵王把鄗地封赏给公子无忌，作为他住宿、斋戒沐浴的地方，魏王又把信陵封给了公子无忌。公子无忌还是留在了赵国。

公子无忌听说赵国有贤能的隐士毛公隐藏在了赌徒之中，薛公隐藏在了卖酒的地方，公子无忌想要拜见两个人，但两个人却自己藏起来不愿意与公子无忌见面。公子听说两个人的住处之后，就偷偷地步行到他们的家里与这两个人交往，都非常高兴。平原君听说之后，对他的夫人说道：“以前我听说夫人您的弟弟是全天下找不出第二个的人物，现在我听说他竟然是一个胡乱跟赌徒、卖酒的人交往的人，公子他是个胡作非为的人啊。”平原君的夫人把这话告诉了公子无忌，公子于是向平原君夫人告辞想要离开这里，说：“以前我听说平原君贤能，所以宁可辜负魏王也要救援赵国，借此来满足平原君的要求。平原君与士人的交游，只不过是为了显示自己富贵的豪放举动罢了，并不是真的为了求得贤士。无忌我在大梁的时候，就经常听说这两个人贤能，到了赵国之后，还唯恐无法见到他们。我去跟他们交往，尚且害怕他们不愿意跟我交往，现在平原君竟然认为这是羞耻的事情，他不值得交往。”于是收拾行装准备离开。夫人把公子无忌的话详细地告诉了平原君。平原君于是摘掉帽子，向公子无忌谢罪，坚持要让公子留下。平原君的门客听说这件事之后，一半人都离开平原君归附了公子无忌，天下各国的士人也都到公子无忌那里投奔，公子无忌的门客人数大大超过平原君。

赌局

赌，从其诞生的第一天，一直为世人诟病。魏公子地位显赫，居然与赌徒结交，一般人都觉得匪夷所思，但是公子礼贤下士、不问出身也可见一斑。

原文

公子留赵十年不归①。秦闻公子在赵，日夜出兵东伐魏②。魏王患之，使使往请公子。公子恐其怒之，乃诫门下：“有敢为魏王使通者，死。”宾客皆背魏之赵，莫敢劝公子归。毛公、薛公两人往见公子曰：“公子所以重于赵，名闻诸侯者，徒以有魏也。今秦攻魏，魏急而公子不恤，使秦破大梁而夷先王之宗庙，公子当何面目立天下乎？”语未及卒，公子立变色，告车趣驾归救魏。

魏王见公子，相与泣，而以上将军[③]印授公子，公子遂将。魏安釐王三十年[④]，公子使使遍告诸侯。诸侯闻公子将，各遣将将兵救魏。公子率五国之兵破秦军于河外[⑤]，走蒙骜(ào)[⑥]。遂乘胜逐秦军至函谷关[⑦]，抑秦兵，秦兵不敢出。当是时，公子威振天下，诸侯之客进兵法，公子皆名之，故世俗称《魏公子兵法》[⑧]。

秦王患之，乃行金万斤于魏，求晋鄙客，令毁公子于魏王曰：“公子亡在外十年矣，今为魏将，诸侯将皆属，诸侯徒闻魏公子，不闻魏王。公子亦欲因此时定南面而王[⑨]，诸侯畏公子之威，方欲共立之。”秦数使反间，伪贺公子得立为魏王未也。魏王日闻其毁，不能不信，后果使人代公子将。公子自知再以毁废，乃谢病不朝，与宾客为长夜饮，饮醇酒，多近妇女。日夜为乐饮者四岁，竟病酒而卒。其岁，魏安釐王亦薨。

秦闻公子死，使蒙骜攻魏，拔二十城，初置东郡。其后秦稍蚕食魏，十八岁而虏魏王，屠大梁。

华阴道信陵败蒙骜

［注释］

①公子留赵十年不归：指魏安釐

王二十年（前 257 年）至三十年。②秦闻公子在赵，日夜出兵东伐魏:《史记·魏世家》记载，魏安釐王十九年，秦昭襄军使将军张唐攻魏；二十年，秦军拔魏宁新中，更名安阳城；二十三年，秦昭襄军使摎伐魏，取吴城；三十年，秦庄襄王使蒙骜攻取了魏高都、汲二城。③上将军：官名，统率军队的最高将领。④魏安釐王三十年：公元前 247 年。⑤五国：据《史记·秦本纪》《正义》记载，五国指魏、楚、燕、韩、赵。河外：古地名，位于现在河南省陕县一段的黄河以南地区。《史记·秦本纪》记载秦庄襄王三年（魏安釐王三十年）“魏将无忌率五国兵击秦，秦却于河外”。《魏世家》记载魏安釐王三十年“无忌归魏，率五国兵攻秦，败之河内”。对于魏国来说黄河以南地区则为河内。⑥蒙骜：秦将，秦始皇时大将蒙恬的祖父。⑦函谷关：秦时故关在今河南灵宝东北，因关在谷中，深险如函得名。⑧《魏公子兵法》:《史记集解》云：“刘歆《七略》有《魏公子兵法》二十一篇，图七卷。”《汉书·艺文志》兵家类有《魏公子》二十一篇，图十卷。自注云“今亡”。⑨南面而王：古代帝王的座位是坐北向南。“南面”即面向南。

［译文］

公子无忌留在赵国，十年没有回魏国。秦国听说公子无忌在赵国，日夜不停地向东方派兵攻打魏国。魏王十分担心，派使者到赵国去请公子无忌。公子怕魏王生气怪罪自己，就告诫门下的宾客说：“如果有人敢为魏王的使者通报，我就杀死他。”宾客们都是背弃魏国来到赵国的，没有人敢劝说公子无忌回魏国去。毛公和薛公两个人到公子无忌那里去拜见说：“公子您之所以能够受到赵国的器重，名声传遍了诸侯的耳朵，只是因为有魏国做后盾啊。现在秦国攻打魏国，魏国形势危急而公子却不知道体恤，假如秦国攻破大梁而踏平先王的宗庙，公子您还有什么脸面立足于天下呢？”话还没有说完，公子马上就变了脸色，告诉负责车马的人赶紧准备好马车回去救援魏国。

魏王看到公子无忌回国，与他面对面地哭了起来，把上将军的印信授予了公子无忌，公子无忌于是就当上了魏国的主将。魏安釐王在位的第三十年（前 247 年），公子无忌派遣使者通告所有诸侯。诸侯听说公子无忌成了魏国军队的主将，各自派遣将领带领军队救援魏国。公子无忌统率五个国家的军队在黄河以南地区打败了秦国的军队，秦军主将蒙骜逃跑。于是公子无忌借着胜利的势头追击秦国军队到了函谷关，把秦军压制在关内，使他们不敢再从函谷关出来。在这个时候，公子无忌的威名震动了天下，诸侯的谋士门纷纷向公子无忌献上兵法，公子无忌把它们合在一起署上自己的名字，所以世人称这本书为《魏公子兵法》。

秦王为此感到担心，于是拿出万斤黄金到魏国去行贿，他们找到晋鄙原来的门客，让他们在魏王面前诽谤公子无忌说：“公子无忌在国外流亡了十年，现在做了魏国的主将，诸侯派来的将领都听他的号令，诸侯们也只是知道魏国有个公子无忌，而不知道有魏王，公子无忌也想着借这样的机会来面朝南方做魏国的王，诸侯们畏惧公子的威名，现在也正打算拥立公子做魏王呢！”秦国多次派人到魏国使用反间计，他们先是假装不知情而到魏国来庆贺公子无忌为王，到了之后，又假意地说原来公子无忌还没有即位呀。魏王每天都听到诽谤公子的言论，不由得不相信，后来果然派人取代公子无忌成为魏军的主将。公子知道自己再次因为受到谗言陷害而被废黜，恐怕是不可能再出头了，于是就说自己有病，再也不上朝，跟自己的宾客整夜整夜地饮酒，而且喝的都是烈酒，经常亲近美女。这种不分昼夜饮酒作乐的生活持续了四年，他最终因为长期酗酒而得病去世。这一年，魏安釐王也死了。

秦国听说公子无忌死去的消息之后，派蒙骜带军队攻打魏国，攻占了二十座城池，设置东郡。后来秦国像蚕吃桑叶一样逐渐地侵占魏国的土地，十八年之后俘虏了魏王，屠杀了大梁的百姓，魏国灭亡。

原文

高祖①始微少时，数闻公子贤。及即天子位，每过大梁，常祠公子。高祖十二年②，从击黥布还③，为公子置守冢五家，世世岁以四时奉祠公子。

太史公曰：吾过大梁之墟④，求问其所谓夷门。夷门者，城之东门也。天下诸公子⑤亦有喜士者矣，然信陵君之接岩穴隐者，不耻下交，有以也。名冠诸侯，不虚耳。高祖每过之而令民奉祠不绝也。

［注释］

①高祖：指汉高祖刘邦。事详《高祖本纪》。②高祖十二年：公元前195年。③黥布：原名英布，六县（今安徽六安）人。因受黥刑（古代在脸上刺字的一种刑罚），所以当时人也称之为黥布。黥布是秦末起义军将领之一，始从项羽，后归刘邦，因作战有功，曾封为淮南王。后因谋反，于高祖十二年（前195年）被刘邦击败逃往江南，为长沙王（吴芮之子成王吴臣）诱杀。④大梁之墟：魏国都城大梁的废墟。大梁自魏亡时被秦所屠，到司马迁时已有一百余年，犹未恢复，所以司马迁经过其地时仍然可以看到其残破毁损的遗迹。⑤诸公子：当指信陵君以外的孟尝君、平原君、春申君。

［译文］

汉高祖刘邦年少而为平民的时候，多次听说公子无忌贤明。等到登上天子之位以后，每次路过大梁，经常要祭祀公子无忌。高祖做皇帝十二年（前195年），从消灭发动叛乱的九江王英布的前线回来，路过大梁，为公子无忌的坟墓专门安排了五户看守的人家，世世代代一年四季按时祭祀公子无忌。

太史公说：我从大梁的废墟路过时，曾经向别人打听所谓的那座夷门。夷门，就是城池的东门。天下诸侯的公子也有喜欢供养食客的，但是只有信陵君能够与那些隐居在山林洞穴中的人交往，不认为降低身份与他们结交是耻辱，也是有原因的啊！信陵君的名气远远地超过了诸侯，的确不是虚假的言论啊。汉高祖每次经过大梁都要命令百姓祭祀信陵君，至今没有断绝。

［赏析］

魏公子也就是魏国的信陵君，是“战国四公子”之一。他名扬诸侯，声震天下，其才德远超齐国的孟尝君、赵国的平原君、楚国的春申君。

从史书的记载来看，年轻时公子无忌确实富有才干，“为人仁而下士……致食客三千人。当是时，诸侯以公子贤，多客，不敢加兵谋魏十余年”。后来他窃符救赵，保全了赵国，使得秦国统一天下的进程延后。但这样一位文武双全、富有人望的宗室贵戚却在很长时间里无法得到重用。毛遂自荐的典故当中，锥子假如要显露出自身的锐利，必须要先将它放到袋子中才行。但如果锥子过早显露锋芒，那它也许永远没有机会被放进袋子。魏公子无忌不正是这样的例子吗？魏安釐王始终忌惮公子无忌的才干，不敢托付国家大事给他，不让他参与到决策当中。最终使得魏公子在国内长期郁郁不得志，未能尽展才华便去世了。

［集评］

索隐述赞：信陵下士，邻国相倾。以公子故，不敢加兵。颇知朱亥，尽礼侯嬴。遂却晋鄙，终辞赵城。毛、薛见重，万古希声。

春申君列传

题解

《春申君列传》出自《史记》卷七十八，列传第十八，是战国末期楚相春申君黄歇的专传。春申君是楚国贵族，招揽门客三千余人，为“战国四公子”之一。曾以辩才出使秦国，并上书秦王言秦楚宜相善。时楚太子完入质于秦，被扣留，春申君以命相抵设计将太子送回，随后亦归楚，任为楚相。他曾率兵救赵，又率六国诸侯军攻秦，败归。最后他因贪图富贵中李园圈套被谋杀。对于春申君其人，司马迁作了大体公允的评述：“春申君之说秦昭王，及出身遣楚太子归，何其智之明也！后制于李园，旄矣。”

原文

春申君者，楚人也，名歇，姓黄氏。游学博闻①，事楚顷襄王②。顷襄王以歇为辩③，使于秦。秦昭王使白起攻韩、魏，败之于华阳④，禽魏将芒卯⑤，韩、魏服而事秦。秦昭王方令白起与韩、魏共伐楚，未行，而楚使黄歇适至于秦，闻秦之计。当是之时，秦已前使白起攻楚，取巫、黔中⑥之郡，拔鄢（yān）、郢⑦，东至竟陵⑧，楚顷襄王东徙治于陈县⑨。黄歇见楚怀王之为秦所诱而入朝，遂见欺，留死于秦。顷襄王，其子也，秦轻之，恐壹⑩举兵而灭楚。

［注释］

①游学：周游各地，拜师求学。博闻：见多识广，知识渊博。②楚顷襄王：芈姓，熊氏，名横，楚怀王之子。③辩：善于辩论，有口才。④秦昭王：又称秦昭襄王，嬴姓，赵氏，名稷，一名则，秦惠文王之子，秦武王之弟。白起：秦国名将，昭王时多次带兵作战，夺得韩、魏、赵、楚的很多土地，进爵至大良造。秦昭王二十九年（前278年）攻克楚都郢（今湖北江陵北），因功封武安君。后为相国范雎所忌，被逼自杀。华阳：地名。在今河南省新郑市北。⑤禽：通“擒”。按：“禽魏将芒卯”句在《战国策·魏策三》《史记·穰侯列传》均作“走芒卯”。疑此处所载有误。⑥巫：郡名。地在今重庆市东北部。黔中：郡名，战国时楚置，地在今湖南省西北部。⑦鄢：地名。地在今湖北宜城东南。楚别都。楚惠王即位之初曾从郢迁都于此，但不久又迁回郢。或说鄢郢为一城名，即楚别都鄢城。⑧竟陵：古地名。地在今湖北潜江西北。⑨陈县：县名。地在今河南淮阳。⑩壹：同“一”。

［译文］

春申君，是楚国人，姓黄名歇。他四处游历，广泛地学习，拥有丰富的知识，侍奉楚国的顷襄王。顷襄王觉得黄歇善于辩论，就派他出使秦国。秦昭王命令白起率领军队攻打韩、魏两国，在华阳这个地方打败韩、魏两国，并且俘虏了魏国主将芒卯，韩、魏两国臣服并且侍奉秦国。秦昭王正要派白起与韩、魏两国共同攻打楚国，秦军还没有起程，作为楚国使者的黄歇就正好到了秦国，听说了秦国想要进攻楚国的打算。在此之前，秦国就已经派白起攻打楚国，占领了巫郡、黔中郡、鄢城、郢都，并且一直向东攻到了竟陵，楚顷襄王只好把国都向东迁到了陈县。黄歇见到了当初楚怀王受到秦国引诱而到秦国的朝堂去商谈，受到欺骗，被秦国扣留并且死在了那里。顷襄王，是楚怀王的儿子，秦国看不起他，黄歇忧虑秦国一旦发动战争就会灭亡楚国。

原文

歇乃上书说秦昭王[1]曰：

天下莫强于秦、楚。今闻大王欲伐楚，此犹两虎相与斗。两虎相与斗而驽犬受其弊，不如善楚。臣请言其说：臣闻物至则反，冬夏是也[2]；致至则危，累棋[3]是也。今大国之地，遍天下有其二垂[4]，此从生民已[5]来，万乘之地未尝有也。先帝文王、庄王之身[6]，三世不妄接地于齐，以绝从亲之要[7]。今王使盛桥[8]守事于韩，盛桥以其地入秦，是王不用甲[9]，不信[10]威，而得百里之地。王可谓能矣。王又举甲而攻魏，杜大梁[11]之门，举河内，拔燕、酸枣、虚、桃[12]，入邢[13]，魏之兵云翔而不敢捄（jiù）[14]。王之功亦多矣。王休甲息众[15]，二年而后复之；又并蒲、衍、首、垣[16]，以临仁、平丘[17]，黄、济阳婴城[18]而魏氏服；王又割濮、磿（lì）[19]之北，注[20]齐、秦之要，绝楚、赵之脊[21]，天下五合六聚[22]而不敢救。王之威亦单[23]矣。

［注释］

①歇乃上书说秦昭王：按，此书文字原见《战国策·秦第四》，但今本开头所谓“顷襄王二十年”，以及“楚人黄歇说昭王曰”云云，今本《战国策》这段文字的开头几行乃后人据《春秋后语》补入。根据书中所叙事实，系此事于秦王政十二年（楚幽王三年，前235年）。而上书者也不可能是黄歇，因黄歇已死于秦王政九年。②冬夏是也：冬天和夏天的转换变化就是这样。③累棋：高叠的棋子。④垂：通“陲”，尽头。⑤已：通“以”。⑥先帝文王、庄王之身：此句有误。《战国策·秦策》作“文王、庄王、王之身三世”。文王，指秦孝文王，秦王嬴政之祖父，名柱，前250年在位。庄王，即秦庄襄王，秦王政之父，名楚，前249年—

前247年在位。又“庄王”后脱漏一“王”字，指秦王嬴政。⑦从亲：合纵亲善。要：同“腰”，这里指纽带、关键之处。⑧盛桥：人名。他在韩国驻守任职，而从事有利于秦国的活动。⑨甲：指披甲的士兵。⑩信：通“伸”，伸展，伸张。⑪杜：堵塞。大梁：魏都城，在今河南省开封市。⑫燕、酸枣、虚、桃：均为邑名，在今河南省延津县、长垣县一带。⑬邢：地名，即邢丘，在今河南省温县东。⑭云翔：比喻四散奔逃。捄：通“救”。⑮休甲息众：停止征战，让百姓休养生息。⑯蒲、衍、首、垣：均为邑名，在今河南省东北部、山西省西南部一带。⑰仁：古地名，在今河南省境内。平丘：古地名，在今河南封丘东。⑱黄：古地名，在今河南兰考西。济阳：古地名，在今河南兰考东北。婴城：环城自守。⑲濮：古地名，在今河南封丘。磨：地名，靠近濮邑。⑳注：打通，贯通。㉑脊：脊梁，这里指要害之处。㉒五合六聚：指天下诸侯多次聚集联合。㉓单：通“殚”，竭尽。

［译文］

黄歇于是就写信游说秦昭王说道：

天下没有一个国家能比秦、楚两国更强大的了，现在我听说大王您想要发兵攻打楚国，这就如同两只老虎互相争斗厮打一样。两只老虎互相争斗的结果是让最低贱的狗乘它们疲惫的时候向它们发动进攻，因此不如善待楚国。我希望您能够让我表达一下自己的看法：我听说事情一旦发展到极致就必然会朝相反的方向发展，比如冬、夏两个季节的变化就是这个样子的；事物堆积得太高就会变得危险，例如把棋子一颗一颗地摞起来就是如此。现在像秦国这样一个大国的土地，已经遍及天下东西两个方向。自从人类产生以来，就算是拥有万辆兵车的大国的土地也从来没有过这样广阔的土地。秦以前的帝王文王、庄王和大王自身，三代君主都没有忘了要让秦国的土地与齐国的土地接壤，来阻断函谷关东面的各个国家合纵结盟。如今大王您派遣盛桥留下并侍奉韩国，盛桥就将他在韩国所管辖的土地并入了秦国的疆界，这意味着大王可以不动用军队、不宣扬威力，就得到方圆百里的土地。大王可以说很有能力了。大王又派出穿着盔甲的士兵进攻魏国，秦军堵在了魏国都城大梁的城门前面，占领了河内，攻占了燕、酸枣、虚、桃等地，秦军攻打到邢地，魏国军队像云被风吹散一样四散奔逃，不敢与秦军对敌。大王建立的功勋也算很多了。大王退兵停战，让士兵得到休养，两年以后又一次出兵，又把蒲、衍、首、垣等地并入秦国版图，秦军兵临仁、平丘两座城下，黄、济阳两城的军队退入城内，魏国投降，大王又割占了濮、磨以北的土地，从而把齐国和秦国连接了起来，切断了楚国和赵国的联系通道，全天下合纵的六个国家五次聚集兵马，却不敢救援。大王的威风也算到达顶点了。

原文

王若能持功守威①，绌攻取之心而肥仁义之地②，使无后患，三王不足四③，五伯不足六④也。王若负人徒之众⑤，仗兵革之强，乘毁魏之威，而欲以力臣天下之主[6]，臣恐其有后患也。《诗》[7]曰“靡不有初，鲜克有终”。《易》[8]曰“狐涉水，濡(rú)其尾”。此言始之易，终之难也。何以知其然也？昔智氏见伐赵之利而不知榆次之祸[9]，吴见伐齐之便而不知乾隧之败[10]。此二国者，非无大功也，没利于前而易患于后也。吴之信越[11]也，从而伐齐，既胜齐人于艾陵[12]，还为越王禽[13]三渚之浦。智氏之信韩、魏也，从而伐赵，攻晋阳[14]城，胜有日矣，韩、魏叛之，杀智伯瑶于凿台[15]之下。今王妒楚之不毁也，而忘毁楚之强韩、魏也，臣为王虑而不取也。

［注释］

①持功：保持功绩。守威：把守住威势。②绌：减损，排除。肥：这里是使动用法，意思是使肥沃、敦厚。地：意同“道”。③三王不足四：夏、商、周三代开国君王犹显得不足，而应该为四王，意思是认为秦王政的功绩可与三王并驾齐驱，竞相媲美。④五伯不足六：意思与上句相同。五伯，指春秋五霸。⑤负：依靠，凭借。人徒：泛指人民。⑥臣：这里是使动用法，意谓使臣服。主：指别国的诸侯。⑦《诗》:《诗经》。引文出自《大雅·荡》。⑧《易》:《易经》。引文出自《未济》卦。⑨榆次之祸：春秋末期晋国四卿互相兼并中，智伯率韩、魏二家围攻赵襄子，韩、魏恐赵亡后会殃及自身，反与赵合谋攻灭智伯于榆次，智氏遂亡。榆次，古地名，在今山西省太原市东南。⑩便：利益。乾隧之败：指吴王夫差被越王勾践打败后在乾隧自杀之事。乾隧，古地名，在今江苏省苏州市境内。⑪吴之信越：指吴王夫差准备伐齐时，越王勾践率君臣去朝见夫差并厚赠财物以示支持，使夫差放松了对勾践的戒备。⑫艾陵：古地名，在今山东莱芜附近。⑬禽：通“擒”。浦：水边。⑭晋阳：邑名，当时为赵襄子所据。在今山西省太原市西南。⑮凿台：台名，在今山西省榆次市南。

［译文］

大王若是能够维持自己已经取得的功绩，守住自己已经取得的威名，去除攻城略地的欲望，广泛地实行仁政义举，让自己不用担心以后会出现祸患，那么夏禹、商汤、周武王这三位帝王也不足以与您相比，您可以成为第四位帝王；齐桓公、晋文公、楚庄王、宋襄公、秦穆公这五位霸主也不足以与您相比，您可以成为第六位霸主。但大王若是因为自己手下士卒众多而自负，想依仗军队强大，借着灭亡魏国的威势，想着靠武力让天下人臣服，成为天下的主宰，那么我害怕这么做给以后留下祸患。《诗经》中说道：“最初的开端没有不好的，但很少能够有个好的终结。”《易经》中说道：“狐狸蹚水过河，会沾湿自己的尾巴。”这都是在说开始的时候容易，但要想有个好的结果却很难！凭借什么知道这一点呢？昔日智氏看到了进攻赵氏所带来的好处，但却不知道后来在榆次发生的灾祸；吴国看到了攻打齐国带来的好处，但却不知道后来会在干隧被越国打败。智氏和吴国不是没有建立过巨大的功业，只是因为被眼前利益所蒙蔽，才换来了后面的祸患。吴王夫差因为听信了越王勾践的话，就去攻打齐国，在艾陵打败了齐人，却在返回时被越王勾践在三渚河边俘虏。智氏因为相信韩、魏两家会帮助自己，就去进攻赵氏，攻打晋阳这座城池的时候，眼看胜利很快就可以到手了，韩、魏两家却背叛了他，在凿台这个地方杀死了智瑶。如今大王您不满楚国没有被秦国灭亡，忘了灭亡楚国就会让韩、魏两国变得强大，我出于对大王您的担心，劝您不要采取灭亡楚国的策略。

原文

《诗》曰："大武远宅而不涉①。"从此观之，楚国，援也；邻国，敌也。《诗》云"趯趯(tì)毚兔(chán)②，遇犬获之。他人有心，余忖度之"。今王中道而信韩、魏之善王也，此正吴之信越也。臣闻之，敌不可假③，时不可失。臣恐韩、魏卑辞除患而实欲欺大国也。何则？王无重世④之德于韩、魏，而有累世之怨焉。夫韩、魏父子兄弟接踵而死于秦者将十世矣。本国残，社稷坏，宗庙毁。刳(kū)腹绝肠，折颈摺(lā)颐⑤，首身分离，暴骸骨于草泽，头颅僵仆，相望于境，父子老弱系脰(dòu)⑥束手为群虏者相及于路。鬼神孤伤，无所血食⑦。人民不聊生，族类离散，流亡为仆妾者，盈满海内矣。故韩、魏之不亡，秦社稷之忧也，今王资之与攻楚，不亦过乎！

兔

俗语云"狡兔三窟"，但是狡兔若在地面任意穿行，终不免被猎狗俘获。春申君黄歇用此例来告诫秦昭王要小心谨慎。

[注释]

①大武远宅而不涉：张守节《史记正义》："言大军不远跋涉攻伐。"②趯趯毚兔：跳跃的狡兔。语出《诗·小雅·巧言》："他人有心，余忖度之；趯趯毚兔，遇犬获之。"趯趯，跳跃的样子。毚兔，狡兔，一说大兔。③假：宽容。④重世：数世，累世，长时间的意思。⑤摺：通"拉"，划破。颐：面颊。⑥脰：脖子。⑦血食：指鬼神接受祭祀。古时祭祀时杀牲取血用来敬神，故称血食。

[译文]

《诗经》中说道："进行大规模的战争，不应该远离自己的家园，长途跋涉。"从这句诗来看，楚国，实际上是秦国的援军啊；邻国，才是大王真正的敌人啊。《诗经》中还说道："狡猾的兔子跑得再快，一遇到猎狗就会被抓住，别人心里想什么，我可以揣摩得到。"如今大王您相信位于秦国和楚国之间的韩、魏两国会对您亲善，这正和吴国轻易相信越国一样啊。我听说过，对待敌人不能够宽容，时机不可以失去。我害怕韩、魏两国用谦卑的语言消除自己的祸患，但事实上却是要欺骗强大的秦国。这是为什么呢？大王您对韩、魏两国没有世代相传的恩德，但世世代代都有仇恨。那韩、魏两个国家的父子兄弟前赴后继地被秦军杀死，已经有十代人了。他们自己国家的土地残缺不全，国家社稷受到损害，王室的宗庙被毁坏。他们的人民被剖开腹部，割断肠子，脖子被折断、面容被毁坏，身体和头颅分开，尸体骸骨暴露在荒郊野外，头颅被扔到了地上，这些惨状在两国国境之内随处都可以见到。两个国家里被俘虏的大人孩子被绳子捆住了脖子和双手，在路上结队行走。死去的鬼魂孤单哀伤，再也不能享受到祭祀之物。韩、魏两个国家的百姓无法生存，同一个宗族的人都离别分散，流亡到外地成了别人的奴仆和侍妾的人不计其数。因此韩、魏梁国只要还没有灭亡，就是威胁秦国江山社稷的隐患，如今大王您为他们提供帮助并且跟他们共同攻打楚国，难道不是一种过错吗？

野哭

中国自古征战颇多，尤其是春秋战国时期，战乱频仍，百姓民不聊生，郊外枯骨无人收殓，甚至于到亲人墓前哭泣也成为一种奢望。后来曹操曾作诗云"白骨露于野，千里无鸡鸣"，极形象地描述了这种情况。

原文

且王攻楚将恶[①]出兵？王将借路于仇雠之韩、魏乎？兵出之日而王忧其不返也，是王以兵资于仇雠之韩、魏也。王若不借路于仇雠之韩、魏，必攻随水右壤[②]。随水右壤，此皆广川大水，山林溪谷，不食之地[③]也，王虽有之，不为得地。是王有毁楚之名而无得地之实也。

且王攻楚之日，四国必悉起兵以应王[④]。秦、楚之兵构而不离[⑤]，魏氏将出而攻留、方与、铚（zhì）、湖陵、砀（dàng）、萧、相⑥，故宋⑦必尽。齐人南面攻楚，泗上必举⑧。此皆平原四达，膏腴之地，而使独攻。王破楚以肥韩、魏于中国而劲齐⑨。韩、魏之强，足以校⑩于秦。齐南以泗水为境，东负海，北倚河，而无后患，天下之国莫强于齐、魏，齐、魏得地葆（bǎo）利而详事下吏⑪，一年之后，为帝未能，其于禁⑫王之为帝有余矣。

［注释］

①恶：哪里，怎么。②随水：水名，指溃水流经湖北随州的那一段。右壤：西边的区域。这里指随水以西的地区。③不食之地：指不能耕种庄稼的地方。④四国：指齐、赵、韩、魏。应：响应。⑤构而不离：两军交战后形成拉锯状态，攻战不休。构，交战。⑥留：邑名，在今江苏省沛县东南。方与：邑名，在今山东鱼台西。　：邑名，在今安徽宿州。湖陵：又作“胡陵”，邑名，与方与相邻，在今山东省鱼台县东南。砀：邑名，在今安徽砀山南。萧：邑名，在今安徽萧县。相：邑名，在今安徽淮北。⑦故宋：指原来宋国的地盘，大体在今河南省东部和山东、江苏、安徽三省交界处一带。⑧泗：泗水，这里指山东南部、江苏西北部地区。举：攻占，攻克。⑨中国：指中原地区。劲齐：使齐国变得强大。⑩校：通“较”，较量，对抗。⑪葆：通“保”，保持，维护。详：通“佯”，假装。事：指事奉。下吏：下级官吏。⑫禁：制止，阻挠。

［译文］

况且大王在攻打楚国的时候会怎样出兵呢？大王是不是会从仇人韩、魏两个国家借道呢？那从秦军出发的那天起，大王就要忧虑他们能不能回到秦国了，这就是大王您把自己的军队送给了自己的仇人韩国、魏国啊。大王若是不从自己的仇人韩、魏两国那里借路，就一定会进攻随水西岸。可是随水西边的土地，全都是广袤的大山大河，到处是山峰、密林、小溪、深谷，这都是无法种植粮食的地方，大王即使占有这些地方，也算不上是什么收获。这样做的话，大王只得了一个灭亡楚国的名声，却不会得到楚国土地这样的实际收获。

况且大王出兵攻打楚国的那一天，赵、韩、魏、齐四个国家必然全都会出兵响应大王。秦国和楚国的军队一旦交战就没有休止，魏国就会趁机出兵攻打留、方与、铚、湖陵、砀、萧、相这些地方，以前宋国境内的所有土地就会被魏占领。齐国的军队向南方攻打楚国，泗水流域的土地必然会被齐国占领。这一带全都是平原，四通八达，这样肥沃的土地，却被齐国独自占领。大王打败楚国，却让韩、魏两国在中原地区变得更加强大，齐国也成了秦国的劲敌。韩、魏两国变得强大，就有足够的力量与秦国对抗。再加上齐国把泗水当作南方边界，东面靠着大海，北面凭借黄河，没有后方产生的危险，那么天下诸侯的国家没有比齐、魏两国更加强大的了。齐、魏两国得到土地之后还假装着对您恭恭敬敬，一年以后，就算称帝的能力不足，他们阻拦大王您称帝的实力还是有富余的。

原文

夫以王壤土之博，人徒之众，兵革之强，壹举事而树怨于楚，迟令韩、魏归帝重于齐[①]，是王失计也。臣为王虑，莫若善楚。秦、楚合而为一以临韩，韩必敛手。王施以东山之险，带以曲河[②]之利，韩必为关内之侯[③]。若是而王以十万戍郑[④]，梁氏[⑤]寒心，许、鄢陵[⑥]婴城，而上蔡、召陵[⑦]不往来也，如此而魏亦关内侯矣。王壹善楚，而关内两万乘之主注地于齐[⑧]，齐右壤[⑨]可拱手而取也。王之地一经两海[⑩]，要约[⑪]天下，是燕、赵无齐、楚，齐、楚无燕、赵也。然后危动[⑫]燕、赵，直摇齐、楚，此四国者不待痛[⑬]而服矣。

昭王曰："善。"于是乃止白起而谢韩、魏。发使赂楚，约为与国。

[注释]

①迟令韩、魏归帝重于齐：这就会让韩、魏尊齐称帝。②曲河：黄河弯曲环绕，因此有"曲河"之称。③关内之侯：关内侯。秦二十等爵的第十九级，仅次于彻侯，居京郊，有爵位而无封邑。这里指韩将降于秦，而秦可封其为关内侯，使其臣服于秦。④戍：派军队驻防。郑：韩国都城，在今河南新郑。⑤梁氏：指魏国，因魏建都大梁（今河南省开封市西北），故别称梁国。⑥许：邑名，在今河南省许昌市。鄢陵：地名，在今河南省鄢陵县西北。⑦上蔡：邑名，在今河南省上蔡县。召陵：邑名，在今河南省漯河市境内。⑧关内两万乘之主：使韩、魏两国君主成为秦国的关内侯。万乘，拥有万辆战车，这里指韩、魏二国。注：用武力割取。⑨齐右壤：指齐国的西部，在今山东省西北和河南省东南部。⑩一经：指横贯。两海：西海和东海，这里指从东到西。⑪要约：约束，管束。⑫危动：指以危亡震慑。⑬痛：急攻，痛击。

[译文]

借着大王您国土的广阔、人口的众多、军队的强大，一旦起兵跟楚国结下了仇怨，迟早会让韩、魏两国尊齐国为帝，使齐国得到重视，这是大王计谋的失误啊。我为大王考虑，没有比善待楚国更好的办法了。秦、楚两国联合起来，形成一股力量来进逼韩国，韩国必然会收敛手脚。大王凭借东山的险要地势进行布置，占据黄河弯曲环绕的有利地形，韩王必然就只能成为秦国国内的一个侯爵，臣服于秦国。若是这样的话，大王用十万军队去把守郑地，魏国就会从心里感到恐惧，许、鄢陵两地就会因为害怕而将兵马退缩进城内，而上蔡、召陵两地和魏国的联系也就被斩断了，若是这样的话，魏王也只能成为秦国国内的一位侯爵。大王您一旦善待楚国，那么函谷关以内韩、赵这两个拥有万辆兵车的大国国君就会成为您的关内侯，而且还把您的地界东推到和齐国相连接，那么齐国西部的土地一拱手就可以得到了。大王您所拥有的土地一旦横贯东、西两面的大海，控制、约束天下所有的诸侯，这样燕国和赵国就无法得到齐国和楚国的援助，齐国和楚国也无法得到燕国和赵国的援助。这之后大王用灭亡他们的国家来威胁燕国和赵国，再动摇齐国和楚国与秦国对抗的信心，那么这四个国家不用等到猛力攻击就会向秦国臣服。

秦昭王听了春申君的话以后说道："好！"在这以后就命令白起停止攻打楚国，同时也把这个决定告诉了韩、魏两国。派使者送了丰厚的礼物给楚国，与楚国结成盟国。

原文

黄歇受约归楚，楚使歇与太子完入质于秦，秦留之数年。楚顷襄王病，太子不得归。而楚太子与秦相应侯[①]善，于是黄歇乃说应侯曰："相国诚善楚太子乎？"应侯曰："然。"歇曰："今楚王恐不起疾，秦不如归其太子。太子得立，其事秦必重而德相国无穷[②]，是亲与国而得储[③]万乘也。若不归，则咸阳一布衣耳；楚更立太子，必不事秦。夫失与国而绝万乘之和，非计也。愿相国孰虑之。"应侯以闻秦王。秦王曰："令楚太子之傅先往问楚王之疾，返而后图之。"黄歇为楚太子计曰："秦之留太子也，欲以求利也。今太子力未能有以利秦也，歇忧之甚。而阳文君子二人在中[④]，王若卒大命[⑤]，太子不在，阳文君子必立为后，太子不得奉宗庙矣[⑥]。不如亡秦，与使者俱出；臣请止[⑦]，以死当之。"楚太子因变衣服为楚使者御[⑧]以出关，而黄歇守舍，常为谢病[⑨]。度太子已远，秦不能追，歇乃自言秦昭王曰："楚太子已归，出远矣。歇当死，愿赐死。"昭王大怒，欲听其自杀也。应侯曰："歇为人臣，出身以徇其主[⑩]，太子立，必用歇，故不如无罪而归之，以亲楚。"秦因遣黄歇。

歇至楚三月，楚顷襄王卒，太子完立，是为考烈王。考烈王元年，以黄歇为相，封为春申君，赐淮北地十二县。后十五岁，黄歇言之楚王曰："淮北地边[⑪]齐，其事急，请以为郡便。"因并献淮北十二县。请封于江东[12]。考烈王许之。春申君因城故吴墟[13]，以自为都邑。

［注释］

①应侯：范雎，《史记》作“范睢”，秦昭王四十一年（前266年）任秦相，封于应（今河南省宝丰县西南），称应侯。②重：尊重，恭谨。德：感激。③储：保存，蓄存。④阳文君：楚顷襄王的兄弟。中：指楚国国内。⑤大命：天年，寿命。⑥奉：尊奉，侍奉。宗庙：古代帝王诸侯祭祀祖先的处所，也常用作国家的代称。奉宗庙，即指继承王统，接管国家。⑦止：留下。⑧御：驾御车马的人，车夫。⑨谢病：推托有病谢绝宾客拜访和应酬。⑩出身：献身的意思。徇：通“殉”，为自己认为值得的事而作出牺牲。⑪边：毗邻，邻接。⑫江东：指长江下游南岸地区。因为该段为南北流向，故江东实指江南地区。⑬城：筑城。吴墟：指吴国旧都，即今江苏苏州。

［译文］

黄歇拿到秦国与楚国的条约之后就回到了楚国，楚王派遣黄歇和太子完去秦国当人质，秦王留他们在秦国有几年的时间。楚顷襄王得了病，太子完却无法回到楚国。因为楚国太子完跟秦国的相国应侯范雎交情很好，于是黄歇就游说应侯范雎：“相国您确实对楚国的太子很好吗？”应侯范雎说：“是这样的。”黄歇就说：“如今楚王得的病恐怕是无法治好的，秦国不如让楚王的太子回到国内，太子得以被立为国王，他对秦国的侍奉一定会非常恭敬，对相国您的感激也永远不会穷尽，这样做既可以让楚国更加亲近秦国，也可以为秦国赢得一个拥有万辆兵车的大国作为后援。若是不让太子完回到楚国，他只不过是咸阳城里的一个平民而已。楚王如果另立太子，那么日后他必然不会再侍奉秦国。失去楚国对秦国的亲附，拒绝一个拥有万辆兵车的大国的盟友，不是好谋略啊。我希望相国您能仔细地考虑这件事情。”应侯范雎把这件事告诉了秦王。秦王对应侯范雎说：“那就让楚国太子的老师先回楚国去探望楚王的病情，等太子的老师回来以后再讨论这件事。”黄歇给楚国太子完出谋划策时说道：“秦国要让太子您留下，是想要追求利益啊。如今太子您还没有什么能力可以让秦国得到好处，我黄歇很为您担忧啊。而且阳文君所生的两个儿子都在楚国国内，大王若是突然去世的话，太子您不在楚国国内，阳文君的

田穰苴先斩后奏

成大事者不可畏首畏尾，应当机立断。春申君这里也是为了顾全楚太子的性命，所以先斩后奏。田穰苴为齐国将军时，因监军庄贾无视军纪，穰苴当机立断，营前将庄贾斩首，明正军纪。

儿子就会被拥立为大王之后的君主，那么太子您就得不到祭祀宗庙的资格了。不如逃出秦国，跟到楚国去的使臣一起出城，我愿意留在秦国，拿我的性命来承担这件事的后果。”楚国的太子完于是就改变了自己的装束，假扮为楚国使臣的车夫，借此出了函谷关。黄歇守在太子原来所居住的馆舍里面，总是以太子完生病为借口来推脱前来拜访的客人。黄歇揣度太子已经离开秦国很远了，秦国的人不能追上他了，黄歇才主动向秦昭王报告：“楚国的太子已经回到了楚国，他出了函谷关，现在已经走得非常远了。我黄歇应当是死罪，愿意让您赐我死罪。”秦昭王非常恼怒，想要叫他自杀。应侯范雎说：“黄歇是楚国的臣子，为了主人甘愿献出自己的生命，太子完继位为楚王之后，必然会重用黄歇，因此不如不治他的罪，让他回到楚国，这样可以让秦国和楚国更加亲善。”秦国于是派人把黄歇送回了楚国。

黄歇到楚国后三个月，楚国的顷襄王就去世了，太子完被立为楚王，他就是楚国的考烈王。考烈王即位的第一年，就任命黄歇做了楚国的国相，给他的封号是春申君，赐予他淮河以北的十二个县作为封邑。十五年后，黄歇向楚王进言说道：“淮河以北的地区是楚国和齐国的边界，现在那里的军事状况紧急，请求把那里设置为一个郡，这样比较方便。”顺势一并献出了楚王赏赐给他的淮河以北的十二个县。春申君请求楚王把自己的封地改到江东地区，考烈王准许了。春申君于是就在吴国都城以前的废墟上修了一座城池，拿它当作自己的都邑。

原文

春申君既相楚，是时齐有孟尝君，赵有平原君，魏有信陵君，方争下士[①]，招致宾客，以相倾夺，辅国持权。

春申君为楚相四年，秦破赵之长平军四十余万。五年，围邯郸。邯郸告急于楚，楚使春申君将兵往救之，秦兵亦去，春申君归。春申君相楚八年，为楚北伐灭鲁，以荀卿为兰陵令[②]。当是时，楚复强。

赵平原君使人于春申君，春申君舍之于上舍[③]。赵使欲夸[④]楚，为玳瑁（dài mào）簪[⑤]，刀剑室以珠玉饰之，请命春申君客。春申君客三千余人，其上客皆蹑珠履[⑥]以见赵使，赵使大惭。

春申君相十四年，秦庄襄王立，以吕不韦为相，封为文信侯。取东周。

春申君相二十二年，诸侯患秦攻伐无已时，乃相与合从，西伐秦，而楚王为从长[⑦]，春申君用事。至函谷关，秦出兵攻，诸侯兵皆败走。

楚考烈王以咎春申君，春申君以此益疏。

客有观津[8]人朱英，谓春申君曰："人皆以楚为强而君用之弱，其于英不然。先君时善秦二十年而不攻楚，何也？秦逾黾隘[9]之塞而攻楚，不便；假道于两周，背韩、魏而攻楚，不可。今则不然，魏旦暮亡，不能爱许、鄢陵，其许[10]魏割以与秦。秦兵去陈百六十里，臣之所观者，见秦、楚之日斗也。"楚于是去陈徙(xǐ)寿春[11]；而秦徙卫野王，作置东郡[12]。春申君由此就封于吴，行相事。

［注释］

①下士：折节礼贤士人。②荀卿：荀子，名况，战国时期赵国人，著名思想家、教育家，儒家学派代表人物，著有《荀子》三十二篇。兰陵：县名，在今山东省苍山县兰陵镇。令：官名，县的行政长官。③舍：安置住宿。上舍：上等客舍。④夸：炫耀，显示阔气。⑤玳瑁簪：用玳瑁制成的首饰。⑥蹑：脚穿着。珠履：饰有珍珠的鞋子。⑦从长：合纵六国的盟约之长。⑧观津：邑名，在今河北省武邑县东南。⑨黾隘：隘道名，即今河南省信阳市西南的平靖关。⑩其许：按，此处有误，《会注考证》作"其计"。⑪寿春：邑名，在今安徽省寿县。⑫东郡：郡名，辖今河南省东北部和山东省西部一带，治所在濮阳，即原卫国国都。

［译文］

春申君做了楚国的国相后，在那个时候齐国有一位孟尝君，赵国有一位平原君，魏国有一位信陵君，他们全都争相降低自己的身份去结交贤士，招纳宾客，并且互相争夺对方手下的贤士。他们辅佐国君，同时掌管着国家的政权。

春申君做楚国相国的第四个年头，秦国大败赵国派往长平的四十多万军队。春申君做楚国相国的第五年，秦国出兵包围了邯郸。在邯郸的赵王派人向楚国告急，请求援助，楚国派春申君带领军队前往赵国援救，秦军也因此而退了兵，春申君于是率领军队回到楚国。春申君在楚国担任国相的第八年时，为楚国率兵向北进攻鲁国并灭亡了它，让荀卿做了兰陵这个地方的最高长官。就在这一时期，楚国再次变得强大。

赵国的平原君派遣使者到春申君那儿，春申君让这些使者住进了上等馆舍。赵国使者想要在楚国人的面前炫耀一下，就用玳瑁做成的发簪簪头发，刀鞘、剑鞘上用珍珠和美玉进行装饰，向春申君请求会见他手下门客。春申君的门客有三千多人，其中上等门客全都在脚上穿着用珍珠装饰的鞋来会见赵国使者，赵国使者十分惭愧。

春申君担任楚国相国的第十四年，秦国的庄襄王即位，把吕不韦任命为秦国的国相，封他做了文信侯。在这一年，秦国灭亡了东周。

春申君担任楚国相国的第二十二年，各个诸侯国担忧秦国对他们的攻打没有休止，就互相签订了合纵盟约，共同向西方出兵攻打秦国，楚王被推举为合纵国的首领，让春申君负责具体事务。联军来到函谷关前，秦国派兵攻打联军，各个诸侯派出的军队全都被秦军打败、逃跑了。楚国的考烈王认为这是春申君的过错，春申君也因为这件事跟楚考烈王的关系变得更加疏远。

春申君手下的门客里有位从观津来的名叫朱英的人，对春申君说道："人们全都觉得楚国是个强大的国家，但您受到重用以来却让楚国变弱了。这在我朱英看来是不正确的。先王在位时与秦国友善，因此秦国在二十年的时间里都没有攻打楚国，什么原因呢？秦国想要跨越过黾隘这样的要塞来进攻楚国，是不便利的；想要从东周、西周借道，背对韩、魏两国来攻打楚国，也不可以。如今却不是这样了，魏国在很短的时间内就会被秦国灭亡，它不能再吝惜许地和鄢陵了，听说魏国已经准备割让这两个地方给秦国。那样，秦军距离楚国都城陈地就只有一百六十里了，我所看到的未来，是秦国和楚国日益激烈的争斗场面。"楚王在听到春申君转述朱英的话之后，就将都城从陈地迁到了寿春；而秦国听说之后就把附属于自己的卫国的都城从濮阳迁到了野王，在那里设置东郡。春申君从这时开始来到了自己的封地吴地，但仍然行使国相的职权。

死士

死士即为了某个目的，或者某些人，能牺牲一切，甚至包括生命的人。历史上最有名的死士当属《史记·刺客列传》中提到的豫让、专诸、聂政、荆轲。

原文

楚考烈王无子，春申君患之，求妇人宜子者进之，甚众，卒无子。赵人李园持其女弟，欲进之楚王，闻其不宜子，恐久毋宠。李园求事春申君为舍人①，已而谒②归，故失期。还谒③，春申君问之状，对曰："齐王使使求臣之女弟，与其使者饮，故失期。"春申君曰："娉(pìn)④入乎？"对曰："未也。"春申君曰："可得见乎？"曰："可。"于是李园乃进其女弟，即幸于春申君。知其有身，李园乃与其女弟谋。园女弟承间以说春申君曰："楚王之贵幸君，虽兄弟不如也。今君相楚二十余年，而王无子，即⑤百岁后将更立兄弟，则楚更立君后，亦各贵其故所亲，君又安得长有宠乎？非徒然⑥也，

杨玉环

古时候女子不过是男子或政治的附属品。西施如此，貂蝉、王昭君都不例外，甚或是著名的杨贵妃。她本是寿王李瑁之妻，后被明皇看中。寿王无奈，只得休妻，然后将她送与明皇。这里李园之妹先依附春申君，后被楚王恩遇，同杨玉环的遭遇颇为相似。

君贵用事久，多失礼于王兄弟，兄弟诚立，祸且及身，何以保相印江东之封乎？今妾自知有身矣，而人莫知。妾幸君未久，诚以君之重而进妾于楚王，王必幸妾；妾赖天有子男⑦，则是君之子为王也，楚国尽可得，孰与身临不测之罪乎？”春申君大然之，乃出李园女弟，谨舍⑧而言之楚王。楚王召入幸之，遂生子男，立为太子，以李园女弟为王后。楚王贵李园，园用事。

李园既入其女弟，立为王后，子为太子，恐春申君语泄而益骄，阴养死士，欲杀春申君以灭口，而国人⑨颇有知之者。

［注释］

①事：侍奉，服侍。舍人：家臣，王公贵族的侍从宾客。②谒：请假。③谒：进见，请求拜见。④娉：通“聘”，以财礼订婚。⑤即：如果，假如。⑥徒然：仅仅这样子。⑦子男：儿子。古代说子，包括儿女，所以儿子可称子男，女儿可称子女。⑧谨舍：谨慎严密地安排住所。⑨国人：居住在国都的人，这里是指居住在都城里的公卿大夫之流。

［译文］

楚国的考烈王没有子嗣，春申君非常担心这件事，寻找女子中适合生育儿子的献给考烈王，进献的女子很多，但考烈王还是没有儿子。从赵国来到楚国的李园带来了自己的妹妹，想要献给楚王，听说楚王很难生养儿子，害怕时间一长他的妹妹也不会再受到楚王的宠幸。李园请求成为一位侍奉春申君的门客，没过多久便请假回家，但是故意不按规定的时间返回。回来以后去拜望春申君，春申君向他询问延误期限的原因，李园答道：“齐王派使者找我，想娶我妹妹，我跟齐国使者一块饮酒，因此耽误了回来的期限。”春申君对李园说：“齐王送订婚的聘礼给你了吗？”李园答道：“没有。”春申君说：“可不可以让我见见你妹妹？”李园说道：“可以。”在这时李园才把妹妹献给春申君，立即就受到春申君的宠幸。知道妹妹怀了孕，李园就跟她的妹妹商量计策。李园的妹妹趁机对春申君说道：“楚王对您非常器重和宠爱，就算是楚王的亲兄弟，也不如您在楚王心里的位置重要。如今您担任楚国相国已经二十多年了，但楚王却没有儿子来继承王位，等到楚王去世之后就只能改立他的兄弟为王。楚国改换了君主，也会像现在的楚王一样重用自己以前所亲近的人，您又怎能受到长时间的宠爱呢？不光是这样，您由于身份尊贵，掌握楚国朝政大权时间很长，很多情况下对楚王的兄弟都失礼了，楚王的兄弟果真继承王位，那么灾祸就会降临到您的身上，您凭借什么来保住自己相国的大印和江东的封地呢？如今我已经知道自己怀孕了，但别人却没有知道的。我被您宠幸的时间还不是很长，假如确实能够凭借您那尊贵的身份进献已经怀孕的我给楚王，楚王必然会宠幸我；如果我依赖上天的保佑能够生下一个儿子的话，那就是您的儿子当了楚王，楚国全都被您得到了，与您可能会遭遇的难以预测的灾祸相比，哪种决定会更好一些呢？”春申君认为这样做是非常正确的，就送李园的妹妹出了自己的家，仔细地安排好她的住处，并且对楚王说李园的妹妹如何美貌贤德。楚王把她召入王宫宠幸了她，后来就生了个男孩，这个男孩被立为太子，把李园的妹妹封为王后。楚王器重李园，李园掌握了楚国大权。

李园送自己的妹妹进入楚国王宫以后，他的妹妹被册封为皇后，妹妹所生的儿子也被册立为太子，他恐怕春申君会说出这个秘密，也怕他会变得越来越骄横，就暗地里豢养了一批愿意为自己去死的武士，想要杀死春申君灭口，但是国都中知道这件事的人也不少。

原文

春申君相二十五年，楚考烈王病。朱英谓春申君曰：“世有毋望[①]之福，又有毋望之祸。今君处毋望之世，事毋望之主，安可以无毋望之人乎？”春申君曰：“何谓毋望之福？”曰：“君相楚二十余年矣，虽名相国，实楚王也。今楚王病，旦暮且卒，而君相少主，因而代立当国[②]，如伊尹、周公，王长而反政，不即遂南面称孤而有楚国。此所谓毋望之福也。”春申君曰：“何谓毋望之祸？”曰：“李园不治国而君之仇也，不为兵而养死士之日久矣，楚王卒，李园必先入据权而杀君以灭口。此所谓毋望之祸也。”春申君曰：“何谓毋望之人？”对曰：“君置臣郎中[③]，楚王卒，李园必先入，臣为君杀李园。此所谓毋望之人也。”春申君曰：“足下置[④]之，李园，弱人[⑤]也，仆[⑥]又善之，且又何至此！”朱英知言不用，恐祸及身，乃亡去。

后十七日，楚考烈王卒，李园果先入，伏死士于棘门[⑦]之内。春申君入棘门，园死士侠[8]刺春申君，斩其头，投之棘门外。于是遂使吏尽灭春申君之家。而李园女弟初幸春申君有身而入之王所生子者遂立，是为楚幽王。

是岁也，秦始皇帝立九年矣。嫪毐（lào ǎi）亦为乱于秦，觉，夷其三族[9]，而吕不韦废。

［注释］

①毋望：不期而至，忽然来到。②代立当国：代替、辅佐年少的君主掌握国家政权。③置：安排，安置。郎中：官名。管理车、骑、门户等事，并在王宫内充任侍卫，君主外出则随从作战。④置：放弃。⑤弱人：软弱无能的人。⑥仆：对自己的谦称。⑦棘门：宫门。棘门亦作"戟门"，古时王者久出，在野地行舍前插戟为门，后来在宫门前也插戟以示威严。⑧侠：通"夹"，从两边夹击。⑨夷：处死，诛灭。三族：指父族、母族、妻族。另说指父母、兄弟、妻子或父、子、孙三族。

［译文］

春申君担任楚国相国的第二十五年，楚考烈王得了重病。朱英对春申君说道："世上存在着难以预料的福气，也存在难以预料的祸患，如今您生活在这样一个难以预料的世界，侍奉一位生死难测的君主，又怎能不遇到难以预料的人来帮助您呢？"春申君问朱英说："难以预料的福气是什么呢？"朱英说道："您担任楚国的相国已经二十多年了，虽然名义上是相国，但实际上跟楚王没什么区别。如今楚王得了重病，旦夕之间就会去世，您辅佐年轻的君主，便可以顺势替代他主持国家大事，就像商代的伊尹、周代的周公那样，等到楚王成年以后再把处理朝廷政务的权力交还给他。如果不是这样的话，您干脆就面向南方称孤道寡，自己当楚王好了。这就是我所说的难以预料的福气。"春申君又问："那么你所说的难以预料的祸患是什么呢？"朱英说："李园这个人没有管理国事的权力，但却成了您的仇敌，他没有兵权却豢养能为自己去死的武士已经很久了。楚王如果去世，李园必然要抢先进入王宫里面夺权，而且还要为了灭口的目的来杀死您。这就是我所说的难以预料的灾祸。"春申君说道："那么您所说的难以预料的能帮助我的人是谁呢？"朱英回答说："您把我安置到郎中的职位上，楚王去世之后，李园必然要抢先进入王宫，我愿意为您杀掉李园。这就是我所说的难以预料的能帮助您的人。"春申君说："您放弃这种想法吧。李园这个人，软弱无能，我对待他也很友善，我们的关系怎么会发展到这种地步呢！"朱英明白自己的话不会被采用，害怕祸患落在自己身上，就逃离了楚国国都。

十七天之后，楚考烈王病死，李园果然抢先进入了王宫，让自己豢养的那些死士埋伏在棘门。春申君一进入棘门，就被李园手下的死士从两边窜出来夹住了，然后死士刺死了他，并且砍下了他的头，扔到了棘门外面。在杀了春申君之后，李园就派人杀光了春申君的家里人。而李园的妹妹最初因为受到春申君的宠幸而怀孕，后来又被进献给楚考烈王，生下了一个儿子，这个儿子继承了王位，这位楚王就是楚幽王。

这一年，秦朝的始皇帝已经即位九年了，嫪毐也在秦国作乱，被秦王发觉，秦王灭了嫪毐的三族，秦国的相国吕不韦也被罢黜。

原文

太史公曰：吾适[①]楚，观春申君故城，宫室盛[②]矣哉！初，春申君之说秦昭王，及出身遣楚太子归，何其智之明也！后制[③]于李园，旄(mào)[④]矣。语[⑤]曰："当断不断，反受其乱[⑥]。"春申君失朱英之谓邪？

[注释]

①适：到，到达。②盛：规模盛大，壮观美丽。③制：制约，受控制。④旄：通"耄"，年老糊涂。⑤语：指俗语。⑥乱：祸害。

[译文]

太史公说：我到了原来楚国的土地，见到了春申君受封的城邑，宫室的规模可以说是非常宏大！最初，春申君游说秦昭王，以及他挺身而出把楚国的太子完送回楚国，他表现出来的智慧多么高明！后来受到李园的制约，又是多么昏庸糊涂啊！俗话说："应当作出决断的时候却不做出决断，反过就要遭受它带来的祸乱。"不就是在说春申君在对待朱英时所表现出来的失误吗？

[赏析]

春申君"以身徇君"是对秦国恃强凌弱的一种抗争，是为维护楚国利益而进行的努力，可谓明智之举。但纵观他一生的行为，只是在不断谋求"富贵"，春申君大肆招揽宾客，无非是将宾客当作自己炫耀的资本与摆设而已，让宾客"蹑珠履"与赵国使者比赛奢豪就是一个最好的例子。因此，他身边没有真正的贤才，就算有朱英这样有些见识的人也只能逃走自保。他最后死于非命，具有必然性。而他当年给秦王上书，也不过是嫁祸于人，求得暂时苟安而已。从长远角度来看，他等于是向秦王献上了灭楚的长期规划，实在称不上是"明智"。

明代的凌稚隆在《史记评林》提出："按此传前叙春申君以智能安楚，而就封于吴，后叙春申君以奸谋盗楚，而身死棘门，为天下笑。摹写情事，春申君殆两截人。"本传将春申君的一生分为前后两个时期，前期突出春申君的智慧，后期重点突出其昏聩，并各选择了一件有代表性的事情进行描述，两件事都有开端，有经过，有结尾，可以看作是独立的两个故事，而彼此之间又有着鲜明的对比，春申君从精明到昏聩的性格变化全过程跃然纸上。

[集评]

索隐述赞：黄歇辩智，权略秦楚。太子获归，身作宰辅。珠炫赵客，邑开吴土。烈王寡胤，李园献女。无妄成灾，朱英徒语。

秦始皇本纪

题解

《秦始皇本纪》选自《史记》卷六，本纪第六，是本书所选篇目中最长的一篇。《秦始皇本纪》是《史记》中第一篇以人物为中心的帝王本纪，记载了秦始皇及秦二世生平的主要活动和在位期间所发生的重大事件，条理清晰，内容丰富，真实地反映了秦王朝建立前后四十年间风云变幻的历史画卷。

原文

秦始皇帝者，秦庄襄王子也。庄襄王为秦质子于赵，见吕不韦姬，悦而取之，生始皇。以秦昭王四十八年正月生于邯郸。及生，名为政，姓赵氏。年十三岁，庄襄王死，政代立为秦王。当是之时，秦地已并巴、蜀、汉中，越宛有郢，置南郡矣；北收上郡以东，有河东、太原、上党郡；东至荥阳，灭二周，置三川郡。吕不韦为相，封十万户，号曰文信侯。招致宾客游士，欲以并天下。李斯为舍人，蒙骜、王齮(yǐ)、麃(biāo)公等为将军。王年少，初即位，委国事大臣。

秦始皇

晋阳反，元年，将军蒙骜击定之。二年，麃公将卒攻卷，斩首三万。三年，蒙骜攻韩，取十三城。王齮死。十月，将军蒙骜攻魏氏畼(chàng)、有诡。岁大饥。四年，拔畼、有诡。三月，军罢。秦质子归自赵，赵太子出归国。十月庚寅，蝗虫从东方来，蔽天。天下疫。百姓内粟千石，拜爵一级。五年，将军骜攻魏，定酸枣、燕、虚、长平、雍丘、山阳城，皆拔之，取二十城，初置东郡。冬雷。六年，韩、魏、赵、卫、楚共击秦，取寿陵。秦出兵，五国兵罢。拔卫，迫东郡，其君角率其支属徙居野王，阻其山以保魏之河内。七年，彗星先出东方，见北方，五月见西方。将军骜死。以攻龙、孤、庆都，还兵攻汲。彗星复见西方十六日。夏太后死。八年，王弟长安君成蟜将军击赵，反，死屯留，军吏皆斩死，迁其民于临洮。将军壁死，卒屯留蒲鶮反，戮其尸。河鱼大上，轻车重马东就食。

［译文］

秦始皇，是秦国庄襄王的儿子。庄襄王曾经为了秦国，在赵国做过人质，他看见吕不韦的歌姬，十分喜欢，就娶了她，生下的孩子就是始皇。秦始皇是秦昭王四十八年（前 259 年）正月在邯郸出生。等到他出生之后，取名为政，姓赵氏。十三岁的时候，庄襄王去世，政被拥立为秦王。当时，秦国已经吞并了巴、蜀、汉中等地，跨越宛地占领了郢都，在那里设置了南郡；北上收复了上郡以东地区，包括河东、太原和上党郡；向东占领了荥阳，消灭了东、西周两个国家，设置了三川郡。秦王赵政任命吕不韦为相国，封赏十万户，赐封文信侯。吕不韦招揽了很多有识之士，为吞并天下做准备。李斯是吕不韦帐下的一个门客，蒙骜、王龁、麃公等是将军。秦王刚刚登上王位的时候年纪还小，国事多托付给朝中大臣打理。

晋阳发生叛乱，秦王政元年（前 246 年），将军蒙骜前往镇压。二年，麃公带领士兵攻打卷邑，斩获敌军首级三万。三年，蒙骜攻打韩国，接连攻下十三座城池。同年，王龁去世。十月，将军蒙骜攻打魏国畼邑、有诡。这一年粮食收成不好。四年，蒙骜攻占了畼邑、有诡两地。三月，蒙骜撤军。秦国的人质从赵国返回秦国，赵国的太子从秦国返回赵国。十月庚寅，很多蝗虫从东方飞来，铺天盖地。天下瘟疫横行。百姓只要上缴一千石粟米就可以升爵一级。五年，将军蒙骜带兵攻打魏国，酸枣、燕邑、虚邑、长平、雍丘、山阳城全部都一一攻克，一共夺取了二十座城池。秦国初步设置了东郡。这一年冬天的时候天上响起滚滚雷声。始皇六年，韩、魏、赵、卫、楚五个国家一起攻打秦国，占领了寿陵。秦国出兵镇压，五国的军队从寿陵撤了回来。秦国打败卫国，以其地为东郡郡治。卫国君主角率领他的亲属迁居到野王，凭借险峻的山势才保住魏国的河内地区。七年，彗星先在东方出现，又在北方出现，五月的时候在西方出现。蒙骜将军去世。他是在攻打龙邑、孤邑、庆都之后，接着再回军攻打汲邑的时候死去的。这时彗星又出现在西方，长达十六天。不久，夏太后去世。八年，秦王的弟弟长安君亲自带领将士攻打赵国，发动叛乱，在屯留去世，他手下的军吏全部被斩首，秦王将屯留的百姓迁徙到临洮。将军壁去世，士兵在屯留、蒲鶮起兵叛乱，对将军壁进行鞭尸。这一年河水泛滥，大量的河鱼被冲到平地上，秦国人驾着车马赶到东边平地就地食用。

原文

嫪毐封为长信侯，予之山阳地，令毐居之。宫室、车马、衣服、苑囿、驰猎恣毐。事无小大皆决于毐。又以河西、太原郡更为毐国。九年，彗星见，或竟天。攻魏垣、蒲阳。四月，上宿雍。己酉，王冠，带剑。长信侯毐作乱而觉，矫王御玺及太后玺以发县卒及卫卒、官骑、戎翟君公、舍人，将欲攻蕲年宫为乱。王知之，令相国、昌平君、昌文君发卒攻毐。战咸阳，斩首数百，皆拜爵，及宦者皆在战中，亦拜爵一级。毐等败走。即令国中：有生得毐，赐钱百万；杀之，五十万。尽得毐等。卫尉竭、内史肆、佐弋竭、中大夫令齐等二十人皆枭首。车裂以徇，灭其宗。及其舍人，轻者为鬼薪。及夺爵迁蜀四千余家，家房陵。是月寒冻，有死者。杨端和攻衍氏。彗星见西方，又见北方，从斗以南八十日。十年，相国吕不韦坐嫪毐免。桓齮为将军。齐、赵来置酒。齐人茅焦说秦王曰："秦方以天下为事，而大王有迁母太后之名，恐诸侯闻之，由此倍秦也。"秦王乃迎太后于雍而入咸阳，复居甘泉宫。

大索，逐客，李斯上书说，乃止逐客令。李斯因说秦王，请先取韩以恐他国，于是使斯下韩。韩王患之，与韩非谋弱秦。大梁人尉缭来，说秦王曰："以秦之强，诸侯譬如郡县之君，臣但恐诸侯合从，翕而出不意，此乃智伯、夫差、湣王之所以亡也。愿大王毋爱财物，赂其豪臣，以乱其谋，不过亡三十万金，则诸侯可尽。"秦王从其计，见尉缭亢礼，衣服食饮与缭同。缭曰："秦王为人，蜂准，长目，挚[①]鸟膺，豺声，少恩而虎狼心，居约易出人下，得志亦轻食人。我布衣，然见我常身自下我。诚使秦王得志于天下，天下皆为虏矣。不可与久游。"乃亡去。秦王觉，固止，以为秦国尉，卒用其计策。而李斯用事。

[注释]

①挚：通"鸷"，猛禽。

［译文］

嫪毐被赐封为长信侯，赏赐给他山阳地区，让他居住。宫室、车马、服饰、苑囿、游猎所有一切都任由嫪毐使用。国家政事无论大事小事嫪毐可都独自决断。又将河西、太原两郡改成嫪毐的封国。九年，彗星出现在天空，横贯长空。秦国出兵攻打魏国的垣邑、蒲阳。四月，秦王在雍地住宿。己酉，秦王举行冠礼，佩带宝剑。长信侯嫪毐阴谋作乱被发现，嫪毐诈用秦王御玺和太后印信，想要调动县邑的军队和秦王的警卫士兵、国家骑兵、戎翟首领、舍人，准备进攻蕲年宫，伺机发动叛乱。秦王得知这个消息后，立即派相国吕不韦、昌平君、昌文君调兵遣将，全面进攻嫪毐。双方在咸阳交战，斩杀数百人，那些杀敌有功的人都加官进爵，就连参加战斗的宦官，也都晋爵一级。嫪毐等人大败逃跑，秦王在全国下达通缉令：有能生擒嫪毐的人，赏钱一百万；有能杀死嫪毐的人，赏钱五十万。因而将嫪毐余党全部抓获。卫尉竭、内史肆、佐弋竭、中大夫令齐等二十人都被斩首示众。随后嫪毐被处以五马分尸的极刑，同时游街示众，诛灭九族。嫪毐的门客，罪轻的被罚为宗庙打柴三年。有四千多家被削除爵位流放到蜀地，全部在房陵居住。这个月虽属夏天但天寒地冻，有人被活活冻死。秦王派杨端和攻打衍氏。彗星在西方出现，又在北方出现，跟随北斗星一直向南移动了整整八十天。十年，相国吕不韦因为嫪毐的罪行而牵连获罪，被罢免了相国职务。桓齮被任命为将军。齐国、赵国的使者出使秦国，秦王摆酒设筵隆重款待。齐国人茅焦劝告秦王说："秦国把统领天下作为自己的使命和责任，可是大王却有流放母后的恶名，恐怕各国诸侯听说这件事后，会因此背叛秦国。"秦王就亲自去雍地将太后接回咸阳，重新安排太后在甘泉宫居住。

秦王展开大规模搜索，将那些从诸侯国来到秦国的宾客全部赶走。李斯因而上书劝说秦王废止逐客令，请求秦王先攻占韩国，以此来震慑其他诸侯国。于是秦王派李斯出使韩国。韩王很担心这件事，与韩非子一起商议削弱秦国势力的方法。大梁人尉缭来到秦国，游说秦王说："以秦国现在的强大实力，各国诸侯就如同一个郡县的君主。臣只是担心如果各路诸侯联合起来，不露声色，出其不意地攻打秦国，这就是智伯、夫差、湣王亡国的原因啊。希望大王能够不吝惜财物，用它们来贿赂各国有权有势的大臣，从而将他们的计划破坏，这样一来，大王失去的只是三十万斤黄金，却能够将诸侯彻底消灭。"秦王听从了尉缭的建议，每次接见他的时候都以礼相待，与他平起平坐，就连衣服、饮食也与尉缭一模一样。尉缭说："秦王这个人，长着高鼻梁，细长眼睛，拥有像鸷鸟一样的胸膛，豺狼一样的声音，为人刻薄寡恩，具有虎狼一样的雄心壮志，在穷困潦倒的时候能够礼贤下士，在得志的时候也能够反咬一口。我只是一个普通的平民百姓，然而每次秦王接见我，总是礼贤下士，甘居我下。假如秦王有朝一日能够一统天下，那么全天下的人都将成为他的奴隶了。不能和秦王长期相处。"尉缭就逃跑了。秦王发现之后，再三挽留他，任命他为秦国的国尉，而且采用了他的计策。而这个时期朝中主持朝政的是李斯。

原文

十一年，王翦、桓齮、杨端和攻邺，取九城。王翦攻阏与、橑(liáo)杨，皆并为一军。翦将十八日，军归斗食以下，什推二人从军。取邺、安阳，桓齮将。十二年，文信侯不韦死，窃葬。其舍人临者，晋人也逐出之；秦人六百石以上夺爵，迁；五百石以下，迁，勿夺爵。自今以来，操国事不道如嫪毐、不韦者籍其门，视此。秋，复嫪毐舍人迁蜀者。当是之时，天下大旱，六月至八月乃雨。

十三年，桓齮攻赵平阳，杀赵将扈辄，斩首十万。王之河南。正月，彗星见东方。十月，桓齮攻赵。十四年，攻赵军于平阳，取宜安，破之，杀其将军。桓齮定平阳、武城。韩非使秦，秦用李斯谋，留非，非死云阳。韩王请为臣。

十五年，大兴兵，一军至邺，一军至太原，取狼孟。地动。十六年九月，发卒受地韩南阳假守腾。初令男子书年。魏献地于秦。秦置丽邑。十七年，内史腾攻韩，得韩王安，尽纳其地，以其地为郡，命曰颍川。地动。华阳太后卒。民大饥。

[译文]

十一年（前236年），王翦、桓齮、杨端和带兵攻打邺邑，接连夺取了九座城池。王翦攻打阏与、橑杨。秦国将所有士兵合并成一支军队，王翦指挥全军。十八天之后，将军中那些斗食以下的下级军官都遣返回乡，只留下十分之二跟随军队一起战斗。攻下邺城、安邑后，桓齮被任命为将领。十二年，文信侯吕不韦去世，家人偷偷举行了葬礼。他府上的门客有前来吊唁的，如果是晋国人就全部驱赶出去；如果是秦国人，俸禄在六百石以上的官员全部都剥夺他们的爵位，将他们贬谪他处；俸禄在五百石以下，全部贬谪他处，不剥夺爵位。从此往后，像嫪毐、吕不韦这样企图操纵国事的人，都会像这样被处理。秋天的时候，那些曾经迁往蜀地的嫪毐门客获得赦免。那个时候，全国发生大旱灾，从六月开始一直无雨，直到八月才下雨。

十三年，桓齮带兵攻打赵国平阳城，杀死了赵国的扈辄将军，共斩杀敌人十万人，秦王到河南巡视。正月，彗星在东方出现。十月，桓齮攻打赵国。十四年，桓齮在平阳攻打赵国军队，占领了宜安城，大破赵军，并杀死了赵国的将军。桓齮平定了平阳、武城两座城池。韩非子出使秦国，秦王用李斯的计谋，将韩非子留在秦国，韩非子最终死在云阳。韩王请求秦王同意韩国归属秦国，做秦国的臣子。

十五年，秦国大举出兵，一路军队来到邺城，一路军队来到太原，占领了狼孟。

这一年发生地震。十六年九月，秦国派兵接手韩国南阳地区，让内史腾代理南阳郡守一职。首次下令秦国的所有男子都要登记年龄。魏国向秦国献出部分土地，秦国设置了丽邑。十七年，内史腾带兵攻打韩国，抓获了韩王安，夺得全部的韩国土地，并设为郡县，取名颍川。同年，发生地震。华阳太后仙逝，民间出现严重的饥荒。

原文

十八年，大兴兵攻赵，王翦将上地，下井陉。端和将河内，羌瘣（huì）伐赵，端和围邯郸城。十九年，王翦、羌瘣尽定取赵地东阳，得赵王。引兵欲攻燕，屯中山。秦王之邯郸，诸尝与王生赵时母家有仇怨，皆坑之。秦王还，从太原、上郡归。始皇帝母太后崩。赵公子嘉率其宗数百人之代，自立为代王，东与燕合兵，军上谷。大饥。

二十年，燕太子丹患秦兵至国，恐，使荆轲刺秦王。秦王觉之，体解轲以徇，而使王翦、辛胜攻燕。燕、代发兵击秦军，秦军破燕易水之西。

二十一年，王贲攻荆。乃益发卒诣王翦军，遂破燕太子军，取燕蓟城，得太子丹之首。燕王东收辽东而王之。王翦谢病老归。新郑反。昌平君徙于郢。大雨雪，深二尺五寸。

荆轲刺秦王

二十二年，王贲攻魏，引河沟灌大梁，大梁城坏，其王请降，尽取其地。

二十三年，秦王复召王翦，强起之，使将击荆。取陈以南至平舆，虏荆王。秦王游至郢陈。荆将项燕立昌平君为荆王，反秦于淮南。二十四年，王翦、蒙武攻荆，破荆军，昌平君死，项燕遂自杀。

二十五年，大兴兵，使王贲将，

攻燕辽东，得燕王喜。还攻代，虏代王嘉。王翦遂定荆江南地；降越君，置会稽郡。五月，天下大酺(pú)。

二十六年，齐王建与其相后胜发兵守其西界，不通秦。秦使将军王贲从燕南攻齐，得齐王建。

[译文]

十八年（前229年），秦国大举兴兵攻打赵国，王翦带领上郡的士兵攻下了井陉，杨端和带领河内的士兵与羌瘣举兵讨伐赵国，端和围困邯郸城。十九年，王翦、羌瘣一起平定并占领了赵国的东阳，活捉了赵王。秦国想要带兵攻打燕国，在中山那里屯兵。这一年，秦王来到邯郸城，将那些曾经在他生活在赵国时，与自己的母亲家里有过节的人全部坑杀。秦王返回秦国的路上，经过太原，从上郡返回。同年，始皇的母亲去世。赵国的公子嘉带领家族数百人来到代地，自立为代王，与东边的燕国合兵，在上谷屯兵。这一年秦国饥荒严重。

二十年，燕太子丹害怕秦国大兵压境，恐惧不已，遂派荆轲去刺杀秦王。秦王发觉后，将荆轲肢解示众，并派王翦、辛胜攻打燕国。燕国、代国出兵迎击，秦军在易水之西打败燕军。

二十一年，王贲攻楚。秦王又给王翦增派兵力，于是王翦打败了燕太子丹的军队，攻占燕都蓟城，得到了太子丹的首级。燕王东逃到辽东收合余众而称王。这时，王翦称病回乡。韩都新郑有人造反，镇守新郑的昌平君被迁到郢。这年秦国大雪，雪深二尺五寸。

二十二年，王贲攻打魏国，引黄河水经鸿沟来水淹大梁城，大梁城遭到破坏，梁王请求投降，梁国的土地全部都纳入秦国国土。

二十三年，秦王将王翦重新召回，坚持要启用他，派他去攻打楚国。王翦攻下了陈地以南直至平舆地区的土地，抓住了楚王。秦王到楚国的旧都陈县巡游。楚国将军项燕拥立昌平君为新的楚王，在淮河南边起兵反抗秦朝统治。二十四年，王翦、蒙武进攻楚国，大败楚军，昌平君战死，项燕也自杀而死。

二十五年，秦国大举兴兵，秦王任命王贲为将军，带领士兵攻打燕国的辽东地区，抓获了燕王喜，又返回攻打代国，俘虏了代王嘉。王翦平定了楚国江南一带。越君向秦王投降，秦王在越地设置了会稽郡。五月的时候，下令天下欢聚畅饮。

二十六年，齐王建和他的相国后胜调兵遣将，严防齐国西方边界，拒绝与秦国往来。秦王派将军王贲从燕国南面进攻齐国，抓获了齐王建。

原文

秦初并天下，令丞相、御史曰：“异日韩王纳地效玺，请为藩臣，已而倍约，与赵、魏合从畔秦，故兴兵诛之，虏其王。寡人以为善，庶几息兵革。赵王使其相李牧来约盟，故归其质子。已而倍盟，反我太原，故兴兵诛之，得其王。赵公子嘉乃自立为代王，故举兵击灭之。魏王始约服入秦，已而与韩、赵谋袭秦，秦兵吏诛，遂破之。荆王献青阳以西，已而畔约，击我南郡，故发兵诛，得其王，遂定其荆地。燕王昏乱，其太子丹乃阴令荆轲为贼，兵吏诛，灭其国。齐王用后胜计，绝秦使，欲为乱，兵吏诛，虏其王，平齐地。寡人以眇(miǎo)眇①之身，兴兵诛暴乱，赖宗庙之灵，六王咸伏其辜，天下大定。今名号不更，无以称成功，传后世。其议帝号。”丞相绾、御史大夫劫、廷尉斯等皆曰：“昔者五帝地方千里，其外侯服夷服，诸侯或朝或否，天子不能制。今陛下兴义兵，诛残贼，平定天下，海内为郡县，法令由一统，自上古以来未尝有，五帝所不及。臣等谨与博士议曰：‘古有天皇，有地皇，有泰皇，泰皇最贵。’臣等昧死上尊号，王为‘泰皇’。命为‘制’，令为‘诏’，天子自称曰‘朕’。”王曰：“去‘泰’，著‘皇’，采上古‘帝’位号，号曰‘皇帝’。他如议。”制曰：“可。”追尊庄襄王为太上皇。制曰：“朕闻太古有号毋谥，中古有号，死而以行为谥。如此，则子议父，臣议君也，甚无谓，朕弗取焉。自今已来，除谥法。朕为始皇帝。后世以计数，二世三世至于万世，传之无穷。”

始皇推终始五德之传，以为周得火德，秦代周德，从所不胜。方今水德之始，改年始，朝贺皆自十月朔。衣服旄旌节旗皆上②黑。数以六为纪，符、法冠皆六寸，而舆六尺，六尺为步，乘六马。更名河曰德水，以为水德之始。刚毅戾深，事皆决于法，刻削毋仁恩和义，然后合五德之数。于是急法，久者不赦。

［注释］

①眇眇：渺小，微小，自谦之词。眇，同“渺”。②上：同“尚”，崇尚。

［译文］

秦国刚刚吞并天下的时候，秦王命令丞相、御史说：“昔日韩王向我献纳土地，交出玉玺，请求成为秦国的藩臣，可不久之后韩王违背了自己的信约，与赵国、魏国结盟，一起向秦国挑衅，所以我要大举兴兵诛杀他们，俘虏韩王。我认为我这样做是件好事，很快就可以停止战争，休养生息了。赵王派遣他的丞相李牧前来与我们结盟，因此我归还了赵国在秦国的人质。过了不久，赵国也违背了盟约，在太原起兵造反，所以我只能大举兴兵镇压，抓获赵王。赵国的公子嘉自立为代国的代王，因此要兴兵去消灭他。魏王起初的时候向秦国臣服，后来又同韩国、赵国一起谋划袭击秦国，秦国派兵前往镇压，将他们一一击破。楚王将青阳以西的土地都进献给我，不久之后又违背盟约，攻击我国的南郡，所以才发兵讨伐，抓获了楚王，于是平定了楚国。燕王昏庸无道，燕国的太子丹暗中指使荆轲为刺客，因而我才要灭掉他的国家。齐王采用了后胜的计谋，拒绝秦国的使者进入境内，想要作乱犯上，我派遣军队前去讨伐，俘虏了齐王，平定了齐国之乱。我本是一个微不足道的人，能够兴兵讨伐暴乱，实在是依靠祖宗显灵庇佑才做到的，六国国王都认罪伏法，如今天下太平了。现在不更改名字，就无法与我所建立的功勋相称，无法使之流芳后世。现在与大家商议修改帝王称号的事情。”丞相绾、御史大夫劫、廷尉斯等人都说：“古时五帝管辖了上千里的地方，那些管辖范围之外的地方，是侯服、夷服的地区。那时的诸侯，有的臣服朝贡，有的不朝贡，这些都不是当时的天子所能控制的。如今陛下发动正义之师，诛杀乱臣贼子，平定天下，四海之内都是您的郡县，法律命令都是由您统一发布的，这是自从上古以来，从来没有过的事情，就算是五帝也比不上您。臣等与博士谨慎认真地讨论过：‘古有天皇、地皇、泰皇，泰皇最尊贵。’我们冒死献上尊号，王称为‘泰皇’。天子所定的制度叫作‘制’，所颁布的命令称为‘诏’，天子自称为‘朕’。”秦王说：“去掉‘泰’字，保留‘皇’字，采用上古所用的‘帝’称号，合为‘皇帝’。其他的就按照你们商量好的办吧。”于是在他们的上书上批示道：“可以。”追封庄襄王为太上皇。皇帝下达制令说：“我听说远古时有帝号没有谥号，中古有号，死后根据他生前的行为追加谥号。既然是这样，那就是儿子评价父亲，臣子评价君主，太不像话了，我不会采取这种方法。从现在开始，我要废除追加谥号的方法。从我开始，以后的君主都称为皇帝。后世继承我的大业的人，用数计算，从二世、三世一直到万世，子子孙孙，无穷无尽。”

李牧

李牧（?—前 229），战国时期赵国名将，官至相国、大将军，受封武安君。公元前 229 年，秦派王翦攻赵，赵以李牧、司马尚抵抗。秦军不得进，就以重金贿赂赵王宠臣郭开，他在赵王面前散布李牧、司马尚想谋反的谣言，赵王中计，派赵葱和齐将颜聚代李牧。李牧不从命，赵国暗中布置圈套捕获李牧并斩杀了他，撤换了司马尚。赵国临战而亲佞臣诛良将，为此付出了代价。三个月后，秦将王翦乘势急攻，大破赵军，杀赵葱，虏赵王迁及颜聚，赵国灭亡。

秦始皇用五德终始的原理进行推演，认为周朝是火德，秦朝取代周朝火德，按照五行相生相克的规律，现在应该是水德的初始。更改每年的起始月，规定每年十月初一的时候君臣入朝庆贺。衣服、旄旌、节旗都推崇黑色。数目以六作为标准，符节、法冠大小都是六寸，舆车宽六尺，以六尺为一步，用六匹马驾车。把黄河的名字改为德水，意为水德的开始。始皇处理国家政事态度强硬果决，苛细暴戾，所有事情都依法论处，严峻刻薄，没有丝毫仁爱恩德，没有一点温情道义，在他看来，只有这样才符合五德之治。所以他非常急于加强法制建设，对犯法者从不实行宽赦。

原文

丞相绾等言："诸侯初破，燕、齐、荆地远，不为置王，毋以填[①]之。请立诸子，唯上幸许。"始皇下其议于群臣，群臣皆以为便。廷尉李斯议曰："周文、武所封子弟同姓甚众，然后属疏远，相攻击如仇雠，诸侯更相诛伐，周天子弗能禁止。今海内赖陛下神灵一统，皆为郡县，诸子功臣以公赋税重赏赐之，甚足易制。天下无异意，则安宁之术也。置诸侯不便。"始皇曰："天下共苦战斗不休，以有侯王。赖宗庙，天下初定，又复立国，是树兵也，而求其宁息，岂不难哉！廷尉议是。"

分天下以为三十六郡，郡置守、尉、监。更名民曰"黔首"。大酺。收天下兵，聚之咸阳，销以为钟鐻（jù），金人十二，重各千石，置宫廷中。一法度衡石丈尺。车同轨。书同文字。地东至海暨朝鲜，西至临洮、羌中，南至北向户[②]，北据河为塞，并阴山至辽东。徙天下豪富于咸阳十二万户。诸庙及章台、上林皆在渭南。秦每破诸

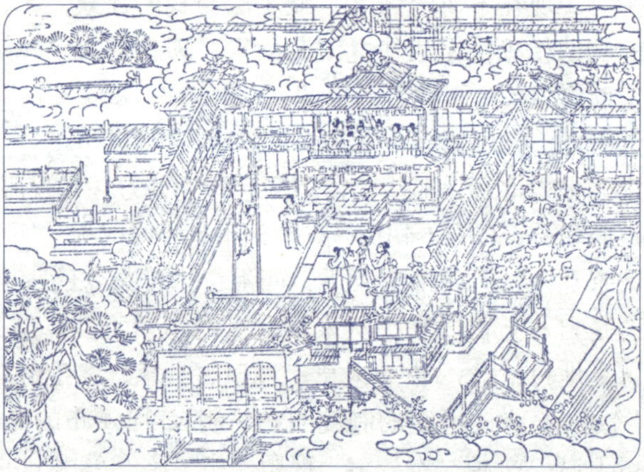

大营宫室

秦始皇统一六国之前，就已经有不少宫殿。统一六国期间，每灭一国，便要将该国的宫殿建筑在咸阳附近仿造一遍，总面积达到了惊人的程度，整个关中地区，自渭河以北，雍门以东，直到泾河一带全部都是宫殿群。秦二世继位后，继续大量征发全国的农夫修造阿房宫和骊山墓地，农民的赋税负担也日益加重，最终导致了陈胜吴广起义的爆发。

侯，写放③其宫室，作之咸阳北阪上，南临渭，自雍门以东至泾、渭，殿屋复道周阁相属。所得诸侯美人、钟鼓，以充入之。

[注释]

①填：通“镇”，镇守，安定。②北向户：门窗往北开的地方，指岭南地区。③放：通“仿”。

[译文]

丞相王绾等人一起向始皇建议说：“如今各国诸侯刚刚被消灭，燕国、齐国、楚国又地处偏远，如果不在那里册立一个藩王，就很难有人能够镇压住他们了。请求始皇将您的几个儿子册封为王，希望皇帝能够同意。”始皇把王绾等人的建议告诉了群臣，让大家商议讨论，人人都觉得很适当。唯独廷尉李斯反对说：“周文王、周武王就是封立了很多同姓的子弟，可是到最后族属越来越疏远，彼此攻击，好像宿敌一样。诸侯互相征战，周天子没有办法制止。如今陛下凭借神灵的庇佑一统天下，将各地都划分成郡县，陛下的儿子和兄弟以及其他有功之臣，用国家的赋税对他们重重赏赐，这样的局面，很容易治理。天下没有对皇帝二心的人，这是使国家安定的好办法。至于封立诸侯，则是不妥当的。”始皇说：“战争无休无止，全天下百姓饱受战乱之苦，这是由于有诸侯的缘故。凭借祖先的保佑，我刚刚平定天下，如果现在再去建立诸侯国，这无疑是给自己树敌，那时候再想要求得安宁，岂不是很难做到吗？廷尉李斯的建议是正确的。”

秦始皇将全国划分成三十六个郡，每个郡都设置了守、尉、监。将百姓改称为“黔首”。天下欢聚一堂开怀畅饮。始皇将天下所有的兵器都收集到一起，集中放在秦国都城咸阳，然后全部熔化铸成大钟、大鐻；接着又铸造了十二个铜人，每一个铜人有一千石重，安放在宫廷中。始皇还统一了法律制度以及度量衡标准，统一了车子两轮之间的距离，还统一了书写的文字。向东到大海和朝鲜，向西到临洮、羌中，向南到门朝北开的地区，北方以黄河天险为屏障，顺着阴山一直延伸到辽东地区，都是秦国的土地。始皇将天下十二万户富豪全部迁徙到秦都咸阳。渭水南岸有秦国各王的陵庙和章台、上林苑都。秦国每消灭一个诸侯国，就会模仿它的宫殿样式，在咸阳北坡上建造一座一模一样的宫殿。如此一来，南临渭水，从雍门以东到达泾水、渭水汇流地区，宫殿房屋、空中栈道、迂回婉转的阁道相通相连。秦国从各个诸侯国俘虏来的美女、钟鼓，全部都安置在这里。

原文

二十七年，始皇巡陇西、北地，出鸡头山，过回中。焉作信宫渭南，已更命信宫为极庙，象天极。自极庙道通郦山，作甘泉前殿。筑甬道，自咸阳属之。是岁，赐爵一级。治驰道。

[译文]

二十七年（前 220 年），始皇巡查陇西、北地，越过一个名叫鸡头山的地方，返回的时候路过回中地区。于是在渭水南面建造了信宫，不久之后，又将信宫名字更改为极庙，象征着天空的天极星。从极庙修建了一条通往骊山的道路，又建造了甘泉宫前殿，修筑甬道，使咸阳和它相连。这一年，始皇为全国百姓进爵一级。又增修了供皇帝出行使用的大道。

原文

二十八年，始皇东行郡县，上邹峄山。立石，与鲁诸儒生议刻石颂秦德，议封禅望祭山川之事。乃遂上泰山，立石，封，祠祀。下，风雨暴至，休于树下，因封其树为五大夫。禅梁父。刻所立石，其辞曰：

皇帝临位，作制明法，臣下修饬。二十有六年，初并天下，罔不宾服。亲巡远方黎民，登兹泰山，周览东极。从臣思迹，本原事业，祗诵功德。治道运行，诸产得宜，皆有法式。大义休明，垂于后世，顺承勿革。皇帝躬圣，既平天下，不懈于治。夙兴夜寐，建设长利，专隆教诲。训经宣达，远近毕理，咸承圣志。贵贱分明，男女礼顺，慎遵职事。昭隔内外，靡不清净，施于后嗣。化及无穷，遵奉遗诏，永承重戒。

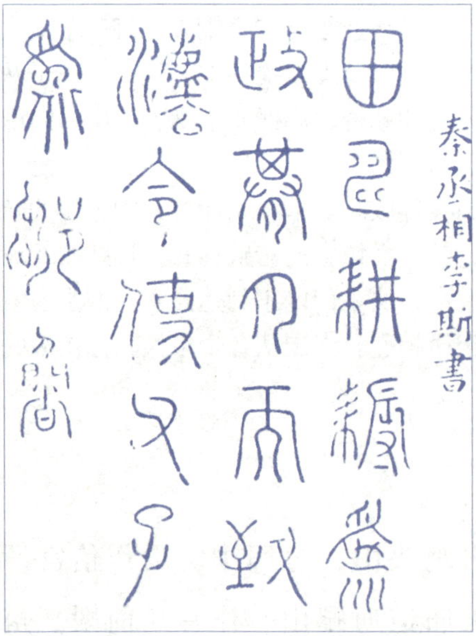

李斯书写的小篆

于是乃并勃海以东，过黄、腄，穷成山，登之罘（fú），立石颂秦德焉而去。

[译文]

二十八年（前 219 年），始皇向东巡视郡县，登上邹峄山。在山上树立起一块石碑，和鲁地的一些儒生商议在石碑上颂扬秦朝的功德，还讨论了封禅和望祭山川等事宜。于是始皇登上泰山，树立起石碑，积土堆砌成祭坛，在泰山上祭祀上天。下山的时候，忽然刮起大风，下起大雨，始皇在一棵树下躲避风雨，这棵树也因此被封为五大夫。始皇在梁父山这个地方举行了祭祀大地的典礼。在所立的石碑上刻辞，上面的碑文说：

皇帝即位，立下制度，严明法令，臣下克谨奉行。一共经历了二十六年，才统一天下，没有不臣服的。始皇现在亲自巡视远方，登上泰山，东边的秦国疆域尽收眼底。随从的大臣回忆秦国一统天下的往事，探求建立功业的本源，恭敬地赞颂秦朝的功绩。治国有道，各项生产安排得很合理，所有事情都遵循一定的规则。国家政策适合时宜，光明美好足以永垂后世，只可顺承而不得变更。皇帝贤明通达，虽然早已平定天下，却仍然坚持不懈地治理国家。每天早起晚睡，为国家谋求长远的福祉和利益，尤其重视对百姓的教导。有关治国的教诲和法令已经传播四方，无论远近都治理得井井有条，完全按照皇帝的意旨做事。贵贱等级分明，男女依礼行事，人人恪尽职守。光明照耀内外，天下清静太平，这种恩泽会一直延续到子孙后代。教化所及，没有穷尽，遵守遗留下来的诏令，永远遵守这重要的告诫。

于是始皇沿着渤海向东走，途径黄县、腄县，直抵成山尽头，登上了芝罘的顶峰，并且在那里树立了一块石碑，赞扬秦朝的丰功伟业，做好以后才离开。

原文

南登琅邪，大乐之，留三月。乃徙黔首三万户琅邪台下，复十二岁。作琅邪台，立石刻，颂秦德，明得意。曰：

维二十六年，皇帝作始。端平法度，万物之纪。以明人事，合同父子。圣智仁义，显白道理。东抚东土，以省卒士。事已大毕，乃临于海。皇帝之功，勤劳本事。上农除末，黔首是富。普天之下，抟心揖志[①]。器械一量，同书文字。日月所照，舟舆所载。皆终其命，莫不得意。应时动事，是维皇帝。匡饬异俗，陵水经地。忧恤黔首，朝夕不懈。除疑定法，咸知所辟。方伯分职，诸治经易。举错必当，莫不如画。皇帝之明，临察四方。尊卑贵贱，不逾次

遣使求仙

秦始皇统一天下后，为满足自己长生的愿望，多次派遣方士出海求仙。

行。奸邪不容，皆务贞良。细大尽力，莫敢怠荒。远迩辟隐，专务肃庄。端直敦忠，事业有常。皇帝之德，存定四极。诛乱除害，兴利致福。节事以时，诸产繁殖。黔首安宁，不用兵革。六亲相保，终无寇贼。欢欣奉教，尽知法式。六合之内，皇帝之土。西涉流沙，南尽北户。东有东海，北过大夏。人迹所至，无不臣者。功盖五帝，泽及牛马。莫不受德，各安其宇。

维秦王兼有天下，立名为皇帝，乃抚东土，至于琅邪。列侯武城侯王离、列侯通武侯王贲、伦侯建成侯赵亥、伦侯昌武侯成、伦侯武信侯冯毋择、丞相隗(wěi)林、丞相王绾、卿李斯、卿王戊、五大夫赵婴、五大夫杨樛(liáo)从，与议于海上。曰：“古之帝者，地不过千里，诸侯各守其封域，或朝或否，相侵暴乱，残伐不止，犹刻金石，以自为纪。古之五帝三王，知教不同，法度不明，假威鬼神，以欺远方，实不称名，故不久长。其身未殁，诸侯倍叛，法令不行。今皇帝并一海内，以为郡县，天下和平。昭明宗庙，体道行德，尊号大成。群臣相与诵皇帝功德，刻于金石，以为表经。”

既已，齐人徐市等上书，言海中有三神山，名曰蓬莱、方丈、瀛洲，仙人居之。请得斋戒，与童男女求之。于是遣徐市发童男女数千人，入海求仙人。

[注释]

①抟：同“专”，专一。揖：通“辑”，聚，会集。

[译文]

始皇向南巡视的时候登上琅邪山，非常喜欢那里，在那里停留了三个月。于是命令三万户老百姓迁徙到琅邪台下，以免除他们十二年的税收作为迁徙的条件。始皇在琅邪山建造了琅邪台，树立了石碑，歌颂秦朝的功德，表明自己得到天下的雄伟抱负。石碑上刻着：

二十六年，皇帝刚刚登基。制定公正法律，整治万物纲纪。以此明确人伦关系，父子齐心协力。皇帝圣明仁义，明白事物道理。安抚东部地区，关怀检阅士卒。巡视完全结束，来到海滨之地。皇帝功勋卓著，操劳国家大事。推行重农抑商政策，百姓生活富裕。举国上下齐心，一心一意跟随。统一器械度量，还有书写文字。日月所照之地，舟车所至之处，全部听从命令，人人却很满意。办事时机适当，此乃皇帝之职。整顿不良风俗，跨越千山万水。忧怀体恤百姓，早晚不懈努力。消除各种疑虑，制定法令制度，人人遵纪守法。百官分工合作，政务简单易行。措施采取得当，全都整齐划一。皇帝神明伟大，明察秋毫四方。尊卑贵贱有别，不得逾越等级。除掉奸邪现象，百姓务必纯良。大事小情尽力，不敢懈怠荒废。不论远处近处，还是偏僻地方，一律肃穆庄重。品德正直忠厚，办事遵守规则。皇帝德泽无边，保佑安定四方。讨伐暴乱，消除祸患，兴办好事，为天下百姓带来利益。安排事情都根据时令和节气，各种产业蓬勃发展。百姓安居乐业，不再进行战争。六亲彼此相安，再也没有盗贼。人人高兴地遵循国家的教化，通晓法令制度。普天之下，莫非王土。西边到达流沙，南边以门朝北开的地方为边界，都是皇帝的国土。东边有东海，北边穿越了大夏。人们足迹能够到达的地方，没有不向皇帝俯首称臣的。始皇的功勋超过了五帝，连牛马等牲畜也体会到了皇帝的恩惠。没有谁不感受到皇帝的恩德，人人过着安定的生活。

如今秦王一统天下，定下皇帝这一称号。皇帝外出巡视东部地区，来到琅邪这个地方。列侯武城侯王离、列侯通武侯王贲、伦侯建成侯赵亥、伦侯昌武侯成、伦侯武信侯冯毋择、丞相隗林、丞相王绾、卿李斯、卿王戊、五大夫赵婴等随从，与皇帝在海边议论朝政说："古代称帝的人，领土不过千里，诸侯都固守着自己的领土，有的朝贡，有的不朝贡。他们互相侵扰，彼此伤害，攻伐不止，可是还是立下石碑，用来记载自己的功业。古代的五帝、三王，对百姓实行不同的教化，所施行的法律制度也不甚明确，他们借助鬼神的威力，来欺骗无知的百姓，他们实际上名不副实，因此国运不能长久。帝王还没有死去，诸侯们就已经叛乱了，法令制度无法推行实施。现在陛下统一天下，四海之内，都是陛下的郡县，天下才享有和平和安定。将祖先的威灵发扬光大，信服真理，广施恩德，皇帝这一尊号实在是名副其实。群臣争相颂扬陛下的功德，铭刻在金石上，以此作为后世的表率和楷模。"

立石刻辞到这里已经完成了，齐人徐市等人上书，说海中有三座名字叫蓬莱、方丈和瀛洲的神山，有神仙居住在那里。徐市等人希望斋戒沐浴，带领数名童男童女前往仙山，寻找仙人。于是，皇帝挑选出童男童女数千人，派遣徐市到海中去寻找仙人。

原文

始皇还，过彭城，斋戒祷祠，欲出周鼎泗水。使千人没水求之，弗得。乃西南渡淮水，之衡山、南郡。浮江，至湘山祠。逢大风，几不得渡。上问博士曰："湘君何神？"博士对曰："闻之，尧女，舜之妻，而葬此。"于是始皇大怒，使刑徒三千人皆伐湘山树，赭(zhě)其山。上自南郡由武关归。

二十九年，始皇东游。至阳武博狼沙中，为盗所惊。求弗得，乃令天下大索十日。

[译文]

始皇从东方回来的时候，途径彭城，在那里进行了斋戒仪式，祈祷上苍保佑，想要从泗水打捞周鼎。皇帝派遣了上千人潜入水中寻找，一无所获。于是接着渡过西南的淮水，前往衡山、南郡。泛舟江上，来到湘山祠。恰好遇上大风，差点不能渡过河道。始皇问博士说："湘君是什么神仙？"博士回答说："臣听说湘君是尧的女儿，舜的妻子，死后埋葬在这里。"始皇十分生气，命令三千刑徒将湘山上的所有树木都砍光，红色的山体土壤全都裸露在外。始皇从南郡途径武关回到咸阳城。

二十九年（前 218 年），始皇向东巡游。来到阳武博狼沙，受到刺客的惊吓。始皇下令追捕刺客，却没有抓到人，就下令进行为期十天的全国大搜查。

原文

登之罘，刻石。其辞曰：

维二十九年，时在中春，阳和方起。皇帝东游，巡登之罘，临照于海。从臣嘉观，原念休烈，追诵本始。大圣作治，建定法度，显箸[1]纲纪。外教诸侯，光[2]施文惠，明以义理。六国回辟，贪戾[3]无厌，虐杀不已。皇帝哀众，遂发讨师，奋扬武德。义诛信行，威燀(chǎn)旁达，莫不宾服。烹灭强暴，振救黔首，周定四极。普施明法，经纬天下，永为仪则。大矣哉！宇县之中，承顺圣意。群臣诵功，请刻于石，表垂于常式。

其东观曰：

维二十九年，皇帝春游，览省远方。逮于海隅，遂登之罘，昭临朝阳。观望广丽，从臣咸念，原道至明。圣法初兴，清理疆内，外诛暴强。武威旁畅，振[4]动四极，禽灭六王。阐并天下，甾害绝息，永偃戎兵。皇帝明德，经理宇内，视听不怠。作立大义，昭设备器，咸有章旗。职臣遵分，各知所行，事无嫌疑。黔首改化，远迩同度，临古绝尤。常职既定，后嗣循业，长承圣治。群臣嘉德，祗诵圣烈，请刻之罘。

旋，遂之琅邪，道上党入。

[注释]

①箸：通“著”，显明。②光：通“广”。③戾：通“利”。④振：同“震”。

[译文]

始皇登上之罘山，在上面立下石碑。碑文说：

二十九年，仲春时节，天气逐渐回暖。皇帝到东方巡游，登上之罘山，面临着浩瀚的大海。一同前往的臣属看到这美丽的景色，回想皇帝的丰功伟绩，追念颂扬统一大业的始末。伟大圣明的皇帝现在开始治理这个国家，建立了法律制度，规定了万物纲纪。对外教化诸侯，广布恩泽，对他们晓之以理。六国诸侯奸回邪僻，贪婪乖戾，虐待杀害百姓的事情屡禁不止。皇帝同情民众，就调兵遣将，出师讨伐，彰显我军的威武斗志。进行正义的讨伐，使皇帝的信义大行于世，武威光辉的业绩远播四方，没有谁不臣服的。秦国消灭了残暴的势力，拯救了天下的百姓，使天下回复安定祥和的氛围。皇帝用严明的法律制度来治理天下，普遍推广这种方法，使它成为永久的准则。实在是太伟大了！放眼天下，人人遵循皇帝的神圣意志。群臣为皇帝歌功颂德，请求将皇帝的功绩镌刻在石碑上，以此作为永垂后世的法则。

东面台阁处的石碑上刻着：

二十九年，皇帝在春天外出巡游，视察远方。来到海边，登上之罘山，面对着清晨的朝阳。皇帝看着辽阔而又秀丽的景色，随从的臣子也都开始怀念往事，回忆从过去到现在走过的光明道路。皇帝制定的法律刚刚施行的时候，对内清理坏人坏事，对外诛杀暴乱。军威远扬，震动四方，擒获了六国的国王，消灭了六国。皇帝开疆拓土，兼并天下，消除所有的战乱祸患，永远停止了战争。皇帝圣明仁德，治理国家大事，没有丝毫懈怠。明确等级，规定车马服饰，各自都有明显标志。在职的臣子都能够遵守自己的本分，清楚自己该做些什么，做事没有什么疑虑。百姓移风易俗，远处近处都统一制度，这是古往今来最好的时代。人人各司其职，子孙后代也都循守旧业，永远继承这英明的政治体制。群臣赞颂皇帝的美德，恭敬地颂扬他的伟大功勋，请求在之罘山上立下碑刻。

不久之后，就前往琅邪山，途经上党回到咸阳。

原文

三十年，无事。

三十一年十二月，更名腊曰“嘉平”。赐黔首里六石米，二羊。始皇为微行咸阳，与武士四人俱，夜出逢盗兰池，见窘，武士击杀盗，关中大索二十日。米石千六百。

三十二年，始皇之碣石，使燕人卢生求羡门、高誓。刻碣石门。坏城郭，决通堤防。其辞曰：遂兴师旅，诛戮无道，为逆灭息。武殄暴逆，文复无罪，庶心咸服。惠论功劳，赏及牛马，恩肥土域。皇帝奋威，德并诸侯，初一泰平。堕（huī）①坏城郭，决通川防，夷去险阻。地势既定，黎庶无繇，天下咸抚。男乐其畴，女修其业，事各有序。惠被诸产，久并来田，莫不安所。群臣诵烈，请刻此石，垂著仪矩。

因使韩终、侯公、石生求仙人不死之药。始皇巡北边，从上郡入。燕人卢生使入海还，以鬼神事，因奏录图书，曰“亡秦者胡也”。始皇乃使将军蒙恬发兵三十万人北击胡，略取河南地。

三十三年，发诸尝逋亡人、赘（zhuì）婿、贾人略取陆梁地，为桂林、象郡、南海，以適遣戍。西北斥逐匈奴。自榆中并河以东，属之阴山，以为四十四县，城河上为塞。又使蒙恬渡河取高阙、阳山、北假中，筑亭障以逐戎人。徙谪，实之初县。禁不得祠。明星出西方。三十四年，適治狱吏不直者，筑长城及南越地。

［注释］

①堕：同“隳”，毁。

［译文］

三十年（前217年），没有重大事情发生。

三十一年十二月，把腊月更名为“嘉平”。赏赐每条里巷的百姓六石米、两只羊。始皇微服出行，巡视咸阳，身边带着四个武士随从。夜晚出来的时候，在兰池遇上盗贼，处境危险，四名武士杀死了盗贼，又在关中大肆搜捕二十天。粮价在这一年涨到一石一千六百钱。

三十二年，始皇前往碣石，派燕地人卢生拜访羡门、高誓。在碣石山壁上留下刻辞。外城被损坏，挖通堤防。刻辞说：调兵遣将，讨伐奸佞无道之人，消灭暴乱作逆的人。用武力惩罚暴乱之人，用文治保护无罪之人，全国百姓人心所向。赏赐有功劳的人，恩惠遍及牲畜。皇帝奋发扬威，依靠恩德兼并诸侯，第一次统一了全国，使天下呈现一片太平的景象。将六国的外城全部摧毁，凿通河堤，铲平险阻。形势已经稳定，天下安定，百姓无需再服徭役。男子高高兴兴地回家耕种土地，女子重新开始她的家庭手工业，各项事情进行得井然有序。皇帝的恩泽遍及各项生产，百姓全都安居乐业。群臣强烈称赞皇帝的功绩，请求在这里镌刻一座石碑，为后世提供一个可以学习的行为准则。

始皇派遣韩终、侯公、石生去仙人那里求取长生不死灵药。始皇到北方边境巡视，经由上郡回到咸阳。被派到海中寻找仙人的燕地人卢生回来了，向始皇上奏了很多神鬼之事，趁机献上从别处抄录来的图书，上面写着“灭亡秦朝的是胡人”。始皇立即派将军蒙恬带着三十万士兵，向北攻打胡人，占领了河南地带。

三十三年，征集曾经逃避服役的犯人、入赘女方家的男子以及商人一起去攻打陆梁地区，在那里设置桂林郡、象郡和南海郡，把那些犯罪发配边疆的人派去戍守。接着在西北方驱逐匈奴。从榆中沿着黄河向东，一直到阴山，这一地区总共设置了四十四个县，以黄河作为护城河，在黄河附近修筑要塞。又派将军蒙恬越过黄河占领高阙、阳山、北假一带，为了驱逐戎人还在那里修建了亭障。迁徙那些被贬谪放逐的人，将他们安排到刚刚建立的县邑中。禁止民间进行祭祀活动。彗星在西方出现。三十四年，遇见那些听讼断狱不公平的官吏，就会贬谪他们去修筑长城及戍守南越地区。

原文

始皇置酒咸阳宫，博士七十人前为寿。仆射周青臣进颂曰："他时秦地不过千里，赖陛下神灵明圣，平定海内，放逐蛮夷，日月所照，莫不宾服。以诸侯为郡县，人人自安乐，无战争之患，传之万世。自上古不及陛下威德。"始皇悦。博士齐人淳于越进曰："臣闻殷周之王千余岁，封子弟功臣，自为枝辅。今陛下有海内，而子弟为匹夫，卒有田常、六卿之臣，无辅拂，何以相救哉？事不师古而能长久者，非所闻也。今青臣又面谀以重陛下之过，非忠臣。"始皇下其议。丞相李斯曰："五帝不相复，三代不相袭，各以治，非其相反，时变异也。今陛下创大业，建万世之功，固非愚儒所知。且越言乃三代之事，何足法也？异时诸侯并争，厚招游学。今天下已定，法令出一，百姓当家则力农工，士则学习法令辟禁。今诸生不师今而学古，以非当世，惑乱黔首。丞相臣斯昧死言：古者天下散乱，莫之能一，是以诸侯并作，语皆道古以害今，饰虚言以乱实，人善其所私学，以非上之所建立。今皇帝并有天下，别黑白而定一尊。私学而相与非法教，人闻令下，则各以其学议之，入则心非，出则巷议，夸主以为名，异取以为高，率群下以造谤。如此弗禁，则主势降乎上，党与成乎下。禁之便。臣请史官非秦记皆烧之。非博士官所职，天下敢有藏《诗》《书》、百家语者，悉诣守、尉杂烧之。有敢偶语《诗》《书》者弃市。以古非今者族。吏见知不举者与同罪。令下三十日不烧，黥为城旦。所不去者，医药卜筮种树之书。若欲有学法令，以吏为师。”制曰：“可。”

［译文］

始皇在咸阳宫设下酒席，七十个博士一同前去为始皇敬酒祝寿。仆射周青臣颂扬始皇说：“以前秦国的领土不超过一千里，全仗陛下的神灵圣明，才能够平定了天下，将四方蛮夷驱赶出境，凡是太阳和月亮能够照射到的地方，没有谁不臣服的。各国诸侯的领土现如今都成为您的郡县，百姓安居乐业，再也没有战争的忧患了，这伟大的功业一定会流传万世，自上古开始没有任何一个人能够赶得上陛下的威德。”始皇非常高兴。博士齐地人淳于越向始皇进谏说：“臣听说殷周称王天下一千多年，是因为他们分封子弟和功臣，让他们共同来辅佐自己治理国家。如今陛下您拥有了整个天下，而您的子弟大多是平民百姓，万一日后出现像田常、六卿一样的叛臣，您没有其他人的辅佐，怎样来挽救国家于危时呢？做事不效仿古人却想要长久胜利的人，我没有听说过。现在青臣在您面前阿谀奉承，这样只会加重陛下的过错，他不是忠臣啊。”始皇将二人的建议交给群臣讨论。丞相李斯说：“五帝的制度没有重复的，三代的制度也没有因袭的，各自有各自治理国家的方法，不是后代一定要与前代不同，只是时代发生了变化而已。现在陛下您开创了如此伟大的事业，建立了万世不朽的卓越功勋，本来就不是那些愚蠢的读书人能够理解的事情。况且淳于越说的其实是以往三代的事情，有什么值得效仿的呢？过去诸侯并立难免竞争，各自都采用非常优厚的待遇来招揽有识之士。如今天下已经平定，法令都是由您统一颁布，百姓也应该都在家里努力从事农业生产和家庭手工业，文人雅士也应该学习法律禁令。现在这些读书人不以现实为老师，却一定要去学习古代，还借此来指责现代，迷惑百姓。身为丞相，微臣李斯冒死直言：古代天下分散成若干个诸侯，没有谁能够将他们统一，这正是因为诸侯并列存在，一起作乱，全部崇尚古代的事情指责当今的事情，用虚假的言论来掩盖真实的不可告人的目的，人们都偏爱自己擅长的一方面，指责当今皇帝所建立的规章制度。现在陛下一统天下，辨别黑白是非都由您一个人做主。私学却违背您制定的法令，指责您制定的法令。他们听见命令下达后，都用各自所学的东西来议论法令，入朝门则心里指责，出朝门则巷议街谈，在您面前为了得到名利极尽所能夸奖您，或者说出与众不同的想法以此来提高自己的身价，率领众人兴风作浪。如果这样做都不加以禁止的话，对上有损君主的威严，对下则容易结党营私。禁止这些事情是有好处的。臣请求您下达命令，让史官将那些秦国史书以外的其他书全部烧毁。如果不是身居博士官职，天下有谁私藏《诗》《书》、诸子百家著作的，都要上报交到郡守、县尉那里去统一烧毁；有敢两个人以上聚集评价《诗》《书》的，斩首示众；用古代的理论来指责如今是非的，株连九族；如果有哪个官吏知情不报，就与罪犯同等论处。命令下达三十天还有没烧掉书籍的人，就在他的脸上刻字，让他去修长城。那些关于医药、卜筮、农林方面的书籍，可以不销毁。如果有人想要学习法令，可以统一到官吏那里学习。”始皇听后，下令说：“就依照你说的办。”

原文

三十五年，除道，道九原抵云阳，堑山堙谷，直通之。于是始皇以为咸阳人多，先王之宫廷小：“吾闻周文王都丰，武王都镐，丰镐之间，帝王之都也。”乃营作朝宫渭南上林苑中。先作前殿阿房，东西五百步，南北五十丈，上可以坐万人，下可以建五丈旗。周驰为阁道，自殿下直抵南山。表南山之颠①以为阙。为复道，自阿房渡渭，属之咸阳，以象天极阁道绝汉抵营室也。阿房宫未成；成，欲更择令名名之。作宫阿房，故天下谓之阿房宫。隐宫徒刑者七十余万人，乃分作阿房宫，或作丽山。发北山石椁，乃写蜀、荆地材皆至。关中计宫三百，关外四百余。于是立石东海上朐(qú)界中，以为秦东门。因徙三万家丽邑，五万家云阳，皆复不事十岁。

[注释]

①颠：同“巅”，顶。

[译文]

三十五年（前 212 年），始皇开始下令修建道路，所修的道路途经九原，一直到云阳，路上遇山开山，遇谷填谷，修建出一条笔直的大道。皇帝开始觉得咸阳人口众多，先王的宫廷太小，他听说周文王曾经建都丰城，武王建都镐城，丰城、镐城之间，正是帝王都城所在的地方。于是，始皇在渭水南岸的上林苑中兴建自己的宫殿。最先在阿房兴建前殿，前殿东西长五百步，南北宽五十丈，殿上可以一起坐下一万人，殿下可以竖起一个五丈高的旗帜。前殿周围环绕着架起的阁道，阁道从殿下一直通到南山。在南山的两个山头立表，让他们作为宫门前的双阙。在空中建造道路，空中栈道从阿房开始，渡过渭水，与咸阳相连接，这是象征天上阁道越过天河直接连接到营室。阿房宫还没有完工；等到它完工后，会另外选择一个更好听的名字来称呼它。因为这个宫殿是在阿房建造的，所以天下人称它为阿房宫。那些受到宫刑或者其他刑罚的七十多万犯人，分成几批，有的去兴建阿房宫，有的去修建骊山陵。那些从北山挖下的石头，从蜀地、楚地运来的木材，全部都集中在这里。关中的宫殿一共有三百座，关外的宫殿一共有四百多座。于是始皇在东海附近朐县境内立下一块巨石，以此作为秦国的东门。又下令迁徙三万户百姓到郦邑居住，五万户到云阳居住，这些迁徙的住户都可免除十年的徭役。

原文

卢生说始皇曰："臣等求芝奇药仙者常弗遇，类物有害之者。方中，人主时为微行以辟恶鬼，恶鬼辟，真人至。人主所居而人臣知之，则害于神。真人者，入水不濡，入火不爇(ruò)，陵云气，与天地久长。今上治天下，未能恬倓。愿上所居宫毋令人知，然后不死之药殆可得也。"于是始皇曰："吾慕真人，自谓'真人'，不称'朕'。"乃令咸阳之旁二百里内宫观二百七十复道甬道相连，帷帐钟鼓美人充之，各案署，不移徙。行所幸，有言其处者，罪死。始皇帝幸梁山宫，从山上见丞相车骑众，弗善也。中人或告丞相，丞相后损车骑。始皇怒曰："此中人泄吾语。"案问莫服。当是时，诏捕诸时在旁者，皆杀之。自是后莫知行之所在。听事，群臣受决事，悉于咸阳宫。

侯生、卢生相与谋曰："始皇为人，天性刚戾自用，起诸侯，并天下，意得欲从，以为自古莫及己。专任狱吏，狱吏得亲幸。博士虽七十人，特备员弗用。丞相诸大臣皆受成事，倚辨[①]于上。上乐以刑杀为威，天下畏罪持禄，莫敢尽忠。上不闻过而日骄，下慑伏谩欺以取容。秦法不得兼方，不验辄死。然候星气者至三百人，皆良士，畏忌讳谀，不敢端言其过。天下之事无小大皆决于上，上至以衡石量书，日夜有呈，不中呈不得休息。贪于权势至如此，未可为求仙药。"于是乃亡去。始皇闻亡，乃大怒曰："吾前收天下书不中用者尽去之。悉召文学方术士甚众，欲以兴太平。方士欲练[②]以求奇药，今闻韩众去不报；徐市等费以巨万计，终不得药，徒奸利相告日闻。卢生等吾尊赐之甚厚，今乃诽谤我，以重吾不德也。诸生在咸阳者，吾使人廉问，或为訞言以乱黔首。"于是使御史悉案问诸生，诸生传相告引，乃自除犯禁者四百六十余人，皆坑之咸阳，使天下知之，以惩后。益发谪徙边。始皇长子扶苏谏曰："天下初定，远方黔首未集，诸生皆诵法孔子，今上皆重法绳之，臣恐天下不安。唯上察之。"始皇怒，使扶苏北监蒙恬于上郡。

[注释]

①辨：通“办”，办理，办事。②练：同“炼”，熔炼。

[译文]

卢生劝说始皇说：“我们寻找灵芝、仙药和仙人，总也找不到，看来可能是有什么东西伤害了它们。仙方上说，皇帝您应该经常微服出巡，这样就能够驱赶恶鬼，恶鬼消失了，高人神仙自然就出来了。臣子们都知道您居住的地方，这样会妨碍神仙的到来。真正的神仙，入水不会沾湿衣服，入火不会烧伤身体，能够腾云驾雾，寿命与天地一样长久。现在皇帝您治理天下，没能做到真正的清静恬淡。希望皇帝您所居住的寝宫不要让其他人知道，这样一来，不死之药很快就能够得到了。”于是始皇说：“我很希望能成为真人，以后我就自称为‘真人’，不再称‘朕’了。”因此下令，将咸阳城附近二百里内的二百七十座宫殿都用复道、甬道连接起来；将帷帐、钟鼓和美人都安置在里边，并且规定按照各自登记的位置居住，不得擅自移动。如果有人说出被皇帝宠幸的地方，就以死罪论处。有一次始皇临幸梁山宫，始皇从山上看见丞相的随从车马众多，认为这样不好。有人知道后，偷偷将这件事告诉了丞相，以后丞相出门就减少了车马数目，始皇生气地说：“一定是宫中有人泄露了我说过的话。”他立案审问，却没有人认罪，就下诏将当时跟随在旁的人拘捕起来，全都杀掉。从此以后，没有谁知道皇帝的行踪所在了。皇帝处理事务，群臣听受命令，全都在咸阳宫进行。

坑儒焚书

秦始皇焚书坑儒，意在维护统一的集权政治，反对以古非今，打击方士荒诞不经的怪谈异说，但嬴政的极端做法，导致的是秦王朝的短祚，仅持续了15年。晚唐诗人章碣在其《焚书坑》一诗中写道：“坑灰未冷山东乱，刘项原来不读书。”

侯生、卢生一起商量说：“秦始皇这个人，性情凶狠残暴，刚愎自用，出身于诸侯，之后一统天下，事情都称心如意，认为古往今来没有人能比得上他。为政专制，亲自任用看管监狱的官吏，那些狱吏都得到始皇的亲近和宠幸。虽然博士有七十人，但他们形同虚设，根本没有得到重用。丞相和诸位大臣都是接受始皇已经想好的命令，按照皇帝的意愿做事情。皇帝喜欢用重刑杀戮来显示自己的威严，官员们都怕牵连获罪，想保住自己的官位，因此没人敢真正竭尽忠诚。皇帝听不到自己的过错，就会一天比一天更加骄横。臣子们害怕皇帝不高兴就会专门说一些谎话来讨好皇帝。秦国的法律规定，一个方士不可以兼有两种方术，如果方术不能应验，方士就要被处死。占卜星象云气来预测吉凶的有三百多人，都是良士，可是他们因为害怕皇帝怪罪，只能避讳奉承，不敢直言指出始皇的过错。天下的事情无论大小都要由皇帝决定，等待批阅的文书多得用秤来称，皇帝每天批阅的文件是有定额的，阅读达不到定额，就不可以休息。始皇贪恋权势到了这种地步，我们不能为他寻找仙药。”因此他们就逃走了。始皇听说侯生、卢生等人逃走了，十分愤怒地说：“我以前收取了全天下的书籍，将那些不合时用的书简全部烧毁。我又招揽了很多文学方术之士，想要让天下太平无事。方士们说可以寻求灵丹妙药，结果现在韩众等人逃跑一直不回来复命，徐市等人前后耗费巨万，最后也没能找到仙药，只是每天传来一些为了个人谋取利益的事情。我向来很尊敬卢生等人，对他们赏赐丰厚，如今他们却诽谤我，强烈指责我为政不仁。我将派人询问那些在咸阳的儒生，看看究竟是谁制造怪诞邪说来妖言惑众。”于是，始皇派遣御史审问一些儒生，被抓的儒生互相指责，只希望能免除自己的罪过。经过审问，确定下来触犯法禁的儒生有四百六十多人，他们全部在咸阳被活埋，始皇故意让全天下的人都知道这件事，以此来警诫后人。更多的儒生都被发配到边疆去戍守边境。始皇长子扶苏劝谏始皇说：“天下刚刚平定，远方百姓尚未安定，儒生都是歌颂和效法孔子的人，您现在用如此严厉的刑罚来惩治他们，我担心天下会因此而引起动乱。希望您能明察这件事。”始皇很不高兴，命令扶苏到北方的上郡去监视将军蒙恬。

原文

三十六年，荧惑守心。有坠星下东郡，至地为石，黔首或刻其石曰“始皇帝死而地分”。始皇闻之，遣御史逐问，莫服，尽取石旁居人诛之，因燔销其石。始皇不乐，使博士为《仙真人诗》，及行所游天下，传令乐人歌弦之。秋，使者从关东夜过华阴平舒道，有人持璧遮使者曰：“为吾遗滈(hào)池君。”因言曰：“今年祖龙死。”使者问其故，因忽不见，置其璧去。使者奉璧具以闻。始皇默然良久，曰：“山鬼固不过知一岁事也。”退言曰：“祖龙者，人之先也。”使御府视璧，乃二十八年行渡江所沉璧也。于是始皇卜之，卦得游徙吉。迁北河、榆中三万家。拜爵一级。

[译文]

三十六年（前211年），火星运行到了心宿的位置。有一颗星星在东郡坠落，到地面之后星星变成一块石头，百姓中有人在这块石头上刻下“始皇帝死而地分”一行字。秦始皇听说这件事后，命令御史对当地百姓挨个进行审问，没有人认罪。始皇命令将居住在石头落地附近的居民都抓起来处死，又用火将这块石头烧毁。始皇不高兴，让博士创作《仙真人诗》，在他外出巡游的时候，传令乐工弹唱这些。秋天的时候，一个从关东来的使者，在夜晚经过华阴平舒的时候，有人拿着璧玉拦住使者说：“替我把它送给滈池君。”又趁机说：“今年祖龙就要死了。”使者问他是什么原因，这个人忽然不见了，只留下他的璧玉。使者将璧玉献给始皇，将事情的全部经过跟始皇讲了一遍。始皇沉默了很长时间，说道：“山野间的鬼怪本来就只知道一年之内的事情而已。”退朝后说道：“那祖龙，是人们的首领。”始皇派遣御史来查看这块璧玉，竟然是始皇在二十八年出行渡江时，掉到水中的那块璧玉。于是始皇赶快找人占卜吉凶，卦象显示始皇如果巡游迁徙就会吉利。于是，始皇命令三万户百姓迁到北河、榆中居住。赐给迁徙者爵位一级。

原文

三十七年十月癸丑，始皇出游。左丞相斯从，右丞相去疾守。少子胡亥爱慕请从，上许之。十一月，行至云梦，望祀虞舜于九疑山。浮江下，观籍柯，渡海渚。过丹阳，至钱唐。临浙江水波恶，乃西百二十里从狭中渡。上会稽，祭大禹，望于南海，而立石刻颂秦德。其文曰：

皇帝休烈，平一宇内，德惠修长。三十有七年，亲巡天下，周览远方。遂登会稽，宣省习俗，黔首斋庄。群臣诵功，本原事迹，追首高明。秦圣临国，始定刑名，显陈旧章。初平法式，审别职任，以立恒常。六王专倍，贪戾慠（ào）猛，率众自强。暴虐恣行，负力而骄，数动甲兵。阴通间使，以事合从，行为辟方①。内饰诈谋，外来侵边，遂起祸殃。义威诛之，殄熄暴悖，乱贼灭亡。圣德广密，六合之中，被泽无疆。皇帝并宇，兼听万事，远近毕清。运理群物，考验事实，各载其名。贵贱并通，善否陈前，靡有隐情。饰省②宣义，有子而嫁，倍死不贞。防隔内外，禁止淫泆，男女絜诚。夫为寄豭（jiā），杀之无罪，男秉义程。妻为逃嫁，子不得母，咸化廉清。大治濯俗，天下承风，蒙被休经。皆遵度轨，和安敦勉，莫不顺令。黔首修絜，人乐同则，嘉保太平。后敬奉法，常治无极，舆舟不倾。从臣诵烈，请刻此石，光垂休铭。

还过吴，从江乘渡。并海上，北至琅邪。方士徐市等入海求神药，数岁不得，费多，恐谴，乃诈曰：“蓬莱药可得，然常为大鲛鱼所苦，故不得至，原请善射与俱，见则以连弩射之。”始皇梦与海神战，如人状。问占梦，博士曰：“水神不可见，以大鱼蛟龙为候。今上祷祠备谨，而有此恶神，当除去，而善神可致。”乃令入海者赍捕巨鱼具，而自以连弩候大鱼出射之。自琅邪北至荣成山，弗见。至之罘，见巨鱼，射杀一鱼。遂并海西。

［注释］

①辟方：放纵，胡作非为。辟，同“僻”。方，通“放”。②饰：文饰。省：通“眚”，过失，错误。

［译文］

三十七年（前210年）十月癸丑，始皇出外巡游。左丞相李斯跟随一起出游，右丞相冯去疾留守在咸阳城。始皇的小儿子胡亥非常受宠爱，请求始皇带着自己一起出游，始皇答应了他。十一月的时候，始皇一行人走到云梦地区，朝九嶷山方向遥相祭祀虞舜。顺流而下，观览籍柯，渡过江渚，途经丹阳，来到钱唐。浙水波涛汹涌，无法渡过，就向西走了一百二十里，从江面狭窄的地方渡了过去。始皇登上会稽山，祭祀大禹，又望祭南海，在这里立起一块石碑，用来表彰秦朝的功德。碑文说：

皇帝建立了伟大的功勋，一统天下，德惠深厚长久。三十七年，始皇亲自巡游全国，遍览四方。因此始皇登上会稽山，体察民间风俗，百姓都十分恭敬，斋戒恭候。臣子们一起歌颂皇帝的功德，回顾创业的始末，追溯始皇的英明决策。秦国伟大的皇帝君临天下，第一次确定了法律制度，将以往的规章清楚明白地宣布出来。第一次统一了处理政务的方法，审定了各个官吏的任职管理范围，想借此机会建立一个亘古不变的制度。六国诸侯王独断专行，贪婪乖戾，傲慢凶猛，带领着自己的百姓在地方上逞强。他们凭借武力暴虐纵恣，骄纵自负，屡次挑起事端。做间谍的使者暗中互相联系，实行合纵抗秦的政策，做法邪僻放纵。对内想尽办法使用阴谋诡计，对外侵扰秦国边境，始皇出于正义，采用武力去讨伐他们，很快平息了暴乱，将乱贼剿灭。皇帝宽宏大量，厚德载物，四方人民都蒙受了皇帝无限的恩泽。皇帝一统天下，每天要处理数不清的事情，无论是远方地区还是近处，都被皇帝处理得井井有条。运筹和治理天地万物，根据事物的实际情况，将它们的名称分别记载下来。进言不分贵贱，善否都可前陈，人皆言无不尽。文过饰非，假装正经，放弃孩子却改嫁他人，加倍惩处没有贞操的人。把内外隔离开来，禁止纵欲过度，男女要洁身自爱，以诚相待。如果发现做丈夫的和别人妻子通奸，即使杀死他也不触犯法律，只有这样，男人才能真正遵守道德规范的要求。做妻子的如果跑掉另嫁他人，儿子不能认她做母亲。这样一来，人们会逐渐被社会上廉洁清白的风气所感化。社会展开大规模的整饬，不良的风俗习惯全部扫除，全天下的百姓都接受了新的文明社会风尚，得到良好的治理。人们都奉公守法，和睦相处，出入平安，敦厚勤勉，没有不顺从国家法令的人。百姓也变得有修养，人人自觉遵守始皇统一规定的法制，保持着这种太平的局面。后世的人们也能认真地奉行始皇立下的法制，秦国就会无限期地长治久安下去，国家安稳，永无倾覆之虑。臣子们争相赞颂皇帝的功业，请求立下这一石碑，让始皇美好的德行永垂后世。

始皇返回时途经吴县，从江乘县渡江，沿海北上，来到琅邪。方士徐市等人到海中寻找神药，已经去了几年仍然没有找到，而且耗费了很多人力财力，担心受到谴责，就向始皇谎称：“本来是可以求到蓬莱的神药的，但是总是有一条大鲨鱼前来袭击，所以不能到达蓬莱，希望您能派遣些擅长射箭的人同我们一同前往，这样就能够在鲨鱼出现的时候立即用连弩射死它。”刚好始皇做梦梦见与海神交战，梦中的海神与人长得一样。始皇询问占梦的博士，博士说：“水神是看不到的，它的到来通常是以大鱼和蛟龙为前兆。现在陛下恭敬而虔诚地进行祷告和祭祀，却梦见这样一个凶恶的海神，应当将它铲除，以后真正的善良的海神就能出现了。”于是，皇帝命令到海中去的人携带捕获大鱼的用具，而自己亲自带上连弩，等待大鱼出现的时候将它射死。从琅邪向北行进一直到荣成山，都没有遇见大鱼。到了之罘，终于看见了大鱼，射死了一条。于是始皇带着队伍沿海西行。

原文

至平原津而病。始皇恶言死，群臣莫敢言死事。上病益甚，乃为玺书赐公子扶苏曰：“与丧会咸阳而葬。”书已封，在中车府令赵高行符玺事所，未授使者。七月丙寅，始皇崩于沙丘平台。丞相斯为上崩在外，恐诸公子及天下有变，乃秘之，不发丧。棺载辒（wēn）凉车中，故幸宦者参乘，所至上食。百官奏事如故，宦者辄从辒凉车中可其奏事。独子胡亥、赵高及所幸宦者五六人知上死。赵高故尝教胡亥书及狱律令法事，胡亥私幸之。高乃与公子胡亥、丞相斯阴谋破去始皇所封书赐公子扶苏者，而更诈为丞相斯受始皇遗诏沙丘，立子胡亥为太子。更为书赐公子扶苏、蒙恬，数以罪，赐死。语具在《李斯传》中。行，遂从井

秦始皇病死沙丘

扶苏冤死

陉(xíng)抵九原。会暑，上辒车臭，乃诏从官令车载一石鲍鱼，以乱其臭。

行从直道至咸阳，发丧。太子胡亥袭位，为二世皇帝。九月，葬始皇郦山；始皇初即位，穿治郦山；及并天下，天下徒送诣七十余万人，穿三泉，下铜而致椁，宫观百官奇器珍怪徙臧满之。令匠作机弩矢，有所穿近者辄射之。以水银为百川江河大海，机相灌输，上具天文，下具地理。以人鱼膏为烛，度不灭者久之。二世曰："先帝后宫非有子者，出焉不宜。"皆令从死，死者甚众。葬既已下，或言工匠为机，臧①皆知之，臧重即泄。大事毕，已臧②，闭中羡，下外羡门，尽闭工匠臧者，无复出者。树草木以象山。

[注释]

①臧：同"藏"，指墓中的随葬物品。②臧：同"藏"，埋葬。

[译文]

始皇刚到平原津就生病了。始皇很讨厌说死字，臣子们没有谁敢提到死的事情。皇帝的病情日益加重，于是就写了一封盖有皇帝玺印的诏书派人给公子扶苏送去，诏书说："回来参加我的丧礼，然后在咸阳将我埋葬了。"诏书加上封印，放在中车府，始皇命令赵高办理诏书文件盖印事件以及送发事宜，没有派遣专门负责传递的人员。七月丙寅，始皇在沙丘平台驾崩。丞相李斯认为因为皇帝是死在外面，他担心皇帝的那些儿子以及国内百姓会有人发动叛乱，就下令封锁了消息，不为始皇举办丧事。李斯命人将装有始皇的棺材放在始皇生前乘坐的辒车中，仍然由原来亲近的宦官陪乘，无论到了哪里，仍然像往常一样，送上饭食。百官也和过去一样向皇帝上奏国事，辒车里的宦官批准他们所奏之事。始皇驾崩这件事情只有始皇的儿子胡亥、赵高和五六个亲近的宦官知道。赵高过去曾经教胡亥学习文字和刑狱法律，胡亥私下里与他很亲近。赵高与公子胡亥、丞相李斯暗中谋划，毁掉了始皇早已封好准备送给公子扶苏的诏书，而谎称丞相李斯在沙丘接受始皇遗诏，立始皇的儿子胡亥为太子。又另写了诏书列举了公子扶苏、蒙恬的许多罪状，命令他们自杀。这些事情在《李斯列传》中都有记载。胡亥等人继续前进，从井陉一直走到九原。当时正值暑天，始皇的辒车散发出阵阵恶臭，丞相李斯命令随从官员每车载一石鲍鱼，用来混淆始皇尸体腐烂的臭味。

胡亥一行人走直道回到咸阳，这才宣布了始皇去世的消息。太子胡亥承袭帝位，成为二世皇帝。九月，在骊山下葬始皇。始皇刚刚即位的时候，就开始在骊山开山凿洞。等到他统一天下之后，他下旨将天下七十多万名刑徒全部送到骊山，把地凿到露出第三层泉水才停止，用青铜封住石缝，将棺椁运送到里面。里面有仿制的宫殿、百官，各种珍奇宝物在墓中都能看见，整个墓穴装得满满的。始皇命令工匠制造了很多带机关的弩箭，一旦有人接近，墓室机关就会自动射向目标。墓室里用水银做成千川百溪和江河大海，使用机关将它们互相灌注流通，墓中上方具备各种天象，下方有大地上的各种景象。用人鱼的脂肪做成蜡烛，这样一来蜡烛在很长时期里都不会熄灭。秦二世说："先帝后宫中那些没有儿子的姬妾，放出宫去不太合适。"就下令让她们为始皇陪葬了，死去的人非常多。葬礼举行完毕后，有人说工匠制造的机关，地宫里藏了哪些东西，他们都知道，奴隶人数众多，恐怕会泄漏出去。葬礼结束以后，封藏了墓室的随葬品，又把墓道的中门封闭起来，最后关闭了最外面一段墓道的大门，关闭的同时将工匠奴隶全部关在里面，没有一个人活着逃出来的。又在墓地的外面种植了大量的草木，看上去好像山一样。

原文

二世皇帝元年，年二十一。赵高为郎中令，任用事。二世下诏，增始皇寝庙牺牲及山川百祀之礼。令群臣议尊始皇庙。群臣皆顿首言曰："古者天子七庙，诸侯五，大夫三，虽万世世不轶毁。今始皇为极庙，四海之内皆献贡职，增牺牲，礼咸备，毋以加。先王庙或在西雍，或在咸阳。天子仪当独奉酌祠始皇庙。自襄公已下轶毁。所置凡七庙。群臣以礼进祠，以尊始皇庙为帝者祖庙。皇帝复自称'朕'。"

二世与赵高谋曰："朕年少，初即位，黔首未集附。先帝巡行郡县，以示强，威服海内。今晏然不巡行，即见弱，毋以臣畜天下。"春，二世东行郡县，李斯从。到碣石，并海，南至会稽，而尽刻始皇所立刻石，石旁著大臣从者名，以章先帝成功盛德焉。

皇帝曰："金石刻，尽始皇帝所为也。今袭号，而金石刻辞不称'始皇帝'，其于久远也如后嗣为之者，不称成功盛德。"丞相臣斯、臣去疾、御史大夫臣德昧死言："臣请具刻诏书刻石，因明白矣。臣昧死请。”制曰：“可。”遂至辽东而还。

［译文］

秦二世元年（前209年），二世皇帝二十一岁。任命赵高为郎中令，委任他处理很多国家大事。二世下诏，增加始皇陵庙祭祀用的牛羊，增加对山川等各种祭祀的规格，让臣子们展开讨论，怎样才是更加尊崇始皇庙。群臣都跪在地上向二世皇帝磕头说：“古代天子有七座庙宇，诸侯有五座庙宇，大夫有三座庙宇，就算是再过千世万世也不能毁坏。现在始皇的庙宇已经是一个极庙，全国上下都给始皇庙进贡，增加了祭祀牛羊的数量，祭礼也都很完备，实在是不需要再增加什么了。先王庙有的在西雍，有的在咸阳。按天子的礼仪来说，您应该亲自拿着酒杯去祭拜始皇庙。自襄公以下庙宇全都废除。一共设置七座庙宇。群臣以礼祭祀，将始皇庙尊崇为秦国皇帝的祖庙。皇帝您仍然自称为‘朕’。”

二世皇帝和赵高商议说：“我年龄小，刚刚登上皇位，百姓的心还没有完全归附。先帝用去郡县巡视的方法，来显示自己力量的强大，用强势来让天下子民臣服。现在如果就这样安然呆在宫里，不出去巡游，就会显得皇帝软弱无力，这样是没有办法让天下臣服的。”春天的时候，秦二世向东巡视郡县，李斯一同随从。到达碣石后，沿海而行，一路向南到达会稽，又在始皇所立的石碑上刻写了文字，石碑旁还刻上了随从大臣的名字，以此来显示先帝取得的盖世功绩。

皇帝说：“这些石碑上的字都是始皇帝命人镌刻下来的。现在我继承了皇帝的称号，而这些金石刻辞不称始皇帝，等到很久很久以后，看起来就像是后来嗣位的人刻写的，这与始皇帝取得的功绩和隆盛的德业是不符合的。”丞相李斯、大臣冯去疾、御史大夫德冒着死罪的危险说道：“臣下请求皇帝命人将诏书的全部内容刻写在石碑上，这样就可以分清楚了。臣下冒死提出这一请求。”二世下令说：“可以这样做。”二世在到达辽东后就返回咸阳了。

原文

于是二世乃遵用赵高，申法令。乃阴与赵高谋曰：“大臣不服，官吏尚强，及诸公子必与我争，为之奈何？”高曰：“臣固愿言而未敢也。先帝之大臣，皆天下累世名贵人也，积功劳世以相传久矣。今高素小贱，陛下幸称举，令在上位，管中事。大臣鞅鞅[①]，特以貌从臣，其心实不服。今上出，不因此时案郡县守尉有罪者诛之，上以振威天下，下以除去上生平所不可者。今时不师文而决于武力，愿陛下遂从时毋疑，即群臣不及谋。明主收举余民，贱者贵之，贫者富之，远者近之，则上下集而国安矣。”二世曰：“善。”乃行诛大臣及诸公子，以罪过连逮少近官三郎，无得立者，而六公子戮死于杜。公子将闾(lú)昆弟三人囚于内宫，议其罪独后。二世使使令将闾曰：“公子不臣，罪当死，吏致法焉。”将闾曰：“阙廷之礼，吾未尝敢不从宾赞也；廊庙之位，吾未尝敢失节也；受命应对，吾未尝敢失辞也。何谓不臣？愿闻罪而死。”使者曰：“臣不得与谋，奉书从事。”将闾乃仰天大呼天者三，曰：“天乎！吾无罪！”昆弟三人皆流涕拔剑自杀。宗室振恐。群臣谏者以为诽谤，大吏持禄取容，黔首振恐。

四月，二世还至咸阳，曰：“先帝为咸阳朝廷小，故营阿房宫为室堂。未就，会上崩，罢其作者，复土郦山。郦山事大毕，今释阿房宫弗就，则是章先帝举事过也。”复作阿房宫。外抚四夷，如始皇计。尽征其材士五万人为屯卫咸阳，令教射狗马禽兽。当食者多，度不足，下调郡县转输菽粟刍藁(gǎo)②，皆令自赍粮食，咸阳三百里内不得食其谷。用法益刻深。

［注释］

①鞅鞅：同“怏怏”，不满意的样子。②藁：同“稾”，谷类。

［译文］

秦二世采用赵高的建议，进一步明确法令。私下里却和赵高谋划说：“大臣们不顺服，官吏们也都势力强大，始皇的其他公子们一定会与我争夺皇位，我该怎么做呢？”赵高说：“臣本来就想说这件事但是没敢说。先帝的大臣，都是出身享有名望的权贵之家，他们世世代代都建有很大功勋，世代相传，已经很久了。我赵高一直身份卑微，如今承蒙陛下亲近抬举我，才能让我高居上位，得以掌管宫中事务。对于这件事，大臣们心里都怏怏不乐，虽然表面上很顺从臣，但心里并不服气。现在您在外巡视，为什么不趁机调查下郡县守尉，如果有罪就将他们处死，这样一来，皇帝就能够威震天下，同时还能铲除您平生所不满的人。现在这个时代，不能采用文治的手法，武力才是决定一切的主要方法，希望陛下能够顺应时势的要求，不要有什么怀疑犹豫，趁群臣还没来得及想对策的时候先发制人。圣明的君主可以收揽人才，身份低贱的人就让他们变得高贵起来，贫穷的人就让他们变得富有起来，本来疏远的人现在亲近他，那么上下就会和睦，国家就会安定。”二世说：“很好。”于是他一边巡视，一边诛杀大臣和那些公子们，又用互相株连的罪名，将那些地位较低的近侍之臣和三署郎官全部逮捕，谁都没能保住自己的官位，始皇的其他六位公子都在杜县处死。公子将闾兄弟三人被囚禁在内宫之中，最后再单独审议他们的罪行。二世派使者对将闾说：“你做事情没有一个大臣应有的样子，按所犯罪行你应当处死，相关的官吏将会给你一个法律制裁。”将闾说：“宫廷的礼仪，我从来不敢不服从司仪的指挥；朝廷上的位次，我从来不敢违背礼节；接受皇帝的命令回答皇帝的问话，我从来不敢有任何言语差错。为什么说我没有大臣的样子呢？我恳求让我知道自己所犯下的罪行之后再死去。”使者说：“我没有参与谋划商议，只是奉诏办事罢了。”于是将闾仰天长啸：“苍天啊！我没有罪！”兄弟三人都涕泪横流，拔剑自刎而死。整个皇室都为这件事震动，惶惶不可终日。群臣之中有直言进谏的都以诽谤朝廷的罪名论处。大臣们拿着俸禄，只能一味地谄媚讨好，百姓都很惊恐。

四月，秦二世回到咸阳，他对臣子们说：“先帝因为咸阳宫廷狭小，所以才兴建阿房宫作为室堂。宫殿还没有完全建成，就赶上先帝驾崩了，所以停止了工程的进度，工匠都调去骊山建造墓地。现在，骊山的工程大体上已经结束，如果将阿房宫就此搁置不去完成，就表明先帝兴建宫殿这件事是错误的。”于是，他下令继续修建阿房宫。二世对外安抚四方夷狄的策略，和始皇使用的一样。他征集了强壮的士兵五万人，全部用来驻守咸阳，让人教习射御。这些人加上狗马牲畜，每天都要消耗掉咸阳城很多粮食。如果估计存储的粮食不够，就向下面的郡县调用，将粮食草料等运送到咸阳，运送的人都需要自带粮食，咸阳城三百里以内的百姓不能食用这批运送到咸阳城的粮谷。秦朝的执法制度更加严厉苛刻。

原文

七月，戍卒陈胜等反故荆地，为“张楚”。胜自立为楚王，居陈，遣诸将徇地。山东郡县少年苦秦吏，皆杀其守尉令丞反，以应陈涉，相立为侯王，合从西乡，名为伐秦，不可胜数也。谒者使东方来，以反者闻二世。二世怒，下吏。后使者至，上问，对曰：“群盗，郡守尉方逐捕，今尽得，不足忧。”上悦。武臣自立为赵王，魏咎为魏王，田儋（dān）为齐王。沛公起沛。项梁举兵会（kuài）稽郡。

二年冬，陈涉所遣周章等将西至戏，兵数十万。二世大惊，与群臣谋曰：“奈何？”少府章邯曰：“盗已至，众强，今发近县不及矣。郦山徒多，请赦之，授兵以击之。”二世乃大赦天下，使章邯将，击破周章军而走，遂杀章曹阳。二世益遣长史司马欣、董翳佐章邯击盗，杀陈胜城父，破项梁定陶，灭魏咎临济。楚地盗名将已死，章邯乃北渡河，击赵王歇等于巨鹿。

［译文］

七月，负责戍边的士卒陈胜等人在楚地起兵造反，建立了张楚。陈胜自立为楚王，居住在陈县，派遣将领攻城略地。崤山以东郡县的青年人一直为秦朝官吏的残暴统治所苦，于是一起杀死了他们的郡守、郡尉、县令、县丞，响应陈涉，起来造反，他们陆续自立为王，联合起来，一起以讨伐暴秦的名义，一路向西进军，参与造反的人多得无法计算。巡察东方的使者回来后，将民间发生叛乱的事情报告给二世。秦二世大怒，下令将前来拜见的人交给了狱吏治罪。后面的使者回来后，二世问他情况，使者回答说："这是一群盗贼，郡守郡尉正在追捕，现在已经全部抓获了，不足以担忧。"秦二世很高兴。武臣自封为赵王，魏咎为魏王，田儋为齐王。沛公刘邦在沛县起义。项梁在会稽郡起义。

秦二世二年（前 208 年）冬天，陈涉派遣周章等将领带领着数十万大军向西挺进，到达戏水。秦二世得知此事后，大为震惊，和群臣商议说："应该如何应对呢？"少府章邯说："盗贼已经来到这里，他们兵众势强，现在调发附近县城的军队已经来不及了。骊山有很多犯罪的刑徒，臣请求您能赦免他们的罪，同时发给他们兵器，让他们出击反贼。"于是，秦二世大赦天下，派章邯为将领，打败了周章的军队，周章逃走，章邯在曹阳杀死了周章。二世又派遣长史司马欣、董翳协助章邯进攻反贼，在城父杀死了陈胜，在定陶打垮了项梁，在临济消灭了魏咎。楚地反贼中，有名的将领都已经被杀死了，章邯就向北渡过黄河，在巨鹿进攻赵王赵歇等人。

原文

赵高说二世曰："先帝临制天下久，故群臣不敢为非，进邪说。今陛下富于春秋，初即位，奈何与公卿廷决事？事即有误，示群臣短也。天子称朕，固不闻声。"于是二世常居禁中，与高决诸事。其后公卿希[1]得朝见，盗贼益多，而关中卒发东击盗者毋已。右丞相去疾、左丞相斯、将军冯劫进谏曰："关东群盗并起，秦发兵诛击，所杀亡甚众，然犹不止。盗多，皆以戍漕转作事苦，赋税大也。请且止阿房宫作者，减省四边戍转。"二世曰："吾闻之韩子曰：'尧舜采椽不刮，茅茨不翦[2]，饭土塯(liù)，啜(chuò)土形[3]，虽监门之养，不觳(què)于此。禹凿龙门，通大夏，决河亭[4]水，放之海，身自持筑臿(chā)，胫毋毛，臣虏之劳不烈于此矣。'凡所为贵有天下者，得肆意极欲，主重明法，下不敢为非，以制御海内矣。夫虞、夏之主，贵为天子，亲处穷苦之实，以徇[5]百姓，尚何于法？朕尊万乘，毋其实，吾欲造千乘之驾，万乘之属，充吾号名。且先帝起诸侯，兼天下，天下已定，外攘四夷以安边竟⑥，作宫室以章得意，而君观先帝功业有绪。今朕即位二年之间，群盗并起，君不能禁，又欲罢先帝之所为，是上毋以报先帝，次不为朕尽忠力，何以在位？”下去疾、斯、劫吏，案责他罪。去疾、劫曰：“将相不辱。”自杀。斯卒囚，就五刑。

李斯之死

[注释]

①希：同“稀”，少。②翦：同“剪”。③形：通“型”，用泥做的制造器物的模子，这里指瓦盆。④亭：同“停”，停滞。⑤徇：顺，以己从人。⑥竟：同“境”。

[译文]

赵高劝告秦二世说：“先帝统治天下的时间很长，因此群臣不敢胡作非为，向先帝提出什么歪理邪说。现在陛下您正值年少气盛，又是刚刚登上皇位，怎么能和公卿大臣在朝廷上商议事情呢？万一什么事情出了差错，就是把自己的短处暴露给群臣了。天子自称为朕，本来就不应该轻易让群臣听到天子的声音的。”于是秦二世常常住在禁宫里，和赵高两个人一起决断各种政务。从此以后，公卿大臣很少有机会见到皇帝了。反贼越来越多，关中被调发到东部地区去攻打反贼的士兵一批接一批。右丞相冯去疾、左丞相李斯、将军冯劫一起向二世皇帝进谏说：“关东成群的反贼一起起来造反，秦国发兵镇压，已经杀死很多反贼了，可是叛乱依然没有平息。反贼这样多，正是因为戍守边疆、治理河漕以及各种大兴土木的工程差役让百姓太过劳苦，赋税又过于沉重。请求皇帝停止阿房宫的兴建，减少四方边境的屯戍兵数和运输任务。”二世说：“我从韩非子那里听说：‘尧、舜的栎木屋椽都是木材不加砍削就直接架在屋顶，屋顶的茅草都是不加修剪就搭了上去，吃饭用土碗，喝水用瓦盆，现在就算是看守城门的官吏，也没有节俭到这种地步。大禹开凿龙门，使大夏畅通，又修治河道，疏导积水，将积水引入大海，亲自拿着筑墙的杵和挖土的锹，整天将两条腿泡在泥水里，小腿上的汗毛都掉光了，现在奴仆虽然劳苦，但是绝对不会比大禹所受的辛苦程度更厉害。’那些尊贵而掌握了全天下的人，应该想做什么做什么，只要着重明确法律制度，下面的百姓就不会胡作非为，这样才能够统治天下。像那虞、夏的君主，虽然贵为天子，却始终让自己处在穷苦的状况之中，委屈自己来顺从百姓，这样的话还要法治有什么用？我贵为万乘之君，却没有万乘之实，我要制造一辆由一千匹马拉的车驾，设置一万乘的随从臣属，这样才符合我这一万乘之君的名号。况且先帝出身于诸侯，后来统一天下，现在天下已经安定，对外能够抗御四方夷狄，边境安宁，对内兴修宫殿，显示自己的成功，先帝的功业有条有理，你们是清楚看到的。现在我刚刚即位两年，民间却反贼四起，你们却不能够制止这种情况，反而想要废除先帝所做的事情，这对上是无以报答先帝，其次也是不能为我竭力尽忠，既然如此，又凭什么身居现在的官位？”他把冯去疾、李斯、冯劫交给狱吏审查，追究他们的各种罪行。冯去疾、冯劫说：“将相不能受到这样的侮辱。”于是自杀而死。李斯则被囚禁在狱中，遭受了各种各样的刑罚。

原文

三年，章邯等将其卒围巨鹿，楚上将军项羽将楚卒往救巨鹿。冬，赵高为丞相，竟案李斯杀之。夏，章邯等战数却，二世使人让邯，邯恐，使长史欣请事。赵高弗见，又弗信。欣恐，亡去，高使人捕追不及。欣见邯曰：“赵高用事于中，将军有功亦诛，无功亦诛。”项羽急击秦军，虏王离，邯等遂以兵降诸侯。八月己亥，赵高欲为乱，恐群臣不听，乃先设验，持鹿献于二世，曰：“马也。”二世笑曰：“丞相误邪？谓鹿为马。”问左右，左右或默，或言马以阿顺赵高。或言鹿者，高因阴中诸言鹿者以法。后群臣皆畏高。

高前数言“关东盗毋能为也”，及项羽虏秦将王离等巨鹿下而前，章邯等军数却，上书请益助，燕、赵、齐、楚、韩、魏皆立为王，自关以东，大氐[①]尽畔秦吏应诸侯，诸侯咸率其众西乡。沛公将数万人已屠武关，使人私于高。高恐二世怒，诛及其身，乃谢病不朝见。二世梦白虎啮其左骖马，杀之，心不乐，怪问占梦。卜曰：“泾(jīng)水为祟。”二世乃斋于望夷宫，欲祠泾，沉四白马。使使责让高以盗贼事。高惧，乃阴与其婿咸阳令阎乐、其弟赵成谋曰：“上不听谏，今事急，欲归祸于吾宗。吾欲易置上，更立公子婴。子婴仁俭，百姓皆载[②]其言。”使郎中令为内应，诈为有大贼，令乐召吏发卒，追劫乐母置高舍。遣乐将吏卒千余人至望夷宫殿门，缚卫令仆射，曰：“贼入此，何不止？”卫令曰：“周庐设卒甚谨，安得贼敢入宫？”乐遂斩卫令，直将吏入行射，郎宦者大惊，或走或格，格者辄死，死者数十人。郎中令与乐俱入，射上幄坐帏。二世怒，召左右，左右皆惶扰不斗。旁有宦者一人，侍不敢去。二世入内，谓曰："公何不蚤告我？乃至于此！"宦者曰："臣不敢言，故得全。使臣蚤言，皆已诛，安得至今？"阎乐前即二世数曰："足下骄恣，诛杀无道，天下共畔足下，足下其自为计。"二世曰："丞相可得见否？"乐曰："不可。"二世曰："吾愿得一郡为王。"弗许。又曰："愿为万户侯。"弗许。曰："愿与妻子为黔首，比诸公子。"阎乐曰："臣受命于丞相，为天下诛足下，足下虽多言，臣不敢报。"麾其兵进。二世自杀。

［注释］

①氐：同"抵"。②载：通"戴"，拥护。

［译文］

秦二世三年（前 207 年），章邯等人率领着士兵包围了巨鹿，楚国的上将军项羽带领楚国士兵赶往巨鹿援救。冬天的时候，赵高做了丞相，对李斯进行了一番彻底的审查，最终杀死了他。夏天的时候，章邯等人在前线屡次败退，秦二世派人指责章邯，章邯心里很害怕，派长史司马欣向秦二世请示。赵高不肯接见他，又不信任他。司马欣很害怕，就逃走了。赵高派人追捕司马欣，没有追上。司马欣见到章邯说："现在朝中赵高独揽大权，无论将军您有功还是无功，最终都会被杀。"此时项羽迅速攻打秦军，俘虏了王离，章邯等人带领着军队一起投降了各路诸侯。八月己亥，赵高想要谋反作乱，又担心群臣不肯服从，就事先做了一个试验。他找来一匹鹿献给秦二世，并说："这是一匹马。"秦二世笑着说："丞相错了吧？把鹿说成是马。"赵高问左右的大臣，大臣们有的缄默不语，有的为了迎合赵高就说确实是马。也有人说这是鹿，赵高假借法律，暗中陷害那些说是鹿的人。后来大臣们都很畏惧赵高。

赵高以前曾说过很多次"关中的反贼不会有什么作为"，等到项羽在巨鹿俘虏了秦国大将王离等人，然后继续向秦国都城推进，章邯等人的军队却屡次败退，上书请求增援，燕、赵、齐、楚、韩、魏都自立为王，自函谷关以东，秦朝的官吏差不多全背叛了秦国，响应各路诸侯的号召，诸侯们率领自己的军队向西进军。沛公率领几万人杀进武关，派人私下联系赵高。赵高担心秦二世发怒，自己受到株连之罪，就以生病为借口，不去朝见皇帝。二世梦见一只白色的老虎咬他车驾左边拉车的那匹马，最后还将马咬死了。二世心里闷闷不乐，对这个梦境感到很奇怪，就去问占梦的人。占梦的人占卜说："泾水的水神在作祟。"于是二世在望夷宫举行斋戒，想要祭祀泾水的水神，往水里送了四匹白马。他派使者用与反贼有关的事情去指责赵高。赵高很害怕，就与他的女婿咸阳令阎乐、他的弟弟赵成暗中谋划说："皇帝听不进去劝告，现在事情紧急，想要嫁祸给我们家族。我准备将二世废掉，另立公子婴为皇帝。公子婴生性仁爱节俭，百姓都很听从他说的话。”赵高让郎中令做内应，欺骗二世说来了一大群反贼，命令阎乐召集官吏派兵追击，又挟持了阎乐的母亲，安置在赵高的家里。赵高命令阎乐带领一千多名士卒来到望夷宫殿门，将卫令仆射捆绑起来，说：“反贼都已经跑到这里来了，为什么不加阻止？”卫令说：“周庐四周士兵守卫森严，怎么会有盗贼闯入呢？”阎乐就杀了卫令，径直率领吏卒们走进宫中，一边走，一边射箭，郎官和宦者都非常惊慌，有的逃窜，有的上前阻止，阻止的人都被杀死，死了几十人。郎中令和阎乐一起来到二世皇帝的寝宫，把箭射向二世坐息的帷帐。秦二世大怒，召集左右侍卫，侍卫们都很害怕，不敢上前打斗。身边有一个宦官，始终陪着二世，不敢走掉。二世逃到内室，对陪侍的宦官说：“你为什么不早告诉我？现在竟然到了这种地步？”宦官说：“我不敢说，所以才能保全性命。如果我早说了，早就被杀死了，怎么会活到现在啊？”阎乐走到二世面前，列举他的数条罪状说：“你骄横纵恣，暴戾成性，昏庸无道，全天下的百姓一起背叛了你，你还是自己早作打算吧。”二世说：“可以让我见见丞相吗？”阎乐说：“不可以。”二世说：“我希望给我一个郡，让我去做一郡之主。”阎乐不答应。二世又说：“我希望做万户侯。”阎乐仍不答应。二世说：“我只希望能够和自己的妻子儿女成为和那些公子们一样的寻常百姓。”阎乐说：“我受丞相之命，替天下百姓处死你，你虽然说了很多，但是我不敢向丞相报告。”阎乐指挥他的士兵向前攻击秦二世。二世自杀而死。

原文

阎乐归报赵高，赵高乃悉召诸大臣公子，告以诛二世之状。曰：“秦故王国，始皇君天下，故称帝。今六国复自立，秦地益小，乃以空名为帝，不可。宜为王如故，便。”立二世之兄子公子婴为秦王。以黔首葬二世杜南宜春苑中。令子婴斋，当庙见，受王玺。斋五日，子婴与其子二人谋曰：“丞相高杀二世望夷宫，恐群臣诛之，乃详以义立我。我闻赵高乃与楚约，灭秦宗室而王关中。今使我斋见庙，此欲因庙中杀我。我称病不行，丞相必自来，来则杀之。”高使人请子婴数辈，子婴不行，高果自往，曰：“宗庙重事，王奈何不行？”子婴遂刺杀高于斋宫，三族高家以徇咸阳。子婴为秦王四十六日，楚将沛公破秦军入武关，遂至霸上，使人约降子婴。子婴即系颈以组，白马素车，奉天子玺符，降轵道旁。沛公遂入咸阳，封宫室府库，还军霸上。居月余，诸侯兵至，项籍为从长，杀子婴及秦诸公子宗族。遂屠咸阳，烧其宫室，虏其子女，收其珍宝货财，诸侯共分之。灭秦之后，各分其地为三，名曰雍王、塞王、翟王，号曰三秦。项羽为西楚霸王，主命分天下，王诸侯，秦竟灭矣。后五年，天下定于汉。

[译文]

阎乐回来向赵高复命，赵高召集了所有的大臣和公子，告诉他们杀死二世的事情。赵高说："秦国原本只是一个诸侯国，始皇君临天下，所以号称皇帝。现在六国又重新自立为王，秦国的领土日益缩小，却仍然自称皇帝，徒有虚名，这是不可以的。应该像过去那样自称为王，这样比较合适。"就立二世哥哥的儿子公子婴为秦王。用埋葬百姓的规格将二世埋葬在杜县南面的宜春苑中。赵高让子婴进行斋戒，并且到宗庙祭祀祖先，接受秦王的印玺。子婴斋戒了五天，子婴和他的两个儿子密谋说："丞相赵高在望夷宫杀死了二世皇帝，担心群臣对他兴师问罪，就假装以仁义为名，立我为王。我听说赵高和楚国反贼约定，消灭秦国宗室之后，他在关中自立为王。现在让我斋戒，拜见祖庙，这是想要趁机在祖庙里杀死我啊。我借口生病不去祭祖，丞相一定会亲自来到这里，来的时候我们就杀死他。"赵高派人请了子婴几次，子婴都不去，赵高真的就亲自来请子婴了，赵高说："祭祀祖庙这是国家大事，你怎么能不去呢？"子婴就在斋戒的宫室里将赵高杀死，然后将赵高家的三族全部在咸阳斩首示众。子婴只当了四十六天秦王，楚将沛公就进入武关，攻破秦军，驻扎在霸上，派人去让子婴签约投降。子婴就用丝带系住自己的脖子，乘着白马素车，捧着天子的印玺和符节，在轵道亭旁投降。于是沛公进到咸阳城，将宫室府库全部封闭，军队重新驻扎回霸上。驻扎了一个多月，各路诸侯的军队到了，项羽是各个诸侯联军的领袖，他杀死了子婴和秦公子的宗族。还屠毁了咸阳城，将秦国的宫室都焚烧殆尽，同时还俘虏了秦王的儿女，搜刮了所有的珍宝财物，和诸侯们一起将财物瓜分了。秦国灭亡以后，它的领土被分为三份，由雍王、塞王、翟王统治，号称三秦。项羽是西楚霸王，主要任务是负责分封天下，封各路起义军的首领为王，秦朝就这样灭亡了。过了五年，汉朝统一了全国。

原文

太史公曰：秦之先伯翳，尝有勋于唐虞之际，受土赐姓。及殷夏之间微散。至周之衰，秦兴，邑于西垂[①]。自缪公以来，稍蚕食诸侯，竟成始皇。始皇自以为功过五帝，地广三王，而羞与之侔。善哉乎，贾生推言之也！曰：

秦并兼诸侯山东三十余郡，缮津关，据险塞，修甲兵而守之。然陈涉以戍卒散乱之众数百，奋臂大呼，不用弓戟之兵，鉏櫌[②]白梃，望屋而食，横行天下。秦人阻险不守，关梁不阖，长戟不刺，强弩不射。楚师深入，战于鸿门，曾无藩篱之艰。于是山东大扰，诸侯并起，豪俊相立。秦使章邯将而东征，章邯因以三军之众要市于外，以谋其上。群臣之不信，可见于此矣。子婴立，遂不寤(wù)③。借使子婴有庸主之材，仅得中佐，山东虽乱，秦之地可全而有，宗庙之祀未当绝也。

秦地被山带河以为固，四塞之国也。自缪公以来，至于秦王，二十余君，常为诸侯雄。岂世世贤哉？其势居然也。且天下尝同心并力而攻秦矣。当此之世，贤智并列，良将行其师，贤相通其谋，然困于阻险而不能进，秦乃延入战而为之开关，百万之徒逃北而遂坏。岂勇力智慧不足哉？形不利，势不便也。秦小邑并大城，守险塞而军，高垒毋战，闭关据阨，荷戟而守之。诸侯起于匹夫，以利合，非有素王之行也。其交未亲，其下未附，名为亡秦，其实利之也。彼见秦阻之难犯也，必退师。安土息民，以待其敝，收弱扶罢④，以令大国之君，不患不得意于海内。贵为天子，富有天下，而身为禽者，其救败非也。

［注释］

①垂：同“陲”，边境。②櫌：同“耰”，击碎土块、平整土地的农具。③寤：同“悟”。④罢：通“疲”。

［译文］

太史公说：秦国的祖先伯翳，曾经在唐、虞之际立下了功勋，因而获封土地和姓氏。到了殷商、夏朝的时候，家族势力渐渐衰微。等到周朝没落之后，秦国兴起，在西边建筑了城邑。从秦缪公以来，秦国逐渐蚕食诸侯，最后统一事业由秦始皇真正完成了。始皇认为自己的功劳超过了五帝，秦国领土范围比三王还广阔，认为将自己和三王五帝相提并论感到羞耻。贾生的论述说得非常好。他说：

秦国吞并了各个诸侯国，在崤山以东设置了三十多个郡，缮治津渡和关隘，这些险要的地方都驻扎了军队，秦国训练军队士兵，加以防守。但是陈涉能够凭借几百个散乱的戍卒，举起双臂大声召集一声，甚至连弓戟一类的兵器都不用，只凭借锄头、木棍，走到哪里，就在哪里吃东西，全天下都没有任何阻拦。秦人虽然有险要的地形却不能固守，有关口桥梁也不进行封锁，有长戟等兵器却不能刺杀，有连弩却不能发射。张楚的军队深入腹地，在鸿门展开战斗，甚至连越过篱笆这样的困难都没遇到。因此山东大乱，诸侯并起，豪杰俊士相互推立为王。秦国派遣章邯率军东征，章邯在外利用自己统率的军队进行要挟，想要从君主手中为自己谋取私利。从这点就能够看出来，秦朝的群臣都没有什么信用可讲。子婴被立为王，最终也没有醒悟。如果子婴真的是一个有能力的君主，只要具有中等才能的辅佐大臣，尽管山东叛乱，秦国的故地还是有保全的希望的，宗庙祭祀也不会断绝。

秦地后面以高山做屏障，前面以河流做护城河，地势险固，是四面都有屏障和要塞的国家。从秦缪公以来，一直到秦王，先后共有二十多个君主，曾经是诸侯之中最优秀的君主。难道秦国世世代代都是贤君圣主吗？那是它的地理形势所造成的。其他国家曾经同心协力试图进攻秦国。在这个时候，贤人智者会聚，优秀的将领统率士兵，贤明的宰相互相交流商议彼此的谋略，但是仍然因为险峻的地形而不能前进。秦国可以对各国军队敞开关门，诱导敌军深入秦国腹地，再进行交战，可是六国上百万的士兵却败北而逃。这难道是因为六国人的武力和智慧不够吗？这是地形不利、形势不便的缘故。秦国将各个小城合并成大城市，在险要的地方驻军防守，高筑营垒，不去交战，封闭关口，士兵手拿着兵器把守关口。那些反秦起义的人都是从平民百姓中起来的，他们只是因为相互的利益关系才结盟的，并没有一个具备王者之德的人物为中心。他们之间的交情并不深，下属也并非诚心归服，他们表面上以消灭秦国为名，实际上都是为了一己的私利。因而当他们看见秦国地势险阻，很难攻破，一定会撤军。如果秦使百姓休养生息，等待各诸侯国的衰败，再招纳他们国家里的贫弱子民，帮助他们脱离疲困，来向大国诸侯发号施令，就一定会得到天下百姓的拥戴。子婴虽贵为天子，拥有整个天下，而自己却要被抓去成为一名俘虏，是因为他挽救败亡的策略不正确。

原文

秦王足己不问，遂过而不变；二世受之，因而不改，暴虐以重祸；子婴孤立无亲，危弱无辅。三主惑而终身不悟，亡，不亦宜乎？当此时也，世非无深虑知化之士也，然所以不敢尽忠拂过者，秦俗多忌讳之禁，忠言未卒于口而身为戮没矣。故使天下之士，倾耳而听，重足而立，拑口而不言。是以三主失道，忠臣不敢谏，智士不敢谋，天下已乱，奸不上闻，岂不哀哉！先王知雍[①]蔽之伤国也，故置公卿大夫士，以饰法设刑，而天下治。其强也，禁暴诛乱而天下服；其弱也，五伯征而诸侯从；其削也，内守外附而社稷存。故秦之盛也，繁法严刑而天下振；及其衰也，百姓怨望而海内畔矣。故周五序得其道，而千余岁不绝。秦本末并失，故不长久。由此观之，安危之统相去远矣。野谚曰："前事之不忘，后事之师也。"是以君子为国，观之上古，验之当世，参以人事，察盛衰之理，审权势之宜，去就有序，变化有时，故旷日长久而社稷安矣。

［注释］

①雍：通“壅”。

［译文］

秦王为人刚愎自用，不虚心下问，即使犯下错误也不知道改正。秦二世继承了始皇的错误，沿袭不改，同时凶残成性，更是加重了祸患。子婴孤身一人，没有可以亲近的人，地位岌岌可危，却没有人在身边辅助他。三个君主一生都迷惑不悟，最终导致国家灭亡，不也是正常的吗？在这个时候，世上并不是没有能够深谋远虑、懂得权宜之计的人才，所有人都不敢尽忠直谏、纠正皇帝的错误，是因为秦国有很多习俗禁忌，没等说完那些直谏的忠言，自己就已经被杀害了。因此全天下的人，无不俯首帖耳，叠足而立，闭口不言。正是因为秦国的三个君主不懂得治国之道，忠臣不敢直言进谏，有谋略的智士不敢出谋划策，因而即使天下已经大乱，也没有人向君主禀告那些奸邪的事情，这难道不是可悲的地方吗？先王清楚上下壅塞蒙蔽会有损国家的利益，所以设置了公卿、大夫、士等职位，目的是为了整饬法令，建立公平、公正的刑罚，让天下都能够得到很好的治理。国势强盛的时候，能够禁止残暴，讨伐叛乱，天下臣服；国势衰弱的时候，有霸主代表它进行征讨，诸侯们也能归附；国势被削弱的时候，由于旧有制度法令尚在，所以还能维持内部不乱、外部不反、国家不亡。而秦朝不然，在它国势强盛的时候，法令严酷，天下震恐；等到国势衰弱的时候，百姓心里都产生怨怼情绪，举国上下发生叛乱。因此周朝设置的五个爵级符合治国之道，所以能使国家存在一千多年。秦朝本末都失去了，因此国运难以维持长久。由此看来，使国家安定和使国家危亡的两种方略区别太大了。民间有句谚语说：“前事不忘，后事之师。”所以有道德修养的人治理国家，会观察远古的得失，考察当代的所作所为，再仔细斟酌人的因素，了解兴衰的道理，能够审时度势，懂得明智地取舍，在适当的时间实行改革，这样国家才能够长治久安。

原文

秦孝公据殽函之固，拥雍州之地，君臣固守而窥周室，有席卷天下，包举宇内，囊括四海之意，并吞八荒之心。当是时，商君佐之，内立法度，务耕织，修守战之备；外连衡而斗诸侯。于是秦人拱手而取西河之外。

孝公既没，惠王、武王蒙故业，因遗册①，南兼汉中，西举巴、蜀，东割膏腴之地，收要害之郡。诸侯恐惧，会盟而谋弱秦，不爱珍器重宝肥美之地，以致天下之士，合从缔交，相与为一。当是时，齐有孟尝，赵有平原，楚有春申，魏有信陵。此四君者，皆明知而忠信，宽厚而爱人，尊贤重士，约从离衡，并韩、魏、燕、楚、齐、赵、宋、卫、中山之众。于是六国之士有宁越、徐尚、苏秦、杜赫之属为之谋，齐明、周最、陈轸、昭滑、楼缓、翟景、苏厉、乐毅之徒通其意，吴起、孙膑、带佗、兒(ní)良、王廖、田忌、廉颇、赵奢之朋制其兵。常以十倍之地，百万之众，叩关而攻秦。秦人开关延敌，九国之师逡(qūn)巡遁逃而不敢进。秦无亡矢遗镞(zú)之费，而天下诸侯已困矣。于是从散约解，争割地而奉秦。秦有余力而制其敝，追亡逐北，伏尸百万，流血漂卤(lǔ)[2]。因利乘便，宰割天下，分裂河山，强国请服，弱国入朝。延及孝文王、庄襄王，享国日浅，国家无事。

[注释]

①册：同“策”。②卤：通“橹”，大盾。

[译文]

秦孝公占据着像崤山、函谷关这样坚固的地方，拥有雍州这一地区，君臣都牢固把守着自己的领土，同时窥探周朝的政权，有席卷天下、囊括宇宙、吞并四海的意图，以及吞并八方的心愿。在那个时候，商君辅佐秦孝公，对内制定各种法律制度，着重发展耕织，整修作战用的武器；对外采取连衡的策略，与诸侯进行斗争，于是秦国人轻而易举地获得了西河以外的地区。

秦孝公驾崩后，秦惠王、秦武王继承了先王的基业，继续使用遗留下来的策略，向南兼并了汉中，向西攻占了巴、蜀等地，向东夺取了肥沃的土地，获得了地势险要的郡县。诸侯开始感到恐慌，结盟共同商量削弱秦国的对策，不吝惜各种奇珍异宝以及肥美的土地，只为了召集天下的有识之士，他们采用合纵缔盟的策略，彼此结合在一起。这个时候，齐国有孟尝君，赵国有平原君，楚国有春申君，魏国有信陵

秦宫狗盗

战国四公子都以礼贤下士闻名于世。孟尝君在秦国时曾被昭王扣留，一个食客装狗钻入秦宫偷出狐白裘献给昭王妾以说情，孟尝君才被释放。孟尝君逃至函谷关，昭王又令人追捕。另一食客装鸡叫引众鸡齐鸣骗开城门，孟尝君得以逃回齐国。

君。这四个人，都是具有大智慧而且忠诚守信的人，他们为人宽厚，礼贤下士，彼此商议用合纵的方法来破坏秦国的连衡策略，集合了韩、魏、燕、楚、齐、赵、宋、卫、中山的士兵。这样以后，六国有宁越、徐尚、苏秦、杜赫这样的能人义士共同为诸侯国出谋划策，齐明、周最、陈轸、昭滑、楼缓、翟景、苏厉、乐毅这一类人负责沟通传递各国的意见，吴起、孙膑、带佗、兒良、王廖、田忌、廉颇、赵奢这一批人则负责训练和统率各诸侯国的军队。他们曾凭借十倍于秦国的土地，上百万大军，一起冲击函谷关，进攻秦国。秦人打开函谷关迎敌，九国军队逡巡不前，不敢贸然前进，最后纷纷逃遁。就这样，秦国没花费一兵一卒，就已让天下诸侯处于困境之中。于是合纵政策宣告瓦解，盟约被废，各诸侯争先恐后地割地进献给秦国。秦国有足够的力量来利用各国的短处，追赶那些败北逃亡的敌人，野外躺着上百万尸体，流的鲜血能够让大盾牌漂浮起来。秦国趁着战争胜利的有利条件，任意宰割天下诸侯，将大好山河一块一块地割取过来，那些比较强大的国家纷纷请求归附，弱小的国家更是主动来到秦国进行朝拜。这种情况一直延续到孝文王、庄襄王，这两个秦王在位时间短暂，国家并没有什么重大的事情发生。

原文

及至秦王，续六世之余烈，振长策而御宇内，吞二周而亡诸侯，履至尊而制六合，执棰拊以鞭笞天下，威振四海。南取百越之地，以为桂林、象郡，百越之君俯首系颈，委命下吏。乃使蒙恬北筑长城而守藩篱，却匈奴七百余里，胡人不敢南下而牧马，士不敢弯弓而报怨。于是废先王之道，焚百家之言，以愚黔首。堕名城，杀豪俊，收天下之兵聚之咸阳，销锋铸鐻，以为金人十二，以弱黔首之民。然后斩华为城，因河为津，据亿丈之城，临不测之溪以为固。良将劲弩守要害之处，信臣精卒陈利兵而谁何[①]，天下以定。秦王之心，自以为关中之固，金城千里，子孙帝王万世之业也。

秦王既没，余威振于殊俗。陈涉，瓮(wèng)牖绳枢之子，甿隶之人，而迁徙之徒。才能不及中人，非有仲尼、墨翟之贤，陶朱、猗(yī)顿之富，蹑足行伍之间，而倔起什伯之中，率罢散之卒，将数百之众，而转攻秦。斩木为兵，揭竿为旗，天下云集响应，赢粮而景[②]从，山东豪俊遂并起而亡秦族矣。

且夫天下非小弱也，雍州之地，殽函之固自若也；陈涉之位，非尊于齐、楚、燕、赵、韩、魏、宋、卫、中山之君；鉏櫌棘[③]矜，非铦（xiān）[④]于句戟长铩也；谪戍之众，非抗于九国之师；深谋远虑，行军用兵之道，非及乡时之士也。然而成败异变，功业相反也。试使山东之国与陈涉度长絜大，比权量力，则不可同年而语矣。然秦以区区之地，千乘之权，招八州而朝同列，百有余年矣，然后以六合为家，殽函为宫。一夫作难而七庙隳（huī），身死人手，为天下笑者，何也？仁义不施而攻守之势异也。

［注释］

①谁何：谁能奈何。一说何通“呵”，呵叱。②景：同“影”。③棘：棘木。④铦：通“铦”，锋利。

［译文］

等到秦王即位的时候，他继承了前六代先王遗留下来的基业，挥舞着长鞭控制整个天下，兼并了西、东二周，消灭了各国诸侯，登上了至高无上的帝位，控制了天地四方。始皇手里拿着鞭杖来治理天下，威名响彻四海。秦国向南取得了百越地区，在那里设置了桂林、象郡，百越的君主全部都俯首帖耳，用绳子系住脖子，把生命交给那些秦国的下级官吏。秦王又派蒙恬到北方修筑长城，作为秦国防范外族侵扰的边界，使匈奴退却七百多里，胡人不敢南下牧马，武士不敢挽弓复仇。这样以后，始皇废除了古代帝王的原则，焚烧了诸子百家的典籍，想要通过这种方法来使百姓变得愚钝。破坏坚固的大城，杀死豪杰俊士，没收全国的兵器，将所有的兵器都集中到咸阳，然后集中销毁，熔铸成一口大钟，又做了十二个铜人，以此来削弱百姓的反抗力量。然后把华山劈开作为城垣，将黄河作为护城河，据守在高达亿丈的城池之上，下临深不可测的山涧溪流，认为这样以后，秦国的统治就会固若金汤。始皇派遣优秀的将领、强劲的弓弩手把守在要害的地方。大臣忠诚、士兵精锐，谁也奈何不了这样强大的装备，因而天下得到了安定。秦王的心里以为函谷关的坚固，如同千里铜墙铁壁一样，子孙可以世代做帝王，功业流传千秋万代。

秦王已经死了，余威还远震四面八方。陈涉只是一个穷苦人家的孩子，是一个为人佣耕的流亡之人，才能甚至比不上一个普通人，他并没有仲尼、墨翟那样的贤明，也没有陶朱、猗顿那样的富有，只是士卒中一个普通的小兵，却能够在田野之中崛起，率领着疲惫散乱的士兵，带着几百个人，转身攻打秦国。他们用砍断的树木作为兵器，高举竹竿作为旗帜。天下百姓聚集到一起响应陈涉的号召，携带着粮食，如影相随，同一时间，崤山以东豪杰俊士也揭竿而起，一举消灭了秦国。

况且那秦国并不弱小，雍州的领土，崤山、函谷关的险要和坚固，也与从前没什么两样；陈涉的地位，并不比齐、楚、燕、赵、韩、魏、宋、卫、中山等诸侯的君主尊贵；锄把木棒，并没有钩戟长矛锋利；这些被流放到远方，戍守边疆的一群百姓，并不能与九个诸侯国的军队抗衡；运用谋略，行军用兵的方法，也比不上过去的谋士。但是成败情况却发生了巨大的变化，所建立的功业大小也截然相反。如果拿山东各诸侯国的势力与陈涉所率领的几百人相比，无论是权势还是力量，都是不能相提并论的。秦凭借他们一块小小的领土和一千辆兵车的力量，让八方诸侯拱手臣服，使与自己地位同等的诸侯来秦朝见，这种情形已经持续了一百多年，最后秦国一统天下，用崤山、函谷关作为城墙。一个人起来反抗，整个宗庙都被毁灭，自己还死在别人手中，被全天下取笑，这是为什么呢？这都是秦国不施行仁义，而使进攻和防守的形势发生了变化的缘故。

原文

秦并海内，兼诸侯，南面称帝，以养四海，天下之士斐[①]然乡风，若是者何也？曰：近古之无王者久矣。周室卑微，五霸既殁，令不行于天下，是以诸侯力政[②]，强侵弱，众暴寡，兵革不休，士民罢敝。今秦南面而王天下，是上有天子也。既元元之民冀得安其性命，莫不虚心而仰上，当此之时，守威定功，安危之本在于此矣。

秦王怀贪鄙之心，行自奋之智，不信功臣，不亲士民，废王道，立私权，禁文书而酷刑法，先诈力而后仁义，以暴虐为天下始。夫并兼者高诈力，安定者贵顺权，此言取与守不同术也。秦离战国而王天下，其道不易，其政不改，是其所以取之守之者无异也。孤独而有之，故其亡可立而待。借使秦王计上世之事，并殷周之迹，以制御其政，后虽有淫骄之主而未有倾危之患也。故三王之建天下，名号显美，功业长久。

［注释］

①斐：通“靡”，草随风偃。②力政：以武力征伐。政，通“征”。

［译文］

秦国吞并四海，兼并诸侯，向南称帝，安抚国内百姓，天下之士全都归顺，产生这样的局面的原因是什么呢？或许可以这样说：是因为近古以来已经很长时间没有帝王统一天下了。周室逐渐衰微，五霸已经去世，天子政令不能下达全国，所以诸侯企图以武力征伐，强国侵略弱国，人口多的国家欺压人口少的国家，诸侯之间战争连绵不断，百姓疲惫不堪。现在秦王面南而坐，临朝称帝，这就使天下有了主宰。所有平民百姓都希望能安居乐业，全都虚心敬仰天子。在这个时候，保持威势，巩固基业，就是国家安危的关键。

秦王怀着一颗贪婪卑鄙的心，独断专行，不信任有功之臣，不亲近文士百姓，废弃了仁义治国的原则，为了树立始皇的个人权威，他禁止民间流传各种典籍，同时采用残酷的刑法制度治国，将权术暴力放在首位，将仁义道德放在后面，暴虐统治天下的序幕拉开了。那兼并天下的人都喜欢权力和暴力，而安定天下的人则应该重视民心，顺应民意，这就是说取得天下与守住天下在方法上是不同的。秦国结束了各诸侯国战乱纷争的局面，称王天下，但是它并没有改变自己的统治原则，它的政策法令也没有改变，用来创业和守业的方法并没有什么不同。秦王只身一人占有整个天下，因此秦国的灭亡为期不远了。假使秦王能够参考一下上古的治国经验，以及商朝、周朝兴衰的原因，并且据此来制订和实行治国的政策，尽管后世有骄奢淫逸的君主，也不会出现危亡的灾难。因此夏商周三代之王建立国家，名号显扬，功垂后世。

原文

今秦二世立，天下莫不引领而观其政。夫寒者利裋（shù）褐而饥者甘糟糠，天下之嗷嗷，新主之资也。此言劳民之易为仁也。乡使二世有庸主之行，而任忠贤，臣主一心而忧海内之患，缟素而正先帝之过，裂地分民以封功臣之后，建国立君以礼天下，虚囹圄而免刑戮，除去收帑污秽之罪，使各反其乡里，发仓廪，散财币，以振[①]孤独穷困之士，轻赋少事，以佐百姓之急；约法省刑以持其后，使天下之人皆得自新，更节修行，各慎其身，塞万民之望，而以威德与天下，天下集矣。即四海之内，皆欢然各自安乐其处，唯恐有变，虽有狡猾之民，无离上之心，则不轨之臣无以饰其智，而暴乱之奸止矣。二世不行此术，而重之以无道，坏宗庙与民，更始作阿房宫，繁刑严诛，吏治刻深，赏罚不当，赋敛无度，天下多事，吏弗能纪，百姓困穷而主弗收恤。然后奸伪并起，而上下相遁，蒙罪者众，刑戮相望于道，而天下苦之。自君卿以下至于众庶，人怀自危之心，亲处穷苦之实，咸不安其位，故易动也。是以陈涉不用汤武之贤，不借公侯之尊，奋臂于大泽而天下响应者，其民危也。故先王见始终之变，知存亡之机，是以牧民之道，务在安之而已。天下虽有逆行之臣，必无响应之助矣。故曰“安民可与行义，而危民易与为非”，此之谓也。贵为天子，富有天下，身不免于戮杀者，正倾非也。是二世之过也。

［注释］

①振：同“赈”。

［译文］

现在秦二世即位，天下百姓全都伸长了脖子准备看看他的政令措施。那些挨冷受冻的人能够有件粗布短衣就很满意，那些饥饿难耐的人能够有些粗茶淡饭就感觉很满足，天下百姓饥寒难耐，这恰好是新皇即位用以治国安民的好时机。也就是说这个时候很容易对劳苦的民众实行仁德的政治举措。假如秦二世能够具有中等君主一样的德行，同时善于任用忠臣贤士，君臣同心，将四海之内的百姓之苦时刻挂在心上，在慰问百姓的时候能够纠正先帝的错误，割裂疆土，划分民户，将土地分封给有功的臣子以及他们的后裔，让他们创立诸侯王国，用礼制来管理天下，这样一来监狱就会空无一人，百姓也能够免遭刑戮，废除那些收押罪人妻子儿女为奴隶以及各种污秽的罪名，让罪犯能够重新返回自己的家乡，打开国库，向天下散发钱财，发放粮食，救济那些孤独穷困的人，减轻赋税，帮助百姓度过困难危机的时刻，减轻刑法，只有在礼义教化无效时才使用刑法，使天下百姓都能洗心革面，重新做人，改变为人处事的态度，修养自身的品行，人人都谨慎地立身处世，满足千万百姓的愿望，而以威震天下的仁德来治理国家，这样一来全国上下就会齐心协力了。那么四海之内都欢欢喜喜，各自安居乐业，生怕发生任何变化，即使偶尔有狡诈顽猾的人，也不会产生背叛皇帝的想法。这样一来，有不轨想法的大臣就没有办法掩饰他的阴谋诡计，而那些暴乱奸邪一类的事件也就不会再发生了。二世没有采用这种治国方法，反而变本加厉，更加暴虐无道，损害祖上留下的基业，伤害子民，又开始修筑阿房宫，制定更加繁复的刑罚制度，严于诛杀。官吏处置事情刻薄残酷，没有恰当的奖赏和惩罚官吏，无限制地征收百姓赋税，天下事情繁多复杂，官吏无法全部处理，百姓贫困，身为君主却没有进行安抚救济。这样一来，奸邪诈伪的事情一起爆发，官吏上下互相隐瞒，获罪的人越来越多，受刑被杀的人堵住了道路，天下百姓苦不堪言。自卿相以下一直到庶民百姓，人人诚惶诚恐，怀着自危的心情，处在穷困苦难的境地，都难以安于自己所处的地位，很容易产生动摇。因此陈涉不需要具有商汤、周武王那样优秀的才能和德行，也不需要具有公侯一样的尊贵地位，只需要在大泽乡振臂一呼，就会天下响应，这是因为百姓始终心怀危惧啊。古代先王能够洞察事物的演变规律，从中得知国家存亡的契机，因此，统治人民的原则，在于尽心尽力让百姓安定而已。这样，就算天下有倒行逆施的臣子，也一定不会得到人民的响应。所以说“生活安定的百姓能够奉公守法，而生活在惶恐不安中的人民则很容易跟随别人一起为非作歹”，说的就是这个道理。秦二世虽然贵为天子，坐拥天下的财富，却没有免遭杀身之祸，是因为挽救国家危亡的方法不正确。这正是秦二世的错误啊。

原文

襄公立，享国十二年。初为西畤(zhì)。葬西垂。生文公。

文公立，居西垂宫。五十年死，葬西垂。生静公。

静公不享国而死。生宪公。

宪公享国十二年，居西新邑。死，葬衙。生武公、德公、出子。

出子享国六年，居西陵。庶长弗忌、威累、参父三人，率贼贼出子鄙衍，葬衙。武公立。

武公享国二十年。居平阳封宫。葬宣阳聚东南。三庶长伏其罪。德公立。

德公享国二年。居雍大郑宫。生宣公、成公、缪公。葬阳。初伏，以御蛊(gǔ)。

宣公享国十二年。居阳宫。葬阳。初志闰月。

成公享国四年，居雍之宫。葬阳。齐伐山戎、孤竹。

缪公享国三十九年。天子致霸。葬雍。缪公学著人。生康公。

康公享国十二年。居雍高寝。葬竘(qǔ)社。生共公。

共公享国五年，居雍高寝。葬康公南。生桓公。

桓公享国二十七年。居雍太寝。葬义里丘北。生景公。

景公享国四十年。居雍高寝，葬丘里南。生毕公。

毕公享国三十六年。葬车里北。生夷公。

夷公不享国。死葬左宫。生惠公。

惠公享国十年。葬车里。生悼公。

悼公享国十五年。葬僖公西。城雍。生剌龚公。

剌龚公享国三十四年。葬入里。生躁公、怀公。其十年，彗星见。

躁公享国十四年。居受寝。葬悼公南。其元年，彗星见。

怀公从晋来。享国四年。葬栎圉氏。生灵公。诸臣围怀公，怀公自杀。

肃灵公，昭子子也。居泾阳。享国十年。葬悼公西。生简公。

简公从晋来。享国十五年。葬僖公西。生惠公。其七年。百姓初带剑。

惠公享国十三年。葬陵圉。生出公。

出公享国二年。出公自杀，葬雍。

献公享国二十三年。葬嚣圉。生孝公。

孝公享国二十四年。葬弟圉。生惠文王。其十三年，始都咸阳。

惠文王享国二十七年。葬公陵。生悼武王。

悼武王享国四年，葬永陵。

昭襄王享国五十六年。葬茝(zhǐ)阳。生孝文王。

孝文王享国一年。葬寿陵。生庄襄王。

庄襄王享国三年。葬茝阳。生始皇帝。吕不韦相。

献公立七年，初行为市。十年，为户籍相伍。

孝公立十六年。时桃李冬华①。

惠文王生十九年而立。立二年，初行钱。有新生婴儿曰“秦且王”。

悼武王生十九年而立。立三年，渭水赤三日。

昭襄王生十九年而立。立四年，初为田开阡陌。

孝文王生五十三年而立。

庄襄王生三十二年而立。立二年，取太原地。庄襄王元年，大赦，修先王功臣，施德厚骨肉，布惠于民。东周与诸侯谋秦，秦使相国不韦诛之，尽入其国。秦不绝其祀，以阳人地赐周君，奉其祭祀。

始皇享国三十七年。葬郦邑。生二世皇帝。始皇生十三年而立。

二世皇帝享国三年。葬宜春。赵高为丞相安武侯。二世生十二年②而立。

右秦襄公至二世，六百一十岁。

[注释]

①华：同“花”。这里是开花的意思。②十二年：前文称秦二世元年时“年

二十一”，可知此处应为“二十年”。

[译文]

襄公即位，在位十二年。开始修建西畤。襄公去世后埋葬在西垂。生下文公。

文公即位，居住西垂宫。在位五十年去世，埋葬在西垂。生下静公。

静公还没来得及即位就去世了。生下宪公。

宪公在位十二年，居住在西新邑。死后葬在衙邑。生下武公、德公、出子。

出子在位六年，居住在西陵。庶长弗忌、威累、参父三个人，率领贼人在鄙衍将出子杀死，埋葬在衙邑。立武公为嗣。

武公在位二十年。居住在平阳封宫。埋葬在宣阳聚东南。三庶长伏法被诛。德公嗣立。

德公在位两年。居住在雍邑大郑宫。生下宣公、成公、缪公。死后埋葬在阳邑。开始举行三伏节令的祭祀，禳除暑热瘟疫。

宣公在位十二年。居住在阳宫。死后埋葬在阳邑。开始记载闰月。

成公在位四年，居住在雍邑的宫殿中。死后埋葬在阳邑。其时，齐国兴兵讨伐山戎、孤竹。

缪公在位三十九年。周天子给予缪公霸主的地位。死后埋葬在雍邑地区。缪公曾向宫殿门屏之间的守卫人员学习。生下康公。

康公在位十二年。居住在雍邑高寝。死后埋葬在竘社。生下共公。

共公在位五年。居住在雍邑高寝。死后埋葬在康公南面。生下桓公。

桓公在位二十七年。居住在雍邑太寝。死后埋葬在义里丘北面。生下景公。

景公在位四十年。居住在雍邑高寝。死后埋葬在丘里南面。生下毕公。

毕公在位三十六年。死后埋葬在车里北面。生下夷公。

夷公还没来得及即位就死了，死后埋葬在左宫。生下惠公。

惠公在位十年。死后埋葬在车里。生下悼公。

悼公在位十五年。死后埋葬在僖公西面。这一年，雍邑在修筑城墙。生下刺龚公。

刺龚公在位三十四年。死后埋葬在入里。生下躁公、怀公。刺龚公十年的时候，天空出现彗星。

躁公在位十四年。居住在受寝。死后埋葬在悼公南面。躁公元年，天空出现彗星。

怀公从晋国返回。在位四年。死后埋葬在栎圉氏。生下灵公。群臣围攻怀公，怀公自杀。

肃灵公是昭子的儿子。居住在泾阳。在位十年。死后埋葬在悼公西面。生下简公。

简公从晋国返回。在位十五年。死后埋葬在僖公西面。生下惠公。简公七年，百姓开始佩带剑器。

惠公在位十三年。死后埋葬在陵圉。生下出公。

出公在位二年。出公自杀而死，死后埋葬在雍邑。

献公在位二十三年。死后埋葬在嚣圉。生下孝公。

孝公在位二十四年。死后埋葬在弟圉。生下惠文王。孝公十三年，开始建都咸阳。

惠文王在位二十七年。死后埋葬在公陵。生下悼武王。

悼武王在位四年。死后埋葬在永陵。

昭襄王在位五十六年。死后葬在茝阳。生下孝文王。

孝文王在位一年。死后埋葬在寿陵。生下庄襄王。

庄襄王在位三年。死后葬在茝阳。生下始皇帝。吕不韦为丞相。

献公即位七年，开始设置市场，进行贸易活动。十年，建立户籍，按五家为一伍进行编制。

孝公即位十六年，当时桃树李树在冬天开花。

惠文王出生后十九年即位。即位两年的时候，开始铸造发行钱币。有一个刚生下来的婴儿说："秦国将要称王天下。"

悼武王生后十九年即位。即位三年时，渭水红了三天。

昭襄王生后十九年即位。在位四年的时候，开始在耕地上设置新田界。

孝文王生后五十三年即位。

庄襄王生后三十二年即位。即位两年的时候，攻占太原地区。庄襄王元年，大赦天下，尊崇先王的有功之臣，广施恩德，亲近宗室骨肉，对百姓施加恩德。东周和各国诸侯意图攻打秦国，秦国派相国吕不韦灭亡东周，吞并了它的国土。秦国没有断绝它的祭祀，把阳人地区赐给周君，让他在那里事奉周朝祭祀。

始皇在位三十七年。死后埋葬在郦邑。生下二世皇帝。始皇出生后十三年即位。

二世皇帝在位三年。死后埋葬在宜春。赵高为丞相，封安武侯。二世出生后二十年即位。

从秦襄公到秦二世，一共六百一十年。

原文

孝明皇帝十七年[①]十月十五日乙丑，曰[②]：

周历已移，仁不代母。秦直其位，吕政残虐。然以诸侯十三，并兼天下，极情纵欲，养育宗亲。三十七年，兵无所不加，制作政令，施于后王。盖得圣人之威，河神授图，据狼、狐，蹈参、伐，佐政驱除，距之称始皇。

始皇既殁，胡亥极愚，郦山未毕，复作阿房，以遂前策。云"凡所为贵有天下者，肆意极欲，大臣至欲罢先君所为"。诛斯、去疾，任用赵高。痛哉言乎！人头畜鸣。不威不伐恶，不笃不虚亡。距之不得留，残虐以促期，虽居形便之国，犹不得存。

子婴度次得嗣，冠玉冠，佩华绂，车黄屋，从百司，谒七庙。小人乘非位，莫不恍（huǎng）忽失守，偷安日日；独能长念却虑，父子作权，近取于户牖之间，竟诛猾臣，为君讨贼。高死之后，宾婚未得尽相劳，餐未及下咽，酒未及濡唇（chún），楚兵已屠关中，真人[③]翔霸上，素车婴组，奉其符玺，以归帝者。郑伯茅旌鸾刀，严王退舍。河决不可复壅，鱼烂不可复全。贾谊、司马迁曰："向使婴有庸主之才，仅得中佐，山东虽乱，秦之地可全而有，宗庙之祀未当绝也。"秦之积衰，天下土崩瓦解，虽有周旦之材，无所复陈其巧，而以责一日之孤，误哉！俗传"秦始皇起罪恶，胡亥极"，得其理矣。复责小子，云"秦地可全"，所谓不通时变者也。纪季以酅（xī），《春秋》不名。吾读《秦纪》，至于子婴车裂赵高，未尝不健其决，怜其志。婴死生之义备矣。

［注释］

①孝明皇帝十七年：汉明帝永平十七年，即 74 年。②曰：此处为班固应答汉明帝诏问《史记》秦二世而亡天下之得失的文章，后人将其附在本篇末。③真人：真命天子，指汉高祖。

［译文］

孝明皇帝十七年十月十五日乙丑，班固说：

周朝的气数已经到头了，按照五德终始之道，处在子位的王朝不能取代母位的王朝。秦朝对周来说，正是处在子位，可如今却以母位自居。始皇嬴政残暴不仁，但是却能在十三岁的时候，以一个诸侯的身份，吞并天下，放纵情欲，抚养宗族。在位三十七年间，兵锋所向无敌，制定政令，传给以后的帝王。他大概得到了圣人的天威，河神给了他图录，身据狼星、狐星，脚踏参星、伐星，上天帮他驱除了天下逆贼，最终得以统一天下，号称始皇。

始皇死后，胡亥非常蠢钝，骊山工程尚未结束，又要继续修建阿房宫，只是为了完成始皇过去遗留下来的计划。他说："凡是尊贵又掌握了天下的人，都可以随心所欲，为所欲为。大臣们怎么能试图中断先帝所做的事情呢。"二世杀死了李斯、冯去疾，任用赵高。二世说的话，实在是令人心痛啊！他虽然长着人头，说的话却像畜生在叫。如果没有帝王的威势就不能显示自己的邪恶。邪恶不日积月累，秦国就不会轻易灭亡，以致帝位无法维持，残酷暴虐只能让在位时间更加短暂。尽管秦国占据了有利的国土地形，还是不能存身立国。

子婴按照次序嗣立为王，头戴玉冠，身上佩戴着华丽的系印丝带，使用黄缯作盖的车子，身后百官跟随，前往祭拜列祖的灵庙。假如小人登上原本不属于自己的位子，都会感到终日恍恍惚惚，生怕失去什么，只求每天苟且偷安。子婴却能够有一个长远的打算，排除忧虑，与自己的儿子商议之后，运用计谋，就近在门户之内，杀死了狡猾的奸臣，替已死的皇帝诛杀了这个乱臣贼子。赵高死后，子婴的宾亲姻娅还没来得及悉数慰劳，饭还没来得及咽下去，酒还没来得及沾到嘴唇，楚国的士兵已经屠戮到关中，奉天承运的真命天子来到霸上。子婴素车白马，用丝带绑住自己的脖子，手捧他的符节和印玺，来向刘邦归降。真有点像当年郑伯左持茅旌，右执鸾刀，楚庄王后撤七里的景象。黄河一旦有了缺口就很难再堵上，鱼腐烂了就不能再使它完好无损了。贾谊、司马迁说："假如当时子婴具有普通君主一样的能力，拥有中等才能的辅佐大臣，尽管崤山以东发生叛乱，秦国原来的土地还是可以保全的，宗庙祭祀也不至于断绝。"秦国的衰败局面是日积月累形成的必然趋势，天下土崩瓦解，就算是有周公旦这样的人才，也无法施展他的聪明才智，而如果将全部的责任都归结到一个即位短暂的君主身上，那是错误的！有人认为罪恶起源于秦始皇，到胡亥即位的时候罪孽达到登峰造极的境界，这一看法是有道理的。贾谊、司马迁又责备子婴，说秦国的国土本来是可以保全的，这就是所说的不懂得形势变化。齐国将要吞灭纪国，纪季把酅邑送给了齐国，成为齐国的属国，并使纪国的宗庙祭祀保存下来。《春秋》中赞美他的做法，记载这件事的时候，没有直接写上他的名字。我读《秦纪》，读到子婴车裂赵高的时候，未尝不称赞他的决断果敢又非常雄武，对他的志向表示同情。子婴就死生大义而言，是很好的。

［赏析］

秦国从襄公时起被封为诸侯，历经二十几代人的努力经营，尤其是秦孝公任用商鞅变法后，在政治、经济、军事上于战国七雄当中已然占据了绝对优势，天下统一也已经是大势所趋。秦始皇借此机会奋发进取，终于在十年间先后兼并六国，秦朝也就此成为我国历史上第一个中央集权的王朝。接着，他又在政治、经济、军事、文化等诸多方面推行了一系列重大举措，以巩固这个空前的新政权。但是短短十几年后，这个空前强大的王朝就在农民起义的汹涌狂潮下彻底覆灭。应该说，秦始皇对于中华民族的形成与发展壮大有着极为重要的贡献，他在位期间制定的一系列法令、制度、方针、政策对整个封建社会都有着深远影响。但可惜由于他的过分骄横残暴，滥用民力，横征暴敛，残酷剥削，使得广大人民陷入水深火热的境遇中，导致秦王朝被迅速推翻。

这篇本纪以秦始皇与秦二世的生平活动为中心，逐年叙写，繁简得当，概括与详细描写相间，两代帝王的形象跃然纸上。写秦始皇，首先简要记叙了他在先人已打好基础、国力雄厚的条件下，调兵遣将，乘胜进击，最终兼并六国的过程，中间夹杂粉碎嫪毐及吕不韦集团、李斯上《谏逐客令》、尉缭献计等多个事件。随后叙写他统一天下后的所作所为，一方面列举了商议帝号，改变历法与服色，在天下实施郡县制，统一法律，统一度量衡以及文字，巡行刻石，南取陆梁地，北击匈奴，修建长城和咸阳宫，辩论学古还是师今，焚书坑儒等；另一方面又记述秦始皇不惜巨资派人入海求仙药，大兴土木修建阿房宫与骊山陵，随意滥杀无辜等。不但表现秦始皇在政治、军事方面的杰出才能与礼贤下士、重用人才的优点，而且也显露出他的愚昧荒诞和暴虐凶残，以及为了自己享受而不爱惜民力的骄奢淫逸作风。本篇以详略得当的笔法，将一个有着杰出才能，同时又凶狠残暴的千古一帝形象传神地勾勒出来。

写秦二世，着重记录了在秦始皇去世后，他与赵高合谋篡夺皇位的具体经过与他的极端残暴、极端腐朽，传神地描绘出一个昏庸暴君和一个阴谋家的丑恶嘴脸。其中赵高杀二世、子婴杀赵高的过程，描写得尤其曲折惊险，令人拍案叫绝。

司马迁不但记录史实，还将他对秦朝兴亡成败原因的探讨贯穿于《秦始皇本纪》全篇，一直在不断探寻秦朝的统一与灭亡的根源，他在本篇的末尾引述西汉政论家贾谊《过秦论》的内容，并赞扬道："善哉乎贾生之推言之也！"对于我们理解这段历史，以客观的视角看待历史有极大的帮助。

［集评］

索隐述赞：六国陵替，二周沦亡。并一天下，号为始皇。阿房云构，金狄成行。南游勒石，东瞰浮梁。滈池见遗，沙丘告丧。二世矫制，赵高是与。诈因指鹿，灾生噬虎。子婴见推，恩报君父。下乏中佐，上乃庸主。欲振穨纲，云谁克补。

陈涉世家

题解

《陈涉世家》选自《史记》卷四十八，世家第十八。公元前221年，秦始皇用武力完成了中国的统一，结束了战国二百多年的纷争局面，建立了中国历史上第一个中央集权的封建制国家。统一之后，他又采取了一些厚今薄古的措施，进行了一系列政治、经济和文化改革，推动了封建经济和文化的发展，对中国历史的前进起到了进步的作用。但是，秦始皇为了加强统一帝国的统治，加重了对农民的剥削和压迫。沉重的赋税、繁重的徭役和残酷的刑罚，逼得广大农民走投无路。终于在公元前209年爆发了由陈胜、吴广领导的农民起义。由于各地纷纷响应，使这次起义迅速发展成燎原大火。陈胜、吴广虽在起义后不久身死，但各地纷起响应的起义部队最终推翻了秦王朝的统治。《陈涉世家》是记这次起义的领袖陈涉、吴广的传记。文中真实、具体、完整地记述了爆发这次农民大起义的原因、经过和结局，从中反映了农民阶级的智慧、勇敢和大无畏的斗争精神。按《史记》体例，"世家"是王侯的传记，陈涉不属王侯，也把他列入"世家"，这是因为司马迁认为："秦失其政，而陈涉发迹，诸侯作难，风起云蒸，卒亡秦族。天下之端，自涉发难。"司马迁敢于为陈涉立传，并破格将其事迹列入"世家"，表明他对陈涉历史地位及起义作用的重视和肯定，也表现了他卓越的见识。

原文

陈胜者，阳城人也，字涉。吴广者，阳夏人也，字叔。陈涉少时，尝与人佣耕，辍耕之垄上，怅恨久之，曰："苟富贵，无相忘。"庸[①]者笑而应曰："若为庸耕，何富贵也？"陈涉太息曰："嗟乎，燕雀安知鸿鹄(hú)之志哉！"

[注释]

①庸：通"佣"，雇佣。

[译文]

陈胜是阳城人，字涉。吴广是阳夏人，字叔。陈涉年少之时，曾经和别人一起被雇佣耕田。一次陈涉耕田时停了下来，来到田埂上休息，愤恨不平了很长时间，说："要是富贵了，可别相互忘记了。"一同受雇的耕者笑着回答他说："你不过是个受雇耕田的，能有什么富贵呢？"陈涉叹息着说："唉！燕雀怎么会知晓鸿鹄的志向呢？"

原文

二世元年七月，发闾左適(zhé)[①]戍渔阳，九百人屯大泽乡。陈胜、吴广皆次当行，为屯长。会天大雨，道不通，度已失期。失期，法皆斩。陈胜、吴广乃谋曰：“今亡亦死，举大计亦死，等死，死国可乎？”陈胜曰：“天下苦秦久矣。吾闻二世少子也，不当立，当立者乃公子扶苏。扶苏以数谏故，上使外将兵。今或闻无罪，二世杀之。百姓多闻其贤，未知其死也。项燕为楚将，数有功，爱士卒，楚人怜之。或以为死，或以为亡。今诚以吾众诈自称公子扶苏、项燕，为天下唱[2]，宜多应者。”吴广以为然。乃行卜。卜者知其指意，曰：“足下事皆成，有功。然足下卜之鬼乎！”陈胜、吴广喜，念鬼，曰：“此教我先威众耳。”乃丹书帛曰“陈胜王”，置人所罾(zēng)鱼腹中。卒买鱼烹食，得鱼腹中书，固以[3]怪之矣。又间令吴广之次所旁丛祠中，夜篝火，狐鸣呼曰“大楚兴，陈胜王”。卒皆夜惊恐。旦日，卒中往往语，皆指目陈胜。

吴广素爱人，士卒多为用者。将尉醉，广故数言欲亡，忿恚(huì)尉，令辱之，以激怒其众。尉果笞广。尉剑挺，广起，夺而杀尉。陈胜佐之，并杀两尉。召令徒属曰：“公等遇雨，皆已失期，失期当斩。藉弟令毋斩，而戍死者固十六七。且壮士不死即已，死即举大名耳，王侯将相宁有种乎！”徒属皆曰：“敬受命。”乃诈称公子扶苏、项燕，从民欲也。袒右，称大楚。为坛而盟，祭以尉首。陈胜自立为将军，吴广为都尉。攻大泽乡，收而攻蕲。蕲下，乃令符离人葛婴将兵徇(qí)蕲以东。攻铚、酂(zàn)、苦、柘、谯皆下之。行收兵。比至陈，车六七百乘，骑千余，卒数万人。攻陈，陈守令皆不在，独守丞与战谯门中。弗胜，守丞死，乃入据陈。数日，号令召三老、豪杰与皆来会计事。三老、豪杰皆曰：“将军身

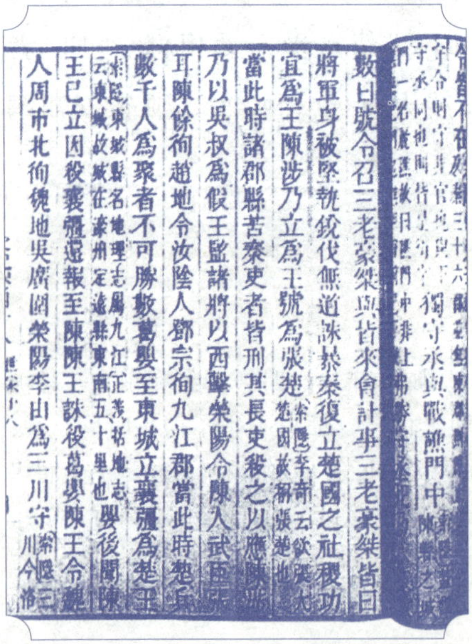
數日號令召三老豪桀與皆來會計事三老豪桀皆曰
將軍身被堅執銳伐無道誅暴秦復立楚國之社稷功
宜爲王陳涉乃立爲王號爲張楚（索隱李奇云欲張大楚國故稱張楚也）
當此時諸郡縣苦秦吏者皆刑其長吏殺之以應陳涉
乃以吳叔爲假王監諸將以西擊滎陽令陳人武臣張
耳陳餘徇趙地令汝陰人鄧宗徇九江郡當此時楚兵
數千人爲聚者不可勝數葛嬰至東城立襄彊爲楚王
（索隱東城縣名地理志屬九江（正義括地志云東城故城在濠州定遠縣東南五十里也）嬰後聞陳
王已立因殺襄彊還報至陳陳王誅殺葛嬰陳王令魏
人周市北徇魏地吳廣圍滎陽李由爲三川守

《史记》中对陈胜、吴广起义的记载

被坚执锐，伐无道，诛暴秦，复立楚国之社稷，功宜为王。”陈涉乃立为王，号为张楚。

［注释］

①谪：同“谪”，因有罪被发遣。②唱：同“倡”，倡导，号召。③以：同“已”。

［译文］

秦二世元年（前209年）的七月，征发闾巷左侧的贫民去守卫渔阳，一共九百人，停驻在大泽乡。陈胜、吴广都被编进队伍里，担任屯长。正遇上天下大雨，道路并不通畅，估计着已经误了到达的期限。耽误期限，根据秦朝法律应该斩首。陈胜、吴广就商议说：“如今逃亡了也是死，举行起义干一番大事业也是死，都是死，为国家举大事而死怎么样？”陈胜说：“天下百姓在秦朝的暴政下受苦已经很长时间了。我听说二世是始皇的小儿子，不应该即位，应该即位的是公子扶苏。扶苏由于数次劝谏始皇的缘故，始皇就把他派到外面统领军队。如今有人听说他没犯什么罪，二世却杀掉了他。很多百姓都听说过他的贤能，并不知道他已经死了。项燕作为楚国的将军，多次立有战功，爱护手下士卒，楚国人都很爱戴他。有的人认为他死了，有的人认为他逃走了。现在我们这些人谎称是公子扶苏、项燕，成为天下反秦的带头者，应该会有许多响应的人。”吴广认为他说得对。就进行占卜。为他们占卜的人知道他们的想法，说：“先生要做的事情都能成功，建立大功业。但先生拿这件事向鬼神卜问了吗？”陈胜、吴广非常高兴，思量着向鬼神卜问的事情，说：“这是让我首先在群众中树立威信。”就用丹砂在绸上写上“陈胜王”，放入别人用网捕捉到的鱼肚子中。士兵们买回那条鱼煮着吃，发现了鱼肚子里的帛书，自然就觉得奇怪了。陈胜又暗地里让吴广前往驻地附近丛林中的神庙里，夜里点起篝火，学着狐狸的叫声嗥叫说：“大楚兴，陈胜王。”士兵们都惊惧恐慌。第二天早上，士兵们到处议论纷纷，对陈胜指指点点。

吴广平日里就关心别人，士兵中的许多人都听他的。一次带队的县尉喝酒醉了，吴广故意再三说自己想要逃走，令县尉发怒，侮辱自己，以此来激怒众人。县尉果然用竹板打吴广。县尉拔剑威胁他，吴广跳起来，夺过剑，杀掉了县尉。陈胜协助吴广，合力杀掉了另外两名县尉。陈胜召集了士兵们宣告说：“各位遇上了大雨，都已经错过了前往渔阳的期限，错过期限就应当被斩首。就算是不斩首，守卫边防死去的本来十个人中就有六七个。而且壮士不死还罢了，死就要闯出一番名声，难道王侯将相都是天生的吗？”士兵们都说：“愿意接受您的命令。”（陈胜等人）就对外假称是公子扶苏、项燕，顺从百姓的意愿。大家都裸露出右臂，打着“大楚”的旗号。修筑了高坛，举行誓师仪式，以县尉的首级作为祭天的祭品。陈胜自封为将军，吴广做了都尉，攻打大泽乡，然后进攻蕲县。攻克了蕲县，陈胜就派遣符离人葛婴率领军队进攻蕲县以东的地区，他和吴广则攻打铚、酂、苦、柘、谯这些地区，都攻占了下来。在行军中招收士卒。等攻到了陈县时，起义军已经有了战车六七百辆，骑兵一千多人，步兵几万人。攻打陈县，陈县的郡守和县令都不在城中，只有守丞带着部队和陈胜的军队在谯门中作战，陈县的军队没能取胜，守丞死了，陈胜的军队趁此机会入城占领了陈县。几天后，陈胜下令召集当地的三老、豪杰一起来集会谋划事情。三老和豪杰都说：“将军亲自披着铠甲，手拿着锐利武器上阵，征伐残暴无道的秦朝，恢复楚国的社稷，根据功劳也应该能够称王。”陈涉于是就自立为王，定国号为“张楚”。

原文

当此时，诸郡县苦秦吏者，皆刑其长吏，杀之以应陈涉。乃以吴叔为假王，监诸将以西击荥阳。令陈人武臣、张耳、陈余徇赵地，令汝阴人邓宗徇九江郡。当此时，楚兵数千人为聚者，不可胜数。

葛婴至东城，立襄彊为楚王。婴后闻陈王已立，因杀襄彊，还报。至陈，陈王诛杀葛婴。陈王令魏人周市北徇魏地。吴广围荥阳。李由为三川守，守荥阳，吴叔弗能下。陈王征国之豪杰与计，以上蔡人房君蔡赐为上柱国。

周文，陈之贤人也，尝为项燕军视日，事春申君，自言习兵，陈王与之将军印，西击秦。行收兵至关，车千乘，卒数十万，至戏，军焉。秦令少府章邯免郦山徒、人奴产子生，悉发以击楚大军，尽败之。周文败，走出关，止次曹阳二三月。章邯追败之，复走次渑池十余日。章邯击，大破之。周文自刭，军遂不战。

[译文]

当此之时，各郡县在秦朝官吏治下受苦的百姓，都惩办他们当地的长官，杀掉他们以响应陈涉。于是陈胜就派吴广代行王事，督促着各路将领向西进发，进攻荥阳。陈涉下令让陈县人武臣、张耳、陈余进攻赵地，下令让汝阴人邓宗进攻九江郡。在那个时候，楚地几千人成伙的起义军多得数都数不过来。

葛婴来到东城，拥立襄彊做了楚王。葛婴不久听说陈胜已然自立为王，就杀掉了襄彊，回来后报告给了陈胜。抵达陈县，陈王杀掉了葛婴。陈王下令让魏人周市向北攻打魏地。吴广包围了荥阳。李由是三川郡的郡守，驻守荥阳，吴广没能攻克。陈王召集了国内豪杰之士一起商讨对策，任命上蔡人房君蔡赐为上柱国。

周文这个人是陈县中的贤人，曾担任项燕部队中占卜时日的官员，服侍过春申君，自称研习过军事，陈王授予他将军印，命他向西攻打秦朝。周文在行军路上征收兵马，来到函谷关时，已经有了战车一千辆，士卒几十万，来到戏亭驻军。秦朝派出了少府章邯，将骊山附近的刑徒与奴婢之子赦免，将他们全部编入进攻楚军的大部队，击败了楚军。周文战败，逃到了函谷关，停在曹阳驻扎了两三个月。章邯追上并打败了楚军，周文再次逃走，来到渑池驻扎了十多天，章邯又前来攻打，击溃了楚军。周文自杀，军队因此没有了战斗力。

原文

武臣到邯郸，自立为赵王，陈余为大将军，张耳、召骚为左右丞相。陈王怒，捕系武臣等家室，欲诛之。柱国曰："秦未亡而诛赵王将相家属，此生一秦也。不如因而立之。"陈王乃遣使者贺赵，而徙系武臣等家属宫中，而封耳子张敖为成都君，趣①赵兵亟入关。赵王将相相与谋曰："王王赵，非楚意也。楚已诛秦，必加兵于赵。计莫如毋西兵，使使北徇燕地以自广也。赵南据大河，北有燕、代，楚虽胜秦，不敢制赵。若楚不胜秦，必重赵。赵乘秦之弊，可以得志于天下。"赵王以为然，因不西兵，而遣故上谷卒史韩广将兵北徇燕地。

燕故贵人豪杰谓韩广曰："楚已立王，赵又已立王。燕虽小，亦万乘之国也，愿将军立为燕王。"韩广曰："广母在赵，不可。"燕人曰："赵方西忧秦，南忧楚，其力不能禁我。且以楚之强，不敢害赵王将相之家，赵独安敢害将军之家！"韩广以为然，乃自立为燕王。居数月，赵奉燕王母及家属归之燕。

[注释]

①趣：通"促"，催促。

[译文]

武臣来到邯郸，自封为赵王，陈余做了大将军，张耳和召骚做了左右丞相。陈王十分生气，抓住并关押了武臣这些人的家眷，打算杀掉他们。柱国蔡赐说："秦朝还没灭亡，而杀掉赵王将相的家属，这是又出现一个秦朝啊，不如趁此机会封他做赵王。"陈王于是就派出使者前往赵国祝贺，而将武臣这些人的家眷移到宫中囚禁，并且封张耳的儿子张敖做了成都君，督促赵军快点进入函谷关。赵王的将相一起商议说："大王在赵地称王，这违背了楚国的意愿。楚国灭掉秦朝之后，一定会对赵用兵。估量着不如不向西进军，派出使者向北去进攻燕地，以便扩充自己的领土。赵国向南能够据守黄河，北面占据着燕、代地区，楚国纵使战胜了秦朝，也不能制服赵国。倘若楚国没能战胜秦朝，肯定会看重赵国。赵国趁着秦朝衰败的机会，可以实现称王天下的志向。"赵王以为不错，因此没有向西进军，而是派出了原来的上谷郡卒史韩广率领部队向北去进攻燕地。

燕国那些旧的贵族豪杰对韩广说：“楚地已然有人自立为王，赵地也已经有人自立为王。燕地尽管很小，也是有着很多兵车的国家，希望将军能够立为燕王。”韩广说：“我的母亲身在赵国，不能这样做。”燕地的人说：“赵国的西方有秦朝的忧患，南面有楚国的忧患，它的力量不足以限制我们。而且楚国凭借着自身的强大，仍然不敢杀害赵王的将相家眷，赵国如何敢杀害将军的家眷呢？”韩广以为不错，就自立为燕王。几个月后，赵国将燕王的母亲与家眷送回了燕国。

原文

当此之时，诸将之徇地者，不可胜数。周市北徇地至狄，狄人田儋杀狄令，自立为齐王，以齐反击周市。市军散，还至魏地，欲立魏后故宁陵君咎为魏王。时咎在陈王所，不得之魏。魏地已定，欲相与立周市为魏王，周市不肯。使者五反，陈王乃立宁陵君咎为魏王，遣之国。周市卒为相。

将军田臧等相与谋曰：“周章军已破矣，秦兵旦暮至，我围荥阳城弗能下，秦军至，必大败。不如少遣兵，足以守荥阳，悉精兵迎秦军。今假王骄，不知兵权，不可与计，非诛之，事恐败。”因相与矫王令以诛吴叔，献其首于陈王。陈王使使赐田臧楚令尹印，使为上将。田臧乃使诸将李归等守荥阳城，自以精兵西迎秦军于敖仓。与战，田臧死，军破。章邯进兵击李归等荥阳下，破之，李归等死。

[译文]

那个时候，各路将领攻略城池的，多得数不过来。周市北进攻城略地到了狄县，狄县人田儋杀掉了狄县县令，自封为齐王，率领齐军对抗周市。周市的部队溃散，返回魏地，打算拥立从前的魏国后裔宁陵君咎做魏王。当时咎在陈王那里，不能赶去魏国。魏地已然平定下来，大家想要一起拥立周市做魏王，周市没有同意。使者在陈王和魏之间来往五次，陈王这才封宁陵君咎做了魏王，送他前去就国。周市最后成了魏国相。

将军田臧这些人一起谋划说：“周章的部队已然溃败，秦朝的部队早晚会攻过来，我军包围荥阳城，难以攻克，秦军来了，肯定会大败。不如少留下一些兵力，能够围住荥阳，带着全部精兵前去迎击秦军。如今假王吴广骄横无礼，不会用兵作战，不能和他商量，要是没杀他，事情怕是会失败。”因此一起假传陈王的命令杀掉了吴叔，将他的首级献给了陈王。陈王派出使者赐与田臧楚国的令尹官印，将他任命为上将军。

田臧就命令部将李归这些人围守荥阳城，自己带着精兵向西来到敖仓迎击秦军。和秦军作战，田臧战死，军队被击溃。章邯进军来到荥阳城下攻打李归等人，击溃了他们，李归这些人战死。

原文

阳城人邓说将兵居郯，章邯别将击破之，邓说军散走陈。铚人伍徐将兵居许，章邯击破之，伍徐军皆散走陈。陈王诛邓说。

陈王初立时，陵人秦嘉、铚人董绁(xiè)、符离人朱鸡石、取虑人郑布、徐人丁疾等皆特起，将兵围东海守庆于郯。陈王闻，乃使武平君畔为将军，监郯下军。秦嘉不受命，嘉自立为大司马，恶属武平君。告军吏曰："武平君年少，不知兵事，勿听！"因矫以王命杀武平君畔。

章邯已破伍徐，击陈，柱国房君死。章邯又进兵击陈西张贺军。陈王出监战，军破，张贺死。

腊月，陈王之汝阴，还至下城父，其御庄贾杀以降秦。陈胜葬砀，谥曰隐王。

[译文]

阳城人邓说率领部队在郯县驻扎，章邯手下的部将带兵打垮了他，邓说的部队溃散，逃到了陈县。铚人伍徐率领部队在许县驻扎，章邯带兵打垮了他，伍徐的部队都溃散，逃到了陈县。陈王诛杀了邓说。

陈王刚刚自立为王时，陵县人秦嘉、铚县人董绁、符离人朱鸡石、取虑人郑布、徐人丁疾这些人都异军突起，率领部队在郯城围攻东海郡守庆。陈王听说了，就派遣武平君畔作为将军，督促围攻郯城的部队。秦嘉拒不接受命令，并且自封为大司马，不想从属于武平君。他告诫军吏说："武平君年纪小，不懂带兵打仗之道，别听他的。"就假传陈王的命令杀掉了武平君畔。

章邯已然击溃了伍徐，又攻打陈县，上柱国房君蔡赐战死。章邯又带兵进攻陈县以西的张贺的部队。陈王出城督战，部队被击溃，张贺战死。

十二月，陈王前往汝阴，回来时来到下城父，为他驾车的庄贾杀掉了他并投降了秦朝。陈胜被葬在了砀县，谥号为"隐王"。

原文

陈王故涓人将军吕臣为仓头军，起新阳，攻陈下之，杀庄贾，复以陈为楚。

初，陈王至陈，令铚人宋留将兵定南阳，入武关。留已徇南阳，闻陈王死，南阳复为秦。宋留不能入武关，乃东至新蔡，遇秦军，宋留以军降秦。秦传留至咸阳，车裂留以徇。

秦嘉等闻陈王军破出走，乃立景驹为楚王，引兵之方与，欲击秦军定陶下。使公孙庆使齐王，欲与并力俱进。齐王曰："闻陈王战败，不知其死生，楚安得不请而立王！"公孙庆曰："齐不请楚而立王，楚何故请齐而立王！且楚首事，当令于天下。"田儋诛杀公孙庆。

秦左右校复攻陈，下之。吕将军走，收兵复聚。鄱盗当阳君黥布之兵相收，复击秦左右校，破之青波，复以陈为楚。会项梁立怀王孙心为楚王。

［译文］

陈王从前的侍从，也就是将军吕臣创建了用青巾裹着头的苍头军，在新阳起兵，攻下了陈县，杀掉了庄贾，又将陈县归到了楚国的地域。

最初，陈王来到陈县，下令让铚县人宋留率领部队平定南阳，攻入武关。宋留已然攻下了南阳，听到陈王去世的消息，南阳重新回归秦朝。宋留没能攻入武关，就向东来到新蔡，遇到了秦军，宋留带着部队投降了秦朝。秦朝使用传车将宋留押送咸阳，将宋留车裂以示众。

秦嘉这些人听说陈王的军队溃散逃走，就拥立景驹做了楚王，率领部队前往方与，想要在定陶城下进攻秦军。他派遣公孙庆出使齐国游说齐王，打算和他联合进军。齐王说："听说陈王作战失败，不知道他是生是死，楚国怎么可以不请示我们就立景驹为王？"公孙庆说："齐国没有请示楚国而自封为王，楚国因为什么缘故要请示齐国而立王？而且楚国率先起事，本就应该号令天下。"田儋杀掉了公孙庆。

秦军的左右校尉再次进攻陈县，攻下了县城。吕将军逃了出来，征收士兵，重新聚集起来。在鄱阳地区做强盗的当阳君黥布带领部队和吕将军会合，再次进攻秦军的左右校尉，在青波击溃了他们，重新将陈县归为楚国。正赶上项梁拥立楚怀王的孙子心做了楚王。

原文

陈胜王凡六月。已为王，王陈。其故人尝与庸耕者闻之，之陈，扣宫门曰："吾欲见涉。"宫门令欲缚之。自辩数，乃置，不肯为通。

陈王出，遮道而呼涉。陈王闻之，乃召见，载与俱归。入宫，见殿屋帷帐，客曰：“夥颐！涉之为王沉沉者！”楚人谓多为夥，故天下传之，夥涉为王，由陈涉始。客出入愈益发舒，言陈王故情。或说陈王曰：“客愚无知，颛[①]妄言，轻威。”陈王斩之。诸陈王故人皆自引去，由是无亲陈王者。陈王以朱房为中正，胡武为司过，主司群臣。诸将徇地，至，令之不是者，系而罪之，以苛察为忠。其所不善者，弗下吏，辄自治之。陈王信用之。诸将以其故不亲附，此其所以败也。陈胜虽已死，其所置遣侯王将相竟亡秦，由涉首事也。高祖时为陈涉置守冢三十家砀，至今血食。

[注释]

①颛：通“专”。

[译文]

陈胜称王一共六个月的时间。称王之后，将陈县当作王都。曾经和他一起被雇佣耕地的人听说了这件事，来到陈县，敲着宫门说：“我要面见陈涉。”宫门令想要将他捆起来。他再三辩解，宫门令才把他放开，不愿意为他通报。陈王出宫，他拦住道路呼喊陈涉。陈王听到了他的喊声，就召见他，载着他和自己一起回宫。进到宫中，见到殿堂上挂的帷帐，客人说：“夥颐！陈涉成了王，宫殿是多么的深邃啊！”楚地的人把“多”叫作“夥”，因此天下传开来这件事，“夥涉为王”这个说法就是从陈涉开始的。客人的进出越来越放肆，言说陈王的往事。有人对陈王说：“这个客人愚蠢无知，专门胡说八道，这会令您的威信贬损。”陈王杀掉了这个客人。陈王过去的朋友都自己离开了，从那时起再没有亲近陈王的人了。陈王命朱房做了中正，胡武做了司过，主要负责监督群臣。各路将领攻略城池，归来后，那些不听从命令的，就被抓起来问罪，朱房和胡正将苛刻严察当作忠诚。他们所不喜欢的人，不交由司法的官吏处置，而是亲自惩办。陈王相信并任用他们。各路将领由于这样的缘故都不亲附陈王，这就是陈王失败的缘故。尽管陈胜已经死了，那些他所封立和派遣的王侯将相最终还是灭掉了秦朝，这都是因为陈涉率先发难。高祖时，在砀县安置了三十户人家为陈涉守坟，至今仍在杀牲祭祀。

原文

褚先生[①]曰：地形险阻，所以为固也；兵革刑法，所以为治也。犹未足恃也。夫先王以仁义为本，而以固塞文法为枝叶，岂不然哉！吾

贾谊

贾谊是西汉初年著名的政治家、文学家。他的名篇《过秦论》从各个方面分析了秦王朝的过失，总结了秦速亡的历史经验。褚少孙在这里引用了这篇文章，以作为为政者匡正得失、巩固统治的借鉴。

闻贾生之称曰：

“秦孝公据殽函之固，拥雍州之地，君臣固守，以窥周室。有席卷天下，包举宇内，囊括四海之意，并吞八荒之心。当是时也，商君佐之，内立法度，务耕织，修守战之备；外连衡而斗诸侯。于是秦人拱手而取西河之外。

“孝公既没②，惠文王、武王、昭王蒙故业，因遗策，南取汉中，西举巴蜀，东割膏腴之地，收要害之郡。诸侯恐惧，会盟而谋弱秦。不爱珍器重宝肥饶之地，以致天下之士。合从缔交，相与为一。当此之时，齐有孟尝，赵有平原，楚有春申，魏有信陵：此四君者，皆明知而忠信，宽厚而爱人，尊贤而重士。约从连衡，兼韩、魏、燕、赵、宋、卫、中山之众。于是六国之士有宁越、徐尚、苏秦、杜赫之属为之谋，齐明、周冣、陈轸、邵滑、楼缓、翟景、苏厉、乐毅之徒通其意，吴起、孙膑、带他、兒（ní）良、王廖、田忌、廉颇、赵奢之伦制其兵。尝以什倍之地，百万之师，仰关而攻秦。秦人开关而延敌，九国之师遁逃而不敢进。秦无亡矢遗镞之费，而天下固已困矣。于是从散约败，争割地而赂秦。秦有余力而制其弊，追亡逐北，伏尸百万，流血漂橹，因利乘便，宰割天下，分裂山河，强国请服，弱国入朝。

［注释］

①褚先生：名少孙，西汉末期人，增补《史记》之缺，补写了《孝景本纪》《孝武本纪》《日者列传》《三王世家》等篇。②没：同“殁”，死。

[译文]

褚先生说：地形险恶难行，是为了巩固防务的；兵革武器与刑法制度，是为了治理国家的。这些仍不足以作为依靠。古代的圣王将仁义当作根基，而将坚固城池和法令条文当作细枝末节，难道不应该这样吗？我听贾生曾经说过：

“秦孝公占据着崤山和函谷关这些坚固的地方，坐拥雍州的地域，君臣都牢固地守卫着国土，以此来窥视周朝的政权，有占据全天下、囊括宇宙、吞并四面八方的意图。此时，商君辅助着秦孝公，在内部建立法治及各种制度，大兴耕作与纺织，整修防守与进攻的武器；对外施行连衡政策，让诸侯之间相互争斗，就这样秦国人毫不费力地夺取了西河外的土地。

“秦孝公去世，惠文王、武王和昭王继承了已有的基业，沿袭留下来的策略，向南攻下了汉中，向西攻下了巴、蜀，向东割占了肥沃的地区，夺取了地势险要的郡邑。诸侯十分恐惧，结成同盟谋求削弱秦国的方法。不吝惜珍奇贵重的宝物和富饶肥沃的土地，用来招纳天下有用的人才，再用合纵政策缔结盟约，互相结合，成为一体。当时，齐国有孟尝君，赵国有平原君，楚国有春申君，魏国有信陵君：这四位都聪明而忠诚，待人宽厚，尊敬贤良的人士。他们以合纵结盟来破坏连横政策，将韩、魏、燕、赵、宋、卫、中山等诸侯国的士卒结成联军。当时六国有宁越、徐尚、苏秦、杜赫这些人为各诸侯国出谋划策，齐明、周最、陈轸、邵滑、楼缓、翟景、苏厉、乐毅这些人为各国沟通意见，吴起、孙膑、带他、兒良、王廖、田忌、廉颇、赵奢这些人统率各诸侯国的部队。他们曾经以十倍于秦国的土地，上百万的兵力，进发函谷关去攻打秦国。秦军大开函谷关诱敌深入，九国的军队都逃散开而不敢进入。秦国没丢失掉一箭一镞，而天下诸侯就已经陷入困境。就这样合纵失败了，盟约废弃了，各诸侯国都争相割地来贿赂秦国。秦国有富余的精力来利用各国的疲惫，追杀那些败北逃走的敌人，令百万士兵的尸体横卧战场，血流成河，盾牌都能漂浮起来。凭借着战争胜利的有利条件，秦国割取天下诸侯的土地，重新分割各国的领土，强国主动归附，弱国来秦朝拜。

原文

“施及孝文王、庄襄王，享国之日浅，国家无事。

“及至始皇，奋六世之余烈，振长策而御宇内，吞二周而亡诸侯，履至尊而制六合，执敲朴以鞭笞天下，威振四海。南取百越之地，以为桂林、象郡，百越之君俯首系颈，委命下吏。

“乃使蒙恬北筑长城而守籓篱，却匈奴七百余里，胡人不敢南下而牧马，士亦不敢贯[①]弓而报怨。于是废先王之道，燔百家之言，以愚黔首。堕名城，杀豪俊，收天下之兵聚之咸阳，销锋鍉，铸以为金人十二，以弱天下之民。然后践华为城，因河为池，据亿丈之城，临不测之溪以为固。良将劲弩，守要害之处，信臣精卒，陈利兵而谁何。天下已定，始皇之心，自以为关中之固，金城千里，子孙帝王万世之业也。

[注释]

①贯：通“弯”。

[译文]

“等到孝文王、庄襄王继位，他们在位时间都很短暂，国家没发生什么大事。

“等到始皇时期，发扬六世遗留下来的精神，挥动长鞭，驾驭天下，吞并了西周和东周，灭亡了一众诸侯，登上至尊的帝位，控制着天地四方，手拿着刑杖来管制天下，威名足以震慑四海。秦向南攻取了百越地区，设下了桂林和象郡，百越的君主低下头，在脖子上系着绳子，性命任凭秦朝的官吏处置。

“接着派遣蒙恬来到北方筑建长城，镇守边界，击退匈奴七百多里，胡人不再敢向南来放牧马匹，士兵不敢挽弓射箭来复仇。因此始皇就废弃了古时先王的治国之道，焚烧了诸子百家的著作，以此来让平民百姓变得愚蠢。捣毁六国的大城，杀掉当世的英雄豪杰，收缴全天下的兵器，收集到咸阳，销毁这些兵器的兵刃和箭头，铸成了十二个铜人，以此来弱化天下百姓的反抗力量。然后凭借着华山筑造城垣，依靠着黄河当作护城河，固守高达亿丈的城池，靠近着深不可测的河流，把它当作牢固的屏障。能征善战的将领和强劲有力的弓弩手，镇守着要害之地；忠诚可信的大臣和精锐优秀的士卒，手执锋利的武器，谁都无可奈何。天下已然安定，在始皇的心中，自以为关中这样坚固的地方，就如同有着千里的铜墙铁壁，他的子孙有着可以继承万世的帝王基业。

原文

“始皇既没，余威振于殊俗。然而陈涉瓮牖绳枢之子，甿(méng)①隶之人，而迁徙之徒也。材能不及中人，非有仲尼、墨翟之贤，陶朱、猗顿之富也。蹑足行伍之间，俯仰仟佰之中，率罢散之卒，将数百之众，转而攻秦。斩木为兵，揭竿为旗，天下云集响应，赢粮而景从，山东豪俊遂并起而亡秦族矣。

“且天下非小弱也；雍州之地，殽函之固自若也。陈涉之位，非尊于齐、楚、燕、赵、韩、魏、宋、卫、中山之君也；锄耰棘矜，非铦于句戟长铩(shā)也；適戍之众，非俦(chóu)于九国之师也；深谋远虑，行军用兵之道，非及乡时之士也。然而成败异变，功业相反也。尝试使山东之国与陈涉度长絜大，比权量力，则不可同年而语矣。然而秦以区区之地，致万乘之权，抑八州而朝同列，百有余年矣。然后以六合为家，殽函为宫。一夫作难而七庙堕，身死人手，为天下笑者，何也？仁义不施，而攻守之势异也。”

[注释]

①甿：同“氓”，耕田的农夫。

[译文]

“始皇死后，他的余威仍然震慑着四面八方。但是陈涉是个以破瓮做窗户、草绳做门轴的穷人家的孩子，被人雇佣着耕地的农民，而且是个被迁谪戍边的兵卒，才能比不上一个普通人，没有孔子、墨子那样的贤德与陶朱、猗顿那样的富有。跻身于士卒行列之间，劳作在田间小路之中，统率着疲惫无力的士卒，带领着几百人的队伍，掉过头来进攻秦朝。砍断树枝当作兵器，举起竹竿作为旗帜，天下人就像是云一般聚集起来，响应陈涉，都携带有粮食，像影子一般跟随，崤山以东的豪杰就同时起事，灭掉了秦王朝。

“而且秦国一统天下后并不弱小，雍州的土地，崤山与函谷关的险固，依旧和之前一样。陈涉所处的地位赶不上齐、楚、燕、赵、韩、魏、宋、卫、中山的君主的尊贵，锄把和木棒赶不上钩戟长矛的锋利，谪戍远方的士卒赶不上九国的军队精锐，陈涉的深谋远虑及行军作战的方法赶不上以前的谋士。然而双方的成败情况却差异很大，所创下的功业也截然相反。要是用崤山以东的各诸侯国和陈涉作比较，衡量一下权势与力量，则根本无法相提并论。然而秦国依靠自己小小的一块土地，发展到拥有万辆兵车的势力，制约八州，而让各诸侯国来朝贡，已经一百多年了。之后就将天下据为己有，把崤山和函谷关当作自己的内宫。但一个人起事发难，整个秦朝宗庙就

太庙问礼

《礼记·王制》记载：“天子七庙，三昭三穆，与太祖之庙而七。”后泛指帝王祭祀祖先的宗庙。按周制，位于宫门前东侧。祭祀与战争在古代是国家两项重要的事情，太庙也就成了重要的场所。

毁灭了，皇室的子孙都死在别人手里，被天下人耻笑，是什么原因呢？是由于它不施行仁义，那样进攻和防守的形势就不再一样了。”

［赏析］

陈涉出身贫寒，却胸怀大志，富有政治远见，他要将长期处于秦朝暴政当中的百姓解救出来。他聪明果断，具有组织百姓、制定策略、指挥战斗的卓越才干，是农民阶级当中的杰出领袖。吴广尽管着墨不多，但从他参与谋划起义、诱杀将尉等事迹当中也表现出不同凡响的机智勇敢与反抗精神。在他们身上，都充分展现出我国古代劳动人民不甘忍受残酷压迫，奋起反抗的英雄气概。同时写到起义军内部的不和以及彼此残杀，陈涉称王后的贪图享乐、信用奸佞、脱离群众的情况，也是后世应当引以为戒的。

本篇按事件发展的时间顺序来记事。起义过程，首先写起义的原因、起义之前的谋划，再写起义的爆发以及发展，直至建立政权，脉络极为清晰。在记述过程中，采取先因后果的写法：写起义的原因，先写秦朝暴虐的严刑峻法；写起义的发生，又先写将尉的残暴等。这些全都入情入理，突出起义的正义性。文中还通过典型细节的描写，对起义的过程、声势以及起义领袖的精神面貌，进行了很全面的展现，给人留下深刻印象。

［集评］

索隐述赞：天下匈匈，海内乏主。掎鹿争捷，瞻乌爰处。陈胜首事，厥号张楚。鬼怪是凭，鸿鹄自许。葛婴东下，周文西拒。始亲朱房，又任胡武。夥颐见杀，腹心不与。庄贾何人，反噬城父！

项羽本纪

题解

《项羽本纪》选自《史记》卷七，本纪第七。本篇通过秦末农民大起义和楚汉之争的宏阔历史场面，生动而又深刻地描述了项羽的一生。他既是一个“力拔山兮气盖世”“近古以来未尝有”的英雄，又是一个性情暴戾、优柔寡断、只知用武不谙机谋的匹夫。司马迁巧妙地把项羽性格中矛盾的各个侧面有机地统一于本篇之中，虽然不乏深刻的挞伐，但更多的却是由衷的惋惜和同情。项羽虽未称帝，却实有帝王之尊，他上承始皇，下启刘汉，故司马迁将其列入本纪。

原文

项籍者，下相人也，字羽。初起时，年二十四。其季父项梁，梁父即楚将项燕，为秦将王翦所戮者也。项氏世世为楚将，封于项，故姓项氏。项籍少时，学书不成，去学剑，又不成。项梁怒之。籍曰：“书，足以记名姓而已；剑，一人敌，不足学；学万人敌。”于是项梁乃教籍兵法，籍大喜，略知其意，又不肯竟学。项梁尝有栎阳逮，乃请蕲狱掾曹咎书，抵栎阳狱掾司马欣，以故事得已。项梁杀人，与籍避仇于吴中。吴中贤士大夫皆出项梁下。每吴中有大繇役及丧，项梁常为主办，阴以兵法部勒宾客及子弟，以是知其能。秦始皇帝游会稽，渡浙江，梁与籍俱观。籍曰：“彼可取而代也。”梁掩其口，曰：“毋妄言，族矣！”梁以此奇籍。籍长八尺余，力能扛鼎，才气过人，虽吴中子弟皆已惮籍矣。

项羽

［译文］

项籍是下相人，羽是他的字。项羽起兵的时候是二十四岁。他的叔父名叫项梁，项梁的父亲就是被秦将王翦杀死的楚国著名的将领项燕。项氏世代为楚将，分封在项，因此得姓项氏。项籍小时候，没学成念书写字，就放弃了学字改学击剑，结果又没学成。叔父项梁对他很生气。项籍说："学写字会写自己的姓名就可以了。剑也不过只能杀死一个敌人罢了，这些都不值得学习，要学就学习能够抵抗万人的。"于是叔父项梁就教项籍兵法，项籍十分高兴，大致了解了兵法的意思，但是又不愿意将兵法认真学完。项梁曾因为栎阳罪案受到牵连，就请蕲县狱掾曹咎给栎阳狱掾司马欣写信，事情才得以了结。后来，项梁杀了人，带着项籍到吴中躲避仇家。吴中那些有才能的士大夫都比不上项梁。每当吴中有大规模的徭役和丧葬的时候，都是项梁主持办理，项梁暗中用兵法部署调度宾客和子弟，所以能够知道每个人的能力。秦始皇巡游会稽，渡过浙江的时候，项梁带着项籍一同前去观看。项籍说："那个皇帝，我就可以取代他。"项梁立即捂住项籍的嘴，说："不许胡说八道，这是要株连九族的大罪啊！"此后，项梁开始觉得项籍不同于一般人。项籍身高八尺有余，天生神力，能够举起一个大鼎，同时他才气过人，就连那些有才的吴中子弟也都很敬畏他。

原文

秦二世元年七月，陈涉等起大泽中。其九月，会稽守通谓梁曰："江西皆反，此亦天亡秦之时也。吾闻先即制人，后则为人所制。吾欲发兵，使公及桓楚将。"是时桓楚亡在泽中。梁曰："桓楚亡，人莫知其处，独籍知之耳。"梁乃出，诫籍持剑居外待。梁复入，与守坐，曰："请召籍，使受命召桓楚。"守曰："诺。"梁召籍入。须臾，梁眴(shùn)籍曰："可行矣！"于是籍遂拔剑斩守头。项梁持守头，佩其印绶。门下大惊，扰乱，籍所击杀数十百人。一府中皆慑伏，莫敢起。梁乃召故所知豪吏，谕以所为起大事，遂举吴中兵。使人收下县，得精兵八千人。梁部署吴中豪杰为校尉、候、司马。有一人不得用，自言于梁。梁曰："前时某丧使公主某事，不能办，以此不任用公。"众乃皆伏[①]。于是梁为会稽守，籍为裨将，徇下县。

[注释]

①伏：同"服"，敬服，佩服。

[译文]

秦二世元年（前 209 年）七月的时候，陈涉等人在大泽乡发动起义。这一年的九月，会稽郡守殷通对项梁说："长江以西全都造反了，这也是上天要让秦朝灭亡啊！我听说先发则能制人，后发则为人所制。我想要发兵参与起义，请你和桓楚带领。”当时桓楚逃亡到湖泽之中。项梁说：“桓楚现在流亡在外，大家都不知道他的下落，只有项籍知道。”于是，项梁走出来，告诉项籍拿着剑在外面等候召唤。项梁又走进去，与郡守坐在一起。项梁说：“请您允许我叫项籍进来，让他接受命令召回桓楚。”郡守说：“可以。”项梁召唤项籍进来。没过多久，项梁使眼色给项籍说：“可以行动了。”于是项籍拔出剑砍掉了郡守的脑袋。项梁拿着郡守的头颅，身上佩戴着郡守的官印。郡守的侍从护卫全都大惊失色，陷入一片混乱之中，项籍一个人杀死了数百人。全府的人都对项籍惶惧畏服，没有敢轻易动手反抗的人。项梁召集了往日熟悉的有胆识的官吏，将打算起兵反秦这件大事跟大家讲明，然后征集吴中士兵起义。项梁派人搜罗吴中下属各县壮丁，召集了八千名精兵。项梁安排吴中豪杰担任校尉、侯、司马等职。其中有一个人没有得到项梁的任用，自己去向项梁申诉。项梁说：“前不久有一个丧事，让你主办，你不能办，所以没办法任用你。”因此大家都很佩服项梁。项梁担任会稽郡守，项籍为裨将，安抚镇压下属县邑。

原文

广陵人召平于是为陈王徇广陵，未能下。闻陈王败走，秦兵又且至，乃渡江矫陈王命，拜梁为楚上柱国。曰：“江东已定，急引兵西击秦。”项梁乃以八千人渡江而西。闻陈婴已下东阳，使使欲与连和俱西。陈婴者，故东阳令史，居县中，素信谨，称为长者。东阳少年杀其令，相聚数千人，欲置长，无适用，乃请陈婴。婴谢不能，遂强立婴为长。县中从者得二万人。少年欲立婴便为王，异军苍头特起。陈婴母谓婴曰：“自我为汝家妇，未尝闻汝先古之有贵者。今暴得大名，不祥。不如有所属，事成犹得封侯，事败易以亡，非世所指名也。”婴乃不敢为王。谓其军吏曰：“项氏世世将家，

陈婴母

有名于楚。今欲举大事，将非其人，不可。我倚名族，亡秦必矣。”于是众从其言，以兵属项梁。项梁渡淮，黥布、蒲将军亦以兵属焉。凡六七万人，军下邳。

［译文］

广陵人召平这时为陈王巡视招抚广陵，没能完成任务。召平听说陈王战败溃逃，秦兵又快要赶到了，就渡江假借陈王的名义，拜项梁为楚王的上柱国。召平说：“江东已经平定，赶快引兵西进攻打秦军。”项梁就带领八千人渡江向西进发。他听说陈婴已经攻下东阳，便派遣使者拜访陈婴，想要与陈婴联合西进。陈婴这个人，原本是东阳令史，在县里为人一向诚实谨慎，大家都把他当成是忠厚之人。东阳的青年杀死了他们的县令，然后聚集了几千人，想要选一个首领，没有找到合适的人，就请陈婴来担任。陈婴不想担任却又无法推辞，只能被迫成为义军首领。县中跟随陈婴的人加起来一共有二万人。青年们想要推举陈婴称王，士兵为了与其他各路军队相区别，头上都包裹着青巾，是异军突起的意思。陈婴的母亲对陈婴说：“自从我做了你们陈家的媳妇，从来没听说过你的前辈之中有谁身世显赫，现在你突然得到如此宏大的名声，恐怕不是好兆头。不如有所归属，假如事情成功了，还可以封侯挂帅；一旦事情失败了，也能够得以逃脱，不致成为一个为世人所数落的人。”所以陈婴不敢称王。他对自己的士兵们说：“项家世代为将，在楚地非常有声望。现在如果想要干成大事，不找到他们担任将帅之位是不行的。我们有项氏这一名门大族做依靠，一定能让秦朝灭亡。”于是，大家都听从他的话，将军队归项梁统领。项梁渡过淮水，黥布、蒲将军也率军归附。这时项梁的军队加起来共有六七万人，驻扎在下邳。

原文

当是时，秦嘉已立景驹为楚王，军彭城东，欲距项梁。项梁谓军吏曰：“陈王先首事，战不利，未闻所在。今秦嘉倍陈王而立景驹，逆无道。”乃进兵击秦嘉。秦嘉军败走，追之至胡陵。嘉还战一日，嘉死，军降。景驹走死梁地。项梁已并秦嘉军，军胡陵，将引军而西。章邯军至栗，项梁使别将朱鸡石、余樊君与战。余樊君死。朱鸡石军败，亡走胡陵。项梁乃引兵入薛，诛鸡石。项梁前使项羽别攻襄城，襄城坚守不下。已拔，皆阬(kēng)①之。还报项梁。项梁闻陈王定死，召诸别将会薛计事。此时沛公亦起沛，往焉。

居鄛(cháo)人范增，年七十，素居家，好奇计。往说项梁曰：“陈胜败固当。夫秦灭六国，楚最无罪。自怀王入秦不反，楚人怜之至今。故楚南公曰‘楚虽三户，亡秦必楚’也。今陈胜首事，不立楚后而自立，其势不长。今君起江东，楚蜂午之将皆争附君者，以君世世楚将，为能复立楚之后也。”于是项梁然其言，乃求楚怀王孙心，民间为人牧羊，立以为楚怀王，从民所望也。陈婴为楚上柱国，封五县，与怀王都盱(xū)台(yí)。项梁自号为武信君。

［注释］

①阬：同“坑”，活埋，坑埋。

［译文］

那个时候，秦嘉已经立景驹为楚王，驻扎在彭城东面，想要与项梁相抗衡。项梁对士兵说：“陈王率先起事，作战不利，现在下落不明。现在秦嘉背叛陈王而立景驹为王，这是大逆不道的举动。”项梁就带兵攻打秦嘉，秦嘉的军队大败逃跑，项梁一直追到胡陵。秦嘉率军抵抗了一天，秦嘉阵亡，士兵投降。景驹逃跑，最后死在梁地。项梁就将秦嘉的军队合并到自己的队伍里，驻扎在胡陵，准备率领军队西进。章邯的军队到达栗县，项梁派别将朱鸡石、余樊君与他交战。余樊君战死，朱鸡石兵败，逃跑到胡陵。项梁便带领军队进入薛县，杀了朱鸡石。在此之前，项梁派项羽率领另一队士兵攻打襄城，襄城军队坚守城池，不肯投降。项羽攻克襄城之后，坑杀了襄城的全部守城军，回来向项梁报告。项梁听说陈王确实死了，召集各路将领到薛县会合共同商讨大事。这时沛公也起兵于沛，正带兵前往薛县。

居鄛人范增，当时已经七十岁了，一向隐居不出，喜欢谋划奇策妙计。他去游说项梁说：“陈胜失败本来是应当的。那秦国消灭六国，楚国是最无辜的。自从楚怀王去秦国没有返回，楚人至今仍然很想念他。因此楚南公说‘楚国虽然人口不多，但是灭掉秦国的一定是楚人’。现在陈胜率先起事，没有拥立楚国的后裔为王反而自立为王，他的有利局势一定不会长久。现在你在江东起兵，楚地将领蜂拥而至，争先恐后归附于你，这其中的缘由，正是因为项家世代都在楚国为将，能够再拥立楚国的后裔。”项梁认为范增说得很对，就在民间找到了楚怀王的孙子心，他当时正给人放羊。项梁拥立心为王，仍称楚怀王，顺从了人民的愿望。陈婴为楚上柱国，封地有五个县，和楚怀王都在盱台建都。项梁自称为武信君。

原文

居数月，引兵攻亢父，与齐田荣、司马龙且军救东阿，大破秦军于东阿。田荣即引兵归，逐其王假。假亡走楚。假相田角亡走赵。角弟田间故齐将，居赵不敢归。田荣立田儋子市为齐王。项梁已破东阿下军，遂追秦军。数使使趣齐兵，欲与俱西。田荣曰："楚杀田假，赵杀田角、田间，乃发兵。"项梁曰："田假为与国之王，穷来从我，不忍杀之。"赵亦不杀田角、田间以市于齐。齐遂不肯发兵助楚。项梁使沛公及项羽别攻城阳，屠之。西破秦军濮阳东，秦兵收入濮阳。沛公、项羽乃攻定陶。定陶未下，去，西略地至雍丘，大破秦军，斩李由。还攻外黄，外黄未下。

[译文]

休整了几个月之后，项梁带兵攻打亢父，与齐田荣、司马龙且的军队一起援救东阿，在东阿大败秦军。战后，田荣带领军队重新回到旧地，赶跑了齐王田假。田假逃到楚国。田假的相国田角逃到赵国。田角的弟弟田间原本是齐国的将领，留在赵国不敢回去。田荣立了田儋的儿子田市为齐王。项梁已经将东阿方面的秦军击败，于是乘胜追击。项梁在追击期间，屡次派遣使者到齐国，催促齐国军队与自己的军队联军西进。田荣说："如果楚国将田假杀死，赵国将田角、田间杀死，我就出兵攻秦。"项梁说："田假是楚国盟国的国王，现在走投无路了来投靠楚国，我不忍心杀死他。"赵国也不愿杀田角、田间来与齐国做交易。于是齐国始终不肯发兵帮助楚国攻打秦国。项梁派沛公和项羽率领另外一支军队攻打城阳，将城阳县城屠毁。接着军队向西在濮阳东面大败秦军，秦军收兵退到濮阳城内。沛公、项羽负责攻打定陶。二人没有攻下定陶，率军离去，向西到达雍丘，大败秦军，杀死了李由。接着又回军攻打外黄，没有攻下来。

吕温侯濮阳大战

濮阳位于今河南省的东北部，是冀、鲁、豫三省交界处。这里是中原腹地、黄河要津，向来是兵家必争之地，春秋时期的城濮之战就发生在濮阳一带。秦汉之后的三国时期，这里依旧是军事要冲。

原文

项梁起东阿，西，比至定陶，再破秦军；项羽等又斩李由，益轻秦，有骄色。宋义乃谏项梁曰："战胜而将骄卒惰者败。今卒少惰矣，秦兵日益，臣为君畏之。"项梁弗听。乃使宋义使于齐。道遇齐使者高陵君显，曰："公将见武信君乎？"曰："然。"曰："臣论武信君军必败。公徐行即免死，疾行则及祸。"秦果悉起兵益章邯，击楚军，大破之定陶，项梁死。沛公、项羽去外黄攻陈留，陈留坚守不能下。沛公、项羽相与谋曰："今项梁军破，士卒恐。"乃与吕臣军俱引兵而东。吕臣军彭城东，项羽军彭城西，沛公军砀。

章邯已破项梁军，则以为楚地兵不足忧，乃渡河击赵，大破之。当此时，赵歇为王，陈余为将，张耳为相，皆走入巨鹿城。章邯令王离、涉间围巨鹿，章邯军其南，筑甬道而输之粟。陈余为将，将卒数万人而军巨鹿之北，此所谓河北之军也。

楚兵已破于定陶，怀王恐，从盱台之彭城，并项羽、吕臣军自将之。以吕臣为司徒，以其父吕青为令尹，以沛公为砀郡长，封为武安侯，将砀郡兵。

［译文］

项梁自东阿发兵，向西进军，一直来到定陶，又一次大败秦军，项羽等又斩杀了李由，因此，项梁越来越轻敌，逐渐露出骄傲的苗头。宋义劝告项梁说："如果打了胜仗，将领就表现得骄傲，士兵就开始懈怠，那样的军队一定会失败。现在士兵有一点懈怠，秦兵日益增多，我为您感到担心啊。"项梁听不进任何劝告。他就派宋义出使齐国。路上遇到齐国使者高陵君显，问他："你是要去见武信君吗？"高陵君回答说："是的。"宋义说："我断定武信君的军队一定会失败。你如果缓步前进，或许可以避免一死。如果你走得太快，就要有灾难降临到你身上了。"秦国果然发动全部兵力增援章邯，集中全力攻打楚军。在定陶大破楚军，项梁战死。沛公、项羽离开外黄攻打陈留，陈留城墙坚固，士兵牢固把守，没能攻打下来。沛公、项羽相互商量说："现在项梁的军队已经被破，士兵都很恐慌。"于是同吕臣的军队一起带着士兵向东进发。吕臣驻扎在彭城东面，项羽驻扎在彭城西面，沛公驻扎在砀。

章邯已经击败了项梁的军队，就以为楚地的敌人已经不足以形成威胁了，他渡过黄河去攻打赵地，大败赵军。这个时候，赵歇是赵王，陈余是将领，张耳为相国，都跑进了巨鹿城。章邯命令王离、涉间一起围攻巨鹿，章邯驻扎在巨鹿的南面，负责修筑甬道给士兵输送粮食。将领陈余带着数万士兵驻扎在巨鹿北面，这就是所说的河北之军。

楚军在定陶已经打了败仗，楚怀王心里感到很恐慌，从盱台来到彭城，将项羽、吕臣的军队进行合并，然后亲自率领。以吕臣为司徒，任命他的父亲吕青为令尹。任命沛公为砀郡长，封为武安侯，统率砀郡的军队。

原文

初，宋义所遇齐使者高陵君显在楚军，见楚王曰："宋义论武信君之军必败，居数日，军果败。兵未战而先见败征，此可谓知兵矣。"王召宋义与计事而大说之，因置以为上将军；项羽为鲁公，为次将；范增为末将，救赵。诸别将皆属宋义，号为卿子冠军。行至安阳，留四十六日不进。项羽曰："吾闻秦军围赵王巨鹿，疾引兵渡河，楚击其外，赵应其内，破秦军必矣。"宋义曰："不然。夫搏牛之虻不可以破虮虱。今秦攻赵，战胜则兵罢，我承其敝；不胜，则我引兵鼓行而西，必举秦矣。故不如先斗秦、赵。夫被坚执锐，义不如公；坐而运策，公不如义。"因下令军中曰："猛如虎，很①如羊，贪如狼，强不可使者，皆斩之！"乃遣其子宋襄相齐，身送之至无盐，饮酒高会。天寒大雨，士卒冻饥。项羽曰："将戮力②而攻秦，久留不行。今岁饥民贫，士卒食芋菽，军无见粮，乃饮酒高会。不引兵渡河因赵食，与赵并力攻秦，乃曰'承其敝'。夫以秦之强，攻新造之赵，其势必举赵。赵举而秦强，何敝之承！且国兵新破，王坐不安席，埽(sǎo)境内而专属于将军，国家安危，在此一举。今不恤士卒而徇其私，非社稷之臣。"项羽晨朝上将军宋义，即其帐中斩宋义头，出令军中曰："宋义与齐谋反楚，楚王阴令羽诛之。"当是时，诸将皆慑服，莫敢枝梧。皆曰："首立楚者，将军家也。今将军诛乱。"乃相与共立羽为假上将军。使人追宋义子，及之齐，杀之。使桓楚报命于怀王。怀王因使项羽为上将军，当阳君、蒲将军皆属项羽。

[注释]

①很：同"狠"，不听从，执拗。②戮力：合力，并力。

［译文］

从前，宋义遇到的齐国使者高陵君显还在楚国的军队里，他看见楚怀王说：“宋义之前断定武信君的军队一定会遭遇失败，过了几天，他的军队竟然真的失败了。军队尚未开战就已经预料到了失败的征兆，这可说是精通用兵之道了。”楚怀王立即召见宋义，与他一同商量国事，一番畅谈之后，楚怀王非常高兴，立即任命宋义为上将军；项羽为鲁公，担任次将；范增担任末将，一同去援救赵国。各路别将都受宋义统帅，宋义号称卿子冠军。大部队走到安阳的时候，在安阳停留了四十六天没有前进。项羽说：“我听说秦军把赵王围困在巨鹿，我们应该立即带兵渡河，楚军由外向内攻打，赵军在内部响应，一定能够一举打垮秦军。”宋义说：“这样是不对的。那咬牛的牛虻却对一个小虱子束手无策。现在秦军攻打赵军，如果将赵军打败了，那秦军一定会兵疲力尽，我们乘秦军疲惫的时候发动进攻；打不胜，我们就带领军队鸣鼓西进，一定能够大败秦军。因此不如先让秦、赵两军相斗。若论身披甲胄，手执利器，冲锋杀敌，宋义可能不如你；但是若论坐下来运筹谋略，你就不如宋义了。”所以宋义向军中下令说：“那些凶猛如虎、狠戾如羊、贪婪如狼、倔强固执不听从指挥的人，一律斩首示众。”宋义又派他的儿子宋襄去辅助齐国，亲自送宋襄到无盐，摆酒设宴，大会宾客。那个时候，正赶上天寒雨大，士兵们饥寒交迫。项羽说：“本来打算合力攻秦，现在却长期停留在这里不前进。现在正值年荒岁饥，百姓贫困交加，士卒只能吃芋艿掺豆子，食不果腹。军中没有什么存粮，他宋义却还在那里设酒宴，会宾客，而不带领军队渡过黄河就地取用赵国的粮食，还美其名曰要‘等待秦军疲惫’。那秦国兵力强大，进攻刚刚建立的赵国，按照这样的形势发展下去，其结果必定是秦军大败赵军。如果秦军打垮了赵国的军队，秦军的势力就更加强大，到那时还有什么疲惫的机会可乘呢？而且楚军刚刚被秦军打败，国君此刻坐不安席，就将国内的所有兵力都集中起来全部交给宋义统帅，国家安危，在此一举。现在他不体恤士兵，反而徇情营私，不是一个将国家安危与自身荣辱相结合的臣子。”项羽在清晨的时候参见上将军宋义，接着在他的帐幕中割下宋义的脑袋，然后出来发号施令说：“宋义和齐国阴谋反楚，楚王下达秘令让我杀死他。”这时，将领们都很惊恐，没有敢抗拒项羽的。大家都说：“当初第一个拥立楚怀王的，是项将军一家。如今项将军又处死了叛乱的人。”将领们就共同推立项羽成为代理上将军。项羽派人去追宋义的儿子，一直追到了齐国才追上，杀死了宋襄。项羽派桓楚向楚怀王报告。楚怀王就任命项羽为上将军，当阳君、蒲将军都归项羽管制。

原文

项羽已杀卿子冠军，威震楚国，名闻诸侯。乃遣当阳君、蒲将军将卒二万渡河，救巨鹿。战少利，陈余复请兵。项羽乃悉引兵渡河，皆沉船，破釜甑，烧庐舍，持三日粮，以示士卒必死，无一还心。于

吕奉先辕门射戟

古代帝王巡狩、田猎，只留宿在险阻之地，用车子作为屏藩。出入之处，仰起两辆车子，使两车的辕相向交接，形成半圆形的门，叫作“辕门”。《周礼·天官·掌舍》说：“设车宫辕门。”后来领兵将领的营门及督抚等官署的外门也称辕门。

是至则围王离，与秦军遇，九战，绝其甬道，大破之，杀苏角，虏王离。涉间不降楚，自烧杀。

当是时，楚兵冠诸侯。诸侯军救巨鹿下者十余壁，莫敢纵兵。及楚击秦，诸将皆从壁上观。楚战士无不一以当十，楚兵呼声动天，诸侯军无不人人惴恐。于是已破秦军，项羽召见诸侯将，入辕门，无不膝行而前，莫敢仰视。项羽由是始为诸侯上将军，诸侯皆属焉。

[译文]

项羽杀死卿子冠军之后，名声威震楚国，就连各地诸侯都知道了这件事。他便派遣当阳君、蒲将军率领两万士兵渡过黄河，援救巨鹿。战事稍有胜利，陈余又向项羽请求援兵，项羽就亲自率领全军渡河。他们凿沉船只，砸破炊具，烧毁营舍，只携带了三天的口粮，以此来表示将士们拼死决战的斗志，没有活着回来的打算。这样以后，军队刚到就围困住了王离。与秦军相遇，打了九仗，截断了秦军的甬道，大败秦军，杀死苏角，俘获了王离，涉间不向楚军投降，最后自焚而死。

这时候，楚军勇冠诸侯。援救巨鹿的诸侯军一共有十多个营垒，所有的军队都不敢轻易出战。等到楚军攻打秦军的时候，诸侯将领都站在营垒上静观其变。每个楚军战士都以一敌十，楚兵叫喊声响彻天际，诸侯的士兵们看着这样的场面无不胆战心惊。楚军打败秦军之后，项羽召见各诸侯将领，诸侯在进入辕门的时候，全部跪在地上前进，不敢抬头仰视项羽。从此，项羽成为诸侯军中的上将军，各路诸侯都听命于他。

原文

章邯军棘原，项羽军漳南，相持未战。秦军数却，二世使人让章邯。章邯恐，使长史欣请事。至咸阳，留司马门三日，赵高不见，有不信之心。长史欣恐，还走其军，不敢出故道，赵高果使人追之，不及。欣至军，报曰："赵高用事于中，下无可为者。今战能胜，高必疾妒吾功；战不能胜，不免于死。愿将军孰计之。"陈余亦遗章邯书曰："白起为秦将，南征鄢、郢，北坑马服，攻城略地，不可胜计，而竟赐死。蒙恬为秦将，北逐戎人，开榆中地数千里，竟斩阳周。何者？功多，秦不能尽封，因以法诛之。今将军为秦将三岁矣，所亡失以十万数，而诸侯并起滋益多。彼赵高素谀日久，今事急，亦恐二世诛之，故欲以法诛将军以塞责，使人更代将军以脱其祸。夫将军居外久，多内郤，有功亦诛，无功亦诛。且天之亡秦，无愚智皆知之。今将军内不能直谏，外为亡国将，孤特独立而欲常存，岂不哀哉！将军何不还兵与诸侯为从，约共攻秦，分王其地，南面称孤；此孰与身伏𫓧质，妻子为僇(lù)乎？"章邯狐疑，阴使候始成使项羽，欲约。约未成，项羽使蒲将军日夜引兵度三户，军漳南，与秦战，再破之。项羽悉引兵击秦军汙水上，大破之。

潼关城白起偷营

白起是战国时期秦国战绩最为显赫的大将。他大破楚军，攻入郢都，迫使楚国迁都，楚国从此一蹶不振。伊阙之战又歼灭韩魏二十四万联军，彻底扫平秦军东进之路。长平一战一举歼灭赵军四十五万人，开创了我国历史上最早、规模最大的包围歼敌战先例。白起身经大小七十余战，没有败绩，受封武安君，六国闻之胆寒。

［译文］

章邯的军队驻扎在棘原，项羽驻扎在漳水南岸，两军对峙而立，没有交战。秦军多次退却，二世派人前来指责章邯统军不利。章邯很担心，立即派长史司马欣去向二世请示。到了咸阳，司马欣留在司马门等了三天，赵高始终不肯接见，表现出一种不信任的意思。长史司马欣很担心，赶紧逃回军中。他怕有人来追杀自己，逃回军中的时候没敢走原路。赵高竟然真的派人去追赶他，只是没有追上。司马欣回到军中，向章邯报告说："赵高在朝中执政，下面的人没有谁能做好事情。现在如果我们这场仗能打赢，赵高一定会嫉妒我们的功劳；如果我们这场仗打不赢，一定免不了一死。希望将军能够仔细考虑对策。”陈余也送给章邯一封信说：“白起担任秦将，向南攻陷鄢、郢，向北坑杀赵括的军队四十万人，攻城略地，战功无数，而最后竟然被赐死。蒙恬身为秦将，向北驱逐匈奴，开辟榆中几千里的地域，最后落得个被斩于阳周的下场。这是为什么呢？因为他们功劳太多，秦国不能论功行赏，反而因此罗织罪名，想尽办法用国法杀死他们。现在将军您在秦国担任将领三年了，所损失的士兵数以十万计，而诸侯军也在这个时候一起起来反抗，而且越来越多。那赵高一向谄媚，眼下形势危急，他也担心二世杀他，所以打算用计将将军杀死，这样就能够推卸责任，再另外派人替代将军，想要通过这种办法来为自己摆脱祸患。将军在外征战的时间太久，朝廷中很多人都与你产生隔阂，这样一来，无论你是有功还是无功，都要被杀。更何况现在是上天要秦国灭亡，再愚钝的人也知道。现在将军在内不能直言规谏，在外是一个即将灭亡的国家的将领，孤立无援却想要长期保全，岂不是很可悲！将军为什么不将自己的军队与各路诸侯联合，倒戈相向，与诸侯签订和约，共同进攻秦国，割地为王，面南而坐，称孤道寡；这同自己伏砧受戮、妻子儿女被杀，哪个比较好呢？”章邯仍然狐疑不定，私下派军候始成到项羽营中，想要与项羽签署和约。和约还没有谈妥的时候，项羽让蒲将军连夜领兵渡过三户津，扎营漳水南岸，与秦军展开浴血奋战，又一次打败了秦军。项羽率领全军士兵在汙水痛击秦军，把秦军打得大败。

原文

章邯使人见项羽，欲约。项羽召军吏谋曰：“粮少，欲听其约。”军吏皆曰：“善。”项羽乃与期洹水南殷虚上。已盟，章邯见项羽而流涕，为言赵高。项羽乃立章邯为雍王，置楚军中。使长史欣为上将军，将秦军为前行。

到新安，诸侯吏卒异时故繇使屯戍过秦中，秦中吏卒遇之多无状。及秦军降诸侯，诸侯吏卒乘胜多奴虏使之，轻折辱秦吏卒。秦吏卒多窃言曰：“章将军等诈吾属降诸侯，今能入关破秦，大善；即不能，诸侯虏吾属而东，秦必尽诛吾父母妻子。”诸将微闻其计，以告项羽。项羽乃召黥布、蒲将军计曰：“秦吏卒尚众，其心不服，至关中不听，事必危。不如击杀之，而独与章邯、长史欣、都尉翳入秦。”于是楚军夜击坑秦卒二十余万人新安城南。

[译文]

章邯派人去拜见项羽，打算与项羽签订和约。项羽召集军吏商量说：“军中粮少，我准备按照他所说的，与他签订和约。”军吏都说：“好。”项羽就与章邯约定在洹水南岸的殷墟相见。二人缔结了盟约之后，章邯看见项羽，涕泪交下，向项羽控诉着赵高的种种不齿行径。项羽立章邯为雍王，将他安置在楚军营中，任命长史司马欣为上将军，率领秦军为先行部队。

活埋秦降卒

到达新安之后，过去曾因服徭役、屯戍边地的诸侯的士兵们在路过秦中的时候，秦中官兵对他们多有凌辱。等到秦军投降了诸侯军之后，诸侯军的士兵们乘着战争胜利的机会，像对待奴隶和俘虏一样地对待秦兵，动辄折磨、侮辱秦军士兵。秦军士兵大多在私下议论说："章将军等人欺骗我们向诸侯军投降，假如能够入关破秦，当然是很好的事情；假如不能，诸侯军俘虏我们东去，秦国一定会将我们的父母妻子儿女全部处死。"诸侯军的将领们暗中听到了他们的对话，向项羽报告了这件事情。项羽就找来黥布、蒲将军谋划说："秦军官兵人数众多，他们心里并没有诚心归顺。如果军队行至关中，秦军不听从命令，到那时事情就很危险了，不如现在出击杀掉他们，而只与章邯、长史司马欣、都尉董翳等人一起入秦。"于是，楚军在夜里将二十多万秦国士兵全部活埋在新安城南。

原文

行略定秦地。函谷关有兵守关，不得入。又闻沛公已破咸阳，项羽大怒，使当阳君等击关。项羽遂入，至于戏西。沛公军霸上，未得与项羽相见。沛公左司马曹无伤使人言于项羽曰："沛公欲王关中，使子婴为相，珍宝尽有之。"项羽大怒，曰："旦日飨士卒，为击破沛公军！"当是时，项羽兵四十万，在新丰鸿门，沛公兵十万，在霸上。范增说项羽曰："沛公居山东时，贪于财货，好美姬。今入关，财物无所取，妇女无所幸，此其志不在小。吾令人望其气，皆为龙虎，成五采，此天子气也。急击勿失。"

楚左尹项伯者，项羽季父也，素善留侯张良。张良是时从沛公。项伯乃夜驰之沛公军，私见张良，具告以事，欲呼张良与俱去。曰："毋从俱死也。"张良曰："臣为韩王送沛公，沛公今事有急，亡去不义，不可不语。”良乃入，具告沛公。沛公大惊，曰：“为之奈何？”张良曰：“谁为大王为此计者？”曰：“鲰(zōu)生说我曰：‘距关，毋内诸侯，秦地可尽王也。’故听之。”良曰：“料大王士卒足以当项王乎？”沛公默然，曰：“固不如也，且为之奈何？”张良曰：“请往谓项伯，言沛公不敢背项王也。”沛公曰：“君安与项伯有故？”张良曰：“秦时与臣游，项伯杀人，臣活之。今事有急，故幸来告良。”沛公曰“孰与君少长？”良曰：“长于臣。”沛公曰：“君为我呼入，吾得兄事之。”张良出，要项伯。项伯即入见沛公。沛公奉卮酒为寿，约为婚姻，曰：“吾入关，秋豪不敢有所近，籍吏民，封府库，而待将军。所以遣将守关者，备他盗之出入与非常也。日夜望将军至，岂敢反乎！愿伯具言臣之不敢倍德也。”项伯许诺。谓沛公曰：“旦日不可不蚤自来谢项王。”沛公曰：“诺。”于是项伯复夜去，至军中，具以沛公言报项王。因言曰：“沛公不先破关中，公岂敢入乎？今人有大功而击之，不义也，不如因善遇之。”项王许诺。

鸿门

[译文]

项羽准备攻取秦国的关中地带。秦国函谷关有重兵把守，项羽的军队不能进去。项羽又听说沛公已经攻破咸阳，非常震怒，立即派当阳君等攻打函谷关。项羽这才得以进入函谷关，来到戏水西岸。沛公在霸上驻扎军队，没能和项羽相见。沛公左司马曹无伤派人对项羽说：“沛公想要在关中称王，任命子婴为相国，还占据了全部的奇珍异宝。”项羽怒气冲天地说：“明天早晨让士兵们都吃得饱饱的，为我们一举击溃沛公的军队做好准备！”这个时候，项羽有四十万大军，驻扎在新丰鸿门，而沛公只有十万士兵，驻扎在霸上。范增劝说项羽说：“沛公在山东的时候，贪财好货，喜爱美女。现在进入函谷关，不仅不收取财物，而且不亲近妇女，由此看来，他的志向一定不小。我命人夜观他上空的云气，呈现的都是龙虎形状，五彩之色，这是天子之气。你一定要赶快进击，莫失良机啊。”

楚国左尹项伯这个人，是项羽的叔父，他和留侯张良一向私交甚好。这个时候张良正跟随着沛公，项伯就连夜骑马跑到沛公的军营，私下会见张良，对张良讲述了整件事情的经过，准备叫张良和他一起离开。项伯说：“不要跟他们一起死掉。”张良说：“我为韩王护送沛公，现在沛公出现了危险。我一个人逃走是不仁义的，不能不向沛公说一声。”张良就走了进去，将事情全部告诉了沛公。沛公大吃一惊，说：“这可如何是好？”张良说：“谁给大王出的这个主意？”沛公说：“一个浅陋小人劝我说：‘如果能将诸侯的军队拒在函谷关外，秦国的土地就能够全部占为已有，在这里称王。’因此我听信了他的话。”张良说：“大王估计能够带领你的士兵抵挡住项王吗？”沛公沉默不语，过了一会说：“自然是抵挡不了项羽的，那又能怎么办呢？”张良说：“请允许我去告诉项伯，就说沛公不敢背叛项王。”沛公说：“你怎么会与项伯有交情呢？”张良说：“秦国还没有消灭六国的时候，项伯和我曾经有过交游，他杀了人，我救了他一命。现在有危急事情，幸亏他提前来告诉我。”沛公说：“项伯与你相比，年纪谁大？”张良说：“他比我大。”沛公说：“你替我把他叫进来，我要以兄长相待。”张良走出来，将项伯邀请进去。项伯就进去见沛公。沛公向项伯举杯敬酒，祝愿他健康长寿，同时还约为儿女亲家。沛公说：“我入关以来，一点利益都不敢接受，造册登记吏民，封存府库，目的就是为了等待将军。派遣将领把守函谷关的原因，是为了防备别的盗贼出入以及发生意外事件。我日日夜夜都盼望将军到来，怎么敢背叛他？请伯兄向将军详细说明我是绝对不会忘恩负义的。”项伯答应了。他对沛公说：“明天早晨一定要早早地过来向项王道歉。”沛公说：“一定遵命。”于是项伯又连夜离开，重新返回军中，把沛公的话原原本本报告了项王。随即对项羽说：“如果没有沛公先攻破关中的话，你难道能轻易进来吗？现在人家立有大功你却要去攻打他，是不道义的，不如趁他明早来请罪的时候好好对待他。”项王答应了。

鸿门宴

原文

沛公旦日从百余骑来见项王，至鸿门，谢曰：“臣与将军戮力而攻秦，将军战河北，臣战河南，然不自意能先入关破秦，得复见将军于此。今者有小人之言，令将军与臣有郤(xì)。”项王曰：“此沛公左司马曹无伤言之，不然，籍何以至此。”项王即日因留沛公与饮。项王、项伯东向坐，亚父南向坐。亚父者，范增也。沛公北向坐，张良西向侍。范增数目项王，举所佩玉玦以示之者三，项王默然不应。范增起，出召项庄，谓曰：“君王为人不忍，若入前为寿。寿毕，请以剑舞，因击沛公于坐，杀之。不者，若属皆且为所虏。”庄则入为寿，寿毕，曰：“君王与沛公饮，军中无以为乐，请以剑舞。”项王曰：“诺。”项庄拔剑起舞，项伯亦拔剑起舞，常以身翼蔽沛公，庄不得击。

于是张良至军门，见樊哙(kuài)。樊哙曰：“今日之事何如？”良曰：“甚急。今者项庄拔剑舞，其意常在沛公也。”哙曰：“此迫矣，臣请入，与之同命。”哙即带剑拥盾入军门。交戟之卫士欲止不内，樊哙侧其盾以撞，卫士仆地，哙遂入。披帷西向立，瞋目视项王，头发上指，目眦尽裂。项王按剑而跽(jì)曰：“客何为者？”张良曰：“沛公之参乘樊哙者也。”项王曰：“壮士，赐之卮酒。”则与斗卮酒。哙拜谢，起，立而饮之。项王曰：“赐之彘肩。”则与一生彘肩。樊哙覆其盾于地，加彘肩上，拔剑切而啖(dàn)之。项王曰：“壮士，能复饮乎？”樊哙曰：“臣死且不避，卮酒安足辞！夫秦王有虎狼之心，杀人如不能举，刑人如恐不胜，天下皆叛之。怀王与诸将约曰：‘先破秦入咸阳者王之。’今沛公先破秦入咸阳，豪毛不敢有所近，封闭宫室，还军霸上，以待大王来。故遣将守关者，备他盗出入与非常也。劳苦而功高如此，未有封侯之赏，而听细说，欲诛有功之人。此亡秦之续耳，窃为大王不取也。”项王未有以应，曰：“坐。”樊哙从良坐。坐须臾，沛公起如厕，因招樊哙出。

[译文]

第二天清晨，沛公带着一百多名骑兵来拜见项王，到了鸿门，沛公向项羽谢罪说：“我和将军合力攻打秦国，将军在河北作战，我在河南作战，但是我自己也从来没有想过我能够先攻破函谷关，现在又在这里见到将军。如今有小人之言，让将军和我之间产生了隔阂。”项王说：“这是你的左司马曹无伤说的话，不是这样的话，我怎么

樊哙

会来到这里呢？”项王当天就留下沛公一同宴饮。项王、项伯朝东而坐，亚父朝南而坐。亚父就是范增。沛公朝北而坐，张良朝西陪坐。范增多次向项王使眼色，不断举起自己佩戴的玉玦向项王示意，项王始终沉默不作应答。范增起身出去找来项庄，他对项庄说：“大王为人不够狠心，你进去上前祝酒，祝酒之后，请求舞剑助兴，然后乘机袭击座上沛公，一定要杀死他。不然，你们这些人都将成为他的俘虏。”项庄便进去祝酒。祝酒完了说：“君主和沛公饮酒，军中没有什么可以用来娱乐的，请允许我舞剑助兴。”项王说：“那好吧。”项庄拔剑起舞，项伯也跟着拔剑起舞，总是用身体挡住沛公，项庄得不到刺杀沛公的机会。

这时，张良来到军门，遇见樊哙。樊哙说：“今天的事情怎么样了？”张良说：“非常危险。现在项庄正在里面舞剑，他的注意力总是在沛公身上。”樊哙说：“现在是迫在眉睫的时刻，请让我进去，与沛公同生共死。”樊哙立即带着剑，拿着盾牌，闯入军门。交戟守卫的卫士想要阻拦，不让他进去，樊哙侧过他的盾牌去撞击卫士，卫士立即倒在地上，樊哙就进入大帐之中。他揭开帷帐，向西而立，圆睁怒目，目不转睛地看着项王，头发向上竖着，眼眶瞪得快要裂开了。项王立即伸手握住宝剑，挺直了上身说：“来客是干什么的？”张良说：“这是沛公的参乘樊哙。”项王说：“壮士！赏赐给他一杯酒。”左右就给他一大杯酒。樊哙拜谢后起来，站着一饮而尽。项王说：“赏给他猪腿。”左右就给一只生猪腿。樊哙将盾牌放到地上，把猪腿放在盾上，拔出剑来切肉吃。项王说：“壮士！你还能再喝酒吗？”樊哙说：“我连死都不怕，又怎么会推辞区区一杯酒呢！那秦王有虎狼之心，杀人就担心杀不尽，用刑就担心刑罚不够重，天下人都背叛了他。楚怀王和将领们相约说：‘先攻破秦地进入咸阳的人就可以在关中称王。’现在沛公率先攻破了秦地进入咸阳城，却丝毫利益不敢接近，而且还封闭宫室，重新将军队驻扎回霸上，只是一心等待大王到来。之所以派遣将士把守函谷关，也是为了防备其他盗贼和突发事件。沛公这样劳苦功高，不但没有得到封侯的赏赐，您还听信他人的闲言碎语，想要杀死有功的人。这是继承了已经灭亡的秦朝的道路，以我个人的看法，大王这样做是不可取的。”项王想不出什么来应答樊哙，只说：“坐。”樊哙在张良旁边坐了下来。坐了不久，沛公就起身上厕所，乘机将樊哙招呼出来。

原文

沛公已出，项王使都尉陈平召沛公。沛公曰：“今者出，未辞也，为之奈何？”樊哙曰：“大行不顾细谨，大礼不辞小让。如今人方为刀俎，我为鱼肉，何辞为？”于是遂去。乃令张良留谢。良问曰：“大王来何操？”曰：“我持白璧一双，欲献项王；玉斗一双，欲与亚父。会其怒，不敢献。公为我献之。”张良曰：“谨诺。”当是时，项王军在鸿门下，沛公军在霸上，相去四十里。沛公则置车骑，脱身独骑，与樊哙、夏侯婴、靳彊、纪信等四人持剑盾步走，从郦山下，道芷阳间行。沛公谓张良曰：“从此道至吾军，不过二十里耳。度我至军中，公乃入。”沛公已去，间至军中，张良入谢，曰：“沛公不胜杯杓（bēi sháo），不能辞。谨使臣良奉白璧一双，再拜献大王足下；玉斗一双，再拜奉大将军足下。”项王曰：“沛公安在？”良曰：“闻大王有意督过之，脱身独去，已至军矣。”项王则受璧，置之坐上。亚父受玉斗，置之地，拔剑撞而破之，曰：“唉！竖子不足与谋。夺项王天下者，必沛公也，吾属今为之虏矣。”沛公至军，立诛杀曹无伤。

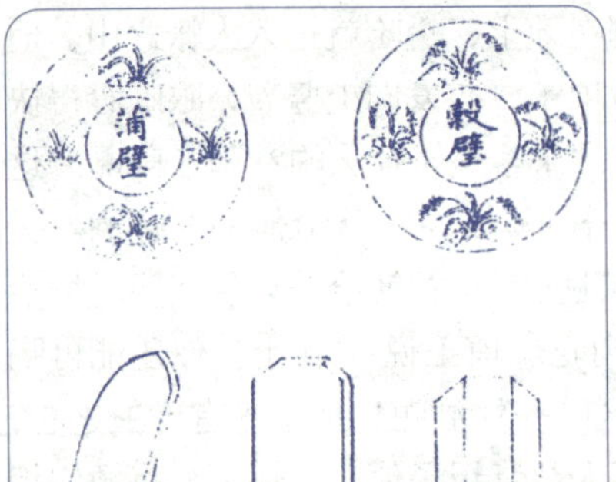

玉璧

古时，用璧表达相见之礼，在交往时，也往往用璧作为瑞信，既表示祝贺吉祥，同时又是一种凭信。

[译文]

沛公出去后，项王派都尉陈平出去叫沛公回来。沛公对樊哙说：“我们现在就这样出去，没有向项王辞行，这可怎么办呢？”樊哙说：“做大事的人不需要顾虑细枝末节，行大礼不必担心琐碎的责备。现在项王如同菜刀和砧板，我们如同在砧板上的鱼和肉，还辞别什么？”于是就不辞而去。临走的时候，叫张良留下来向项王道歉。张良问：“大王来时带了什么？”沛公说：“我带来一双白璧，想献给项王；一双玉斗，想送给亚父。正赶上他们生气，没敢进献，你替我献给他们吧。”张良说：“遵命。”当时，项王的军队已经在鸿门下待命，沛公的军队驻扎在霸上，距离此地有四十里路程。沛公丢下车骑，一人骑马脱身而逃，樊哙、夏侯婴、靳彊、纪信四人握剑持盾步行，从郦山下经过芷阳，抄小路回到霸上。沛公对张良说：“从这条路到我们军营，只有二十里的路程。你估计我大约回到军中以后，再进去向项王辞谢。”沛公走后，张良估计沛公抄小路已经到达军中，就进去道歉说：“沛公不胜酒力，不能亲自前来辞行。特地吩咐张良奉上白璧一双，拜献大王；玉斗一双，拜送大将军。”项王说：“沛公现在人在哪里？”张良说：“听说大王想要责备他，独自脱身而去，现在已经回到军中了。”项王接过玉璧，放在坐席上。亚父接过玉斗，扔在地上，拔剑一击而碎，叹道：“唉！你这小子不足以共谋大事啊。夺取你项王天下的，一定是沛公，现在，我们这些人都要被他俘虏了。”沛公回到军中，立刻诛杀了曹无伤。

原文

居数日，项羽引兵西屠咸阳，杀秦降王子婴，烧秦宫室，火三月不灭，收其货宝、妇女而东。人或说项王曰：“关中阻山河四塞，地肥饶，可都以霸。”项王见秦宫室皆以烧残破，又心怀思欲东归，曰：“富贵不归故乡，如衣绣夜行，谁知之者！”说者曰：“人言楚人沐猴而冠耳，果然。”项王闻之，烹说者。

项王使人致命怀王。怀王曰：“如约。”乃尊怀王为义帝。项王欲自王，先王诸将相。谓曰：“天下初发难时，假立诸侯后以伐秦。然身被坚执锐首事，暴露于野三年，灭秦定天下者，皆将相诸君与籍之力也。义帝虽无功，故当分其地而王之。”诸将皆曰：“善。”乃分天下，立诸将为侯王。

[译文]

过了几天，项羽带着军队西进，屠毁咸阳，将秦朝已经投降的国君子婴杀死，将秦朝的宫室全部焚毁，大火燃烧了三个月都没有熄灭；大肆搜罗了很多秦朝的财宝和妇女，带领军队向东而去。有人劝阻项王说：“关中这里有山脉为险阻，周围有河流环绕，是个四面关塞、土地肥饶的地方，可以在这里建都，建立自己的霸业。”项王看见秦朝的宫室大多被焚烧殆尽，已经残破不堪，加上想念故乡，一心只想东归，就说：“富贵了不回故乡，就好像是穿着好看的绣花衣服在夜间出门，有谁会知道呢？”那个劝项王的人说：“人们都说楚国人是猕猴戴帽子，

衣锦还乡

衣锦还乡是所有人的梦想，但作为王者，项羽的做法只能说明他目光短浅。

果然如此。”项王听了这话，下令烹杀了那个劝说他的人。

项王派人向楚怀王请示。楚怀王说：“按照事先的约定办。”项羽就尊楚怀王为义帝。项王想自己称王，于是先分封各个诸侯将相为王，然后对他们说：“当初天下危难的时候，暂时拥立各个诸侯后裔为王，目的是为了讨伐秦朝。能够亲自身穿铠甲，手执戈矛，率先起义，三年来风餐露宿，消灭秦朝，平定天下的，都是各位将相以及我项籍的力量。虽然那义帝没有任何功劳，我们还是应当分给他一块土地让他称王。”将领们都说：“好。”项王就分割天下，分封将领们为王侯。

原文

项王、范增疑沛公之有天下，业已讲解，又恶负约，恐诸侯叛之，乃阴谋曰：“巴、蜀道险，秦之迁人皆居蜀。”乃曰：“巴、蜀亦关中地也。”故立沛公为汉王，王巴、蜀、汉中，都南郑。而三分关中，王秦降将以距塞汉王。

项王乃立章邯为雍王，王咸阳以西，都废丘。长史欣者，故为栎阳狱掾(yuàn)，尝有德于项梁；都尉董翳者，本劝章邯降楚。故立司马欣为塞王，王咸阳以东至河，都栎阳；立董翳为翟王，王上郡，都高奴。徙魏王豹为西魏王，王河东，都平阳。瑕丘申阳者，张耳嬖臣也，先下河南，迎楚河上，故立申阳为河南王，都雒阳。韩王成因故都，都阳翟。赵将司马印(áng)定河内，数有功，故立印为殷王，王河内，都朝歌。徙赵王歇为代王。赵相张耳素贤，又从入关，故立耳为常山王，王赵地，都襄国。当阳君黥布为楚将，常冠军，故立布为九江王，都六。鄱君吴芮率百越佐诸侯，又从入关，故立芮为衡山王，都邾(zhū)。义帝柱国共敖将兵击南郡，功多，因立敖为临江王，都江陵。徙燕王韩广为辽东王。燕将臧荼从楚救赵，因从入关，故立荼为燕王，都蓟。徙齐王田市为胶东王。齐将田都从共救赵，因从入关，故立都为齐王，都临菑。故秦所灭齐王建孙田安，项羽方渡河救赵，田安下济北数城，引其兵降项羽，故立安为济北王，都博阳。田荣者，数负项梁，又不肯兵从楚击秦，以故不封。成安君陈余弃将印去，不从入关，然素闻其贤，有功于赵，闻其在南皮，故因环封三县。番君将梅涓(xuān)功多，故封十万户侯。项王自立为西楚霸王，王九郡，都彭城。

［译文］

项王、范增担心沛公将来会霸占天下，但是既然双方已经和解，又担心违背原本的盟约，诸侯一起起来反叛，他们就在暗中商量说："巴蜀那里道路险恶，那些被秦朝贬谪的罪人都居住在那里。"于是就散布言论说："巴蜀也是关中地区。"所以封沛公为汉王，在巴蜀、汉中称王，建都南郑。而把关中分为三部分，封给秦朝的降将，目的是为了阻挡汉王，以防他将来向东方出兵发难。

项王封章邯为雍王，在咸阳以西的地方称王，建都废丘。长史司马欣，以前在做栎阳狱掾的时候，对项梁有过恩德；都尉董翳，是最开始劝说章邯降楚的人。因此项王封司马欣为塞王，在咸阳以东一直到黄河一带的地区称王，建都栎阳；封董翳为翟王，在上郡称王，建都高奴。将魏王豹改封为西魏王，在河东地区称王，建都平阳。瑕丘申阳是张耳的宠臣，他们先攻下河南，后又在黄河岸边迎接楚军的到来，因此项王立申阳为河南王，建都雒阳。韩王成仍以旧都为都，在阳翟建都。赵将司马卬平定河内，屡立战功，因此得封为殷王，在河内称王，建都朝歌。将赵王歇改封为代王。赵国的相国张耳向来以贤能著称，又追随项王入关，因此封张耳为常山王，在赵地称王，建都襄国。当阳君黥布为楚军将领，行军作战勇冠全军，因此封黥布为九江王，建都于六。鄱君吴芮率带领百越兵从旁协助诸侯军，又跟随军队一起入关，因此封吴芮为衡山王，建都于邾。义帝的柱国共敖率兵攻打南郡，劳苦功高，因此封共敖为临江王，建都江陵。将燕王韩广改封为辽东王。燕将臧荼曾经追随楚军援救赵军，后来又跟随军队一起入关，因此封臧荼为燕王，建都于蓟。将齐王田市改封为胶东王。齐将田都曾经跟随项王共同援救赵军，后又跟着军队一起入关，因此立田都为齐王，建都临淄。过去曾经被秦朝灭掉的齐王建的孙子田安，在项王渡河援救赵军的时候，攻下济水北边的几座城邑，带领他的军队向项羽投降，因此项王封田安为济北王，建都博阳。田荣多次有负项梁的托付，而且又不愿带领军队跟随楚军攻打秦军，所以没有被封王。成安君陈余丢弃将领印玺逃命，没有跟随军队一起入关，但是项王向来听说成安君贤能，对赵国有恩，知道他在南皮，因此将环绕南皮的三个县封给他。番君的将领梅鋗战功颇多，因此封为十万户侯。项王自立为西楚霸王，在九个郡中称王，建都彭城。

原文

汉之元年四月，诸侯罢戏下①，各就国。项王出之国，使人徙义帝，曰："古之帝者地方千里，必居上游。"乃使使徙义帝长沙郴（chēn）县，趣义帝行。其群臣稍稍背叛之，乃阴令衡山、临江王击杀之江中。韩王成无军功，项王不使之国，与俱至彭城，废以为侯，已又杀之。臧荼之国，因逐韩广之辽东，广弗听，荼击杀广无终，并王其地。

田荣闻项羽徙齐王市胶东，而立齐将田都为齐王，乃大怒，不肯遣齐王之胶东，因以齐反，迎击田都。田都走楚。齐王市畏项王，乃亡之胶东就国。田荣怒，追击杀之即墨。荣因自立为齐王，而西杀击济北王田安，并王三齐。荣与彭越将军印，令反梁地。陈余阴使张同、夏说说齐王田荣曰："项羽为天下宰，不平。今尽王故王于丑地，而王其群臣诸将善地，逐其故主，赵王乃北居代，余以为不可。闻大王起兵，且不听不义，愿大王资余兵，请以击常山，以复赵王，请以国为捍蔽。"齐王许之，因遣兵之赵。陈余悉发三县兵，与齐并力击常山，大破之。张耳走归汉。陈余迎故赵王歇于代，反之赵。赵王因立陈余为代王。

［注释］

①戏下：主帅旗帜之下。戏，通"麾"，将帅的大旗。又说"戏"指戏水，"戏下"即戏水之下。

［译文］

汉王元年（前206年）四月，诸侯已经受封完毕，在项王的麾下罢兵，各自回到自己的封国。项王也出关回到封国，派人将义帝迁徙出去，并说："古代做帝王的拥有千里见方的土地，一定要居住在上游。"于是就派遣使者将义帝迁往长沙郴县，使者催促义帝早些动身。义帝君臣逐渐对项王产生了背叛之心，项王就在暗中命令衡山王、临江王在江中将义帝杀死。韩王成没有军功，项王不让他到分封的土地上去，带韩王一起来到彭城，废去他的王号，改封为侯，不久又将他杀死。臧荼到了封国，将韩广驱逐到辽东，韩广不服从，臧荼在无终杀死了韩广，并且吞并了他的封地。

田荣听说项羽将齐王田市改封到胶东地区，而立齐将田都为齐王，非常生气。他不想让齐王田市去胶东，就联合齐王一起反叛，与田都展开战争。田都逃往楚国。齐王田市唯恐项王怪罪，就前往胶东封国。田荣更加生气，派兵追击齐王，在即墨将齐王杀死。于是田荣自立为齐王，向西进兵，杀死了济北王田安，吞并了三齐。田荣将将军印授予彭越，让他在梁地起来反叛楚军。陈余暗中派遣张同、夏说游说齐王田荣说："项羽是天下的主宰，分封侯王的时候有失公允。将原来的诸侯王都封在不好的地方称王，而他的群臣诸将都封在好的地方称王。他还将原来的君主也赶走，赵王无奈，只好居住在北方的代地，我认为我们是不能答应项羽这样做的。我听说大王已经起兵，而且不接受不道义的命令，希望大王能够资助给我一些兵马，允许我用这些兵马来攻打常山，恢复赵王的地位，我愿意将赵国作为齐国的屏障。"齐王田荣答应了，就发兵赴赵。陈余调动了三县的全部士兵，与齐军合力攻打常山，打垮了常山的军队。张耳逃走归附了汉王。陈余去代地将原来的赵王歇迎接回来重返赵地。赵王就立陈余为代王。

原文

是时，汉还定三秦。项羽闻汉王皆已并关中，且东；齐、赵叛之，大怒。乃以故吴令郑昌为韩王，以距汉；令萧公角等击彭越。彭越败萧公角等。汉使张良徇韩，乃遗项王书曰："汉王失职，欲得关中，如约即止，不敢东。"又以齐、梁反书遗项王曰："齐欲与赵并灭楚。"楚以此故无西意，而北击齐。征兵九江王布。布称疾不往，使将将数千人行。项王由此怨布也。

汉之二年冬，项羽遂北至城阳，田荣亦将兵会战。田荣不胜，走至平原，平原民杀之。遂北烧夷齐城郭室屋，皆坑田荣降卒，系虏其老弱妇女。徇齐至北海，多所残灭。齐人相聚而叛之。于是田荣弟田横，收齐亡卒得数万人，反城阳。项王因留，连战未能下。

[译文]

这个时候，汉王从汉中出兵，将三秦平定。项羽听说汉王已经吞并了关中，将要东进，齐、赵二王又叛变了他，非常愤怒，就封从前的吴县县令郑昌为韩王，以便阻挡汉军，命令萧公角等人攻击彭越。彭越打败了萧公角等人。汉王派张良前去招抚韩地，张良写给项王一封信说："汉王没有按照之前的约定在关中称王，因此想要取得关中，等到汉王实现原有的约定后就立即停止进军，无论如何也不敢再继续东进。"张良又将齐、梁的反叛文书送给项王，说："齐想要联合赵一起消灭楚军。"楚军因为收到张良的这封信而无意西进，反而想要向北攻打齐国。项王向九江王黥布征集兵力，黥布称病不带兵前往，只是派将领率几千名士兵前去。由此开始，项王对黥布心生怨恨。

汉王二年（前 205 年）冬，项羽发兵北上到达城阳，田荣也率军来到城阳与项羽展开会战。田荣兵败之后逃到平原，平原的百姓将他杀死。楚军向北进军，烧毁了齐国的房屋，将齐国的城郭夷为平地，坑杀投降的田荣的士兵，掳掠老弱妇女。楚军在齐攻城略地，一路进攻到北海，到处烧杀掠夺。齐国人聚集在一起联合反抗项羽。于是田荣的弟弟田横召集了齐国逃散的士卒一共数万人，一起在城阳发动兵变。因而项王留下来作战，连续攻打了几次都没能拿下城阳。

原文

春，汉王部五诸侯兵，凡五十六万人，东伐楚。项王闻之，即令诸将击齐，而自以精兵三万人南从鲁出胡陵。四月，汉皆已入彭城，收其货宝美人，日置酒高会。项王乃西从萧，晨击汉军而东，至彭城，日中，大破汉军。汉军皆走，相随入谷、泗水，杀汉卒十余万人。汉卒皆南走山，楚又追击至灵壁东睢水上。汉军却，为楚所挤，多杀，汉卒十余万人皆入睢水，睢水为之不流。围汉王三匝。于是大风从西北而起，折木发屋，扬沙石，窈冥昼晦，逢迎楚军。楚军大乱，坏散，而汉王乃得与数十骑遁去。欲过沛，收家室而西；楚亦使人追之沛，取汉王家；家皆亡，不与汉王相见。汉王道逢得孝惠、鲁元，乃载行。楚骑追汉王，汉王急，推堕孝惠、鲁元车下，滕公常下收载之，如是者三。曰："虽急，不可以驱，奈何弃之？"于是遂得脱。求太公、吕后不相遇。审食其从太公、吕后间行，求汉王，反遇楚军。楚军遂与归，报项王，项王常置军中。

是时吕后兄周吕侯，为汉将兵居下邑，汉王间往从之，稍稍收其士卒。至荥阳，诸败军皆会，萧何亦发关中老弱未傅，悉诣荥阳，复大振。楚起于彭城，常乘胜逐北，与汉战荥阳南京、索间，汉败楚，楚以故不能过荥阳而西。

[译文]

到春天时，一共有五路诸侯的军队接受汉王的统领，兵力共计五十六万人，他们一起向东挺进，讨伐楚国。项王得知这个消息，立即命令手下将领攻打齐国，自己则带着三万精兵南下，由曲阜越过胡陵。四月的时候，汉王的军队已经进入彭城，他们沿途搜掠了很多财物珍宝和美女，天天设宴豪饮。项王向西经过萧县的时候，在清晨对汉军展开攻击，接着东进到达彭城，中午，将汉军打得大败。汉军都逃跑，相继逃入谷水、泗水，楚军杀死了十多万汉军士卒。汉军都向南方的山里逃跑，楚军乘胜追击一直到灵壁东面的睢水上。汉军败退，楚军不断逼迫，残余的汉军拥挤在一起，大多被楚军杀伤。汉军十多万人都落入睢水，死伤的士兵甚至堵塞了睢水。楚军将汉王包围了三层。这时，从西北刮来一阵大风，大风吹断了树木，掀毁了房屋，飞沙走石，天色顿时变得昏昏沉沉，狂风夹杂着沙石向楚军迎面袭来。楚军大乱，阵形破坏，汉王趁机带着几十个骑兵逃走。汉王本打算途经沛县的时候，将自己的家眷接来一起西行；而楚军也派人追往沛县，捉拿汉王家眷。汉王的家眷都已经逃跑，没能和汉王相见。汉王在路上遇到儿子孝惠帝、女儿鲁元公主，就用车将他们带着一块儿走。楚军派骑兵追赶汉王，汉王嫌车走得太慢，着急了，就将孝惠帝、鲁元公主推下车去，滕公便下车将他们重新抱上来。这样推下抱上反反复复好几次，滕公说："事情虽然危急，车子跑不快，但怎么可以将他们丢弃呢？"汉王最终得以成功脱身。汉王想要寻找太公、吕后，没有找到。审食其跟随太公、吕后通过小路逃跑，一路寻找汉王，反而遇见了楚军。楚军就带领他们回到军营，交给项王发落，项王将他们拘留在军营里。

这时，吕后的兄长周吕侯为汉军统帅，带兵驻扎在下邑，汉王抄小路来到周吕侯那里，将一些逃散的士兵稍加收编。到了荥阳，各路败军都会合在一起，萧何也将关中那些没有入军籍的老弱全部带到荥阳，汉军的气势又振作起来了。楚军从彭城出发，想要乘胜追击败兵，与汉军在荥阳南面的京、索之间交战，汉军打败了楚军，因而楚军无法越过荥阳向西挺进。

原文

项王之救彭城，追汉王至荥阳，田横亦得收齐，立田荣子广为齐王。汉王之败彭城，诸侯皆复与楚而背汉。汉军荥阳，筑甬道属之河，以取敖仓粟。

汉之三年，项王数侵夺汉甬道。汉王食乏，恐，请和，割荥阳以西为汉。项王欲听之。历阳侯范增曰："汉易与耳，今释弗取，后必悔之。"项王乃与范增急围荥阳。汉王患之，乃用陈平计间项王。项王使者来，为太牢具，举欲进之。见使者，详惊愕曰："吾以为亚父使者，乃反项王使者！"更持去，以恶食食项王使者。使者归报项王，项王乃疑范增与汉有私，稍夺之权。范增大怒，曰："天下事大定矣，君王自为之。愿赐骸骨归卒伍。"项王许之。行未至彭城，疽（jū）发背而死。

[译文]

项王去援救彭城，追赶汉王一直到荥阳，田横乘机收复了齐国，立田荣的儿子田广为齐王。汉王在彭城战败之后，诸侯又都投向楚军背叛汉军。汉军驻扎在荥阳，修筑了一条与黄河相连的甬道，用来运取敖仓的粮食。

汉王三年（前 204 年），项王屡次进攻汉军的甬道。汉王粮食匮乏，心生恐惧，请求与项王讲和，以荥阳为界，以西归汉。项王想要答应他的要求。历阳侯范增说："汉军现在很容易对付，如果就此放掉他们，不彻底消灭，以后一定会后悔的。"项王就和范增加紧围攻荥阳。汉王日夜忧虑，于是采用陈平的计策，试图离间项王和范增。

项王的使者来时，给他准备了牛、羊、小猪等丰盛的筵席，准备端上去。当端饭菜的人看到来使的时候，假装惊讶地说：“我以为是亚父使者，没想到是项王的使者。”立即把饭菜端了下去，端上来粗茶淡饭给项王的使者吃。使者回来跟项王据实禀报，项王开始怀疑范增与汉军私通，逐步剥夺了他的权力。范增十分生气，说：“天下的形势，现在大局已定，请君王好自为之。请您恩准我这把老骨头告老还乡，让我当个普通老百姓。”项王答应了他。范增走了，还没走到彭城，就因背上长毒疮死掉了。

原文

汉将纪信说汉王曰：“事已急矣，请为王诳①楚为王，王可以间出。”于是汉王夜出女子荥阳东门被甲二千人，楚兵四面击之。纪信乘黄屋车，傅左纛(dào)，曰：“城中食尽，汉王降。”楚军皆呼万岁。汉王亦与数十骑从城西门出，走成皋(gāo)。项王见纪信，问：“汉王安在？”曰：“汉王已出矣。”项王烧杀纪信。

汉王使御史大夫周苛、枞(cōng)公、魏豹守荥阳。周苛、枞公谋曰：“反国之王，难与守城。”乃共杀魏豹。楚下荥阳城，生得周苛。项王谓周苛曰：“为我将，我以公为上将军，封三万户。”周苛骂曰：“若不趣降汉，汉今虏若，若非汉敌也。”项王怒，烹周苛，并杀枞公。

[注释]

①诳：同“诓”。

[译文]

汉军将领纪信劝汉王说：“目前形势已经非常危急了，请允许我假装成您去蒙骗楚军，您就可以乘机逃出城去。”就这样，汉王连夜从荥阳东门放出两千名身穿铠甲的妇女，楚军四面围击。这时纪信乘坐黄屋车，左边的车衡上竖立着大旗，卫士大声叫喊着：“城中粮食已经吃光了，汉王出城投降。”楚军将士都高呼万岁。汉王和几十名骑兵趁机从西门出城，直奔成皋。项王见到纪信，问他：“汉王在哪里？”纪信说：“汉王已经出城了。”项王大怒，用火烧死了纪信。

军纛

纛是古时军队或仪仗队的大旗。

汉王命令御史大夫周苛、枞公、魏豹守卫荥阳。周苛、枞公谋划说：“魏豹是个叛国的诸侯王，与他一起很难守住城池。”于是二人一起杀死了魏豹。楚军攻下荥阳城之后，活捉了周苛。项王对周苛说：“你做我的将领，我任命你为上将军，封赏三万户。”周苛大骂说：“你如果不抓紧投降汉军，汉军就要俘虏你了，你不是汉王的对手。”项王听后，十分生气，烹死周苛，同时也杀了枞公。

原文

汉王之出荥阳，南走宛、叶，得九江王布，行收兵，复入保成皋。汉之四年，项王进兵围成皋。汉王逃，独与滕公出成皋北门，渡河走修武，从张耳、韩信军。诸将稍稍得出成皋，从汉王。楚遂拔成皋，欲西。汉使兵距之巩，令其不得西。

是时，彭越渡河击楚东阿，杀楚将军薛公。项王乃自东击彭越。汉王得淮阴侯兵，欲渡河南。郑忠说汉王，乃止壁河内。使刘贾将兵佐彭越，烧楚积聚。项王东击破之，走彭越。汉王则引兵渡河，复取成皋，军广武，就敖仓食。项王已定东海，来西，与汉俱临广武而军，相守数月。

当此时，彭越数反梁地，绝楚粮食，项王患之。为高俎，置太公其上，告汉王曰：“今不急下，吾烹太公。”汉王曰：“吾与项羽俱北面受命怀王，曰‘约为兄弟’，吾翁即若翁，必欲烹而翁，则幸分我一杯羹。”项王怒，欲杀之。项伯曰：“天下事未可知，且为天下者不顾家，虽杀之无益，只益祸耳。”项王从之。

霸王欲烹太公

[译文]

汉王逃出荥阳之后，向南经过宛县、叶县时，收服了九江王黥布，一边走一边继续召集士兵，而后进入成皋固守。汉王四年（前203年），项王围攻成皋。汉王再次败逃，他只身一人与滕公出了成皋北门，渡河直奔修武，来到张耳、韩信的军营。其他将领陆续逃出成皋，前去追随汉王。

于是，楚军攻下成皋，准备向西进军。汉王派兵在巩县阻挡楚军，使楚军无法西进。

这个时候，彭越渡过黄河在东阿攻击楚军，杀死了楚军的将领薛公。项王就亲自向东进军攻打彭越。汉王得到淮阴侯韩信的军队，准备渡河南下。因为郑忠的劝阻，汉王就停留在河内筑起高高的营垒。汉王派刘贾带领兵马与彭越一起，烧毁楚军的粮食。项王东进打败了刘贾和彭越，彭越逃走了。汉王率军渡河，夺下成皋，驻扎在广武，在敖仓取粮。项王平定东海之后，带领军队回来，向西进发，与汉军都在广武驻扎，两军就这样相持，长达数月。

就在这个时候，彭越在梁地多次反击楚军，切断了楚军的粮食补给，项王很担心这件事。他设置了一个高台，上设砧板，将太公放在上面，警告汉王说："如果现在不快快投降，我就烹杀太公。"汉王说："我和你项羽都是北面称臣，听命于怀王，曾经说过'结为兄弟'，那么我的父亲就是你的父亲，如果你一定要烹杀自己的父亲的话，那么请你分给我一杯肉羹。"项王非常生气，打算烹杀太公。项伯说："如今天下大事还没有最终确定下来，而且如果打天下的人不知道顾念家眷，就算是杀了太公也没有任何好处，只能徒增祸患而已。"项王听从了项伯的劝告。

原文

楚、汉久相持未决，丁壮苦军旅，老弱罢转漕。项王谓汉王曰："天下匈匈数岁者，徒以吾两人耳。愿与汉王挑战决雌雄，毋徒苦天下之民父子为也。"汉王笑谢曰："吾宁斗智，不能斗力。"项王令壮士出挑战。汉有善骑射者楼烦，楚挑战三合，楼烦辄射杀之。项王大怒，乃自被甲持戟挑战。楼烦欲射之，项王瞋目叱之，楼烦目不敢视，手不敢发，遂走还入壁，不敢复出。汉王使人间问之，乃项王也。汉王大惊。于是项王乃即汉王相与临广武间而语。汉王数之，项王怒，欲一战。汉王不听，项王伏弩射中汉王。汉王伤，走入成皋。

项王闻淮阴侯已举河北，破齐、赵，且欲击楚，乃使龙且往击之。淮阴侯与战，骑将灌婴击之，大破楚军，杀龙且。韩信因自立为齐王。项王闻龙且军破，则恐，使盱台人武涉往说淮阴侯，淮阴侯弗听。是时，彭越复反，下梁地，绝楚粮。项王乃谓海春侯大司马曹咎等曰："谨守成皋，则汉欲挑战，慎勿与战，毋令得东而已。我十五日必诛彭越，定梁地，复从将军。"乃东，行击陈留、外黄。

[译文]

楚、汉两军长期相持，始终没能分出胜负，年轻力壮的为行军作战而辛苦，年老体弱的为水陆运输而劳累。项王对汉王说：“天下这几年都是一片扰攘不安的样子，只是因为我们两个人的缘故，我愿意向你挑战，一决雌雄，千万不要再让天下的百姓白受苦了。”汉王笑着推辞说：“我宁愿选择斗智，不愿选择斗力。”项王叫壮丁出去挑战。汉军有个擅长骑马射箭的人叫楼烦，楚军派壮士接连挑战三次，楼烦都将壮士射死了。项王非常生气，就亲自披上战甲拿起武器出来挑战。楼烦想要射他，项王怒目呵叱，楼烦被吓得不敢正视项羽，手哆嗦得不敢发箭，跑回营垒，再也不敢出来了。汉王派人暗中打听，才知道前来挑战的人是项王。汉王非常震惊。于是项王靠近汉王军营，和他隔着广武涧进行对话。汉王历数了项王的种种罪状，项王十分气愤，要求与汉王决战。汉王没有答应，项王身边埋伏的弓弩手射中了汉王。汉王受伤，逃回成皋。

制作连发弩

弩是中国古代装有张弦机构、可以延时发射的弓。春秋晚期，实战中开始重视弩的作用。它在实战中具有很大的杀伤力。

项王听说淮阴侯已经攻下河北，打垮了齐、赵两军的军队，而且即将攻打楚军，就命令龙且前去迎击淮阴侯。淮阴侯与龙且交战，骑兵统帅灌婴也一起攻击龙且，淮阴侯大破楚军，杀死了龙且。韩信趁机自立为齐王。项王听说龙且的军队被打败了，非常恐慌，命令盱台人武涉前去游说淮阴侯，淮阴侯不肯听从。这个时候，彭越又起来背叛楚军，攻下梁地，从而断绝了楚军的粮道。于是项王对海春侯大司马曹咎等人说：“一定要谨慎守好成皋，即使汉军再来挑战，也千万不要和他进行交战，只要不让他们继续东进就行了。我十五天以内一定会杀掉彭越，平定梁地，到那时再回来与将军会合。”于是项王带领军队向东离去，边走边攻打陈留、外黄。

原文

外黄不下。数日，已降，项王怒，悉令男子年十五已上诣城东，欲坑之。外黄令舍人儿年十三，往说项王曰：“彭越强劫外黄，外黄恐，故且降，待大王。大王至，又皆坑之，百姓岂有归心？从此以东，梁地十余城皆恐，莫肯下矣。”项王然其言，乃赦外黄当坑者。东至睢阳，闻之皆争下项王。

汉果数挑楚军战，楚军不出。使人辱之，五六日，大司马怒，渡兵汜水。士卒半渡，汉击之，大破楚军，尽得楚国货赂。大司马咎、长史翳、塞王欣皆自刭汜水上。大司马咎者，故蕲狱掾，长史欣亦故栎阳狱吏，两人尝有德于项梁，是以项王信任之。当是时，项王在睢阳，闻海春侯军败，则引兵还。汉军方围钟离眜（mèi）于荥阳东，项王至，汉军畏楚，尽走险阻。

［译文］

外黄没有攻下。过了几天，外黄终于投降了，项王非常生气，命令十五岁以上的男子全部去城东，准备将他们坑杀。外黄令门客的儿子才十三岁，他走上前去劝告项王说："彭越用武力强迫外黄百姓听命于他，百姓们都很惊恐，这才暂时投降彭越，以便等待大王的到来。现在大王到了，又要将他们全部坑杀，难道天下的其他百姓还会有归顺您的想法吗？从这儿往东，梁地十多个城邑，如果百姓人人心怀恐惧，再也没有肯投降的了。"项王认为他的话是正确的，就赦免了外黄那些本该坑杀的人。从外黄往东一直到睢阳，百姓们得知这个消息后，都争先恐后地向项王投降。

汉军果然屡次向楚军挑战，楚军始终不肯出来应战。于是汉军派人在阵前辱骂楚军，接连骂了五六天，大司马听了非常气愤，让士兵们渡过汜水，痛击汉军。士兵刚渡到一半的时候，汉军突然出击，将楚军打得大败，缴获了楚国的全部物资。大司马曹咎、长史司马欣都在汜水上自刎而死。大司马曹咎，原本是蕲县的狱掾，长史司马欣原本是栎阳的狱吏，两人曾对项梁有过恩德，所以项王十分器重他们。在这个时候，项王正在睢阳，听说海春侯的军队失败了，就带领军队返回。汉军正在荥阳围攻钟离眜，项王一到，汉军害怕楚军，立即全部撤到地势险峻的地方。

西楚霸王

原文

是时，汉兵盛食多，项王兵罢食绝。汉遣陆贾说项王，请太公，项王弗听。汉王复使侯公往说项王，项王乃与汉约，中分天下，割鸿沟以西者为汉，鸿沟而东者为楚。项王许之，即归汉王父母妻子。军皆呼万岁。汉王乃封侯公为平国君，匿弗肯复见。曰：“此天下辩士，所居倾国，故号为平国君。”项王已约，乃引兵解而东归。

汉欲西归，张良、陈平说曰：“汉有天下太半，而诸侯皆附之。楚兵罢食尽，此天亡楚之时也，不如因其机而遂取之。今释勿击，此所谓‘养虎自遗患’也。”汉王听之。

汉五年，汉王乃追项王至阳夏南，止军，与淮阴侯韩信、建成侯彭越期会而击楚军。至固陵，而信、越之兵不会。楚击汉军，大破之。汉王复入壁，深堑而自守。谓张子房曰：“诸侯不从约，为之奈何？”对曰：“楚兵且破，信、越未有分地，其不至固宜。君王能与共分天下，今可立致也。即不能，事未可知也。君王能自陈以东傅海，尽与韩信；睢阳以北至谷城，以与彭越：使各自为战，则楚易败也。”汉王曰：“善。”于是乃发使者告韩信、彭越曰：“并力击楚。楚破，自陈以东傅海与齐王，睢阳以北至谷城与彭相国。”使者至，韩信、彭越皆报曰：“请今进兵。”韩信乃从齐往，刘贾军从寿春并行，屠城父，至垓下。大司马周殷叛楚，以舒屠六，举九江兵，随刘贾、彭越皆会垓下，诣项王。

[译文]

这时，汉军兵多粮足，项王的军队兵疲粮绝。汉王派遣陆贾前去游说项王，请求释放太公，项王不肯答应。汉王又派遣侯公前去游说项王，项王终于同意和汉王议和：平分天下，划鸿沟以西归汉，鸿沟以东归楚。项王同意了，就将汉王的父母妻子归还。汉军都高呼万岁。汉王封侯公为平国君。侯公藏了起来，不肯再见汉王，汉王说：“侯公这个人是天下最善辩的人，他所到的地方，一定会让整个国家覆灭，因此封号为平国君。”项王在与汉王订立和约之后，就解除了军事对峙的局面，带领军队向东归去。

汉王准备西归的时候，张良、陈平劝汉王说：“大汉现在占领了大半个天下，而且那些诸侯也都归附了我们。楚军现在正值兵疲粮尽的时候，这是上天亡楚的机会啊，不如趁这个机会彻底消灭楚军。现在放走项王不去攻打他，这就是所说的‘留着老虎让它日后咬我们’。”汉王听从了他们的建议。

汉王五年（前 202 年），汉王追击项王一直到阳夏南面，军队驻扎下来，与淮阴侯韩信、建成侯彭越定下盟约一起进攻楚军。到达固陵的时候，韩信、彭越的军队没赶来会合。楚军攻打汉军，汉军大败，汉王又进入营垒之中，深挖沟，固守不出。汉王对张子房说：“诸侯不遵守事先的约定，这该如何是好？”张子房回答说：“楚军马上就要溃败了，韩信、彭越没有得到一块封地，他们不来同汉王会合是情理之中的事情。汉王如果能和他们共分天下，他们立刻就会前来援救。假如不能这样，以后的事情就很难预料了。汉王若将陈县以东一直到海边的地区，全部划分给韩信，睢阳以北一直到谷城，全部划分给彭越，让他们各自为战，那么楚军就很容易打败。”汉王说：“好。”于是就派遣使者前去告诉韩信、彭越，说：“我们一起出兵攻打楚军。楚军崩溃后，从陈县以东一直到海边的地区全部给予齐王，睢阳以北一直到谷城的地区全部给予彭相国。”使者一到，韩信、彭越就都回话说：“请允许我们立刻进兵攻打楚军。”韩信从齐地出发，刘贾的军队从寿春出发，两军一起前进，屠毁了城父，一直来到垓下。大司马周殷背叛了楚国，用舒地的兵力屠毁了六县，将九江的全部士兵都调动起来，跟随刘贾、彭越一起在垓下会集，与项王对峙阵前。

原文

项王军壁垓下，兵少食尽，汉军及诸侯兵围之数重。夜闻汉军四面皆楚歌，项王乃大惊曰：“汉皆已得楚乎？是何楚人之多也！”项王则夜起，饮帐中。有美人名虞，常幸从；骏马名骓，常骑之。于是项王乃悲歌忼慨，自为诗曰：“力拔山兮气盖世，时不利兮骓不逝。骓不逝兮可奈何，虞兮虞兮奈若何！”歌数阕，美人和之。项王泣数行下，左右皆泣，莫能仰视。

于是项王乃上马骑，麾下壮士骑从者八百余人，直夜溃围南出，驰走。平明，汉军乃觉之，令骑将灌婴以五千骑追之。项王渡淮，骑能属者百余人耳。项王至阴陵，迷失道，问一田父，田父绐(dài)曰“左”。左，乃陷大泽中。以故汉追及之。项王乃复引兵而东，至东城，乃有二十八骑。汉骑追者数千人。项王自度不得脱。谓其骑曰：“吾起兵至今八岁矣，身七十余战，所当者破，所击者服，未尝败北，遂霸有天下。然今卒困于此，此天之亡我，非战之罪也。今日固决死，愿为诸君快战，必

年画《十面埋伏》

虞姬舞剑

相传，在垓下随侍霸王的虞姬怆然拔剑起舞，并以歌和之："汉兵已略地，四方楚歌声。大王意气尽，贱妾何聊生。"歌罢自刎，以免项羽后顾私情，希冀能激起项羽的斗志，使楚军成功突围。

三胜之，为诸君溃围，斩将，刈（yì）旗，令诸君知天亡我，非战之罪也。"乃分其骑以为四队，四向。汉军围之数重。项王谓其骑曰："吾为公取彼一将。"令四面骑驰下，期山东为三处。于是项王大呼驰下，汉军皆披靡，遂斩汉一将。是时，赤泉侯为骑将，追项王，项王瞋目而叱之，赤泉侯人马俱惊，辟易数里。与其骑会为三处。汉军不知项王所在，乃分军为三，复围之。项王乃驰，复斩汉一都尉，杀数十百人。复聚其骑，亡其两骑耳。乃谓其骑曰："何如？"骑皆伏曰："如大王言。"

[译文]

项王的军队在垓下构筑壁垒，兵少粮尽，汉军和各路诸侯军队将楚军重重包围。夜晚的时候，楚军听见四面八方的汉军都在唱楚地的歌曲，项王非常吃惊，说道："汉军已经把楚国全部占领了吗？为什么楚国人如此众多啊？"项王就夜间起身，来到帐幕下饮酒。有一个名叫虞姬的美人，项王十分宠爱她，行军作战的时候经常把她带在身边。项王有一匹名叫骓的骏马，他经常骑着它在战场上奋勇杀敌。于是，项王慷慨悲歌，自己作诗吟唱道："力能拔山啊，豪气盖世，时运不利啊，骓马不再奔驰。不再奔驰啊，又有何方？虞姬虞姬啊，我把你怎样安放？"接连唱了好几遍，虞姬跟着他一起吟唱。项王悲极而泣，泪下数行，左右侍从也都跟着俯首哭泣，悲痛得抬不起头来。

于是项王上马想要突出重围，跟随他一起的壮士一共有八百多人，他们连夜冲破包围，向南飞奔而去。天亮之后，汉军才发觉项羽逃跑，将领灌婴带领五千骑兵追击项王。项王渡过淮水，能够跟从的骑兵只有一百多人。项王到达阴陵的时候，迷了路，询问一个种田的人，种田的人欺骗他说："往左走。"项王向左逃去，结果陷入了一大片沼泽地中。因为这个原因汉军才追上了项王。项王就又带着士兵向东，到东城的时候，身边只剩下二十八个骑兵了，而追赶项羽的汉军有几千名骑兵。项王估计自己是脱不了身了，对他的骑兵说："我起兵到现在一共有八年了，亲身经历过七十多次

四面楚歌

仗。谁敢抵挡我，我就将他打垮；我所攻击的人，没有不降服的。我从来没打过败仗，所以才能称霸天下。但是现在我被围困在这个地方，这是上天想要我灭亡啊，并不是我打仗的过错。今天本就决心要战死，愿意为各位痛痛快快地打一仗，一定会连胜三次，希望能帮助各位成功突破重围，斩杀敌将，砍倒敌人军旗，让大家知道是上天要灭亡我，而并不是我打仗的过错。”项王将他的骑兵分成四队，面向四个方向，汉军把项王层层包围。项王对他的骑兵说：“我为你们取来他们一个将领的首级。”项王命令骑兵向四个方向疾驰而去，约定在山的东面会合为三处。于是项王大声喊叫着，飞奔冲去，汉军顿时惊惶失措，项王真的就斩杀了一个汉军将领。正在这个时候，赤泉侯担任骑兵将领，追赶项王，项王圆睁怒目，大吼一声，赤泉侯连人带马都感到很惊恐，接连倒退了好几里。项王果然和他的骑兵在约定地点合为三处。汉军不知道项王在哪里，就将军队分为三部分，重新将项王包围起来。项王骑马突围，又成功斩杀了一个汉军的都尉，杀死了数十百人，再将他的骑兵召集到一起，他的骑兵只死掉了两个。项王就对他的骑兵说：“怎么样？”骑兵都跪在地上佩服地说：“正如大王所说的一样。”

原文

于是项王乃欲东渡乌江。乌江亭长檥(yǐ)船待，谓项王曰：“江东虽小，地方千里，众数十万人，亦足王也。愿大王急渡。今独臣有船，汉军至，无以渡。”项王笑曰：“天之亡我，我何渡为！且籍与江东子弟八千人渡江而西，今无一人还，纵江东父兄怜而王我，我何面目见之？纵彼不言，籍独不愧于心乎？”乃谓亭长曰：“吾知公长者。吾骑此马五岁，所当无敌，尝一日行千里，不忍杀之，以赐公。”乃令骑皆下马步行，持短兵接战。独籍所杀汉军数百人，项王身亦被十余创。顾见汉骑司马吕马童，曰：“若非吾故人乎？”马童面之，指王翳曰：“此项王也。”项王乃曰：“吾闻汉购我头千金，邑万户，吾为若德。”乃自刎而死。王翳取其头，余骑相蹂践争项王，相杀者数十人。最其后，郎中骑杨喜、骑司马吕马童，郎中吕胜、杨武各得其一体。五人共会其体，皆是。故分其地为五：封吕马童为中水侯，封王翳为杜衍侯，封杨喜为赤泉侯，封杨武为吴防侯，封吕胜为涅阳侯。

项王已死，楚地皆降汉，独鲁不下。汉乃引天下兵欲屠之，为其守礼义，为主死节，乃持项王头视鲁，鲁父兄乃降。始，楚怀王初封项籍为鲁公，及其死，鲁最后下，故以鲁公礼葬项王谷城。汉王为发哀，泣之而去。

诸项氏枝属，汉王皆不诛。乃封项伯为射阳侯。桃侯、平皋侯、玄武侯皆项氏，赐姓刘。

［译文］

于是项王想要向东渡过乌江，乌江亭长将船靠在岸边等着项王。他对项王说：“江东地方虽小，但是也纵横上千里，有数十万民众，足够让您称王。希望大王能够赶快渡江。现在这里只有我这一条船，即使汉军来到这，也没有船渡江。”项王笑着说：“上天要让我灭亡，我渡江又能怎么样呢！何况当初我和江东八千子弟渡江向西进军，现在却没有一个人回来，即使江东的父兄可怜我，让我在江东称王，我又有什么脸面去见这些江东父老呢？即使他们不说什么，我项籍自己难道不心里有愧吗？”最后项王对亭长说：“我知道你是个忠厚的长者。我骑这匹马已经五年了，它纵横沙场所向无敌，曾经一日奔驰千里，我不忍心将它杀死，就将它送给你吧。”他命令骑兵都下马步行，用短兵器迎战。项籍一个人就杀死了几百个汉军，而自己身上也受了十多处伤。他回头看见汉军的骑司马吕马童，说：“你不是我的老朋友吗？”吕马童看着项王，指给王翳说：“这位就是项王。”项王说：“我听说汉军用一千斤黄金、一万户的封赏来悬赏我的头，我为你做件好事吧。”于是项羽自刎而死。王翳割了项王的头，其他骑兵彼此争斗起来，都想要争夺项王的尸体，结果自相残杀，死了几十人。最后，郎中骑杨喜、骑司马吕马童、郎中吕胜、杨武各自得到了项王的一段身体。五个人把肢体合拢起来，确认是项王的。所以汉王将准备封赏的土地分为五个部分：封吕马童为中水侯，王翳为杜衍侯，杨喜为赤泉侯，杨武为吴防侯，吕胜为涅阳侯。

项王已经死了，楚国各地都纷纷投降汉军，只有鲁城坚持不肯投降。汉王就亲自带领天下士兵准备屠毁鲁城。因为他们坚守礼义之道，为主人以死守节，汉王就命人拿出项王的头给鲁城人看，鲁城的百姓这才投降。最开始的时候，楚怀王曾经封项籍为鲁公，等到项籍死后，鲁城又最后投降，因此用鲁公的礼仪将项王埋葬在谷城。汉王为项王举行丧礼，哭了一场后，离开了鲁城。

项氏的宗族分支，汉王都没有诛杀。汉王封项伯为射阳侯。桃侯、平皋侯、玄武侯都是项氏宗族，汉王赐姓刘。

原文

太史公曰：吾闻之周生曰“舜目盖重瞳子”，又闻项羽亦重瞳子。羽岂其苗裔邪？何兴之暴也！夫秦失其政，陈涉首难，豪杰蜂起，相与并争，不可胜数。然羽非有尺寸，乘势起陇[1]亩之中，三年，遂将五诸侯灭秦，分裂天下，而封王侯，政由羽出，号为“霸王”，位虽不终，近古以来未尝有也。及羽背关怀楚，放逐义帝而自立，怨王侯叛己，难矣。自矜功伐，奋其私智而不师古，谓霸王之业，欲以力征经营天下，五年卒亡其国，身死东城，尚不觉寤而不自责，过矣。乃引“天亡我，非用兵之罪也”，岂不谬哉！

[注释]

①陇：同“垄”。

[译文]

太史公说：我听说周生曾经说过“舜的每只眼睛有两个瞳孔”，又听说项羽也是两个瞳孔。难道项羽是舜的后裔吗？否则为什么会那么突然地兴起呢？秦朝政治腐败，陈涉率先发难，接着天下豪杰四起，互相争夺，不可胜数。但是项羽没有一尺一寸的封地作为根基，发迹于民间，只用了三年时间，就率领五路诸侯军将暴秦消灭，分割天下，封王建侯，自己颁布各种政令，自称“霸王”。他的地位虽然没有保持到最后，但近古以来，从没有出现过这样的事情。等到项羽放弃关中，想念楚地，放逐义帝，在楚地自立为王，抱怨王侯将相背叛自己的时候，时局已经到了难以控制的危险时刻了。项羽夸耀自己的功勋，只凭借单枪匹马去逞强，不仿效古人的做法，认为所谓的霸王基业，需要用武力来经营天下。只用了五年的时间，他亲手建立起的国家就覆灭了，他自己身死东城，却还没有觉悟，不进行自我谴责，这就是他的错了。项羽说“是上天要我灭亡，不是我打仗的过错”，这样的话岂不是太荒谬了吗？

[赏析]

秦王朝的残暴腐朽，给人民造成深重的灾难。陈胜在大泽乡揭竿而起，各地不断响应，我国历史上第一次大规模农民起义迅速席卷全国。项羽就在此时崛起，成为一代英雄。他勇猛善战，威震天下，在击败秦军、最终推翻秦王朝的过程中建立不朽功绩；但在秦朝灭亡后，由于目光短浅、决策错误，他企图恢复春秋战国时代的分封制度，加上烧杀破坏，不能任用人才，最终丧失民心，战败身亡。

《项羽本纪》在描述项羽的同时，同时也生动地描述了战争的场景。在广阔的历史背景下描写人物，在描写人物的过程中表现战争，二者相得益彰。战争由于人物而变得生动、壮观，人物因战争而更显奇伟。本篇在刻画人物性格方面，运用了很多种艺术手法。项羽年少时的粗疏学浅，长大后的勇猛过人，只是寥寥几笔带过，直到歼灭秦军主力、扭转战局的巨鹿之战，破釜沉舟，威震天下，也只是从侧面描写，依靠写诸侯的观望、恐惧乃至畏服，把一个铁骨铮铮的英雄形象展现在读者的跟前。随后司马迁抓住了几个重点之处，工笔细描。鸿门宴的极力铺排，被困垓下悲剧般的气氛渲染，乌江自刎时神态的传神描写，有血有肉，有言有情，情景交融。

《项羽本纪》是《史记》中的名篇，通篇气势磅礴，情节跌宕起伏，场面波澜壮阔，脉络清晰，语言生动。文中破釜沉舟、鸿门宴、四面楚歌、乌江自刎等故事，都成为家喻户晓的历史典故。

[集评]

索隐述赞：亡秦鹿走，伪楚狐鸣。云郁沛谷，剑挺吴城。勋开鲁甸，势合砀兵。卿子无罪，亚父推诚。始救赵歇，终诛子婴。违约王汉，背关怀楚。常迁上游，臣迫故主。灵壁大振，成皋久拒。战非无功，天实不与。嗟彼盖代，卒为凶竖。

高祖本纪

题解

《高祖本纪》选自《史记》卷八，本纪第八。本篇记述了汉高祖刘邦起事反秦、与项羽楚汉争霸、立国后平定各方叛乱的事迹。秦皇汉武、唐宗宋祖，都是古代的著名帝王。这篇传记，将一个大汉开国君主的形象展现在读者面前。

原文

高祖，沛丰邑中阳里人，姓刘氏，字季。父曰太公，母曰刘媪(ǎo)。其先刘媪尝息大泽之陂(bēi)，梦与神遇。是时雷电晦冥，太公往视，则见蛟龙于其上。已而有身，遂产高祖。

高祖为人，隆准而龙颜，美须髯，左股有七十二黑子。仁而爱人，喜施，意豁如也。常有大度，不事家人生产作业。及壮，试为吏，为泗水亭长，廷中吏无所不狎侮。好酒及色。常从王媪、武负贳(shì)酒，醉卧，武负、王媪见其上常有龙，怪之。高祖每酤(gū)留饮，酒雠数倍。及见怪，岁竟，此两家常折券弃责。

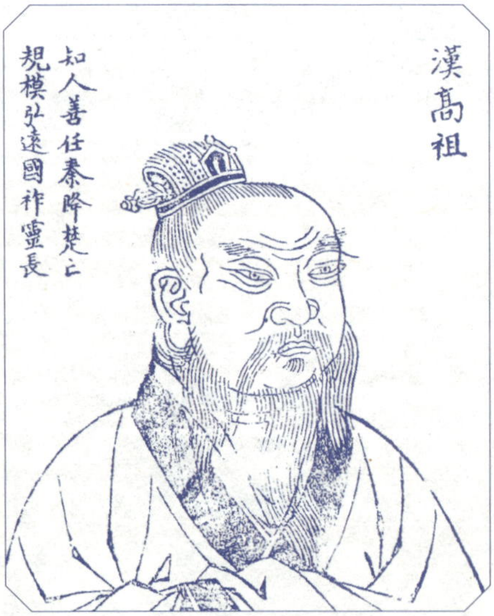

汉高祖

［译文］

高祖是沛县丰邑的中阳里人，姓刘，字季。他的父亲名叫太公，母亲叫刘媪。早先刘媪曾在大湖的岸边休息，在梦里和神相交合。当时电闪雷鸣，天地昏暗。太公前去察看刘媪，就发现一条蛟龙趴在她身上。不久刘媪有了身孕，于是生下了高祖。

高祖长着高鼻梁，有和龙一样的丰满的额角，鬓角和胡须都很漂亮，他的左边大腿长有七十二颗黑痣。他能够仁厚爱人，乐善好施，胸襟广阔。高祖从小就有远大的抱负，不愿意从事那些普通百姓的谋生之事。等到了壮年之时，曾做过官吏，当上了泗水亭长，廷中的官吏没有一个没被他戏弄过的。他喜好喝酒和女色。经常到王媪和武负的酒肆赊酒，醉了就卧睡在那里，武负和王媪看到他的上方常常盘踞着一条龙的影子，觉得很奇怪。高祖每次来到酒肆中喝酒，酒肆的酒都要比平时多卖几倍。等到发觉了这些奇怪的现象，到了年终，这两家酒肆常常会毁去所记的账目，不再向高祖讨债。

原文

高祖常繇（yáo）咸阳[①]，纵观，观秦皇帝，喟（kuì）然太息曰："嗟乎，大丈夫当如此也！"

单父人吕公善沛令，避仇从之客，因家沛焉。沛中豪桀[②]吏闻令有重客，皆往贺。萧何为主吏，主进，令诸大夫曰："进不满千钱，坐之堂下。"高祖为亭长，素易诸吏，乃绐为谒曰"贺钱万"，实不持一钱。谒入，吕公大惊，起，迎之门。吕公者，好相人，见高祖状貌，因重敬之，引入坐。萧何曰："刘季固多大言，少成事。"高祖因狎侮诸客，遂坐上坐，无所诎[③]。酒阑，吕公因目固留高祖。高祖竟酒，后。吕公曰："臣少好相人，相人多矣，无如季相，愿季自爱。臣有息女，原为季箕帚妾。"酒罢，吕媪怒吕公曰："公始常欲奇此女，与贵人。沛令善公，求之不与，何自妄许与刘季？"吕公曰："此非儿女子所知也。"卒与刘季。吕公女乃吕后也，生孝惠帝、鲁元公主。

高祖为亭长时，常告归之田。吕后与两子居田中耨（nòu），有一老父过请饮，吕后因铺之。老父相吕后曰："夫人天下贵人。"令相两子，见孝惠，曰："夫人所以贵者，乃此男也。"相鲁元，亦皆贵。老父已去，高祖适从旁舍来，吕后具言客有过，相我子母皆大贵。高祖问，曰："未远。"乃追及，问老父。老父曰："乡者夫人婴儿皆似君，君相贵不可言。"高祖乃谢曰："诚如父言，不敢忘德。"及高祖贵，遂不知老父处。

高祖为亭长，乃以竹皮为冠，令求盗[④]之薛治之，时时冠之，及贵常冠，所谓"刘氏冠"乃是也。

［注释］

①常：通"尝"，曾经。繇：通"徭"，服徭役。②桀：同"杰"。③诎：同

“屈”，谦让。④求盗：亭长手下负责缉拿盗贼的吏卒。

［译文］

高祖曾经前往咸阳去服徭役，一次秦始皇出巡，允许人们随意观看，他见到了秦始皇，就长叹一声说：“唉，大丈夫就应该是这个样子！”

单父人吕公和沛县县令向来交好，为避仇而投奔到县令这里来做客，后来就把家迁到了沛县。沛县里的豪杰和官吏们听说县令家来了贵客，都前往送礼道贺。萧何当时是县令的属官，主管收礼等事宜，他对来送礼的各位贵客说：“送礼不到一千钱的，在堂下坐。”高祖担任亭长，一向看不起那些官吏，因此就在进见的名帖上谎称“贺万钱”，实际上他没有带一个钱。名帖递进去后，吕公很惊讶，起身，到门口去迎接高祖。吕公这个人，喜好为人相面，见到高祖的相貌，就非常敬重他，带他到堂上坐下。萧何说：“刘季向来爱说大话，很少做成什么事。”高祖因为得到吕公的敬重，趁机戏弄堂上客人，就自己坐到了上座，一点也不谦让。酒席将要结束之时，吕公递眼色示意高祖一定要留下来。高祖喝完酒，就留在了后面。吕公说：“我年轻的时候就喜好为人相面，相过的人也很多了，没有谁有你刘季这样富贵的相貌，希望你刘季好自珍重。我有个亲生女儿，愿意许给你刘季做妻子。”酒席散后，吕媪十分生气，对吕公说：“你总是说这个女儿与众不同，要把她许配给贵人。沛县县令和你交好，想娶女儿你没答应，为何现在自作主张把她许配给了刘季？”吕公说：“这道理不是妇孺之辈所能够理解的。”终于还是将女儿许配给了刘季。吕公的女儿就是后来的吕后，生下了孝惠帝、鲁元公主。

高祖在任亭长之时，有一次请假回家。吕后和两个孩子正在田中除草，有一个老人经过，讨要水喝，于是吕后干脆又给了他一些饭。老人就为吕后相面，说：“夫人必定成为天下的贵人。”吕后让老人为两个孩子相面。老人见到孝惠帝，说：“夫人之所以尊贵，都是因为这个孩子。”看看鲁元，也是显贵之相。老人已经离开了，高祖恰好从旁边的屋舍赶来田间，吕后就说：“有位客人刚路过这里，为我们母子相面，说我们都是大贵之人。”高祖就问老人现在何方，吕后说：“走了没多远。”高祖就赶上了老人，询问老人。老人说：“刚刚看过夫人和孩子的面相，他们都与您相像，您的面相，贵不可言。”高祖就道谢说：“倘若真的像老人家您所说的，我绝不会忘记您的恩德。”等到高祖后来显贵，已经不知道老人身在何方了。

高祖担任亭长，就用竹箧作帽子，这顶帽子是他让掌管捕盗的小吏前往薛县制成的。他常常把帽子戴在头上，后来富贵了，也仍是常常戴着，所谓的“刘氏冠”说的就是这样的帽子。

原文

高祖以亭长为县送徒郦山，徒多道亡，自度比至皆亡之。到丰西泽中，止饮，夜乃解纵所送徒。曰：“公等皆去，吾亦从此逝矣！”徒中壮士愿从者十余人。高祖被酒，夜径泽中，令一人行前。行前者还报曰："前有大蛇当径，愿还。"高祖醉，曰："壮士行，何畏！"乃前，拔剑击斩蛇。蛇遂分为两，径开。行数里，醉，因卧。后人来至蛇所，有一老妪夜哭。人问何哭，妪曰："人杀吾子，故哭之。"人曰："妪子何为见杀？"妪曰："吾子，白帝子也，化为蛇，当道，今为赤帝子斩之，故哭。"人乃以妪为不诚，欲告之，妪因忽不见。后人至，高祖觉。后人告高祖，高祖乃心独喜，自负。诸从者日益畏之。

秦始皇帝常曰"东南有天子气"，于是因东游以厌之。高祖即自疑，亡匿，隐于芒、砀(dàng)山泽岩石之间。吕后与人俱求，常得之。高祖怪问之。吕后曰："季所居上常有云气，故从往常得季。"高祖心喜。沛中子弟或闻之，多欲附者矣。

［译文］

高祖曾以亭长的身份为县里押送徒役前往骊山，徒役很多都在路上逃走了。他私下里估计，等到了骊山，徒役应该都会逃光了。到了丰邑西方的沼泽地带，就停了下来饮酒，到了夜里高祖就放走了自己所押送的全部徒役。高祖说："大家都散了吧，从这以后我也远走高飞了。"徒役里面有十几个年少力壮的愿意跟从高祖。高祖带着酒意，趁夜从小路穿过这片沼泽，让一个人在前面探路。走在前面探路的人归来报告说："前方有一条大蛇挡在路上，还请回去吧。"高祖有些醉了，说："勇士走路，有什么好怕的！"因此上前，拔剑击蛇，蛇就被斩成两段，道路通畅了。前行了几里地，高祖酒性发作，就躺下来休息。后面的人走到蛇刚才所在的地方，见到一个老太太在夜里哭泣。人们就问她为何啼哭，老太太说："有个人杀死了我的儿子，因此我在这儿哭。"人们就说："老太太，你的儿子为何被杀死了？"老太太说："我的儿子其实是白帝的儿子，变身为蛇，挡在路中间，而今被赤帝的儿子斩为两段，因此我才哭。"人们都觉得老太太并不诚实，打算给她些苦头吃，老太太却忽然消失了。落在后面的人来到高祖睡觉的地方，高祖已然醒了。他们就把之前发生的事情告诉了高祖，高祖听后心里暗自高兴，自觉身世不凡。那些跟从他的人也对他日渐敬畏起来。

始皇帝总说"东南有天子气"，所以就巡游东方，以镇压东南方的天子之气。高祖猜测这件事和自己有关，就逃走躲了起来，隐居在芒山、砀山附近的山泽与岩石之间。吕后与别人一同寻找，总是能找到高祖。高祖很是奇怪，就向吕后询问。吕后说："你所在的地方，上方总会伴有云气，所以朝着有云气的地方寻找，总能找到你。"高祖心里十分高兴。沛县中的子弟听说了这件事，很多人都想要跟随他。

原文

秦二世元年秋，陈胜等起蕲(qí)，至陈而王，号为“张楚”。诸郡县皆多杀其长吏以应陈涉。沛令恐，欲以沛应涉。掾、主吏萧何、曹参乃曰：“君为秦吏，今欲背之，率沛子弟，恐不听。愿君召诸亡在外者，可得数百人，因劫众，众不敢不听。”乃令樊哙召刘季。刘季之众已数十百人矣。

于是樊哙从刘季来。沛令后悔，恐其有变，乃闭城城守，欲诛萧、曹。萧、曹恐，逾城保刘季。刘季乃书帛射城上，谓沛父老曰：“天下苦秦久矣。今父老虽为沛令守，诸侯并起，今屠沛。沛今共诛令，择子弟可立者立之，以应诸侯，则家室完。不然，父子俱屠，无为也。”父老乃率子弟共杀沛令，开城门迎刘季，欲以为沛令。刘季曰：“天下方扰，诸侯并起，今置将不善，壹败涂地。吾非敢自爱，恐能薄，不能完父兄子弟。此大事，愿更相推择可者。”萧、曹等皆文吏，自爱，恐事不就，后秦种族其家，尽让刘季。诸父老皆曰：“平生所闻刘季诸珍怪，当贵，且卜筮之，莫如刘季最吉。”于是刘季数让。众莫敢为，乃立季为沛公。祠黄帝，祭蚩尤于沛庭，而衅鼓旗，帜皆赤。由所杀蛇白帝子，杀者赤帝子，故上①赤。于是少年豪吏如萧、曹、樊哙等皆为收沛子弟二三千人，攻胡陵、方与，还守丰。

[注释]

①上：同“尚”，崇尚。

[译文]

秦二世元年（前209年）的秋天，陈胜等人在蕲县发动起义，来到陈县后自立为王，号称“张楚”。很多郡县的人民都杀掉本县长官以响应陈胜。沛县县令十分惶恐，打算率领沛县百姓应和陈胜。主吏萧何和狱掾曹参就对他说：“您担任着秦朝的官吏，现在想要背叛秦朝起事，统领沛县的子弟，恐怕他们不会听从您的命令。希望您召回那些逃亡在外的人，能够得到几百人。可以以此来挟持众人，群众没有谁敢不听您的话。”县令就命令樊哙前去召回刘季，刘季的队伍已经有数百人之多了。

如此樊哙就带着刘季来到了沛县。沛县县令十分后悔，深怕发生什么变故，就关闭了城门，并命人防守，想要诛杀萧何和曹参。萧何、曹参害怕了，就越过城墙投靠了刘季。刘季写了一封信在帛上，射入城中，告知沛县的父老说：“天下百姓因为秦朝的暴政受苦已经很长时间了。而今父老虽然能够替沛县县令守城，但天下诸侯全都起事，城破后就会屠杀沛县百姓。要是现在沛县的父老一起杀掉沛县县令，选出子弟中能够立为首领的人做领袖，以此来应和别的诸侯，这样身家性命才能得以保全。否则，父子全都被杀死，一点意义都没有。”百姓们就率领子弟一起杀死了县令，开放城门，迎进刘季，想要让他做沛县县令。刘季说：“天下正值混乱，诸侯纷纷起事，而今要是选出的将领无法胜任，就将一败涂地。我并非顾惜自己的性命，而是怕自己才力浅薄，难以保全你们大家。这是大事啊，希望你们能另选一位能担此重任之人。”萧何与曹参等人都是文官，都很吝惜自己的性命，害怕事情无法成功，过后秦朝会诛杀他们全族，因此都推让给刘季。百姓们也都说：“我们常常能听说刘季的一些奇异之事，看起来刘季本该就是显贵的，而且占卜了这件事，没有谁比刘季更吉利的。”如此刘季谦让再三。百姓们没有谁敢担任，于是还是选刘季担任沛公。刘季就在沛县县衙的庭院中祭祀了黄帝和蚩尤，并以牲血涂抹战鼓和军旗。旗子都用红色。这是由于刘季所斩杀的蛇是白帝之子，杀蛇的刘季是赤帝之子，因此崇尚红色。于是少年子弟以及有权势的官吏如萧何、曹参和樊哙这些人，都开始替沛公召集兵马，召集了大概有两三千人，一起攻下了胡陵、方与，然后撤军固守在丰邑。

原文

秦二世二年，陈涉之将周章军西至戏而还。燕、赵、齐、魏皆自立为王。项氏起吴。秦泗川监平将兵围丰，二日，出与战，破之。命雍齿守丰，引兵之薛。泗州守壮败于薛，走至戚，沛公左司马得泗川守壮，杀之。沛公还军亢父，至方与，未战。陈王使魏人周市略地。周市使人谓雍齿曰：“丰，故梁徙也。今魏地已定者数十城。齿今下魏，魏以齿为侯守丰；不下，且屠丰。”雍齿雅不欲属沛公，及魏招之，即反为魏守丰。沛公引兵攻丰，不能取。沛公病，还之沛。沛公怨雍齿与丰子弟叛之，闻东阳宁君、秦嘉立景驹为假王，在留，乃往从之，欲请兵以攻丰。是时秦将章邯从陈，别将司马𡰥(yí)将兵北定楚地，屠相，至砀。东阳宁君、沛公引兵西，与战萧西，不利。还收兵聚留，引兵攻砀，三日乃取砀。因收砀兵，得五六千人。攻下邑，拔之。还军丰。闻项梁在薛，从骑百余往见之。项梁益沛公卒五千人，五大夫将十人。沛公还，引兵攻丰。

从项梁月余，项羽已拔襄城还。项梁尽召别将居薛。闻陈王定死，因立楚后怀王孙心为楚王，治盱台。项梁号武信君。居数月，北攻亢父，救东阿，破秦军。齐军归，楚独追北，使沛公、项羽别攻城阳，屠之。军濮阳之东，与秦军战，破之。

[译文]

秦二世二年（前 208 年）时，陈胜的将领周章带领军队向西打到戏水，然后返回。燕、赵、齐、魏全都自封为王，项梁和项羽在吴地起兵。秦朝泗川郡的郡监平率领部队包围丰邑，过了两天，沛公发兵迎战，一举击败秦军。沛公让雍齿把守丰邑，自己带兵前往薛县，泗川郡的郡守壮在薛县被打败，逃往戚县。沛公左司马捕捉到了泗川郡的郡守壮，杀掉了他。沛公撤军回到亢父，来到方与，并未与人交战。陈胜派遣魏人周市攻打城地。周市让人带话给雍齿说："丰邑，本来就是梁王曾迁徙到的地方，现在魏地已被攻下来的城池有数十座。你雍齿要是降魏，魏就会封你为侯，守卫丰邑。要是不投降，我就要血洗丰邑。"雍齿本来就不情愿跟从沛公，一看魏国要招降他，马上背叛沛公，为魏守卫丰邑。沛公带兵攻打丰邑，无法攻下。沛公生病了，就撤军回到沛县。沛公痛恨雍齿及丰邑的子弟都背叛了他，他听到东阳宁君、秦嘉立景驹为代理王，在留县驻扎，就前去投靠他们，打算借兵去攻打丰邑。当时，秦朝大将章邯追击陈王，偏将司马尼率领部队向北攻占了楚地，血洗了相县，来到砀县。东阳宁君与沛公带领部队向西进发，和司马尼在萧县的西方交战，战况并不好。沛公撤军后收集残兵，屯聚在留县，然后带兵攻打砀县，三天就攻占了砀县。于是收编了砀县的降兵，聚集了五六千人。然后攻打下邑，占领了下邑。撤军回到丰邑。刘邦听到项梁的部队驻扎在薛县，就带着随从骑兵一百多人前去会见项梁。项梁增拨了五千士兵给沛公，五大夫级别的将领十人。沛公返回，率部队攻打丰邑。

沛公跟从项梁有一个多月，项羽已然攻占了襄城并返回。项梁召集了各路将领来到薛县。听到陈王的确死了，就改立楚国的后人楚怀王的孙子心为楚王，定都在盱台。项梁自号为武信君。等了几个月，北进攻打亢父，救下了被包围在东阿的齐军，击溃秦军。齐军撤军回齐，楚军独自追击败走的秦兵。项梁让沛公和项羽另外率领军队攻击城阳，屠戮了城中的军民。沛公、项羽带部队驻扎在濮阳的东面，和秦军交战，打败了秦军。

原文

秦军复振，守濮阳，环水。楚军去而攻定陶，定陶未下。沛公与项羽西略地至雍丘之下，与秦军战，大破之，斩李由。还攻外黄，外黄未下。

项梁再破秦军，有骄色。宋义谏，不听。秦益章邯兵，夜衔枚击项梁，大破之定陶，项梁死。沛公与项羽方攻陈留，闻项梁死，引兵与吕将军俱东。吕臣军彭城东，项羽军彭城西，沛公军砀。

章邯已破项梁军，则以为楚地兵不足忧，乃渡河，北击赵，大破之。当是之时，赵歇为王，秦将王离围之巨鹿城，此所谓河北之军也。

秦二世三年，楚怀王见项梁军破，恐，徙盱（xū）台（yí），都彭城，并吕臣、项羽军自将之。以沛公为砀郡长，封为武安侯，将砀郡兵。封项羽为长安侯，号为鲁公。吕臣为司徒，其父吕青为令尹。

赵数请救，怀王乃以宋义为上将军，项羽为次将，范增为末将，北救赵。令沛公西略地入关。与诸将约：先入定关中者王之。

[译文]

秦军重新振作起来，开始坚守濮阳，引水环城作为屏障。楚军离开这里，转而攻打定陶，定陶没能攻下。沛公和项羽向西进发，攻城略地，一直打到了雍丘城下，和秦军交战，大败秦军，斩杀了李由。撤军时攻打外黄，外黄并没能攻下。

项梁再次击败秦军，渐渐有骄傲之色。宋义就劝诫他，他没有听取。秦出兵支援章邯，章邯趁夜袭击项梁，在定陶大败项梁，项梁力战而死。沛公和项羽当时正攻打陈留，听到项梁已死，就率领部队与吕将军一同东进。吕臣的部队驻扎在彭城以东，项羽驻军在彭城以西，沛公的部队驻军在砀。

章邯已经击溃了项梁的部队，就觉得楚地的部队用不着担心了，于是横渡黄河，向北进发攻击赵地，大败赵军。那个时候，赵歇是赵王，秦军大将王离在巨鹿城围住了赵歇。这围困巨鹿的部队就是所谓的“河北之军”。

秦二世三年（前207年）时，楚怀王见到项梁的部队被打败了，十分恐慌，就迁离了盱台，定都在彭城，聚合了吕臣与项羽的部队，亲自统领。任命沛公为砀郡长，并封为武安侯，统率砀郡的部队。封项羽为长安侯，号为鲁公。吕臣被封为司徒，他的父亲吕青被封为令尹。

赵王再三请求支援，楚怀王就任命宋义为上将军，任命项羽为次将，任命范增为末将，向北进发救赵。让沛公向西略地，攻打关中。他和众将领们约定，谁最先进入关中，就封为谁关中的王。

原文

当是时，秦兵强，常乘胜逐北，诸将莫利先入关。独项羽怨秦破项梁军，奋，愿与沛公西入关。怀王诸老将皆曰：“项羽为人慓悍猾贼。

项羽尝攻襄城，襄城无遗类，皆坑之，诸所过无不残灭。且楚数进取，前陈王、项梁皆败。不如更遣长者扶义而西，告谕秦父兄。秦父兄苦其主久矣，今诚得长者往，毋侵暴，宜可下。今项羽僄悍，今不可遣。独沛公素宽大长者，可遣。”卒不许项羽，而遣沛公西略地，收陈王、项梁散卒。乃道砀至成阳，与杠里秦军夹壁，破秦二军。楚军出兵击王离，大破之。

沛公引兵西，遇彭越昌邑，因与俱攻秦军，战不利。还至栗，遇刚武侯，夺其军，可四千余人，并之。与魏将皇欣、魏申徒武蒲之军并攻昌邑，昌邑未拔。西过高阳。郦食(yì)其(jī)为监门，曰：“诸将过此者多，吾视沛公大人长者。”乃求见，说沛公。沛公方踞床，使两女子洗足。郦生不拜，长揖，曰：“足下必欲诛无道秦，不宜踞见长者。”于是沛公起，摄衣谢之，延上坐。食其说沛公袭陈留，得秦积粟。乃以郦食其为广野君，郦商为将，将陈留兵，与偕攻开封，开封未拔。西与秦将杨熊战白马，又战曲遇东，大破之。杨熊走之荥阳，二世使使者斩以徇。南攻颍阳，屠之。因张良遂略韩地轘辕。

［译文］

当时，秦国的部队十分强盛，经常乘胜追击败走的部队，众将领都觉得先攻打关中是不利的。只有项羽怨恨秦的部队打败了项梁的部队，心里十分愤激，打算与沛公一起向西入关。怀王手下的那些老将都说：“项羽的性格剽悍而凶猛，狡诈且残忍。项羽曾攻打过襄城，襄城没剩下任何一个活人，都被活埋了。他所路过的地方，没有不被残杀毁灭的。而且之前的陈王和项梁再三西进，都以失败告终。那还不如改派别的宽厚长者，以仁义为旗号西进，将道理详细讲述给秦朝的父老兄弟。秦朝的父老兄弟在他们君主的统治下受了很长时间的苦，而今要是真的有宽厚的长者来到关中，不对他们欺凌暴虐，应该可以攻占关中。现在项羽十分剽悍，不能派他去。只有沛公一向有宽厚长者的做派，可以派他去。”怀王最后没有允许项羽去，而是派沛公向西进发攻打秦地。沛公召集陈王、项梁所剩的残兵，经过砀县，抵达成阳，和杠里的秦军相对垒，击败了秦的两支队伍。楚军派兵攻打王离，大败他的军队。

沛公率领部队向西进发，在昌邑遇到了彭越，于是就与他一同进攻秦军，没能取得胜利。撤军回到栗县，碰到刚武侯，夺取了他的部队，差不多有四千多人，和沛公之前的队伍合并。沛公和魏将皇欣、魏申徒武蒲的部队一起进攻昌邑，昌邑没能攻下。向西进发经过高阳。郦食其负责看管城门，说：“从这路过的将领们有很多，我看得出沛公是大人物，是个仁厚长者。”就请求面见并游说沛公。沛公当时正坐在床上，命令两个女子为他洗脚。郦生没有下拜，深深作了一个揖，说道：“足下必定想诛灭残虐无道的秦朝，那就不该坐着面见长者。”因此沛公就站起来，整理一下衣服，和他道歉，请他坐上座。郦食其劝说沛公突袭陈留，取得秦朝在陈留积攒的粟米。沛公就封郦食其为广野君，任命郦商为将，率领陈留的部队，进攻开封，开封没能攻下。沛公继续向西进发和秦将杨熊在白马交战，随后又在曲遇以东交战，大败杨熊的部队。杨熊逃到了荥阳，秦二世派遣使者杀掉了杨熊示众。沛公往南进攻颍阳，血洗颍阳城。靠着张良又攻下了韩国的轘辕关。

原文

当是时，赵别将司马卬方欲渡河入关，沛公乃北攻平阴，绝河津。南，战雒阳东，军不利。还至阳城，收军中马骑，与南阳守齮战犨东，破之。略南阳郡，南阳守齮走，保城守宛。沛公引兵过而西。张良谏曰：“沛公虽欲急入关，秦兵尚众，距险。今不下宛，宛从后击，强秦在前，此危道也。”于是沛公乃夜引兵从他道还，更旗帜，黎明，围宛城三匝。南阳守欲自刭。其舍人陈恢曰：“死未晚也。”乃逾城见沛公，曰：“臣闻足下约，先入咸阳者王之。今足下留守宛。宛，大郡之都也，连城数十，人民众，积蓄多，吏人自以为降必死，故皆坚守乘城。今足下尽日止攻，士死伤者必多；引兵去宛，宛必随足下后。足下前则失咸阳之约，后又有强宛之患。为足下计，莫若约降，封其守，因使止守，引其甲卒与之西。诸城未下者，闻声争开门而待，足下通行无所累。”沛公曰：“善。”乃以宛守为殷侯，封陈恢千户。引兵西，无不下者。至丹水，高武侯鳃、襄侯王陵降西陵。还

入关约法

攻胡阳，遇番君别将梅鋗，与皆[1]，降析、郦。遣魏人宁昌使秦，使者未来。是时章邯已以军降项羽于赵矣。

[注释]

①皆：同“偕”。

[译文]

当时，赵将司马卬刚好要越过黄河攻入函谷关，沛公就向北进发进攻平阴，切断了黄河的渡口。接着，沛公向南进发，在雒阳以东与秦军交战，战斗没能取胜。撤军回到了阳城，集合了部队中的骑兵，和南阳郡的郡守齮在犨东交战，击败了守军。攻占了南阳郡的城邑，南阳郡的郡守齮逃了出去，退守到宛县。沛公率领部队绕过了宛城向西进发。张良劝诫说：“尽管沛公你想要早点攻入函谷关，但秦朝的军队尚有很多，而且据守险要之地。现在要是不攻下宛城，宛城的守军从后面攻上来，强大的秦朝部队在前方阻拦，这是十分危险的战术。”因此沛公就趁夜统领部队从别的道路回来，变换了旗帜，天快亮时，围住宛城三层。南阳郡的郡守打算自杀。他属下的舍人陈恢说：“此时死还早。”他就越过城墙前去面见沛公，说道：“我听说足下与楚怀王有约，先打入咸阳的人可以称王关中。而今足下停下来守着宛城。宛城可是南阳大郡的治所所在，相连的城池就有数十个之多，人口多，积攒的粮食也充足，官吏和百姓都觉得投降必然会被处死，因此都登上城墙顽固地防守。现在足下整日留在此地攻城，士卒非死即伤的必然有很多；倘若率领部队离开宛城，宛城的守军必定会跟踪您的部队并追击。足下前进则会错过先入咸阳的誓约，后退则又面临强大的宛城守军的忧患。我替足下考虑，反倒不如招降守军，封给南阳郡守官爵，命他留在这里守城，您率领宛城的士卒向西进发。那些没有被攻下的城池中的百姓，听说这则消息，都会争着打开城门，等您进城，足下就能通行毫无阻碍了。”沛公说：“不错。”就封南阳郡守为殷侯，封赏陈恢一千户。带兵向西进发，没有不能攻下的。抵达丹水后，高武侯鳃、襄侯王陵在西陵投降。撤军进攻胡阳，与番君偏将梅鋗相遇，和他一起，迫降了析县、郦县的守军。沛公派了魏人宁昌出使秦朝，使者没能归来。当时章邯已经率领全军在赵地向项羽投降了。

原文

初，项羽与宋义北救赵，及项羽杀宋义，代为上将军，诸将黥布皆属，破秦将王离军，降章邯，诸侯皆附。及赵高已杀二世，使人来，欲约分王关中。沛公以为诈，乃用张良计，使郦生、陆贾往说秦将，啖以利，因袭攻武关，破之。又与秦军战于蓝田南，益张疑兵旗帜，诸所过毋得掠卤[1]，秦人憙(xǐ)，秦军解，因大破之。又战其北，大破之。

乘胜，遂破之。

汉元年十月，沛公兵遂先诸侯至霸上。秦王子婴素车白马，系颈以组，封皇帝玺符节，降轵道旁。诸将或言诛秦王。沛公曰："始怀王遣我，固以能宽容；且人已服降，又杀之，不祥。"乃以秦王属吏。遂西入咸阳，欲止宫休舍。樊哙、张良谏，乃封秦重宝财物府库，还军霸上。召诸县父老豪桀曰："父老苦秦苛法久矣，诽谤者族，偶语者弃市。吾与诸侯约，先入关者王之，吾当王关中。与父老约，法三章耳：杀人者死，伤人及盗抵罪。余悉除去秦法。诸吏人皆案堵如故。凡吾所以来，为父老除害，非有所侵暴，无恐！且吾所以还军霸上，待诸侯至而定约束耳。"乃使人与秦吏行县乡邑，告谕之。秦人大喜，争持牛羊酒食献飨军士。沛公又让不受，曰："仓粟多，非乏，不欲费人。"人又益喜，唯恐沛公不为秦王。

［注释］

①卤：通"虏"。

［译文］

开始，项羽和宋义向北进发去援救赵，等到项羽杀掉了宋义，替代他做了上将军，各路将领及黥布都归属了项羽，击溃了秦将王离的部队，迫降了章邯，诸侯大都归属了项羽。到了赵高杀掉了秦二世之后，派人来求见沛公，打算在关中分地称王。沛公觉得其中有诈，就用了张良提出的计策，派出郦生、陆贾去劝服秦军的将领，用好处引诱他们，并乘此机会突袭武关，攻下了关口。又在蓝田以南和秦军交战，增设了疑兵和旗帜，所有路过的地方都不准掳掠，秦地的百姓都很高兴。秦军放松了警惕，因此打败了秦军。接着又和秦军在蓝田以北交战，大败秦军。然后乘胜追击，终于彻底击溃了秦军。

汉王元年（前 206 年）十月，沛公的部队比各路诸侯部队先到达霸上。秦王子婴驾着白车白马，用丝绳系着脖子，封好皇帝的玉玺与符节，来到轵道旁投降。将领们有的建议杀掉秦王。沛公说："最初楚怀王派我出战，本就是由于我能够宽大待人。再说人家已经来投降了，还杀掉人家，这么做不太好。"因此就将秦王交给了专人看管，向西进发进入咸阳。沛公打算留在秦宫中歇息，樊哙、张良劝诫，这才封好了秦宫的贵重宝物及库房，撤军回到霸上。沛公召来了各县的父老及有名望的豪杰，说："乡亲父老们在秦朝的苛刻法令下受苦已经很长时间了，批评朝政的要灭族，相聚谈话的要处斩在街市。我曾和天下诸侯誓约，谁先入关就可以在这里称王，我就应该是关中王。我与关中父老们约定，法律定下三章：杀人的要处死刑，伤人者和抢劫者依法治罪。

剩下的秦朝法条全都废止。所有的官吏和百姓都像往常一样安居乐业。我之所以来这里，就是要为父老们除害，不会对你们有什么欺虐之行，不必害怕！而我之所以撤军回到霸上，就是要等诸侯们来到这里共同制定一个规约。”于是就派人和秦朝官吏一起巡行到县城乡间，向百姓讲明情况。秦地的百姓都十分高兴，争着送来牛羊酒食慰劳士兵。沛公又推让不愿接受，说：“仓库的粟米还有很多，并不缺粮，不想让你们破费。”百姓们愈加高兴起来，深怕沛公不愿做关中王。

原文

或说沛公曰：“秦富十倍天下，地形强。今闻章邯降项羽，项羽乃号为雍王，王关中。今则来，沛公恐不得有此。可急使兵守函谷关，无内诸侯军，稍征关中兵以自益，距之。”沛公然其计，从之。十一月中，项羽果率诸侯兵西，欲入关，关门闭。闻沛公已定关中，大怒，使黥布等攻破函谷关。十二月中，遂至戏。沛公左司马曹无伤闻项王怒，欲攻沛公，使人言项羽曰：“沛公欲王关中，令子婴为相，珍宝尽有之。”欲以求封。亚父劝项羽击沛公。方飨士，旦日合战。是时项羽兵四十万，号百万。沛公兵十万，号二十万，力不敌。会项伯欲活张良，夜往见良，因以文谕项羽，项羽乃止。沛公从百余骑，驱之鸿门，见谢项羽。项羽曰：“此沛公左司马曹无伤言之。不然，籍何以至此！”沛公以樊哙、张良故，得解归。归，立诛曹无伤。

遣樊哙明修栈道

[译文]

有人游说沛公说：“秦地的富足是天下其他地区的十倍，地势险要。现在听说章邯已经投靠了项羽，项羽就封了他一个雍王的称号，在关中称王。而今将抵达关中，沛公您恐怕无法得到这个地方了。应该马上派兵守住函谷关，不放诸侯军入内，可以逐步征集关中的士兵，以增强自身实力，以便抵抗他们。”沛公同意了他的建议，并照做了。十一月中旬，项羽果然统领着诸侯军向西进发，想要进入函谷关，但关门却紧闭着。项羽听说沛公已然平定了关中，非常生气，就命令黥布等人攻克了函谷关。十二月中旬，就抵达了戏水。沛公的左司马曹无伤听闻项王大怒，打算进攻沛公，就派人去对项羽说：“沛公要在关中称王，让子婴做丞相，把秦宫所有的珍宝都据为己有了。”曹无伤想借此求得项羽的封赏。亚父范增劝说项羽攻打沛公。项羽于是就犒劳士卒，打算第二天和沛公交战。当时项羽的兵力有四十万，对外号称百万。沛公拥兵十万，对外号称二十万，兵力比不过项羽。恰好当时项伯想救张良，连夜去会见他。项伯回来后就带了沛公写的一封信劝说项羽，项羽这才作罢。第二天沛公带着一百多骑兵，一路驱马来到鸿门，面见项羽，向他致歉。项羽说：“这都是沛公你的左司马曹无伤对我说的。否则，我项羽怎会做这样的事呢！”沛公由于樊哙和张良的缘故，才得以脱身归来。回到军营，马上杀掉了曹无伤。

原文

项羽遂西，屠烧咸阳秦宫室，所过无不残破。秦人大失望，然恐，不敢不服耳。

项羽使人还报怀王。怀王曰：“如约。”项羽怨怀王不肯令与沛公俱西入关，而北救赵，后天下约。乃曰：“怀王者，吾家项梁所立耳，非有功伐，何以得主约！本定天下，诸将及籍也。”乃详尊怀王为义帝，实不用其命。

正月，项羽自立为西楚霸王，王梁、楚地九郡，都彭城。负约，更立沛公为汉王，王巴、蜀、汉中，都南郑。三分关中，立秦三将：章邯为雍王，都废丘；司马欣为塞王，都栎阳；董翳为翟王，都高奴。楚将瑕丘申阳为河南王，都洛阳。赵将司马卬为殷王，都朝歌。赵王歇徙王代。赵相张耳为常山王，都襄国。当阳君黥布为九江王，都六。怀王柱国共敖为临江王，都江陵。番君吴芮为衡山王，都邾。燕将臧荼为燕王，都蓟。故燕王韩广徙王辽东。广不听，臧荼攻杀之无终。封成安君陈余河间三县，居南皮。封梅鋗十万户。

[译文]

项羽于是向西进发，一路屠杀，焚烧了咸阳的秦朝宫室，所经过的地方，没有不被摧残破坏的。秦地的人们非常失望，但心里惧怕项羽，不敢不服从他的命令。

项羽让人回去上报楚怀王。楚怀王说："按最初的誓约办。"项羽恼恨楚怀王当初不许他和沛公一同西进入关，却派他向北去援救赵，导致他没能先入关，落在了天下诸侯之后而失约，就说："怀王是我家叔父项梁拥立的，并没有任何功劳，凭什么能够主持封侯呢！本来平定天下的，就是各位将领和我项籍。"因此就假意尊崇楚怀王成为义帝，其实并不遵从他的命令。

到了正月，项羽自封为西楚霸王，在梁地和楚地的九个郡称王，定都在彭城。违背了当初的约定，改封沛公为汉王，统治巴蜀及汉中地区，定建在南郑。将关中一分为三，封给秦朝的三个降将：立章邯为雍王，定都废丘；立司马欣为塞王，定都栎阳；立董翳为翟王，定都高奴。立楚将瑕丘申阳为河南王，定都洛阳。立赵将司马卬为殷王，定都朝歌。将赵王歇改封到代地为代王。立赵将张耳为常山王，定都襄国。立当阳君黥布为九江王，定都六县。立楚怀王柱国共敖为临江王，定都江陵。立番君吴芮为衡山王，定都邾县。立燕将臧荼为燕王，定都蓟县。将之前的燕王韩广改封到辽东为辽东王。韩广没有服从，臧荼就进攻韩广，在无终杀了他。封给成安君陈余河间附近的三个县，首府在南皮县。封给梅鋗十万户的赏赐。

原文

四月，兵罢戏下，诸侯各就国。汉王之国，项王使卒三万人从，楚与诸侯之慕从者数万人，从杜南入蚀中。去辄烧绝栈道，以备诸侯盗兵袭之，亦示项羽无东意。至南郑，诸将及士卒多道亡归，士卒皆歌思东归。韩信说汉王曰："项羽王诸将之有功者，而王独居南郑，是迁也。军吏士卒皆山东之人也，日夜跂(qǐ)而望归。及其锋而用之，可以有大功。天下已定，人皆自宁，不可复用。不如决策东乡，争权天下。"

项羽出关，使人徙义帝。曰："古之帝者地方千里，必居上游。"乃使使徙义帝长沙郴县，趣义帝行。群臣稍倍叛之。乃阴令衡山王、临江王击之，杀义帝江南。项羽怨田荣，立齐将田都为齐王。田荣怒，因自立为齐王，杀田都而反楚；予彭越将军印，令反梁地。楚令萧公角击彭越，彭越大破之。陈余怨项羽之弗王己也，令夏说说田荣，请兵击张耳。齐予陈余兵，击破常山王张耳，张耳亡归汉。迎赵王歇于代，复立为赵王。赵王因立陈余为代王。项羽大怒，北击齐。

[译文]

四月时，项羽麾下的各诸侯罢兵解散，各诸侯都回到了自己的封国。汉王前往封国，项王派了三万兵士随从，楚国和别的诸侯国的士兵因为仰慕汉王而追随的达几万人。他们沿杜县往南进入了蚀中。他们离开之后就烧毁了沿途的栈道，为的是防备诸侯和其他匪徒的袭击，也是向项羽表达自己并无东进之意。抵达南郑，将领和士卒许多人在途中就逃回去了，士兵们都唱着思乡的歌，想要回到东方。韩信劝说汉王道："项羽封立那些有功的将领为王，可是大王偏偏被封到了南郑，这与流放无异。军中的官吏与士兵大都是崤山东面的人，日夜踮着脚跟期望回到家乡。趁着他们的这股劲头利用他们，能够建大功。如果等到天下平定后，人人都安下心来，就再也用不上他们了。不如马上做出决策，向东进发，和诸侯争夺天下大权。"

项羽出函谷关，让人前去迁徙义帝。说："古代的帝王统治着千里见方的土地，必定在上游居住。"就派出使者将义帝迁徙到了长沙的郴县，督促义帝快点走。群臣都逐渐背叛了义帝，项羽就私下里命令衡山王、临江王偷袭他，将义帝在江南杀掉。项羽对田荣有积怨，立齐将田都为齐王。田荣非常生气，因此自立为齐王，杀掉了田都，背叛项楚，将将军印授予彭越，命令他在梁地出兵反楚。楚派出了萧公角进攻彭越，彭越击败了萧公角。陈余痛恨项羽没有封自己为王，就命令夏说劝说田荣，借兵进攻张耳。齐借给了陈余一些部队，打败了常山王张耳，张耳逃脱后跟随汉王。陈余从代迎回了赵王歇，重新立为赵王。赵王于是就立陈余为代王。项羽极其生气，出兵向北进发击齐。

原文

八月，汉王用韩信之计，从故道还，袭雍王章邯。邯迎击汉陈仓，雍兵败，还走；止战好畤（zhì）；又复败，走废丘。汉王遂定雍地。东至咸阳，引兵围雍王废丘，而遣诸将略定陇西、北地、上郡。令将军薛欧、王吸出武关，因王陵兵南阳，以迎太公、吕后于沛。楚闻之，发兵距之阳夏，不得前。令故吴令郑昌为韩王，距汉兵。

[译文]

八月的时候，汉王采取了韩信的计策，从原路返回关中，突袭雍王章邯。章邯在陈仓附近迎击汉军，雍王兵败，撤走。又在好畤县停下来交战，再次溃败，逃往废丘。汉王就这样平定了雍地。向东一直到咸阳，率领部队将雍王围困在废丘，而且派出将领占领了陇西、北地和上郡。派出将军薛欧、王吸发兵武关，会师王陵驻守在南阳的部队，以便在沛县迎接太公和吕后。楚听说了这个消息，发兵在阳夏阻拦，汉军无法前进。楚封原来的吴县县令郑昌为韩王，命他阻挡汉军。

原文

二年，汉王东略地，塞王欣、翟王翳、河南王申阳皆降。韩王昌不听，使韩信击破之。于是置陇西、北地、上郡、渭南、河上、中地郡；关外置河南郡。更立韩太尉信为韩王。诸将以万人若以一郡降者，封万户。缮治河上塞。诸故秦苑囿园池，皆令人得田之，正月，虏雍王弟章平。大赦罪人。

汉王之出关至陕，抚关外父老，还，张耳来见，汉王厚遇之。

二月，令除秦社稷，更立汉社稷。

三月，汉王从临晋渡，魏王豹将兵从。下河内，虏殷王，置河内郡。南渡平阴津，至雒阳。新城三老董公遮说汉王以义帝死故。汉王闻之，袒而大哭，遂为义帝发丧，临三日。发使者告诸侯曰："天下共立义帝，北面事之。今项羽放杀义帝于江南，大逆无道。寡人亲为发丧，诸侯皆缟素。悉发关内兵，收三河士，南浮江汉以下，愿从诸侯王击楚之杀义帝者。"

刘邦

是时项王北击齐，田荣与战城阳。田荣败，走平原，平原民杀之。齐皆降楚。楚因焚烧其城郭，系虏其子女。齐人叛之。田荣弟横立荣子广为齐王，齐王反楚城阳。项羽虽闻汉东，既已连齐兵，欲遂破之而击汉。汉王以故得劫五诸侯兵，遂入彭城。项羽闻之，乃引兵去齐，从鲁出胡陵，至萧，与汉大战彭城、灵壁东睢水上，大破汉军，多杀士卒，睢水为之不流。乃取汉王父母妻子于沛，置之军中以为质。当是时，诸侯见楚强汉败，还皆去汉复为楚。塞王欣亡入楚。

［译文］

二年（前 205 年），汉王向东进发略取城邑，塞王司马欣、翟王董翳、河南王申阳全都向汉王投降了。韩王郑昌没有归附，汉王就派韩信击败了他。如此就设了陇西、北地、上郡、渭南、河上、中地这些郡，在关外还设了河南郡。重新任命韩太尉信为韩王。各将领中带着一万人或是一郡归附的，都封赏万户。修葺了河上郡中的长城。那些曾经的秦朝的苑囿园池，都分给百姓以开垦耕种。正月，活捉了雍王的弟弟章平作为俘虏。大赦天下犯罪之人。

汉王出函谷关来到陕县，安抚关外的百姓，归来之后，张耳来此投奔，汉王以优厚的条件对待他。

二月，汉王下令拆掉秦朝社稷坛，另立汉朝社稷坛。

三月，汉王在临晋关横渡黄河，魏王豹带着部队跟随，攻克河内，活捉殷王，设了河内郡。往南渡过了平阴津，抵达洛阳。新城三老董公阻拦住汉王，将义帝身死的原因告诉汉王。汉王听后，露着胳膊大哭，替义帝发丧，凭吊了三天。派出使者通知各诸侯说："天下联合拥立义帝，向他北面称臣而侍奉他。而今项羽在江南流放并击杀义帝，这是大逆不道的行为。我亲身为义帝发丧，诸侯都必须身着白色丧服。调出关内的全部兵力，征收三河的士兵，浮江汉向南进发，希望诸位诸侯王能和我一起征讨楚国杀掉义帝的人。"

当时项王正向北进发攻打齐国，田荣在城阳和他交战。田荣失利，逃往平原，平原的民众杀死了他，齐地全都向楚国投降了。于是楚兵就烧毁了齐人的城郭，劫掠他们的子女。齐国的百姓又背叛了楚国。田荣的弟弟田横拥立田荣的儿子田广为齐王，齐王在城阳起兵反叛楚国。项羽尽管已经听说了汉军要向东进发，但是既然已经和齐军相交战，就打算击败齐军后再迎击汉军。汉王因为这个缘故得以劫夺了五大诸侯的军队，于是进入彭城。项羽听说了这个消息，就带着部队离开了齐地，自鲁地出胡陵，到达萧县，和汉军在彭城灵壁以东的睢水上大战，打败了汉军，杀掉了许多士兵，睢水因为尸体的堵塞已经无法流通了。楚军就在沛县抓走了汉王的父母妻子，放在部队中当作人质。当此之时，诸侯发现楚军的强盛和汉军的败退，又全都背离汉而重新归附楚国。塞王司马欣也逃亡去了楚国。

原文

吕后兄周吕侯为汉将兵，居下邑。汉王从之，稍收士卒，军砀。汉王乃西过梁地，至虞。使谒者随何之九江王布所，曰："公能令布举兵叛楚，项羽必留击之。得留数月，吾取天下必矣。"随何往说九江王布，布果背楚。楚使龙且往击之。

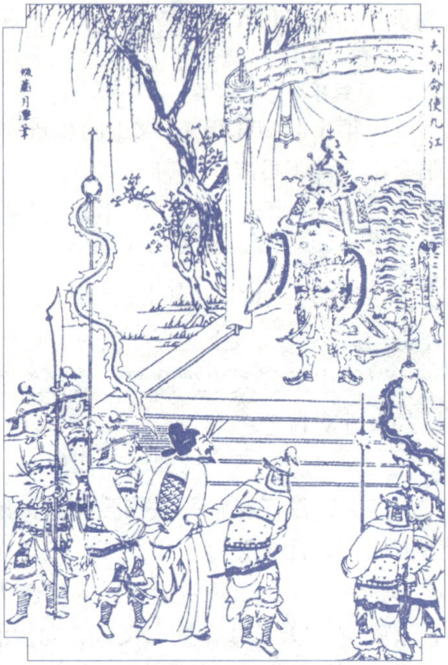

随何说反英布

汉王之败彭城而西，行使人求家室，家室亦亡，不相得。败后乃独得孝惠，六月，立为太子，大赦罪人。令太子守栎阳，诸侯子在关中者皆集栎阳为卫。引水灌废丘，废丘降，章邯自杀。更名废丘为槐里。于是令祠官祀天地四方上帝山川，以时祀之。兴关内卒乘塞。

是时九江王布与龙且战，不胜，与随何间行归汉。汉王稍收士卒，与诸将及关中卒益出，是以兵大振荥阳，破楚京、索间。

[译文]

吕后的哥哥周吕侯替汉统率一支军队，在下邑驻扎。汉王来到他这里，逐渐召集士兵，在砀县驻军。汉王就向西进发路过梁地，来到虞县，派出了谒者随何前往九江王黥布那里，汉王说："你如果能够让黥布起兵背叛楚国，那样项羽一定会留在这里进攻他。倘若能够阻拦住几个月，我就一定能得到天下。"随何就前去劝说九江王黥布，黥布果然反叛了楚国。楚国就派遣龙且前去进攻黥布。

汉王在彭城兵败后向西撤走，一边走一边派人去找寻自己的家属，家属已逃了出去，并没能遇见。兵败之后就仅仅找到了孝惠帝，六月时，立他为太子，大赦天下有罪之人。命令太子在栎阳驻守，汉王部下诸将领的儿子们都在栎阳集合守卫太子。引河水冲灌废丘，废丘就投降了，章邯也自杀了。汉王将废丘的名字改为槐里。如此又命令祠官祭祀天、地、四方、上帝、山川，之后也都按时进行祭祀。征调关内的士兵去守卫边塞。

当时九江王黥布和龙且交战，并未取胜，和随何暗中归附汉。汉王一点点征收了一些士兵，再加上各路将领及关中兵的增援，于是在荥阳军势大振，在京、索间打败了楚军。

原文

三年，魏王豹谒归视亲疾，至即绝河津，反为楚。汉王使郦生说豹，豹不听。汉王遣将军韩信击，大破之，虏豹。遂定魏地，置三郡，曰河东、太原、上党。汉王乃令张耳与韩信遂东下井陉击赵，斩陈余、赵王歇。其明年，立张耳为赵王。

汉王军荥阳南，筑甬道属之河，以取敖仓。与项羽相距岁余。项羽数侵夺汉甬道，汉军乏食，遂围汉王。汉王请和，割荥阳以西者为汉。项王不听。汉王患之，乃用陈平之计，予陈平金四万斤，以间疏楚君臣。于是项羽乃疑亚父。亚父是时劝项羽遂下荥阳，及其见疑，乃怒，辞老，愿赐骸骨归卒伍，未至彭城而死。

[译文]

三年（前204年），魏王豹请求回家探望父母的疾病，到达魏地就切断了黄河的渡口，反叛汉而归附楚。汉王派郦生游说魏豹，魏豹没有听从。汉王就派出将军韩信攻打魏豹，大败魏军，活捉俘虏了魏豹。就这样平定了魏地，设了三个郡，命名为河东、太原、上党。汉王就下令让张耳和韩信东进攻克井陉，攻打赵地，杀死陈余及赵王歇。到了第二年，就封张耳为赵王。

汉王在荥阳以南驻军，筑建甬道和黄河连通，以方便运取敖仓的粮食。和项羽一直对峙了一年多。项羽数次攻取汉军甬道，汉军缺乏食物，项羽就包围了汉王。汉王请求和项羽讲和，划出荥阳西边的土地归为汉。项王并未听从。汉王十分忧虑，就采用陈平的计谋，给陈平黄金四万斤，以此来离间楚国的君臣。由此项羽就开始怀疑亚父范增。亚父当时劝说项羽趁着局势攻克荥阳，等到他得知自己被项羽怀疑，就非常生气，以自己年老为托词要求引退，回家做普通百姓。项羽同意，亚父还没抵达彭城就去世了。

原文

汉军绝食，乃夜出女子东门二千余人，被甲，楚因四面击之。将军纪信乃乘王驾，诈为汉王，诳楚，楚皆呼万岁，之城东观，以故汉王得与数十骑出西门遁。令御史大夫周苛、魏豹、枞公守荥阳。诸将卒不能从者，尽在城中。周苛、枞公相谓曰："反国之王，难与守城。"因杀魏豹。

汉王之出荥阳入关，收兵欲复东。袁生说汉王曰："汉与楚相距荥阳数岁，汉常困。愿君王出武关，项羽必引兵南走。王深壁，令荥阳成皋间且得休。使韩信等辑河北赵地，连燕齐，君王乃复走荥阳，未晚也。如此，则楚所备者多，力分；汉得休，复与之战，破楚必矣。”汉王从其计，出军宛、叶间，与黥布行收兵。

［译文］

汉军断粮了，就趁夜自东门放了身披铠甲的女子两千多人出去，楚军于是从四面进行围击。将军纪信就乘坐着汉王的车驾，扮作汉王，骗过楚军。楚国士兵都高喊万岁，去城东观看，趁此机会汉王得以和几十骑兵从西门逃出。汉王命令御史大夫周苛、魏豹和枞公留在荥阳守卫，众位将领及士卒无法随从的，都留驻城中。周苛和枞公互相商量说：“魏豹是个叛国之王，难以和他一起守城。”于是就杀掉了魏豹。

汉王出了荥阳就进入了函谷关，集合部队，打算再次向东进发。袁生劝说汉王道：“汉和楚对峙在荥阳已经几年了，汉军总是处于困境，希望君王能自武关出去，项羽必定会带着部队向南进发，到那时再凭借着深沟高垒，令荥阳、成皋之间的士兵得以休整。派遣韩信等人去平定黄河北边的赵地，与燕、齐联合，君王再前赴荥阳，也并不晚。这样的话，楚军所要防备的地方很多，兵力分散，汉军得以休整，再和楚军交战，一定能够击败楚军。”汉王听取了他的计策，向宛县、叶县之间进军，和黥布一边进军一边集合兵马。

原文

项羽闻汉王在宛，果引兵南。汉王坚壁不与战。是时彭越渡睢水，与项声、薛公战下邳，彭越大破楚军。项羽乃引兵东击彭越。汉王亦引兵北军成皋。项羽已破走彭越，闻汉王复军成皋，乃复引兵西，拔荥阳，诛周苛、枞公，而虏韩王信，遂围成皋。

汉王跳，独与滕公共车出成皋玉门，北渡河，驰宿修武。自称使者，晨驰入张耳、韩信壁，而夺之军。乃使张耳北益收兵赵地，使韩信东击齐。汉王得韩信军，则复振。引兵临河，南飨军小修武南，欲复战。郎中郑忠乃说止汉王，使高垒深堑，勿与战。汉王听其计，使卢绾、刘贾将卒二万人，骑数百，渡白马津，入楚地，与彭越复击破楚军燕郭西，遂复下梁地十余城。

淮阴已受命东，未渡平原。汉王使郦生往说齐王田广，广叛楚，与汉和，共击项羽。韩信用蒯通计，遂袭破齐。齐王烹郦生，东走高密。项羽闻韩信已举河北兵破齐、赵，且欲击楚，则使龙且、周兰往击之。韩信与战，骑将灌婴击，大破楚军，杀龙且。齐王广奔彭越。当此时，彭越将兵居梁地，往来苦楚兵，绝其粮食。

《续前汉书平话·蒯通为韩信伸冤》

蒯通是秦末汉初有名的辩士，本名彻，后来汉朝人为避武帝讳而称其为通。他曾为韩信出谋划策，劝韩信自立为王，与刘邦、项羽三分天下。韩信没有听他的劝告，后来果然"兔死狗烹"，被刘邦处治。韩信临死前后悔没听蒯通之言，刘邦因此把蒯通捉来要处死。蒯通对刘邦说："人各为其主，难道能把所有曾经反对过陛下的人都杀死吗？"于是刘邦将其赦免。

[译文]

项羽听到汉王在宛县的消息，果然率领队伍向南进发。汉王坚壁防守，不与楚军交战。当时彭越渡过了睢水，和项声、薛公在下邳交战，彭越击溃了楚军。项羽就率领军队向东进攻彭越，汉王也统领部队向北进发驻军在成皋。项羽击败并赶走了彭越以后，听说汉王又带着部队驻军成皋，就再次率领队伍向西进发，攻下了荥阳，杀死了周苛、枞公，活捉俘虏了韩王信，进而包围成皋。

汉王逃走，独自一人和滕公一起乘坐一辆车自成皋玉门出去，向北走，渡过黄河，跑到修武时住了一夜。第二天一早，汉王自称是使者，跑进张耳、韩信的营中，夺得了他们的部队，就命令张耳前往北边的赵地收集更多的兵力，命令韩信向东进发进攻齐地。汉王得到了韩信、张耳的部队，又重新振作了起来。汉王率领军队来到黄河沿岸，向南行进，在小修武以南让士卒吃饱喝足，想要和项羽再次交战。郎中郑忠就劝诫汉王，让他坚守深沟高垒，不要与项羽交战。汉王听从了他的计策，派遣卢绾、刘贾带兵两万人，骑兵几百个，渡过白马津，进军楚地，和彭越在燕县城以西会合，再次击败楚军，接着又攻克了梁地的十多座城池。

淮阴侯已经接到命令而向东进发，还未在平原县渡过黄河。汉王派出郦生前去游说齐王田广，田广反叛了楚，和汉议和，一同进攻项羽。韩信采取蒯通的计谋，突袭并击败了齐国。齐王烹杀了郦生，向东逃往高密。项羽听说韩信已经率领黄河以北的部队击败了齐、赵，而且想要进攻楚军，就派出龙且和周兰前往阻击。韩信和楚交战，骑兵将领灌婴一同出击，击溃了楚军，斩杀龙且。齐王田广投靠了彭越。当时，彭越带着部队驻军梁地，来回对楚军进行骚扰，断绝他们的粮草。

原文

四年，项羽乃谓海春侯大司马曹咎曰："谨守成皋。若汉挑战，慎勿与战，无令得东而已。我十五日必定梁地，复从将军。”乃行击陈留、外黄、睢阳，下之。汉果数挑楚军，楚军不出。使人辱之五六日，大司马怒，度兵汜水。士卒半渡，汉击之，大破楚军，尽得楚国金玉货赂。大司马咎、长史欣皆自刭汜水上。项羽至睢阳，闻海春侯破，乃引兵还。汉军方围钟离眛于荥阳东，项羽至，尽走险阻。

韩信已破齐，使人言曰：“齐边楚，权轻，不为假王，恐不能安齐。”汉王欲攻之。留侯曰：“不如因而立之，使自为守。”乃遣张良操印绶(shòu)立韩信为齐王。

项羽闻龙且军破，则恐，使盱台人武涉往说韩信。韩信不听。

[译文]

四年（前203年），项羽就对海春侯大司马曹咎说：“你谨慎地守卫成皋。倘若汉军挑战，一定要慎重，不要和他们交战，不让汉军向东进发就可以了。我十五天内一定会平定梁地，再和将军会合。”他就带兵进攻陈留、外黄、睢阳，都攻克了。汉军果然多次挑战楚军，楚军都未出战。汉军派人接连辱骂楚军五六天，大司马十分生气，命士卒渡过汜水。士卒渡到一半时，汉军发起进攻，击溃楚军，得到了楚国的全部金玉财宝。大司马曹咎和长史司马欣全都在汜水上自刎。项羽赶到睢阳，听说海春侯失利，就率领军队赶回。汉军当时正在荥阳以东围攻钟离眛，项羽赶到，汉军全都撤到了险阻地带。

韩信已经击败了齐国，派人告诉汉王说：“齐国边上就是楚国，倘若守将权力太小，不封为暂时的国王，怕是无法安定齐地。”汉王就想进攻韩信。留侯说：“不如就这样封他为齐王，命他自己驻守齐地。”汉王就派出张良持印绶封韩信为齐王。

项羽听说龙且的部队失利了，就十分恐惧，派遣盱眙人武涉前往劝说韩信。韩信并未听从。

原文

楚汉久相持未决，丁壮苦军旅，老弱罢转饷。汉王项羽相与临广武之间而语。项羽欲与汉王独身挑战。汉王数项羽曰：“始与项羽俱受命怀王，曰‘先入定关中者王之’，项羽负约，王我于蜀汉，罪一。项羽矫杀卿子冠军而自尊，罪二。项羽已救赵，当还报，而擅劫诸侯兵入关，罪三。怀王约入秦无暴掠，项羽烧秦宫室，掘始皇帝冢，私收其财物，罪四。又强杀秦降王子婴，罪五。诈坑秦子弟新安二十万，王其将，罪六。项羽皆王诸将善地，而徙逐故主，令臣下争叛逆，罪七。项羽出逐义帝彭城，自都之，夺韩王地，并王梁楚，多自予，罪八。项羽使人阴弑义帝江南，罪九。夫为人臣而弑其主，杀已降，为政不平，主约不信，天下所不容，大逆无道，罪十也。吾以义兵从诸侯诛残贼，使刑余罪人击杀项羽，何苦乃与公挑战！”项羽大怒，伏弩射中汉王。汉王伤匈，乃扪足曰：“虏中吾指！”汉王病创卧，张良强请汉王起行劳军，以安士卒，毋令楚乘胜于汉。汉王出行军，病甚，因驰入成皋。

病愈，西入关，至栎阳，存问父老，置酒，枭故塞王欣头栎阳市。留四日，复如军，军广武。关中兵益出。

［译文］

楚、汉长时间对峙，胜负未分，年轻的壮士苦于当兵打仗，年老体弱的在运送粮食中疲惫不堪。汉王和项羽一起站在广武涧的两边对话。项羽想要和汉王单独挑战。汉王列举项羽的过错说：“当初我与你项羽一起受命于怀王，说好谁先攻入并平定关中，就可以在关中称王。项羽你背弃约定，让我去蜀汉称王，此为第一罪。项羽你假传怀王命令杀死卿子冠军，并自立为上将军，此为第二罪。项羽你已经挽救了赵地，应该回去复命，而你却私自劫持诸侯的部队进入函谷关，此为第三罪。怀王说过进入秦地不能残暴掠夺，项羽你却纵火烧毁秦朝宫室，挖掘始皇帝的坟墓，暗地里收敛秦朝财物，此为第四罪。项羽你还强硬地杀死了秦朝投降了的国王子婴，此为第五罪。项羽你欺骗并坑杀了在新安的秦朝子弟二十万，封他们的将领为王，此为第六罪。项羽你封自己的将领在好地方为王，却赶走本来在此地的诸侯王，让臣下都争相叛逆，此为第七罪。项羽你把义帝从彭城赶走，自己却定都彭城，夺下韩王的封地，在梁、楚两地称王，分给自己更多土地，此为第八罪。项羽你派人在江南暗杀义帝，此为第九罪。身为别人的臣子却杀害自己的君主，诛杀已然投降的人，执政有失公允，主持约定却并不守信，天下都难以容忍，大逆不道，此为第十罪。我率领着正义之师跟随诸侯来诛杀残暴的贼人，派遣受过刑罚的罪人杀掉项羽你，你有什么资格来向你老子挑战？”项羽异常生气，埋伏着的弓弩射中了汉王。汉王伤到了胸部，却非常机智地摸着自己的脚说：“这个奴才射到了我的脚趾。”汉王病创不轻，卧床，张良请汉王强行起来巡视慰劳士卒，以稳定军心，不让楚军得以趁机取胜于汉。汉王出来巡视军队，伤势愈重，于是就驱车进入成皋养伤。

汉王伤势痊愈了，向西进发入函谷关，抵达栎阳，慰问当地百姓，设酒款待，砍掉了之前的塞王司马欣的头，悬挂在栎阳街市示众。过了四天，汉王再次回到军中，来到广武驻扎。关中的部队也大举出动。

原文

当此时，彭越将兵居梁地，往来苦楚兵，绝其粮食。田横往从之。项羽数击彭越等，齐王信又进击楚。项羽恐，乃与汉王约，中分天下，割鸿沟而西者为汉，鸿沟而东者为楚。项王归汉王父母妻子，军中皆呼万岁，乃归而别去。

项羽解而东归。汉王欲引而西归，用留侯、陈平计，乃进兵追项羽，至阳夏南止军，与齐王信、建成侯彭越期会而击楚军。至固陵，不会。楚击汉军，大破之。汉王复入壁，深堑而守之。用张良计，于是韩信、彭越皆往。及刘贾入楚地，围寿春，汉王败固陵，乃使使者召大司马周殷举九江兵而迎武王，行屠城父，随刘贾、齐梁诸侯皆大会垓下。立武王布为淮南王。

[译文]

当此之时，彭越率领部队驻扎在梁地，来回对楚军进行骚扰，以断绝楚军的粮食。田横前去归附彭越。项羽数次进攻彭越等人，齐王韩信又带兵攻伐楚军。项羽惶恐，就和汉王相约，平分天下，划分鸿沟以西的地方归汉，鸿沟以东的地方归楚。项王归还了汉王的父母妻子，汉军全部都高喊万岁，楚军别过汉军回去了。

项羽解散队伍向东归去。汉王打算带着部队向西归还，后来听取了留侯、陈平的计谋，就出兵追击项羽，一直到阳夏以南才收兵驻扎。他和齐王韩信、建成侯彭越相约会合后再攻打楚军。汉王来到固陵，韩信、彭越没来会合。楚军进攻汉军，击败了汉军。汉王就再次进入营垒，加深壕沟然后进行防守。汉王采取了张良的计策，韩信和彭越才赶来会合。等到刘贾进到楚地，围困寿春，汉王战败在固陵，就派出使者前往召见大司马周殷，以全部的九江部队去迎接武王黥布，黥布、周殷在进军途中攻下并屠灭了城父。他们跟着刘贾和齐、梁的诸侯在垓下会和。汉王封武王黥布做淮南王。

原文

五年，高祖与诸侯兵共击楚军，与项羽决胜垓下。淮阴侯将三十万自当之，孔将军居左，费将军居右，皇帝在后，绛侯、柴将军在皇帝后。项羽之卒可十万。淮阴先合，不利，却。孔将军、费将军纵，楚兵不利，淮阴侯复乘之，大败垓下。项羽卒闻汉军之楚歌，以为汉尽得楚地，项羽乃败而走，是以兵大败。使骑将灌婴追杀项羽东城，斩首八万，遂略定楚地。鲁为楚坚守不下。汉王引诸侯兵北，示鲁父老项羽头，鲁乃降。遂以鲁公号葬项羽谷城。还至定陶，驰入齐王壁，夺其军。

正月，诸侯及将相相与共请尊汉王为皇帝。汉王曰："吾闻帝贤者有也，空言虚语，非所守也，吾不敢当帝位。"群臣皆曰："大王起微细，诛暴逆，平定四海，有功者辄裂地而封为王侯。大王不尊号，皆疑不信。臣等以死守之。"汉王三让，不得已，曰："诸君必以为便，便国家。"甲午，乃即皇帝位汜水之阳。

皇帝曰："义帝无后，齐王韩信习楚风俗，徙为楚王。"都下邳。立建成侯彭越为梁王，都定陶。故韩王信为韩王，都阳翟。徙衡山王吴芮为长沙王，都临湘。番君之将梅𫓧有功，从入武关，故德番君。淮南王布、燕王臧荼、赵王敖皆如故。

［译文］

五年（前202年），高祖与各诸侯的部队一起进攻楚军，和项羽在垓下决战。淮阴侯带兵三十万正面抵挡，孔将军带兵在左翼策应，费将军带兵在右翼策应，高祖皇帝带兵居后，绛侯、柴将军跟从在皇帝之后。项羽的部队大约有十万。淮阴侯率先和项羽交战，失利，向后撤退。孔将军、费将军率兵出击，楚军战况不利，淮阴侯又趁机反攻，在垓下击败项羽。项羽的士兵们听到汉军阵中的楚地歌声，都以为汉军已经全部攻下了楚地，所以项羽才败退逃走，因而楚军大败。汉王派遣骑兵将领灌婴在东城追上并杀死项羽，斩杀士卒八万，进而平定了楚地。鲁县人为楚国固守城池，汉军并未攻下。汉王率领诸侯的部队向北进发，给鲁县的百姓看项羽的头，鲁县这才投降。因此就以鲁公的封号将项羽葬在谷城。汉王回师定陶，驱马进入齐王韩信的营垒，夺取了他的兵权。

大封功臣

正月，诸侯及将相们共同请求尊崇汉王做皇帝。汉王说："我听说皇帝的尊号，贤德之人才能拥有，空言虚语、徒有其名的人是不能拥有的，我不敢承担皇帝的尊位。"大臣们都说："大王从贫民起事，诛除暴逆，平定天下，谁有功就封赏谁土地，封谁为王侯。大王不称皇帝的尊号，大家都会对自己的封号都有疑虑。臣等都誓死坚持大王即位为皇帝。”汉王再三辞让，推辞不过，说：“既然诸位认为这样合适，对国家有利，我就做皇帝吧。”甲午，汉王在汜水以北登临皇帝位。

皇帝说义帝并无后代，齐王韩信对楚地的习俗较为熟悉，就改封韩信为楚王，定都在下邳。封建成侯彭越做了梁王，定都在定陶。最初的韩王信仍被封为韩王，定都阳翟。将衡山王吴芮封为长沙王，定都在临湘。番君吴芮的将领梅鋗有战功，跟从皇帝进入武关，所以皇帝十分感谢番君的恩德。淮南王黥布、燕王臧荼、赵王张敖全都和之前一样。

原文

天下大定。高祖都雒阳，诸侯皆臣属。故临江王驩为项羽叛汉，令卢绾、刘贾围之，不下。数月而降，杀之雒阳。

五月，兵皆罢归家。诸侯子在关中者复之十二岁，其归者复之六岁，食之一岁。

高祖置酒雒阳南宫。高祖曰：“列侯诸将无敢隐朕，皆言其情。吾所以有天下者何？项氏之所以失天下者何？”高起、王陵对曰：“陛下慢而侮人，项羽仁而爱人。然陛下使人攻城略地，所降下者因以予之，与天下同利也。项羽妒贤嫉能，有功者害之，贤者疑之；战胜而不予人功，得地而不予人利，此所以失天下也。”高祖曰：“公知其一，未知其二。夫运筹策帷帐之中，决胜于千里之外，吾不如子房。镇国家，抚百姓，给馈饷，不绝粮道，吾不如萧何。连百万之军，战必胜，攻必取，吾不如韩信。此三者，皆人杰也，吾能用之，

任用三杰

汉高祖大宴功臣，认为在楚汉战争中，萧何、韩信、张良功劳最大，后人称之为“汉初三杰”。

此吾所以取天下也。项羽有一范增而不能用，此其所以为我擒也。”

[译文]

天下大致平定下来。高祖定都洛阳，诸侯全都成了高祖的属臣。之前的临江王共驩为了项羽而起兵反叛汉，高祖下令让卢绾、刘贾包围共驩，没能攻下。共驩坚持了几个月才投降了，高祖在洛阳杀掉了共驩。

五月，士兵们都卸下铠甲回到家乡。留在关中保护太子的诸侯之子都免除徭役十二年，那些回到家乡的士兵则免除徭役六年，发放粮食供养他们一年。

高祖在洛阳的南宫摆下酒宴。高祖说：“诸位诸侯和将领，都别瞒着我，全都要说真心话。我之所以能取得天下，是因为什么呢？项氏之所以失掉天下是为什么呢？”高起、王陵就回答说：“陛下性格傲慢且喜欢侮辱人，项羽心地仁厚且爱护别人。但是陛下派人攻打城池夺取土地，所招降和攻克的城池就封给他，和天下人同享利益。项羽却嫉妒贤能，有功的人就陷害人家，贤能的人就怀疑人家，取得胜仗却不论功行赏，夺得土地也不和人分利，这就是他为什么会失掉天下的缘故。”高祖说：“你们只知其一，却不知其二。要说在帷帐中运筹策划，取胜在千里以外，我比不上子房。镇守国家，抚慰百姓，供给粮饷，保证粮道不被阻断，我比不上萧何。统帅百万大军，战则必胜，攻则必克，我比不上韩信。他们三个人，全都是人中的俊杰，我却能够任用他们，这才是我之所以能够获得天下的原因所在。项羽虽然有一个谋士范增却不会任用，这就是他被我擒杀的原因所在。”

原文

高祖欲长都雒阳，齐人刘敬说，及留侯劝上入都关中，高祖是日驾，入都关中。六月，大赦天下。

十月，燕王臧荼反，攻下代地。高祖自将击之，得燕王臧荼。即立太尉卢绾为燕王。使丞相哙将兵攻代。

其秋，利几反，高祖自将兵击之，利几走。利几者，项氏之将。项氏败，利几为陈公，不随项羽，亡降高祖，高祖侯之颍川。高祖至雒阳，举通侯籍召之，而利几恐，故反。

六年，高祖五日一朝太公，如家人父子礼。太公家令说太公曰：“天无二日，土无二王。今高祖虽子，人主也；太公虽父，人臣也。奈何令人主拜人臣！如此，则威重不行。”后高祖朝，太公拥彗(huì)，迎门却行。高祖大惊，下扶太公。太公曰：“帝，人主也，奈何以我乱天下法！”于是高祖乃尊太公为太上皇。心善家令言，赐金五百斤。

［译文］

高祖打算长期定都在洛阳，齐人刘敬劝说高祖，留侯也劝说高祖将都城迁入关中，高祖当天就起驾入关，到关中去建都。六月，高祖大赦天下。

十月，燕王臧荼起兵叛乱，攻克代地。高祖亲身领兵攻打他，抓获了燕王臧荼，接着就封太尉卢绾做了燕王，派出了丞相樊哙统领部队攻代。

当年秋天，利几起兵反叛，高祖亲身领兵去攻打他，利几逃走。利几曾是项氏的将领。项氏失利，利几做了陈县县令，并未跟从项羽，逃出来投靠了高祖，高祖封他在颍川为侯。高祖到了洛阳，根据所有诸侯的名籍召集诸侯，利几也在其中，十分惶恐，因此才起兵叛汉。

六年（前201年），高祖每隔五天就朝见一次太公，和普通百姓一样跪拜行父子礼。太公家令劝说太公道：“天上并无二日，地下也无二主。现在皇帝虽然是你的儿子，可他还是百姓的君主；太公虽是皇帝的父亲，却是臣下的身份。怎么可以让君主跪拜臣下呢？这样的话，君主的威严和尊重就无法彰显。”之后高祖再朝见跪拜太公，太公怀抱扫帚在门口迎接，向后倒退着走，为高祖引路。高祖非常惊讶，下车扶着太公。太公说：“皇帝是天下百姓的君主，怎么可以因为我就扰乱天下的法纪呢？”由此高祖就尊崇太公做了太上皇。高祖从心里欣赏家令的话，就赐给他黄金五百斤。

原文

十二月，人有上变事告楚王信谋反。上问左右，左右争欲击之。用陈平计，乃伪游云梦，会诸侯于陈，楚王信迎，即因执之。是日，大赦天下。田肯贺，因说高祖曰：“陛下得韩信，又治秦中。秦，形胜之国，带河山之险，县隔千里，持戟百万，秦得百二焉。地势便利，其以下兵于诸侯，譬犹居高屋之上建瓴（líng）水也。夫齐，东有琅邪、即墨之饶，南有泰山之固，西有浊河之限，北有勃海之利。地方二千里，持戟百万，县隔千里之外，齐得十二焉。故此东西秦也。非亲子弟，莫可使王齐矣。”高祖曰：“善。”赐黄金五百斤。

后十余日，封韩信为淮阴侯，分其地为二国。高祖曰：“将军刘贾数有功。”以为荆王，王淮东。弟交为楚王，王淮西。子肥为齐王，王七十余城，民能齐言者皆属齐。乃论功，与诸列侯剖符行封。徙韩王信太原。

[译文]

十二月的时候，有人上书告发楚王韩信要谋反的事情。高祖询问左右大臣的意见，大臣们都争着想去征讨韩信。高祖听取陈平的计策，装作巡游来到云梦泽，在陈县大会诸侯，楚王韩信前往迎接，就趁此机会抓住了他。当天，高祖大赦天下。田肯前来祝贺，就劝说高祖道："陛下抓住了韩信，又定都在了秦中。秦地是地理位置十分优越的地方，环绕着阻山带河的险境，和诸侯国相隔千里，持戟的武士可达百万，其战力可敌对方两倍。地势有利，从此地出兵进攻诸侯，就像是从高屋的檐角往下倒水一样。那齐地，东面有琅琊、即墨的丰饶，南面有着泰山的险固，西面是黄河的天然界限，北面有渤海鱼盐的有利条件。土地方圆达两千里，持戟武士达百万，和各诸侯国也相隔千里之外，齐要比别的地方好两倍。因此这两个地方可算是不相上下。倘若不是陛下的亲信子弟，不要让他去齐地称王。"高祖说："不错。"赐给他黄金五百斤。

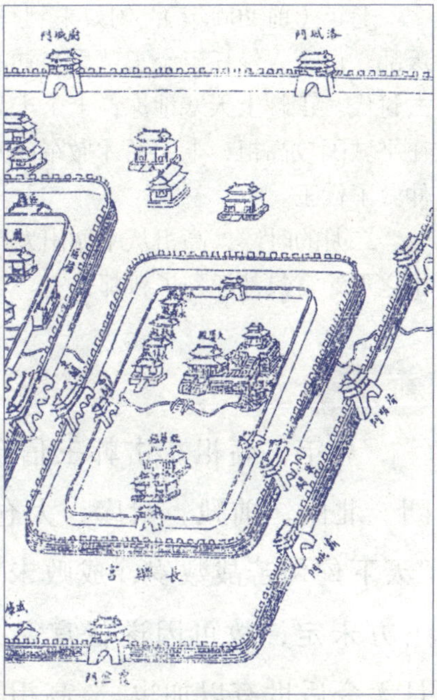

汉长乐宫

之后十几天，高祖封韩信做了淮阴侯，将他的封地分为两个国。高祖说将军刘贾多次立下战功，封他为荆王，在淮东称王。高祖弟弟刘交做了楚王，在淮西称王。儿子刘肥做了齐王，封给他七十多座城，百姓中能说齐地方言的都归属齐国。高祖就按照功劳大小，和列侯剖符为信，进行封赏。将韩王信迁徙到了太原。

原文

七年，匈奴攻韩王信马邑，信因与谋反太原。白土曼丘臣、王黄立故赵将赵利为王以反，高祖自往击之。会天寒，士卒堕指者什二三。遂至平城。匈奴围我平城，七日而后罢去。令樊哙止定代地。立兄刘仲为代王。

二月，高祖自平城过赵、雒阳，至长安。长乐宫成，丞相已下徙治长安。

［译文］

七年（前200年），匈奴来到马邑进攻韩王信，韩王信就和匈奴联合在太原起兵叛乱。白土人曼丘臣、王黄立当初的赵国将领赵利为王，背叛汉朝，高祖亲身带兵前去讨伐。正赶上天寒地冻，十个士兵中就有两三个冻掉手指头。终于来到平城。匈奴在平城围攻高祖，七天后才撤军离开。高祖命令樊哙留在原地以平定代地，封哥哥刘仲做了代王。

二月的时候，高祖从平城出发路过赵地、洛阳，抵达长安。长乐宫已然建成，丞相之下的官员都迁到了新都长安。

原文

八年，高祖东击韩王信余反寇于东垣。萧丞相营作未央宫，立东阙、北阙、前殿、武库、太仓。高祖还，见宫阙壮甚，怒，谓萧何曰："天下匈匈苦战数岁，成败未可知，是何治宫室过度也？"萧何曰："天下方未定，故可因遂就宫室。且夫天子四海为家，非壮丽无以重威，且无令后世有以加也。"高祖乃说。

高祖之东垣，过柏人，赵相贯高等谋弑高祖，高祖心动，因不留。代王刘仲弃国亡，自归雒阳，废以为合阳侯。

［译文］

八年，高祖带兵向东进发，在东垣进攻韩王信所剩不多的残余叛贼。萧丞相修建了未央宫，建造了东阙、北阙、前殿、武库、太仓。高祖归来后，见到宫阙非常壮丽，十分生气，对萧何说："天下动荡不安，苦于战事数年，成败还并不明确，怎么能修建如此过分豪华的宫室呢？"萧何说："天下并未安定，因此才趁着这个时机修建宫室。而且天子以天下为家，宫室不够壮观华丽，就无法彰显天子的尊重和威严，并且这也让后世的子孙不用再修建宫室了。"高祖这才高兴。

高祖前往东垣，路过柏人，赵相贯高这些人要谋杀高祖，高祖心有所动，因此并未在柏人停留。代王刘仲丢弃属国逃了出来，私自回到洛阳，被贬为合阳侯。

原文

九年，赵相贯高等事发觉，夷三族。废赵王敖为宣平侯。是岁，徙贵族楚昭、屈、景、怀、齐田氏关中。

未央宫成。高祖大朝诸侯群臣，置酒未央前殿。高祖奉玉卮，起为太上皇寿，曰："始大人常以臣无赖，不能治产业，不如仲力。今某之业所就孰与仲多？" 殿上群臣皆呼万岁，大笑为乐。

［译文］

九年（前198年），赵相贯高这些人谋划刺杀高祖的事被发觉了，高祖杀掉了他们的三族，贬赵王张敖为宣平侯。这一年，迁徙楚国贵族昭氏、屈氏、景氏、怀氏和齐国贵族田氏来到关中。

未央宫竣工。高祖隆重地朝见诸侯和群臣，在未央宫前殿设下酒宴。高祖手捧着玉制的酒杯，站起来为太上皇祝寿，说："最初您总是以为我是游手好闲的人，不能治理产业，比不上二哥勤快。现在我做成的事业和二哥比，谁更多呢？" 大殿中的群臣都高喊万岁，大笑着作乐。

原文

十年十月，淮南王黥布、梁王彭越、燕王卢绾、荆王刘贾、楚王刘交、齐王刘肥、长沙王吴芮皆来朝长乐宫。春夏无事。

七月，太上皇崩栎阳宫。楚王、梁王皆来送葬。赦栎阳囚。更命郦邑曰新丰。

八月，赵相国陈豨反代地。上曰："豨尝为吾使，甚有信。代地吾所急也，故封豨为列侯，以相国守代，今乃与王黄等劫掠代地！代地吏民非有罪也。其赦代吏民。" 九月，上自东往击之。至邯郸，上喜曰："豨不南据邯郸而阻漳水，吾知其无能为也。" 闻豨将皆故贾人也，上曰："吾知所以与之。" 乃多以金啖豨将，豨将多降者。

［译文］

十年（前197年）十月，淮南王黥布、梁王彭越、燕王卢绾、荆王刘贾、楚王刘交、齐王刘肥、长沙王吴芮全都来到长乐宫朝见高祖。这一年的春夏并无大事。

七月，太上皇死在了栎阳宫，楚王、梁王都前来送葬。高祖赦免了栎阳的囚犯，将郦邑改名为新丰。

八月，赵相国陈豨在代地起兵反叛。高祖说："陈豨曾当过我的使者，十分有信用。代地是我很看重的地方，所以才封陈豨做了列侯，以相国的名义驻守代地，现在竟然和王黄这些人一起劫掠代地。代地的官员和百姓并没有罪啊，赦免了代地的吏民吧。" 九月，高祖亲身带兵向东前去进攻陈豨。来到邯郸，高祖高兴地说："陈豨不向南进发去据守邯郸，而仅凭漳水列阵，我就知道他是没什么能力的。" 听到陈豨的部将全都是昔日的商人，高祖说：“我知道应该如何对付这些人了。”由此就以黄金诱惑陈豨的部将，陈豨的很多将领都投降了。

原文

十一年，高祖在邯郸诛豨等未毕，豨将侯敞将万余人游行，王黄军曲逆，张春渡河击聊城。汉使将军郭蒙与齐将击，大破之。太尉周勃道太原入，定代地。至马邑，马邑不下，即攻残之。

豨将赵利守东垣，高祖攻之，不下。月余，卒骂高祖，高祖怒。城降，令出骂者斩之，不骂者原之。于是乃分赵山北，立子恒以为代王，都晋阳。

春，淮阴侯韩信谋反关中，夷三族。夏，梁王彭越谋反，废迁蜀；复欲反，遂夷三族。立子恢为梁王，子友为淮阳王。

秋七月，淮南王黥布反，东并荆王刘贾地，北渡淮，楚王交走入薛。高祖自往击之。立子长为淮南王。

[译文]

十一年（前 196 年），高祖还在邯郸进攻陈豨等叛乱之人，陈豨部将侯敞率领一万多人游击作战，王黄在曲逆驻军，张春横渡黄河攻打聊城。高祖派遣将军郭蒙和齐国的将领带兵出击，大败了叛军。太尉周勃取道太原进军，平定了代地。来到马邑，并未攻克，周勃就接着攻打它直到城破人亡。

陈豨的部将赵利守卫东垣，高祖进攻东垣，没能攻下。围攻了一个多月，叛军士卒辱骂高祖，高祖非常气愤。东垣投降时，高祖下令将辱骂自己的人斩首处死，没辱骂高祖的士兵就原谅了他们。然后就划出赵国常山北边的地方，封儿子刘恒为代王，定都在晋阳。

春天，淮阴侯韩信在关中谋反，高祖处死了他的三族。夏天，梁王彭越起兵谋反，高祖废去了他的封号，把他迁往蜀地。迁徙

过鲁祀圣

据史料记载，高祖征讨黥布得胜，路过曲阜的时候曾祭祀孔庙，表达了他对先贤的崇敬之情。

的路上，他再次反叛，就被处死了三族。高祖封儿子刘恢做了梁王，儿子刘友做了淮阳王。

秋天七月，淮南王黥布起兵反叛，向东进发吞并了荆王刘贾的封地，向北进发渡过淮水。楚王刘交逃到了薛县。高祖亲身带兵前去攻打他，封儿子刘长做了淮南王。

原文

十二年，十月，高祖已击布军会甀(zhuì)，布走，令别将追之。

高祖还归，过沛，留。置酒沛宫，悉召故人父老子弟纵酒，发沛中儿得百二十人，教之歌。酒酣，高祖击筑，自为歌诗曰："大风起兮云飞扬，威加海内兮归故乡，安得猛士兮守四方！"令儿皆和习之。高祖乃起舞，慷慨伤怀，泣数行下。谓沛父兄曰："游子悲故乡。吾虽都关中，万岁后吾魂魄犹乐思沛。且朕自沛公以诛暴逆，遂有天下，其以沛为朕汤沐邑，复其民，世世无有所与。"沛父兄诸母故人日乐饮极欢，道旧故为笑乐。十余日，高祖欲去，沛父兄固请留高祖。高祖曰："吾人众多，父兄不能给。"乃去。沛中空县皆之邑西献。高祖复留止，张饮三日。沛父兄皆顿首曰："沛幸得复，丰未复，唯陛下哀怜之。"高祖曰："丰吾所生长，极不忘耳，吾特为其以雍齿故反我为魏。"沛父兄固请，乃并复丰，比沛。于是拜沛侯刘濞为吴王。

汉将别击布军洮水南北，皆大破之，追得斩布鄱阳。

樊哙别将兵定代，斩陈豨当城。

[译文]

十二年（前195年）的十月，高祖在会甀打败黥布的部队，黥布逃了出去。高祖派出将领去追击他。

高祖撤军归还，经过沛县，就停下来。在沛宫设下酒宴，将昔日的朋友和父老子弟全都召来纵情吃喝，征发沛中的儿童，得到一百二十人，教这些儿童唱歌。酒喝得痛快了，高祖击打着筑，唱起自己作的一首诗："大风挂起来啊云彩飞扬，威名遍及海内啊回到故乡，如何得到猛士啊守卫四方！"让那些儿童都跟着学唱起来。高祖接着跳起舞，又感慨又伤怀，眼泪留下数行，对沛县的百姓们说："远游之人总是思念故乡。我虽然定都在关中，但将来死后，我的魂魄还会思念故乡沛县。而且我最初是以沛公的身份开始诛讨暴逆，终于得到了天下。我就把沛县当作我的汤沐邑，免除沛县百姓的赋税徭役，世世代代都不用再服徭役。"沛县的父老兄弟、长辈妇女、旧日朋友每天快乐地饮酒，纵情欢愉，叙说旧事，取笑为乐。过了十几天，高祖打算离开，沛县的百姓都执意挽留高祖。高祖说："我的随行人员太多，父兄们无法供养得起。"就这样高祖动身离去了。沛县百姓都倾城出动，来到城西敬献礼物。高祖再次停留下来，搭好帐篷，痛饮三日。沛县百姓们都叩着头请求说："沛县有幸能够得以免除赋税徭役，您的家乡丰邑却还未获准免除。万望陛下可怜一下丰邑。"高祖说："丰邑县是我成长的地方，我绝不能忘记，我只因为丰邑县人当初跟从雍齿反叛我却去帮助魏国，才不愿意免除他们的徭役。"沛县父兄们执意请求，高祖才答应一并免除丰邑的徭役，与沛县相同。就是在这个时候，高祖封沛侯刘濞为吴王。

汉军将领在洮水的南北两路分别追击黥布的部队，全都取得胜利，在鄱阳追上并杀掉了黥布。

樊哙另外带着一支部队平定了代地，在当城杀掉了陈豨。

原文

十一月，高祖自布军至长安。十二月，高祖曰："秦始皇帝、楚隐王陈涉、魏安釐王、齐缗王、赵悼襄王皆绝无后，予守冢各十家，秦皇帝二十家，魏公子无忌五家。"赦代地吏民为陈豨、赵利所劫掠者，皆赦之。陈豨降将言豨反时，燕王卢绾使人之豨所，与阴谋。上使辟阳侯迎绾，绾称病。辟阳侯归，具言绾反有端矣。二月，使樊哙、周勃将兵击燕王绾，赦燕吏民与反者。立皇子建为燕王。

高祖斩蛇

相传秦末时，刘邦还只是一个亭长。他在路上碰到一条大蛇，奋而斩之，斩蛇一带草变为赤色。后人附会为赤帝之子杀白帝之子而得天下。

高祖击布时，为流矢所中，行道病。病甚，吕后迎良医，医入见。高祖问医，医曰："病可治。"于是高祖嫚骂之曰："吾以布衣提三尺剑取天下，此非天命乎？命乃在天，虽扁鹊何益！"遂不使治病，赐金五十斤罢之。已而吕后问："陛下百岁后，萧相国即死，令谁代之？"上曰："曹参可。"问其次，上曰："王陵可。然陵少戆（zhuàng），陈平可以助之。陈平智有余，然难以独任。周勃重厚少文，然安刘氏者必勃也，可令为太尉。”吕后复问其次，上曰：“此后亦非而所知也。”

卢绾与数千骑居塞下候伺，幸上病愈自入谢。

[译文]

十一月，高祖自讨伐黥布的队伍中赶回长安。十二月，高祖说：“秦始皇帝、楚隐王陈涉、魏安釐王、齐缗王、赵悼襄王全都绝嗣没有后人，分别让十户人家看守他们的坟墓，秦始皇为二十家，魏公子无忌为五家。”代地那些被陈豨、赵利所胁迫的官吏及百姓，全都被赦免。陈豨的降将称陈豨在反叛时，燕王卢绾派人来到陈豨这里，一起阴谋策划。高祖派出辟阳侯去迎接卢绾，卢绾告病不来。辟阳侯归来后，说卢绾的反叛已经显出征兆。二月，高祖派遣樊哙、周勃率领部队进攻燕王卢绾，赦免了燕地的官员、百姓及参加谋反的人。封皇子刘建做了燕王。

高祖带兵进攻黥布时，被流矢所射中，行军途中倒下了。病情很重，吕后请来名医。医生进去探望高祖，高祖就问医生，医生说：“病能够治好。”因此高祖就谩骂医生说：“我从一个布衣平民，手持三尽剑得到天下，这难道不是天命所在吗？命由天定，即使有扁鹊，又能有什么用处？”高祖于是没有让医生治病，赏给他黄金五十斤，让他走了。不长时间后吕后问高祖：“陛下百年之后，萧相国倘若去世了，让谁去代替他？”高祖说：“曹参能。”又问其次，高祖说：“王陵能担任，但王陵稍有些憨直，陈平能够协助他。陈平虽智慧有余，但却难以独自担当重任。周勃沉稳厚道，缺少才智，但能够安定刘氏天下的人必定会是周勃，可以封他为太尉。”吕后再问以后的事情，高祖说：“这之后的事情不是你所能知晓的。”

卢绾带着几千名骑兵驻军长城脚下等着，期望高祖病愈，自己前去谢罪。

原文

四月甲辰，高祖崩长乐宫。四日不发丧。吕后与审食其谋曰：“诸将与帝为编户民，今北面为臣，此常怏(yàng)怏。今乃事少主，非尽族是，天下不安。”人或闻之，语郦将军。郦将军往见审食其，曰：“吾闻帝已崩，四日不发丧，欲诛诸将。诚如此，天下危

《续前汉书平话・汉王分付吕后国事》

矣。陈平、灌婴将十万守荥阳，樊哙、周勃将二十万定燕、代，此闻帝崩，诸将皆诛，必连兵还乡以攻关中。大臣内叛，诸侯外反，亡可翘足而待也。”审食其入言之，乃以丁未发丧，大赦天下。

卢绾闻高祖崩，遂亡入匈奴。

丙寅，葬。己巳，立太子，至太上皇庙。群臣皆曰：“高祖起微细，拨乱世反之正，平定天下，为汉太祖，功最高。”上尊号为高皇帝。太子袭号为皇帝，孝惠帝也。令郡国诸侯各立高祖庙，以岁时祠。

及孝惠五年，思高祖之悲乐沛，以沛宫为高祖原庙。高祖所教歌儿百二十人，皆令为吹乐，后有缺，辄补之。

［译文］

四月二十五，高祖在长乐宫驾崩。过了四天仍没有发丧。吕后与审食其商量着说：“诸位将领与皇帝都是平民，现在却北面称臣，心情自然怏怏不乐。而今侍奉着年少的皇帝，就更不会痛快，倘若不全部灭掉这些人，天下定然不安。”有人听说这个消息，就向郦将军说了。郦将军前去面见审食其，说：“我听说皇帝已然驾崩，四天仍未发丧，你们还想杀掉将领们。要是果然这样，天下就很危险了。陈平、灌婴率领着十万士兵驻守在荥阳，樊哙、周勃率领二十万士兵平定燕地、代地，此时他们听说皇帝驾崩，诸位将领都被杀掉，一定会联合部队回军向关中进发。大臣在内叛乱，诸侯在外造反，天下倾覆几乎可以翘足等待了。”审食其进到宫中将这些话和吕后说了，这才在二十八日发丧，大赦天下。

教子务学

汉高祖出身微寒，年少时不重视学问，登位之后深感学识不足给政事带来的影响深远。因此他对儿子曾有一番恳切的教诲，希望孝惠帝可以成为一个优秀的君主。然而从孝惠皇帝的生平来看，除了仁孝之外，他似乎没有什么特别值得夸耀的成绩。

卢绾听到高祖驾崩的消息，就逃到了匈奴。

十七日，高祖得以安葬，二十日，拥立太子为皇帝，到太上皇庙朝拜。众大臣都说：“高祖从平民起兵，拨乱反正，安定天下，是大汉王朝的开国始祖，功劳最高。”上尊号定为高皇帝。太子即位成为皇帝，就是孝惠帝。

皇帝命令各郡及诸侯分别修建高祖庙，每年按照时节进行祭祀。

等到孝惠帝五年（前190年），孝惠帝想起高祖回到沛县时的又悲伤又欢快的情景，就将沛宫当作高祖的原庙。高祖当初所教唱歌的儿童共一百二十人，让他们都做了高祖原庙里吹奏音乐的人员，之后要是有缺额，就马上补充。

原文

高帝八男：长庶齐悼惠王肥；次孝惠，吕后子；次戚夫人子赵隐王如意；次代王恒，已立为孝文帝，薄太后子；次梁王恢，吕太后时徙为赵共王；次淮阳王友，吕太后时徙为赵幽王；次淮南厉王长；次燕王建。

[译文]

高皇帝共有八个儿子：长子就是庶出的齐悼惠王刘肥；次子是孝惠帝，吕后所生的儿子；再次是戚夫人所生的儿子赵隐王刘如意；再次是代王刘恒，后被拥立为孝文帝，是薄太后所生的儿子；再次是梁王刘恢，吕太后执掌朝政时改封他为赵共王；再次是淮阳王刘友，吕太后时被改封为赵幽王；再次是淮南厉王刘长；再次是燕王刘建。

原文

太史公曰：夏之政忠。忠之敝，小人以野，故殷人承之以敬。敬之敝，小人以鬼，故周人承之以文。文之敝，小人以僿（sài），故救僿莫若以忠。三王之道若循环，终而复始。周秦之间，可谓文敝矣。秦政不改，反酷刑法，岂不缪乎？故汉兴，承敝易变，使人不倦，得天统矣。朝以十月。车服黄屋左纛。葬长陵。

[译文]

太史公说：夏朝时的政治质朴忠厚，质朴忠厚的缺点在于让黎民百姓粗野无礼，因此殷朝时的人就以对天地鬼神的恭敬来承继它。这种恭敬的缺点在于让黎民百姓信奉鬼神，因此周朝人就用讲究礼仪来承继它。讲究礼仪的缺点在于让黎民百姓不再以诚相待，因此最好的补救办法就是以质朴忠厚为政。夏、商、周三朝的治国之道似乎循环往复，周而复始。至于从周朝到秦朝这段时间，可以说讲究礼仪的缺陷都暴露出来了。秦始皇嬴政没有进行改变，反而让刑法更加严酷，这难道不是在犯错误吗？因此汉朝兴起，虽然继承了过去的缺陷，却有所改变，令百姓不再厌倦，这是符合天道的规律了。汉朝规定每年的十月各诸侯王都要来到京城朝见皇帝。规定车服制度，皇帝的车驾都要以黄缯做盖顶，车前横木的左边要竖立旗帜。高祖被安葬在长陵。

[赏析]

《太史公自序》说："子羽暴虐，汉行功德，愤发蜀汉，还定三秦；诛籍业帝，天下唯宁，改制易俗，作《高祖本纪》。"这是司马迁创作这一篇文章的宗旨。《高祖本纪》当中，侧重记叙的是刘邦怎样起义反对秦朝，并随后战胜项羽，最终建立汉帝国的过程，同时也充分肯定了这位开国之君对天下大事所起到的关键作用。这种作用，是司马迁运用鲜明、强烈的对比手法展现到读者面前的。例如记叙项羽、刘邦两支军队分兵进攻关中灭掉秦朝时，对项羽军的行动记述只是单纯的军事胜利。而刘邦的部队，除了军事方面，还写了刘邦安定民众，约法三章，稳定民心。此外还有很多侧面描写间接写出了项羽与刘邦之间的差异。例如写刘邦、项羽对待各个诸侯的策略：项羽听说有人自立为王，就会立即起兵攻打；而当刘邦听说韩信自请立为"假王"时，其实极为气恼，打算进攻韩信，但经张良提醒，马上转变态度，封韩信为齐王。显然在政治谋略方面刘邦更胜一筹。

本篇还专门记录下刘邦在平定天下后所说的一番经典话语："夫运筹策帷帐之中，决胜于千里之外，吾不如子房。镇国家，抚百姓，给馈饷，不绝粮道，吾不如萧何。连百万之军，战必胜，攻必取，吾不如韩信。此三者，皆人杰也。吾能用之，此吾所以取天下也。项羽有一范增而不能用，此其所以为我擒也。"这是项羽与刘邦这对宿敌在用人方面的差距。本篇重在记录刘邦成功的方面，因此，那些体现刘邦人品其他方面的事迹，例如狡诈、虚伪、损人利己等，则在其他篇章之中有所表现，而在本篇中就不再叙写了。

[集评]

索隐述赞：高祖初起，始自徒中。言从泗上，即号沛公。啸命豪杰，奋发材雄。彤云郁砀，素灵告丰。龙变星聚，蛇分径空。项氏主命，负约弃功。王我巴蜀，实愤于衷。三秦既北，五兵遂东。氾水即位，咸阳筑宫。威加四海，还歌大风。

留侯世家

题解

《留侯世家》选自《史记》卷五十五，世家第二十五。本篇记录了传奇人物张良的相关事迹。张良以文弱书生辅佐汉王，建立运筹帷幄之功，并且促成汉朝定都关中之事，可谓有远见卓识。

原文

留侯张良者，其先韩人也。大父开地，相韩昭侯、宣惠王、襄哀王。父平，相釐王、悼惠王。悼惠王二十三年，平卒。卒二十岁，秦灭韩。良年少，未宦事韩。韩破，良家僮三百人，弟死不葬，悉以家财求客刺秦王，为韩报仇，以大父、父五世相韩故。

良尝学礼淮阳。东见仓海君。得力士，为铁椎重百二十斤。秦皇帝东游，良与客狙击秦皇帝博浪沙中，误中副车。秦皇帝大怒，大索天下，求贼甚急，为张良故也。良乃更名姓，亡匿下邳。

留侯像

良尝闲从容步游下邳圯上，有一老父，衣褐，至良所，直堕其履圯下，顾谓良曰："孺子，下取履！"良鄂[①]然，欲殴之。为其老，强忍，下取履。父曰："履我！"良业为取履，因长跪履之。父以足受，笑而去。良殊大惊，随目之。父去里所，复还，曰："孺子可教矣。后五日平明，与我会此。"良因怪之，跪曰："诺。"五日平明，良往。父已先在，怒曰："与老人期，后，何也？"去，曰："后五日早会。"五日鸡鸣，

张良受书

良往。父又先在，复怒曰："后，何也？"去，曰："后五日复早来。"五日，良夜未半往。有顷，父亦来，喜曰："当如是。"出一编书，曰："读此则为王者师矣。后十年兴。十三年孺子见我济北，谷城山下黄石即我矣。"遂去，无他言，不复见。旦日视其书，乃《太公兵法》也。良因异之，常习诵读之。

居下邳，为任侠。项伯常杀人，从良匿。

[注释]

①鄂：通"愕"。

[译文]

留侯张良，他的先人是韩国人。祖父开地做过韩昭侯、宣惠王、襄哀王的宰相。父亲张平做过釐王、悼惠王的宰相。悼惠王二十三年（前250年）的时候，父亲张平去世。死后二十年，秦国歼灭韩国。张良年少，没有在韩国做过官。韩国灭亡的时候，张良家有三百名奴仆。张良的弟弟死后没有举行厚葬，他用尽全部家财来寻求能够刺杀秦王的刺客，只是为了给韩国报仇。这是因为他的祖父、父亲曾经担任过五代韩王宰相的缘故。

张良曾经在淮阳学习礼学，在东方遇见过仓海君。他寻找到一名大力士，做了一个一百二十斤重的大铁锤。秦皇帝去东方巡视的时候，张良与大力士一起在博浪沙中袭击秦皇帝，却只是伤了其中一辆随行的车子。秦皇帝十分生气，下令大肆搜捕全国，一定要捉拿到刺客，这正是张良干的事情。因此张良为自己更改了姓名，逃到下邳后躲藏起来。

张良曾在空闲的时候来到下邳圯桥上漫步，遇见一个老翁。这个老翁衣着简朴，他经过张良身边的时候，故意将自己的鞋子扔到桥下，回过头来对张良说："小子，下去替我取鞋！"张良十分惊讶，想要揍他。但是因为他年纪老迈而作罢，只能强忍着怒火下去将鞋取上来。老翁说："给我把鞋子穿上！"张良为他将鞋子拿上来，跪在地上为老翁穿鞋。老翁将脚伸出来，让张良为自己穿好鞋子，然后笑着走开了。张良十分惊讶，一直看着老人离去。老翁走出来一里左右，又折了回来，说："你这小子值得教育啊。五天以后天亮时分，与我在这里相会。"张良对这件事感到很奇怪，立即跪下说："好的。"五天以后，天刚亮，张良就去赴约了。老翁已经先来到桥上，看见张良，生气地说："与老人约会，你反而后来，这是为什么？"老翁走了，并说："五天以后早点来这里相会。"五天后，鸡刚刚叫的时候，张良就前去赴约。老翁又先来到桥上，再次生气地说："你又晚来，这是为什么？"老翁走开了，并说："五天后，你再早点来这里与我相会。"五天后，张良不到半夜的时候就赶去赴约了。过了片刻，老翁也来了，高兴地说："这样就对了。"他拿出一本书，对张良说："你读懂这本书就能做帝王的老师了。十年以后一定会有所发展。十三年以后，你小子会在济北那里见到我，我就是谷城山下的一块黄石！"说完就走了，没有再说任何话，从此以后，张良再没有见过老翁。天亮以后张良看老翁送给自己的那本书，是《太公兵法》。张良认为它是一本与众不同的书籍，所以经常学习诵读。

张良居住在下邳的时候，喜欢打抱不平。项伯曾经因为杀人，在张良居住的地方躲藏。

原文

后十年，陈涉等起兵，良亦聚少年百余人。景驹自立为楚假王，在留。良欲往从之，道遇沛公。沛公将数千人，略地下邳西，遂属焉。沛公拜良为厩将。良数以《太公兵法》说沛公，沛公善之，常用其策。良为他人者，皆不省。良曰："沛公殆天授。"故遂从之，不去见景驹。

及沛公之薛，见项梁。项梁立楚怀王。良乃说项梁曰："君已立楚后，而韩诸公子横阳君成贤，可立为王，益树党。"项梁使良求韩成，立以为韩王。以良为韩申徒，与韩王将千余人西略韩地，得数城，秦辄复取之，往来为游兵颍川。

沛公之从雒阳南出轘辕，良引兵从沛公，下韩十余城，击破杨熊军。沛公乃令韩王成留守阳翟，与良俱南，攻下宛，西入武关。沛公欲以兵二万人击秦峣(yáo)下军，良说曰："秦兵尚强，未可轻。臣闻其将屠者子，贾竖易动以利。愿沛公且留壁，使人先行，为五万人具食，益为张旗帜诸山上，为疑兵，令郦食其持重宝啖秦将。"秦将果畔，欲连和俱西袭咸阳，沛公欲听之。良曰："此独其将欲叛耳，恐士卒不从。不从必危，不如因其解击之。"沛公乃引兵击秦军，大破之。逐北至蓝田，再战，秦兵竟败。遂至咸阳，秦王子婴降沛公。

张良

[译文]

十年后，陈涉等人发动起义，张良也召集了一百多名年轻人。景驹自立为代理楚王，住在留县。张良准备前去投奔景驹。在赶往留县的路上遇到了沛公。沛公带领着几千人，在下邳以西作战，张良便去跟随了沛公。沛公拜张良为厩将。张良曾经多次运用自己在《太公兵法》所学的知识来劝说沛公，沛公认为他说的很对，时常采用他的计策。张良跟其他人讲述《太公兵法》，大家听不明白。张良说：“或许沛公有着上天赋予的智慧。”因此就决定跟随沛公，不赶去投奔景驹了。

沛公到达薛县以后，遇见了项梁。项梁拥立了楚怀王。张良就劝说项梁道：“您已经拥立了楚国的后代为王，而那韩国的公子中要数横阳君韩成最为贤能，可以将他拥立为王，这样可以给我们增加盟友。”项梁派张良前去寻找韩成，拥立韩成为韩王，任命张良为韩国的申徒，与韩王一起带领一千多名士兵向西攻取韩地，攻占了几座城邑，秦国不久又将它们重新夺了回去。他们就在颍川一带往来游走打游击战。

沛公由雒阳向南，穿过轘辕山，张良带领兵马跟随沛公，攻克韩地的十多座城池，大破杨熊的军队。于是沛公命令韩王韩成在阳翟留守，他自己则和张良一起向南进军，攻占宛城，向西直入武关。沛公想要用两万人前去攻击峣关的秦军，张良劝阻沛公说：“秦国的军队还很强大，我们不可以轻敌。我听说那秦军的将领是一个屠户的儿子，商人容易被小利所打动。我请求您暂时留守在营中，只派一部分人先行出发，筹备好五万人的粮食，在周围的山上多挂些我军的旗帜，用来迷惑敌人，命令派郦食其带着贵重的宝物前去诱惑秦将。”秦军的将领竟然真的叛变了秦国，想要联合沛公的军队一起向西进军袭击咸阳，沛公打算听取他们的意见。张良说：“现在这只是他们的将领想要叛变秦国而已，恐怕士兵们不会答应。假如士兵们不听从他的指挥的话，就一定会有危险，不如趁他们现在正懈怠的时候去攻击他们。”于是沛公带领军队攻打秦军，大败秦军，沛公追击败兵一直追到蓝田，与秦军再次交锋，秦兵彻底败北。于是沛公来到咸阳城，秦王子婴向沛公投降。

原文

沛公入秦宫，宫室帷帐狗马重宝妇女以千数，意欲留居之。樊哙谏沛公出舍，沛公不听。良曰：“夫秦为无道，故沛公得至此。夫为天下除残贼，宜缟素为资。今始入秦，即安其乐，此所谓‘助桀为虐’。且‘忠言逆耳利于行，毒药苦口利于病’，愿沛公听樊哙言。”沛公乃还军霸上。

项羽至鸿门下，欲击沛公，项伯乃夜驰入沛公军，私见张良，欲与俱去。良曰：“臣为韩王送沛公，今事有急，亡去不义。”乃具以语沛公。沛公大惊，曰：“为将奈何？”良曰：“沛公诚欲倍项羽邪①？”沛公曰：“鲰生教我距关无内诸侯，秦地可尽王，故听之。”良曰：“沛公自度能却项羽乎？”沛公默然良久，曰：“固不能也。今为奈何？”良乃固要②项伯。项伯见沛公。沛公与饮为寿，结宾婚。令项伯具言沛公不敢倍项羽，所以距关者，备他盗也。及见项羽后解，语在《项羽》事中。

［注释］

①邪：同“耶”。②要：通“邀”。

［译文］

沛公进入秦宫之后，看见宫室、帷帐、狗马、珍贵的宝物以及数以千计的美女，心里想要留下来住在秦宫。樊哙进言让沛公出去住，沛公不肯听从，张良说：“那秦朝昏庸无道，因此沛公才能够来到这里。既然要为天下铲除残暴的君主，应该把生活俭朴当作根基。现在我们刚刚进入秦都，就安于享乐的话，这就是所说的‘助桀为虐’啊。而且‘忠言逆耳利于行，良药苦口利于病’，恳请沛公能够听从樊哙的话。”于是，沛公带领军队回到霸上驻扎。

项羽来到鸿门驻军，想要攻击沛公。于是，项伯连夜飞奔到沛公的军营，私下与张良会面，想要和张良一起离开。张良说：“我是奉命替韩王护送沛公的，现在有这样紧急的事情，独自逃跑是不道义的行为。”于是将全部情况都告诉了沛公。沛公十分惊讶，说：“我该怎么办呢？”张良说：“沛公是真的想要背叛项羽吗？”沛公说：“一个见识浅薄的小子让我看守住关口，不要让其他的诸侯进来，如果控制了秦国的全部土地，就能够称王了，因此我听从了他的话。”张良说：“沛公你自己估计一下如果真正打仗的话你能打败项羽吗？”沛公好久不出声，说道：“当然不能。现在该如何是好？”于是张良坚持把项伯邀请进来。项伯见到沛公，沛公与项伯一起饮酒，沛公祝项伯长寿，两人还结为儿女亲家。沛公让项伯回去向项羽说明沛公不敢背叛他，沛公据守在关口的原因，是为了防范其他的入侵者。等到项伯见到项羽后，双方就和解了，这些事在《项羽本纪》中有所记载。

原文

汉元年正月，沛公为汉王，王巴蜀。汉王赐良金百溢，珠二斗，良具以献项伯。汉王亦因令良厚遗项伯，使请汉中地。项王乃许之，遂得汉中地。汉王之国，良送至褒中，遣良归韩。良因说汉王曰："王何不烧绝所过栈道，示天下无还心，以固项王意。"乃使良还。行，烧绝栈道。

良至韩，韩王成以良从汉王故，项王不遣成之国，从与俱东。良说项王曰："汉王烧绝栈道，无还心矣。"乃以齐王田荣反书告项王。项王以此无西忧汉心，而发兵北击齐。

项王竟不肯遣韩王，乃以为侯，又杀之彭城。良亡，间行归汉王，汉王亦已还定三秦矣。复以良为成信侯，从东击楚。

[译文]

汉元年（前 206 年）正月，沛公成为汉王，在巴、蜀地区称王。汉王赏赐给张良一百镒黄金，二斗珍珠，张良将赏赐全部献给了项伯。汉王也趁机让张良多送些财宝给项伯，拜托项伯请求项王让他占有汉中。项王竟然答应了汉王的请求，因此汉王得到了汉中。汉王前往封国，张良送汉王到褒中，汉王派张良重新返回韩地。张良趁机劝说汉王："大王为什么不将所经过的栈道全部烧毁，向全天下人表明自己没有再回来的心意，以此来让项王的想法更加坚定呢？"于是，汉王让张良重新返回韩地。沛公在行进过程中，将所经过的地方的栈道全部烧毁。

张良到达韩地，因为韩王成让张良跟随汉王，因此项王没有派遣韩王成到自己的封国去，而是让他跟随自己一起向东去。张良劝说项王道："汉王将栈道全部烧毁，并没有再重新返回的心思啊。"接着又将齐王田荣谋反的檄文交给了项王。项王因此而消除了对西面汉王的顾虑，转而向北发兵前去攻击齐国。

项王始终不肯让韩王到封国去称王，而是降韩王成为侯，又在彭城将韩王成杀死。张良逃跑了，从小路前去投奔汉王。这个时候，汉王也已经回军平定了三秦。汉王又封张良为成信侯，让他跟随自己向东进军攻打楚军。

原文

至彭城，汉败而还。至下邑，汉王下马踞鞍而问曰："吾欲捐关以东等弃之，谁可与共功者？"良进曰："九江王黥布，楚枭将，与项王有郄(xì)①；彭越与齐王田荣反梁地：此两人可急使。而汉王之将独韩信可属大事，当一面。即欲捐之，捐之此三人，则楚可破也。”汉王乃遣随何说九江王布，而使人连彭越。及魏王豹反，使韩信将兵击之，因举燕、代、齐、赵。然卒破楚者，此三人力也。

张良多病，未尝特将也，常为画策臣，时时从汉王。

[注释]

①郄：通“隙”，隔阂，裂痕。

[译文]

到了彭城，汉军战败退兵。到达下邑的时候，汉王下马倚靠着马鞍问道：“我想要放弃函谷关以东的地区，将它分给别人，不知谁能够和我共成大业呢？”张良进言说：“九江王黥布是楚军中英勇善战的猛将，他和项王有矛盾，彭越和齐王田荣在梁地叛乱，这两个人现在就可以利用。而汉王的将领当中，唯独韩信是可以嘱托大事，独当一面的人。假如想要捐弃那块地方，就分给这三个人，这样一来，就能够打败楚军了。”于是汉王派遣随何前去游说九江王黥布，又派使者去联合彭越。等到魏王豹叛乱的时候，汉王派韩信带领军队前去讨伐他，趁势攻下燕、代、齐、赵。而最终打败楚军，全是凭借这三个人的力量。

张良体弱多病，从来没有亲自带领军队作战，经常为汉王出谋划策，总是跟随在汉王左右。

原文

汉三年，项羽急围汉王荥阳，汉王恐忧，与郦食其谋桡楚权。食其曰：“昔汤伐桀，封其后于杞。武王伐纣，封其后于宋。今秦失德弃义，侵伐诸侯社稷，灭六国之后，使无立锥之地。陛下诚能复立六国后世，毕已受印，此其君臣百姓必皆戴陛下之德，莫不乡风慕义，愿为臣妾。德义已行，陛下南乡称霸，楚必敛衽而朝。”汉王曰：“善。趣刻印，先生因行佩之矣。”食其未行，张良从外来谒。汉王

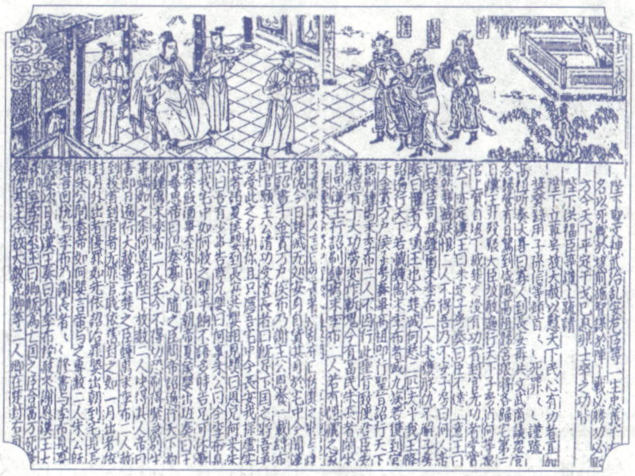

汉王封三大将

方食，曰："子房前！客有为我计桡楚权者。"其以郦生语告，曰："于子房何如？"良曰："谁为陛下画此计者？陛下事去矣。"汉王曰："何哉？"张良对曰："臣请借前箸为大王筹之。"曰："昔者汤伐桀而封其后于杞者，度能制桀之死命也。今陛下能制项籍之死命乎？"曰："未能也。""其不可一也。武王伐纣封其后于宋者，度能得纣之头也。今陛下能得项籍之头乎？"曰："未能也。""其不可二也。武王入殷，表商容之闾，释箕子之拘，封比干之墓。今陛下能封圣人之墓，表贤者之闾，式[①]智者之门乎？"曰："未能也。""其不可三也。发巨桥之粟，散鹿台之钱，以赐贫穷。今陛下能散府库以赐贫穷乎？"曰："未能也。""其不可四矣。殷事已毕，偃革为轩，倒置干戈，覆以虎皮，以示天下不复用兵。今陛下能偃武行文，不复用兵乎？"曰："未能也。""其不可五矣。休马华山之阳，示以无所为。今陛下能休马无所用乎？"曰："未能也。""其不可六矣。放牛桃林之阴，以示不复输积。今陛下能放牛不复输积乎？"曰："未能也。""其不可七矣。且天下游士离其亲戚，弃坟墓，去故旧，从陛下游者，徒欲日夜望咫尺之地。今复六国，立韩、魏、燕、赵、齐、楚之后，天下游士各归事其主，从其亲戚，反其故旧坟墓，陛下与谁取天下乎？其不可八矣。且夫楚唯无强，六国立者复桡(ráo)而从之，陛下焉得而臣之？诚用客之谋，陛下事去矣。"汉王辍食吐哺，骂曰："竖儒，几败而公事！"令趣销印。

[注释]

①式：通"轼"。古代车厢前用作扶手的横木，这里指乘车时扶轼敬礼。

[译文]

汉王三年（前204年），项羽在荥阳将汉王包围，汉王既害怕又担忧，和郦食其一起商议削弱楚军势力的计谋。郦食其说："过去商汤讨伐夏桀，将夏朝的后代封在杞。武王伐纣，将商朝的后代分封在宋。如今秦朝不顾道义，侵占讨伐诸侯国家，将六国的后代全部消灭，让他们无立足之地。陛下如果能将六国后代的地位恢复，把印信全部交给他们，这样一来他们的君臣百姓一定都会感激陛下的大恩大德，仰慕陛下高尚的德义，希望做陛下的臣子和仆婢。德义广为施行之后，陛下就能够面南为帝，雄霸天下，楚王一定会整理衣冠，恭恭敬敬地前来朝拜。"汉王说："好。赶快刻制印信，趁先生这次出行的机会就给他们带去。”郦食其还没有出行，张良外出回来前来拜见汉王。汉王刚好在吃饭，说：“张良上前来，有人能帮助我出谋划策削弱楚军力量。”于是将郦食其的话都告诉了张良，并询问张良说：“在你看来这个计谋怎么样？”张良说：“这是谁给陛下筹谋的计策？假如您真的这样做，那么陛下的大事就全毁了。”汉王说：“为什么这么说呢？”张良回答说：“请允许我借助面前的筷子来帮助大王比划一下。”张良接着说：“昔日商汤讨伐暴桀而在杞地分封夏的后裔，是因为他估计到自己可以置夏桀于死地。如今陛下能够确定将项籍置于死地吗？”汉王说：“不能。”张良说：“这就是不能分封六国后代的第一个原因。昔日武王伐纣而在宋地分封商的后代，是因为他估计自己可以得到纣王的人头。如今陛下有把握可以得到项籍的人头吗？”汉王说：“不能。”张良说：“这就是不能分封六国后代的第二个原因。武王进入商朝的都城，在商容所居住的里巷口表彰他，释放了被囚禁的箕子，重新修建了比干的坟墓。如今陛下可以重建圣人坟墓，在有贤能的人的里巷口表彰他，在有智慧的人的门口低头扶按车前木对他表示尊敬吗？”汉王说：“不能。”张良说：“这是不能分封六国后代的第三个原因。周武王曾经发放巨桥仓的粮食，散发鹿台府库的金钱财宝，给贫穷的人。如今陛下能将府库里的钱粮散发给贫穷的人吗？”汉王说：“不能。”张良说：“这是不能分封六国后代的第四个原因。周武王消灭商朝以后，废弃了战车，将战车修改成载人的车，将战争武器全部倒着堆放，用虎皮把它们遮盖起来，告诉全天下的人从此不再打仗。如今陛下能放弃武力崇尚文治，不再打仗吗？”汉王说：“不能。”张良说：“这是不能分封六国后代的第五个原因。周武王曾经将所有的战马都放到华山南面去牧养，以此来表示自己不再打仗。如今陛下能让战马休息不再使用吗？”汉王说：“不能。”张良说：“这是不能分封六国后代的第六个原因。周武王曾经将运用粮草的牛放到桃林的北面去牧养，以此表示自己不再需要运输和积储军粮。如今陛下能将牛群去放牧而不再用它们运输和积储粮草吗？”汉王说：“不能。”张良说：“这是不能分封六国后代的第七个原因。天下的谋士远离他们的亲人，放弃了他们的祖坟，告别了自己的故乡朋友，跟随陛下四处征战，日盼夜盼只是渴望能够得到一块封地。现在陛下重新分封六国后代，立韩、魏、燕、赵、齐、楚的后代为诸侯王，天下的谋士都回去侍奉自己的君主，和他们久别的的亲人团聚，回到他们的老朋友和祖坟所在的故乡，还有谁愿意和陛下一起去夺取天下呢？这是不能分封六国后代的第八个原因。为今之计，只有控制那楚国的力量，不让它再壮大了。假如楚军力量强大起来了，那些重新分封的六国后代就

脯林酒池

夏桀是历史上著名的暴君，在人民生活非常困苦的情况下，依旧建酒池肉林，挥霍无度。

会全部屈服于楚国，陛下又有什么办法让他们臣服呢？假如陛下真的采用了这人的计谋，陛下的大事就全毁了。”汉王停下吃饭，将嘴里的饭吐了出来，骂道：“这个没有见识的人，险些坏了我的大事！”立即下令赶紧销毁印信。

原文

汉四年，韩信破齐而欲自立为齐王，汉王怒。张良说汉王，汉王使良授齐王信印，语在《淮阴》事中。

其秋，汉王追楚至阳夏南，战不利而壁固陵，诸侯期不至。良说汉王，汉王用其计，诸侯皆至。语在《项籍》事中。

[译文]

汉王四年（前 203 年），韩信打败齐国之后想要自立为齐王，汉王十分生气。张良对汉王劝说一番后，汉王派遣张良前去授予齐王韩信印信。这件事在《淮阴侯列传》中有所记载。

同年秋天，汉王追逐楚军一直到了阳夏的南面，因为战斗不利而退到固陵坚守，诸侯到了约定的日期也没有赶来救援。张良劝说汉王，汉王使用了张良的计策，诸侯这才全部赶到。这件事在《项羽本纪》中有所记载。

原文

汉六年正月，封功臣。良未尝有战斗功，高帝曰：“运筹策帷帐中，决胜千里外，子房功也。自择齐三万户。”良曰：“始臣起下邳，与上会留，此天以臣授陛下。陛下用臣计，幸而时中，臣愿封留足矣，不敢当三万户。”乃封张良为留侯，与萧何等俱封。

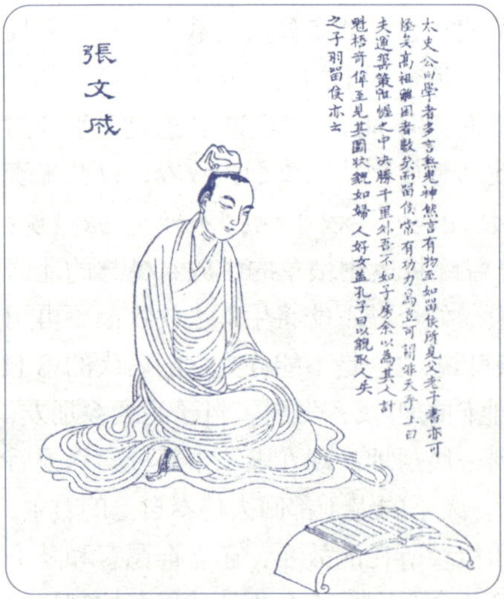

张良像

上已封大功臣二十余人，其余日夜争功不决，未得行封。上在雒阳南宫，从复道望见诸将往往相与坐沙中语。上曰：“此何语？”留侯曰：“陛下不知乎？此谋反耳。”上曰：“天下属安定，何故反乎？”留侯曰：“陛下起布衣，以此属取天下，今陛下为天子，而所封皆萧、曹故人所亲爱，而所诛者皆生平所仇怨。今军吏计功，以天下不足遍封，此属畏陛下不能尽封，恐又见疑平生过失及诛，故即相聚谋反耳。”上乃忧曰：“为之奈何？”留侯曰：“上平生所憎，群臣所共知，谁最甚者？”上曰：“雍齿与我故，数尝窘辱我。我欲杀之，为其功多，故不忍。”留侯曰：“今急先封雍齿以示群臣，群臣见雍齿封，则人人自坚矣。”于是上乃置酒，封雍齿为什方侯，而急趣丞相、御史定功行封。群臣罢酒，皆喜曰：“雍齿尚为侯，我属无患矣。”

[译文]

汉高祖六年（前 201 年）正月，高祖分封有功之臣，张良从来没有立过战功。高帝说：“在帷帐之中出谋划策，才能在千里之外的前线决战取胜，这就是张良的功劳。你自己在齐地任意选择三万户作为自己的食邑。”张良说：“当初我在下邳起兵反秦，在留县与陛下相遇，这是上天把我交给陛下啊。陛下使用我的计策，我侥幸有的时候预料对了。我恳请陛下将留县封给我就满足了，万万不敢承受三万户的食邑。”于是，高祖封张良为留侯，与萧何等人一起接受分封。

皇上已经封赏了二十多个立下过大功的臣子，剩下的人因为整天为战功争论不休，无法决定，所以没有进行封赏。皇帝在洛阳南宫里，从宫中阁道上远远看见将领们经常集体坐在沙地上窃窃私语。皇帝说：“这些人在谈论什么事情呢？”留侯张良说：“陛下您不知道吗？这些人在密谋造反啊。”皇帝说：“天下刚刚归于平静，他们因为什么原因要造反呢？”留侯说：“陛下以平民的身份起兵反秦，在这些人的帮助下夺取了天下。现在陛下贵为天子，而受到封赏的都是萧何、曹参这些您亲近的爱护的老朋友，而被诛杀的却都是陛下生平所怨恨的仇人。现在军吏们都在计算自己的战功，将全天下的土地都拿来也不够进行封赏的，这些人担心陛下无法全部封赏，又害怕陛下对他们平时所犯下的过失有所顾虑，最后将他们诛杀，因此他们就相聚在一起密谋造反。”皇上担忧地说：“这可怎么办呢？”留侯说：“陛下生平最憎恨的，大家都知道的人，属谁最为突出？”皇上说：“雍齿和我有旧怨，他曾经多次侮辱过我，我想杀死他，但是他立下的功劳太多，又不忍心下手。”留侯说：“现在赶快先将雍齿论功行赏，以这种方法来向群臣昭示，如果大家看到雍齿被封，那么人心就会稳定了。”于是，皇上摆酒设宴，封雍齿为什方侯，并加紧催促丞相、御史为大臣们定功分封。群臣吃完酒宴后，都高兴地说：“雍齿都能被封为侯，我们这帮人没有其他的担忧了。”

原文

刘敬说高帝曰："都关中。"上疑之。左右大臣皆山东人，多劝上都雒阳："雒阳东有成皋，西有殽黾(mǐn)，倍河，向伊雒，其固亦足恃。"留侯曰："雒阳虽有此固，其中小，不过数百里，田地薄，四面受敌，此非用武之国也。夫关中左殽函，右陇蜀，沃野千里，南有巴蜀之饶，北有胡苑之利，阻三面而守，独以一面东制诸侯。诸侯安定，河渭漕挽天下，西给京师；诸侯有变，顺流而下，足以委输。此所谓金城千里，天府之国也，刘敬说是也。"于是高帝即日驾，西都关中。

［译文］

刘敬劝说高帝："在关中建立都城。"高祖犹豫不决。高祖身边的大臣都是崤山以东地区人，大多劝说高祖将都城建在雒阳，大臣们说："雒阳东面成皋，西有崤山、渑池，以黄河为依靠，面向伊水、洛水，它地势险要、城郭坚固，是座完全可以依靠的城池。"留侯说："尽管雒阳的确如此坚固，但是它面积狭小，不过数百里大小，土地贫瘠，四面受敌，这里并不是一个方便用武的地方。而那关中，左面有崤山、函谷关，右面有陇、蜀大山，肥沃的土地绵延千里，南面的巴蜀一带，资源富饶，北面有畜牧的便利条件，凭借三面的险要地势来防守，只需控制东方一面的诸侯。诸侯安定下来之后，黄河、渭水能够将天下的物资向西运输到京师。假如诸侯有人发动叛乱，可顺流而下，也足以运输物资。这就是所说的，金城千里，天府之国，啊，刘敬的劝说是正确的。"于是，高帝当天就起驾西行，将都城建在关中。

商山四皓

商山四皓是四位名士。他们不愿意当官，长期隐居在商山，出山时都年过八十，眉发皓白，故被称为"商山四皓"。

原文

留侯从入关。留侯性多病，即道引不食谷，杜门不出岁余。

上欲废太子，立戚夫人子赵王如意。大臣多谏争①，未能得坚决者也。吕后恐，不知所为。人或谓吕后曰："留侯善画计策，上信用之。"吕后乃使建成侯吕泽劫留侯，曰："君常为上谋臣，今上欲易太子，君安得高枕而卧乎？”留侯曰：“始上数在困急之中，幸用臣策。今天下安定，以爱欲易太子，骨肉之间，虽臣等百余人何益。”吕泽强要曰：“为我画计。”留侯曰：“此难以口舌争也。顾上有不能致者，天下有四人。四人者年老矣，皆以为上慢侮人，故逃匿山中，义不为汉臣。然上高此四人。今公诚能无爱金玉璧帛，令太子为书，卑辞安车，因使辩士固请，宜来。来，以为客，时时从入朝，令上见之，则必异而问之。问之，上知此四人贤，则一助也。”于是吕后令吕泽使人奉太子书，卑辞厚礼，迎此四人。四人至，客建成侯所。

［注释］

①争：同“诤”，规劝。

［译文］

留侯张良跟随高帝进入函谷关。留侯生性体弱多病，就练习道引之术，不食五谷，整整一年多闭门不出。

皇上想要废掉太子，立戚夫人所生的儿子赵王如意为太子。大臣们纷纷劝谏阻止，但是都没有改变高祖坚定不移的想法。吕后十分惊慌，不知道该如何是好。有人对吕后说：“留侯张良善于出谋划策，皇上很信任器重他。”吕后立即派遣建成侯吕泽前去恳求留侯，说：“你曾经是皇帝的谋臣，现在皇帝打算改立太子，你怎么能够高枕无忧呢？”留侯说：“当初皇帝曾经数次处于困难和危急关头，才采用了我的计策。如今天下安定了，皇帝因为偏爱的缘故想要更替太子，这是至亲骨肉之间的事情，就算我们有上百人前去阻止劝说，又有什么用呢？”吕泽竭力要求张良说：“你必须为我出谋划策。”留侯说：“这件事无法凭借口舌之争取胜。普天之下只有四个人，就连皇帝也无法请来的。这四个人现在都已经是老年人了，他们都觉得皇上处事傲慢轻侮，因此隐匿到深山中，不愿委曲求全，做汉朝的臣子。但是皇上却很尊重这四个人。现在你若果真能够不吝惜金玉璧帛，让太子写一封书信，言辞一定要恳切恭敬，准备好舒适的车子，派遣一个口才好的人前去坚持邀请他们，他们应该会来。来到皇宫之后，你要像对待高贵的宾客一样待他们，让他们经常跟随太子一起上朝，让皇上看见他们，皇上就一定会感到惊异而向他们询问。皇帝询问

商山四皓采蕨图

过他们之后，就会了解这四个人的贤能，对更替太子的事会有一定的帮助。”于是吕后命令吕泽派人前去为太子送信，用谦卑的言辞、丰厚的礼物来迎接这四个老人。四个老人来到关中，就住在建成侯的家中。

原文

汉十一年，黥布反，上病，欲使太子将，往击之。四人相谓曰："凡来者，将以存太子。太子将兵，事危矣。"乃说建成侯曰："太子将兵，有功则位不益太子；无功还，则从此受祸矣。且太子所与俱诸将，皆尝与上定天下枭将也，今使太子将之，此无异使羊将狼也，皆不肯为尽力，其无功必矣。臣闻'母爱者子抱'，今戚夫人日夜侍御，赵王如意常抱居前，上曰'终不使不肖子居爱子之上'，明乎其代太子位必矣。君何不急请吕后承间为上泣言：'黥布，天下猛将也，善用兵，今诸将皆陛下故等夷，乃令太子将此属，无异使羊将狼，莫肯为用，且使布闻之，则鼓行而西耳。上虽病，强载辎车，卧而护之，诸将不敢不尽力。上虽苦，为妻子自强。'"于是吕泽立夜见吕后，吕后承间为上泣涕而言，如四人意。上曰："吾惟竖子固不足遣，而公自行耳。"于是上自将兵而东，群臣居守，皆送至灞上。留侯病，自强起，至曲邮，见上曰："臣宜从，病甚。楚人剽疾，愿上无与楚人争锋。"因说上曰："令太子为将军，监关中兵。"上曰："子房虽病，强卧而傅太子。"是时叔孙通为太傅，留侯行少傅事。

[译文]

汉高帝十一年（前196年），淮南王黥布发动叛乱，皇帝此时生病，想要任命太子为将军，前去出兵讨伐。四个老人互相商量了一下说："我们来到这里，目的是为了保全太子。如果太子带领军队前去平定叛乱的话，事情就很危险了。"于是劝说建成侯："太子带领军队去打仗，就算有了功劳，他的地位也不会比太子再高；如果无功而返，那么祸患就会因此而起了。何况与太子一起出征的各位将领，都是曾经和皇帝一起平定天下，骁勇善战的猛将。如今派遣太子前去带领他们，这与让羊去带领狼毫无区别，他们都不会为太子尽全力效忠的，太子没有战功是一定的事情了。我们曾经听说过'母亲被宠，她的儿子也会跟着受宠，如今那戚夫人不分昼夜在皇上身边服侍，赵王如意经常被抱到皇帝面前，皇帝曾经说过'绝对不可以让不肖的儿子位居宠爱的儿子之上’，这很清楚，赵王如意势必要取代太子。你为什么不赶快恳请吕后借此机会向皇帝哭诉：‘那黥布是全天下共知的猛将，他善于用兵作战，如今的这些将领都是过去与陛下一起出生入死的同辈人，让太子去带领这些人，无异于派羊去带领狼群一样，没有一个人肯为太子所用。况且，如果黥布得知这件事情，他一定会擂鼓西进。皇上虽然正在病痛之中，如果强忍着坐在辎车里指挥诸位将领，诸位将领一定会竭尽忠诚。皇上尽管有些辛苦，但为了妻子儿女，自己也一定要发奋图强一回。’”于是吕泽连夜赶去拜见吕后，吕后乘机在皇帝面前按照四位长者所说的方法哭诉了一番。皇帝说：“我就在想这小子根本不足以担此重任，还是让老子亲自去吧。”于是，皇上亲自带领军队向东进发，群臣留守关中，临行前都来到霸上送行。留侯张良有病，也勉强前来相送，到了曲邮，留侯拜见皇上说：“我本来应该跟随您一起去的，但是我病得很厉害。楚人敏捷勇猛，希望皇上不要和楚人争锋。”又借机劝皇上说：“可委任太子为将军，让他负责监管关中的军队。”皇上说：“子房虽然有病在身，也一定要勉力支撑，好生辅佐太子。”当时，叔孙通是太子太傅，留侯行使太子少傅的职责。

原文

汉十二年，上从击破布军归，疾益甚，愈欲易太子。留侯谏，不听，因疾不视事。叔孙太傅称说引古今，以死争太子。上详许之，犹欲易之。及燕①，置酒，太子侍。四人从太子，年皆八十有余，须眉皓白，衣冠甚伟。上怪之，问曰：“彼何为者？”四人前对，各言名姓，曰东园公、角里先生、绮里季、夏黄公。上乃大惊，曰：“吾求公数岁，公辟逃我，今公何自从吾儿游乎？”四人皆曰：“陛下轻士善骂，臣等义不受辱，故恐而亡匿。窃闻太子为人仁孝，恭敬爱士，天下莫不延颈欲为太子死者，故臣等来耳。”上曰：“烦公幸卒调护太子。”

[注释]

①燕：通“宴”，安闲。

[译文]

汉高祖十二年（前 195 年），皇上打败黥布的军队班师回朝，病得更加严重，想要改立太子的想法更加强烈。留侯张良进谏，皇帝不听从，所以张良就称病不再插手这件事情。太子太傅叔孙通旁征博引，引用古今事例，冒死为太子争辩。皇上假意答应了他，但内心还是想要改立太子。一次宴席上，太子侍奉皇帝。四位老者跟随着太子，年龄都八十有余，胡子眉毛全都白了，配着衣服和帽子看起来特别伟岸。皇上感到很奇怪，询问说：“他们是干什么的？”四位老者上前对答，分别报上了自己的姓名，叫东园公、角里先生、绮里季、夏黄公。皇帝非常惊讶，说："我找寻你们多年，你们始终躲避着我，现在你们为什么主动与我的儿子交往呢？"四位老人都说："陛下您看不起士人，喜欢辱骂士人，我们受不了侮辱，因此惴惴不安地躲藏起来。我们私下听说太子为人仁慈孝顺，对士人恭敬怜爱，天下没有谁不是伸长了脖子想要以死为太子效忠的，因此我们就来了。"皇上说："烦劳诸位始终如一地调教保护太子。"

原文

四人为寿已毕，趋去。上目送之，召戚夫人指示四人者曰："我欲易之，彼四人辅之，羽翼已成，难动矣。吕后真而主矣。"戚夫人泣，上曰："为我楚舞，吾为若楚歌。"歌曰："鸿鹄高飞，一举千里。羽翮已就，横绝四海。横绝四海，当可奈何！虽有矰缴，尚安所施！"歌数阕，戚夫人嘘唏流涕。上起去，罢酒。竟不易太子者，留侯本招此四人之力也。

留侯从上击代，出奇计马邑下，及立萧何相国，所与上从容言天下事甚众，非天下所以存亡，故不着。留侯乃称曰："家世相韩，及韩灭，不爱万金之资，为韩报仇强秦，天下振动。今以三寸舌为帝者师，封万户，位列侯，此布衣之极，于良足矣。愿弃人间事，欲从赤松子游耳。"乃学辟谷，道(dǎo)引轻身。会高帝崩，吕后德留侯，乃强食之，曰："人生一世间，如白驹过隙，何至自苦如此乎！"留侯不得已，强听而食。

列子御风

《庄子·逍遥游》中所描写的修道者多有神迹：列子具有驾御风的能力，姑射山神人可以"不食五谷，吸风饮露"。本篇提到的辟谷就是一种修道方式，即不食五谷杂粮。道教认为，人食五谷杂粮，会在肠中积结，产生秽气，阻碍成仙的道路。这种辟谷术起于先秦，张良显然受到了它的影响。

[译文]

四位老人为皇帝敬酒祝寿完毕之后，小步快走离开。皇帝目送他们出去，然后将戚夫人召来，将这四个人指给戚夫人看说："我想要改立太子，那四个人一直辅佐太子，现在太子羽翼已经丰满，恐怕很难变动了。看来吕后真的要成为你的主人了。”戚夫人哭了，皇帝说：“你为我跳一支楚舞，我为你唱一支楚歌。”于是歌唱道：“鸿鹄高飞，一举能飞出千里。羽翼已经丰满，四海再也没有什么可以阻碍。四海无阻碍，谁又能阻止呢？即便有弓矢，又有什么用呢！”唱了几遍，戚夫人涕泪横流。皇上起身离开，酒宴结束。最终也没能改立太子，这是留侯出主意请来的这四位老人的结果啊。

留侯跟随皇帝去攻击代地，留侯贡献奇计攻下了马邑。等到立萧何为相国的时候，留侯和皇帝谈论的天下事情很多，因为并不是涉及到天下存亡的大事，因此没有记载。留侯说：“我家世代都在韩国为相，韩国灭亡以后，我不惜万金家财，替韩国向强秦报仇，这件事情震动了全天下。现在凭借自己的三寸之舌成了皇帝的老师，得到万户的分封，位居列侯之位，这对于一个平民百姓来说已经到了极点，对我张良来说，我也感到很满足了。我希望放弃人世间的一切，跟随赤松子游历。”于是张良学习黄老之术，不食五谷，用道引之术强健身体。适逢高帝驾崩，吕后感激留侯的恩德，就极力劝他吃饭，吕后说：“人生一世，犹如白驹过隙，你又何必自找苦吃到这种地步呢？”留侯没有办法，勉强听从了吕后的话，开始进食。

原文

后八年卒，谥为文成侯。子不疑代侯。

子房始所见下邳圯上老父与太公书者，后十三年从高帝过济北，果见谷城山下黄石，取而葆[1]祠之。留侯死，并葬黄石。每上冢伏腊，祠黄石。

留侯不疑，孝文帝五年坐不敬，国除。

太史公曰：学者多言无鬼神，然言有物。至如留侯所见老父予书，亦可怪矣。高祖离[2]困者数矣，而留侯常有功力焉，岂可谓非天乎？上曰：“夫运筹帷帐之中，决胜千里外，吾不如子房。”余以为其人计魁梧奇伟，至见其图，状貌如妇人好女。盖孔子曰：“以貌取人，失之子羽。”留侯亦云。

[注释]

①葆：通“宝”。②离：通“罹”，遭遇。

[译文]

八年以后，留侯张良去世，追封谥号文成侯。他的儿子张不疑继承了留侯的爵位。

当初张良在下邳桥上遇见的那个送他《太公兵法》的老翁，果然在十三年后，张良跟随高帝路过济北的时候，成为了谷城山下的一块黄石。张良将它带回去，作为珍宝供奉起来。留侯去世，与黄石一起安葬。每逢后人扫墓和夏冬两季前来祭祀的时候，也一起祭祀黄石。

留侯张不疑在孝文帝五年（前175年）因为犯下不敬之罪，被撤除了封号，封国被废。

太史公说：学者们大多认为世界上没有鬼神，却认为有精灵、神怪的存在。像留侯见到的送给他兵书的老翁，也可以说是一件奇怪的事情。高祖曾经多次陷入困境，而留侯总是能解救高祖，这难道不是天意的安排吗？高祖说："论在帷帐中出谋划策，就能在千里之外获得胜利，我比不上张良。"我以为张良应该是个身材高大伟岸的人，等到看到他的画像的时候，才发现他的样貌如同美女一般。大概如同孔子所说："按照样貌来评判人，就会对子羽有错误的认识。"这句话对留侯张良也同样适用。

[赏析]

本篇围绕张良波澜起伏的一生经历，描述了他在复杂的政治斗争以及尖锐的军事斗争里展现出来的超群才干，以及他在功成名就后不争权求利，及时退避的出世思想与行为，生动刻画了张良的为人及其才干与性格特征，使得这一历史人物鲜活地展现在我们眼前。

青年时代，张良是一位血气方刚的豪侠，他不惜散尽家财要为韩国报仇，刺杀秦始皇。但司马迁又通过张良与圯上老人相见的情节，刻画了张良的隐忍与虚心，这是张良早年性格的又一个重要侧面。张良跟随刘邦后，处处表现出他非比寻常的政治远见与高超谋略，如设计打败秦军，劝谏刘邦撤出秦朝宫殿，争取黥布、彭越，拉拢韩信，最终灭楚等。刘邦称帝后，他建议封赏与刘邦有仇怨的雍齿，成功安抚人心，使得内部团结。他是刘邦身边智谋之士的核心人物，为刘邦出了很多至关重要的计策，刘邦对他所献计策非常重视。

明哲保身则是张良后半生性格的重要组成部分。张良非常清楚兔死狗烹的道理：在群臣都在争功时，他谢绝了三万户的食邑；刘邦对他的封赏，他非常知足；他称病长期闭门不出，学习"道引""辟谷"之术；他宣称想要云游，不管人间俗事，急流勇退。因此，在汉初三杰当中，韩信被杀，萧何一度被囚，张良却始终平安无事。司马迁通过以上情节，将张良城府极深、明哲保身的性格特点描写得淋漓尽致。

[集评]

索隐述赞：留侯倜傥，志怀愤惋。五代相韩，一朝归汉。进履宜假，运筹神算。横阳既立，申徒作扞。灞上扶危，固陵静乱。人称三杰，辩推八难。赤松原游，白驹难绊。嗟彼雄略，曾非魁岸。

萧相国世家

题解

《萧相国世家》选自《史记》卷五十三，世家第二十三。萧何作为刘邦的重要谋臣，为西汉王朝的建立和政权的巩固，做出了重大的贡献。本篇紧紧围绕这一方面，塑造了萧何这一历史人物，描述了他的卓越功勋。

原文

萧相国何者，沛丰人也。以文无害为沛主吏掾。

高祖为布衣时，何数以吏事护高祖。高祖为亭长，常左右之。高祖以吏繇（yáo）①咸阳，吏皆送奉钱三，何独以五。

秦御史监郡者与从事，常辨（bàn）②之。何乃给泗水卒史事，第一。秦御史欲入言征何，何固请，得毋行。

及高祖起为沛公，何常为丞督事。沛公至咸阳，诸将皆争走金帛财物之府分之，何独先入收秦丞相、御史律令图书藏之。沛公为汉王，以何为丞相。项王与诸侯屠烧咸阳而去。汉王所以具知天下厄塞，户口多少，强弱之处，民所疾苦者，以何具得秦图书也。何进言韩信，汉王以信为大将军。语在《淮阴侯》事中。

[注释]

①繇：通“徭”，劳役。这里指服劳役。②辨：通“办”，办事。这里指交办的事情都能办得挺好。

[译文]

萧相国萧何是沛县丰邑人。他这个人对法律十分精通，到了无人能比的地步，在沛县县令的手下担任主吏掾。

汉高祖刘邦还是一介平民的时候，萧何曾经多次凭借自己的职位之便袒护他。刘邦当上亭长之后，萧何也时常帮助他。刘邦以官吏的身份到都城咸阳服徭役的时候，官员们都资助他三百钱，只有萧何资助他五百钱。

秦朝的御史到泗水郡督察工作的时候，萧何负责与之共事，他总是将所有的事情都处理得条理清晰、一目了然。于是萧何转而担任泗水郡卒史的工作，在进行公务考核的时候名列第一。秦朝的御史想要回报朝廷将萧何纳入朝中办事，萧何再三辞谢，才没有被调走。

等到刘邦发动起义成为沛公之后，萧何就辅佐沛公，帮助他处理公务。沛公进入咸阳之后，将领们争先恐后奔向秦朝府库，分取金帛财物，只有萧何先进入宫室收集了秦朝丞相及御史负责掌管的秦朝法律条文、地理图册以及户籍档案等文献资料，并将这些图书都珍藏起来。沛公做了汉王之后，委任萧何为丞相。项羽和诸侯军队将咸阳城屠杀焚烧一番之后就离开了。汉王能够详细了解天下的险关要塞，有多少户人家，各个地方的强弱之处，百姓的疾苦等等，是因为萧何得到并且完好地珍藏了秦朝的文献档案。萧何向汉王进言举荐韩信，汉王让韩信担任大将军。这件事情在《淮阴侯列传》中有所记载。

原文

汉王引兵东定三秦，何以丞相留收巴蜀，填(zhèn)①抚谕告，使给军食。汉二年，汉王与诸侯击楚，何守关中，侍太子，治栎阳。为法令约束，立宗庙社稷宫室县邑，辄奏上，可，许以从事；即不及奏上，辄以便宜施行，上来以闻。关中事计户口转漕给军，汉王数失军遁去，何常兴关中卒，辄补缺。上以此专属任何关中事。

汉三年，汉王与项羽相距京索之间，上数使使劳苦丞相。鲍生谓丞相曰："王暴衣露盖，数使使劳苦君者，有疑君心也。为君计，莫若遣君子孙昆弟能胜兵者悉诣军所，上必益信君。"于是何从其计，汉王大说(yuè)。

[注释]

①填：通"镇"，镇守。

[译文]

汉王带领军队向东挺进，平定了三秦，萧何以丞相的身份在巴蜀地区留守治理。他安抚民众，发布政令，给军队提供粮草。汉二年（前 205 年），汉王与各路诸侯合力攻打楚军的时候，萧何在关中守卫，侍奉太子，治理栎阳。制定各种法令、规章制度，建立宗庙，建立社稷，修建宫室，改编县邑，萧何在做任何决定之前都是先向汉王禀报，得到汉王的同意之后，再具体施行这些政事；假如有的事情来不及禀报汉王，就会酌情处理，等汉王回来之后再向他一一汇报。萧何在关中做好了户籍人口的管理工作，同时还征集粮草运送给阵前的军队。汉王多次兵败落荒而逃，萧何经常征召发动关中壮丁，以此来补充军队的缺额。汉王因此专门将关中的所有政事都委任萧何处理。

汉三年（前 204 年），汉王与项羽在京县、索城之间对峙，汉王曾经多次派遣使者回关中慰劳丞相萧何。有个名叫鲍生的人对萧何说："汉王在前方打仗，风餐露宿，却多次派遣使者回来慰劳你，这是对您的心意有所怀疑啊。为您着想，不如将您的子孙兄弟中所有能打仗的人全部派到军营中去效力，这样一来，汉王一定会更加信任您。"于是，萧何听从了鲍生的计策，汉王果然十分高兴。

原文

汉五年，既杀项羽，定天下，论功行封。群臣争功，岁余功不决。高祖以萧何功最盛，封为酂侯，所食邑多。功臣皆曰："臣等身被坚执锐，多者百余战，少者数十合，攻城略地，大小各有差。今萧何未尝有汗马之劳，徒持文墨议论，不战，顾反居臣等上，何也？"高帝曰："诸君知猎乎？"曰："知之。""知猎狗乎？"曰："知之。"高帝曰："夫猎，追杀兽兔者狗也，而发踪指示兽处者人也。今诸君徒能得走兽耳，功狗也。至如萧何，发踪指示，功人也。且诸君独以身随我，多者两三人。今萧何举宗数十人皆随我，功不可忘也。"群臣皆莫敢言。

列侯毕已受封，及奏位次，皆曰："平阳侯曹参身被七十创，攻城略地，功最多，宜第一。"上已桡功臣，多封萧何，至位次未有以复难之，然心欲何第一。关内侯鄂君进曰："群臣议皆误。夫曹参虽有野战略地之功，此特一时之事。夫上与楚相距五岁，常失军亡众，逃身遁者数矣。然萧何常从关中遣军补其处，非上所诏令召，而数万众会上之乏绝者数矣。夫汉与楚相守荥阳数年，军无见粮，萧何转漕关中，给食不乏。陛下虽数亡山东，萧何常全关中以待陛下，此万世之功也。今虽亡曹参等百数，何缺于汉？汉得之不必待以

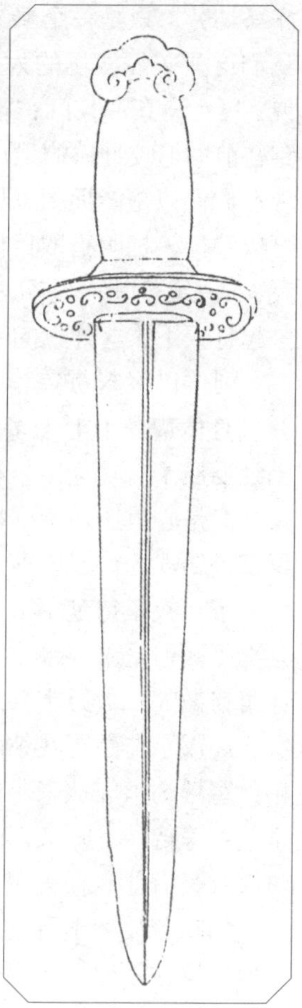

周服剑

剑，古代兵器之一，素有"百兵之君"的美称，也逐渐成为一种重要礼器，象征了所配者的身份和地位。

全。奈何欲以一旦之功而加万世之功哉！萧何第一，曹参次之。”高祖曰：“善。”于是乃令萧何第一，赐带剑履上殿，入朝不趋。

［译文］

汉五年（前202年），高祖已经杀死了项羽，平定了天下，于是论功行赏臣子。因为大家都争抢功劳，一年多了，谁的功劳大谁的功劳小也没能确定下来。高祖觉得萧何的功劳最显赫，封他为酂侯，封赏给他的食邑是最多的。大臣们都说：“我们身披战甲，手执兵器，在战场上亲自参加战斗，多的已经身经百战，少的也与敌军有数十回交锋，攻城略地，夺取城池，都立下了大小不等的战功。现在他萧何并没有这样的汗马功劳，只是一个舞文弄墨的书生，发表点议论，不用亲自参加战斗，封赏反倒在我们这些久经沙场的人之上，这是什么原因呢？”高帝说：“你们会打猎吗？”群臣说：“会。”高帝又问：“你们知道猎狗吗？”群臣说：“知道。”高帝说：“打猎的时候，跑在前面追咬野兽的虽然是猎狗，但是发现野兽踪迹，指出野兽出没地方的却是猎人。现在你们只是能捉到野兽罢了，这样的功劳就象是猎狗一样。至于萧何，他则是发现野兽踪迹，指明猎取目标的人，他的功劳与猎人是一样的。再说诸位只是一个人追随我，最多不过是一家两三个人追随我。而萧何则是自已整个家族的几十口人都来随我一起打天下，这样大的功劳是绝对不能忘怀的。”群臣都不敢再有任何异议了。

列侯已经封赏完毕，等到向高祖进言进行位次评定的时候，群臣都说：“平阳侯曹参身体遭受了七十多处创伤，攻城夺地，功劳最多，因而理应排在第一位。”高祖已经委屈了有功之臣，将较多的封赏给了萧何，现在评定位次的时候就没有再反驳大家，但是心里还是想要将萧何排在首位。关内侯鄂千秋向高祖进言说：“各位大臣的建议都是错误的。尽管曹参曾经转战各处，有攻城略地的功劳，但这些都只是一时的事情罢了。大王与楚军双方相持五年，经常失掉军队，士兵四处逃散，大王只身逃走好几次了。但是萧何经常在关中征集军队派遣出去补给前线，这些事情都不是大王下令让萧何做的，数万士兵总是能在大王最危急的关头出现在前线，这种情况已经有很多次了。汉军与楚军在荥阳对峙数年，军中没有存粮，萧何从关中用车船为将士运来军粮，军粮的供应从来不曾匮乏。虽然陛下多次失守崤山以东的地区，但是萧何始终保全关中等待陛下归来，这是万世不朽的功勋啊！现在就算没有上百个像曹参这样的人，对汉室又有什么损失呢？汉室就算有这些人，基业也不一定能够保全。怎么能让一朝一夕的功劳凌驾于万世的功勋之上呢！应该将萧何排在第一位，曹参次之。”高祖说：“好。”这才下令确定萧何为第一位，特别恩准他带剑穿鞋上殿，上朝的时候可以不遵循小步快走的礼仪。

原文

上曰：“吾闻进贤受上赏。萧何功虽高，得鄂君乃益明。”于是因鄂君故所食关内侯邑封为安平侯。是日，悉封何父子兄弟十余人，皆有食邑。乃益封何二千户，以帝尝繇咸阳时何送我独赢钱二也。

汉十一年，陈豨反，高祖自将，至邯郸。未罢，淮阴侯谋反关中，吕后用萧何计，诛淮阴侯，语在《淮阴》事中。上已闻淮阴侯诛，使使拜丞相何为相国，益封五千户，令卒五百人一都尉为相国卫。诸君皆贺，召平独吊。召平者，故秦东陵侯。秦破，为布衣，贫，种瓜于长安城东，瓜美，故世俗谓之"东陵瓜"，从召平以为名也。召平谓相国曰："祸自此始矣。上暴露于外而君守于中，非被矢石之事而益君封置卫者，以今者淮阴侯新反于中，疑君心矣。夫置卫卫君，非以宠君也。愿君让封勿受，悉以家私财佐军，则上心说。"相国从其计，高帝乃大喜。

汉十二年秋，黥布反，上自将击之，数使使问相国何为。相国为上在军，乃拊循勉力百姓，悉以所有佐军，如陈豨时。客有说相国曰："君灭族不久矣。夫君位为相国，功第一，可复加哉？然君初入关中，得百姓心，十余年矣，皆附君，常复孳孳得民和。上所为数问君者，畏君倾动关中。今君胡不多买田地，贱贳（shì）贷以自污？上心乃安。"于是相国从其计，上乃大说。

[译文]

高祖说："我曾经听说推荐贤能的人应该受到上等的奖赏。尽管萧何的功劳很高，不过经过鄂千秋的表彰就更加明晓了。"所以在原来受封的关内侯食邑的基础上，将鄂千秋加封为安平侯。同一天，萧何父子兄弟等十多人都获封食邑。后又给萧何加封两千户食邑，这是因为过去高祖到咸阳服徭役的时候，萧何多送给他二百钱。

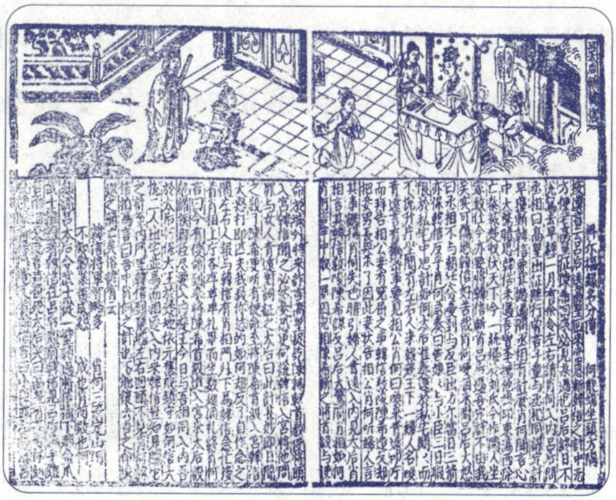

《续前汉书平话·吕太后斩韩信》

汉十一年（前196年），陈豨发动叛乱，高祖亲自率领军队来到邯郸。叛乱尚未平定，淮阴侯韩信也在关中密谋造反，吕后采用萧何进献的计策，杀死了淮阴侯韩信，这件事情在《淮阴侯列传》中有所记载。高祖听说淮阴侯韩信被杀的事情，派遣使者任命丞相萧何为相国，加封五千户食邑，并赏赐五百名士兵、一名都尉专门做相国萧何的卫队。因为这件事情许多人都前来向萧何道贺，只有召平表示哀悼之情。召平原本是秦朝的东陵侯。秦朝灭亡以后，他沦为平民，家境贫寒，在长安城东种瓜为生。他所种的瓜味道甘甜，因此人们都称他种的瓜为"东陵瓜"，这个称号是根据召平原本的封号得来的。召平对相国萧何说："你的祸患就要由此开始了。皇上在外带领军士风吹日晒，而您负责留守在朝中，从来没有遭遇到什么危险的战事，反而为您增加封邑，而且设置专门的卫队，这是因为淮阴侯刚刚在关中密谋造反，高祖对您的内心有所怀疑的原因啊。设置卫队保护您，并不是高祖宠信您，是希望您能够不接受封赏，将自己的家产、全部资财都捐助给军队，这样一来皇上心里就会十分高兴。"萧相国听从了他的计谋。于是高帝十分高兴。

汉十二年秋天，黥布发动叛乱，高祖亲自带领军队前去讨伐他，前后多次派人来询问萧相国在做什么事情。因为皇上在军中打仗，萧相国就在后方勉励安抚百姓，将自己的全部家财都捐助给了军队，和高祖当初讨伐陈豨的情形一样。有一个门客劝说萧相国道："距离您灭族的日子不远了。您现在高居相国之位，功劳数第一，还有什么可以再加功给您的吗？当初您进入关中之后就一直深得民心，到现在已经十多年了，百姓们都亲近依附您，而您仍然勤勤恳恳地做每一件事情，与百姓关系仍然十分和谐，受到百姓的爱戴。皇上之所以派人多次询问您在做什么，是担心关中的百姓倒向您。现在您为什么不多买些田地，采用强行贱买、赊借等手段来让自己的声誉败坏一下呢？只有这样，高祖才会安心一些。"于是，萧相国听从了这个人的计谋，高祖这才极为高兴。

原文

上罢布军归，民道遮行上书，言相国贱强买民田宅数千万。上至，相国谒。上笑曰："夫相国乃利民！"民所上书皆以与相国，曰："君自谢民。"相国因为民请曰："长安地狭，上林中多空地，弃，愿令民得入田，毋收稿为禽兽食。"上大怒曰："相国多受贾人财物，乃为请吾苑！"乃下相国廷尉，械系之。数日，王卫尉侍，前问曰："相国何大罪，陛下系之暴也？"上曰："吾闻李斯相秦皇帝，有善归主，有恶自与。今相国多受贾竖金而为民请吾苑，以自媚于民，故系治之。"王卫尉曰："夫职事苟有便于民而请之，真宰相事，陛下奈何乃疑相国受贾人钱乎！且陛下距楚数岁，陈豨、黥布反，陛下自将而往，当是时，相国守关中，摇足则关以西非陛下有也。相国不以此时为利，今乃利贾人之金乎？且秦以不闻其过亡天下，李斯之分过，又何足法哉。陛下何疑宰相之浅也。”高帝不怿。是日，使使持节赦出相国。相国年老，素恭谨，入，徒跣（xiǎn）谢。高帝曰：“相国休矣！相国为民请苑，吾不许，我不过为桀纣主，而相国为贤相。吾故系相国，欲令百姓闻吾过也。”

［译文］

高祖讨伐完黥布之后班师回朝，民众拦在道路中间上书给皇帝，说萧相国低价强买了价值数千万的百姓的田地房屋。高祖回到京城之后，萧相国前来进见。高祖笑着说：“你这个相国竟是这样‘利民’的啊！”高祖将百姓的控告书都交给萧相国，说：“还是你亲自向百姓们谢罪吧。”萧相国趁机为民请命说：“长安一带土地面积狭小，上林苑有很多闲置的土地，现在已经荒芜，臣希望陛下能恩准百姓们进去耕种打粮，将秸秆留下作为禽兽的饲料。”高祖勃然大怒，说道：“萧相国你自己接受了商人无数的财物，现在就为他们请求霸占我的上林苑！”于是就将相国交给廷尉，廷尉用镣铐拘禁了他。几天之后，一个姓王的卫尉在侍奉高祖的时候，上前问道：“萧相国犯下了什么弥天大罪啊，陛下将他囚禁得这样严酷？”高祖说：“我听说李斯在辅佐秦始皇的时候，取得了成绩都归功给主上，出了差错都自己一力承担。现在相国收受奸商的钱财却为他们请求占用我的上林苑，想要通过这种方法向民众示好，所以将他铐起来治罪。”王卫尉说：“在自己职责范围内的事情，假如对百姓有利的话，为他们请求这件事，这是宰相的分内之事，皇帝您怎么会怀疑相国收受奸商的钱财呢！何况陛下您在外与楚军对峙多年，陈豨、黥布发动叛乱的时候，陛下又亲自带兵前去讨伐叛乱，那个时候，相国独自留守在关中，只需要稍微动一动手脚，那么函谷关以西的地盘就不再归陛下您所有了。相国没有趁那个时机为自己谋求利益，现在又怎么会贪图商人的钱财呢？况且那秦始皇正是因为看不到自己的过错而丢掉了整个天下，李斯只是分担过错，又哪里值得效仿学习呢？陛下怎么会怀疑宰相到这样浅薄的地步啊！”高祖听后心里自觉有愧。当天，高祖就命人带着符节将萧相国赦免释放了。萧相国已经上了年纪，为人一向谨慎恭谨，入宫参见高祖的时候，赤脚步行向高祖谢罪。高祖说：“萧相国不用这样！相国为百姓请求上林苑，我没有答应，我不过是像桀、纣那样的君主罢了，而你确实是个贤相。我之所以将你用镣铐囚禁起来，是想让百姓们都知道这件事情是我的过错。”

原文

何素不与曹参相能，及何病，孝惠自临视相国病，因问曰：“君即百岁后，谁可代君者？”对曰：“知臣莫如主。”孝惠曰：“曹参何如？”

何顿首曰："帝得之矣！臣死不恨矣！"

何置田宅必居穷处，为家不治垣屋。曰："后世贤，师吾俭；不贤，毋为势家所夺。"

孝惠二年，相国何卒，谥为文终侯。后嗣以罪失侯者四世，绝，天子辄复求何后，封续酂侯，功臣莫得比焉。

[译文]

萧何跟曹参一向关系不好，到萧何病重的时候，孝惠皇帝亲自前去探望萧相国的病情，并趁机问道："假如您百岁归去以后，有谁可以接替您的职位呢？"萧何回答说："最了解臣下的莫过于君主了。"孝惠帝说："曹参您看怎么样？"萧何立即叩头说："陛下得到合适的人选了！这样一来，我就算是死也没有什么遗憾了！"

萧何所购置的田地住宅一定都是在偏远的地方，他所建造的房舍周围并没有修筑高大的围墙。萧何说："如果我的后代是贤能的人，就学习我的俭朴；如果我的后代不贤能，也可以不被有权有势的人家夺去居所。"

孝惠二年（前 193 年），相国萧何去世，孝惠帝追封萧何谥号为文终侯。萧何的后代之中，有四世子孙因为犯罪而失去侯爵封号，每次失去继承人的时候，天子总是继续寻找萧何的后代，续封为酂侯，所有的功臣没有谁能够比得上萧何。

原文

太史公曰：萧相国何于秦时为刀笔吏，录录未有奇节。及汉兴，依日月之末光，何谨守管籥(yuè)，因民之疾秦法，顺流与之更始。淮阴、黥布等皆以诛灭，而何之勋烂焉。位冠群臣，声施后世，与闳夭、散宜生等争烈矣。

[译文]

太史公说：萧相国在秦朝的时候只是一个小小的文职官吏，平平常常，没有什么惊人之处。等到汉室兴盛起来后，萧何仰仗帝王的余光，谨慎地为高祖掌管钥匙，管家理财；又根据民众痛恨秦朝严苛的法律制度这一情况，顺应历史潮流，为百姓们制定了一套新的措施。韩信、黥布等反贼被诛杀以后，萧何的功勋显得更加灿烂无比了。他的地位为群臣之首，他的声望流芳百世，能够跟闳夭、散宜生等人相媲美了。

[赏析]

萧何目光远大，深谋远虑。作为刘邦的重要助手，他不但进行了大量具体工作，而且很多地方都从宏观战略角度着眼，为西汉政权的建立打下坚实基础。司马迁运用对比的写作方法，写刘邦率军占据咸阳后，将领们忙着瓜分金帛财物，而萧何却首先去收集秦王朝的文献档案，将其珍藏，刘邦由此详细掌握了全国地理以及户籍等情况，为统一天下提供了便利条件。在楚汉相争时期，萧何尽管没有冲锋陷阵，但他守卫关中，制定法令，安抚百姓，建设后方，不断将不可或缺的粮草、兵员补充到前线，使得刘邦尽管多次战败，却始终可以重整旗鼓，转危为安。在论功行赏的过程中，司马迁借助刘邦与关内侯鄂君的话，充分肯定了萧何的巨大功绩。但萧何的个性也有不纯粹的一面，文中在写萧何的功绩的同时，又对他的另一面进行了描写。萧何善于识别人才，曾极力推荐过韩信；但后来萧何为了保全自己，又与吕后设计杀掉了韩信。另外，对刘邦与萧何之间极为微妙的君臣关系，司马迁也进行了深入而充分的描写。刘邦知道萧何功劳卓著，能力出众，但又提防萧何会反叛。萧何为了保护自己，采纳了鲍生等人的提议，使得刘邦减少了疑心；但由于为百姓请命，还是被关进了监牢；最后萧何得到了刘邦的赦免。一波三折的情节，使得史书更加精彩。

[集评]

索隐述赞：萧何为吏，文而无害。及佐兴王，举宗从沛。关中既守，转输是赖。汉军屡疲，秦兵必会。约法可久，收图可大。指兽发踪，其功实最。政称画一，居乃非泰。继绝宠勤，式旌砺带。

曹相国世家

题解

《曹相国世家》选自《史记》卷五十四，世家第二十四。这是一篇关于曹参的传记。张良、萧何、曹参都是辅佐刘邦建立大汉王朝的功勋人物。本文主要记述了曹参攻城野战之功和其“清静无为”的治国思想及措施。

原文

平阳侯曹参者，沛人也。秦时为沛狱掾，而萧何为主吏，居县为豪吏矣。

高祖为沛公而初起也，参以中涓[①]从。将击胡陵、方与，攻秦监公军，大破之。东下薛，击泗水守军薛郭西。复攻胡陵，取之。徙守方与。方与反为魏，击之。丰反为魏，攻之。赐爵七大夫。击秦司马巳(yí)军砀东，破之，取砀、狐父、祁善置。又攻下邑以西，至虞，击章邯车骑。攻爰戚及亢父，先登。迁为五大夫。北救阿，击章邯军，陷陈，追至濮阳。攻定陶，取临济。南救雍丘。击李由军，破之，杀李由，虏秦候一人。秦将章邯破杀项梁也，沛公与项羽引而东。楚怀王以沛公为砀郡长，将砀郡兵。于是乃封参为执帛，号曰建成君。迁为戚公，属砀郡。

曹参

其后从攻东郡尉军，破之成武南。击王离军成阳南，复攻之杠里，大破之。追北，西至开封，击赵贲军，破之，围赵贲开封城中。西击秦将杨熊军于曲遇，破之，虏秦司马及御史各一人。迁为执珪(guī)。从攻阳武，下轘辕、缑氏，绝河津，还击赵贲军尸北，破之。从南攻犨(chōu)，与南阳守齮战阳城郭东，陷陈[2]，取宛，虏齮，尽定南阳郡。从西攻武关、峣关，取之。前攻秦军蓝田南，又夜击其北，秦军大破，遂至咸阳，灭秦。

［注释］

①中涓：官名，一般为亲近之臣。②陈：同“阵”，交战时的战斗队列。

［译文］

平阳侯曹参是沛县人。秦朝的时候是沛县的狱掾，而萧何秦朝时是沛县的主吏，他们在县里都可以说是很有权势的官吏。

高祖做沛公刚开始起义的时候，曹参就以中涓的身份追随高祖。曹参带领军队攻打胡陵、方与，攻击秦朝郡监的军队，将敌军打得大败。向东占领了薛县，在薛县外城的西边攻打泗水郡守的军队。又一次带兵攻打胡陵，并且成功夺取胡陵。曹参带领军队转而去守卫方舆，方舆发生反叛投降了魏王，曹参带兵攻打方舆。丰邑也反叛投降了魏王，曹参又带兵攻打丰邑。沛公赏赐曹参七大夫的爵位。曹参在砀县东面攻击秦朝司马尸的军队，将他打败，成功夺取了砀县、狐父以及祁县的善置。曹参又攻打下邑以西的地区，一路攻打到虞县，攻打章邯的车骑部队。攻打爰戚和亢父的时候，曹参率先登上城楼，因此被擢升为五大夫。曹参向北援救东阿，攻打章邯的军队，曹参率先攻入敌阵，一路追击章邯到濮阳。带兵攻打定陶，成功占领临济。向南援救雍丘，攻击李由的军队，将李由军队打败，并且杀死了李由，俘虏了秦朝的一个军候。秦朝的将领章邯打败了项梁的军队，杀死了项梁，沛公和项羽都带领这军队向东归去。楚怀王任命沛公为砀郡长，负责统领砀郡的军队。于是沛公就封曹参为执帛，号称建成君。不久，曹参又升为戚县县令，隶属于砀郡。

后来，曹参跟随沛公攻击东郡郡尉带领的军队，在成武南大败敌军。在成阳南攻打王离率领的军队，又在杠里将王离的军队打得大败。曹参追逐败军，向西一直追到开封，前去攻击赵贲带领的军队，又将赵贲打败，把他围困在开封城中。接着曹参又向西进军，在曲遇进攻秦将杨熊的军队，将他打败，活捉了秦朝的一个司马和一个御史。曹参晋升为执珪。曹参随从沛公攻打阳武城，占领了轘辕、缑氏，将黄河的渡口封锁，回军在尸乡北对赵贲的军队展开了进攻，将他打败。跟随沛公向南攻打犨县，与秦朝南阳郡守齮在阳城外城的东面交战，曹参率先攻入敌阵，占领了宛县，活捉了齮，将南阳郡全部平定。跟随沛公向西攻打武关、峣关，占领了这两个地方。继续带兵向前推进，在蓝田南部攻击秦军，又连夜在蓝田北部攻打秦军，将秦军打得大败，于是带兵来到咸阳，将秦朝灭亡。

原文

项羽至，以沛公为汉王。汉王封参为建成侯。从至汉中，迁为将军。从还定三秦，初攻下辩、故道、雍、斄(tái)。击章平军于好畤南，破之，围好畤，取壤乡。击三秦军壤东及高栎，破之。复围章平，章平出好畤走。因击赵贲、内史保军，破之。东取咸阳，更名曰新城。参将兵守景陵二十日，三秦使章平等攻参，参出击，大破之。赐食邑于宁秦。参以将军引兵围章邯于废丘。以中尉从汉王出临晋关。至河内，下修武，渡围津，东击龙且、项他定陶，破之。东取砀、萧、彭城。击项籍军，汉军大败走。参以中尉围取雍丘。王武反于外黄，程处反于燕，往击，尽破之。柱天侯反于衍氏，又进破取衍氏。击羽婴于昆阳，追至叶。还攻武彊，因至荥阳。参自汉中为将军中尉，从击诸侯及项羽，败，还至荥阳，凡二岁。

［译文］

项羽来到关中以后，封沛公为汉王。汉王封曹参为建成侯。曹参跟随汉王来到汉中，晋升为将军。曹参跟随汉王回军平定了三秦，开始就攻打下辩、故道、雍县、嫠县。在好畤南面攻打章平的军队，将章平打败，对好畤进行围攻，成功夺取壤乡。在壤东及高栎攻击三秦的军队，将他们全部打败。曹参又将章平团团围住，章平从好畤突围逃跑。曹参又带兵攻打赵贲、内史保的军队，将他们打败。曹参带兵向东夺取了咸阳城，将咸阳城更名为新城。曹参带领军队在景陵镇守了二十天，三秦派章平等将领攻打曹参，曹参出击迎敌，将章平等人的军队打得大败。汉王将宁秦赏赐给曹参，作为他的封邑。曹参以将军的身份带兵将章邯包围在废丘。曹参以中尉的身份跟随汉王出临晋关。曹参来到河内后，成功攻克修武，从围津渡过黄河，带领军队向东进军，在定陶攻打龙且和项他，将他们打败，向东攻击并占领了砀县、萧县、彭城。攻打项籍的军队，汉军被打得大败逃走。曹参以中尉的身份围攻并占领了雍丘。汉王手下的将领王武在外黄发动叛变，程处在燕县叛变，曹参带领军队前去平定叛乱，把他们全部打败。柱天侯在衍氏叛变，曹参又带领军队大败叛军，将衍氏收复。在昆阳攻打羽婴，一直追逐羽婴到叶县，回军攻打武彊，乘势一路打到荥阳。曹参在汉中担任将军中尉以后，跟随汉王攻打诸侯和项羽，到项羽兵败，回到荥阳，一共用了两年时间。

原文

高祖二年，拜为假左丞相，入屯兵关中。月余，魏王豹反，以假左丞相别与韩信东攻魏将军孙遬(chì)军东张，大破之。因攻安邑，得魏将王襄。击魏王于曲阳，追至武垣，生得魏王豹。取平阳，得魏王母妻子，尽定魏地，凡五十二城。赐食邑平阳。因从韩信击赵相国夏说军于邬东，大破之，斩夏说。韩信与故常山王张耳引兵下井陉，击成安君，而令参还围赵别将戚将军于邬城中。戚将军出走，追斩之。乃引兵诣敖仓汉王之所。韩信已破赵，为相国，东击齐。参以右丞相属韩信，攻破齐历下军，遂取临菑。还定济北郡，攻著、漯阴、平原、鬲、卢。已而从韩信击龙且军于上假密，大破之，斩龙且，虏其将军周兰。定齐，凡得七十余县。得故齐王田广、相田光、其守相许章及故齐胶东将军田既。韩信为齐王，引兵诣陈，与汉王共破项羽，而参留平齐未服者。

项籍已死，天下定，汉王为皇帝，韩信徙为楚王，齐为郡。参归汉相印。高帝以长子肥为齐王，而以参为齐相国。以高祖六年赐爵列侯，与诸侯剖符，世世勿绝。食邑平阳万六百三十户，号曰平阳侯，除前所食邑。

［译文］

高祖二年（前 205 年），高祖任命曹参为代理左丞相，带领军队驻扎在关中。一个多月后，魏王豹叛变，曹参以代理左丞相的身份与韩信一起带领军队向东进军讨伐魏王豹，在东张攻打魏的将军孙遬，大败孙遬的军队。曹参趁势攻打安邑，活捉了魏王的将领王襄。在曲阳攻打魏王，一直追击魏王到武垣，活捉了魏王豹。攻打并占领了平阳城，活捉了魏王的母亲、妻妾、儿女，将魏国地区全部占领，一共得到了五十二座城池。汉王将平阳赏赐给曹参作为他的食邑。随后曹参又跟随韩信在邬东攻打赵相国夏说的军队，大败夏说的军队，将夏说杀死。韩信和原常山王张耳带领军队行军到井陉，攻打成安君，韩信命令曹参回军将赵国的另一将军戚将军包围在邬城。戚将军突围逃走，曹参追赶上他并杀死了他。于是曹参带领军队来到敖仓汉王的营地。韩信已将赵国打败，当上了相国，带领军队向东进军攻打齐国。曹参以右丞相的身份听命于韩信，打败了齐国在历下的驻军，占领了临菑。回军平定了济北郡，攻打著县、漯阴县、平原县、鬲县、卢县。没过多久，曹参跟随韩信在上假密攻打龙且所率领的军队，大败敌军，杀死了龙且，活捉了龙且的部将周兰。平定了齐国，一共攻占了七十余座郡县。活捉了原齐王田广、丞相田光、代理留守丞相许章以及原齐胶东将军田既。韩信当上了齐王，带领军队到达陈县，与汉王军队联合，一起打败了项羽，而曹参奉命留下来将齐国还没有降服的地区全部平定。

项籍死后，天下得以安定，汉王当上了皇帝，改封韩信为楚王，齐国划为直属中央的一个郡。曹参将丞相印归还给高帝。高帝封长子刘肥为齐王，而委任曹参为齐国的相国。在高帝六年进行列侯爵位赏赐的时候，朝廷与诸侯剖符为凭，承诺让受封者爵位世代相传而不会断绝。平阳一万零六百三十户作为曹参的食邑，封曹参为平阳侯，取消以前分封给曹参的食邑。

原文

以齐相国击陈豨将张春军，破之。黥布反，参以齐相国从悼惠王将兵车骑十二万人，与高祖会击黥布军，大破之。南至蕲，还定竹邑、相、萧、留。参功：凡下二国，县一百二十二；得王二人，相三人，将军六人，大莫敖、郡守、司马、候、御史各一人。

孝惠帝元年，除诸侯相国法，更以参为齐丞相。参之相齐，齐七十城。天下初定，悼惠王富于春秋，参尽召长老诸生，问所以安集百姓，如齐故诸俗。儒以百数，言人人殊，参未知所定。闻胶西有盖公，善治黄老言，使人厚币请之。既见盖公，盖公为言治道贵清静而民自定，推此类具言之。参于是避正堂，舍盖公焉。其治，要用黄老术，故相齐九年，齐国安集，大称贤相。

三教源流搜神大全

所谓三教，指的是儒、佛、道三家。作为道教的重要思想来源，黄老之学始于战国盛于西汉，假托黄帝和老子的思想，实为道家和法家学说的结合体，并兼采阴阳、儒、墨等诸家观点而成。

[译文]

曹参以齐国相国的身份带领军队攻打陈豨的部将张春的军队，将张春打败。黥布发动叛乱，曹参以齐国相国的身份跟随齐悼惠王带领步兵和车骑一共十二万人，与高帝军队会合，一起攻打黥布的军队，将黥布打得大败。曹参向南一直打到蕲县，回军平定了竹邑、相县、萧县和留县。曹参的战功如下：一共攻打下两个诸侯国，一百二十二个郡县；俘虏了两个诸侯王，三个诸侯王的丞相，六名将军，大莫敖、郡守、司马、军候、御史各一人。

孝惠帝元年（前 194 年），朝廷废除了在诸侯国设置相国的政策，改任命曹参为齐国的丞相。曹参在担任齐国丞相的时候，齐国下属一共统辖了七十座城池。天下刚刚平定，悼惠王年纪轻轻，曹参将长老、书生都召到齐国来，向他们询问让天下百姓安定的方法，到会的原本有齐国的好几百名儒生，各执一词，曹参听后拿不定主意按照哪种方法做。听说胶西有位盖公，精通运用黄老学说治理国家，曹参派人携带厚礼去邀请盖公。见到盖公后，盖公对曹参说，治理国家的办法应该崇尚清静无为，这样一来百姓们自己就会安定下来，并推举出这方面的同类事情，向曹参分别陈述道理。曹参于是让出自己的正堂，让盖公住到里面。曹参治理国家的要领是采用黄老学说，所以他在担任齐相的九年间，齐国安定繁荣，百姓大力称赞他是一个贤明的丞相。

原文

惠帝二年，萧何卒。参闻之，告舍人趣①治行，“吾将入相”。居无何，使者果召参。参去，属②其后相曰：“以齐狱市为寄，慎勿扰也。”后相曰：“治无大于此者乎？”参曰：“不然。夫狱市者，所以并容也，今君扰之，奸人安所容也？吾是以先之。”

参始微时，与萧何善；及为将相，有郤。至何且死，所推贤唯参。参代何为汉相国，举事无所变更，一遵萧何约束。

择郡国吏木诎于文辞，重厚长者，即召除为丞相史。吏之言文刻深，欲务声名者，辄斥去之。日夜饮醇酒。卿大夫已下吏及宾客见参不事事，来者皆欲有言。至者，参辄饮以醇酒，间之，欲有所言，复饮之，醉而后去，终莫得开说，以为常。

相舍后园近吏舍，吏舍日饮歌呼。从吏恶之，无如之何，乃请参游园中，闻吏醉歌呼，从吏幸相国召按之。乃反取酒张坐③饮，亦歌呼与相应和。

[注释]

①趣：通“促”，赶快。②属：同“嘱”，嘱托。③张坐：陈设坐席。坐，同“座”。

[译文]

惠帝二年（前 193 年），萧何萧相国去世。曹参得知这个消息，告诉门客迅速收拾行装，说：“我将要入朝当相国了。”没过多久，朝廷果然派使臣来召曹参入朝。曹参离开的时候，嘱咐齐国的继任丞相说：“我将齐国的监狱和刑场委托给你了。一定要慎重，不要轻易去惊扰它。”继任丞相说：“治理国家没有比这些更重要的事情了吗？”曹参说：“不是这样的。监狱和刑场的职能是惩恶劝善，因此善恶得以兼容，现在你如果干扰或者撤消它的话，恶人到哪里容身呢？因此我将狱市摆在头等重要的位置。”

曹参身份卑微的时候，和萧何的关系很好，等到他们都官至将军、相国之后，却产生了隔阂。萧何在临终的时候，向惠帝推荐的贤能之臣就只有曹参一个人。曹参接替萧何成了汉朝的相国，处理事情没有任何变化，一切都遵循萧何制定的法度。

曹参从郡国的官吏中寻找那些不善于言辞、行事稳重的长者，找到这样的人后马上将他召来任命为丞相史。凡是语言文字要求苛刻，对细微末节要求严格，致力于名声的人，曹参总是将他们斥退赶走。曹参不分昼夜都要饮用十分醇美的美酒。卿大夫以下的官吏及宾客看见曹参没有做出什么有政绩的事情，纷纷上门来想要对曹参进言劝告。客人到达以后，曹参就将醇厚的美酒拿出来把他们的嘴堵住，过一会儿，有的来客想进言，曹参又将酒递过去让他们喝，直到客人喝醉离去，始终不给客人开口进言的机会，这已经是经常见到的事情了。

相国住宅的后园与官吏的宿舍很接近，官吏宿舍日日饮酒高歌。曹参的随从官吏很讨厌这样的状况，却又没有办法，于是他们邀请曹参到后园游玩，曹参听到官吏们醉酒高歌、狂呼喧闹，随从的官吏本来希望相国能将他们召来论罪处置。但是曹参却让随从的官吏取来美酒，将座位摆好就地痛饮起来，也和官吏们一起高歌欢呼，互相应和。

原文

参见人之有细过，专掩匿覆盖之，府中无事。

参子窋（zhuó）为中大夫。惠帝怪相国不治事，以为“岂少朕与？”乃谓窋曰：“若归，试私从容问而父曰：‘高帝新弃群臣，帝富于春秋，君为相，日饮，无所请事，何以忧天下乎？’然无言吾告若也。”窋既洗沐归，间侍，自从其所谏参。参怒，而笞窋二百，曰：“趣入侍，天下事非若所当言也。”至朝时，惠帝让参曰：“与窋胡治乎？乃者我使谏君也。”参免冠谢曰：“陛下自察圣武孰与高帝？”上曰：“朕乃安敢望先帝乎！”曰：“陛下观臣能孰与萧何贤？”上曰：“君似不及也。”参曰：“陛下言之是也。且高帝与萧何定天下，法令既明，今陛下垂拱，参等守职，遵而勿失，不亦可乎？”惠帝曰：“善。君休矣！”

[译文]

曹参看到他人的小过失，总是隐瞒掩盖，不严加苛责，因此相府里总是平平安安，没什么大事。

曹参的儿子曹窋在汉朝担任中大夫之职。惠帝责备相国不理朝政，认为相国的这种做法“难道不是在轻视我吗？”于是对曹窋说：“你回去，私下里试探着询问一下你的父亲：‘高帝刚刚驾崩，刚登基的皇帝还很年轻，你身为相国，整天饮酒作乐，不向皇帝请示汇报，如何治理国家大事呢？’但是不要说这话是我告诉你的。”曹窋假日休息的时候回到家，空闲时陪着父亲，将惠帝的话变成自己的话向曹参进言。曹参十分生气，打了曹窋二百大板，说道：“你赶快进宫侍奉皇上，天下的事不是你应当说的。”到上朝的时候，惠帝责备曹参说：“为什么惩治曹窋呢？是我叫他劝你的。”曹参摘下帽子请罪说：“请陛下仔细想想，你和高帝相比谁更加圣明英武？”皇上说：“我怎么能跟先帝相比呢！”曹参说：“那陛下能看出我的才能和萧何的才能相比谁更胜一筹呢？”皇上说：“你大概比不上萧何。”曹参说：“陛下所言甚是。何况高帝和萧何一起平定了天下，政策法令已经明确施行，现在陛下只需垂衣拱手，曹参等大臣只需谨守职责，遵循已有的法度不进行任何改变，不也就可以了吗？”惠帝说：“好。你不要再说啦！”

原文

参为汉相国，出入三年。卒，谥懿侯。子窋代侯。百姓歌之曰：“萧何为法，顜（jiǎo）若画一。曹参代之，守而勿失。载其清净，民以宁一。”

平阳侯窋，高后时为御史大夫。孝文帝立，免为侯。立二十九年卒，谥为静侯。子奇代侯，立七年卒，谥为简侯。子时代侯。时尚平阳公主，生子襄。时病疠，归国。立二十三年卒，谥夷侯。子襄代侯。襄尚卫长公主，生子宗。立十六年卒，谥为共侯。子宗代侯。征和二年中，宗坐太子死，国除。

年画《萧规曹随》

[译文]

曹参前前后后一共担任了三年汉朝的相国。他去世以后，追封谥号为懿侯。他的儿子曹窋继承侯位。百姓歌颂曹参说：“萧何制定法规，让事理明白划一；曹参接替萧何，遵循原有法例而不加改变。执行他的清静无为政策，使国家得以安定统一。”

平阳侯曹窋，在高后执政的时候担任御史大夫。孝文帝即位以后，将他免官为侯。为侯二十九年之后去世，谥号静侯。他的儿子曹奇继承侯位，为侯七年去世，谥号简侯。曹奇的儿子曹时继承侯位，曹时娶了平阳公主，生下儿子曹襄。曹时患上恶疾，回到自己的封国。为侯二十三年去世，谥号夷侯。曹时的儿子曹襄继承侯位。曹襄娶了卫长公主，生下儿子曹宗。为侯十六年去世，谥号共侯。曹襄的儿子曹宗继承侯位。征和二年的时候，曹宗因为受太子事件的株连而被处死，他的封国也被废除。

原文

太史公曰：曹相国参攻城野战之功所以能多若此者，以与淮阴侯俱。及信已灭，而列侯成功，唯独参擅其名。参为汉相国，清静极言合道。然百姓离秦之酷后，参与休息无为，故天下俱称其美矣。

[译文]

太史公说：曹相国攻城略地的功劳之所以能如此众多，是由于他能够和淮阴侯韩信一起战斗。等到韩信被杀之后，列举诸位列侯的战功，就只有曹参仍然美名盛传。曹参做汉朝的相国，施行清静无为的政策，这与道家的黄老学说完全吻合。对于刚刚脱离秦朝残酷统治的百姓来说，曹参这样的做法是给了他们休养生息的机会，所以全天下的百姓都歌颂他的美德。

[赏析]

司马迁对曹参的勇猛善战与治国方略是持肯定态度的，认为曹参所施行的政策，使人民得以安心休养生息，也使他得到天下人的颂扬。曹参追随刘邦起兵后，历经与秦军、项羽及叛军的多次战斗，战功显赫，为西汉政权的建立与巩固做出巨大贡献。曹参担任相国后，主张一切顺应自然，“无为而治”。他昼夜饮酒，他的下属与宾客想要规劝他，他反倒劝他们与自己同饮。但曹参并非尸位素餐，他只是坚定依照刘邦、萧何所制定的方针政策处理事务。他注重官员素质，提拔质朴忠厚的人，摒弃沽名钓誉的浮华之人。尽管好酒，但曹参头脑却始终清醒。萧何的施政方针对西汉初年政权的巩固与发展起到了重要作用，曹参清楚地认识到这一点，所以他接替萧何担任丞相后，不轻易变更那些被证明行之有效的政策。他的政治思维与治国方针，在他与汉惠帝的对话中越发明显地表露出来。司马迁将曹参的“醉”与“醒”彼此映衬，突出了曹参的特点。

[集评]

索隐述赞：曹参初起，为沛豪吏。始从中涓，先围善置。执珪执帛，攻城略地。衍氏既诛，昆阳失位。北禽夏说，东讨田溉。剖符定封，功无与二。市狱勿扰，清净不事。尚主平阳，代享其利。

吕太后本纪

题解

《吕太后本纪》选自《史记》卷九，本纪第九。高皇后吕氏，名雉，字娥姁，是中国历史上著名的女政治家。这篇本纪成功地塑造了吕后这样一个残忍刻毒、权欲熏心的乱政后妃的形象。尽管如此，司马迁还是客观地评价了吕后的功过，肯定了她“政不出房户，天下晏然”的政绩。

原文

吕太后者，高祖微时妃也，生孝惠帝、女鲁元太后。及高祖为汉王，得定陶戚姬，爱幸，生赵隐王如意。孝惠为人仁弱，高祖以为不类我，常欲废太子，立戚姬子如意，如意类我。戚姬幸，常从上之关东，日夜啼泣，欲立其子代太子。吕后年长，常留守，希[1]见上，益疏。如意立为赵王后，几代太子者数矣，赖大臣争[2]之，及留侯策，太子得毋废。

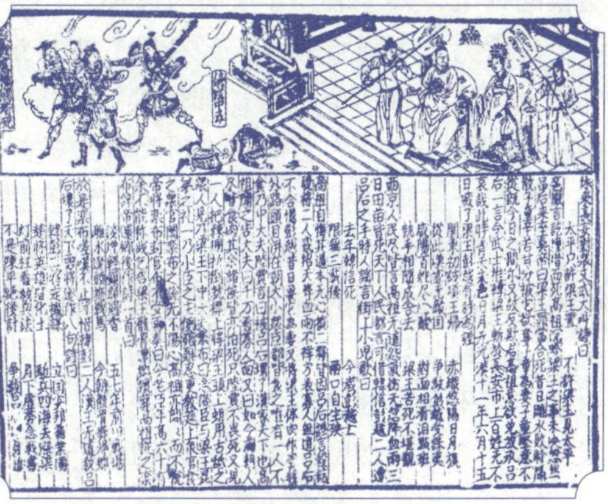

《续前汉书平话·吕后杀彭越》

吕后为人刚毅，佐高祖定天下，所诛大臣多吕后力。吕后兄二人，皆为将。长兄周吕侯死事，封其子吕台为郦侯，子产为交侯；次兄吕释之为建成侯。

高祖于十二年四月甲辰，崩长乐宫，太子袭号为帝。是时高祖八子：长男肥，孝惠兄也，异母，肥为齐王；余皆孝惠弟，戚姬子如意为赵王，薄夫人子恒为代王，诸姬子子恢为梁王，子友为淮阳王，子长为淮南王，子建为燕王。高祖弟交为楚王，兄子濞为吴王。非刘氏功臣番君吴芮子臣为长沙王。

[注释]

①希：同“稀”，少。②争：同“诤”，谏诤，规劝。

[译文]

吕太后是汉高祖身份低贱时候的妻子，她为高祖生下孝惠帝和女儿鲁元太后。等到汉高祖成为汉王的时候，在定陶这个地方又娶了戚姬，高祖非常宠爱她，戚姬为高祖生下赵隐王如意。孝惠帝为人仁慈软弱，高祖认为他不像自己，总是想要废掉太子，另立戚姬的儿子如意为太子，因为他认为如意和自己的性格更加相似。戚姬受到宠幸，总是跟随高祖前往关东，她在高祖面前日夜哭泣，希望高祖立自己的儿子为太子，想要取代原来的太子。吕后年龄大了，经常留守在都城，很少见到高祖，夫妻关系更加疏远。如意被封为赵王后，有好多次差点取代了太子，幸亏大臣们争相进谏，再加上留侯的计策，太子最终才没有被废掉。

吕后为人刚强坚毅，曾经帮助高祖平定天下，高祖诛杀叛逆大臣也多是得到吕后的帮助。吕后有两个哥哥，都是汉朝的将领。大哥周吕侯战死沙场，高祖封他的儿子吕台为郦侯，吕产为交侯；二哥吕释之被封为建成侯。

高祖十二年（前 195 年）四月二十五日，高祖在长乐宫驾崩，太子继承帝号，登上帝位。这时候，高祖有八个儿子：长子刘肥，是孝惠帝的哥哥，与孝惠帝同父异母，被封为齐王；其余的都是孝惠帝的弟弟，戚姬的儿子刘如意被封为赵王，薄夫人的儿子刘恒被封为代王，其他姬妾生的儿子刘恢被封为梁王，刘友被封为淮阳王，刘长被封为淮南王，刘建被封为燕王。高祖的弟弟刘交被封为楚王，哥哥的儿子刘濞被封为吴王。非刘氏的功臣原番君吴芮的儿子吴臣被封为长沙王。

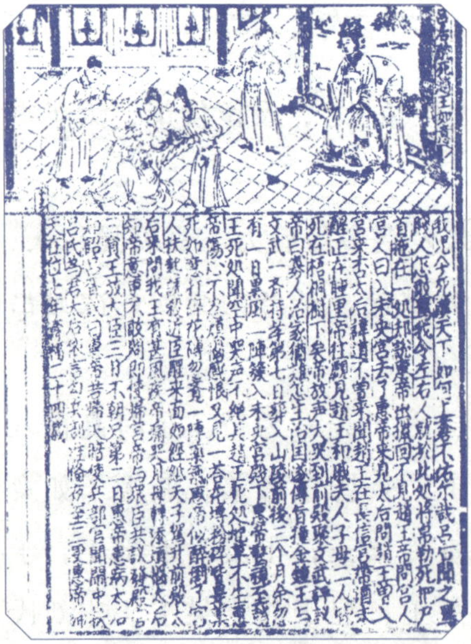

《续前汉书平话·吕后杀赵王如意》

原文

吕后最怨戚夫人及其子赵王，乃令永巷囚戚夫人，而召赵王。使者三反，赵相建平侯周昌谓使者曰：“高帝属臣赵王，赵王年少。窃闻太后怨戚夫人，欲召赵王并诛之，臣不敢遣王。王且亦病，不能奉诏。”吕后大怒，乃使人召赵相。赵相征至长安，乃使人复召赵王。王来，未到。孝惠帝慈仁，知太后怒，自迎赵王霸上，与入宫，自挟与赵王起居饮食。太后欲杀之，不得间。孝惠元年十二月，帝晨出射。赵王少，不能蚤起。太后闻其独居，使人持酖饮之。犁[①]明，孝惠还，赵王已死。于是乃徙淮阳王友为赵王。夏，诏赐郦侯父追谥为令武侯。太后遂断戚夫人手足，去眼，煇[②]耳，饮瘖药，使居厕中，命曰“人彘”。居数日，乃召孝惠帝观人彘。孝惠见，问，乃知其戚夫人，乃大哭，因病，岁余不能起。使人请太后曰：“此非人所为。臣为太后子，终不能治天下。”孝惠以此日饮为淫乐，不听政，故有病也。

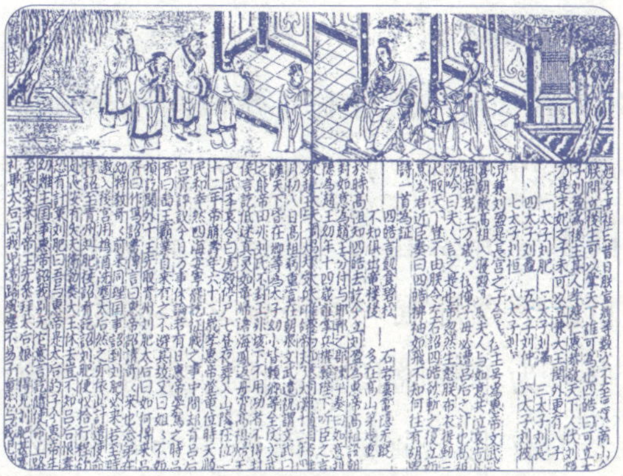
四皓辅太子

[注释]

①犁：通“黎”，等到。②煇：通“熏”，用火烧灼。

[译文]

吕后最怨恨的人就是戚夫人和她的儿子赵王，于是吕后下令派人将戚夫人囚禁在永巷，又将赵王召来都城。使者来来回回去了几次，赵相建平侯周昌对使者说：“高祖皇帝将赵王托付给我，现在赵王的年龄还太小。听说太后对戚夫人心存怨恨，想把赵王召去一起杀死，我不敢遣送赵王。况且赵王现在生病了，也不能奉诏前往。”吕后非常生气，就派人召赵相来都城。赵相被召到长安后，吕后又派人去召赵王，赵王来了，还没有到达都城。孝惠帝为人仁慈敦厚，得知太后发怒后，亲自到霸上迎接赵王，和赵王一起进宫，与赵王同食同住。太后想要杀死赵王，却苦于找不到机会。孝惠帝元年十二月，孝惠帝早晨出去狩猎。赵王年龄很小，不能早起。太后听说赵王现在正一个人，就派人拿着毒酒给他喝。等到天亮，孝惠帝回来的时候，赵王已经死了。于是孝惠帝将淮阳王刘友改封为赵王。夏天的时候，孝惠帝下诏追封郦侯已经过世的父亲为令武侯。太后将戚夫人的手脚砍断，又将她的双眼挖掉，用火将她的耳朵熏聋，又给她喝了哑药，把她扔到猪圈里，起了个名字叫“人猪”。数日后，让孝惠帝前去观看人猪。孝惠帝看到后，向身边人询问，才知道这就是戚夫人，顿时放声大哭起来，并且因此生了病，一年多不能下床，他派人去向太后请示说：“这不是人能做的事情。我是太后的儿子，可终究还是不能担当治理天下的重任。”从此，孝惠帝每天饮酒玩乐，不去打理朝政之事，身体越来越差。

原文

二年，楚元王、齐悼惠王皆来朝。十月，孝惠与齐王燕饮太后前，孝惠以为齐王兄，置上坐，如家人之礼。太后怒，乃令酌两卮酖（zhèn），置前，令齐王起为寿。齐王起，孝惠亦起，取卮欲俱为寿。太后乃恐，自起泛孝惠卮。齐王怪之，因不敢饮，详醉去。问，知其酖，齐王恐，自以为不得脱长安，忧。齐内史士说王曰："太后独有孝惠与鲁元公主。今王有七十余城，而公主乃食数城。王诚以一郡上太后，为公主汤沐邑，太后必喜，王必无忧。"于是齐王乃上城阳之郡，尊公主为王太后。吕后喜，许之。乃置酒齐邸，乐饮，罢，归齐王。

三年，方筑长安城，四年就半，五年六年城就。诸侯来会。十月朝贺。

［译文］

二年，楚元王、齐悼惠王都来朝见。十月的一天，孝惠帝和齐王在太后面前设宴饮酒，孝惠帝认为齐王身为兄长，按照寻常百姓家的礼节，理应安排在上排首位坐席。太后看后很生气，就命人倒了两杯毒酒，放在齐王前面，要齐王起来为自己饮酒祝寿。齐王站起身来，孝惠帝也站了起来，拿过一个酒杯想要和齐王一起向太后祝寿。太后感到很惊慌，亲自起身将孝惠帝杯子里的酒倒掉。齐王感到很奇怪，就没敢饮下这杯酒，假装喝醉走开了。后来经过询问，才知道那杯是毒酒。齐王很恐慌，以为自己无法从长安成功脱身，心里十分忧虑。齐国谋士劝慰齐王说："太后只生下孝惠帝和鲁元公主两个孩子。现在你拥有七十多座城邑，而公主才只有几座城邑。假如你肯将一个郡献给太后，作为公主的汤沐邑，太后一定会很高兴，齐王您就没有什么可忧虑的了。"于是齐王将自己的城阳郡献给公主，并且尊崇公主为王太后。吕后非常高兴，答应了齐王的请求，就在齐王官邸摆酒设宴，痛痛快快地喝了一席酒，酒宴结束后，让齐王返回了自己的封国。

三年，开始修筑长安都城，四年，修建工程完成了一半，经过五年，到六年，才全部完工。诸侯齐聚都城。十月，诸侯向皇帝朝贺。

原文

七年秋八月戊寅，孝惠帝崩。发丧，太后哭，泣不下。留侯子张辟彊为侍中，年十五，谓丞相曰："太后独有孝惠，今崩，哭不悲，君知其解乎？"丞相曰："何解？"辟彊曰："帝毋壮子，太后畏君等。君今请拜吕台、吕产、吕禄为将，将兵居南北军，及诸吕皆入宫，居中用事，如此则太后心安，君等幸得脱祸矣。”丞相乃如辟彊计。太后说，其哭乃哀。吕氏权由此起。乃大赦天下。九月辛丑，葬。太子即位为帝，谒高庙。元年，号令一出太后。

新刊全相平話前漢書續集卷下

《续前汉书平话·吕太后临朝》

［译文］

七年秋天八月十二日，孝惠帝驾崩。举行丧礼的时候，太后哭了，却没流下眼泪。留侯的儿子张辟彊做侍中，当时只有十五岁，他对丞相说：“太后只有孝惠帝这么一个儿子，现在驾崩了，她哭得并不悲伤，你知道其中的原因吗？”丞相说：“是什么原因？”张辟彊说：“皇帝没有成年的儿子，太后惧怕你们这些手握重权的大臣。你现在请太后任命吕台、吕产、吕禄为将军，统帅南北军，只有吕氏一帮人都进入朝廷，在朝廷中掌握实权大权之后，你们这些大臣才能侥幸脱难啊。”丞相按照张辟彊说的去做了。太后非常高兴，她的哭声这才悲痛起来。从此，吕氏的权势开始崛起。对天下实行大赦。九月五日，安葬了孝惠帝。太子即位做了皇帝，拜谒高祖的陵庙。少帝元年（前 187 年），朝廷的所有号令都是由太后发出的。

原文

太后称制，议欲立诸吕为王，问右丞相王陵。王陵曰：“高帝刑白马盟曰：‘非刘氏而王，天下共击之。’今王吕氏，非约也。”太后不说。问左丞相陈平、绛侯周勃。勃等对曰：“高帝定天下，王子弟；今太后称制，王昆弟诸吕，无所不可。”太后喜，罢朝。王陵让陈平、绛侯曰：“始与高帝啑(shà)[1]血盟，诸君不在邪？今高帝崩，太后女主，欲王吕氏，诸君从欲阿意背约，何面目见高帝地下？”陈平、绛侯曰：“于今面折廷争，臣不如君；夫全社稷，定刘氏之后，君亦不如臣。”王陵无以应之。十一月，太后欲废王陵，乃拜为帝太傅，夺之相权。王陵遂病免归。乃以左丞相平为右丞相，以辟阳侯审食其为左丞相。左丞相不治事，令监宫中，如郎中令。食其故得幸太后，常用事，公卿皆因而决事。乃追尊郦侯父为悼武王，欲以王诸吕为渐。

四月，太后欲侯诸吕，乃先封高祖之功臣郎中令无择为博城侯。鲁元公主薨，赐谥为鲁元太后。子偃为鲁王。鲁王父，宣平侯张敖也。封齐悼惠王子章为朱虚侯，以吕禄女妻之。齐丞相寿为平定侯，少府延为梧侯。乃封吕种为沛侯，吕平为扶柳侯，张买为南宫侯。

［注释］

①啑：同“歃”。

［译文］

太后代行皇帝职权，想要商议封吕氏子弟为王。吕后先向右丞相王陵询问，王陵说：“当初，高祖皇帝杀白马和大臣们盟誓说：‘不是刘氏子弟而称王的，天下人一起消灭他。’现在您想要封吕氏子弟为王，这是与高祖皇帝的盟誓相违背的。”太后很不高兴。又向左丞相陈平、绛侯周勃询问这件事情。周勃等人回答说：“高帝平定天下的时候，封子弟为王，现在太后临朝称制，封弟兄和吕氏子弟为王，并没什么不可以的。”太后高兴起来，退朝回到寝宫。王陵责备陈平、绛侯说：“当初我们曾经和高帝歃血为盟，难道你们不知道吗？现在高帝驾崩了，太后一个女子掌握朝政，想要封吕氏子弟为王，你们纵使想要阿谀逢迎，也不能背弃盟誓啊，否则死后有什么颜面去九泉之下见高帝呢？”陈平、绛侯说：“如果论今天在太后面前公开反对，当朝力争，我们不如你；但是要说到保全国家，匡扶社稷，安定刘氏后代的君王地位，你又不如我们了。”王陵听后，没有什么话好应对的。十一月的时候，太后想要罢免王陵，就任命他为皇帝的太傅，剥夺了他的丞相职权。于是，王陵只能称病，免官回家。吕后任命左丞相陈平为右丞相，任命辟阳侯审食其为左丞相。左丞相不负责管理政务，只是负责监督宫中的事情，如同郎中令一样。所以，审食其深受太后宠幸，经常能够参与政务，公卿大臣的很多重要事情都依靠他来决定。接着又追尊郦侯的父亲为悼武王，打算以此作为封吕氏子弟为王的开端。

四月的时候，太后想要封吕氏子弟为侯，她先封高祖的功臣郎中令冯无择为博城侯。鲁元公主去世，赐谥号为鲁元太后。鲁元公主的儿子张偃被封为鲁王。鲁王的父亲就是宣平侯张敖。封齐悼惠王的儿子刘章为朱虚侯，把吕禄的女儿嫁给了他。齐丞相齐寿被封为平定侯。少府阳成延被封为梧侯，接着，吕后将吕种封为沛侯，将吕平封为扶柳侯，将张买封为南宫侯。

原文

太后欲王吕氏，先立孝惠后宫子彊为淮阳王，子不疑为常山王，子山为襄城侯，子朝为轵侯，子武为壶关侯。太后风[①]大臣，大臣请立郦侯吕台为吕王，太后许之。建成康侯释之卒，嗣子有罪，废，立其弟吕禄为胡陵侯，续康侯后。二年，常山王薨，以其弟襄城侯山为常山王，更名义。十一月，吕王台薨，谥为肃王，太子嘉代立为王。三年，无事。四年，封吕嬃(xū)为临光侯，吕他为俞侯，吕更始为赘其侯，吕忿为吕城侯，及诸侯丞相五人。

宣平侯女为孝惠皇后时，无子，详为有身，取美人子名之，杀其母，立所名子为太子。孝惠崩，太子立为帝。帝壮，或闻其母死，非真皇后子，乃出言曰："后安能杀吾母而名我？我未壮，壮即为变。"太后闻而患之，恐其为乱，乃幽之永巷中，言帝病甚，左右莫得见。太后曰："凡有天下治为万民命者，盖之如天，容之如地，上有欢心以安百姓，百姓欣然以事其上，欢欣交通而天下治。今皇帝病久不已，乃失惑惛乱，不能继嗣奉宗庙祭祀，不可属天下，其代之。"群臣皆顿首言："皇太后为天下齐民计，所以安宗庙社稷甚深，群臣顿首奉诏。"帝废位，太后幽杀之。五月丙辰，立常山王义为帝，更名曰弘。不称元年者，以太后制天下事也。以轵(zhǐ)侯朝为常山王。置太尉官，绛侯勃为太尉。五年八月，淮阳王薨，以弟壶关侯武为淮阳王。六年十月，太后曰："吕王嘉居处骄恣。"废之，以肃王台弟吕产为吕王。夏，赦天下。封齐悼惠王子兴居为东牟侯。

［注释］

①风：通"讽"，用含蓄的话暗示。

［译文］

太后想要封吕氏的子弟为王，她先封孝惠帝后宫姬妾所生的儿子刘彊为淮阳王，刘不疑为常山王，刘山为襄城侯，刘朝为轵侯，刘武为壶关侯。太后在暗中试探大臣们的心意，于是大臣请求封郦侯吕台为吕王，太后欣然应允。建成康侯吕释之去世，袭封的儿子有罪，被废黜了，太后封他的弟弟吕禄为胡陵侯，以接续吕释之的爵位。二年，常山王刘不疑去世，他的弟弟襄城侯刘山继承刘不疑的王位成为常山王，改名刘义。十一月的时候，吕王吕台死了，追封谥号为肃王，其子吕嘉代立为王。三年，没有什么重大的事情发生。四年，吕后封吕嬃为临光侯，封吕他为俞侯，封吕更始为赘其侯，封吕忿为吕城侯，此外她又封了五个诸侯丞相为侯。

宣平侯的女儿还是孝惠皇后的时候，没有生下儿子，就假装自己怀孕，抱来一个美人所生的儿子，把他当作自己生的儿子，并将孩子的母亲杀死了，这个孩子得以被立为太子。孝惠帝驾崩后，太子即位成为皇帝。皇帝渐渐长大，得知自己的亲生母亲已经死了，自己并不是皇后的儿子后，便说出这样的话：“母后为什么要杀死我的亲身母亲而将我当作自己的儿子？我现在还没有长大，等我长大了就一定要发动政变。”太后得知这些话，感到深深的忧虑，担心皇帝背叛自己，就将他幽禁在永巷宫中，对外称皇帝生病，病得很厉害，就连皇帝身边的近身侍臣也看不到皇帝。太后说：“凡是能够治理万民百姓，拥有天下的人，应该如同苍天一样覆盖一切，如同大地一样容纳万物，皇帝怀有欢爱之心来安抚百姓，百姓能够高兴地侍奉皇帝，彼此感情欣然交融，天下就能大治。现在皇帝久病不愈，已经到了迷惑昏乱的地步，不能再继续奉祀宗庙，不能让他来治理天下，应该找人来替代他。”大臣们都伏地叩头说：“皇太后为了天下苍生的利益，为了让宗庙社稷安定，考虑深远，我们这些大臣全都恭敬地听候您的诏令。”皇帝就这样被废除了，太后派人暗中杀害了他。五月十一日，立常山王刘义为皇帝，改名叫弘。皇帝即位，没有改年号称元年，这是因为皇太后执掌天下。太后任命轵侯刘朝为常山王。在朝中设置太尉这一官职，任命绛侯周勃为太尉。五年八月，淮阳王刘彊去世，封他的弟弟壶关侯刘武为淮阳王。六年十月，太后认为吕王吕嘉平日为人骄横放纵，就将他废掉了，任命肃王吕台的弟弟吕产为吕王。夏天的时候，大赦天下。封刘悼惠王的儿子刘兴居为东牟侯。

原文

七年正月，太后召赵王友。友以诸吕女为后，弗爱，爱他姬，诸吕女妒，怒去，谗之于太后，诬以罪过，曰：“吕氏安得王！太后百岁后，吾必击之。”太后怒，以故召赵王。赵王至，置邸不见，令卫围守之，弗与食。其群臣或窃馈，辄捕论之。赵王饿，乃歌曰：“诸吕用事兮刘氏危，迫胁王侯兮强授我妃。我妃既妒兮诬我以恶，谗女乱国兮上曾不寤。我无忠臣兮何故弃国？自决中野兮苍天举直！于嗟不可悔兮宁蚤自财[①]，为王而饿死兮谁者怜之！吕氏绝理兮托天报仇。”丁丑，赵王幽死，以民礼葬之长安民冢次。

己丑，日食，昼晦。太后恶之，心不乐，乃谓左右曰：“此为我也。”

二月，徙梁王恢为赵王。吕王产徙为梁王，梁王不之国，为帝太傅。立皇子平昌侯太为吕王。更名梁曰吕，吕曰济川。太后女弟吕媭有女为营陵侯刘泽妻，泽为大将军。太后王诸吕，恐即崩后刘将军为害，乃以刘泽为琅邪王，以慰其心。

［注释］

①财：通“裁”。

［译文］

七年正月，太后召赵王刘友来都城。刘友被迫娶了吕氏的女儿为王后，但是却并不喜欢她，而宠爱其他的姬妾。这个吕氏的女儿心怀嫉妒，生气地离家出走，跑到太后那里说自己丈夫的坏话，诬告他犯了罪，说赵王说过“吕氏怎么能封王？太后百岁仙逝以后，我一定会消灭他们”。太后勃然大怒，所以将赵王召来都城。赵王来到都城之后，太后将他安置在官邸，不接见他，只是命令卫士将他围困起来，也不给他任何东西吃。他的群臣中有人偷偷给他送饭吃，被发现就抓来论罪。赵王饥饿难耐，就唱起歌来：“诸吕专权啊，刘氏家族危在旦夕！胁迫王侯啊，硬要我娶吕氏女儿为妃。我妃嫉妒啊，诬蔑我犯了罪恶。谗女乱国啊，那高高在上的人竟然不能醒悟。我身边没有忠臣啊，否则我又怎么会失去自己的封国？在荒野中自杀啊，苍天可一定要还我公道！呜呼！没有办法后悔啊，不如早点刎颈自裁。身为王却被活活饿死啊，有谁能够怜悯我？吕氏无理啊，我只能拜托上天为我报仇。”十八日，赵王被幽禁致死，采用普通百姓的礼仪将赵王埋葬在长安百姓的坟墓旁边。

三十日，天空发生日食，白天十分昏暗。太后厌恶这种现象，心里很不高兴，对左右随从人员说：“这是因为我的缘故吧。”

二月的时候，太后改封梁王刘恢为赵王。吕王吕产改封为梁王，梁王没有去封国就任，而是留在都城担任皇帝的太傅。立皇帝的儿子昌平侯刘太为吕王。把梁国改名为吕国，吕国改名为济川国。太后的妹妹吕媭有一个女儿是营陵侯刘泽的妻子，刘泽是当时的大将军。太后封吕氏子弟为王，担心自己死后刘将军带兵作乱，就任命刘泽为琅邪王，想要以此来宽慰刘泽将军的心。

原文

梁王恢之徙王赵，心怀不乐。太后以吕产女为赵王后。王后从官皆诸吕，擅权，微伺赵王，赵王不得自恣。王有所爱姬，王后使人酖杀之。王乃为歌诗四章，令乐人歌之。王悲，六月即自杀。太后闻之，以为王用妇人弃宗庙礼，废其嗣。

宣平侯张敖卒，以子偃为鲁王，敖赐谥为鲁元王。

秋，太后使使告代王，欲徙王赵。代王谢，愿守代边。

太傅产、丞相平等言，武信侯吕禄上侯，位次第一，请立为赵王。

太后许之，追尊禄父康侯为赵昭王。九月，燕灵王建薨，有美人子，太后使人杀之，无后，国除。八年十月，立吕肃王子东平侯吕通为燕王，封通弟吕庄为东平侯。

[译文]

梁王刘恢被改派到赵国称王，心里很不高兴。太后将吕产的女儿嫁给赵王为后。王后的陪嫁官员都是吕氏家族的人，他们行事独断专行，暗中监视赵王，赵王没有任何自由。赵王原本有一个十分宠爱的姬妾，王后命人用毒酒将那个姬妾杀死了。于是赵王作了诗歌四章，让乐工歌唱，以此来表达自己深深的悲伤，六月的时候赵王自杀了。太后得知这件事后，认为赵王为了一个女人背弃了祭祀宗庙的责任，不让他的后代再继承王位了。

宣平侯张敖死了，因他的儿子张偃是鲁王，所以追封张敖为鲁元王。

秋天的时候，太后派遣使者告诉代王，想要将他改封到赵地为王。代王委婉谢绝了，希望能守卫在代国的边地。

太傅吕产、丞相陈平等人都进言说，武信侯吕禄是上等侯爵，依照次序他排列在第一位，请太后恩准将他立为赵王。太后答应了，追尊吕禄的父亲康侯为赵昭王。九月时，燕灵王刘建去世，他有一个美人所生的儿子，太后命人杀死了这个儿子，所以燕灵王没有了子嗣，所封王国也就被废除了。八年十月，太后立吕肃王的儿子东平侯吕通为燕王，封吕通的弟弟吕庄为东平侯。

原文

三月中，吕后祓，还过轵道，见物如苍犬，据高后掖，忽弗复见。卜之，云赵王如意为祟。高后遂病掖伤。

高后为外孙鲁元王偃年少，蚤失父母，孤弱，乃封张敖前姬两子，侈为新都侯，寿为乐昌侯，以辅鲁元王偃。及封中大谒者张释为建陵侯，吕荣为祝兹侯。诸中宦者令丞皆为关内侯，食邑五百户。

七月中，高后病甚，乃令赵王吕禄为上将军，军北军；吕王产居南军。吕太后诫产、禄曰："高帝已定天下，与大臣约，曰'非刘氏王者，天下共击之'。今吕氏王，大臣弗平。我即崩，帝年少，大臣恐为变。必据兵卫宫，慎毋送丧，毋为人所制。"辛巳，高后崩，遗诏赐诸侯王各千金，将相列侯郎吏皆以秩赐金。大赦天下。以吕王产为相国，以吕禄女为帝后。

高后已葬，以左丞相审食其为帝太傅。

[译文]

三月，吕后举行了驱灾求福的祓祭，回来途径轵道的时候，看见一个好像黑狗的东西，撞了一下她的腋下，突然又不见了。找人占卜之后，说是赵王如意在作祟。她的腋下竟然真的得了毛病。

吕后因为外孙鲁元王张偃年纪尚幼，过早失去父母，一个孩子孤苦无依，势力单薄，就封张敖前面姬妾所生的两个儿子为侯，张侈被封为新都侯，张寿被封为乐昌侯，想要让他们来辅佐鲁元王张偃。又封中大谒者张释为建陵侯，吕荣为祝兹侯。那些在宫中由宦官担任的令、丞，都被封为关内侯，每人食邑五百户。

七月中旬，吕后病情恶化，她任命赵王吕禄为上将军，统率北军；吕王吕产统率南军。吕太后告诫吕产、吕禄说："高帝在平定天下后，和大臣们曾定下盟约，说是'不是刘氏子弟而称王的，天下人一起消灭他'。现在吕氏为王，大臣们心中愤愤不平。我就要死了，皇帝年龄尚幼，大臣们恐怕要伺机发动叛乱。你们一定要掌管好军队，保卫好皇宫，千万不要给我送葬，不要为人所挟制。"八月一日，吕后去世，留下诏书赏赐诸侯王每人一千斤黄金，将、相、列侯、郎吏都按照位次赏赐黄金。大赦天下。任命吕王、吕产为相国，以吕禄的女儿为皇后。

高后埋葬好以后，左丞相审食其担任皇帝的太傅。

原文

朱虚侯刘章有气力，东牟侯兴居其弟也。皆齐哀王弟，居长安。当是时，诸吕用事擅权，欲为乱，畏高帝故大臣绛、灌等，未敢发。朱虚侯妇，吕禄女，阴知其谋。恐见诛，乃阴令人告其兄齐王，欲令发兵西，诛诸吕而立。朱虚侯欲从中与大臣为应。齐王欲发兵，其相弗听。八月丙午，齐王欲使人诛相，相召平乃反，举兵欲围王，王因杀其相，遂发兵东，诈夺琅邪王兵，并将之而西。语在《齐王》语中。

齐王乃遗诸侯王书曰："高帝平定天下，王诸子弟，悼惠王王齐。悼惠王薨，孝惠帝使留侯良立臣为齐王。孝惠崩，高后用事，春秋高，听诸吕，擅废帝更立；又比杀三赵王，灭梁、赵、燕以王诸吕，分齐为四。忠臣进谏，上惑乱弗听。今高后崩，而帝春秋富，未能治天下，固恃大臣诸侯。而诸吕又擅自尊官，聚兵严威，劫列侯忠臣，矫制以令天下，宗庙所以危。寡人率兵入诛不当为王者。"汉闻之，相国吕产等乃遣颍阴侯灌婴将兵击之。灌婴至荥阳，乃谋曰："诸吕权兵关中，欲危刘氏而自立。今我破齐还报，此益吕氏之资也。"乃留屯荥阳，使使谕齐王及诸侯，与连和，以待吕氏变，共诛之。齐王闻之，乃还兵西界待约。

[译文]

朱虚侯刘章有气概有勇力，东牟侯刘兴居是他的弟弟，他们都是齐哀王的弟弟，居住在长安。在那个时候，吕氏家族行事独断专行，想要作乱，但他们畏惧昔日高帝的大臣绛侯、灌婴等人，最终没有发动叛乱。朱虚侯的妻子是吕禄的女儿，所以，朱虚侯暗中了解他们的阴谋，他担心自己会被杀害，就派人暗中告诉他的哥哥齐王，想让他发兵西进，诛杀吕氏子弟继而自立为帝。朱虚侯可以在长安城中和大臣们做齐王的内应。齐王想要发兵，他的丞相不肯听令。八月二十六日，齐王想要派人暗杀丞相，没想到丞相召平反叛，准备举兵围攻齐王，齐王乘机杀死了他的丞相，接着发兵东进，采用欺诈的方法夺取了琅邪王的军队，两支军队都在齐王的带领下向西进军。这件事记载在《齐悼惠王世家》中。

齐王写信给诸侯王说："高帝平定天下，分封各子弟为王，悼惠王被封在齐地为王。悼惠王去世后，孝惠帝命令留侯张良立我为齐王。孝惠帝驾崩，高后管理政事，她年事已高，误信吕氏一伙人的意见，擅自废弃皇帝另立新帝，同时还接二连三地杀死了三个赵王，废除了梁国、赵国、燕国，用来封吕氏子弟为王，齐国也被瓜分为四份，忠臣进言劝诫，高后迷惑昏乱，竟然不肯接受。现在高后去世，而当今皇帝年龄尚幼，不足以治理天下，只有凭借各位大臣、诸侯。而吕氏家族利用职位之便，擅自聚集军队，以显示他们的威严，他们胁迫列侯忠臣，假传皇帝之令，号令天下，所以刘氏宗庙现在已危在旦夕。我带领军队到朝廷去铲除那些不应当为王的人。"汉朝廷得知这一消息，相国吕产等人就命令颍阴侯灌婴率领军队去与齐王战斗。灌婴到了荥阳，就找人商量说："吕氏家族控制了关中的军队，想要消灭刘氏而自立为君主。假如我现在打垮齐国的军队回关中复命，这样做就是更加壮大了吕氏家族的势力。"所以灌婴在荥阳屯兵，并派使者给齐王和各国诸侯带去口谕，想要同他们结盟，等吕氏家族叛乱的时候，共同除掉吕氏家族。齐王听到这个消息后，立即将军队重新撤回到齐国的西部边界，静候消息。

原文

吕禄、吕产欲发乱关中，内惮绛侯、朱虚等，外畏齐、楚兵，又恐灌婴畔之，欲待灌婴兵与齐合而发，犹豫未决。当是时，济川王太、淮阳王武、常山王朝名为少帝弟，及鲁元王吕后外孙，皆年少未之国，居长安。赵王禄、梁王产各将兵居南北军，皆吕氏之人。列侯群臣莫自坚其命。

太尉绛侯勃不得入军中主兵。曲周侯郦商老病，其子寄与吕禄善。绛侯乃与丞相陈平谋，使人劫郦商。令其子寄往绐说吕禄曰："高帝与吕后共定天下，刘氏所立九王，吕氏所立三王，皆大臣之议，事已布告诸侯，诸侯皆以为宜。今太后崩，帝少，而足下佩赵王印，不急之国守籓，乃为上将，将兵留此，为大臣诸侯所疑。足下何不归印，以兵属太尉？请梁王归相国印，与大臣盟而之国，齐兵必罢，大臣得安，足下高枕而王千里，此万世之利也。"吕禄信然其计，欲归将印，以兵属太尉。使人报吕产及诸吕老人，或以为便，或曰不便，计犹豫未有所决。吕禄信郦寄，时与出游猎。过其姑吕媭，媭大怒，曰："若为将而弃军，吕氏今无处矣。"乃悉出珠玉宝器散堂下，曰："毋为他人守也。"

左丞相食其免。

［译文］

吕禄、吕产想要在关中发动叛乱，但是对内他们担心绛侯、朱虚侯等人发难，对外又畏惧齐国、楚国的精锐军队，同时还担心灌婴带兵叛变，想要等到灌婴的军队与齐国的军队交兵之后再发动叛乱。这个时候，济川王刘太、淮阳王刘武、常山王刘朝名义上虽然是少帝的弟弟，包括吕后外孙鲁元王，却都因为年幼没有去自己所分封的土地，居住在长安。赵王吕禄、梁王吕产各自带领军队驻扎在南北军，他们都是吕氏的人。列侯群臣没有谁坚信自己能够保全性命。

周勃

太尉绛侯周勃无法进入军营中掌管兵权。曲周侯郦商年纪老迈，体弱多病，他的儿子郦寄和吕禄私交甚好。绛侯就和丞相陈平谋划对策，派人劫持郦商，让他的儿子郦寄前去欺骗吕禄说："高帝和吕后一起平定天下，现如今刘氏被封了九个王，吕氏被封了三个王，这些都是经过大臣们商议决定的，这件事情已经向各路诸侯宣布，诸侯也认为十分妥当。现在太后死了，皇帝年幼，而你身上佩戴着赵王的印绶，不赶快回到自己的封国去守卫国土，却在关中担任上将军，带领军队留在关中，这样只会被大臣和诸侯猜疑。你为什么不将你的将军印绶归还回来，将军队交给太尉呢？还可以请梁王也归还相国印绶，和大臣们商议盟约，前往自己的封国，这样一来，齐王一定会息兵，大臣也能够获得安定的生活，你就能高枕无忧，还能在上千里的土地上称王，这是有利于子孙万代的事情啊。”吕禄觉得郦寄的建议是正确的，准备将将军印绶交还回去，把军队交给太尉。吕禄派人去告诉吕产和吕氏宗族的老人，他们有人认为这样做可行，有人认为不可行，犹豫不决，主意始终没有确定下来。吕禄很相信郦寄，经常和他一起出去游猎。有一次，二人经过姑母吕媭家时，吕媭非常生气，说道：“你身为将军却要放弃自己的军队，吕氏宗族将再也没有安身立命的地方了。”于是拿出全部的珠玉宝器扔到地上，说：“我不要再替别人看守这些东西了。”

左丞相审食其被罢免。

原文

八月庚申旦，平阳侯窋行御史大夫事，见相国产计事。郎中令贾寿使从齐来，因数产曰：“王不蚤之国，今虽欲行，尚可得邪？”具以灌婴与齐楚合从，欲诛诸吕告产，乃趣产急入宫。平阳侯颇闻其语，乃驰告丞相、太尉。太尉欲入北军，不得入。襄平侯通尚符节。乃令持节矫内太尉北军。太尉复令郦寄与典客刘揭先说吕禄曰：“帝使太尉守北军，欲足下之国，急归将印辞去，不然，祸且起。”吕禄以为郦兄不欺己，遂解印属典客，而以兵授太尉。太尉将之入军门，行令军中曰：“为吕氏右襢，为刘氏左袒。”军中皆左襢为刘氏。太尉行至，将军吕禄亦已解上将印去，太尉遂将北军。

然尚有南军。平阳侯闻之，以吕产谋告丞相平，丞相平乃召朱虚侯佐太尉。太尉令朱虚侯监军门。令平阳侯告卫尉：“毋入相国产殿门。”吕产不知吕禄已去北军，乃入未央宫，欲为乱，殿门弗得入，裵回①往来。平阳侯恐弗胜，驰语太尉。太尉尚恐不胜诸吕，未敢讼言诛之，乃遣朱虚侯谓曰：“急入宫卫帝。”朱虚侯请卒，太尉予卒千余人。入未央宫门，遂见产廷中。日餔时，遂击产。产走，天风大起，以故其从官乱，莫敢斗。逐产，杀之郎中府吏厕中。

[注释]

①裴回：同“徘徊”。

[译文]

八月庚申日的清晨，代行御史大夫职责的平阳侯曹窋，找到相国吕产商议事情。郎中令贾寿刚刚从齐地出使回来，趁机数落吕产说：“大王不早点去自己的封国，现在倒是想去了，可是能去得了吗？”贾寿便将灌婴与齐楚两军结下盟约，准备诛杀吕氏家族的事情告诉了吕产，催促吕产赶快进宫拥兵自立。平阳侯大致听到了这些话，赶紧跑去告诉丞相、太尉。太尉想要．进入北军之中，却没进去。襄平侯纪通主要掌管符节之事。太尉于是命令襄平侯手拿符节，假传皇帝诏令，让太尉进入北军。太尉又派遣郦寄和刘揭前去劝说吕禄：“皇帝命令太尉掌管北军，想要你赶紧回到封国去，速速交上你的将军印，不这样做的话，就一定会惹祸上身。”吕禄认为郦寄不会欺骗自己，于是交出将军印，又将军队交给太尉。太尉拿着大印走进军门，发号军令说：“拥护吕氏家族的露出右臂，拥护刘氏家族的露出左臂。”军中所有人都露出左臂拥护刘氏家族。太尉还没到北军时，将军吕禄已经交出了授印，于是，太尉成了北军的统帅。

可是还有南军没有收复。平阳侯听到吕产的计划后，将吕产的阴谋全部告诉了丞相陈平，于是丞相陈平召来朱虚侯辅佐太尉。太尉命令朱虚侯把守军门，派平阳侯告诉护卫：“不要让相国吕产进入殿门。”吕产不知道吕禄已经离开了北军，竟然来到了未央宫，想要叛乱，却连殿门都没进去，只能在殿门口来回徘徊。平阳侯担心不能取胜，守不住吕产，连忙派人飞奔禀告太尉。太尉也担心战胜不了吕氏家族，不敢明言说诛杀吕产，于是派朱虚侯说：“速速进宫保卫皇帝。”朱虚侯请求太尉分给他士兵，太尉给了他千余名士兵。进到未央宫门的时候，看见吕产已经在宫中。晚饭时候，朱虚侯向吕产发动进攻。吕产败逃，天空忽然刮起大风，因为这个原因，吕产的随从官员陷入一片混乱之中，没有谁敢抵抗。朱虚侯一路追逐吕产，在郎中府吏的厕所里，将吕产杀死。

原文

朱虚侯已杀产，帝命谒者持节劳朱虚侯。朱虚侯欲夺节信，谒者不肯。朱虚侯则从与载，因节信驰走，斩长乐卫尉吕更始。还，驰入北军，报太尉。太尉起，拜贺朱虚侯曰：“所患独吕产，今已诛，天下定矣。”遂遣人分部悉捕诸吕男女，无少长皆斩之。辛酉，捕斩吕禄，而笞杀吕媭。使人诛燕王吕通，而废鲁王偃。壬戌，以帝太傅食其复为左丞相。戊辰，徙济川王王梁，立赵幽王子遂为赵王。遣朱虚侯章以诛诸吕氏事告齐王，令罢兵。灌婴兵亦罢荥阳而归。

诸大臣相与阴谋曰：“少帝及梁、淮阳、常山王，皆非真孝惠子也。吕后以计诈名他人子，杀其母，养后宫，令孝惠子之，立以为后，及诸王，以强吕氏。今皆已夷灭诸吕，而置所立，即长用事，吾属无类矣。不如视诸王最贤者立之。”或言“齐悼惠王高帝长子，今其適子为齐王，推本言之，高帝適长孙，可立也”。大臣皆曰：“吕氏以外家恶而几危宗庙，乱功臣。今齐王母家驷(sì)钧，驷钧，恶人也。即立齐王，则复为吕氏。”欲立淮南王，以为少，母家又恶。乃曰：“代王方今高帝见子，最长，仁孝宽厚。太后家薄氏谨良。且立长故顺，以仁孝闻于天下，便。”乃相与共阴使人召代王。代王使人辞谢。再反，然后乘六乘传。后九月晦日己酉，至长安，舍代邸。大臣皆往谒，奉天子玺上代王，共尊立为天子。代王数让，群臣固请，然后听。

[译文]

朱虚侯杀死吕产之后，皇帝派使者带着符节前去慰劳朱虚侯。朱虚侯想要将节信夺过来，前去问候的使者没有答应，朱虚侯就跳上使者的车子，借着他手中的节信四处驰骋，杀死了长乐宫卫尉吕更始。回来的时候，朱虚侯驱车直入北军，向太尉报告了这件事。太尉站起身向朱虚侯拜贺说道：“我们所担心的只是吕产，现在吕产已经被你杀死，天下大势可以定下来了。”接着他派人将吕氏家族的男男女女逮捕起来，无论男女老少，全部处死。九月十一日，俘获吕禄将其斩首，用鞭子和带刺的棍棒打死了吕媭。又派人诛杀了燕王吕通，废黜了鲁王张偃。九月十二日，任命皇帝的太傅审食其为左丞相。九月十八日，将济川王改封为梁王，立赵幽王的儿子刘遂为赵王。派遣朱虚侯刘章将铲除吕氏家族的事情告知了齐王，让他罢兵。灌婴的军队也从荥阳班师回到都城。

大臣们私下商议说：“少帝和梁王、淮阳王、常山王，都不是孝惠帝真正的儿子。吕后使用欺诈的手段将别人的儿子当作孝惠帝的儿子，而且杀掉这些孩子的母亲，将他们养育在后宫，让孝惠帝把他们当作自己的儿子，立他们做为皇帝的继承人以及分封为诸王，想要通过这种方法来加强吕氏家族的势力。如今吕氏宗族已经被全部消灭，假如让他们所立的人当上皇帝，等到他们长大掌权的时候，我们这些人就都要面临被杀戮的危险了。不如从诸王中挑选一个最贤明的立为皇帝吧。”有人说：“齐悼惠王是高帝的长子。现在他的嫡子为齐王，从亲疏嫡庶方面来讨论的话，齐王可以说是高帝的嫡长孙，可以把他立为皇帝。”别的大臣们都说：“吕氏宗族以外戚的身份篡权作乱，差点让刘氏宗庙覆灭，他们摧残有功之臣。如今齐王外祖母家的驷钧，是个坏人，假如立齐王为皇帝的话，就很可能会再出现一个吕氏。”想要拥立淮南王为皇帝，又觉得他年轻，他的外祖母家也很凶恶。最后大家说：“代王是高帝现今在世的儿子之一，依行次排列在首位，而且他为人宽厚仁慈。太后薄氏家族为人也都谨慎善良。况且拥立行次最长的人为皇帝本来就是名正言顺的事情，再加上代王向来以仁孝闻名天下，现在拥立他为皇帝是十分妥当的。”于是就暗中命人将代王召到都城来。代王派人推辞。使者第二次去迎接，代王这才乘着六匹马拉的传车，开始从封国起程。闰九月月底己酉这一天，代王到达了长安，居住于代王的官邸。大臣们都争相前往拜见，向代王献上天子的印玺，一致拥立代王为天子。代王连番推让，大臣们始终坚持自己的请求，最后代王终于答应了。

原文

东牟侯兴居曰：“诛吕氏吾无功，请得除宫。”乃与太仆汝阴侯滕公入宫，前谓少帝曰：“足下非刘氏，不当立。”乃顾麾①左右执戟者掊兵罢去。有数人不肯去兵，宦者令张泽谕告，亦去兵。滕公乃召乘舆车载少帝出。少帝曰：“欲将我安之乎？”滕公曰：“出就舍。”舍少府。乃奉天子法驾，迎代王于邸。报曰：“宫谨除。”代王即夕入未央宫。有谒者十人持戟卫端门，曰：“天子在也，足下何为者而入？”代王乃谓太尉。太尉往谕，谒者十人皆掊兵而去。代王遂入而听政。夜，有司分部诛灭梁、淮阳、常山王及少帝于邸。

代王立为天子。二十三年崩，谥为孝文皇帝。

［注释］

①麾：同“挥”，挥手示意，指挥。

［译文］

东牟侯刘兴居说：“铲除吕氏没有我的功劳，就请陛下恩准我来清理宫廷吧。”于是，他和太仆汝阴侯滕公来到宫内，上前对少帝说：“你不是刘氏的后代，不应当成为皇帝。”于是回头指挥少帝左右手持战戟的侍卫放下武器离开。有几个人不肯放下武器，宦官的首领张泽上前去说了几句话，他们也放下了武器。于是，滕公叫来车驾载着少帝离开了宫廷。少帝说：“你

汉宫

们想把我带到哪里去？”滕公说：“让你搬出宫去居住。”少帝被安置在少府居住。接着大臣们又备好天子的车驾，去代王官邸迎接代王。并向代王报告说：“宫内我已经清理过了。”代王当天晚上进入未央宫。有十名谒者手持战戟在正门守卫，对代王说：“天子在这里，你进去干什么？”代王将情况告诉了太尉。于是太尉进去作了说明，十名谒者立即放下武器走开了。代王这才得以进入宫中处理政事。夜里，官吏分头将梁王、淮阳王、常山王和少帝通通杀死在官邸。

代王被立为天子。在位二十三年后驾崩，谥号是孝文皇帝。

原文

太史公曰：孝惠皇帝、高后之时，黎民得离战国之苦，君臣俱欲休息乎无为，故惠帝垂拱，高后女主称制，政不出房户，天下晏然。刑罚罕用，罪人是希。民务稼穑，衣食滋殖。

[译文]

太史公说：孝惠皇帝、吕后在世的时候，老百姓刚刚远离战乱的痛苦，君主和臣子都想要休养生息，不做对百姓有伤害的事情。因此孝惠皇帝很轻松地登上皇位，吕太后一个女子把持朝政，决断大事，不用出房门，天下却依然一片祥和的样子。很少使用刑法，犯罪的人也很少，老百姓都将心思放在耕种庄稼上，衣食逐渐丰足起来。

[赏析]

汉朝初年，吕后的专权以及吕氏家族把持朝政，已经严重威胁到汉王朝的存在与延续，诛杀吕氏是汉朝得以延续的关键节点。所以吕太后虽是女子，却也单独写了本纪。司马迁紧扣这个关键节点布局谋篇，显现出作者强大的谋篇布局能力。作者多处运用简洁而又一针见血的笔法辛辣讽刺吕后的专权与冷血：吕后唯一的儿子汉惠帝死后，“太后哭，泣不下”；丞相陈平请拜吕台、吕产、吕禄为将，掌控南北军军权，诸吕进宫，权力陡增，“太后悦，其哭乃哀”。同样都是哭，却有着绝妙的讽刺效果。在写吕后想要封吕氏之人为王，而“封大臣”企图欲盖弥彰，立少帝时装腔作势，都描绘得入木三分，暗中流露出作者对吕后的无情鞭挞。

这篇本纪对人物的性格与心理活动描写非常有功底：吕后残害戚姬、接连杀害三赵王等事件本身就足以展示出其残忍狠毒的性格了，而作者还时常用貌似悠闲的文字不动声色地表达出自己对吕后的憎恶情绪，增强了艺术感染力。例如惠帝得知戚夫人被残害变成人彘后，发出“此非人所为。臣为太后子，终不能治天下”的哀叹，以吕后亲子的身份说出鞭笞之语。

写诸位元老大臣与刘氏的宗室，也是多处重点刻画，如右丞相王陵敢于当面斥责吕后违背刘邦订立的盟约，又质问周勃、陈平：“诸君纵欲阿意背约，何面目见高帝地下？”刚正不阿的忠臣形象被树立起来。在消灭吕氏家族过程中，周勃、陈平的多谋机警，朱虚侯的勇武，齐哀王的果敢，灌婴的沉稳等，描写得都非常到位。纵观全篇，司马迁似乎要向人们昭示：得人心者得天下。

［集评］

索隐述赞：高祖犹微，吕氏作妃。及正轩掖，潜用福威。志怀安忍，性挟猜疑。置鸩齐悼，残彘戚姬。孝惠崩殒，其哭不悲。诸吕用事，天下示私。大臣葅醢，支孽芟夷。祸盈斯验，苍狗为菑。

孝文本纪

题解

《孝文本纪》选自《史记》卷十，本纪第十。这篇本纪记载了汉文帝刘恒在位二十三年间的种种仁政，赞颂了他宽厚仁爱、谦让俭朴的品德，刻画出一个完美贤圣之君的高大形象。

原文

孝文皇帝，高祖中子也。高祖十一年春，已破陈豨军，定代地，立为代王，都中都。太后薄氏子。即位十七年，高后八年七月，高后崩。九月，诸吕吕产等欲为乱，以危刘氏，大臣共诛之，谋召立代王，事在《吕后》语中。

[译文]

孝文皇帝刘恒在高祖所有的儿子中排行居中。高祖十一年（前 196 年）春天，打败了陈豨的叛军，平定了代地，孝文皇帝被立为代王，在中都建都。他是太后薄氏所生。在孝文皇帝做代王的第十七年，即吕后八年（前 180 年），这年七月，吕后去世。九月，吕氏家族的吕产等人想要叛乱，推翻刘氏政权，大臣们共同诛灭了吕氏家族，商议召代王来都城，立他为皇帝，详细情况记载在《吕太后本纪》中。

汉文帝

原文

丞相陈平、太尉周勃等使人迎代王。代王问左右郎中令张武等。张武等议曰："汉大臣皆故高帝时大将，习兵，多谋诈，此其属意非止此也，特畏高帝、吕太后威耳。今已诛诸吕，新啑血京师，此以迎大王为名，实不可信。愿大王称疾毋往，以观其变。"中尉宋昌进曰："群臣之议皆非也。夫秦失其政，诸侯豪桀并起，人人自以为得之者以万数，然卒践天子之位者，刘氏也，天下绝望，一矣。高帝封王子弟，地犬牙相制，此所谓盘石之宗也，天下服其强，二矣。汉兴，除秦苛政，约法令，施德惠，人人自安，难动摇，三矣。夫以吕太后之严，立诸吕为三王，擅权专制，然而太尉以一节入北军，一呼士皆左袒，为刘氏，叛诸吕，卒以灭之。此乃天授，非人力也。今大臣虽欲为变，百姓弗为使，其党宁能专一邪？方今内有朱虚、东牟之亲，外畏吴、楚、淮南、琅邪、齐、代之强。方今高帝子独淮南王与大王，大王又长，贤圣仁孝，闻于天下，故大臣因天下之心而欲迎立大王，大王勿疑也。”代王报太后计之，犹与①未定。卜之龟，卦兆得大横。占曰：“大横庚庚，余为天王，夏启以光。”代王曰：“寡人固已为王矣，又何王？”卜人曰：“所谓天王者乃天子。”于是代王乃遣太后弟薄昭往见绛（jiàng）侯，绛侯等具为昭言所以迎立王意。薄昭还报曰：“信矣，毋可疑者。”代王乃笑谓宋昌曰：“果如公言。”乃命宋昌参乘，张武等六人乘传诣长安。至高陵休止，而使宋昌先驰之长安观变。

[注释]

①犹与：同“犹豫”。

[译文]

丞相陈平、太尉周勃等派人去迎接代王。代王询问了左右近臣和郎中令张武等人对于这件事的意见。张武等人建议说：“朝廷中的大臣都是当初高帝时的大将，熟悉兵事，多谋善诈，他们的真正用意恐怕不止于此，这样做的原因是因为畏惧高帝、吕太后的威势。如今他们刚刚诛灭了吕氏宗族，血洗京城，此时来这里名义上是迎接大王，实际上不可轻信。希望大王假托有病，不要前往京城，以便观察事态的变化。”中尉宋昌进言说：“众位大臣的意见都是错误的。当初秦朝政治混乱，腐败瓦解的时候，诸侯豪杰纷纷起事，自认为能够得到天下的人要数以万计，然而最终登上天子之位的是刘氏，

皇后之玺

这是西汉皇后玉玺的印文。玺印与符节都是信物，象征着权力。秦汉以后多称王者之印为玺。

天下豪杰已经不再存有做皇帝的希望，这是第一点。高帝封刘氏子弟为王，各王的封地像犬牙一样交错，互相制约，这就是人们所说的如磐石一样坚固的宗族，天下人因为刘氏的强大而屈服，这是第二点。汉朝建立以后，废除了秦朝苛刻的政令，简化了法令，对民众施以德政，人们都有安定的生活，人心难以动摇，这是第三点。再者，凭借吕太后的威严，吕氏已经有三名子弟被立为王，把持朝政，独断专权，然而太尉持节进入吕氏把持的北军，一声呼唤，将士们都袒露左臂，表示要拥护刘氏，摒弃吕氏，最终消灭了吕氏宗族。这是天意所授，而不是人力所能做到的。现在即使大臣想要叛变，百姓也不会为他们所驱使，他们的党羽难道能心意一致地团结在一起吗？如今在京城，内有朱虚侯、东牟侯这样的亲族，外有他们所畏惧的吴王、楚王、淮南王、琅邪王、齐王、代王这样强大的诸侯。现在高帝的儿子只剩下淮南王和大王您了，大王您又年长，贤能、圣德、仁爱、孝顺，闻名天下，所以大臣们根据天下百姓的心愿愿意迎接大王，立为皇帝，大王您不必疑虑。”代王又把这件事禀报给了太后，进行磋商，还是犹豫不决，拿不定主意。于是用龟甲来占卜，龟甲上显现出一条大的横向裂纹。兆辞是：“大横预示着更替，我将成为天王，像夏启一样，使父业发扬光大。”代王说：“我本来已经是诸侯王了，还要做什么王？”占卜的人说：“所说的天王就是天子。”于是代王就派遣太后的弟弟薄昭前往京城会见绛侯、周勃，绛侯、周勃等人把迎立代王的意图全都告诉了薄昭。薄昭回来报告说：“情况是真实的，没有可怀疑的地方。”代王于是笑着对宋昌说：“果然如你所说。”随即让宋昌担任随军的参乘，张武等六人也乘传车随同代王前往长安。走到高陵停了下来，派宋昌先驱车前去长安观察局势有无变化。

原文

昌至渭桥，丞相以下皆迎。宋昌还报。代王驰至渭桥，群臣拜谒称臣。代王下车拜。太尉勃进曰：“愿请间言。”宋昌曰：“所言公，公言之。所言私，王者不受私。”太尉乃跪上天子玺符。代王谢曰：“至代邸而议之。”遂驰入代邸。群臣从至。丞相陈平、太尉周勃、大将军陈武、御史大夫张苍、宗正刘郢、朱虚侯刘章、东牟侯刘兴居、典客刘揭皆再拜言曰：“子弘等皆非孝惠帝子，不当奉宗庙。臣谨请与阴安

甲骨拓片

古人临事占卜，在龟甲钻孔灼烧，观察裂纹走向，以断吉凶，此图为殷商占卜甲骨。

侯、列侯顷王后与琅邪王、宗室、大臣、列侯、吏二千石议曰：‘大王高帝长子，宜为高帝嗣。’愿大王即天子位。”代王曰：“奉高帝宗庙，重事也。寡人不佞，不足以称宗庙。愿请楚王计宜者，寡人不敢当。”群臣皆伏固请。代王西乡让者三，南乡让者再。丞相平等皆曰：“臣伏计之，大王奉高帝宗庙最宜称，虽天下诸侯万民以为宜。臣等为宗庙社稷计，不敢忽。愿大王幸听臣等。臣谨奉天子玺符再拜上。”代王曰：“宗室将相王列侯以为莫宜寡人，寡人不敢辞。”遂即天子位。

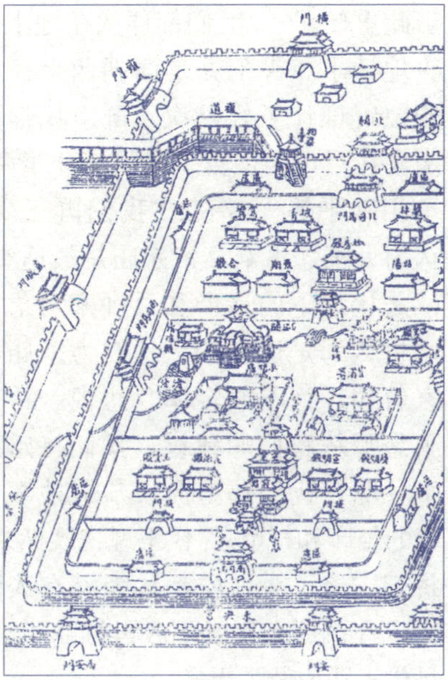

未央宫

群臣以礼次侍。乃使太仆婴与东牟侯兴居清宫，奉天子法驾，迎于代邸。皇帝即日夕入未央宫。乃夜拜宋昌为卫将军，镇抚南北军。以张武为郎中令，行殿中。还坐前殿。于是夜下诏书曰：“间者诸吕用事擅权，谋为大逆，欲以危刘氏宗庙，赖将相列侯宗室大臣诛之，皆伏其辜。朕初即位，其赦天下，赐民爵一级，女子百户牛酒，酺(pú)五日。”

[译文]

宋昌刚到渭桥，丞相以下的各级官员都前来迎接。宋昌返回向代王作了汇报。代王驱车来到渭桥，大臣们都来拜见称臣。代王也下车答拜群臣。太尉周勃上前说：“希望单独向大王禀报。”宋昌说：“如果你要说的是公事，就请公开说。如果你要说的是私事，为王的人不受理私事。”太尉于是跪下献给代王皇帝的印玺和符节。代王辞谢说：“等到了代王官邸再商议。”于是驱车进入代王官邸。大臣们也都相随来到代王官邸。丞相陈平、太尉周勃、大将军陈武、御史大夫张苍、宗正刘郢、朱虚侯刘章、东牟侯刘兴居、典客刘揭都上前行礼，拜了两拜后进言说：“皇子刘弘等都不是孝惠帝的儿子，不应当继续做皇帝，事奉宗庙。我们和阴安侯、顷王后、琅邪王，以及宗室、大臣、列侯、二千石以上官员商议，大家说：‘大王如今是高帝的长子，最适合做高帝的继承人。’希望大王即位为天子。”代王说：“事奉高帝宗庙，事关重大。我没有什么才能，不足以胜任事奉宗庙的大事。希望请叔父楚王考虑一个适合的人选，我不敢

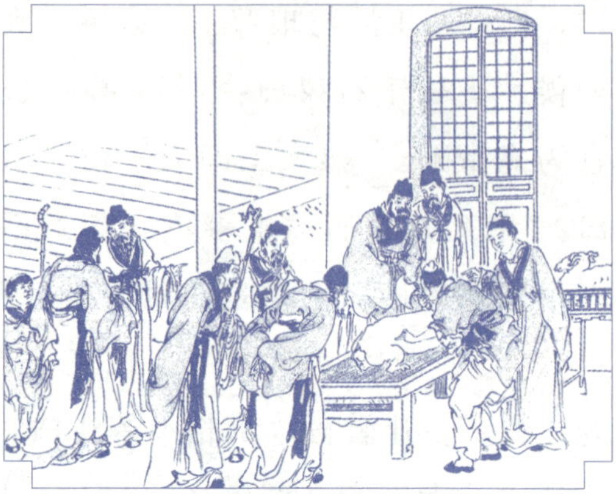

宰肉均平

陈平年少时便胸存大志，他曾主持祭社神，为大家分肉，把肉一块块分得十分均匀。地方上的父老乡亲们纷纷赞扬他说："陈平这孩子分祭肉，分得真好！"陈平却感慨地说："假使我能有机会治理天下，也一定能像分肉一样公正。"

当此重任。"大臣们都拜伏在地上，坚决地请求。代王先是面朝西坐在主人的位置谦让了好几次，群臣扶他面朝南坐在君主的位置，他又谦让了两次。丞相陈平等人都说："我们再三商议，认为大王您事奉高帝宗庙是最适宜的，就是让天下的诸侯和百姓来考虑，他们也认为是适宜的。我们为宗庙和国家着想，绝不敢轻率、忽视。希望大王您听从我们的建议，我们将感到荣幸。现在我们郑重而又恭敬地奉上皇帝的玺印和符节。"代王说："既然宗室、将相、诸王、列侯都认为没有人比我更适宜，那么我就不敢再推辞了。"于是代王即位做了天子。

大臣们按照礼仪，依秩位高下列侍。于是派太仆夏侯婴和东牟侯刘兴居清理皇宫，然后用天子法驾去代王的官邸迎接皇帝。皇帝在当天晚上进入未央宫。连夜任命宋昌为卫将军，统领两宫卫队南北军；任命张武为郎中令，负责巡行殿中。皇帝回到前殿坐朝，在当夜下诏说："近来吕氏子弟把持朝政、独断专行，阴谋叛逆，企图侵害刘氏天下，全靠众位将相、列侯、宗室和大臣诛灭了他们，使他们的罪恶全都得到了应有的惩罚。现在我刚刚即位，大赦天下，赐予百姓中的男户主爵一级，赐给无夫无子的女户主每百户一头牛和十石酒，允许百姓聚会宴饮五天。"

原文

孝文皇帝元年十月庚戌，徙立故琅邪王泽为燕王。

辛亥，皇帝即阼，谒高庙。右丞相平徙为左丞相，太尉勃为右丞相，大将军灌婴为太尉。诸吕所夺齐楚故地，皆复与之。

壬子，遣车骑将军薄昭迎皇太后于代。皇帝曰："吕产自置为相国，吕禄为上将军，擅矫遣灌将军婴将兵击齐，欲代刘氏，婴留荥阳弗击，与诸侯合谋以诛吕氏。吕产欲为不善，丞相陈平与太尉周勃谋夺吕产等军。朱虚侯刘章首先捕吕产等。太尉身率襄平侯通持节承诏入北军。典客刘揭身夺赵王吕禄印。益封太尉勃万户，赐金五千斤。丞相陈平、灌将军婴邑各三千户，金二千斤。朱虚侯刘章、襄平侯通、东牟侯刘兴居邑各二千户，金千斤。封典客揭为阳信侯，赐金千斤。”

[译文]

孝文皇帝元年（前 176 年）十月六日，改封原琅邪王刘泽为燕王。

七日，文帝正式即位，拜谒高庙，右丞相陈平升迁左丞相，太尉周勃任右丞相，大将军灌婴任太尉。吕氏所剥夺的原齐国和楚国的封地，又都归还给齐王和楚王。

八日，文帝派遣车骑将军薄昭去代国迎接皇太后。皇帝说：“吕产自任为相国，吕禄自任为上将军，擅自假托皇帝诏令派遣将军灌婴带领军队攻打齐国，企图取代刘氏，而灌婴留驻在荥阳，按兵不发，并与诸侯共谋诛灭了吕氏。吕产企图发动叛乱，丞相陈平和太尉周勃谋划夺取了吕产等人的兵权。朱虚侯刘章率先捕杀了吕产等人。太尉亲自率领襄平侯纪通持节奉诏进入北军。典客刘揭亲自夺下赵王吕禄的将军印。为此，加封太尉周勃食邑一万户，赏赐黄金五千斤；加封丞相陈平、将军灌婴每人食邑三千户，赏赐黄金两千斤；加封朱虚侯刘章、襄平侯纪通、东牟侯刘兴居每人食邑二千户，赏赐黄金一千斤；封典客刘揭为阳信侯，赏赐黄金一千斤。”

原文

十二月，上曰：“法者，治之正[①]也，所以禁暴而率善人也。今犯法已论，而使毋罪之父母妻子同产坐之，及为收帑[②]，朕甚不取。其议之。”有司皆曰：“民不能自治，故为法以禁之。相坐坐收，所以累其心，使重犯法，所从来远矣。如故便。”上曰：“朕闻法正则民悫(què)，罪当则民从。且夫牧民而导之善者，吏也。其既不能导，又以不正之法罪之，是反害于民为暴者也。何以禁之？朕未见其便，其孰计之。”有司皆曰：“陛下加大惠，德甚盛，非臣等所及也。请奉诏书，除收帑诸相坐律令。”

[注释]

①正：原则，标准。②帑：通“孥”，妻子儿女。

[译文]

十二月，文帝说：“法令是治理国家的准绳，可以用它来制止残暴行为，引导人们向善。如今犯罪的人定罪后，却还要连累他们父母、妻子、兄弟无辜受罪，甚至收没妻子儿女为官府奴婢。我认为这种做法很不可取，希望大家讨论一下。”官员们都说：“百姓不能自治，所以制定法令来禁止他们干坏事。无罪的亲属连坐，收没妻子儿女为官府奴婢，就是要使人们心有牵挂，使他们不敢轻易触犯法律，这种做法由来已久。还是依原来的做法不加改变为宜。”文帝说：“我听说法令公正则百姓忠厚，判罪量刑得当则百姓心服。况且治理百姓，引导他们向善，是官吏的职责。如果官吏既不能引导百姓向善，又使用不公正的法律来处罚他们，这反而是加害于民，迫使他们去干凶暴的事。法律怎么能禁止得了呢？这样的法令，我看不出有什么适宜之处。请你们再仔细考虑考虑。”官员们都说：“陛下对百姓恩惠浩大，功德无量，这不是我们这些臣子所能想得到的。我们谨遵诏书，废除一人有罪，妻子收没为官府奴婢等互相连坐的法令。”

原文

正月，有司言曰：“蚤建太子，所以尊宗庙。请立太子。”上曰：“朕既不德，上帝神明未歆享，天下人民未有嗛(qiān)①志。今纵不能博求天下贤圣有德之人而禅天下焉，而曰豫②建太子，是重吾不德也。谓天下何？其安之。”有司曰：“豫建太子，所以重宗庙社稷，不忘天下也。”上曰：“楚王，季父也，春秋高，阅天下之义理多矣，明于国家之大体。吴王于朕，兄也，惠仁以好德。淮南王，弟也，秉德以陪朕。岂为不豫哉！诸侯王宗室昆弟有功臣，多贤及有德义者，若举有德以陪朕之不能终，是社稷之灵，天下之福也。今不选举焉，而曰必子，人其以朕为忘贤有德者而专于子，非所以忧天下也。朕甚不取也。”有司皆固请曰：“古者殷周有国，治安皆千余岁，古之有天下者莫长焉，用此道也。立嗣必子，所从来远矣。高帝亲率士大夫，始平天下，建诸侯，为帝者太祖。诸侯王及列侯始受国者皆亦为其国祖。子孙继嗣，

吴王刘濞

刘濞是刘邦的侄子，封吴王。他在封国内大量铸钱、煮盐，减轻赋役，以招纳其他郡国亡人和“任侠奸人”，扩张势力。后来景帝采纳御史大夫晁错的建议，削夺王国封地。刘濞以诛晁错为名，联合楚赵等国叛乱，不久失败，逃往东越，为东越人所杀。

世世弗绝，天下之大义也，故高帝设之以抚海内。今释宜建而更选于诸侯及宗室，非高帝之志也。更议不宜。子某[3]最长，纯厚慈仁，请建以为太子。”上乃许之。因赐天下民当代父后者爵各一级。封将军薄昭为轵侯。

淮南王刘安

淮南王刘安是汉高祖刘邦之孙，淮南厉王刘长之子。刘安好读书鼓琴，不喜弋猎狗马驰骋，潜心治国安邦，著书立说。他爱贤若渴，礼贤下士，淮南国都寿春成了文人荟萃的文化中心。刘安和众门客为后人留下了著名的《淮南子》一书。

[注释]

①嗛：通“慊”，满足。②豫：同“预”，预先。③子某：指文帝之子刘启，即景帝，司马迁为避讳称其为“某”。

[译文]

正月，官员们进言说：“早点确立太子，是尊奉宗庙的一种保证。请皇帝确立太子。”文帝说：“我是德薄之人，上帝神明还没有享受我的祭品，天下人民的心里还没有感到满意。现在我不能广泛地寻访天下圣明有德的人而把天下禅让给他，却说什么要预先确立太子，这是加重我的无德，我拿什么向天下人交代呢？这件事还是缓一缓吧。”官员们说：“预先确立太子，正是以宗庙和国家为重，表示没有忘怀天下。”文帝说：“楚王是我的叔父，他的年岁大，见识和经历都很丰富，懂得很多天下的道理，明了国家的事务。吴王是我的兄长，为人仁惠贤德，喜欢以德待人。淮南王是我的弟弟，能守其才德来辅佐我。有了他们，这难道不是预先解决了皇帝继承人的问题吗？诸侯王、宗室、弟兄和有功的大臣，很多有才能和有德义的人，如果推举有德之人来辅佐我这个这因德薄而不能终位的皇帝，这也是社稷神明有灵，是天下人的福分。现在不推举他们，而认为一定要立太子，人们会认为我忘记了贤明有德的人，而只想着自己的儿子，不是为天下人着想。我认为这样做很不可取。”官员们都坚决地请求说：“古代殷朝、周朝立国，天下安治达到一千多年，古时享有天下的王朝没有比殷、周立国更长远的了，这是因为殷、周都采取了立太子这个方法。一定要自己的儿子成为继承人，这是由来已久的。高帝亲自率领文臣武将，最早平定天下，封建诸侯，成为本朝皇帝的太祖。最初接受封国的诸侯王和列侯也都成为他们各自封国的始祖。子孙相继嗣位，世世代代不断绝，这是天下的大义所在，所以高帝设立了传位于子的制度来安定天下人心。现在如果放弃应当被立为继承人的人选，而另从诸侯和宗室中挑选他人，这就违背了高帝的本意，再议论立他人为继承人是不合适的。陛下的儿子启是长子，纯厚仁慈，请立他为太子。”文帝这才同意了。

并因此赐予天下百姓中应当为父后嗣的长子每人爵一级。封将军薄昭为轵侯。

原文

三月，有司请立皇后。薄太后曰："诸侯皆同姓，立太子母为皇后。"皇后姓窦氏。上为立后故，赐天下鳏寡孤独穷困及年八十已上、孤儿九岁已下布帛米肉各有数。上从代来，初即位，施德惠天下，填抚诸侯四夷皆洽欢，乃循从代来功臣。上曰："方大臣之诛诸吕迎朕，朕狐疑，皆止朕，唯中尉宋昌劝朕，朕以得保奉宗庙。已尊昌为卫将军，其封昌为壮武侯。诸从朕六人，官皆至九卿。"

上曰："列侯从高帝入蜀、汉中者六十八人，皆益封各三百户；故吏二千石以上从高帝颍川守尊等十人食邑六百户，淮阳守申徒嘉等十人五百户，卫尉定等十人四百户。封淮南王舅父赵兼为周阳侯，齐王舅父驷钧为清郭侯。"秋，封故常山丞相蔡兼为樊侯。

人或说右丞相曰："君本诛诸吕，迎代王，今又矜其功，受上赏，处尊位，祸且及身。"右丞相勃乃谢病免罢，左丞相平专为丞相。

[译文]

三月，官员们请求皇帝封立皇后。薄太后说："皇帝的儿子都是同母所生，不能从同姓那里选择皇后，就立太子的母亲为皇后吧。"皇后姓窦。文帝因为立了皇后的缘故，赐给天下无妻、无父、无父、无子的贫穷困苦的人，以及年过八十的老人、不满九岁的孤儿每人若干数量的布、帛、米、肉。文帝从代国来到京城，即位不久，就对天下百姓广施德惠，安抚诸侯和四方边远的部族，他们都很欢欣并且相处融洽，于是依次赏赐从代国随同来京的功臣。文帝说："当朝廷大臣诛灭了吕氏子弟迎接我入朝的时候，我犹豫不决，代国的大臣们都劝阻我入京，只有中尉宋昌劝我不要怀疑，这样我才得以事奉宗庙。之前已经提拔宋昌为卫将军，现在再封他为壮武侯。另外随我入京的六个人，官职都升到九卿。"

文帝说："当年跟随高帝去蜀和汉中的六十八个人都各加封食邑三百户；过去随从高帝、官阶在二千石以上的官吏者，跟随高帝的颍川郡郡守刘尊等十人，各赏食邑六百户；淮阳郡郡守申徒嘉等十人各赏食邑五百户；卫尉定等十人各赏食邑四百户。封淮南王的舅父赵兼为周阳侯，齐王的舅父驷钧为清郭侯。"秋天，文帝封原来常山国的丞相蔡兼为樊侯。

有人劝告右丞相说："你先是诛杀吕氏子弟，迎接代王为天子，如今又居功自傲，受到最高的赏赐，居于尊显的地位，恐怕不久就会大难临头了。”于是右丞相周勃就推托有病而辞去了右丞相的职务，由左丞相陈平一人专任丞相。

原文

二年十月，丞相平卒，复以绛侯勃为丞相。上曰：“朕闻古者诸侯建国千余，各守其地，以时入贡，民不劳苦，上下欢欣，靡有遗德。今列侯多居长安，邑远，吏卒给输费苦，而列侯亦无由教驯其民。其令列侯之国，为吏及诏所止者，遣太子。”

十一月晦，日有食之。十二月望，日又食。上曰：“朕闻之，天生蒸[①]民，为之置君以养治之。人主不德，布政不均，则天示之以菑，以诫不治。乃十一月晦，日有食之，适见于天，菑孰大焉！朕获保宗庙，以微眇之身托于兆民君王之上，天下治乱，在朕一人，唯二三执政犹吾股肱也。朕下不能理育群生，上以累三光之明，其不德大矣。令至，其悉思朕之过失，及知见思之所不及，匄[②]以告朕。及举贤良方正能直言极谏者，以匡朕之不逮。因各饬其任职，务省繇费以便民。朕既不能远德，故悯然念外人之有非，是以设备未息。今纵不能罢边屯戍，而又饬兵厚卫，其罢卫将军军。太仆见马遗财[③]足，余皆以给传置。”

[注释]

①蒸：通“烝”，众多。②匄：同“丐”，乞求，希望。③财：通“才”，仅仅。

[译文]

文帝二年（前 178 年）十月，丞相陈平去世，又任命绛侯周勃为丞相。文帝说：“我听说古代诸侯建立国家达一千多个，他们各自守卫着自己的封地，按规定的时间入朝向天子进贡，百姓不觉得劳苦，上下欢欢喜喜，没有发生不遵守道德的事情。如今列侯大多数都住在长安，离封邑又远，靠那里的官吏和士卒供给输送所需物资，既浪费又劳苦，而这些列侯也无从教导和管理他的民众。命令列侯回到各自的封国去，在朝廷担任官职和有诏令准许留下的，要派遣太子回到封国。”

十一月的最后一天，发生了日食。十二月十五日，又发生了日食。文帝说：“我听说上天生育了万民，还为他们设置了君主来抚育和管理他们。如果君主不仁德，施政不公平，那么上天就会显示出灾异现象，来告诫他天下治理得不好。出乎意料，竟然在十一月的最后一天，发生了日食，这是上天对我的谴责，没有什么比这更为严重的了。我能够事奉宗庙，以这微小之躯处于亿万民众和诸侯王之上，天下的治与乱，在我一个人，你们众位执掌国政的大臣如同我的左膀右臂。我对下不能很好地治理和养育万物生灵，对上又有损于日、月、星辰的光辉，以致发生日食，我的不仁德实在是太严重了。接到诏令后，你们都要认真思考一下我的过失，以及我的所知、所见、所想的不到之处，请求你们告诉我。并且还要推选贤良方正，能够直言进谏的人，来纠正我的疏漏。趁此机会官吏们各自整顿自己担任的职责，务必减少徭役和费用，从而便利百姓。我因为不能把德惠恩泽远方，所以心里忧虑不安，担心边远地区的人们侵扰边境，为非作歹，因此从来没有停止边疆的防务。现在既然不能撤除边塞的屯戍，而又命令增加军队来严密地保护我，是没有必要的，应该撤掉卫将军统率的军队。太仆掌管的现有马匹只需留下一些够用就可以了，多余的都交给驿站使用。”

原文

正月，上曰：“农，天下之本，其开籍田，朕亲率耕，以给宗庙粢盛。”

三月，有司请立皇子为诸侯王。上曰：“赵幽王幽死，朕甚怜之，已立其长子遂为赵王。遂弟辟彊及齐悼惠王子朱虚侯章、东牟侯兴居有功，可王。”乃立赵幽王少子辟彊为河间王，以齐剧郡立朱虚侯为城阳王，立东牟侯为济北王，皇子武为代王，子参为太原王，子揖为梁王。

上曰：“古之治天下，朝有进善之旌，诽谤之木，所以通治道而来谏者。今法有诽谤妖言之罪，是使众臣不敢尽情，而上无由闻过失也。将何以来远方之贤良？其除之。民或祝诅上以相约结而后相谩，吏以为大逆，其有他言，而吏又以为诽谤。此细民之愚无知抵死，朕甚不取。自今以来，有犯此者勿听治。”

九月，初与郡国守相为铜虎符、竹使符。

[译文]

正月，文帝说：“农业是国家的根本，我要开垦良田，亲自带头耕种，以供给祭祀宗庙时要用的谷物。”

三月，官员们请求封皇子们为诸侯王。文帝说：“赵幽王刘友被幽禁而死，我非常怜悯他，已经立他的长子刘遂为赵王。刘遂的弟弟刘辟彊以及齐悼惠王的儿子朱虚侯刘章、东牟侯刘兴居立下功劳，也可以封王。”于是封赵幽王的小儿子刘辟彊为河间王，划出齐国几个大郡封朱虚侯为城阳王，封东牟侯为济北王，封皇子刘武为代王，封皇子刘参为太原王，封皇子刘揖为梁王。

文皇帝说："古代治理天下，朝廷设置了进献善言的旌旗和批评朝政的木牌，以此来保持治国之道的畅通，使直言进谏的人前来发表意见。现在法令中有诽谤朝廷、妖言惑众的罪名，这就使大臣们不敢畅所欲言，皇帝无从听到自己的过失。这怎么能够为朝廷招来使远方的贤良人士呢？应当废除这一法令。百姓当中有人诅咒皇帝，商定互相隐瞒，而后来又违背约定相互揭发，官吏们认为这是大逆不道，如果再有其他不满的言论，官吏们又认为是诽谤朝廷，这些只是小民的愚昧无知，据此而被判为死罪，我认为非常不可取。从今以后，再有犯类似罪行的，一律不要加以审理和治罪。"

九月，开始把调遣军队用的铜虎符和使臣们出使用的竹使符发给郡守和封国丞相。

原文

三年十月丁酉晦，日有食之。十一月，上曰："前日诏遣列侯之国，或辞未行。丞相朕之所重，其为朕率列侯之国。"绛侯勃免丞相就国，以太尉颍阴侯婴为丞相。罢太尉官，属丞相。四月，城阳王章薨。淮南王长与从者魏敬杀辟阳侯审食其。

五月，匈奴入北地，居河南为寇。帝初幸甘泉。六月，帝曰："汉与匈奴约为昆弟，毋使害边境，所以输遗匈奴甚厚。今右贤王离其国，将众居河南降地，非常故。往来近塞，捕杀吏卒，驱保塞蛮夷，令不得居其故，陵轹边吏，入盗，甚敖[1]无道，非约也。其发边吏骑八万五千诣高奴，遣丞相颍阴侯灌婴击匈奴。"匈奴去，发中尉材官属卫将军，军长安。

辛卯，帝自甘泉之高奴，因幸太原，见故群臣，皆赐之。举功行赏，诸民里赐牛酒。复晋阳、中都民三岁。留游太原十余日。

甘泉宫

甘泉宫是西汉的六大宫殿之一。其他五宫，长乐、未央、建章、桂、北，全部集中在长安。甘泉宫是因秦旧宫而建，当时叫"甘泉上林苑"，或省称"甘泉苑"。

[注释]

①敖：通"傲"，傲慢。

[译文]

三年（前 177 年）十月三十日，发生了日食。十一月，文帝说：“前些时候曾下诏让各位列侯回到自己的封国，有的人找借口不走。丞相是我所器重的，希望丞相为我率领列侯回到封国。”绛侯周勃被免去丞相职务，回到了自己的封国。文帝任命太尉颍阴侯灌婴为丞相。取消了太尉这一官职，把太尉所掌的兵权归属于丞相。四月，城阳王刘章去世。淮南王刘长和他的随从人员魏敬杀死了辟阳侯审食其。

五月，匈奴入侵北地郡，占据黄河以南，进行抢劫掠夺。文帝首次幸临甘泉宫。六月，文帝说：“汉朝曾与匈奴结为兄弟，目的是为了不让他们侵害边境，为此给匈奴输送了非常丰厚的物资。现在匈奴的右贤王离开他的国土，带领部众进驻在已经归属汉朝的黄河以南地区，一改原来的状态，没有任何正当理由就在边塞地区出入往来，捕杀汉朝的官吏和士卒；驱逐保卫边塞的少数民族，让他们离开原来的居住地；欺凌边防官吏，入侵内地抢劫，非常傲慢无道，破坏了先前的协约。现在调发边境地区的官吏和骑兵八万五千人前往高奴，派遣丞相颍阴侯灌婴率领军队出击匈奴。”匈奴撤离了边塞。又征调中尉属下的勇武之卒归属卫将军，驻扎在长安。

二十七日，皇帝从甘泉宫前往高奴，因为顺路，所以驾临太原，接见原来代国的群臣，全都给以赏赐。根据功劳的大小给以不同的奖赏，赐给那里的百姓牛肉和酒。免除晋阳、中都两地百姓三年的徭役和赋税。文帝在太原停留、巡游了十多天。

原文

济北王兴居闻帝之代，欲往击胡，乃反，发兵欲袭荥阳。于是诏罢丞相兵，遣棘蒲侯陈武为大将军，将十万往击之。祁侯贺为将军，军荥阳。七月辛亥，帝自太原至长安，乃诏有司曰：“济北王背德反上，诖误吏民，为大逆。济北吏民兵未至先自定，及以军地邑降者，皆赦之，复官爵。与王兴居去来，亦赦之。”八月，破济北军，虏其王。赦济北诸吏民与王反者。

[译文]

济北王刘兴居得知皇帝到了代地，准备出击匈奴，于是趁机起兵造反，调遣军队打算袭击荥阳。于是文帝下令撤回丞相灌婴的部队，派遣蒲侯陈武为大将军，率领十万军队前去讨伐济北王。任命祁侯缯贺为将军，驻扎在荥阳。七月十八日，文帝从太原回到长安，就对有关大臣下诏说：“济北王违背道德，背叛皇帝，连累了济北的官吏和百姓，这是大逆不道。济北的官吏和百姓如果在大军还没有到达前，就自己停止反叛活动的，以及率部投降或献出城邑投降的人，一律予以赦免，恢复原来的官职和爵位。那些与济北王刘兴居有过交往但未参与叛乱的人，也予以赦免。”八月，打垮了济北的叛军，俘虏了济北王。文帝宣布赦免济北国中跟随济北王一起造反的官吏和百姓。

原文

六年，有司言淮南王长废先帝法，不听天子诏，居处毋度，出入拟于天子，擅为法令，与棘蒲侯太子奇谋反，遣人使闽越及匈奴，发其兵，欲以危宗庙社稷。群臣议，皆曰“长当弃市”。帝不忍致法于王，赦其罪，废勿王。群臣请处王蜀严道、邛(qióng)都，帝许之。长未到处所，行病死，上怜之。后十六年，追尊淮南王长谥为厉王，立其子三人为淮南王、衡山王、庐江王。

[译文]

六年（前174年），官员们报告淮南王刘长废弃了先帝的法令，不听从皇帝的诏令，宫室居所超过规定的限度，出入时的车马仪仗也仿照天子的规格，擅自制定法令，与棘蒲侯的太子陈奇图谋造反，派人出使闽越和匈奴，调用他们的军队，企图危害宗庙和国家。大臣们讨论此事，都说“应当把他当街处死示众”。文帝不忍心依法惩处淮南王，赦免了他的死罪，废除了他的王位。大臣们要求把淮南王流放到蜀郡的严道和邛都一带，文帝同意了。刘长没有到达流放地，就病死在路上，文帝很怜悯他。十六年之后，追尊淮南王刘长，谥号为厉王，并加封了他的三个儿子：刘安为淮南王、刘勃为衡山王、刘赐为庐江王。

原文

十三年夏，上曰：“盖闻天道祸自怨起而福繇德兴。百官之非，宜由朕躬(bì)。今秘祝之官移过于下，以彰吾之不德，朕甚不取。其除之。”

五月，齐太仓令淳于公有罪当刑，诏狱逮徙系长安。太仓公无男，有女五人。太仓公将行会逮，骂其女曰：“生子不生男，有缓急非有益也！”其少女缇萦自伤泣，乃随其父至长安，上书曰：“妾父为吏，齐中皆称其廉平，今坐法当刑。妾伤夫死者不可复生，刑者不可复属，虽复欲改过自新，其道无由也。妾愿没入为官婢，赎父刑罪，使得自新。”书奏天子，天子怜悲其意，乃下诏曰：“盖闻有虞氏之时，画衣冠异章服以为僇，而民不犯。何则？至治也。今法有肉刑三，而奸不止，其咎安在？非乃朕德薄而教不明欤？吾甚自愧。故夫驯道不纯而愚民陷焉。《诗》曰：'恺悌君子，民之父母。'今人有过，教未施而刑加焉，或欲改行为善而道毋由也。朕甚怜之。夫刑至断支体，刻肌肤，终身不息，何其楚痛而不德也，岂称为民父母之意哉！其除肉刑。"

止辇受言

上曰："农，天下之本，务莫大焉。今勤身从事而有租税之赋，是为本末者毋以异，其于劝农之道未备。其除田之租税。"

［译文］

十三年（前 167 年）夏天，文帝说："我听说祸从怨起，福由德兴，这是天道。百官的过错，应当由我一个人承担责任。如今祭祀祷告的时候把官员们的过错都推到下面的大臣，这使我的无德更加昭彰，我认为这种做法非常不妥。应当废弃这种做法。"

五月，齐国的太仓令淳于公犯了罪，应当受到刑罚，朝廷下诏让狱官逮捕他，把他押解到长安拘禁。太仓令没有儿子，只有五个女儿。太仓令被捕临走时，骂他的女儿说："生孩子而没有儿子，全是女儿，遇到紧急情况就一点用处也没有。"他的小女儿缇萦独自伤心地哭起来，并跟随太仓令到了长安。她向朝廷上书说："我父亲做官，齐国的人都称赞他廉洁公平，如今因触犯法律而应当受刑。我悲伤的是，已经死去的人不能再活过来，受了肉刑的人肢体断了不可能再把肢体连接起来，虽然想改过自新，也没有机会了。我愿意被收入官府做奴婢，来抵赎父亲应当承受的刑罚，使父亲能够改过自新。"缇萦的上书送给了文帝那里，文帝怜悯她的孝心，就下诏说："听说在有虞氏时期，只是在罪犯的衣帽上画上特别的图形或颜色，然后让罪犯穿上，使之与一般人不同，以此来羞辱他们，这样民众就不违犯法令了。这是什么原因呢？因为当时的政治极端清明。如今的法令中规定了刺面、割鼻、断足三种肉刑，而作奸犯科的事情仍然不能禁止，过错出在哪里呢？不就是因为我的德义浅薄，教化不显著吗？我自己感到很惭愧，因为训导的方法不完善，愚昧无知的百姓才会走上犯罪的道路。《诗经》上说'平易近人的官员才是百姓的父母'。现在人们犯了罪过，还没有进行教育就加以刑罚，那么有人想要改过向善也没有机会了。我非常怜悯他们。施用的刑罚之重，以至于断裂肢体，刺刻犯人的肌肤，终身不能恢复，这是多么令人痛苦而又不道德啊，作为百姓的父母，哪里符合为人父母的心意呢？应该废除肉刑。”

文帝说：“农业是天下的根本，没有哪项事情比这更为重要的了。现在农民辛勤地从事农业生产却还要交纳租税，使得务农和从事手工业没有区别，这是把务本和逐末的人没加以区别，本末不分的原因恐怕是由于鼓励农耕的方法还不完备。应该免除农田的租税。”

原文

十四年冬，匈奴谋入边为寇，攻朝䏌塞，杀北地都尉卬。上乃遣三将军军陇西、北地、上郡，中尉周舍为卫将军，郎中令张武为车骑将军，军渭北，车千乘，骑卒十万。帝亲自劳军，勒兵申教令，赐军吏卒。帝欲自将击匈奴，群臣谏，皆不听。皇太后固要帝，帝乃止。于是以东阳侯张相如为大将军，成侯赤为内史，栾布为将军，击匈奴。匈奴遁走。

春，上曰：“朕获执牺牲珪币以事上帝宗庙，十四年于今，历日绵长，以不敏不明而久抚临天下，朕甚自愧。其广增诸祀墠场珪币。昔先王远施不求其报，望祀不祈其福，右贤左戚，先民后己，至明之极也。今吾闻祠官祝釐[1]，皆归福朕躬，不为百姓，朕甚愧之。夫以朕不德，而躬享独美其福，百姓不与焉，是重吾不德。其令祠官致敬，毋有所祈。”

是时北平侯张苍为丞相，方明律历。鲁人公孙臣上书陈终始传五德事，言方今土德时，土德应黄龙见，当改正朔服色制度。天子下其事与丞相议。丞相推以为今水德，始明正十月上黑事，以为其言非是，请罢之。

[注释]

①釐：通“禧”，吉祥，幸福。

[译文]

十四年（前166年）冬天，匈奴谋划入侵边境进行抢掠，攻打朝䏌塞，杀死了北地郡的都尉孙卬。文帝于是派遣了三位将军分别驻扎在陇西、北地、上郡，任命中尉周舍为卫将军，郎中令张武为车骑将军，驻扎在渭水以北的地区，统率战车一千辆，骑兵十万。文帝亲自慰劳士卒，训练军队，申明训令，奖赏全部将士。文帝想要亲自带兵反击匈奴，大臣们纷纷劝阻，文帝一概不听。皇太后坚决阻拦文帝，文帝这才取消了原来的计划。于是任命东阳侯张相如为大将军，成侯董赤为内史，栾布为将军，出兵攻打匈奴，匈奴逃跑了。

这年春天，文皇帝说："我得以能够用牺牲、玉帛来祭祀上帝和宗庙，登上帝位，至今已有十四年了。经过了漫长的岁月，我这样一个既不聪明又不明智的不圣明的人能够长久地治理天下，我深感惭愧自愧。应该扩建扩大各种祭祀的场所，增多祭祀用的玉帛。过去先王远施恩惠而不求回报，举行祭祀而不为自己祈福，尊崇贤才，不重亲戚，先民后己，圣明到了极点。如今我听说主管祭祀的祠官向神灵祈求福佑时，全都是为我一个人祈福，而不为百姓祈福，我为此感到非常惭愧。以我这样无德之人，却单独享受神灵的福佑，而百姓享受不到，这就加重了我的无德。现在命令主管祭祀的祠官按时向神灵献上敬意，不要为我一个人祈求什么。"

这时北平侯张苍任丞相，正在制定新的乐律和历法。鲁地人公孙臣上书讲述五德相生相克，终而复始以象征王朝更替的五德学说，提出现在是土德时期，土德的征兆是将有黄龙出现，应当更改历法、朝廷礼服的颜色和各种制度。文帝把这件事交待下去，让丞相与大臣们讨论。丞相研究后认为当今是水德，于是开始把十月作为岁首，崇尚黑色，并把这件事明确下来。他认为公孙臣的说法不正确，请求文帝不采纳公孙臣的建议。

原文

十五年，黄龙见成纪，天子乃复召鲁公孙臣，以为博士，申明土德事。于是上乃下诏曰："有异物之神见于成纪，无害于民，岁以有年。朕亲郊祀上帝诸神。礼官议，毋讳以劳朕。"有司礼官皆曰："古者天子夏躬亲礼祀上帝于郊，故曰'郊'。"于是天子始幸雍，郊见五帝，以孟夏四月答礼焉。赵人新垣平以望气见，因说上设立渭阳五庙。欲出周鼎，当有玉英见。

十六年，上亲郊见渭阳五帝庙，亦以夏答礼而尚赤。

十七年，得玉杯，刻曰"人主延寿"。于是天子始更为元年，令天下大酺。其岁，新垣平事觉，夷三族。

［译文］

十五年（前 165 年），有黄龙出现在成纪，文帝又一次召见鲁地的公孙臣，任命他担任博士，让他重新阐明当今应为土德的道理。于是文帝下达诏令说："有一个怪异的神物出现在成纪，没有伤害到百姓，今年的年成又很好。我要亲自到郊外去祭祀上帝和诸神。掌管礼仪的官员们要商讨一下所应举行的礼仪，不要因为避免使我劳累而有所隐讳。”主管大臣和掌管礼仪的官员都说：“古时候的天子每年夏天亲自到郊外依礼祭祀上帝，所以称为‘郊’。”于是文帝第一次幸临雍县，郊祀五帝，在夏季的四月举行祭礼。赵地人新垣平因为善于望气之术得以进见文帝，趁机劝说文帝在渭阳城修建五帝庙。并说服文帝打捞落入水中的周鼎，还预言将会有花朵状的宝玉出现。

十六年，文帝亲自到渭阳城的五帝庙举行郊祀，也在夏天举行祭礼，决定崇尚红色。

十七年，文帝得到一个玉杯，上面刻有“人主延寿”。于是文帝下诏把这一年改为后元元年，下令天下百姓举行盛大的聚会，尽情地设宴饮酒。就在同年，新垣平弄虚作假的行为被发现，文帝下令灭了他的三族。

原文

后二年，上曰：“朕既不明，不能远德，是以使方外之国或不宁息。夫四荒之外不安其生，封畿之内勤劳不处，二者之咎，皆自于朕之德薄而不能远达也。间者累年，匈奴并暴边境，多杀吏民，边臣兵吏又不能谕吾内志，以重吾不德也。夫久结难连兵，中外之国将何以自宁？今朕夙兴夜寐，勤劳天下，忧苦万民，为之怛惕不安，未尝一日忘于心，故遣使者冠盖相望，结轶①于道，以谕朕意于单于。今单于反古之道，计社稷之安，便万民之利，亲与朕俱弃细过，偕之大道，结兄弟之义，以全天下元元之民。和亲已定，始于今年。”

[注释]

①轶：通“辙”，车轮压出的痕迹。

[译文]

后元二年（前162年），文帝说：“我并不英明，不能在远方施以恩德，所以使得中原周边有些国家时常侵扰生事，不得安宁。边远地区的百姓不能安定地生活，内地的百

汉文帝听政

姓辛勤劳苦，得不到歇息，这两方面的过错，都是由于我的德行不够厚，不能使德泽惠及远方。最近连续几年，匈奴都来祸害边境，杀死了很多官吏和百姓，边境的官员和将领又不能明白我内心的意愿，致使我的无德更加严重。这样长期结下怨仇，兵祸不断，中原内外的国家怎么能够各自安宁呢？如今我早起晚睡，为国事操劳，为千千万万的百姓忧虑，心里惶惶不安，不曾有一天能够忘记这件事情。所以我派出的使者络绎不绝，多得道路上的车盖前后相望，车辙的印迹互相交错，为的就是让他们去向匈奴单于说明我的意愿。现在单于已经回到了以往友好相处的道路上来了，考虑国家的安宁，为千万民众谋求利益，亲自和我相约一起抛弃那些细小的过失，共同走在和平的大道上，结下兄弟般的情谊，以保全天下善良的百姓。和亲的协议已经确定下来，从今年开始施行。”

原文

后六年冬，匈奴三万人入上郡，三万人入云中。以中大夫令勉为车骑将军，军飞狐；故楚相苏意为将军，军句注；将军张武屯北地；河内守周亚夫为将军，居细柳；宗正刘礼为将军，居霸上；祝兹侯军棘门：以备胡。数月，胡人去，亦罢。

天下旱，蝗。帝加惠，令诸侯毋入贡，弛山泽，减诸服御狗马，损郎吏员，发仓庾以振贫民，民得卖爵。

孝文帝从代来，即位二十三年，宫室苑囿狗马服御无所增益，有不便，辄弛以利民。尝欲作露台，召匠计之，直百金。上曰：“百金中民十家之产，吾奉先帝宫室，常恐羞之，何以台为！”上常衣绨衣，所幸慎夫人，令衣不得曳地，帏帐不得文绣，以示敦朴，为天下先。治霸陵皆以瓦器，不得以金银铜锡为饰，不治坟，欲为省，毋烦民。南越王尉佗自立为武帝，然上召贵尉佗兄弟，以德报之，佗遂去帝称臣。与匈奴和亲，匈奴背约入盗，然令边备守，不发兵深入，恶烦苦百姓。吴王诈

露台惜费

病不朝，就赐几杖。群臣如袁盎等称说虽切，常假借用之。群臣如张武等受赂遗金钱，觉，上乃发御府金钱赐之，以愧其心，弗下吏。专务以德化民，是以海内殷富，兴于礼义。

［译文］

后元六年（前158年）冬天，匈奴三万人入侵上郡，三万人入侵云中。文帝任命中大夫令勉为车骑将军，驻扎在飞狐；任命原楚国丞相苏意为将军，驻扎在句注；命将军张武屯守北地；任命河内郡郡守周亚夫为将军，驻扎在细柳；任命宗正刘礼为将军，驻军霸上；命令祝兹侯驻军棘门，来共同防备匈奴。过了几个月，匈奴人撤离，各路军队也撤了回来。

这一年天下大旱，全国发生了旱灾，蝗虫为害。文皇帝加恩于民，命令诸侯不要向朝廷进贡，解除国家对山林湖泽的禁令，减少宫中各种服饰、车驾用具和游玩的狗马等玩好之物的开销，裁减朝廷官吏的人数，打开粮仓，救济赈济贫苦百姓，允许民间买卖爵位。

孝文帝从代国来到京城，在位二十三年，宫室、宛囿、狗马、服饰、车驾等等都没有增加过，但凡有对百姓不便的事情，就予以废止，从而便利百姓。文帝曾经打算修建一座高台，招来工匠计算费用，需要一百斤黄金。文帝说："一百斤黄金相当于十户中等人家的产业，我奉守先帝的宫室，时常担心使先帝蒙羞，还修建这高台干什么呢？"文帝平时穿着粗丝衣服，即使是他所宠爱的慎夫人，也不准许她穿的衣服拖到地面，所用的帷帐不准绣彩色花纹，以此来表示敦厚俭朴，为天下人做一个表率。文帝规定修建他的陵墓霸陵一律采用瓦器，不准许使用金、银、铜、锡等金属作装饰，不修高大的坟墓，目的是想要节省，不去烦扰百姓。南越王尉佗自立为武帝，文帝却把他的兄弟招来，赐予了高官厚禄，报之以德，尉佗于是取消了帝号，臣服于汉朝。汉朝与匈奴和亲，匈奴背约入侵，进行劫掠，然而文帝只是命令边塞加强守卫，不出兵深入匈奴腹地，唯恐给百姓带来烦扰。吴王谎称有病，不来京城朝见，文帝立刻赏赐他坐几和手杖，以表示对他的关怀。群臣当中如袁盎等人进言说事虽然既尖锐又急切，然而文帝常常是宽容地采纳他们的建议。大臣中如张武等人接受别人贿赂的金钱，被发现后，文帝就把自己府库中的金钱赏赐给他们，用这种方法使他们内心感到惭愧，而不是交给执法官吏治罪。文帝一心一意致力于用道德教化臣民，因此，四海之内，殷实富足，礼仪盛行。

原文

后七年六月己亥，帝崩于未央宫。遗诏曰："朕闻盖天下万物之萌生，靡不有死。死者天地之理，物之自然者，奚可甚哀。当今之时，世咸嘉生而恶死，厚葬以破业，重服以伤生，吾甚不取。且朕既不德，无以佐百姓；今崩，又使重服久临，以离寒暑之数，哀人之父子，伤长幼之志，损其饮食，绝鬼神之祭祀，以重吾不德也，谓天下何！朕获保宗庙，以眇眇之身托于天下君王之上，二十有余年矣。赖天地之灵，社稷之福，方内安宁，靡有兵革。朕既不敏，常畏过行，以羞先帝之遗德；维年之久长，惧于不终。今乃幸以天年，得复供养于高庙。朕之不明与嘉之，其奚哀悲之有！其令天下吏民，令到出临三日，皆释服。毋禁取妇嫁女祠祀饮酒食肉者。自当给丧事服临者，皆无践①。绖带无过三寸，毋布车及兵器，毋发民男女哭临宫殿。宫殿中当临者，皆以旦夕各十五举声，礼毕罢。非旦夕临时，禁毋得擅哭。已下，服大红(gōng)十五日，小红十四日，纤七日，释服。佗不在令中者，皆以此令比率从事。布告天下，使明知朕意。霸陵山川因其故，毋有所改。归夫人以下至少使。”令中尉亚夫为车骑将军，属国悍为将屯将军，郎中令武为复土将军，发近县见卒万六千人，发内史卒万五千人，藏郭②穿复土属将军武。

乙巳，群臣皆顿首上尊号曰孝文皇帝。

太子即位于高庙。丁未，袭号曰皇帝。

[注释]

①践：通“跣”，赤足。②郭：同“椁”，外棺。

[译文]

后元七年（前157年）六月一日，文帝在未央宫去世。留下遗诏说：“我听说天下万物萌芽生长，最终没有不死亡的。死亡是天地间的常理，是万物的自然现象，不必觉得过分悲哀。当今世人都好生恶死，人死了还要用大量财物进行安葬，以致破尽家产，长期服丧，致使身体受损，这些做法我认为是很不可取的。况且我生前没有什么德行，没给百姓多少益处。现在死了，又让人们长期服丧、哭吊，遭受严寒酷暑的折磨，使天下的父子为我悲哀，损伤老幼的心灵，减少饮食，中断对鬼神的祭祀，这样做的结果是加重了我的无德，怎么向天下百姓交代呢？我能够奉守宗庙，凭着渺小的身躯凌驾于天下诸侯王之上，至今已有二十多年了。靠的是天地的神灵，社稷的福祉，才使得国内安宁，没有战乱。我并不聪敏，时常担心行为有过失，使先帝遗留下来的美德蒙受耻辱；时间长了，更是唯恐不能善终。如今竟然侥幸地享尽天年，将被供养侍奉在高庙里享受祭祀，我是这样的不贤明，却能有如此好的结果，还有什么可悲哀的呢？现在诏令天下官吏和百姓，诏令到达后只哭丧三天，然后全部除去丧服。不要禁止娶妻、嫁女、祭祀鬼神和饮酒食肉。应该参加丧事、服丧哭吊的人，都不要赤足，服丧的孝带宽度不要超过三寸，不要陈设车驾和兵器，不要动员民间男女来宫殿哭丧。宫中应当哭丧的人，只需在每天的早晨和晚上各哭十五声，行礼完毕后就停止；不是早晨和晚上应当哭丧的时刻，不准许擅自哭泣。下葬之后，按丧服制度应当穿大功丧服服丧九个月的只服十五天，应当穿小功丧服服丧五个月的只服十四天，应当穿细布丧服服丧三个月的只服七天，期满后就可以脱去丧服。其他没有规定在遗命中的事项，全都参照这一遗命办理。要把这道诏令布告天下，使天下人都明了我的心意。霸陵周围的山川要保持原样，不要有所改变。后宫中从夫人以下到少使，全都遣散回家。”朝廷任命中尉周亚夫为车骑将军，典属国徐悍为将屯将军，郎中令张武为复土将军，征调京城附近各县现役士卒一万六千人，又征调内史所统领的现役士卒一万五千人，归将军张武指挥，负责挖穴和填土，安葬棺椁。

六月七日，大臣们都叩首至地，对去世的皇帝奉上谥号，尊称为孝文皇帝。

太子刘启在高庙即位，六月九日袭号为皇帝。

原文

孝景皇帝元年十月，制诏御史：“盖闻古者祖有功而宗有德，制礼乐各有由。闻歌者，所以发德也；舞者，所以明功也。高庙酎，奏《武德》《文始》《五行》之舞。孝惠庙酎，奏《文始》《五行》之舞。孝文皇帝临天下，通关梁，不异远方。除诽谤，去肉刑，赏赐长老，收恤孤独，以育群生；减嗜欲，不受献，不私其利也。罪人不帑，不诛无罪。除肉刑，出美人，重绝人之世。朕既不敏，不能识。此皆上古之所不及，而孝文皇帝亲行之。德厚侔(móu)天地，利泽施四海，靡不获福焉。明象乎日月，而庙乐不称。朕甚惧焉。其为孝文皇帝庙为《昭德》之舞，以明休德。然后祖宗之功德著于竹帛，施于万世，永永无穷，朕甚嘉之。其与丞相、列侯、中二千石、礼官具为礼仪奏。”丞相臣嘉等言：“陛下永思孝道，立《昭德》之舞以明孝文皇帝之盛德。皆臣嘉等愚所不及。臣谨议：世功莫大于高皇帝，德莫盛于孝文皇帝，高皇庙宜为帝者太祖之庙，孝文皇帝庙宜为帝者太宗之庙。天子宜世世献祖宗之庙。郡国诸侯宜各为孝文皇帝立太宗之庙。诸侯王列侯使者侍祠天子，岁献祖宗之庙。请著之竹帛，宣布天下。”制曰：“可。”

[译文]

孝景皇帝元年（前156年）十月，下诏给御史说："我听说古代帝王中有取得天下之功的称为'祖'，有治理天下之德的称'宗'，制定祭祀礼仪、音乐却要符合他们的身份。又听说歌是用来颂扬德行的，舞是用来显示功绩的。在高庙献酒祭祀，表演《武德》《文始》《五行》等舞蹈；在孝惠庙献酒祭祀，表演《文始》《五行》之舞。孝文皇帝治理天下，开放了关塞津梁，使之畅通无阻，远处近处同等对待；废除了诽谤罪，取消了肉刑，赏赐老人，收养抚恤少无父母和老而无子的贫苦人，以此来养育天下众生；他减少嗜欲，不接受臣下进献的物品，不私自占有这些利益；处置犯罪的人，不收没他的妻子儿女，不诛罚无罪的人；废除宫刑，放出后宫美人，对断绝后嗣这件事很重视。我并不聪敏，对这一切不能完全认识。实际上，这些事情都是古代帝王做不到的，而孝文皇帝却亲自实行了。他的功德显赫、浩大如同天地，恩惠广施，遍及四海，没有哪个人不曾得到他的恩惠。他的光辉宛如日月，在庙中祭祀时所采用的乐舞并不相称，对此我很恐惧不安。应该为孝文皇帝庙制作《昭德》舞，用来表彰他的美德。然后将祖宗的功德记载在史册上，流传万世，永无尽头，我很赞成这种做法。此事交给丞相、列侯、秩为中二千石的官员和掌管礼制的官员共同拟定礼仪奏上。"丞相申徒嘉等人说："陛下始终想着孝敬先帝，制作《昭德》之舞来显示孝文皇帝的显赫功德，这都是我们这些臣子们由于愚昧而想不到的。我们这些臣子恭谨地建议：世间论功劳就没有大过高皇帝的，论德业就没有胜过孝文皇帝的，高皇帝庙应当作为为本朝帝王的太祖庙，孝文皇帝庙应当成为本朝帝王的太宗庙。后代天子应当世世代代地祭祀太祖庙和太宗庙。各郡和各国诸侯都应当为孝文皇帝建立太宗庙。每年朝廷祭祀时，诸侯王和列侯都要按时派使者随从陪侍天子祭祀，天子每年都要祭祀太祖庙和太宗庙。请把这些规定明文记载下来，向天下公布。"景帝下令说："可以。"

原文

太史公曰：孔子言："必世然后仁。善人之治国百年，亦可以胜残去杀。"诚哉是言！汉兴，至孝文四十有余载，德至盛也。廪廪乡改正服封禅矣，谦让未成于今。呜呼，岂不仁哉！

[译文]

太史公说：孔子说："治理国家一定要经过三十年才能施行仁政。一个有德的人治理国家一百年，也可以克服残暴，废除刑杀。"这话说得非常正确啊！从汉朝建立到孝文皇帝经过了四十多年，德政已达到了兴盛的极点。孝文皇帝已经可以实现修改历法、确定服色和举行封禅这些目标了，可是由于他的谦让，至今尚未完成。啊，这难道不就是仁德吗！

[赏析]

本篇的突出特点之一便是收录了诸多文帝颁布的诏书，主要表现文帝的贤德。这些诏书一方面体现文帝治理天下的才能，一方面反映文帝心存仁爱和注重俭朴的思想品格。如废除连坐法与肉刑的两份诏书，体现文帝不牵连无辜、不摧残犯人肉体的人道主义思想。再如遣列侯之国等诏令，以及遗诏，都体现了文帝不劳民伤财的用心。诏令大多用“上曰”的形式出现，口吻真实，符合情理，对于表现文帝“专务以德化民”的思想有重要作用。

本篇没有太紧张的事件，只是依照年代顺序来选择关键事件进行阐述，给人一种从容不迫的感觉，同时也表达出作者对明君的追慕与向往。如描写文帝即位与定立太子的过程当中，表现他的周详慎重以及谦让。写缇萦上书救父，要求废除肉刑；写文帝为了节省民力而放弃修建露台的计划，以及对南越王、吴王等人以德报怨，对匈奴的战争与和亲，既强硬又不失灵活等，都集中表现文帝的仁爱、宽厚以及将维护国家与百姓的安宁作为重点的思想。

本篇结尾，作者还巧妙地以景帝的诏书，还有群臣的议论，以“功莫大于高皇帝，德莫大于孝文皇帝”表现司马迁对文帝的赞颂之情；本纪最后，作者还发出了“廪廪向改正服封禅矣，谦让未成于今”的感叹。

汉文帝与其子景帝父子两代被并称为“文景之治”，他倡导农耕，免除农田租税，减轻刑罚，从本质上全都是维护与巩固汉王朝的统治，但在经历战国直到秦末长达几百年的战乱后，这些恢复经济与稳固政治的措施都起到了积极作用。而他的仁厚、俭朴，截然不同于以往的暴君，自然成为百姓理想当中的明君，司马迁对他大加褒扬，也恰恰是这种感情的反映。

[集评]

索隐述赞：孝文在代，兆遇大横。宋昌建册，绛侯奉迎。南面而让，天下归诚。务农先籍，布德偃兵。除帑削谤，政简刑清。绨衣率俗，露台罢营。法宽张武，狱恤缇萦。霸陵如故，千年颂声。

孝景本纪

题解

《孝景本纪》选自《史记》卷十一，本纪第十一。这篇本纪以大事记的形式，简略地记录了汉景帝刘启在位十六年间所发生的要事。景帝承前启后，延续了文帝的政策，又为武帝的大一统奠定了基础。

原文

孝景皇帝者，孝文之中子也。母窦太后。孝文在代时，前后有三男，及窦太后得幸，前后死，及三子更死，故孝景得立。

元年四月乙卯，赦天下。乙巳，赐民爵一级。五月，除田半租，为孝文立太宗庙。令群臣无朝贺。匈奴入代，与约和亲。

二年春，封故相国萧何孙系为武陵侯。男子二十而得傅。四月壬午，孝文太后崩。广川、长沙王皆之国。丞相申屠嘉卒。八月，以御史大夫开封侯陶青为丞相。彗星出东北。秋，衡山雨雹，大者五寸，深者二尺。荧惑逆行，守北辰。月出北辰间。岁星逆行天廷中。置南陵及内史祋祤为县。

[译文]

孝景皇帝就是孝文皇帝排在中间的儿子。他的母亲是窦太后。孝文皇帝在代国之时，前任王后曾生了三个男孩，到了窦太后得宠时，前任王后去世，她的三个儿子也陆续死去，因此孝景皇帝得以嗣位。

景帝元年（前156年）四月二十二日，大赦天下，百姓每户户主爵位提高一级。到了五月，减免全国农户一半的田租，并为孝文皇帝建立了太宗庙。要求大臣们不再上朝拜贺。允许匈奴进到代地，和匈奴约定和亲。

遣幸谢相

文帝时，申屠嘉接替张苍为丞相。为人廉洁耿直，曾拟诛骄横的宠臣邓通，文帝为之再三请求方免。

第二年春，册封以前的相国萧何之孙萧系为武陵侯。规定男子到了二十岁时要记录在册。四月二十五日，孝文太后逝世。广川王、长沙王都赶去自己的封国。丞相申屠嘉去世。八月时，任命御史大夫开封侯陶青为丞相。彗星在东北方出现。到了秋天，衡山下了冰雹，最大的冰雹直径可达五寸，最厚的地方可达二尺。火星反向运行，到了北极星的位置。月亮在北极星中间出现。木星在天庭中反着运行。景帝将南陵和内史所辖的祋祤设置成县。

原文

三年正月乙巳，赦天下。长星出西方。天火燔雒阳东宫大殿城室。吴王濞、楚王戊、赵王遂、胶西王卬、济南王辟光、菑川王贤、胶东王雄渠反，发兵西乡。天子为诛晁错，遣袁盎谕告，不止，遂西围梁。上乃遣大将军窦婴、太尉周亚夫将兵诛之。六月乙亥。赦亡军及楚元王子蓺等与谋反者。封大将军窦婴为魏其侯。立楚元王子平陆侯礼为楚王。立皇子端为胶西王，子胜为中山王。徙济北王志为菑川王，淮阳王余为鲁王，汝南王非为江都王。齐王将庐、燕王嘉皆薨(hōng)。

四年夏，立太子。立皇子彻为胶东王。六月甲戌，赦天下。后九月，更以易阳为阳陵。复置津关，用传出入。冬，以赵国为邯郸郡。

五年三月，作阳陵、渭桥。五月，募徙阳陵，予钱二十万。江都大暴风从西方来，坏城十二丈。丁卯，封长公主子蟜为隆虑侯。徙广川王为赵王。

[译文]

三年（前 154 年）正月二十二日，景帝大赦天下。有长尾彗星在西方出现。天火烧坏了雒阳东宫的大殿和城楼。吴王刘濞、楚王刘戊、赵王刘遂、胶西王刘卬、济南王刘辟光、淄川王刘贤、胶东王刘雄渠发动叛乱，起兵向西方进发。景帝为安抚反叛的各王而杀掉了晁错，派遣袁盎通告七国，但七国仍不罢兵，继续向西，围住了梁国。因此景帝派大将军窦婴和太尉周亚夫率军讨伐，消灭了他们。六月二十五日，景帝赦免了打仗时逃跑的士卒和楚元王的儿子刘蓺等参与谋反的人。册封大将军窦婴为魏其侯。立楚元王的儿子平陆侯刘礼为楚王。立皇子刘端为胶西王，皇子刘胜为中山王。改封济北王刘志为菑川王，淮阳王刘余为鲁王，汝南王刘非为江都王。齐王刘将庐、燕王刘嘉都去世了。

四年夏天，立皇太子。立皇子刘彻为胶东王。六月二十九日，大赦天下。闰九月，把易阳改名为阳陵。重新在渡口和关口设置关卡，凭借符信才能出入。冬天的时候，改赵国为邯郸郡。

五年的三月，修筑阳陵和渭桥。当年五月，拨钱二十万，招募各地百姓迁往阳陵。江都地区遭到西边刮来的大风暴侵袭，毁坏的城墙达十二丈。二十八日，景帝封他的姐姐长公主的儿子陈蟜为隆虑侯。改封广川王为赵王。

原文

六年春，封中尉绾为建陵侯，江都丞相嘉为建平侯，陇西太守浑邪为平曲侯，赵丞相嘉为江陵侯，故将军布为鄃（shū）侯。梁楚二王皆薨。后九月，伐驰道树，殖（tián）兰池。

七年冬，废栗太子为临江王。十一月晦，日有食之。春，免徒隶作阳陵者。丞相青免。二月乙巳，以太尉条侯周亚夫为丞相。四月乙巳，立胶东王太后为皇后。丁巳，立胶东王为太子。名彻。

中元年，封故御史大夫周苛孙平为绳侯，故御史大夫周昌孙左车为安阳侯。四月乙巳，赦天下，赐爵一级。除禁锢。地动。衡山、原都雨雹，大者尺八寸。

中二年二月，匈奴入燕，遂不和亲。三月，召临江王来。即死中尉府中。夏，立皇子越为广川王，子寄为胶东王。封四侯。九月甲戌，日食。

[译文]

六年（前 151 年）春天，册封中尉卫绾为建陵侯，封江都国丞相程嘉为建平侯，陇西郡太守公孙浑邪为平曲侯，赵国丞相苏嘉为江陵侯。梁王、楚王都去世了。闰九月，砍掉了驰道两旁的树木，填平了兰池。

七年冬天，废除了太子刘荣，封他做了临江王。十一月最后一天时，发生日食。春天，赦免并释放了修筑阳陵的囚犯和奴隶。丞相陶青被免职。二月十六日，任命太尉条侯周亚夫为丞相。四月十七日，册立胶东王的母亲为皇后。二十九日，册立胶东王为太子。太子的名字叫彻。

中元元年（前 149 年），册封前御史大夫周苛的孙子周平为绳侯，前御史大夫周昌的孙子周左车为安阳侯。四月二十三日，大赦天下，给百姓每户户主爵位升一级。废除不准商人、入赘女婿做官和不准犯过罪的官吏重新做官的规定。发生地震。衡山、原都地区下了冰雹，最大的直径可达一尺八寸。

中元二年二月，匈奴侵入燕地，朝廷因此断绝与匈奴和亲。三月，下令召临江王刘荣来都城问罪，他很快就死在了中尉郅都的府第中。夏天，册立皇子刘越为广川王，皇子刘寄为胶东王。分封了四个列侯。九月三十日，发生日食。

原文

中三年冬，罢诸侯御史中丞。春，匈奴王二人率其徒来降，皆封为列侯。立皇子方乘为清河王。三月，彗星出西北。丞相周亚夫免，以御史大夫桃侯刘舍为丞相。四月，地动。九月戊戌晦，日食。军东都门外。

彗星

中四年三月，置德阳宫。大蝗。秋，赦徒作阳陵者。

中五年夏，立皇子舜为常山王。封十侯。六月丁巳，赦天下，赐爵一级。天下大潦①。更命诸侯丞相曰相。秋，地动。

[注释]

①潦：同“涝”，雨多成灾。

[译文]

中元三年（前147年）冬天，废除了诸侯王国中御史中丞一职。春天，匈奴的两个王率领自己的部众前来归降，都被封为列侯。册立皇子刘方乘为清河王。三月，彗星出现在天空的西北方。丞相周亚夫被免职。任命御史大夫桃侯刘舍为丞相。四月，发生地震。九月最后一天，发生了日食。军队就在京城的东都门外驻扎。

中元四年三月，修建德阳宫。发生了大蝗灾。秋天，赦免建造阳陵的囚犯。

中元五年夏天，册立皇子刘舜为常山王。分封了十个人为侯。六月二十九日，大赦天下，给百姓每户户主爵位升一级。全国范围内发生严重涝灾。将诸侯国的丞相改称为相。秋天，发生地震。

原文

中六年二月己卯，行幸雍，郊见五帝。三月，雨雹。四月，梁孝王、城阳共王、汝南王皆薨。立梁孝王子明为济川王，子彭离为济东王，子定为山阳王，子不识为济阴王。梁分为五。封四侯。更命廷尉为大理，将作少府为将作大匠，主爵中尉为都尉，长信詹事为长信少府，将行为大长秋，大行为行人，奉常为太常，典客为大行，治粟内史为大农。以大内为二千石，置左右内官，属大内。七月辛亥，日食。八月，匈奴入上郡。

后元年冬，更命中大夫令为卫尉。三月丁酉，赦天下，赐爵一级，中二千石、诸侯相爵右庶长。四月，大酺。五月丙戌，地动，其蚤食时复动。上庸地动二十二日，坏城垣。七月乙巳，日食。丞相刘舍免。八月壬辰，以御史大夫绾(wǎn)为丞相，封为建陵侯。

［译文］

中元六年（前 144 年）二月二十五日，景帝亲自来到雍县，在郊外祭祀五帝庙。三月，下了冰雹。四月，梁孝王、城阳共王和汝南王都去世了。分别立梁孝王的儿子刘明为济川王，刘彭离为济东王，刘定为山阳王，刘不识为济阴王。把原来的梁国一分为五。封了四人为列侯。把廷尉这个官职改名为大理，将作少府改名为将作大匠，主爵中尉则改名叫都尉，长信詹事改名为长信少府，将行改名叫大长秋，大行改名为行人，奉常改名叫太常，典客改名为大行，治粟内史改名为大农。将主管大内仓库的大内定为二千石级别的官员，设置左、右内官，使其隶属于大内。七月二十九日，有日食发生。八月，匈奴入侵上郡地区。

后元元年（前 143 年）冬天，将中大夫令改名为卫尉。三月十九日，大赦天下，给百姓每户户主爵位升一级，赐给中二千石的官员和诸侯国的相以右庶长的爵位。四月，下令特许百姓聚会饮酒。五月九日，有地震发生，早饭时再次地震。上庸县地震连续二十二天，城墙被震坏。七月二十九日，发生日食。丞相刘舍被免职。八月壬辰日，任命御史大夫卫绾为丞相，册封为建陵侯。

原文

后二年正月，地一日三动。郅将军击匈奴。酺五日。令内史郡不得食马粟，没入县官。令徒隶衣七緵(zòng)布。止马舂。为岁不登，禁天下食不造岁。省列侯遣之国。三月，匈奴入雁门。十月，租长陵田。大旱。衡山国、河东、云中郡民疫。

后三年十月，日月皆食赤五日。十二月晦，雷(léi)。日如紫。五星逆行守太微。月贯天廷中。正月甲寅，皇太子冠。甲子，孝景皇帝崩。遗诏赐诸侯王以下至民为父后爵一级，天下户百钱。出宫人归其家，复无所与。太子即位，是为孝武皇帝。三月，封皇太后弟蚡(fén)为武安侯，弟胜为周阳侯。置阳陵。

[译文]

后元二年（前142年）正月，一天之内接连发生三次地震。郅都将军率军回击匈奴。下令允许百姓聚会饮酒五日。诏令内史和各郡不准以粮食喂马，违者将其马匹收归官府。规定罪犯和奴隶穿很粗劣的衣服。严禁用马舂米。由于当年粮食歉收，诏令天下百姓不准在一年内就将当年收获的口粮吃完。削减驻京的列侯，让他们都回到自己的封国。三月，匈奴侵入雁门郡。十月，把高祖陵墓长陵周围的耕地租给农民耕种。发生大旱灾。衡山国、河东郡和云中郡都发生了瘟疫。

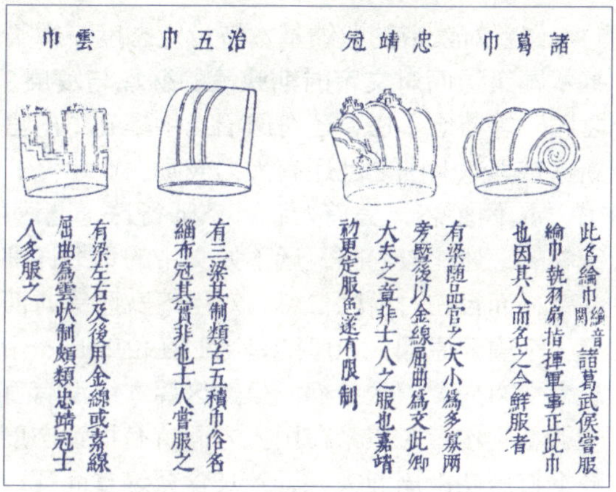

冠与巾

冠礼是古代嘉礼的一种，为男子的成年礼。仪式上先加缁布冠，次授以皮弁，最后授以爵弁。

后元三年十月，有日食和月食发生，太阳和月亮连续五天呈现红色。十二月的最后一天，发生雷震。太阳变成紫色。五大行星倒转运行，逼近太微垣区域。月亮横着穿过天庭。正月十七甲寅日，皇太子刘彻举行加冠典礼。二十七日，孝景皇帝逝世。遗诏赐给诸侯王以下一直到百姓应该继承父业的人每人爵位升一级，全国百姓每户一百钱。遣散后宫宫女，而且免除了他们终身的赋税和徭役。太子即位为帝，就是孝武皇帝。三月，册封皇太后的弟弟田蚡为武安侯，田胜为周阳侯。并把景帝的灵柩安置在阳陵。

原文

太史公曰：汉兴，孝文施大德，天下怀安，至孝景，不复忧异姓，而晁错刻削诸侯，遂使七国俱起，合从而西乡，以诸侯太盛，而错为之不以渐也。及主父偃言之，而诸侯以弱，卒以安。安危之机，岂不以谋哉？

［译文］

太史公说：汉兴之后，孝文皇帝广施恩德，天下百姓得以怀恩而安宁。到了孝景皇帝时，已经无需再忧虑异姓诸侯王的反叛了。但是晁错建议大力削夺同姓诸侯王的封地，因此使得吴、楚等七国一同起兵反叛，联合向西进攻朝廷。这是因为当时的诸侯王势力太过强大，而晁错又没有采取渐渐削弱的方法。待到主父偃提出准许诸侯王分封自己的子弟为侯的建议，孝武帝采纳了，才使诸侯王的势力渐渐衰弱下来，国家终于安定了下来。所以说，国家安危的关键，难道不得依靠谋略吗？

［赏析］

作者对景帝的业绩基本持肯定态度。本篇虽然简短，但从中依旧可以看出景帝在基本国策层面对文帝时期政策的继承与发展。如“除禁锢”的宽松政策、“省列侯遣之国”等节俭举措，还有遗诏当中提到“出宫人归其家”的善举等。特别是对景帝果断平定吴楚七国之乱还有大力鼓励农业生产、稳定局势等政绩表示了肯定。司马迁提出：“诸侯骄恣，吴首为乱，京师行诛，七国伏辜，天下翕然，大安殷富。”《孝景本纪》的记述比较简略，远不如文帝的本纪详细，因为这一时期的治世功绩主要应属于文帝，而且在对百姓仁慈、对臣下宽厚等方面，景帝也比不上文帝。本篇内容简练的另一个重要原因，也可能是当时在位的是景帝之子汉武帝，司马迁为此心存畏惧，唯恐言多有失，招致灾祸。虽然这篇本纪没有直接揭露景帝过失，但从其他篇目中还是能够看到作者对景帝在用人方面持有批评态度。如在《绛侯周勃世家》当中记载景帝贬抑打压功臣周亚夫，导致其含冤绝食而死；在《袁盎晁错列传》中富有远见、为朝廷的利益而不断出谋划策的晁错，最后却成为景帝为平息藩王叛乱的牺牲品。作者没有因为景帝的功绩，而忽略其过错，对他的错误举动，还是进行了比较尖锐的批判。这篇本纪末尾的赞扬只提及七国之乱一事，表面上指责晁错削藩操之过急，实际上暗地讽刺景帝审时不明，策划不周。

［集评］

索隐述赞：景帝即位，因修静默。勉人于农，率下以德。制度斯创，礼法可则。一朝吴楚，乍起凶慝。提局成衅，拒轮致惑。晁错虽诛，梁城未克。条侯出将，追奔逐北。坐见枭黥，立翦牟贼。如何太尉，后卒下狱。惜哉明君，斯功不录！

司马迁及《史记》

一、关于司马迁

（一）有关司马迁出生时间的分歧

关于司马迁的出生时间，有公元前 145 年和公元前 135 年两种说法。

司马迁生于公元前 145 年出自《太史公自序》的《正义》，根据是唐代张守节《正义》注称：“太初元年，迁年四十二岁。”从太初元年（前 104 年）向上追溯四十二年，就是景帝中元五年（前 145 年）。王国维、梁启超等人赞同这一说法。

司马迁生于公元前 135 年出自《太史公自序》的《索隐》，根据是晋代张华《博物志》：“太史令，茂陵显武里大夫司马迁，年二十八，三年六月乙卯除，六百石。”汉武帝元封三年（前 108 年），司马迁升任太史令，此时二十八岁，由此追溯二十八年，即武帝建元六年（前 135 年）应是司马迁出生的时间。郭沫若等人赞同此说。持“公元前 135 年说”观点的人认为张守节《正义》的记载有错误。理由如下：

一，《博物志》记录的依据是汉代记籍簿，它记载有司马迁的姓名、年龄、居住地点、官爵、当官年月与俸禄等。极为详细真切，是取材于汉代文书的第一手材料，价值远超一般史书的二手材料。

二，司马迁《报任安书》当中有一句话：“今仆不幸早失二亲。”假如依照《正义》所记载的司马迁生于景帝中元五年，元封元年（前 110 年）其父司马谈去世时，司马迁已经三十六岁。这个年岁失去父亲谈不上“早失二亲”。如按《博物志》记载，司马迁生于武帝建元六年，父死时二十六岁，父母早丧还说得通。

司马迁像

三，司马迁《报任安书》作于征和二年（前 91 年），如果他生于景帝中元五年，这一年应当为五十五岁，他担任郎中是在二十岁左右，即他周游各地返回后的事，那么，他应该声称自己待罪辇毂下三十余年。显然，司马迁不会连自己的事都记不住。只有晚生十年，即武帝建元六年（前 135 年），才符合这一说法。

赞同公元前 145 年说的人除将张守节的《正义》作为依据外，还提出如下几个问题或论据：

一，王国维在《太史公行年考》中认为后人引用《博物志》“年二十八”应当是“年三十八”的误写。《正义》注称太初五年，司马迁“年四十二”是准确的。

二，依据《史记·游侠列传》记载，武帝元朔二年（前127年），下令把各地资财超过三百万缗的富户迁往茂陵，郭解财产不多，也遭到强行迁徙，司马迁也面见过郭解，并提到：“吾观郭解状貌不及中人，言语不足采者。”假如司马迁生于武帝建元六年，当时只有九岁，绝不可能对人有这样深刻周到的观察与心理活动。如果按照司马迁出生在景帝中元五年，已有十九岁，较为合理。

三，根据《汉书·儒林传》，司马迁曾师从孔安国学习古文，根据《史记·孔子世家》与《资治通鉴》，孔安国在元朔二年担任博士，元朔二年司马迁只有九岁，一个九岁孩子是无法到太学去向一个经学大师求教的，假如生于景帝中元五年，此时十九岁，较为合理。

目前，史学界大多采用公元前145年的说法。

（二）有关司马迁出生地的争议

司马氏在春秋时居少梁，后改名夏阳（今陕西韩城）。《太史公自序》云：“迁生龙门，耕牧河山之阳。”这个龙门在哪里，历来有两种观点：一说在如今的陕西韩城，一说在如今的山西河津。最早持陕西韩城说者是唐代的张守节，他在《史记正义》中称龙门山位于夏阳县（今韩城）。韩城嵬东乡徐村住有同、冯二姓，均自称是司马迁后裔。他们说原本是司马姓氏，由于司马迁曾受宫刑，后人感觉不光彩，因此改姓。他们在司马的“司”字左边加一竖，变为“同”字，在“马”字左边加上两点，成为“冯”字，韩城芝川镇司马迁庙可作为佐证。持山西河津说者认为，自古以来，龙门（包括龙门山、禹门口）都记载为山西河津。黄河从西北而东南出禹门口，急转弯从北向南流去，符合司马迁所说的“耕牧河山之阳”。据说这里曾有“汉太史司马故里”碑，只可惜此碑在修水利时被损毁。而且如今该村依旧有司马姓氏的居民。

（三）关于司马迁的生平

司马迁出身于中下层官吏家庭。其高祖司马昌在秦始皇时期担任过铁官。其曾祖司马无泽，在汉初在长安当官。其祖父司马喜，没有当官，有第九等爵位，即五大夫。司马迁的家庭在汉文帝时称得起是“中人之家”，依靠农业、畜牧业致富，因此可以出粟买爵。其父司马谈，在汉武帝建元年间担任太史令。太史令是史官，是汉武帝新近恢复的一种古官，官位不高，职权不大，负责天时星历、祭祀礼仪、搜罗并保存典籍文献。史官掌管文化知识，是历史上出现最早的一种官职。从殷周直到春秋战国，史官的职权、地位逐步降低，他们的职位世代承袭，最主要的职能是为帝王家记言记事：在殷周时代，他们记录王室的言语和事件；在春秋战国时代，他们记录的范围扩大到各国国君及其卿大夫的言语和事件；但到武帝时期，太史令并没有这项职能，司马谈自觉依照古代史官的传统，准备为本朝皇帝记言记事。他担任太史令的三十年间，在“百年之间，天下遗文古事靡不毕集太史公”的便利条件下，可能已开始了史书的部分撰述工作。

司马谈是一个知识非常渊博的学者，对于天文、历史、哲学都颇有研究，所著述的《论六家要旨》一文，对先秦各家的学说都有简要而富有独特眼光的评论。这对司马迁的早期教育有着重大意义。快十岁时，司马迁就随父亲迁居长安，以后曾跟随董仲舒学《春秋》，师从孔安国学习古文《尚书》，为其奠定了一定的学识基础，二十岁时他开始周游天下。据《史记·太史公自序》，这一次游历抵达如今的湖南、江西、浙江、江苏、山东、河南等地，寻访了传说当中大禹的遗迹以及屈原、韩信、孔子等历史人物曾活动过的旧址。周游回来后，他又担任郎中，奉命出使四川、云南一带。以后由于侍从武帝巡狩封禅而游历了更多地方。他的几次周游，足迹几乎遍布全国，开拓了其胸襟与眼界，使他接触到各个阶层与各种人物的生活，并且搜集到诸多历史资料与传说。这一切，对他后来撰写《史记》起到了重要作用。司马迁继承父亲的思想，以儒家的礼作为行为准则与衡量历史是非得失的准则。

司马迁从父亲司马谈那里得到了两大优势条件：一份是太史所拥有的学问，其中也许包括司马谈已写好了的史书；另一份是儒家学说，主要是《春秋》之学。但司马迁并没有局限在这二者中，他对很多问题都有自己独到的见解。也是因为他的独到见解，中国历史上开始出现了历史家。汉武帝元封元年（前 110 年），司马谈去世。临终时，将著述史书的未竟之业交托到司马迁手中。

元封三年（前 108 年），司马迁担任太史令。此后，他不断阅读国家的藏书，研究各类史料，潜心撰写史书，并参与了《太初历》的制定工作。后来发生了一场大灾难。天汉二年（前 99 年），李陵领兵抗击匈奴，力战后被困，无奈投降。消息传来，武帝极为震怒，朝臣也纷纷斥骂李陵。司马迁同情李陵拼死血战却不能得到谅解，便陈述李陵投降是出自无奈，以后必然伺机报效汉朝。李陵兵败，主要是武帝任用无能的外戚李广利担任主帅所致，司马迁的辩护，大大触怒了武帝。司马迁因此遭受宫刑。对于司马迁而言，这是人生奇耻大辱，远比死刑更令人苦痛。他一度想要自杀，但他不愿放弃自己撰写的史记。这也正是一位学者对君主的淫威与残酷的命运所能采取的最后反抗方式。在《报任安书》当中，司马迁对自身际遇与心思进行了完整的交代，此后其境遇没有明确记载，大概卒于武帝末年。

（四）关于司马迁的卒年

王国维经考证认为司马迁死在公元前 87 年。正史中对于司马迁的卒年没有记载，有人认为这是司马迁得以善终的证明，也有人认为这恰恰表明司马迁死于非命。《史记集解》援引东汉学者卫宏《汉旧仪注》云：“司马迁作《景帝本纪》，极言其短，及武帝过，武帝轻而削去之。后坐举李陵，李陵降匈奴，故下蚕室。有怨言，下狱死。”东晋学者葛洪《西京杂记》也有与之类似的记载。有人据此提出司马迁是由于写下《报任安书》而被害的。郭沫若认为司马迁被下狱而死的事在世间必有流传，所以卫宏、葛洪都将其记录下来。卫宏与葛洪都是非常有名望的学者，不会无中生有。班固在《汉书·司马迁传》的论赞中感叹“以迁之博物智闻而不能以知自全”，悲其“既陷极刑”之后，又“不能自保其身”，这说明司马迁并非自然死亡。《汉书》记载司马迁惨遭宫刑后，又“尊宠任职”，为中书令，称得起是“载卿相之列”。郭沫若认为

《盐铁论·周秦》中的既“下蚕室”而后又“就刀锯”，就是暗示司马迁再度下狱最终致死的事。但对这一观点，有些学者也有异议，难以成为定论。

还有人认为司马迁在武帝驾崩后才去世，《史记》很多篇章都提到了“武帝”。“武帝”是刘彻的谥号，假如司马迁在武帝之前去世，是不可能知道这一谥号的。有人考证司马迁《报任安书》应当写作于征和二年（前 91 年）十一月，距武帝驾崩仅有四年，从《报任安书》的内容看来，当时《史记》还没有彻底完成，此后必有修整与补辑，所以涉及武帝之处，改称谥号，也就不足为奇了。

二、关于《史记》

（一）《史记》的版本

司马迁虽然被处以宫刑，但可以肯定他有一个女儿。《汉书·杨敞传》记载：“敞子恽，恽母司马迁女也。恽始读外祖《太史公记》，颇为《春秋》，以才能称，好交英俊诸儒。”《同州府志·列女传》也记载：“杨夫人者，汉太史司马迁女，丞相安平侯杨敞之妻也。汉昭帝崩，昌邑王贺即帝位，淫乱。大将军霍光与车骑将军张安世谋欲废贺更立帝。议已定，使大司农田延年报敞。敞惊愕不知所言，汗出浃背，徒曰唯唯而已。延年出更衣，遽从东厢谓敞曰：‘此国之大事，今大将军议已定，九卿报君侯，君侯不疾应，与大将军同心，犹豫无决，先事诛矣。’延年从更衣还，敞夫人与延年参语，许诺，请奉大将军教令，其废昌邑王，立宣帝。居月余，敞薨，盖封三千五百户。君子谓夫人可谓知事之机者矣。”

就此可以看出司马迁的女儿还有外孙杨恽，是机智果敢、富有才干的人物。《史记》之所以可以流传于后世，这两人居功至伟。《史记·太史公自序》云“藏之名山”，就是指将《史记》的正本藏在西岳华山下的华阴，那里是杨恽的老家。王国维在《太史公行年考》指出：“《史记》一书，传布最早，《汉书》本传，迁既死后，其书稍出，宣帝时，迁外孙平通侯杨恽祖述其书，遂宣布焉。所谓宣布者，盖上之于朝，又传写以公于世也。”可以想象，在当时司马迁惨遭“下狱死”而被查抄的情况下，司马迁的女儿保留了《史记》，而司马迁的外孙杨恽又将《史记》传布于世。在司马迁去世多年后，其外孙杨恽才将这部卷帙浩繁的不朽名著公开发表。司马迁的《史记》有正本与副本两种，从《史记·太史公自序》来看，正本“藏之名山，副在京师”。所谓副本留存在汉廷的天禄阁或石渠阁。朝廷与诸儒所见到的《史记》就是副本。东汉时洛阳书肆可能就已经有副本的抄本出售，司马迁手书副本可能在王莽之乱中被毁。

（二）《史记》及其相关著作的介绍

《史记》成书时间大约在公元前 104 年至公元前 91 年，原本并没有书名。司马迁完成这部巨著后曾经让当时的大学者东方朔观看，东方朔极为赞赏，就在书上加了“太史公”三字：“太史”是司马迁的官职，“公”是美称，“太史公”只是表明此书的作者。后来，班固的《汉书·艺文志》在记录这部书时，改为《太史公百三十篇》，后人又简称为《太史公记》《太史公书》《太史公传》。后来人们将《太史公记》简略称为《史记》。梁启超曾赞誉这部巨著是“千古之绝作”，鲁迅则称其为“史家之绝唱，无韵之离骚”。

《史记》是一部横贯古今的通史，从传说中的黄帝时代开始，一直记录到汉武帝元狩元年（前 122 年），跨度长达三千余年。全书在先秦部分较为简略，秦汉部分较详细，记录从秦国商鞅变法到汉武帝晚年的历史，占到了全书篇幅的五分之三。全书有本纪十二篇，表十篇，书八篇，世家三十篇，列传七十篇，共一百三十篇。

本纪是帝王的传记，由于帝王是统理国家大事的最高领袖，所以其传记称为本纪，意思是天下本统之所在，使官民行事都有固定的纲纪。同时，本纪也是全书的总体纲领，是用编年体方式记事的。在本纪中，司马迁对时代愈久远的帝王越简略，时代越近的越详细。本纪从黄帝开始，是由于黄帝是中华民族的始祖。将项羽也列入本纪，一方面是由于秦汉之间的几年里，“政由羽出”，一方面是推崇其人格。

表是列记事件，发挥提纲的作用，以简洁的方式表达繁杂的内容，一目了然，便于观览、检索。

书是记载历代的朝章国典，以表明古今制度沿革的文章，不是熟悉各种掌故的史家，是无法撰写这一部分的。班固《汉书》改书为志，成为通例。书的修撰，为研究各种专门史提供了极为丰富的资料。

世家是记载诸侯王国发生的事情。这是由于诸侯开国承家，随后子孙世袭，所以他们的传记称之为世家。从西周开始，发展到春秋、战国，多个诸侯国先后称霸称雄，显赫一时，用世家体裁记录这一情况，是极为妥当的。特殊的是，司马迁将孔子与陈涉也都列入世家，是一种特例。孔子尽管并非王侯，却是传承整理三代文化的一代宗师，加上汉武帝时代独尊儒学，孔子乃是儒学的创始人，将其列入世家也反映了当时思想领域的真实情况。而陈涉，不仅是率先起义反秦的实际领导者，而且是三代以来以平民身份起兵反抗暴政的第一人，而亡秦的诸侯也多数是他册封的。司马迁将其列入世家，使得他的功业与汤放桀、武王伐纣、孔子作《春秋》相提并论，将他写成是撼动暴秦统治、叱咤风云的大英雄，反映了作者非常进步的历史观。

列传是帝王与诸侯之外的各类历史人物的传记。有单传，有合传，有类传。单传即一人一传，如《商君列传》《李斯列传》等。合传是传记里有二人及二人以上的，如《管晏列传》《老子韩非列传》等。类传是以类别作为标准，把同一类人物的活动，归纳到一个传内，如《循吏列传》《刺客列传》等。司马迁还将当时我国周边少数民族的历史情况，也用类传的形式记录下来，如《匈奴列传》《西南夷列传》《大宛列传》等，这都为研究我国古代少数民族的历史提供了非常重要的史料。

班固在《汉书·司马迁传》中提及《史记》缺少十篇。三国曹魏张晏提出这十篇是《景帝本纪》《武帝本纪》《礼书》《乐书》《律书》《汉兴以来将相年表》《日者列传》《三王世家》《龟策列传》《傅靳蒯成列传》。其中《武帝本纪》《三王世家》《龟策列传》和《日者列传》四篇是由汉代博士褚少孙予以补缺。《汉书·艺文志》记载冯商续补《太史公》七篇，韦昭注云冯商“受诏续《太史公书》十余篇”，刘知几认为续补《史记》的不仅仅是褚、冯两家，而是多达十五家："《史记》所出，年止太初，其后刘向，向子歆，及诸好事者，若冯商、卫衡、扬雄、史岑、梁审、肆仁、晋冯、段肃、金丹、冯衍、韦融、萧奋、刘恂等相继撰续，迄于哀平间，尤名《史记》。"后人大多数不赞同张晏的说法，但《史记》残缺是确定的。

《史记》之后的历代正史，大多是由朝廷主持、依照君主的意志予以修撰的，是货真价实的官史。而司马迁尽管在朝廷中担任史官，但《史记》却没有顺从最高统治者汉武帝的意志。据传，武帝读过《史记》后，对其中的几篇感到极为愤怒，下令进行删削，这是非常有可能的。司马迁写《史记》是秉笔直书，在某些方面，敢于对朝廷提出批评，这是统治者所无法忍受的。朝廷对《史记》既很憎恶，又非常器重，秘不示人，阅读范围仅仅限于朝廷上层很少的一部分人。朝廷曾下诏删节与续补《史记》。《后汉书·杨终传》提到杨终"受诏删《太史公书》为十余万言"。被删后仅剩余十余万言的《史记》，在汉以后就失传了，以后一直流传的都是经过续补的《史记》。许多人认为褚少孙是《史记》的最主要续补者，但是他到底补充了多少，说法不一。张晏认为褚少孙续了四篇。但姚振宁在《隋书·经籍志考证》中提到《史记》缺少十五篇，全都是由褚少孙续补。有人认为《傅靳蒯成列传》文章格调与司马迁极为近似，褚少孙未必可以写出这样的文章。

《史记》取材极为广泛。当时社会上流传的《世本》《国语》《国策》《秦记》《楚汉春秋》、诸子百家等著作以及国家的文书档案，加上司马迁自己实地调查获得的材料，都是撰写《史记》的重要材料来源。犹为可贵的是，司马迁对搜集到的材料进行了认真分析与选择，摒弃了一些无稽之谈。对一些无法弄清的问题，或者采用怀疑的态度，或者记载了多种不同说法。由于取材广泛，修史态度极为严肃认真，所以，《史记》记事翔实，内容丰富。《史记》在史学界的贡献与特点如下：

（1）开创了纪传体史书的先河

纪，指本纪，即皇帝的传记；传，指列传，是一般大臣与各色人物的传记。历史人物是极为丰富多彩的，历史现象则是纷纭复杂的。怎样才可以把纷繁的人物与事件条理清楚地记录在一部书里一直是个难题。司马迁在前代史书的基础上，在《史记》里用本纪、表、书、世家、列传五体体例，创造性地以人物为主体进行记录。本纪按时代顺序记录帝王的言行与政绩，表依照年代谱列各时期的重要事件，书记载各种典章制度的沿革发展，世家记述诸侯国的兴衰以及杰出人物的业绩，列传记载历史名人的生平活动。司马迁创造性地将这五种体裁综合运用，形成一个非常完整的统一体系。纪传体史书由司马迁首创，由于纪传体可以容纳极为广泛的内容，灵活性较高，又能准确反映等级关系，因而被此后的历代官修史书普遍沿用，成为最常见的史书编撰形式。

（2）开创了收录政治、经济、民族、文化等多层次史料的综合纂史方法

《史记》从传说当中的黄帝时代开始，一直记录到汉武帝时期，记载了约三千年

的历史。是我国首部规模宏大、横贯古今、内容广博的百科全书式通史。司马迁成为第一个专门撰写经济史文章的史家，如《平准书》《货殖列传》；司马迁又是第一个为少数民族立传的史官，如《匈奴列传》《西南夷列传》；他还创造性地为地位卑微者列传，如《刺客列传》《游侠列传》。《史记》首次把政治、经济、文化等诸多方面都包容到历史学的研究范围内，从而开拓了史学研究的新领域，打开了史书编撰的新纪元，推动了我国历史学的飞跃性发展。

(3)严格遵照了“录史唯实”的原则，继承了我国史学记录秉笔直书的宝贵传统

所谓秉笔直书，就是史学家必须完全遵照史实予以记录，既不溢美，也不苛求，按照历史的真实情况撰写史书。《史记》明确反对那种“誉者或过其失，毁者或损其真”的错误做法。项羽是司马迁心目中的大英雄，尽管项羽站在汉王朝的对立面上，他还是以极为肯定的态度记录下项羽的伟大功业，并将项羽列入本纪，这在当时的政治环境下是非常难能可贵的。但对于项羽的骄傲自大和企图单纯以武力征服天下的巨大弱点，司马迁也进行了深刻的批判。对于先秦法家以及秦代的暴政，司马迁是愤恨与反对的，但他做到了不因憎而增其恶。相反，对法家的改革以及秦代统一中国的巨大历史作用，他都予以了充分肯定。正因为司马迁“录史唯实”的原则，才使得《史记》以信史著称于世。

《史记》非常重视人的历史作用。司马迁反对天命史观。强调人是历史的核心。因此，他在为帝王将相立传的同时，也注意为社会上的各色人等立传，特别是将农民起义的领袖陈胜、吴广放到与王侯将相同等的地位列入世家是很难得的。

司马迁也极为重视物质生产活动在历史当中的作用，将经济状况与政治层面的治乱兴衰紧密联系到一起。他还尤为强调总结历史经验。提出以史为镜、鉴往知来的思想。由于司马迁在历史编纂学上的创造性贡献，带有进步意义的史学思想，以及严谨的治史方法，使得《史记》成为我国史学史上的一座具有划时代意义的丰碑。

(4)《史记》也是一部非常形象生动的历史文学著作，它的文采历来受到文学界的称颂与赞誉，开创了我国传记文学的先河

在《史记》这座宝库当中，我们不但能看到历史上那些烜赫一时的王侯将相的英姿，也可以见到妙计迭出的士人食客、百家争鸣的先秦诸子、奋不顾身的刺客、一诺千金的游侠、富比王侯的富商巨贾的风采，还有医卜、俳优等诸多人物的生动描写，给人以美的享受心灵深处的启迪。

尽管有着诸多的优势，但毕竟身处那个久远的时代，司马迁也有一些不足，例如，存在天命、灾异以及历史循环论的神秘思想影响。在《六国年表序》论述秦兼并天下的原因时，认为这是“天所助”的结果。《高祖本纪》当中带有“三统循环论”的色彩，认为“三五之道若循环，终而复始”。在《天官书》里，记录很多特殊自然天象时，时常与人事联系在一起，更多地表现了人事导致灾异的神秘主义思想。这说明

《史记》依旧受到“天人感应”神学思想的影响。

《史记》成书后，因为此书“是非颇谬于圣人，论大道则先黄老而后六经，序游侠则退处士而进奸雄，述货殖则崇势利而羞贱贫，此其所蔽也”（《汉书·司马迁传》），被指责为对抗正宗思想的异端邪说代表。因此，在汉代，《史记》始终被视为离经叛道的“谤书”，不但被刻意贬低，而且学者也不敢为其注释。到了唐初，《隋书·经籍志》在介绍《史记》《汉书》的流传时，提及“《史记》传者甚微”，司马贞在《史记索隐·序》里也提到：“汉晋名贤未知见重。”但汉晋时期对《史记》也有很多积极评价，如《汉书·司马迁传》中提及西汉刘向、扬雄“皆称迁有良史之材，服其善序事理，辨而不华，质而不俚，其文直，其事核，不虚美，不隐恶，故谓之实录”。但在很漫长的一段时间里，人们并没有将《史记》看得极为特殊。

从宋代开始，研究《史记》的著述变得多起来，比较有代表性的有清代梁玉绳的《史记志疑》、崔适的《史记探源》、张森楷的《史记新校注》、日本学者泷川资言的《史记会注考证》，还有清代赵翼的《廿二史札记》和王鸣盛《十七史商榷》的相关部分，全都是重要的参考书籍。

（三）《史记》的意义与影响

《史记》作为世上第一部传记文学，是有着世界级意义的。过去欧洲人将欧洲看作世界的中心，他们将古希腊的普鲁塔克称为“世界传记之王”。普鲁塔克大约出生于公元 46 年，卒于公元 120 年，著有《列传》（今天一般译为《希腊罗马名人传》）五十篇，是欧洲传记文学的鼻祖。假如我们将普鲁塔克放到中国的历史维度当中进行一下比较，不难发现，普鲁塔克要比班固还要晚生十四年，比起司马迁则要晚生一百九十一年。司马迁的《史记》要比普鲁塔克的《列传》早诞生近两个世纪。

《史记》不管是在中国史学史还是在中国的文学史上，都堪称是一座丰碑。史学方面暂且不论，在文学方面，它对古代的小说、戏剧、传记文学、散文，都有着广泛而潜移默化的深远影响。首先，从总体而言，《史记》作为我国首部以描写人物为中心的长篇巨著，为后代文学发展提供极为重要的基础与多种可能性。《史记》所描写的尽管大多是历史上的真实人物，但通过突出人物的某些主要特征，依靠不同人物之间的对比，还有在细节方面的适当虚构，实际将人物类型化了。在各民族的早期文学作品中，都存在这种现象，这是人类依靠艺术手段认识自身的一种常用方法。但中国文学最初的类型化人物会显露在历史类著作中，情况比较特别。由此，《史记》为中国文学树立了一批重要的人物原型。在后世的小说、戏剧当中，所描写的帝王、英雄、侠客、官吏等各类人物形象，有很多都是从《史记》的人物形象演变而来的。在小说方面，除去人物类型，它的体裁以及叙事方式也受到《史记》的明显影响。中国的传统小说多数以“传”为名，用人物传记式的方式展开情节，具有人物传记式的开头以及结局，还有以人物生平终始作为全篇脉络，严格依照时间顺序铺展情节，并往往有着作者的评论，这一切的共同特征，都与《史记》有着渊源。而直接取材于《史记》的小说，那就更加不胜枚举了。在戏剧方面，因为《史记》的故事有着非常强烈的戏剧性，人物性格鲜明，矛盾冲突极为尖锐，因而自然成为后世戏剧取材的宝库。据傅惜华《元代杂剧全目》记载，取材于《史记》的戏剧就有一百八十多种。李长之统计，在现存一百三十二种元杂剧当中，有十六种源自于《史记》故事，其中包括《赵氏孤儿》这样具有世界范围影响力的名作。已经失传的同类作品，自然更多。等到京剧出现，依旧有许多剧目取材于《史记》，例如家喻户晓的《霸王别姬》等。在传记文学层面，因为《史记》的纪传体被后世的多数史书所继承，由此产生大量的历史人物传记。虽然，后代史书的文学性大多难以企及《史记》，但其数量庞大，如果将其中优秀的传记提取出来，其数目也是极为可观的。此外，史传以外的别传、家传、墓志铭等形式繁多的传记，也与《史记》开创的传记文学传统有着渊源关系。

《史记》开创了史学著作的多种先河，也堪称是脍炙人口的文学宝库，但《史记》最为人称道的是它的平民立场。在司马迁写作《史记》之前，史书大多是王侯的发家史、光荣史、太平史。在司马迁的《史记》当中，自以为功高盖世，泽被苍生的帝王们同样有着无耻、暴戾、虚假以及懦弱的一面；尽管有着各种过失与缺点并最终死在乌江的失败者西楚霸王项羽依旧不失为顶天立地的大英雄；陈胜出身贫寒，是耕种于田亩之间的普通农民，但也满怀鸿鹄之志，第一个揭竿而起反抗暴秦；就在文人普遍对江湖人士嗤之以鼻时，司马迁却对荆轲、唐雎等漂泊四海的游侠策士及其快意恩仇的侠义精神赞誉有加。《史记》便是以平民的立场、平民的视角还有平民的情感去看待历史、撰写历史、评说历史，还历史以真实的面目，第一次为那些出身贫寒的人以公正的评价。《史记》中所透露出来的民间精神，成为流传千古，激励后人的精神力量源泉。

《史记》的诞生，是中国文化史上的大事，就中国史学的具体发展来看，《史记》的贡献极为巨大。第一，《史记》创建了杰出的通史体裁。《史记》是中国史学史上首部贯通古今、网罗百代的通史名著。在世界历史长河当中也有着巨大的里程碑意义，不亚于西方希罗多德的《历史》。正因为《史记》能够融汇古今，树立了榜样，于是仿效这种体裁修史的人也就相继出现。直到近现代，史学研究与写作依旧能看到《史记》的影响。第二，《史记》确立了史学的独立地位。在此前的时代，史学是被涵盖在经学范围之内的，并非独立的学科。自从司马迁编撰成《史记》后，史学家相继而起，专门的史学著作不断增多。于是，西晋荀勖顺应新要求，才把历代的典籍分为四部：甲部记六艺小学，乙部记诸子兵术，丙部记史记皇览，丁部记诗赋图赞。从此，史学在中国学术领域取得独立地位。追溯根源，司马迁和《史记》起到了最大的作用。第三，《史记》建立了史传文学的传统。司马迁的文学修养极为深厚，其艺术手法极为高妙。往往某种非常复杂的事实，他都处置得很妥帖，秩序井然，再加上见识高远，文字生动，感情丰沛，使人“惊呼击节，不自知其所以然”。

图书在版编目（CIP）数据

图解史记 /（汉）司马迁著；崇贤书院释译 .
—合肥：黄山书社，2021.9
（中华古典珍品）
ISBN 978-7-5461-9731-9

Ⅰ . ①图… Ⅱ . ①司… ②崇… Ⅲ . ①《史记》—图解
Ⅳ . ① K204.2-64

中国版本图书馆 CIP 数据核字 (2021) 第 196872 号

出 品 人　贾兴权
选题策划　贾兴权　汤吟菲
编辑统筹　刘　春
责任编辑　张　锐
装帧设计　观止堂_未　氓　朱　璇
责任印制　李　磊
出版发行　时代出版传媒股份有限公司（http://www.press-mart.com）
　　　　　黄山书社（http://www.hspress.cn）
地址邮编　合肥市政务文化新区翡翠路 1118 号出版传媒广场 7 层　230071
印　　刷　安徽联众印刷有限公司
版　　次　2021 年 10 月第 1 版
印　　次　2021 年 10 月第 1 次印刷
开　　本　700 mm × 1000 mm　1/16
字　　数　680 千字
印　　张　28.75
书　　号　ISBN 978-7-5461-9731-9
定　　价　43.80 元

服务热线　0551-63533706
销售热线　0551-63533761
官方直营书店（https://hsss.tmall.com）